【제4판】

민사집행법

김 상 수 저

법 우 사

제4판 머리말

제3판이 나온지도 3년이 지났다. 그 간 새로운 판례가 다수 공간되었고 또한 민사집행법 등의 관련 법령의 개정도 적지 않게 있었다. 참고문헌의 신판 특히 법원실무제요의 개정판 등도 출간되었다. 이에 이러한 최신 판례와 개정 법령, 새로 나온 참고문헌을 반영하기 위해 제4판을 간행하게 되었다. 이 책은 민사집행법에 관한 기초이론과 실무의 현황을 알기 쉽게 설명하려는 교과서이다.

제4판에서는 2015.7.27.까지 공간된 중요한 판례를 모두 소개하였다. 또한 본문에서도 설명을 추가하는 등의 보정을 하였고 세부적인 목차를 새로 추가하여 보다 이해하기 쉽도록 하였다. 나아가 민사집행법 등의 관련 법령의 개정부분도 빠짐없이 반영하도록 노력하였다. 참고문헌도 최신판으로 새로이 인용하였다. 독자들이 이 책을 통해 민사집행법을 보다 쉽게 이해할 수 있게 된다면 다행이 아닐 수 없다.

개정판 출간에는 인용된 법조문의 확인, 오탈자 등의 교정, 참고문헌의 인용 등에서 도움을 준 서강대학교 법학전문대학원 학생들(4기생 이상현 변호사 그 밖에 5기생[금도윤, 김해주, 방종성, 이민경], 6기생[박봉규])에게 사의를 표한다.

아울러 어려운 경영환경 속에서도 개정판의 출간을 도와주신 법우사 황영성 사장님께도 사의를 표하는 바이다.

2015년 8월 길일

필자 씀

제3판 머리말

제2판 간행 후 2년 반이 흘렀다. 그 간 민사집행법 자체의 개정뿐만 아니라 부동산등기법 등 중요한 관련 법률의 개정이 있었다. 여기에 중요한 판례도 속속 나오고 있고 체계서 등의 문헌도 다수 출판되었다. 또한 필자는 법학전문대학원에서 2010년과 2011년에 각각 민사집행법의 강의를 담당할 기회를 가졌다. 위와 같은 법개정, 판례, 문헌 등의 보충과 더불어 기존의 내용에서 발견된 오류 등을 수정하기 위해 이제 제3판을 간행할 시점이 되었음을 느끼게 되었다.

법학전문대학원 도입과 제1회 변호사시험의 실시로 민사집행법의 중요성은 매우 부각되었다고 할 수 있다. 제1회 변호사시험의 민사법문제에서 민사집행법에 관한 지식이 필요한 경우가 적지 않았다는 것이 그 일례이다. 또한 이미 변호사 등으로 법률계에 진출한 제1기생들의 의견에도 민사집행법의 실제적 중요성이 강조되고 있다.

제3판에서는 개정법과 판례 그 밖에 문헌의 보충이라는 통상적인 것뿐만 아니라, 보다 접하기 쉬운 내용으로 편집면에서도 새로운 시도를 하여 구판과는 전혀 다른 모습으로 독자들에게 다가갈 수 있게 되었다. 이 책이 법학전문대학원생들에게 쉽게 민사집행법을 알게 해주는 것이 되고, 나아가 민사집행법의 연구 확대에도 조금이나마 도움이 된다면 다행이 아닐 수 없다.

82세이지만 아직도 건강하게 연구에 전념하시는 민사보전법의 대가이신 松浦馨 지도교수님께 지금까지의 가르침에 대한 조그만 보답으로 이 책을 드리고자 한다.

또한 개정작업에 많은 도움을 준 서강대학교 법학전문대학원 2기생 김동명군, 김수정군, 엄승찬군, 정근혁군, 한태일군에게 감사하고 내년 1월의 변호사시험에 합격하여 장차 법률가로서 대성하기를 기원한다.

마지막으로 열악한 출판환경 속에서도 이 책의 간행을 도와주신 법우사 황영성 사장님께도 감사드리고자 한다.

2012년 7월 길일

저자 씀

제2판 머리말

초판이 간행된 지 4년여가 흘렀다. 그 간 민사집행법에 관하여는 민사집행법 자체만이 아니라 가사소송법 등의 관련 법률의 개정이 있었다. 또한 판례도 중요한 대법원의 판단을 제시하는 것이 많이 나오게 되었다. 더 나아가 학설에 있어서도 교과서나 주석서의 개정 그 밖의 학술적 연구가 계속되었다.

초판 머리말에서도 언급하였지만, 학계의 무관심 속에 학문적으로 냉대되어 온 민사집행법은 그 모습을 일신하였고 이제 그 주목도에서 다른 법률과 유사한 수준에 도달하였으며 법학으로서의 중요성이 재인식되어 가는 시점에 도달한 것이 아닌가 생각된다. 여기에 새로이 시작된 법학전문대학원에서는 대부분 민사집행법이 선택과목 등으로 개설되어 과거 대학에서 거의 강의되지 않았던 상황이 획기적으로 개선될 시기에 이르게 된 것이다.

이러한 상황의 변화를 감안하여 이 책도 두 번째 개정판을 통하여 내용의 증보 그리고 오류 등의 정정을 하게 되었다. 초판 이래의 민사집행법과 규칙의 개정을 빠짐 없이 반영하였고, 직접지급명령을 도입한 가사소송법 등의 관련 법률의 개정에도 주의를 기울였다. 또한 판례는 판례공보 2009.12.1호까지 공간된 중요한 것을 모두 해당 개소에 추가하였다.

이 책이 법학전문대학원 등에서의 교재로 이용되고 나아가 아직 부족한 민사집행법 연구자층의 저변확대에 조금이나마 도움이 된다면 다행이 아닐 수 없다.

마지막으로 개정작업시 교정을 도와준 서강대학교 법학과 손현진군과 이하림군에게 감사의 마음을 전한다. 출판시장의 불경기 중에 이 책의 간행을 흔쾌히 수락하고 여러 모로 도움을 주신 법우사 황영성 사장님께도 감사의 뜻을 표하고 싶다.

2010년 2월 길일
저자 씀

머리말

민사집행법은 실제 생활에 있어서의 중요도에 비해 학계의 무관심 속에 학문적으로 냉대되어 온 법이 아닌가도 생각된다. 그 연역에서 보듯이 민사소송법 제7편의 강제집행법 시절에서부터 시작하여 상대적으로 빈약하였던 민사소송법의 연구현실에서 본다면 학계의 여력이 민사집행법에까지 미치기 어려운 상황이 아니었는지도 모르겠다. 그러나 다른 한편으로 민사집행제도의 운영주체인 실무 사이드에서는 우수한 민사집행법에 관한 연구가 발표되어 온 점도 상기하여야 할 것이다. 위와 같은 상황에서 민사집행법이 단일법으로 제정되고 주목할 만한 주석서, 체계서가 속속 간행되었으며, 학회로서 민사집행법학회가 출범하기에 이르러, 그 주목도가 급증하는 새로운 시대를 맞이하게 되었다.

필자가 민사집행법에 관심을 갖게 된 계기는 일본 나고야대학 법학부 조교수 시절 민사집행법을 강의하게 되었기 때문이다. 1993년에서 1997년까지 매2학기에 학부강의를 하였지만, 1998년의 귀국 후에는 아쉽게도 민사집행법을 강의할 기회를 가질 수 없었다. 이 책의 집필은 오래된 필자의 일본어로 된 강의록을 토대로 이루어진 것이다. 그 강의록을 작성할 때에는 당시의 일본의 각종 문헌이 참고가 되었음은 물론이다. 특히 민사보전에 관하여 많은 참고가 되는 문헌을 남긴 필자의 은사 松浦馨(마쓰우라가오루) 교수는 일본에서 민사보전분야의 대가로 꼽히는데, 민사보전에 관하여는 그 가르침을 충분히 습득하지 못한 점이 아쉬움으로 남는다.

이 책은 또한 필자가 소속하는 대학에 부임한 이래 발표한 민사집행법에 관한 글을 참고로 하였다. 여기에 민사집행이라는 실무와 밀접히 관련된 법분야를 다룬다는 점에서는 실무의 운영을 알지 못한다면 체계서로서의 역할을 가질 수 없게 된다. 실무에 관하여 "법원실무제요 민사집행법"을 이 책에서 조문이나 판례에 준하는 논거로서 인용하게 된 것은 그와 같은 이유에서이다. 실무제요는 그러한 요구를 충실히 답해주는 귀중한 문헌이라고 생각한다. 더 나아가 지금까지 간행된 주석서나 체계서 등의 선학의 연구도 참고로 하였다. 그러한 연구를 충분히 살리지 못했다면 어디까지나 필자의 책임이 아닐 수 없다.

일천한 학력에 불과한 필자가 이러한 민사집행법의 체계서를 상재할 수 있게 된 것은, 공사에 걸쳐 도움을 주고 격려해 준 많은 분들의 덕분이다. 앞서 언급한 필자의 은사인 마쓰우라가오루 교수, 그 밖에 나고야대학법과대학원의 민법교수인 加藤雅信(가또마사노부) 교수, 일본 민사집행법의 대가인 中野貞一郎(나까노데이이이찌로) 교수 등에게 감사를 표하고 싶다. 또한 학부만 졸업하고 일본에 유학하여 귀국한 필자에게 많은 도움을 준 심희기 교수 등에게도 감사를 표하는 바이다. 아울러 민사소송법에 이어 이 책의 출판을 도와주신 법우사 황영성 사장님께도 감사의 마음을 전하고자 한다.

이 책이 조금이나마 민사집행법의 발달에 도움이 된다면 다행이 아닐 수 없다.

2005년 9월 吉日

필자 씀

차 례

제 1 편 ▸ 민사집행제도 개관

제2편 ▸ 강제집행

제3편 ▸ 담보집행과 형식적 경매

제4편 ▸ 민사보전

인용범례

XX조	민사집행법 XX조(또는 법XX조로 인용)
규칙 XX조	민사집행규칙 XX조
사보규 XX조	사법보좌관규칙 XX조
민소법 XX조	민사소송법 XX조
채무자회생법 XX조	채무자회생 및 파산에 관한 법률
부등법 XX조	부동산등기법 XX조
가담법 X조	가등기담보등에 관한 법률 X조
실무제요1(~4)-X	법원실무제요 민사집행1(~4)(2014) X면
강대성, X	강대성, 신민사집행법 2014, 탑북스, X면
김홍엽, X	김홍엽, 민사집행법[제3판] 2015, 박영사, X면
박두환, X	박두환, 민사집행법[제2판] 2003, 법률서원, X면
이시윤, X	이시윤, 신민사집행법[제6판] 2013, 박영사, X면
주석민사집행법 I(~VI)-X	김능환외 대표편집, 주석 민사집행법[제3판] 2012, 사법행정학회, I (~VI) X면

제 1 편 민사집행제도 개관

01

제 1 장 민사집행이란 무엇인가

제 2 장 민사집행총론

01 제 1 장 민사집행이란 무엇인가

1. 민사집행의 개념

민사집행이란

민사상(사법상)의 권리는 의무자가 임의로 이행하지 않으면 자력구제가 인정되지 않기 때문에 공권력이 대신 실현해 주어야 한다. 공권력을 행사하는 국가기관 중에서 법원이 독점적으로 행사하는 그러한(권리를 실현하는) 국가작용을 민사집행이라고 부른다. 민사집행은 민사집행법의 규율을 받는다. 민사집행법에서 인정하는 집행절차는 강제집행(청구권인 채권을 실현하는 집행), 담보집행(저당권 등의 담보권을 실현하는 집행), 형식적 경매(유치권 등 채권의 만족보다는 재산의 가격유지 또는 정리를 위한 집행) 그리고 잠정적 권리구제를 규율하는 보전(가압류·가처분)절차와 그 집행이다(1조). 민사집행이라고 하면 협의로는 위에서 말한 보전절차와 그 집행을 제외한 것으로(2조, 4조, 7조1항, 8조2항, 18조 등) 사용되기도 하고, 광의로는 그것을 포함하는 집행절차라는 용어로 사용되는데(3조, 13조, 15조, 16조, 17조 등), 광의로 사용되는 것이 보통이다.

집행절차간의 차이

위와 같은 각종의 민사집행절차는 원래 민사집행이라는 단일 절차에 포함되어 있었던 것은 아니다. 다음의 연혁에서 보듯이 후에 민사집행이라는 단일 형태로 새로이 통합된 것이다. 통일적으로 규율할 수 있다는 점에서 보다 적절한 입법형태라고 판단되었기 때문이다. 그러나 이들 절차는 민사집행이라는 단일 절차 내에 포함되어 있다고 하여도, 각 절차의 성격이나 내용에는 큰 차이가 있다. 특히 형식적 경매, 보전절차와 그 집행(압류에 그치고 현금화까지는 진행되지 않는다)은 다른 집행절차와 큰 차이를 보인다.

다른 법과의 관계

성격이 다른 집행수단을 포괄적으로 담고 있다는 점을 고려한다면, 민사집행이란 결국 민사에 관한 집행으로서 민사상의 권리를 실현하는 법원의 절차 내지는 국가작용이라고 정의할 수 있을 것이다. 이러한 민사집행제도는 국민 나아가 국가경제에 밀접히 관련되어 있고, 이를 규율하는 민사집행법은 절차법이라는 점에서 민사소송법은 물론으로 하고 실체법으로서 민법(그 중에서도 물권법)이나 그 밖에 부동산등기법과도 직결되어 있는 법분야에 해당한다. 민사집행법은 주로 실체법에서 인정된 권리가 다른 권리와의 관계를 감안하면서 법원의 재판에 따라 실현되어 가는 과정을 담고 있기 때문이다. 따라서 민사집행법을 이해하려면 민사소송법과 민법에 관한 기본적인 이해가 선행되어야 한다. 이 점은 반대로 민법과 민사소송법에서 배운 지식을 극대화 시킬 수 있는 좋은 법분야로서 실용적인 법의 모습을 실감할 수 있는 대상이기도 하다.

민사집행의 내용을 개관하면 다음의 〈도표 1〉과 같다(그 내용은 이하의 4. 민사집행의 분류 참조).

- 민사집행
  - 강제집행
    - 금전집행
      - 부동산집행
        - 강제경매…압류(80조 이하) → 현금화(103조 이하) → 만족(145조 이하)
        - 강제관리…압류(164조 이하) → 현금화(166조 이하) → 만족(169조 이하)
      - 준부동산 집행
        - 선박집행…압류(172조 이하) → 현금화(172조) → 만족(172조)
        - 자동차등…자동차, 건설기계 및 항공기에 관해서는 강제관리, 선박집행 등 동산집행에 준해 대법원규칙으로 정함
      - 유체동산집행…압류(189조 이하) → 현금화(199조 이하) → 만족(217조 이하)
      - 채권등의 집행…압류(223조 이하) → 현금화(229조 이하) → 만족(231조 이하)
    - 비금전 집행
      - 물건의 인도…채무자의 점유배제 → 채권자에게 인도(257조, 258청구권 집행조), 목적물을 제3자가 점유하는 경우(259조)
      - 작위 · 부작위청구권집행…대체집행, 간접강제(260조, 261조)
      - 의사표시채권집행…의사표시의 의제(263조)
  - 담보권실행(264조 이하)…부동산경매(264조), 준부동산경매(269조 이하), 채권 그밖의 재산권에 대한 담보권집행(273조)
  - 형식적 경매(274조)
  - 보전처분(276조 이하)

〈도표 1〉 민사집행 개관

2. 민사집행법의 연혁

1990년 민사소송법 개정 전

원래 민사집행에 관한 절차 중 강제집행과 보전절차는 민사소송법이, 그리고 담보경매와 형식적 경매는 경매법이 규율하고 있었다. 이러한 법제도는 모두 일본법을 거쳐 서구(특히 독일)에서 들어온 것이고, 특히 1990년 개정되기 전의 구민사소송법 제7편 이하에 있었던 강제집행 부분은 당시까지만 해도 우리의 기본법 중에서도 가장 古色蒼然한 분야에 해당하는 것이었다. 일본법의 계수를 통한 제정 이래 사실상 거의 개정되었다고는 할 수 없었기 때문이다. 반면으로 일본의 경우에는 제2차 세계대전 전부터 강제집행에 대한 개정작업이 시도되었고, 장기간에 걸친 노력과 완만한 개정속도에 대한 비판 속에서도 1979년에 우리의 민사집행법과 같은 민

사집행법을 단일법으로 제정하였다. 또한 일본은 1989년에 민사소송법에 규정된 보전처분의 명령절차와 민사집행법에 규정된 보전처분의 집행절차를 합하여 단일법인 민사보전법을 제정하였다.

1990년 민사소송법 개정 후

우리의 민사집행제도는 1990년 민사소송법 개정시 일본의 민사집행법을 참고하여 중요한 제도를 도입했지만, 일부의 도입에 그쳤고 민사집행제도의 근간을 변형시킬 정도로 대폭적인 것은 아니었다. 즉 1990년의 민사소송법 개정에서는 경매법을 민사소송법에 흡수하고 그 밖에 집행절차에 관한 규정을 개정한 것, 달리 말하면 지금의 민사집행법이 그대로 민사소송법에 포함되어 있으면서, 기존의 강제집행법의 주요 내용을 그대로 유지한 채, 몇몇 일본의 신제도를 도입하는데 그쳤던 것이었다. 그 후 다시 민사소송법의 개정작업이 시작되면서 2002년에 현행법과 같은 민사집행법이라는 단일법이 제정되기에 이르렀다.

최근의 개정

그 후 2005년 1월 27일에는, 엄격한 채무자 재산조회요건을 완화하여 도피중인 채무자에 대하여도 재산추적이 가능하도록 하고, 최저생계비에 대한 압류를 금지하여 저임금근로자들의 생계를 보장하며, 부당한 가압류·가처분에 대하여 간편한 방식으로 취소를 할 수 있도록 하여 신속한 권리구제를 받을 수 있도록 하는 민사집행법의 일부개정이 있었다(이에 따라 민사집행규칙이 개정되고[7월 28일 시행] 민사집행법시행령[7월 28일 시행]이 제정되었다). 또한 법원의 업무폭증으로 인하여 법관의 업무부담이 과다하게 됨에 따라 사법 인력을 보다 효율적으로 활용하기 위하여, 실질적 쟁송에 해당하지 아니하는 부수적인 업무와 공증적 성격의 사법업무 등에 관한 처리권한을 사법보좌관에게 위임하는 법원조직법54조의 신설(2005년 3월 24일)과, 그 구체적인 업무를 정하는 사법보좌관규칙이 제정되었다(2005년 6월 3일). 그 밖에 담보제공과 동시에 하는 경매부동산의 매수, 압류금지의 조정, 부동산등기법의 개정으로 인한 일부 개정이 있었다.

3. 민사집행과 관련된 절차

(1) 판결절차

판결절차는 민사집행의 대상인 권리의 존재를 확정하는 절차이다. 이에 대해 민사집행절차는 권리가 존재한다는 것을 전제로 그 실현을 도모하는 절차이다. 민사집행절차는 판결절차(협의의 민사소송절차)와는 별개의 독립된 절차이지만, 과거 민사소송법 안에 강제집행에 관한 규정이 있었듯이 광의로는 민사소송절차에 포함된다. 따라서 이 2개의 절차는 권리의 실현에 관한 기능을 분담하면서 밀접히 관련되어 있다.

(2) 보전절차

보전절차는 민사소송의 본안인 권리 내지 법률관계를 잠정적으로 보전하는 재판(가압류·가처분)절차이다. 보전절차는 발령절차와 그 집행절차로 구분되고, 2개의 절차 모두 민사집행법에서 규정하고 있다. 보전처분의 발령절차는 판결절차에, 보전처분의 집행절차는 강제집행절차에 준한 것이라고 이해하면 된다.

(3) 도산절차

도산절차는 개인 또는 법인이 채무자로서 경제적으로 파탄에 빠진 경우에 그러한 채무자의 권리의무관계를 집단적으로 처리하는 재판상의 절차를 말한다. 과거 도산절차에 관한 법률은 파산법, 화의법, 회사정리법으로 구분되어 있었고, 이러한 3개의 법을 통합하는 도산처리법의 입법이 시도되었다. 그 입법작업 중 긴급한 필요성으로 인해 먼저 개인채무자회생법이 단일법으로 제정되었었고, 계속 통합도산법의 제정이 추진되어 최종적으로 개인채무자회생법도 포함하는 '채무자회생 및 파산에 관한 법률'이라는 통합된 도산법이 제정되었다. 민사집행절차는 채무자의 특정 재산에 대한 것이지만, 도산절차는 채무자의 모든 재산에 대한 것으로, 동일한 채무자에 대해 도산절차가 시작되면 민사집행절차는 그에 흡수되어 버린다.

(4) 체납처분절차

체납처분절차는 국세 그 밖의 공과금 등 국세청구권이나 공법상의 청구권 실현을 목적으로 하는 절차이다. 그러한 공적 권리에 대해서는, 권리의 성격상 민사집행법에 우선되는 국세징수법에 의한 체납처분절차에 의해 이루어진다. 따라서 체납처분절차는 일반절차인 민사집행절차에 대한 특별절차에 해당한다. 즉 동일한 채무자에 대한 권리자로서 공적 권리자와 사적 권리자가 충돌하면 공적 권리자는 민사집행절차가 아닌 체납처분절차로 보다 쉽게 권리를 실현할 수 있는 장점(일종의 우대)이 있다.

(5) 가사사건절차

가사사건절차는 가사소송법을 근거로 하여 가사분쟁을 해결하려는 절차를 말한다. 가사사건절차에 의한 심판 또는 조정에서 정해진 의무에 대해서는, 당해 심판이나 조정조서를 집행권원으로 하여 강제집행이 가능하다. 이러한 집행은 민사집행절차에 의하게 된다. 그 이외에도, 가사소송법 자체에 특별한 이행확보수단이 마련되어 있고(가사소송법 121조 이하 등), 이러한 수단은 민사집행절차에 대한 특칙으로 기능한다.

4. 민사집행의 분류

(1) 강제집행, 담보집행 및 형식적 경매

이 3가지 집행절차는 전술하였듯이 민사집행법에 따른 구분이다. 원래는 위의 연혁에서 보았듯이, 강제집행은 민사소송법에 나머지는 경매법에 규정되어 있다가, 이들을 모두 민사소송법에 포함시킨 후 다시 민사집행법으로 분리·독립하게 되었다.

(2) 인적 집행과 물적 집행

인적 집행이란 채무자의 재산이 아닌 신체나 노동력을 직접 집행의 대상으로 하여 채권을 실현하는 집행수단을 말한다. 형사상의 신체형과 유사하다. 반대로 물적 집행이란 채무자의 재산에 대해서만 집행할 수 있는 것을 말한다. 이 양자의 구별은 청구권의 실현에 관련된 것인데, 강제집행에서만 문제된다.

인적 집행의 불허

과거에는 인적 집행도 인정되었지만 인권이 존중되는 근대법 하에서는 거의 허용되지 않게 되었다. 우리 민사집행법도 원칙적으로 인적 집행을 허용하지 않는 입장이다. 입법적으로는 독일의 민사소송법에서처럼 채무자의 구류를 일정한 범위(부대체적인 작위·부작위의무)에서 인정하는 경우도 있다(단, 실제로 이용되는 예는 거의 없다고 한다). 넓은 의미로 보면 감치라는 제재도 이와 유사하다(68조). 이러한 예는 인적 집행도 채권의 내용에 따라서는 채권을 실현하는 집행수단으로서 그 효용성을 무시할 수 없는 점을 보여주는 것이다.

(3) 개별집행과 포괄집행

개별집행은 채무자에 대한 개별적인 채권을 실현하기 위한 집행이고, 포괄집행(또는 일반집행이라 함)은 채무자의 모든 재산에 대해 모든 채권자의 채권의 만족을 도모하는 집행이다. 개별집행은 민사집행절차에서 포괄집행은 도산절차에서 행해진다. 단, 개별집행에서도 복수의 채권자가 경합할 수 있고 각 채권자 사이에는 평등주의가 취해지는 관계로, 포괄집행과 같은 형태를 띠는 경우가 있다.

(4) 금전집행과 비금전집행

금전집행이란

금전집행은 금전채권의 실현을 위하여 채무자의 재산으로부터 일정한 금전을 회수하는 집행이다. 이 집행은 기본적인 집행절차인 압류 → 현금화 → 만족이라는 단계를 거친다. 금전집행은 강제집행절차 중 금전채권의 실현을 주된 대상으로 하지만, 강제집행 이외의 집행절차도 궁극적으로는 금전의 회수를 목적으로 하는 점에서 금전집행에 해당한다고 할 수 있다. 대부분의 채권은 금전채권이기 때문에, 집행은 대개 금전집행이 되고 채무자의 재산의 내용에 따라 또한 복수의 채권자의 개입에 의해 그 구체적인 절차에 차이가 발생한다.

비금전집행이란

한편 비금전집행은 금전채권 이외의 채권을 대상으로 하는 것이다. 목적물의 인도청구, 작위·부작위청구,

법률행위를 목적으로 하는 청구(채무자의 의사표시에 가름할 재판을 청구할 채권) 등을 그 예로 들 수 있다. 비금전채권은 채권의 내용이 다양하므로, 채권을 실현하는 방법은 후술하는 바와 같이 직접강제가 불가능한 경우 대체집행이나 간접강제에 의한다.

(5) 본래적 집행과 대상적 집행

본래적 집행이란 채권의 본래의 내용인 급부를 그대로 실현하는 집행을 말한다. 반대로 대상적 집행은 본래의 급부가 아닌 별개의 급부를 통해 채권을 실현하는 것이다. 예를 들면 비금전채권의 집행에서 각각의 비금전채권의 목적이 아닌 금전에 의한 급부를 채권자에게 하는 집행방법이 대상적 집행이다. 이 구분은 개별집행인 강제집행에서는 본래적 집행을 원칙으로 하는 점, 포괄집행인 도산절차에서는 대상적 집행이 이루어진다는 점에 의의가 있다.

대상적 집행의 해당 여부

그러나 위와 같은 구분에 대해서는 다음의 점에 주의할 필요가 있다. 즉 개별집행이라고 하여도 다음에서 보는 대체집행이나 간접강제의 경우에는, 원래의 채권에 의한 급부와는 다른 급부가 부여된다는 점에서 대상적 집행의 성질을 갖고 있다. 그러나 다른 한편으로 이행불능에 따른 손해배상청구권의 집행은 대상적 집행에 해당되지 않는다. 채권 자체가 금전채권으로 표시된 채권에 대한 집행이기 때문이다. 이러한 것으로는 민법 해석상 본래의 청구에 병합할 수 있는 대상청구권이 있다.

(6) 직접강제, 간접강제 및 대체집행

직접강제

집행의 구체적인 방법(강제이행의 방법)으로는 민법 389조에서 보듯이 직접강제, 간접강제 및 대체집행이 있다. 먼저 직접강제란 집행기관의 처분에 의해 채무자의 의사에 관계없이 직접 채권을 실현하는 방법이다. 직접강제는 채권의 내용이 그대로 실현되기 때문에 채무자의 의사에 직접 압박을 가하지 않는 점에 특색이 있다. 따라서 금전채권이나 목적물의 인도청구권의 집행에 적합하다. 또한 강제집행의 대부분이 직접강제로 진행되고 민사집행법의 대부분의 규정은 직접강제에 관한 규정이다(법제2장 및 제3장 259조까지). 그러나 모든 채권에 대해 직접강제를 하는 것은 불가능하기 때문에 그 외의 방법이 필요하게 된다(물론 의사표시의무의 집행처럼 의제에 의해 실질적인 집행이 필요 없는 경우도 있다[263조]).

간접강제와 대체집행

둘째로 대체집행이란, 대체적인 작위·부작위청구권을 실현하기 위해 채무자로부터 금전을 징수하여 제3자에게 당해 채무를 이행시키는 것을 말한다(260조). 다음에서 보는 간접강제의 경우처럼 채무자의 행위에 의한 것은 아니지만, 본래의 급부가 실현되므로 채무자의 입장에서는 본래적 집행이다. 마지막으로 간접강제란 직접강제와는 달리 간접적으로 채권을 실현하는 방법을 말한다(261조). 채무자의 의사에 압박을 가하여 채무자가 스스로 채권을 실현시키도록 유도하는 것이다. 그러나 간접강제는 개인의사의 존중이라는 근대법의 정신에 의해 제한적으로 운영된다. 즉 법261조에서 보듯이 간접강제가 인정되는 것은, 다른 집행방법을 이용할 수 없는 부대체적인 작위·부작위청구권을 실현하는 경우에 국한된다.

민법과 민사집행법

전술하였듯이 원래 민법 389조에서 규정하는 채권의 효력은 강제이행 및 손해배상으로 되어 있는데, 그 구체적인 방법에 관해서는 민법상 논란이 없지 않다. 특히 강제이행의 구체적인 방법에 관한 점이 그러하다. 이에 대해 민사집행법에서는 통설의 입장에 따라 강제이행의 구체적인 방법으로 이 3가지를 규정하게 된 것이다. 그 결과 간접강제도 이용할 수 없는 채무는 손해배상청구권으로서 금전집행을 할 수밖에 없게 된다.

(7) 본집행과 가집행

이 구분은 집행의 효력이 종국적인지의 여부에 따른 것이다. 가집행선고부인 판결이나 지급명령(독촉절차에서 발령되는 재판)에 의하여 이루어지는 집행을 가집행이라고 한다. 가집행이 아닌 것을 본집행이라는 하는데, 가집행과 본집행의 차이는 가집행이라고 하여도 집행절차는 채권의 만족이라는 종결단계까지 이르지만, 집행의 효력이 가정적인 관계로 상소나 이의에 의해 당해 판결이나 지급명령이 취소되면, 만족을 얻은 채권자는 원상회복 그 밖에 손해배상을 하여야 한다는 점이다. 아울러 후술(의사표시의무의 집행) 해당 부분에서 설명하겠지만, 의사표시를 명하는 판결도 가집행이 가능한지 논란이 있다.

(8) 만족집행과 보전집행

만족집행은 본집행으로서 채권의 종국적 실현을 목적으로 하는 집행이다. 집행의 모든 단계를 거쳐 집행이 종료되는 것을 목표로 진행된다. 이에 대해 보전집행이란 보전처분의 집행으로서 압류 등 집행의 초기단계만을 진행하는 것을 말한다. 집행에 착수한 상태(압류)를 유지하며 더 이상 절차를 진행하지 않은 채로 보전처분의 귀추를 결정하는 본안소송의 결과까지 권리관계를 고정시키는 집행을 가리킨다.

5. 민사집행법의 법원(法源)

민사집행법이라고 하면 형식적으로는 같은 이름의 법전의 규정을 가리킨다. 그러나 민사집행에서는 민사집행법 이외에도 실질적으로 다음과 같은 법도 법원으로 기능하고 있다. 즉 공장 및 광업재단저당법, 자동차저당법 등의 각종 저당법, 민사집행법이 준용하는 민사소송법, 대법원규칙인 민사집행규칙 등이 이에 해당한다.

6. 민사집행법의 이상

간이하고 신속한 절차

민사집행은 실체권(절차권과 대응하는 것으로 채권과 담보권을 말한다)의 실현을 목적으로 한다. 민사집행에 의해 실체법이 승인한 권리가 신속하고 적정하게 실현되고, 이로써 개개의 권리자가 보호받게 되는 것이다. 또한 권리가 보호됨으로써 민사집행제도에 대한 사회의 신뢰를 유지하고 사회의 법률생활의 확보에도 도움을 준다. 따라서 절차의 간이하고 신속한 처리야말로 민사집행제도의 효율적인 운영에 관건이 된다고 말할 수 있다.

관련자들의 이해조정

그러나 다른 한편으로 채권자와 채무자 이외에도 다수의 제3자가 관여하게 되는 민사집행에서는, 간이하고 신속한 처리로 인해 관련자들의 입장 – 채무자의 보호, 채권자간의 공평, 제3자의 이익의 보호, 그 밖의 사회적 이익의 유지 등 – 의 충돌이 발생하기 쉽다. 민사집행법은 간이·신속만이 아니라 위와 같은 충돌도 조정할 필요가 있는 것이다.

(1) 권리의 신속하고 확실한 실현과 채무자의 보호

권리를 신속하고 확실하게 실현하기 위해서는 집행절차의 간이·신속화나 집행방법의 합리화, 나아가 채무자나 제3자가 획책하는 집행방해의 방지 등을 할 필요가 있다. 그런데 권리의 완벽한 실현을 시도하는 것은 그 반작용으로 채무자의 생계를 곤란하게 하는 가혹하고 부당한 집행을 초래할 수도 있다. 그러한 상황을 예방하기 위해 민사집행법은 인적 집행의 금지나 압류금지재산의 규정 등으로 대처하고 있다.

또한 부당하거나 위법한 집행에 대한 구제방법도 인정하고 있는데, 이러한 구제방법은 양날의 검처럼 채무자를 보호하기도 하지만 채무자에 의해 부당하게 남용됨으로써 집행방해의 수단으로 이용될 수도 있고, 이러한 상황도 방지할 필요가 있다. 이와 같이 채권자를 위한 권리의 신속하고 완전한 실현은 반대로 채무자의 이익보호와 저촉될 우려가 있으므로, 그 양자의 조화가 집행제도 운영에 있어서의 중요한 과제가 되는 것이다.

(2) 집행의 신속성과 제3자의 보호

집행의 간이·신속한 실시는 채권자의 이익보호에 도움이 되지만, 그로 인해 채무자 이외에도 제3자의 이익이 부당하게 침해될 수 있다. 이러한 일을 방지하기 위해 제3자의 권리구제를 위한 수단도 민사집행법에 마련되어 있다.

(3) 권리자 사이의 이익의 조정

채무자에게는 복수의 채권자가 존재할 수 있으므로, 집행의 대상인 채무자의 재산에 대해서는 다수의 채권자 사이에 이해관계가 충돌하는 일이 발생하게 된다. 이 경우에는 각각의 채권자 사이의 충돌을 합리적으로 조정할 필요가 있다. 이 점도 민사집행의 운영상 중요한 문제가 된다.

(4) 권리자의 보호와 사회적 이익의 조정

민사집행은 개개 권리자의 권리실현이 목적이고, 이로 인해 채무자에게 과도한 부담을 주게 될 수 있다는 점은 위에서 본 바와 같다. 그런데 채무자의 부담이 증가하는 것은 사회 구성원으로서의 채무자보호라는 관점에서 사회적으로도 부담이 증가하는 것을 의미한다. 따라서 민사집행은 채무자의 부담을 조절하고 나아가 그 재산을 효율적으로 이용할 수 있게 하는 집행이 되도록 운영되어야 한다.

02 제 2 장 민사집행총론

제 1 절 집행기관과 절차통칙

1. 의 의

집행기관이란

집행기관이란 민사집행을 실시하는 기관으로, 공권력으로 집행권을 행사하는 국가기관을 말한다. 《참고로 이하의 내용(특히 제1절과 제2절)은 법정책적인 특징을 갖고 있다는 점에서 매우 추상적이고 기술적이라는 점을 염두에 두고 이해하기 바란다》 이러한 집행기관으로 법원과 집행관이라는 2원제가 민사집행법상 채택되어 있다(2조, 3조). 여기서 법원이 집행기관이 되는 것은, 권리관계의 판단을 중심으로 하는 관념적 처분에 적합한 집행의 경우이다. 부동산집행, 선박집행, 채권집행, 대체집행, 간접강제 및 담보집행 등이 이에 해당한다. 또한 후술하듯이 법원이 행하는 직무 중 복잡하고 고도의 법적 판단이 요구되지 않는 사무에 대하여는 2005년의 법개정으로 사법보좌관에게 위임하여 처리하고 있다.

집행관이 집행기관이 되는 경우

반대로 집행관이 집행기관이 되는 것은 현장에 직접 참가하여 실력이 동반된 사실적 행위를 중심으로 한 처분에 적합한 집행의 경우이다. 유체동산집행, 부동산·동산인도의 강제집행이 이에 해당한다. 집행관이 하는 집행처분에 대해서는 법원이 협력하고 감독한다. 특히 스스로 집행처분을 하거나 집행관을 감독하는 집행기관으로서의 법원을 민사집행법상 집행법원이라 부른다.

관할

집행기관의 관할은, 하나의 집행사건 전체에 관해 정해지지 않고 개개의 집행행위별로 정해진다. 따라서 하나의 집행절차에 관하여 서로 다른 집행기관이 관여하는 경우도 발생한다.

2. 집행법원

(1) 의 의

집행법원이란 위에서 본 바와 같이 민사집행에 관한 집행처분을 하는 법원, 집행관의 집행처분에 대한 불복처리나 집행관의 직무에 대한 협력・감독하는 법원을 말한다(3조).

(2) 관 할

1) 서

법원이 직분으로 담당하는 집행행위는 원칙적으로 지방법원의 관할에 속한다(3조 1항. 단독판사가 담당한다[법원조직법 7조 4항]). 단, 후술하는 바와 같이 대체집행이나 간접강제의 경우에는 지방법원 이외의 법원(수소법원)이 집행법원이 되는 경우가 있다. 또한 부동산이나 채권에 관한 보전집행은 당해 명령을 내린 법원이 집행법원이 된다. 이러한 민사집행법이 규정하는 법원의 관할(토지관할을 말하고 사물관할은 제외된다)은 전속관할이다(21조). 그러나 후술하는 바와 같이 토지관할에 위반하는 집행행위는 위법한 것이 되지만 당연무효는 아니다.

2) 토지관할

법원이 집행처분을 하는 경우, 사법보좌관이 대신하는 경우의 소속법원에는 각칙에서 각각의 집행에 따라 규정되어 있다. 그와 같은 규정이 없으면 집행절차를 실시할 곳이나 실시한 곳을 관할하는 지방법원이 토지관할을 갖는다(3조 1항). 따라서 법원이 집행관에 대한 협력과 감독을 하는 경우라면 집행관이 소속하는 지방법원이 관할한다. 또한 시·군법원과 관련된 일정한 사건의 경우에는 당해 시·군법원이 있는 곳을 관할하는 지방법원 또는 지방법원지원이 관할한다는 특례가 규정되어 있다(22조).

법률에 특별히 집행법원이 지정되어 있는 경우는 다음과 같다.

- 재산명시신청의 관할법원(61조 1항)
- 채무불이행자명부 등재신청의 관할법원(70조 3항)
- 재산조회신청의 관할법원(74조 1항)
- 부동산에 대한 강제집행절차의 집행법원(79조)
- 선박에 대한 강제집행절차의 집행법원(173조)
- 법률에 따라 부동산으로 보거나 부동산에 관한 규정이 준용되는 것에 대한 강제집행절차의 집행법원(규칙 41조)
- 자동차에 대한 강제집행절차의 집행법원(187조)
- 채권과 그 밖의 재산권에 대한 강제집행절차의 집행법원(224조)
- 등기 또는 등록을 요하는 그 밖의 재산권에 대한 강제집행절차의 집행법원(규칙 175조 2항)
- 부동산가압류의 집행법원(293조 2항)
- 선박가압류의 집행법원(295조 2항)
- 채권가압류의 집행법원(296조 2항)

단, 위와 같은 관할 중 재산명시신청만은 집행법원이 담당하고 나머지는 모두 아래에서 보는 바와 같이 사법보좌관이 담당한다.

3) 직무관할

집행법원의 직무관할에 대하여는 다음과 같이 규정되어 있다.

① 집행행위에 관한 처분에 대한 직무의 관할

- 부동산, 선박, 등록자동차, 건설기계, 항공기에 대한 금전채권의 집행(78조, 172조, 187조. 단, 이하에서 보는 바와 같이 사법보좌관이 담당)
- 채권과 그 밖의 재산권에 대한 금전채권의 집행(223조. 단, 이하에서

보는 바와 같이 사법보좌관이 담당)

- 동산에 대한 집행에서의 배당절차(252조. 단, 이하에서 보는 바와 같이 사법보좌관이 담당)
- 물건의 인도를 목적으로 하는 집행에서 제3자가 목적물을 점유하고 있는 경우의 집행(259조)
- 채권, 그 밖의 재산권, 부동산, 선박, 등록자동차, 건설기계 및 항공기에 대한 가압류·가처분의 집행(291조, 293조, 296조, 301조. 단, 이하에서 보는 바와 같이 사법보좌관이 담당)

② 집행행위에 관한 협력에 대한 직무의 관할

- 국군의 원조요청(5조 3항)
- 공휴일·야간집행의 허가(8조 1항)
- 집행에 관한 이의신청에 대한 재판(16조)
- 급박한 경우의 집행의 정지 또는 속행에 관한 잠정처분(46조, 48조)
- 집행에 관한 특별대리인의 선임(52조 2항)
- 압류금지물건을 정하는 재판(196조)
- 유체동산의 특별현금화명령(214조. 단, 이하에서 보는 바와 같이 사법보좌관이 담당)
- 부동산인도청구에 관한 집행에서 집행의 목적물이 아닌 동산의 처분의 허가(258조 6항)

(3) 절 차

집행기관의 절차는 개개의 집행절차에 맞게 그 상세한 내용이 민사집행법에 마련되어 있다. 그러한 규정이 없다면 민사소송법 규정이 준용된다(23조). 나아가 집행법원의 절차에 관한 총칙적 규정이 민사집행법과 민사집행규칙에 정해져 있고, 그 내용은 다음과 같다.

1) 신청방식

민사집행의 신청은 서면으로 하여야 한다(4조). 집행의 신청이란 민사집행절차의 개시를 요구하는 기본적인 신청을 말한다. 그 외의 부수적인 신청이나 절차 내에서의 신청은 특별한 규정이 없는 한 서면이 아닌 구술로도 가능하다. 집행의 신청을 하는 당사자(채권자)는 이 때 비용도 예납하여야 한다(18조). 또한 당사자는 원칙적으로 절차종료시까지 집행신청을 취하할 수 있다(23조에 의한 민사소송법의 준용과 93조 등 참조).

2) 심리 및 재판

① 임의적 변론

집행법원이 하는 재판에서는 통상의 소송에서와 같이 필요적 변론(민소법 134조 1항 본문)이 요구되지 않고 임의적 변론으로서 변론을 거치지 않을 수 있다(3조 2항). 이에 따라 재판의 형식은 결정이다. 단, 여기서 말하는 재판이란 민사집행절차에서의 재판을 말한다. 따라서 제3자이의의 소 및 배당이의의 소는 집행법원의 관할이지만(48조 2항, 156조), 민사집행절차에서의 재판이 아니기 때문에 통상의 소송사건에서와 같은 절차로 처리된다.

한편 집행법원이 하는 재판에서의 심리방법에 대하여는, 대립당사자가 없는 경우는 어쩔 수 없지만 당사자가 대립하는 경우라면, 당사자심문 뿐만이 아니라 변론을 열어 당사자의 증거신청을 받아 증인신문을 하여야 한다는 주장도 없지 않다. 그러나 권리를 확정하는 통상의 소송절차와 달리 신속한 권리실현이 요구되는 집행절차에서는, 절차의 신속한 운영을 위해 임의적 변론을 기조로 하면서 당사자 그 밖의 이해관계인 등에 대한 최소한도의 심문의 기회를 보장하는 것으로 충분할 것이다.

② 심 문

집행법원이 재판 그 밖에 집행처분을 할 때에는 필요에 따라 이해관계인이나 참고인을 심문할 수 있다(규칙 2조). 민사집행법에서 말하는 심문은 집행법원에서 하는 재판에 한하지 않고, 재판이라 할 수 없는 집행처분(예를 들면 부동산의 현황조사[85조], 평가서의 작성[97조])시에도 이용할 수 있다. 이해관계인이나 참고인 등이라는 규정에서 보듯이 심문의 대상도 당사자는 물론 그 외의 자도 넓게 포함된다(단, 예외로 후술하는 149조 2항). 결국 집행절차상의 심문은 소송절차에서 말하는 신문과 달리 비정형적인 증거조사 또는 사실조사의 방식이라는 성격을 갖는다고 말할 수 있다.

a) 필요적 심문의 대상

한편 예외적으로 임의적 변론임에도 반드시 심문을 하여야 하는 경우가 있다. 예를 들면, 집행법원이 추심명령에서 채무자의 신청에 따라 압류액수를 제한할 때의 압류채권자(232조 1항), 집행법원이 채권자의 신청에 따라 압류채권에 대한 특별한 현금화방법을 허가하는 결정을 할 때의 채무자(241조 2항), 수소법원이 대체집행과 간접강제의 결정을 할 때의 채무자(262조), 강제관리에서 관리인을 해임할 경우의 관리인(167조 3항)은 반드시 심문하여야 한다.

b) 원칙적 심문

임시의 지위를 정하는 가처분을 명하는 재판을 하려면, 다음과 같은 예외가 없는 한 원칙적으로 변론기일 또는 채무자의 심문기일을 열어야 한다(304조 본문). 즉 그 기일을 열어 심리하면 가처분의 목적을 달성할 수 없는 사정이 있는 때가 아닌 경우이다(같은 조 단서).

c) 심문의 제한

반대로 배당표 확정절차에서는 절차의 신속한 진행이라는 요청과 배당이의소송이 허용되고 있는 점 등에 비추어, 출석한 이해관계인과 배당을 요구한 채권자에 한하여만 심문할 수 있다(149조 2항).

d) 심문의 금지

또한 채권 등에 대한 압류명령을 함에 있어서는 사전에 채무자나 제3채무자를 심문할 수 없다(226조). 그러한 사실이 미리 알려지면 책임재산을 확보하기 어렵기 때문이다.

3) 조서의 작성

집행법원에서 기일을 열면 법원사무관등은 그 조서를 작성해야 한다(10조 참조). 이 조서에 대해서는 민사소송법이 준용된다(23조).

4) 재판의 고지

집행법원의 재판은 결정으로 내려지므로 이를 상당한 방법으로 고지해야 한다(민소법 221조). 단, 예외적으로 채권 및 그 밖의 재산권에 대한 압류명령, 추심명령, 전부명령, 관리명령, 양도명령 등은 채무자 및 제3채무자에게 송달하여야 하고, 부동산강제경매개시결정, 강제관리개시결정은 채무자에게 송달하여야 한다.

아울러 외국으로 송달이나 통지를 하는 경우라면, 국내에 송달이나 통지를 받을 장소와 영수인을 정하여 상당한 기간 이내에 신고하도록 명할 수 있고(13조 1항), 그러한 신고가 없으면 그 이후의 송달이나 통지를 하지 아니할 수 있다(13조 2항). 외국으로 최초의 송달이나 통지를 할 때에는 그 서류에 위와 같은 취지를 적어야 한다(규칙 10조). 채무자가 있는 곳이 분명하지 아니한 때에도 송달이나 통지를 하지 아니할 수 있다(12조).

5) 공고 및 공시

집행절차의 공고는 공고사항을 기재한 서면을 법원의 게시판 그 밖의 법원내의 공중이 보기 쉬운 장소에 게시하여 한다(규칙 11조). 공고를 보충하기 위해, 경우에 따라서는 공고사항의 요지를 일간신문에 게재하는 등의 방법에 의한 공시도 행해진다(규칙 11조).

6) 송달의 특례

송달에 관해서는 전술하였듯이 집행절차의 지연을 방지하기 위한 특례가 정해져 있다(12조, 13조). 나아가 법원에 집행에 관한 신청이나 신고를 한 사람 또는 법원으로부터 서류를 송달받은 사람이 송달장소를 바꾼 때에는, 그 취지를 법원에 바로 신고하여야 한다(14조 1항). 신고를 하지 않으면 종전의 송달장소에 등기우편방법으로 발송할 수 있고 발송시에 송달의 효력이 발생한다(14조 2항, 3항).

7) 최고와 통지

민사집행에서 하는 최고는 집행법원의 이름으로 하거나(253조) 집행법원의 법원사무관등이 자신의 이름으로 한다(84조 4항). 최고는 특별한 규정이 없는 한 상당하다고 인정되는 방법으로 할 수 있다(규칙 8조 1항. 그 밖에 규칙 8조 2항, 3항 참조). 한편 통지는 집행법원이 집행관 또는 법원사무관 등에게 그 이름으로 하게 할 수 있다(그 밖의 통지절차에 관한 것을 포함하여 규칙 8조 4항, 5항 참조).

8) 기록의 열람 등

집행법원이 하는 민사집행에서의 기록의 열람 등에 대해서도 특칙이 있다(9조). 즉 민사소송과는 달리 열람권은 이해관계자에 국한된다. 그러나 반면으로 이해관계자의 구체적 범위는 어떻게 정해지는지가 문제된다(후술 이해관계자 부분 참조).

9) 원조요청

민사집행을 실시하기 위해 필요한 경우에는, 그것을 담당하는 주체가 집행법원인지 또는 집행관인지의 여부에 관계없이, 집행법원은 공공기관에 원조를 요청할 수 있다(20조). 집행관도 이와 별도로 경찰 또는 국군의 원조를 요청할 수 있다(5조 2항).

3. 사법보좌관

(1) 의 의

사법보좌관의 취지

사법보좌관이란, 법원의 업무폭증으로 인하여 법관의 업무부담이 과다하게 됨에 따라 보다 사법 인력을 효율적으로 활용하기 위하여, 실질적 쟁송에 해당하지 아니하는 부수적인 업무와 공증적 성격의 사법업무 등에 대하여 처리권한이 부여된 자를 말한다. 사법보좌관은 상당한 경력과 능력을 갖춘 자로서, 법원사무관 또는 등기사무관 이상 직급으로 5년 이상 근무한 자, 법원주사보 또는 등기주사보 이상 직급으로 10년 이상 근무한 자 중 대법원규칙이 정하는 자가 임명된다(법원조직법 54조 4항).

법원의 감독

사법보좌관이 행하는 민사집행법상의 직무는 다음에서 자세히 다루는 바와 같이, 집행문부여명령절차, 채무불이행자명부 등재절차, 재산조회절차, 부동산에 대한 강제경매절차, 자동차·건설기계에 대한 강제경매절차, 유체동산에 대한 강제경매절차, 담보권실행 등을 위한 경매절차, 제소명령절차, 가압류·가처분의 집행취소신청절차에서의 법원의 사무 중 대법원규칙이 정하는 것이다(법원조직법 54

조 2항 2호). 법원은 사법보좌관의 업무수행을 감독하게 되고, 예를 들어 사법보좌관의 처분에 대하여는 대법원규칙이 정하는 바에 따라 법관에 대하여 이의신청을 할 수 있다(법원조직법 54조 3항). 불복처리방법을 구체적으로 본다면, 즉시항고를 할 수 없는 것은 법 16조의 집행에 관한 이의로(사보규 3조), 즉시항고를 할 수 있는 것은 먼저 이의신청을 사법보좌관에게 하고 사법보좌관은 이를 소속법원의 판사에게 송부하여 당해 판사가 처리한다(사보규 4조. 판사가 이의신청을 받아들이지 않으면 즉시항고를 한 것이 되고 항고심에 송부하여 처리된다). 그 밖에 사법보좌관이 작성한 배당표에 대하여는 사법보좌관에게 이의신청을 하고, 이에 대해 사법보좌관은 법 152조에 의해 스스로 처리하고, 만일 그것이 불가능하다면 소속법원 판사에게 이의신청을 송부하여 당해 판사가 처리한다(사보규 5조).

(2) 직 무

사법보좌관규칙 2조 1항 4호 내지 16호가 규정한다. 이에 의하면 다음과 같은 법원의 사무가 사법보좌관의 직무이다.

• 4호의 집행문부여명령에 관한 법원의 사무(32조, 35조).

• 5호의 채무불이행자명부 등재절차에서의 법원의 사무(70조 내지 73조).

• 6호의 재산조회절차에서의 법원의 사무(74조, 75조 1항).

• 7호의 부동산에 대한 강제경매절차 및 같은 법 제187조의 규정에 따른 자동차·건설기계에 대한 강제경매절차에서의 법원의 사무(78조 내지 162조. 단, 경매개시결정에 대한 이의신청에 대한 재판[86조], 부동산의 인도명령 및 관리명령[136조]은 제외한다).

• 8호의 압류물의 인도명령(193조) 및 특별현금화명령(214조)에 관한 법원의 사무.

• 9호의 채권과 그 밖의 재산권에 대한 강제집행절차에서의 법원의 사무(223조 내지 251조. 단, 채권추심액의 제한허가[232조 1항 단서], 특별현금화명령[241조 1항], 압류금지채권의 범위변경[246조 2항, 3항]은 제외한다).

• 10호의 배당절차에 관한 법원의 사무(252조 내지 256조).

• 11호의 부동산을 목적으로 하는 담보권의 실행을 위한 경매절차(264조 내지 268조)와 자동차·건설기계를 목적으로 하는 담보권의 실행을 위한 경매절차(270조)에서의 법원의 사무(단, 위 7호의 민사집행법의 규정이 준

용되는 사무를 제외한다).

• 12호의 유체동산, 채권과 그 밖의 재산권을 목적으로 하는 담보권의 실행절차에 관한 법원의 사무(271조 내지 273조) 중 위 8호 내지 10호의 민사집행법의 규정이 준용되는 사무(단, 9호의 예외적인 사무를 제외한다).

• 13호의 유치권 등에 의한 경매절차에서의 법원의 사무(274조) 중 11호 및 12호의 민사집행법의 규정이 준용되는 사무(단, 7호와 8호의 예외적인 사무를 제외한다).

• 14호의 7호 내지 9호 · 11호 내지 13호의 규정에 따른 집행절차에서의 법원의 사무 중 집행의 정지 및 제한(49조), 집행처분의 취소 및 일시유지(50조), 경매절차의 정지 및 경매절차의 취소 · 일시유지(266조[또한 270조 · 272조 및 274조 1항의 규정에 따라 준용되는 경우를 포함]).

• 15호의 본안의 제소명령(287조 1항[301조, 가사소송법 63조의 규정에 의하여 준용되는 경우를 포함]).

• 16호의 가압류 · 가처분집행의 취소에 관한 법원의 사무(가사소송법 63조의 규정에 의하여 준용되는 경우를 포함).

4. 수소법원

수소법원은 예외적으로 집행기관이 된다.

직무관할로는, 집행기관으로서 행하는 것으로서 대체집행(260조)과 간접강제(261조)는 제1심 수소법원이 판단한다. 집행공조기관으로 행하는 것으로서 외국에서의 강제집행시 제1심 수소법원이 채권자의 신청에 따라 공조 또는 강제집행을 촉탁한다.

수소법원이 집행기관으로서 담당하는 사건도 재판은 판결이 아닌 결정으로 한다. 즉 임의적 변론으로 진행된다. 단, 수소법원이 대체집행과 간접강제에 관한 재판을 할 때에는 채무자를 미리 심문하여야 하고(262조), 위 재판에 대하여는 즉시항고를 할 수 있다(260조 3항, 261조 2항).

5. 집행관

(1) 서

1) 의 의

집행관은 관서로서의 지방법원에 소속하고 법률이 정한 바에 따라 재판의 집행, 법원이 발부하는 문서의 송달 그 밖의 사무를 행하는 독립된 국가기관이다. 단독제로서 실질적 의의에서의 공무원인 집행관으로 구성된다(법원조직법 55조, 집행관법 2조). 그러나 집행관은 수수료를 그 수입원으로 하고 국가로부터 급여를 받지 않는다(법원조직법 55조). 집행관은 원래 '집달리'라는 호칭으로 설치되고 그 후 다시 '집행리'라는 이름으로 불리다가, 집행관법의 성립으로 지금의 명칭과 제도가 되었다.

2) 임명과 지위

임명

집행관은 10년 이상 법원주사보, 등기주사보, 검찰주사보 또는 마약수사주사보 이상의 직에 있던 자 중에서 소속 지방법원장이 임명하고, 소속 지방법원이 정하는 법원에서 다른 법원직원과 같이 근무한다. 사무분배도 소속 지방법원이 정하는 바에 의한다(법원조직법 55조, 집행관법 2조, 3조). 집행관의 정년은 61세이고 임기는 4년으로 연임할 수 없다(집행관법 4조).

지위

집행관은 소속 지방법원(또는 지원)의 감독을 받고(집행관법 7조), 일정한 경우에 집행법원의 감독을 받지만, 민사집행의 집행처분은 자신의 판단과 책임 하에 실시한다. 즉 집행관은 독립한 국가(사법)기관이다. 따라서 집행관이 고의 또는 과실로 위법하게 타인에게 손해를 미친 때에는 국가가 그 배상책임을 진다(국가배상법 2조). 또한 일정한 경우 직무의 집행으로부터 제척되어 당해 집행사건을 취급할 수 없는 경우가 있다(집행관법 13조. 제척사유가 있는 집행관이 한 집행행위는 제척의 재판을 거칠 필요 없이 집행절차 내에서 무효가 아닌 집행에 관한 이의신청으로 신속히 취소의 여부를 판단하는 것이 타당하다). 그러나 집행관은 집행을 요구한 채권자와 사법상의 위임관계에 서는 것도, 그 대리인이 되는 것도 아니다.

집행관은 소속 지방법원 관할구역 안에서 지방법원장(또는 지원장)이 지정한 곳에 사무소를 설치하여야 한다(집행관법 8조). 지원 소재지에 집행관이 없으면 출장소의 설치를 명하거나 지방법원 및 지원의 법원사무관 등이 집행관의 직무를 대행하게 할 수 있다(집행관법 11조).

3) 수수료제도

집행관은 공무원이지만 국가로부터 급여를 받지 않고, 원칙적으로 법정의 수수료를 그 수입원으로 하고 있다(집행관법 19조 1항). 이러한 집행관의 수수료제도는 집행관법이 개정되었음에도 불구하고 변경됨이 없이 계속되고 있다. 집행관과 당사자 사이의 정실 등에 의해 명료하지 않고 공정하지 않은 직무수행이 이루어진다는 우려도 있었지만, 개개의 집행을 담당하는 집행관의 직무의욕을 유발시킬 필요가 있다는 현실적 필요성에서 유지된 것이다. 수수료의 구체적 내용은 집행관수수료규칙이 규정한다. 집행관은 모든 사무를 담당함에 있어 수수료 그 밖의 비용의 개산액(概算額)을 위임자에게 예납시킬 수 있고, 예납하지 아니한 때에는 위임에 응하지 않을 수 있다.

(2) 관 할

1) 직무관할

집행관이 담당하는 사무는 민사소송법, 민사집행법 그 밖의 법령에서 집행관이 다루는 것으로 된 사무와, 민사집행법의 규정에 의한 민사집행에 관련된 사무로서 재판에서 집행관이 다루는 것으로 된 것이다. 이러한 사무는 주로 사실행위를 필요로 하는 집행처분으로 다음의 것이 있다(직무관할에 위반한 집행관의 집행행위는 무효이다).

a) 독립한 집행행위

- 유체동산에 대한 압류집행(189조)
- 유체동산에 대한 가압류집행(296조)
- 동산인도청구의 집행(257조)

• 부동산, 선박 등의 인도청구의 집행(258조)
• 담보권실행 등을 위한 동산의 경매(272조, 274조)
• 명도단행가처분 등 일정한 내용의 가처분의 집행(301조, 296조, 305조)

b) 집행법원이 하는 민사집행 사무의 일부를 보조적으로 다루는 것

• 지시증권상의 채권 압류에서의 증권의 점유(233조)
• 채권압류에서의 채권증서의 취득(234조 2항)
• 유체동산에 관한 청구권에 대한 집행에서의 목적물의 수령 및 현금화(243조 1항, 3항)
• 그 밖의 재산권에 대한 집행에서의 그 재산권의 매각 등의 방법에 의한 현금화(251조 1항)
• 부동산의 강제경매, 강제관리, 담보권실행 등을 위한 경매에서의 목적물의 현황조사(85조, 163조, 268조, 274조)
• 부동산, 선박, 자동차 등의 강제경매, 담보권실행 등을 위한 경매에서의 매각의 실시(107조, 112조, 172조, 187조, 268조, 269조, 270조, 274조)
• 부동산 강제관리에서의 관리인의 부동산점유시의 보조(166조 2항)
• 매각된 부동산의 인도명령의 집행(136조 6항, 268조, 274조)
• 수권결정에 의한 대체집행(민법 389조 2항)

2) 토지관할

집행관의 토지관할은 직무집행구역으로서 소속 지방법원의 관할구역에 한정된다(법원조직법 55조, 집행관법 8조). 따라서 집행처분의 대상인 물건의 소재지를 표준으로 정해진다. 만일 집행개시 후 법원의 관할구역이 변경되어도 종전 법원소속의 집행관이 집행을 속행한다(집행관법시행규칙 4조 1항). 이 경우의 감독법원은 그 집행관이 소속한 지방법원이다. 토지관할을 위반한 집행관의 집행행위는 집행에 관한 이의신청(16조 1항)으로 다툴 수 있다.

(3) 집행관의 직무절차

1) 집행의 신청 등

신청의 방식 등

채권자는 관내의 집행관 중 누구에게라도 집행의 위임을 할 수 있다. 이것은 민법상의 위임과는 다른 집행의 개시를 구하는 신청이다. 이를 위해서는 다음과 같은 요건이 필요하다(39조, 40조, 41조, 42조). 채권자는 소송능력자이어야 하고, 대리인이 있는 경우에는 그 권한을 서면으로 증명하여야 한다. 집행관에 대한 집행신청도 서면으로 하여야 하고(4조), 집행력 있는 정본과 집행개시의 요건을 충족하였음을 증명하는 서면을 첨부하여야 한다.

집행관의 처리

집행관은 집행신청에 대해 그 요건을 조사하여 형식적 요건이 구비되어 있으면 정당한 사유(관할의 부존재, 제척원인의 존재, 비용의 미납 등)없이 위임을 거절할 수 없고(집행관법 14조), 흠결이 있으면 그 보완을 요구할 수 있다. 이 보완이 없으면 집행신청을 거절할 수 있는데, 이에 대해 당사자는 후술하는 집행에 관한 이의신청을 할 수 있다. 당사자는 집행종료 전 언제든지 집행신청을 취하할 수 있지만, 반대로 집행관은 정당한 사유 없이 직무집행을 그만 둘 수 없다.

집행관의 권한

위임을 받은 집행관은 집행기관으로서 독립하여 자신의 책임과 판단으로 법규에 따라 그 권한을 행사하고, 채권자의 지시에 따를 필요는 없다. 즉 집행관은 채권자의 대리인이 아니지만, 법률은 집행관에게 특별한 실체적 권한을 인정한다(42조 1항). 한편 집행관이 채권자로부터 특별한 위임을 받은 때에는, 화해, 변제의 연기, 대물변제의 수령 등 법 42조 1항에 규정되지 않은 행위를 할 수 있다는 해석도 있다. 집행의 원활화와 신속화를 도모할 필요가 있기 때문인데, 이 경우에 집행관은 채권자의 임의대리인이 된다고 해석(실무제요 1-31)[1]된다. 그러나 반대로 현행제도 상으로는 부정해야 할 것이라는 입장도 있다. 채권자의 임의대리인이라고 한다면 공무원인 집행관이 마치 사법상의 대리권을 부여받는 형태가 되어 공무원의 지위와 어울리지 않다는 점에서 부정하는 것이 타당하다고 생각한다.

---

1) 김홍엽, 23면; 박두환, 34면.

2) 직무의 수행

집행관은 집행신청을 받으면 신청인이 통지가 필요 없다는 취지의 신고를 하지 않는 한, 집행을 개시하는 일시를 정하여 신청인에게 통지하여야 한다(규칙 3조 1항). 위 일시는 특별한 사정이 없는 한 신청일로부터 1주일 내이어야 한다(규칙 3조 2항). 공휴일과 야간에는 집행법원의 허가가 있어야 집행행위를 할 수 있다(8조 1항). 허가신청은 집행관이나 채권자가 한다. 허가 없이 공휴일이나 야간에 한 집행행위에 대해서는 집행에 관한 이의를 할 수 있다.

집행관은 집행행위 시 신분증 및 집행력 있는 정본을 소지해야 하고, 관계인이 요청하면 이를 제시해야 한다(43조 2항). 집행관은 집행 시 채무자가 집행권원에 표시된 자인가, 재산이 채무자의 소유이고 점유하고 있는가를 조사한다. 또한 필요한 경우에는 채무자의 주거나 창고 그 밖의 장소를 수색하고 잠근 문과 기구를 여는 등 적절한 조치를 할 수 있다(5조 1항). 만일 집행 시에 저항을 받으면 경찰 또는 국군의 원조를 청구할 수 있다(5조 2항). 집행관은 집행 시에 저항을 받거나 채무자의 주거에서 집행을 실시하려는데, 채무자나 사리를 분별할 지능이 있는 그 친족이나 고용인을 만나지 못하면, 일정한 자를 증인으로 참석하게 해야 한다(6조).

3) 영수증 등의 교부

집행관은 임의변제나 그 밖의 이행을 받은 때에는 영수증서를 교부하고, 집행력 있는 정본에 그 사유를 덧붙여 적으며, 채무자가 그 의무를 완전히 이행한 때에는 집행력 있는 정본을 채무자에게 교부하여야 한다(42조 1항). 제3자도 민법 469조에 해당하지 않는 한 변제할 수 있는데, 이 때 집행관이 이를 수령하면 전술한 것처럼 그 제3자에게 영수증서를 교부하여야 한다. 만일 제3자가 의무를 완전이행하면 집행력 있는 정본을 누구에게 교부해야 하는지에 대해서는, 채무자에게 교부해야 한다는 입장과 변제한 제3자에게 교부해야 한다는 입장[2]이 있다.

---

2) 주석민사집행법Ⅱ-225.

4) 집행조서의 작성

집행관은 각 집행행위에 관하여 집행조서를 작성하여야 한다(10조 1항). 집행조서의 기재사항에 관해서는 법 10조 2항과 3항에 규정이 있다. 집행조서의 증거력이 변론조서의 경우와 동일한가에 대해서는 적극설과 소극설이 있는데, 판례는 매각기일에서의 절차가 적법하게 행하여졌는지의 여부는 매각기일조서의 기재에 의하여서만 이를 증명할 수 있다고 하여, 적극설의 입장을 취하고 있다(대결 1982.12.17, 82마577).[3] 집행조서는 집행기록의 일부로서 가철되어 5년간 보전되며, 이해관계인은 집행관에게 신청하여 이를 열람하고 등본을 교부받을 수 있다(9조, 집행관법시행규칙 28조, 32조).

5) 최고와 통지

집행관이 최고나 통지를 하여야 하는 경우에는, 말로 하고 이를 조서에 적어야 한다(11조 1항. 단, 특별한 규정이 있으면 예외이다). 말로 할 수 없으면 조서의 등본을 송달하면 된다(11조 2항). 채무자가 외국에 있거나 있는 곳이 분명하지 않으면, 집행행위에 속한 송달이나 통지를 하지 아니하여도 된다(12조). 만일 최고나 통지를 받을 자가 제한능력자이면 법정대리인에게 최고나 통지를 한다.

6) 집행실시에 대한 불복신청

집행관의 집행처분 그밖에 집행관이 지킬 집행절차에 대하여 불복이 있거나, 집행관이 집행을 위임받기를 거부하거나 집행행위를 지체하는 경우 또는 집행관이 계산한 수수료에 대하여 다툼이 있는 경우, 당사자 또는 이해관계인은 집행법원에 대하여 후술하는 집행에 관한 이의를 할 수 있다(16조). 단, 집행관이 독립한 집행기관이 아닌 집행법원 또는 수소법원의 보조기관으로서 행동한 경우(부동산매각기일의 실시, 경매부동산의 현황조사 등)에는 집행관의 처분에 대해 직접 이의신청을 할 수 없고, 집행법원이나 수소법원에 대한 이의신청으로 다투어야 한다.

---

3) 반면으로 소극설을 취하는 것은 강대성, 77면; 이시윤, 59면; 박두환, 38면.

(4) 집행보조자 등

집행관이 아닌 자도 집행법원의 명령에 의해 민사집행에 관한 직무를 행하는 경우가 있다. 즉 감정인(97조), 강제관리의 관리인(166조), 선박의 감수, 보존인(178조) 등이다. 이러한 집행보조자는 직무의 집행시 저항을 받으면 집행관의 원조를 요구할 수 있다(7조). 또한 대체집행시의 수권결정을 집행하는 자(민법 389조 2항)도 있고, 이 경우에도 집행 시 저항을 받으면 집행관에게 원조를 요구할 수 있다.

6. 그 밖의 집행기관

그 밖에 부동산가압류의 집행에 관하여는 등기관이 집행기관이 된다. 처분금지가처분의 경우에도 같다. 반대로 등기를 명하는 판결에 기하여 등기부에 기입하는 것은 광의의 집행이지만, 고유의 집행이 아니므로 그 등기관이 집행기관이 되는 것은 아니다.

제 2 절 집행당사자와 관련자

1. 집행당사자

(1) 의 의

민사집행절차는 판결절차와 같이 대립당사자의 관여를 기본구조로 하는 소송형태로 진행된다. 즉 집행기관 이외에 민사집행을 구하는 자와 이를 받는 자를 각각 대립하는 절차의 주체로 하고, 집행절차는 이들 각 주체가 하는 행위의 유기적 연속에 의해 형성·진행된다. 대립당사자의 호칭은 일정하지 않지만, 일반적으로 집행을 구하는 자를 채권자(압류채권자, 배당요구채권자), 그 상대방을 채무자 또는 소유자라고 하고, 나아가 신청인과 상대방(피신청인)으로 불리는 일도 있다. 결국 채권자와 채무자란 원고와 피고에 대응하는 절차법상의 명칭이다.

(2) 당사자능력

판결절차에서의 당사자능력과 같다(23조).

(3) 소송능력

소송능력에 대해서도 민사소송법이 준용된다(23조). 채권자는 집행의 신청이나 배당신청을 하는 관계로 항상 소송능력이 요구된다. 반대로 채무자는 집행을 수인해야 하지만 반드시 집행에 관련된 행위를 적극적으로 하는 것이 아니므로, 그 한도에서는 소송능력이 필요 없다(예를 들면 집행관의 사실처분으로 행해지는 유체동산집행). 그러나 재판의 수령 또는 고지를 받거나(83조 4항, 163조, 227조 2항) 심문의 대상이 되는 경우(241조 2항, 262조), 그 밖에 채무자의 협력이 필요한 경우나 채무자가 적극적으로 즉시항고 또는 집행법상의 이의를 하는 경우에는 소송능력이 필요하다.

(4) 집행당사자의 확정

구체적인 집행절차에서 실제로 집행당사자가 되는 것이 누구인지는, 강제집행에서는 집행력 있는 집행권원의 정본(집행문)의 표시에 의해 확정된다. 즉 집행당사자는, 집행문의 부여를 필요로 하는 집행권원에 의한 집행에서는 집행문의 부여에 의해 확정된다(39조). 담보집행에서는 담보권의 존재 내지 승계를 증명하는 법정문서 등과 일체를 이룬 경매신청서의 표시에 의해 확정된다.

(5) 집행당사자적격

특정 청구권 또는 담보권의 집행에서 채권자 또는 채무자가 될 수 있는 자격을 집행당사자적격이라 한다. 강제집행에서는 기본이 되는 집행권원의 집행력의 주관적 범위(후술)에 의해 정해지고(25조), 집행문부여시에 조사하게 된다. 담보집행에서는, 채권자는 담보권자 또는 그 승계인이어야 하고 채무자는 담보물의 소유자 그 밖의 권리귀속자이어야 한다.

(6) 집행개시 전후의 적격자의 변동

1) 개시 전

새로 적격을 취득한 자를 위해 또는 그 자에 대하여 승계집행문이 필요하다(31조. 보전처분의 집행의 경우에도 같다. 292조 1항, 301조).

2) 개시 후

집행당사자적격의 승계

집행개시 후 채권자 또는 채무자에게 당사자적격의 승계가 있는 경우에는, 집행의 속행을 구하는 채권자는 승계집행문이 부여된 집행권원 정본의 제출 등 당사자변경의 절차를 취해야 한다(규칙 23조 1항). 같은 조문은 채권자의 승계만을 규정하지만, 채무자의 승계의 경우에도 원칙적으로 동일하게 해석하여야 한다. 집행절차에서는 판결절차와 달리 당연승계나 절차의 정지가 없기 때문이다. 승계인이 집행의 속행을 구하려면 법 31조에 규정된 승계집행문이 붙은 집행권원의 정본을 제출하여야 하고, 법원사무관등은 당해 정본이 제출되었다는 취지를 채무자에게 통지하여야 한다(규칙 23조 2항).

채무자의 사망

한편 채무자 사망의 경우(법인의 합병을 포함)에 대해서는 민사집행법에 특칙이 있는데, 강제집행의 경우에는 집행절차의 신속한 진행을 위해 승계집행문이 필요하지 않고 그대로 집행을 속행할 수 있다. 상속인의 상속승인의 전후를 불문하지만, 채무자의 관여가 필요한 개별 행위(채무자에 대한 압류 또는 배당요구의 통지[189조 3항, 219조], 채무자에 대한 경매개시결정이나 압류명령의 송달[83조 4항, 227조 2항] 등)는 상속인이나 그 외의 상속재산관리인 또는 유언집행자 등의 대리인의 승인이 필요하다(담보집행에서도 이에 준한다[275조]). 따라서 이 경우에 상속인의 존재 또는 소재가 불명이면 상속재산 또는 상속인을 위해 특별대리인이 선임된다(52조). 또한 논란이 없지 않지만 속행시의 집행의 대상은 기존의 상속재산이고 그 밖의 상속재산은 해당되지 않는다.[4)]

그 밖에 신탁재산에 대한 집행개시 후 수탁자의 변경이 있으면 신수탁

4) 강대성, 88면; 김홍엽, 31면; 이시윤, 84면.

자에 대해 집행을 속행할 수 있고(신탁법 27조), 선장에 대한 판결로 선박을 압류한 후 선박의 소유자나 선장의 변경이 있어도 집행절차가 속행된다(179조 2항).

2. 대리인

민사집행에서도 당사자는 대리인을 이용할 수 있다. 집행법원이나 수소법원에서 하는 절차에서는 원칙적으로 변호사가 아니면 대리인이 될 수 없다(23조 1항, 민소법 87조). 그러나 집행법원이나 수소법원이 단독판사일 경우에는 법원의 허가를 받아 예외적으로 일정한 자가 대리인이 될 수 있다(23조 1항, 민소법 88조, 민소규칙 15조 2항). 또한 집행관이 하는 절차에서는 대리인의 자격에 대해 제한이 없다. 집행법원이나 수소법원의 집행절차에서는 민사소송의 예에 의한다(실무제요 1-171). 그 밖에 법무사는 민사집행법에 의한 경매사건에서의 재산취득에 관한 상담, 매수신청 또는 입찰신청의 대리를 할 수 있다(법무사법 2조 5호 참조).

3. 이해관계자

민사집행은 사인(상대방)의 재산을 대상으로 행해지므로, 집행개시 전부터 그 재산에 대해 권리관계가 있는 자, 집행의 과정에서 압류·현금화 내지 그에 부수하는 처분 또는 현금화된 이후의 금전의 교부 내지 배당 등에 관련하여 이해관계를 갖는 자가 있다. 이들 이해관계자는 자신의 이익을 옹호하기 위해 일정한 요건 하에 집행절차에 관여할 수 있다. 예를 들면 통지를 받고(규칙 8조 5항 등), 기록의 열람을 하며(9조 등), 각종의 불복신청을 할 수 있다. 나아가 이해관계자에는 당사자가 포함되는 경우가 있다(9조, 89조, 90조 등).

제 3 절 집행기관의 처분에 대한 불복

1. 서

(1) 위법집행과 부당집행

위법집행이란 집행기관의 집행행위(내지 집행처분을 포함)가 민사집행법 등 절차법규에 위반된 것을 말한다. 이에 비해 부당집행이란 집행법상은 적법하지만 실체법상으로는 위법인 집행, 예를 들어 채권이 없음에도 이루어진 집행을 말한다. 따라서 전자는 형식적 하자가 있는 집행, 후자는 실체적 하자가 있는 집행이라고도 말할 수 있다. 이 양자에 대한 구제방법은 다음에서 보는 바와 같이 구분되어 있고, 이 절에서는 전자만을 다룬다.

위법집행에 대한 구제방법

위법집행에 대해 이해관계인은 즉시항고(15조)와 집행에 관한 이의(16조)에 의해 불복신청을 할 수 있다. 또한 위법집행에 의해 손해를 받은 경우에는 국가에 대해 국가배상을 청구할 수 있고, 채권자에게 고의 또는 과실이 있었던 경우에는 채권자도 손해배상책임을 진다. 아울러 집행기관은 집행행위가 절차법규에 위반한다고 인정하면 직권으로 이를 취소할 수 있다.

부당집행에 대한 구제방법

부당집행에 대해서는 후술하는 집행법상의 구제방법으로서, 채무자에게는 청구이의의 소 또는 담보권부존재확인의 소 등이 있고, 제3자에게는 제3자이의의 소가 있다. 채무자 또는 제3자는 실체법상으로 손해배상청구나 부당이득반환청구도 할 수 있다.

(2) 집행행위의 성립 · 무효 · 취소

법규에 위반한 집행행위의 효력

집행기관의 집행행위가 절차에 관한 법규에 위반된 경우, 즉 그것이 법규가 정하는 일반적인 또는 특별한 요건을 구비하지 않거나 그 방식을 위배한 경우, 그 효력의 유무를 일률적으로 정하는 것은 불가능하다. 각각의 규정에 관하여 그것이 효력규정인지 훈시규정인지 나아가 효력규정이라도 절대적인 강행규정인지의 여부를 고려하여 판단하게 된다.

집행행위의 획일성

국가작용의 하나인 집행행위는 집행기관이 외관상 집행행위라고 인정되는 행위를 한 때에 성립한다. 이러한 집행법원의 집행행위에 대하여는, 신속하고 경제적인 처리를 위해 처리방법의 획일성이 요청되기 때문에, 원칙적으로 이것을 전적으로 무시할 수 있다는 의미에서의 당연무효는 인정되지 않는다. 반대로 집행관의 집행행위에 대하여는 특별히 중요한 요건, 예를 들면 집행의 본질적 요건(집행력 있는 정본의 흠결 등) 또는 채권자 그 밖의 이해관계인의 보호를 위한 절대적 요건(절대적 압류금지물건의 압류 등)을 흠결한 경우가 아니면 절대적 무효는 인정되지 않는다.

위와 같이 일단 성립된 집행행위는 절차법규의 위배가 있어도 원칙적으로 유효하지만, 당사자 그 밖의 이해관계인은 다음에서 보는 즉시항고나 집행에 관한 이의로써 그 위법을 주장하여 집행행위의 취소를 구할 수 있다. 당사자의 권리를 보호할 필요가 있기 때문이다.

2. 즉시항고

(1) 의 의

즉시항고란 집행절차에 관한 집행법원의 재판에 대한 불복방법을 말한다. 법에 특별한 규정이 있는 경우에만 인정되고(15조), 그 외의 경우에는 후술하는 집행에 관한 이의로써 다투어야 한다(16조). 단, 판례는 예외적으로 재판의 성격에 따라서는 법에 규정이 없더라도 즉시항고를 인정한다(대결 1995.1.20, 94마1961). 즉시항고라는 말에서 알 수 있듯이 민사소송에서의 즉시항고와 마찬가지로 상급법원에 대한 불복신청이고 그 밖의 절차의 내용에서도 유사한 점이 많다(제기기간 등). 그러나 민사집행절차에서 인정되는 불복신청으로서 민사소송에서의 즉시항고와는 다른 차이점도 이하에서 보듯이 적지 않다. 따라서 즉시항고라고 할 때에는 그것이 민사집행에서의 것인지 통상의 민사소송절차에서의 것인지 구별해서 판단하여야 한다.

(2) 즉시항고할 수 있는 재판의 종류(이하는 실무제요 1-68 이하에 의한다)

① 항고이유서 부제출 등을 이유로 한 원심법원의 즉시항고 각하결정(15조 8항)

② 집행절차를 취소하는 결정, 집행절차를 취소한 집행관의 처분에 대한 이의신청을 기각·각하하는 결정 또는 집행관에게 집행절차의 취소를 명하는 결정(17조 1항)

③ 집행비용 미예납으로 인한 강제집행신청 각하 또는 집행절차 취소결정(18조 3항)

④ 재산명시신청을 기각하거나 각하한 결정(62조 8항)

⑤ 이의신청에 의한 명시명령 취소 또는 이의신청 기각결정(63조 5항)

⑥ 명시선서 후에 하는 재산목록 정정 허가 결정(66조 2항)

⑦ 재산명시절차 중 등재신청에 관한 등재결정 또는 기각결정(68조 4항)

⑧ 채무불이행자명부 등재신청에 관한 등재결정 또는 기각결정(71조 3항)

⑨ 채무불이행자명부 등재 말소신청에 의한 말소결정(73조 2항)

⑩ 재산조회를 받고 허위자료를 제출하거나 자료 제출을 거부한 자에 대한 과태료부과결정(75조 3항)

⑪ 강제경매신청을 기각하거나 각하하는 재판(83조 5항)

⑫ 경매개시결정에 대한 이의신청에 관한 재판(86조 3항)

⑬ 후행 경매개시결정에 기초하여 정지된 경매절차의 속행을 구하는 신청에 대한 재판(87조 5항)

⑭ 멸실 등에 의한 부동산강제경매절차의 취소결정(96조 2항)

⑮ 남을 가망이 없는 경우에 하는 부동산강제경매절차의 취소결정(102조 3항)

⑯ 직권으로 매각조건을 변경하거나 새로운 매각조건을 설정하는 재판(111조 2항)

⑰ 부동산훼손의 경우 매각허가결정의 취소신청에 관한 결정(127조 2항)

⑱ 매각허가 여부의 결정(129조 1항, 2항)

⑲ 보증제공을 증명하는 서류를 붙이지 아니한 때에 하는 원심법원의 항고장 각하결정(130조 4항, 5항)

⑳ 부동산의 인도명령 신청과 관리명령 신청에 관한 재판(136조 5항)

㉑ 부동산 강제관리신청을 기각하거나 각하하는 재판(164조 4항)

㉒ 강제관리의 취소결정(171조 3항)
㉓ 선박에 대한 집행신청 전의 선박국적증서 등의 인도신청에 따른 재판(175조 3항)
㉔ 압류선박 또는 항공기에 대한 운행허가결정(176조 3항, 187조, 규칙 106조) 및 자동차, 건설기계에 대한 운행허가결정(187조, 규칙 117조 3항, 130조, 106조)
㉕ 보증제공 등을 이유로 한 선박강제경매절차의 취소신청을 기각한 재판(181조 3항)
㉖ 압류물의 인도결정(193조 5항)
㉗ 압류금지물건의 범위를 정하는 결정과 그 결정을 취소하거나 바꾸는 결정(196조 4항)
㉘ 금전채권의 압류명령신청에 관한 재판(227조 4항)
㉙ 추심명령 또는 전부명령신청에 대한 재판(229조 6항)
㉚ 특별한 현금화 방법으로서 양도명령, 매각명령 또는 관리명령(241조 3항)[5)]
㉛ 압류금지채권의 범위를 정하는 결정과 그 결정을 취소하거나 바꾸는 결정(246조 3항, 196조 4항)
㉜ 인도할 물건이 제3자의 점유에 있는 경우의 인도청구권의 압류명령 및 인도청구권을 넘기라는 명령의 신청에 관한 재판(259조, 227조 4항, 229조 6항)
㉝ 대체집행의 신청 및 대체집행비용 지급명령신청에 관한 재판(260조 3항)
㉞ 간접강제신청에 관한 재판(261조 2항)
㉟ 가압류 · 가처분 신청을 기각하거나 각하하는 결정(281조 2항, 301조)
㊱ 제소명령 불이행을 이유로 한 가압류 · 가처분 취소신청에 대한 재판(287조 5항, 301조)
㊲ 5년간 본안의 소를 제기하지 않았음을 이유로 한 가압류 · 가처분 취소신청에 대한 재판(288조 5항, 301조)
㊳ 해방공탁금의 공탁을 이유로 한 가압류취소결정(299조 3항)
㊴ 매각허가결정이 있는 뒤에 법 49조 2호의 서류가 제출되었음을 이

---

5) 그러한 특별현금화명령 신청에 대한 법원의 기각결정도 포함된다(대결 2012.3.15, 2011그 224).

유로 한 매수인의 매각허가결정취소신청에 관한 결정(규칙 50조 2항) 그 밖에 규칙 44조 5항, 50조 2항, 113조 4항의 결정이 있다.

민사소송법상의 즉시항고

한편 위의 즉시항고가 민사집행법상의 즉시항고가 아닌 민사소송법상의 즉시항고인 경우가 있다. 첫째, ⑧과 ⑨는 집행법원의 집행절차에 관한 재판이 아니다. 단, 집행절차와 관련이 있는 재판이라는 성격상 민소법 447조의 준용은 배제된다(71조 3항 후문, 73조 2항 후문). 둘째, ㉓은 일종의 보전처분이므로 법 15조의 규정이 적용되지 않는다. 셋째, ㉟, ㊱ 및 ㊲은 보전소송에 대한 재판이므로, 법 15조가 말하는 즉시항고가 적용되지 않는다. 단, 신속한 처리를 위해 ㊱과 ㊲의 경우 민소법 447조의 준용이 배제된다(287조 5항, 301조. 288조 5항, 301조. 그 밖에 289조 5항).

위의 재판 중 사법보좌관의 직무인 것에 대해서는 사법보좌관에게 이의신청을 하고, 사법보좌관은 이를 소속법원에 송부한다. 소속법원 판사가 이의신청의 이유가 없다고 판단하면 항고법원에 송부하는데, 이 경우 이의신청은 즉시항고로서 처리하게 된다.

(3) 항고권자

불복할 재판에 의해 불이익을 받는 자가 항고권자이다. 이해관계자나 집행관도 재판의 취소·변경을 구할 이익이 있으면 항고할 수 있다(단, 그것이 없는 항고권자의 채권자가 대위하는 것은 인정되지 않는다). 반대로 상대방은 집행절차가 일종의 비송절차이므로 반드시 정립되는(필요적인) 것이 아니다. 그러나 여기에도 예외가 있는데, 당사자의 이해관계에 밀접히 관련되는 경우에는 재항고의 기회를 부여하기 위해 결정문을 통지하거나 당사자로서 관여시키는 예가 있고(136조, 193조, 227조 등), 항고법원이 상대방을 정할 수 있다는 명문의 규정도 있다(131조 1항).

(4) 절 차

1) 항고장과 항고이유서

항고장의 제출방법

항고인은 반드시 항고장을 원심법원에 제출하여야 한다(15조 2항). 항고장의 기재방법은 기본적으로 민소법상의 즉시항고의 경우(민소법 397조 2항)가 준용된다. 그러나 항고심의 신속한 진행을 위해 항고이유를 항고장에 적지 않은 경우에는, 그 제출로부터 10일 이내에 항고이유서를 제출하여야 한다(15조 3항). 항고이유의 기재방법은 원심재판의 취소 또는 변경의 이유를 구체적으로(규칙 13조 1항), 또한 사유가 법령위반이면 그 법령의 조항 또는 법령에 위반되는 사실을, 예를 들어 그 사유가 사실오인이면 오인에 관계되는 사실을 적어야 한다(규칙 13조 2항).

항고인은 원재판의 고지를 받은 날로부터 1주일의 불변기간 내에 또한 집행절차가 종료되기 전에 항고장을 제출하여야 한다(15조 2항). 만일 항고권자가 재판의 고지를 받아야 할 사람이 아니면 당해 재판의 고지를 받아야 할 모든 사람에게 고지된 날로부터 기산된다(규칙 12조). 1주일이란 기간은 불변기간이다.

항고법원에 직접 제출된 항고장

항고장이 원심법원이 아닌 항고법원에 직접 제출되었다면, 항고법원의 실무처리상 창구지도를 통해 원심법원에 제출하게 하거나, 우송인 때에는 원심법원에 재차 우송하는 것인데, 후자의 경우 기간준수는 항고장이 원심법원에 접수된 때를 기준으로 하여 결정된다는 것이 과거의 판례이다(대결 1984. 4.28, 84마251). 이런 경우 1주일의 불변기간을 지키는 것이 곤란하더라도, 항고법원이 원심법원으로 이송을 하는 것은 부정하여야 할 것이다. 남항고에 의한 집행지연을 방지하고 원재판의 신속한 확정을 도모하여야 하기 때문이다.

2) 원심법원의 처리

즉시항고의 각하

원심법원은 항고장에 이유가 없고 또한 제출일로부터 10일 내에 항고이유서의 제출이 없는 경우, 항고이유서가 규칙13조가 정한 방법으로 기재되지 않은 경우에는, 결정으로 즉시항고를 각하하여야 한다(15조 5항). 즉시항고가 부적법하고 이를 보정할 수 없음이 명백한 때, 예를 들면 즉시항고가 허용되지 않는 재판에 대한 경우에도 마찬가지이다. 항고제기기간 도과 후의 것이라면, 추후보완에 대한 당사자의 주장이 없는 한 역시 원심법원은 즉시항고를 각하할 수 있다. 그 밖에 즉시항고에 보정할 수 있는 하자가 있는 경우, 예를 들면 인지의 누락이나 부족 등의 경우에는 민소법 399조를 준용하여 보정명령을 내리고, 보정되지 않으면 항고장을 각하하는 명령을 내려야 한다.

원심법원의 즉시항고 각하재판에 대해 다시 즉시항고를 제기하는 것은 이론상 가능한데, 그렇다고 하더라도 원래의 재판의 효력이 정지되는 것은 아니므로(15조 6항) 특별한 문제는 발생하지 않는다. 물론 즉시항고가 반복된다면 남항고를 방지하기 위하여 항고법원으로 하여금 즉시항고를 각하하게 하는 것도 가능하다.

원심법원의 처리

즉시항고가 적법하면 원심법원은 재도의 고안(민소법 446조)에 의해 스스로 원재판을 경정할 수 있다. 이를 하지 않는 한, 원심법원의 법원사무관은 항고장 제출일로부터 2주일 이내(하자보정명령을 내린 때에는 그것이 보정된 날로부터 1주일 이내)에 항고기록에 항고장을 붙여 항고법원에 송부한다(민소법 400조 1항, 2항의 준용).

3) 집행정지

집행정지의 필요성

민사집행법상의 즉시항고는 민소법상의 그것과 달리 즉시항고의 대상이 된 재판의 집행을 정지시키는 효력(집행정지효)를 갖지 않는다(15조 6항). 따라서 집행을 정지시키기 위해서는 별도로 항고법원(기록이 아직 원심법원에 있다면 원심법원)은 즉시항고에 대한 결정이 있을 때까지 집행을 정지시키는 재판(임시의 처분)을 내려야 한다. 즉 항고법원은 담보를 제공하게 하거나 무담보로, 원재판의 집행을 정지하거나 집행절차의 전부 또는 일부를 정지하도록 명하고, 반대로 담보를 제공하게 하고 그 집행을 계속하도록 명해야 한다. 이러한 집행정지의 재판은 직권으로 내려지고 항고권자에게는 신청권이 없다는 해석도 있지만, 법 46조 2항과의 비교에서 생각한다면 당사자의 신청권을 인정하여야 할 것이다. 아울러 집행정지에 관한 재판에 대해서는 잠정적으로 내려지는 재판(임시의 처분)이라는 점에서 당사자의 불복이 인정되지 않는다(15조 9항).

집행정지가 필요하지 않은 경우

다른 한편, 즉시항고가 가능하지만 확정되어야 효력이 발생하는 재판, 예를 들어 집행절차를 취소하거나 집행관에게 집행절차의 취소를 명하는 결정(17조 2항), 매각허가여부결정(126조 3항), 전부명령(229조 7항) 등은 즉시항고 자체가 확정을 차단시킨다. 따라서 즉시항고에 당해 결정의 효력발생을 정지시키는 효과가 있으므로, 별도로 집행정지를 구할 필요성은 없다. 결정과 동시에 바로 그 효력을 발생하게 하면, 즉시항고의 제기 자체가 무의미하게 되어 절차가 불안정해지거나 이해관계인에게 불이익을 끼칠 우려가 있는 상황을 방지할 필요가 있기 때문에 인정된 조치이다.

(5) 항고심의 심리 및 재판

심리방법

즉시항고에 대하여는 민소법상의 즉시항고에 관한 규정이 준용된다. 따라서 항고장의 하자에 관해서는, 전술하였듯이 항고법원 재판장은 기간을 정해 그 보정을 명할 수 있고 보정되지 않으면 명령으로 항고장을 각하한다. 다음으로 즉시항고가 적법하지 않다면 결정으로 즉시항고를 각하한다.

구체적인 재판방법

항고장이 적법하면 항고법원은 원칙적으로 항고장 또는 항고이유서의 이유에 대하여만 조사(제한된 속심)하지만, 법령위반 또는 사실오인에 관해서는 직권으로 조사한다(15조 7항). 항고법원은 변론을 열거나 또는 서면심리만으로 조사를 하고, 항고에 정당한 이유가 없거나 원심재판을 취소할 만한 위법이 없으면 결정으로 항고를 기각한다. 반대로 항고에 정당한 이유가 있거나 원심재판에 영향을 미칠 수 있는 법령위반 또는 사실오인이 있는 경우에는, 결정으로 원재판을 경정한다(청구인용). 즉 청구인용시에는 원재판을 변경하거나 취소하고 새로운 재판을 한다. 단, 예외적으로 원심재판을 취소하여 집행법원에 사건을 환송해야 하는 경우로서 매각허가결정에 대한 즉시항고가 있다(132조).

(6) 재항고

즉시항고에 관한 재판에 대해서는 '헌법·법률·명령 또는 규칙의 위반'에 한정하여 재항고를 할 수 있고, 그 절차는 법 15조의 즉시항고절차를 준용한다(규칙 14조의2. 대결 2004.9.13, 2004마505). 따라서 재항고는 재판의 고지를 받은 날로부터 1주 이내에 재항고장을 원심법원에 제출해야 하고(15조 2항), 재항고장을 제출한 날부터 10일 이내에 재항고 이유서를 원심법원에 제출하여야 한다(15조 3·4항).

(7) 민소법상의 즉시항고와 민집법상의 즉시항고[6)]

1) 민집법상의 즉시항고의 취지

민사집행절차에서의 즉시항고를 규정하고 있는 법 15조는 원래 구민사소송법 504조의 2와 517조를 모태로 한다. 구법의 양 규정은 모두 1990년에 개정된 조문으로 그 개정 시 일본 민사집행법상의 집행항고를 모델로 하였다. 구법에서는 명칭이 민소법상의 즉시항고와 같지만, 적어도 그 내용은 모두 같지 않다는 것이 입법취지였다. 그러나 민소법상의 즉시항고와의 차이는 집행정지효가 없는 점에 불과하여, 남항고를 막거나 그 심리절차 등에 절차의 신속을 기한다고 하는 집행절차상의 즉시항고를 규정한 입법취지를 살리는 면이 보이지 않았다.

이러한 점을 고려하여 민사집행법 제정 시에는 즉시항고에 대해 절차의 신속한 진행을 위한 여러 가지 절차를 도입하게 되었다. 그러한 점에서 법 15조의 즉시항고는 민소법상의 즉시항고와는 완전히 다른 모습을 보이고 있다. 그러나 명칭은 즉시항고를 그대로 남겨두어 민소법상의 그것과 구별한다는 의미가 그만큼 퇴색한 것이 되었다.

2) 구별이 문제되는 경우

원심재판장의 각하결정에 대한 즉시항고	즉시항고의 제기는 집행정지효가 없지만 예외적으로 즉시항고에 대한 결과가 나올 때까지 집행이 정지되는 경우로, 전술하였듯이 법

6) 이하의 논의에 관한 상세한 설명은 김상수, 강제집행법상의 몇 가지 문제점, 저스티스 제30권 제2호(1997) 참조.

126조 3항의 매각허가여부결정에 대한 즉시항고의 경우가 있다. 그런데 당해 즉시항고가 원심재판장에 의해 각하된 경우, 이에 대한 불복신청방법과 당해 허부결정의 확정 여부가 문제된다. 이에 대해 판례(대결 1995.1. 20, 94마1961)는 즉시항고를 제기할 수 있지만, 그 즉시항고에 당연히 집행정지효가 발생하는 것은 아니고 특별한 규정도 없으므로 확정차단효도 없다고 판시하였다. 이러한 판례의 입장에 대해서는 결론부터 말한다면 전자에 관한 점은 찬성이지만, 후자에 관한 점은 반대한다.

확정차단효의 발생 여부

원심재판장의 각하결정에 대한 즉시항고는 단지 항고장 각하만을 다투기 위해 제기되는 것이 아니라, 원재판(매각허부결정)을 다투는 것으로 풀이해야 한다. 당사자로서는 항고법원에 의한 판단을 받을 목적으로 즉시항고를 제기한 것이고, 만약 항고장각하에 대한 즉시항고가 인정되는 경우 이를 집행절차를 다투는 일체(一體)로서의 즉시항고라고 해석하지 않으면, 당사자는 또다시 원결정에 대한 즉시항고를 제기할 필요가 있기 때문이다. 따라서 매각허부결정에 대한 즉시항고를 각하한 원심재판에 대해 제기된 즉시항고를 원결정에 대한 불복신청이라고 하지 않는 것은, 이러한 즉시항고의 일면적인 목적만을 고려한 것으로 타당하지 않다. 따라서 확정차단효를 갖는다고 풀이해야 한다. 이렇게 해석하여도 경매절차의 지연은 그다지 문제가 되지 않는다. 원법원은 형식적인 사항을 조사하면 충분하고 법률적 판단을 할 여지는 없으므로 또한 항고법원도 원법원과 동일한 이유로 즉시항고를 각하할 수 있다고 보아야 하므로, 시간적인 지연은 한 번 더 즉시항고를 제기하기 위한 일주일에 불과하기 때문이다. 또한 이러한 일주일이라는 지연은 원래 매각허부결정에 대한 확정차단효를 갖는 즉시항고가 인정되는 이상 감수해야 할 것이다.

재도의 고안의 가능성

그 밖에 항고장각하재판에 대한 즉시항고를 원심법원은 어떻게 처리해야 하는지도 문제된다. 이 경우 원심은 더 이상 재도의 고안을 할 수 없고 항고법원이 신속히 해결할 수 있도록 처리해야 할 것이다. 그렇지 않으면 즉시항고와 원심각하의 무한한 반복이 발생하기 때문이다.

3. 집행에 관한 이의신청

(1) 의 의

집행법원의 집행절차에 관한 재판으로서 즉시항고가 불가능한 것과 집행관의 집행처분 그 밖에 집행관이 지킬 집행절차 등에 대하여는 법원에 이의를 신청할 수 있고(16조 1항), 이를 집행에 관한 이의신청이라 한다. 당사자나 이해관계인의 이익을 보호하기 위한 것이고, 상급심에서 다루는 즉시항고와 달리 원심이 다루고 또한 원칙적으로 1심에 한하는 간이・신속한 구제절차이다.

(2) 이의신청의 대상

① 집행법원의 집행절차에 관한 재판으로서 즉시항고를 제기할 수 없는 것(법16조 1항 전단)

재판 이외의 집행처분도 여기에 해당된다. 집행절차란 집행신청에 의해 개시된 구체적 집행절차를 말한다. 따라서 집행문부여 단계의 경우에는 그에 따른 별개의 이의수단에 의해야 하고 집행에 관한 이의신청을 할 수 없다.

② 집행관의 집행처분 그 밖에 집행관이 지킬 집행절차(법 16조 1항 후단)

여기서 말하는 집행처분이란 집행관이 집행기관으로서 하고 또한 법률효과를 수반하는 것을 가리킨다. 예를 들면 집행관의 사실행위가 위법한 경우, 집행관이 당사자의 신청을 각하한 경우, 집행관이 집행기록의 열람을 거부하는 경우 등이다. 한편 법원의 보조기관으로서 하는 직무행위, 집행관이 아닌 집행법원의 보조기관이 하는 직무행위에 대해서도 이의신청이 가능한지에 대해서는 견해가 대립된다. 이에 대하여는 당사자의 절차권을 보장하기 위해 집행법원에 그 시정을 구하는 이의신청을 할 수 있다고 해석하여야 할 것이다.

③ 집행관의 집행위임의 거부, 집행행위의 지체 및 수수료계산(법 16조 3항)

집행관이 아닌 집행법원의 지체도 여기에 해당하는지에 대하여는 견해의 대립이 있다.

④ 사법보좌관의 처분

사법보좌관의 처분 중에서 단독판사 또는 합의부가 처리하게 되면 항고·즉시항고 또는 특별항고의 대상이 되는 처분에 대하여는, 먼저 처분의 고지를 받은 날로부터 7일 이내에 당해 사법보좌관에게 이의신청을 하고 사법보좌관은 이를 지체 없이 소속법원의 판사에게 송부하여야 한다(사보규 4조). 그 밖의 사법보좌관의 처분에 대해서는 집행에 관한 이의신청으로 처리된다(사보규 3조 2호).

(3) 이의사유 및 이의권자

이의사유에 해당되는 것은 형식적인 절차상의 하자이고, 반대로 실체상의 사유는 이의사유가 될 수 없다. 단, 예외적으로 담보집행에 있어서 담보권의 부존재라는 실체상의 사유는 후술하듯이 이의사유가 된다.

이의권자는 집행채권자, 집행채무자 및 이해관계인이다. 이의신청의 상대방은 정립되지 않지만, 통상 이해관계인을 상대방으로 하여 심리하거나 결정문에 상대방을 표시하는 것이 실무의 태도이다.

(4) 심리 및 재판

심리방법

이의신청의 관할은 집행법원이다. 이의신청은 집행법원이 하는 기일에서 구술로 하거나 서면으로 하고, 이의의 이유를 구체적으로 밝혀야 한다(규칙 15조). 이의신청의 심리는 즉시항고와 마찬가지로 임의변론이고(3조 2항), 법원은 이해관계인을 심문할 수 있다(규칙 2조). 입증의 정도에 대해 특별한 규정이 없는 관계로 당사자는 소명이 아닌 증명을 하여야 한다. 심리는 이의한 범위에 한정하여 이루어진다. 또한 이의신청은 전술하였듯이 집행개시 후에만 가능하지만, 집행관의 집행의 위임거절 시에는 그러하지 않다. 마찬가지로 집행이 종료되어도 이의가 허용되지 않지만, 집행관의 수수료계산에 대해서는 그러하지 않다.

구체적인 재판방법

집행에 관한 이의신청에 대해서는 결정으로 재판한다. 이의신청에 이유가 있으면 집행처분을 허가하지 않거나 집행관에게 특정한 집행을 명하는 취지의 선언을 한다. 이의신청이 부적법하면 각하하고, 적법하지만 이유가 없으면 기각한다.

이의신청을 전부 또는 일부 인용한 결정은 신청인과 상대방에게 고지되지만, 이의신청을 각하 또는 기각하는 결정은 신청인에게만 고지된다(규칙 7조, 17조 1항). 단, 법 16조 2항의 잠정처분이 내려진 경우, 이의신청을 기각하거나 각하하는 경우에는 신청인은 물론 상대방에게도 고지된다(규칙 7조 1항 4호). 이의신청에 대한 재판은 그것이 법 17조 1항에 해당하는 것이라면 확정되어야만 효력이 발생하고 당해 재판에 대해 즉시항고를 제기할 수 있지만, 그 밖의 경우에는 신속한 절차의 진행을 위해 이의신청에 대한 재판에 대해 불복할 수 없다(대결 2004.7.22, 2004그40).

(5) 잠정처분

이의신청의 경우에도 즉시항고의 경우와 마찬가지로 집행정지효가 없다. 따라서 집행법원은 이의신청에 대한 재판에 앞서 채무자에게 담보를 제공하게 하거나 무담보로 집행을 정지하도록 명하거나, 또는 채권자에게 담보를 제공하게 하고 그 집행을 계속하게 하는 등의 잠정처분을 할 수 있다(16조 2항). 이러한 잠정처분은 신청인과 상대방에게 고지되어야 한다(규칙 7조 1항 4호). 한편 실무에서는 잠정처분도 법원의 직권이라고 해석한다(실무제요 1-95). 이러한 해석은 집행절차를 효율적으로 진행한다는 점에서 타당하다. 또한 더 나아가 집행에 관한 이의신청을 당사자가 하여야 한다는 점에서 직권만이 아닌 당사자의 신청에 의해서도 잠정처분을 내릴 수 있다고 해석하여야 할 것이다. 아울러 잠정처분의 재판에 대해서도 당사자는 불복할 수 없다(15조 9항 유추).

제4절 그 밖의 부수적인 절차의 내용

1. 집행비용

(1) 의의 및 범위

집행비용이란 민사집행을 위한 비용으로 필요한 것을 말한다. 채권자는 집행신청시 집행비용을 예납하여야 한다(18조 1항). 물론 최종적으로는 채무자가 부담한다([53조 1항, 275조]). 집행비용은 광의의 소송비용이지만, 협의의 소송비용(재판비용)과는 구별된다. 집행비용의 구체적인 금액은 채권자의 청구가 없어도 집행기관이 직권으로 계산한다.

절차비용

집행비용 중 채권자 전원의 공익비용에 해당하는 부분을 절차비용이라 하고(102조 1항), 모든 채권에 우선하여 변상된다(절차비용이 아닌 집행비용은 채권자가 배당 받을 본래의 채권과 동순위). 어떤 비용이 집행비용 내지 절차비용인지는 법해석에 의한다(예를 들어 배당요구, 채권계산서의 제출에 소요된 비용 등은 절차비용이 아니다). 집행권원의 성립까지의 비용은 소송비용이고, 그 후의 집행권원의 송달비용, 집행문부여의 비용 등 집행준비를 위한 비용은 집행비용이 된다. 가압류의 집행비용도 여기에 포함되는데, 가압류만 되어 있을 뿐 아직 본압류로 이행되지 아니한 단계에서는 가압류채권자가 그 가압류의 집행비용을 변상받을 수 없다(대판 2006.11.24, 2006다35223).

집행비용이 아닌 경우

그러나 집행을 직접 목적으로 하지 않는 비용으로서, 집행이 담보의 제공이나 조건에 걸려 있는 경우의 담보조달이나 조건성취에 필요한 비용, 집행에 관련된 이의나 소송의 절차의 비용, 광의의 집행에 필요한 등기비용, 그 밖에 채무자 명의의 상속등기를 신청하면서 채권자가 제출한 등기비용(대결 1996. 8.21, 96그8) 등은 집행비용이 아니다. 또한 집행에 필요하지 않은 비용, 예를 들면 채권자의 부주의로 야기된 비용, 채권자의 임의로 맡겨진 행위를 하는데 사용된 비용, 소기의 성과를 거두지 못한 행위에 지출된 비용 등도 집행비용이 아니다.

(2) 비용의 예납

집행법원에 대해 민사집행 또는 보전집행의 신청을 할 때에는, 신청인은 집행비용 중 법원에 납부해야 하는 비용에 관해 일정한 개산액을 예납하여야 한다(18조 1항, 291조, 301조). 또한 집행관이 집행기관이 되는 민사집행에서 집행관에게 신청하는 경우에도 같다(집행관수수료규칙 25조). 예납액은 배당 등의 절차단계에서 이를 청산하게 된다. 예납하지 않으면 집행법원은 집행신청을 각하하거나 집행절차를 취소할 수 있고(18조 2항),

집행관은 위임에 응하지 않거나 사무를 행하지 않을 수 있다(집행관수수료규칙 25조). 단, 소송구조를 받은 자(민소법 128조)가 민사집행을 신청하는 경우에는 집행비용예납의 유예를 받고(민소법 129조 1항 1호), 대신 국고에서 지급한다.

(3) 집행비용의 추심

집행비용은 채무자의 부담인데, 채권자가 이를 일단 지출해야 하므로 채권자는 후에 채무자에게 당해 비용을 추심할 수 있다. 추심의 방법에는 동시추심과 집행비용확정결정에 의한 집행이 있다. 금전집행에서는 그 집행절차에서 따로 집행권원 없이 동시에 추심할 수 있다(53조 1항). 또한 금전집행에서 동시추심을 하지 않은 집행비용 및 비금전집행의 집행비용에 대해서는, 집행법원에 집행비용확정결정을 신청하고 이것이 확정되면 이를 집행권원으로 하여 강제집행을 할 수 있다(규칙 24조).

(4) 집행비용의 변상

재심의 소에 의한 확정판결의 취소, 가집행선고부판결의 상소심에서의 취소 등, 강제집행의 기본인 집행권원(공정증서를 제외한다)을 취소하는 내용의 재판, 또는 집행권원인 화해·인낙·조정조서의 효력이 없다는 판결이 확정된 때에는, 채권자는 이미 지급을 받은 집행비용에 상당하는 금전을 채무자에게 반환하여야 한다(53조 2항, 57조). 그러나 청구이의의 소나 집행방법에 관한 이의 등에 의해 집행이 배제된 경우에는, 기본이 된 판결이 소급하여 실효된 경우가 아니므로 채무자는 당연히 변상을 요구할 수 없다.

채무자가 변상청구권을 행사하는 간단한 방법은 집행법원에 그 확정결정을 신청하는 것이고, 그 결정이 확정되면 이를 집행권원으로 하여 강제집행을 할 수 있다(규칙 24조 1항). 채무자에게 발생한 집행정지, 집행입회 등의 비용도 이러한 간단한 방법으로 추심할 수 있는지 문제되는데, 넓은 의미의 집행비용으로서 긍정할 수 있을 것이다.

2. 담보의 제공

(1) 의의 및 제공방법

집행의 정지·취소 또는 속행 등의 처분시에는 담보를 제공해야 하는 경우가 있다(민소법 500조, 15조 6항, 16조 2항 등). 이러한 담보는 상대방이 입게 될 손해, 집행을 실시하고 또는 집행을 정지하거나 취소함으로써 발생하는 손해의 배상을 위한 담보이다.

제공방법

담보를 제공하는 방법에 대해서는 법에 규정이 있다(19조 3항, 민소법 122조). 이에 의하면, 담보를 제공하는 경우에는 당사자 간의 특약이 없는 한 금전 또는 법원이 인정하는 유가증권을 공탁하는 방법이나, 대법원규칙이 정한 바에 따라 지급보증위탁계약을 맺은 문서를 제출하는 방법에 의해야 한다. 금전 또는 유가증권의 공탁은 특별한 제한 규정이 없지만, 통상 발령법원의 소재지를 관할하는 지방법원 관할구역내의 공탁소에 한다. 담보제공자는 담보의 목적물의 변경을 발령법원에 신청할 수 있고, 또한 담보권자와의 계약에 의해 다른 담보로 변경할 수 있다.

민사소송법상의 담보

나아가 민사소송법에도 민사집행에 관한 담보에 대해 규정하고 있다. 예를 들면, 담보를 제공하는 것을 조건으로 하는 가집행선고부 판결에 의한 집행 또는 그 면탈을 위한 담보(민소법 213조), 강제집행의 기본인 집행권원에 대한 재심의 소나 특별항고의 제기 또는 가집행선고부 판결에 대한 상소나 가집행선고부 지급명령에 대한 이의신청의 경우(민소법 490조)의 집행정지 등에 관한 보증 등이 그것이다. 이들 담보나 보증도 상대방이 입게 될 손해의 배상을 위한 담보이고, 담보·보증을 제공하는 방법 등은 전술한 담보의 제공의 경우와 같다.

(2) 담보권자의 권리행사

상대방은 담보물에 질권자와 동일한 권리를 갖는다(19조 3항, 민소법 123조). 이러한 담보권의 실행은 담보의 제공이 공탁에 의한 경우에는, 공탁자가 갖는 환급청구권에 대한 강제집행 또는 담보권실행의 절차에 의한다.

(3) 담보의 취소

담보제공자는 담보의 사유가 소멸하거나 담보권자의 동의가 있다는 것을 증명하고, 또는 담보권행사의 최고절차를 거쳐 담보의 취소결정을 신청할 수 있다(19조 3항, 민소법 125조).

3. 보증의 제공

위와 같은 담보와는 별개로 민사집행법상 보증을 제공해야 하는 경우가 있다. 예를 들면 남을 가망이 없는 경우의 부동산매각에서의 보증(102조 2항, 104조 1항), 부동산의 매수신청의 보증(113조) 등이다. 이러한 보증은 담보제공자가 부담해야 하는 대금납부의무 등의 담보(배당재산의 형성을 확보하기 위하여 제공되는 것)에 해당된다. 보증제공의 방법 등은 각각의 경우에 관해 대법원규칙이 규정한다.

4. 공 탁

집행법상의 공탁이란, 이행의 강제를 면하기 위해, 손해를 피하기 위해, 또는 절차의 완결을 위해 채무자·제3채무자 또는 집행관이 이행으로서 또는 집행의 목적물이나 이에 갈음하는 금전을 공탁하는 것을 말한다. 이에 해당하는 것으로는 보전집행의 정지나 취소를 위해 채무자가 공탁하는 경우(282조, 299조), 배당협의가 불성립되거나 여러 채권자를 위해 동시에 금전을 압류한 경우에 집행관이 매각대금을 공탁하는 경우(222조) 등이 있다.

제 2 편 강제집행

02

01 제 1 장 강제집행총칙

제 1 절 강제집행의 의의

1. 서

(1) 의 의

강제집행이란

강제집행이란 집행기관이 집행권원에 기해 사법상의 청구권을 강제적으로 실현시키는 법률적 절차 내지는 이에 관한 제도를 말한다. 강제집행은 국가기관으로서의 집행기관이 하는 절차인데, 집행기관에는 전술하였듯이 법원과 집행관이 있고 이들은 국가사법기관(광의의 법원)에 해당한다.

강제집행은 집행기관이 청구권을 강제적으로 실현하는 절차이다. 법률관계 중 청구권은 그 내용의 실현에 의해서만, 즉 권리자가 급부결과를 수령하고 만족을 얻어야만 비로소 그 기능을 완수하는 것이다. 따라서 청구권은 그것이 의무자의 임의이행에 의해 실현되지 않는 경우, 이를 강제적으로 실현하는 방법이 존재한다는 것을 당연한 전제로 한다.

사적 집행과 공적 집행

청구권의 실현방법으로서, 국가조직이 정비되지 않은 고대에는 이를 권리자의 사적 실력에 맡긴다는 소위 자력구제 또는 자력집행이 인정되고 있었다. 그러나 공적 권력이 확립되어 감에 따라 점차 공적 집행으로 이행되었다. 사회의 중심권력인 국가는 집행권을 독점한다. 국가는 집행기관을 설치하여, 이 집행기관은 법률이 정하는 절차에 의해 청구권의 강제적 실현을 담당하고 있는 것이다.

청구권의 강제적 실현

청구권의 강제적 실현이란, 국가권력인 집행권에 기해 채무자에게 강제를 가하여 청구권의 내용인 급부를 실현시키는 것을 말한다. 청구권은 채무자의 행위(급부)를 목적으로 하지만, 급부가 실현되어야 의미가 있고 대개 국가권력에 의한 강제적 실현이 가능하다. 반대로 소유권 그 밖의 지배권에 대해서는 권리자가 직접 권리내용인 이익을 향수할 수 있고, 그 침해에 기한 물권적 청구권에 대해서만 강제집행이 가능하다. 다른 한편 저당권 그 밖의 담보권에 대해서는 물적 책임의 실현에 의한 피담보채권의 만족을 위해 담보물의 현금화를 필요로 하는데, 이는 청구권의 직접적이고 강제적인 실현과는 그 취지를 달리 한다. 이러한 점에서 민사집행법은 담보권집행을 강제집행과는 별도의 민사집행으로 규정하고 있는 것이다.

사법상의 청구권의 실현

강제집행은 원칙적으로 사법상의 청구권의 실현을 도모하는 절차이다. 사법상의 청구권에는 채권적 청구권만이 아니고 전술하였듯이 물권적 청구권도 포함된다. 행정상(공법상)의 의무에 관해서는, 행정권의 주체는 스스로 이를 집행할 수 있다는 것이 원칙이고, 따라서 불이행에 대해 굳이 사법권의 작용을 기다릴 필요 없이, 금전급부의무에 관해서는 국세징수법의 규정에, 그 밖의 급부의무에 관해서는 행정대집행법 등의 규정에 강제절차가 정해져 있다(재정상 또는 경찰상의 강제집행). 단, 벌금·과료·몰수·과태료 등에 대해서는 민사집행상의 강제집행에 의한다. 행정권의 주체가 아닌 사인의 공법상의 청구권에 대해서는, 특별한 규정이 없는 한 민사집행법에 의한 강제집행이 인정된다.

집행문이 부여된 집행권원의 정본

강제집행은 집행권원에 의거하여 청구권의 실현을 도모하는 절차이다(24조, 56조). 또한 집행기관이 강제집행을 실제로 실시하려면 원칙적으로 집행권원 정본의 끝에 그 효력을 공증하는 집행문이 부기되어 있어야 하고(29조), 집행문이 부여된 집행권원의 정본을 보통 '집행력 있는 정본'이라 부른다(28조).

(2) 형 태

금전집행

강제집행은 집행해야 하는 채권이 금전의 지급을 목적으로 하는지의 여부에 따라 금전집행과 비금전집행으로 양분된다. 민사집행법은 이 구별에 따라 규정을 두고 있다. 금전집행과 비금전집행은 절차의 모습에 큰 차이가 있다. 즉 금전집행은 직접강제의 방법에 의하는데, 그 절차는 대략 집행기관이 채무자의 책임재산에 속하는 개별 재산을 압류하여 그 처분을 제한하고, 그 다음으로 이를 현금화하여 그에 의해 얻어진 금전을 채권자에게 교부 또는 배당하여 채권의 만족에 충당한다는 절차이다. 이와 같이 금전집행의 절차는 압류, 현금화, 만족이라는 3가지 단계를 거쳐 진행된다.

비금전집행

이에 비해 비금전집행 중, 물건(부동산, 동산 등)의 인도를 목적으로 하는 청구권에 대한 집행은 직접강제의 방법으로, 작위 또는 부작위청구권에 관한 집행은 대체집행 또는 간접강제의 방법으로 진행되므로, 금전집행과는 절차의 모습이 다르다. 또한 의사표시를 구하는 청구권에 대해서는 실제로 집행이 이루어지는 것은 아니고 의사표시가 의제됨으로써 집행이 종료된다. 단, 대체집행에서의 비용의 추심 및 간접강제에서의 금전지급의 청구에 대해서는 금전집행으로 진행된다.

2. 강제집행권과 집행청구권

(1) 집행권

민사집행은 전술한 대로 사법상의 실체권(청구권 및 담보권)을 강제적으로 실현하는 국가작용이다. 이 때 법원이 민사집행을 수행하는 권능, 즉 실체권을 실현하기 위해 채무자(소유자를 포함) 그 밖의 이해관계인에 대해 강제력을 행사하여 저항을 배제하는 강제권능을 집행권이라 한다. 자력구제가 금지된 현대의 법질서 내지 국가제도 하에서는, 집행권은 국가가 독점하고 이는 국가집행권으로서 통치권의 작용에 포함되며 민사사법권에 속한다. 따라서 실체권의 강제적 실현을 필요로 하는 사인(채권자)은 국가에 대해 집행권의 발동(집행신청)을 요구해야 하고, 이 점에서 집행권은 실체권과 구별되는 별개의 차원의 권리라고 할 수 있다.

(2) 집행청구권

집행청구권이란

집행청구권이란 사인이 국가에 대해 집행권의 발동을 구하는 권리, 즉 집행기관에 대해 민사집행을 수행할 것을 요구하는 공법상의 권리를 말한다. 전술하였듯이 집행권의 주체는 국가이고, 사인은 국가가 집행권의 행사를 위해 설치한 민사집행제도를 이용할 수 있다는 국가에 대한 공권으로서 존재한다. 따라서 집행청구권은 채권자(담보권자를 포함)의 채무자(담보물소유자를 포함)에 대한 사법상의 권리(실체권)와는 명확히 구별된다. 이와 같이 집행청구권은 사법상의 실체권과는 별개의 권리라고 할 수 있지만, 실체권을 실현하기 위해 민사집행제도를 이용하는 권리이므로 실체권과 밀접히 관련되어 있다.

구체적 집행청구권설과 추상적 집행청구권설

집행청구권과 실체권의 관계 또는 집행청구권의 기초를 어떻게 파악하는지에 관해서는, 민사집행법에서 중요한 이론상의 문제로 다루어지기도 한다. 이 점은 과거에 주로 강제집행법에 있어서 집행청구권의 성립요건의 문제로서 논의되었다. 즉 강제집행에서는 집행신청을 하려면 집행권원이 필요하기 때문에, 집행권원과 집행청구권의 관계 또는 집행청구권의 기초나 청구이의의 소의 성질에 관한 문제로서 논의되었던 것이다.

이러한 논의로는, 집행청구권이 성립하기 위해서는 집행권원의 존재와 사법상의 청구권의 존재를 필요로 한다는 구체적 집행청구권설(이에 의하면 청구권이 부존재 또는 소멸이 되면 집행청구권은 당연히 성립하지 않고 소멸한다), 집행청구권은 청구권의 존재와는 관계없이 집행권원의 존재만 필요하다고 해석하는 추상적 집행청구권설,[7] 강제집행은 일정한 때에 어느 정도 확실성이 있는 권리존재의 판단으로서 집행권원의 표시가 타당성을 갖고, 따라서 집행권원이 존재하면 집행청구권이 인정된다고 하는 절충설 등을 생각할 수 있다.

담보집행과 집행청구권

한편 담보집행의 경우에는 절차의 개시에 집행권원이 필요하지 않게 되어, 담보집행이 국가의 집행권에 기한 것인지, 아니면 담보권에 내재하는 환가(현금화)권(매각

7) 이시윤, 7면.

권)에 기하는지에 대해 견해의 대립이 있을 수 있다. 전자의 입장에서는 집행청구권이 관념되지만, 집행권원을 필요로 하지 않기 때문에 강제집행에서의 이론이 그대로 적용된다고는 할 수 없다. 또한 후자에 의하면, 담보권에는 환가권, 즉 담보권자가 대금을 우선적으로 그 피담보채권에 충당하기 위해 목적물을 매각할 수 있는 실체법상의 기능이 내재되고, 그 매각에 대해 국가의 경매제도를 이용할 것이 요구되고 있지만, 경매는 담보권자의 환가권에 기초한 것에 지나지 않으므로, 이 견해에 의하면 집행청구권이라는 관념은 없다.

민사집행법상의 집행청구권

그런데 민사집행이라는 개념 하에 강제집행과 담보집행의 양자가 포함된 민사집행법에서는, 집행청구권은 양 절차에 타당하도록 이론구성을 할 필요가 있다. 현행법에서의 강제집행인 금전집행과 담보집행을 비교하면, 집행권원이 필요한지의 여부는 별개로 하더라도 압류, 현금화 및 만족의 3단계를 거쳐 진행되는 절차구조가 동일하고, 모두 집행기관이 집행권의 발동에 의해 수행하는 국가작용으로서의 성격을 갖는다고 해석하는 것이 타당하다. 따라서 담보집행에 대해서도 담보권자의 집행청구권을 관념할 수 있을 것이다. 물론 후술하듯이 담보집행에서도 원칙적으로 권리의 존재를 증명하는 법정문서가 요구되지만, 이 문서는 집행권원이 아니므로 담보집행에 있어서는 집행청구권의 기초를 집행권원에서 찾는 것은 불가능하다.

집행청구권과 실체권

위와 같이 생각한다면, 민사집행법 하에서는 집행청구권의 기초는 실체권(채권 또는 담보권)이라고 하는 것이 적당할 것이다. 즉 집행청구권은 실체권이 집행절차에 있어서 발현되는 효력이고, 실체권의 사법상의 효력인 채권의 강제이행청구권능(이것이 채권에 내재하는 채무자의 일반 재산에 대한 잠재적 지배력이다) 또는 담보권의 환가권능에 대한 집행법상의 대칭물이라고 할 수 있다. 또는 관점을 달리 한다면, 채권의 강제이행청구권능 또는 담보권의 환가권능은 실체권의 효력을 실체법의 측면에서 파악한 것, 또한 집행청구권은 이를 집행법의 측면에서 파악한 것이라고 말할 수 있을 것이다.

그러나 개별적인 민사집행이 현실적으로 실시되기 위해서는, 채권자가 집행기관에 대해 집행청구권의 근거가 되는 실체권의 존재를 증명할 필요가 있다. 집행절차는 판결절차와 분리되고 집행기관은 실체권의 존부를 엄격한 절차에 의해 심사할 권한을 갖고 있지 않으므로, 집행절차를 실시하기 위한 절차상의 요건으로서 강제집행에 있어서는 집행권원, 담보권집행절차에 있어서는 원칙적으로 법정의 증명문서의 존재가 집행신청 시에 요구되는 것이다.

3. 집행력 있는 정본

(1) 의 의

집행력 있는 정본("집행문이 있는 집행권원의 정본"의 약자이고 더 줄여 '집행정본'이라고도 한다)이란, 형식적으로는 원칙적으로 집행문이 부여된 집행권원의 정본이고(28조, 57조), 실질적으로는 강제집행실시를 위한 요건으로 되어 있는 집행채권의 존재 그 밖의 집행의 실체적 기초를 공증하는 문서를 말한다. 채권자가 강제집행을 신청하기 위해서는 신청서에 집행력 있는 정본을 첨부해야 한다(81조 1항). 이와 반대로 민사집행 중 담보권의 실행으로서의 경매 등에서는 집행권원, 즉 집행력 있는 정본은 요구되지 않는다. 대신 법정의 증명문서가 필요하다(264조). 또한 보전집행은 보전명령의 정본에 기해 실시하지만, 보전명령은 집행권원이라 불리지 않는다.

(2) 기 능

집행력 있는 집행권원의 정본은 강제집행의 기초이고, 강제집행의 실시를 제한하며 이를 도출하는 본질적 요건이다. 즉 채권자는 그 존재에 기해서만 집행권의 발동을 요구할 수 있고, 이에 따라 집행에 의해 실현되는 청구권이 특정되며, 집행당사자가 확정되고 또한 경우에 따라 집행의 대상도 한정된다.

집행권원의 공증

강제집행은 청구권을 실현하려는 절차이므로 실현되어야 하는 청구권의 존재를 전제로 한다. 그러나 판결절차와 강제집행절차는 분리되고, 각각의 절차의 성질에 따라 재판기관 및 집행기관이 별개로 구성되어 있는 관계상, 집행기관이 실체법상의 청구권의 존재를 조사하는 것은 적당하지 않다. 이에 따라 확정판결, 공정증서 등 집행기관이 아닌 기관에서 형성된 것을 집행권원으로 하여 강제집행의 기초로 함과 동시에, 그 집행력의 존재를 집행문이라는 형식으로 집행권원 작성기관에서 공증하는 것으로 되어 있는 것이다. 따라서 집행기관은 집행력 있는 정본의 존재만을 조사하여 바로 강제집행을 실시할 수 있고, 이에 의해 집행의 신속을 기할 수 있다.

집행정본에 의한 집행의 효력

이와 같이 강제집행은 집행력 있는 정본을 기초로 하고, 따라서 그 중핵인 집행권원의 표시에 따라 실시되는 것이며, 적법한 형식의 집행력 있는 정본에 기한 강제집행은 집행법상 적법하게 된다. 집행력 있는 정본에 표시된 청구권이 실체법상 부존재, 무효 또는 소멸하거나, 공정증서의 성립에 하자가 있거나 그 밖에 집행문부여가 잘못된 경우에는, 채무자는 집행종료 전이라면 청구이의의 소 또는 집행문부여에 대한 이의의 신청이나 소로써 집행을 저지할 수 있고, 또한 집행종료 후라면 채권자에 대해 불법행위에 의한 손해배상청구 또는 부당이득반환청구를 할 수 있다. 그러나 채무자가 위와 같은 절차에 의해 집행을 저지하지 않고 강제집행이 절차상 적법하게 실시되면, 강제집행의 현금화에 의해 매수인은 유효하게 목적물의 소유권을 취득하는 것이 원칙이다.

제 2 절 집행권원

제1관 개 관

1. 서

(1) 집행권원의 의의

집행권원이란, 강제집행에 의해 실현되는 사법상의 청구권(청구권의 존재, 범위, 그 당사자 및 책임재산의 범위)을 표시하고, 법률상 강제집행(내지 민사집행)의 기초가 되는 효력(집행력)이 인정되는 공적 문서를 말한다. 집행권원으로 인정되는 문서는 일정한 격식을 갖는 것이고 그 종류는 법률이 정한다.

(2) 내용

1) 집행권원은 일정한 사법상의 청구권을 표시하여야 하므로, 형성판결이나 확인판결은 집행권원이 되지 않는다.

2) 집행권원은 급부의무를 내용으로 하므로, 그 급부의 내용은 가능, 특정, 적법하고 강제이행이 가능하여야 한다. 따라서 급부의 목적물의 종류, 범위, 급부의 시기 등이 표시되어야 하고, 급부의 내용 자체가 부적법하거나 사회질서에 반하지 않아야 하며, 급부의 성질이 강제이행에 적합하여야 한다. 예를 들면 특정한 재단법인만이 할 수 있는 양도권 등 법률상 그 양도가 금지된 권리는 강제집행의 대상이 될 수 없다(대결 2009.6.19, 2009마901).

(3) 집행력과의 관계

집행력의 구체적인 내용

집행권원은 집행력이 인정된 증서인데, 이 집행력이 구체적으로 어떠한 효력인지에 대해서는 다음과 같이 이해할 수 있다. 집행력은 그 기능과 관련하여 집행권원에 표시된 청구권에 따라 볼 수 있는 측면(실체법적 기능)과 이를 실현하기 위한 강제집행절차에 따라 볼 수 있는 측면(집행법적 기능)이 있다. 즉 집행권원의 집행력은, 청구권과의 관계에서 보면 집행권원에 표시된 청구권에 대해 강제집행에 의한 실현가능성을 부여하는 효력이고, 강제집행절차와의 관계에서 보면 거기에 표시된 청구권의 강제집행을 하는 집행기관에 대해 실체적 정당성을 보장하는 효력이라고 할 수 있다. 이와 같이 집행의 실체적 정당성이 보장됨으로써, 집행기관은 청구권의 존부를 심리·판단하지 않고 바로 집행을 실시하는 것으로 되어 있다. 따라서 집행권원의 집행력은 집행법상 집행권원인 문서에 인정되는, 집행기관이 거기에 표시된 청구권의 존재를 조사·판단하지 않고 그 집행을 할 수 있는 효력이고, 그 의미에서 집행의 기본이 되는 효력이다.

광의의 집행력

집행력은, 광의로는 일반적으로 재판으로서의 효력을 발생시키는 것, 즉 집행 이외의 방법으로 재판의 내용에 적합한 상태를 실현시키는 효력을 가리키는 경우가 있다. 이를 광의의 집행력이라고 한다. 예를 들면 판결에 기해 가족관계등록부나 등기부의 기재를 신청할 수 있는 경우이다. 이 효력은 급부판결에 한하지 않고 확인판결이나 형성판결에도 인정된다.

집행정본과 집행력

강제집행은 원칙적으로 집행문이 부여된 집행권원의 정본에 기해 실시되므로, 강제집행의 실시를 위해서는 집행권원의 존재 이외에 집행문의 부여가 필요하다. 따라서 집행권원의 집행력에 대해서도 집행권원 자체의 집행력과 집행문이 부여된 집행권원 정본의 집행력을 구별할 수 있을 것이다. 전자를 추상적 집행력, 후자를 구체적 집행력이라 할 수 있고, 또한 집행문의 부여는 집행권원에 구체적 집행력을 부여하는 처분이라고 말할 수 있다.

집행력이란

이러한 집행력을 어떠한 효력으로 판단하여야 하는지는 반드시 명확하지 않다. 일반적으로는 급부의무를 강제집행절차에 의해 실현할 수 있는 효력, 급부내용을 실현하기 위해 강제집행절차를 이용할 수 있는 효력, 급부의무의 강제집행에 의한 실현을 집행기관에 요구할 수 있는 효력, 또는 집행의 기본인 집행청구권을 발생시키는 효력이라거나 집행절차를 적법하게 개시시키는 효력이라고 말할 수 있다. 집행력은 실체법과 절차법에 걸쳐 있는 문제이고, 또한 담보집행에서 제출되는 법정문서의 집행법상의 효력은 무엇인지, 특히 그것을 집행력으로 파악할 수 있는지 라는 점과도 관련된다(아울러 담보집행시의 법정문서의 성격에 관해서는 후술).

2. 집행권원의 분류와 경합

(1) 분 류

1) 민사집행법과 민사소송법에 규정된 집행권원

후술하는 각종 집행권원은 기본적으로 민사집행법과 민사소송법에 열거되어 있다. 이들은 그 형성절차 내지 효력이 같지 않고, 여러 기준에 의해 분류할 수 있다.

a) 증서의 형식에 의한 분류

내국의 확정 또는 가집행선고부 판결, 판결이외의 재판, 공정증서, 외국판결, 확정판결과 동일한 효력을 갖는 조서 등으로 분류된다.

b) 기판력의 유무에 의한 분류

기판력을 갖는 것과 그렇지 않은 것이 있다. 전자로는 확정판결이 있고 그 밖에 판례가 기판력을 인정하는 확정판결과 동일한 효력을 갖는 조서가 대표적이다.

c) 청구권 또는 집행력이 조건부 · 기한부인지의 여부에 의한 분류

무조건 또는 즉시의 집행권원과 조건부 또는 기한부 집행권원이 있다.

d) 집행권원으로서의 확정력의 유무에 의한 분류

종국적 집행권원과 잠정적 집행권원이 있다. 후자에 해당하는 것으로 가집행선고부 재판이 있다.

2) 그 밖의 법률에 의한 집행권원

중재판정에 대한 집행판결(중재법 37조 1항) 등이 있다(실무제요 1-163 이하 참조).

(2) 경 합

동일한 청구권을 대상으로 복수의 집행권원이 존재하는 경우에 각 집행권원 간의 우열에 대해서는 다음과 같은 견해가 있다. 오래된 집행권원이 당연히 집행력을 상실한다는 견해, 모두 집행권원으로서 유효하다는 견해, 오래된 집행권원도 원칙적으로 유효하지만, 채권자가 그것을 이용할 권리를 포기하면 새로운 것이 집행력을 갖는다는 견해가 있다. 이에 대해서는 집행권원이 당연히 실효하는 이유가 없으므로 모두 유효라고 해석하는 것이 타당하고, 실무도 같다(실무제요 1-178).[8)]

3. 집행권원의 소멸

집행권원은 그 효력을 상실하면 소멸한다. 가집행선고부 종국판결이 가집행선고 또는 본안판결을 바꾸는 판결의 선고에 의해 그 한도에서 효

8) 이시윤, 112면; 주석민사집행법Ⅱ-83.

력을 상실하는 경우 등이 그러하다. 다음으로 집행권원이 그 존재를 상실하면 소멸한다. 여기에는 소송기록이나 판결원본 그 밖의 집행권원의 원본이 멸실되는 경우가 있다.

제2관 집행력의 범위

1. 객관적 범위

(1) 의 의

집행력의 객관적 범위란, 강제집행에 의해 실현되는 청구권(이행청구권)의 내용 및 범위를 말한다. 이것은 전술하였듯이 집행권원의 표시에 의해 정해진다. 집행권원의 표시의 내용은 집행기관이 그 기재를 해석하여 결정한다. 이 때 집행기관은 집행력 있는 정본 이외의 자료를 참조하여 해석할 수 없다. 집행권원에는 특정한 구체적 청구권이 표시되어 있고, 또한 그 청구권은 강제집행에 의한 실현에 적합한 것이며 그 범위도 일정해야 한다.

(2) 이행청구권의 범위

이행청구권의 범위의 최대한도는 집행권원에 표시된 바에 의해 정해진다. 그러나 항상 집행권원에 형식적으로 표시된 액수를 집행할 수 있는 것은 아니다. 예를 들어 100만원의 배상판결을 명한 1심판결에 대해 항소가 제기되자, 원고도 청구를 50만원으로 감축(소의 일부취하)하고 결국 항소심이 항소기각을 판결한 경우에 집행권원이 되는 것은 1심판결이지만, 집행력이 발생하는 범위는 100만원이 아닌 원고가 감축한 50만원이 되는 것이다. 즉 항소기각 판결의 경우 변경된 1심판결의 금액이 집행할 수 있는 금액이 된다. 또한 청구이의의 소에서 청구권 일부에 대해 집행력을 배제하는 판결이 내려지면 잔존부분에 대해서만 집행이 가능하다. 이러한 경우에 대비하여 집행문에는 집행이 가능한 범위를 명확히 표시한다는 것이 실무의 태도이다(실무제요 1-173).

(3) 이행의무의 형태

1) 예비적 이행의무

예비적 이행의무의 경우, 채권자는 먼저 주위적 청구의 집행을 하고 그것이 불능이라면 예비적 청구의 집행을 한다. 이 때 주위적 청구의 집행불능은 집행기관이 인식한 현저한 사실이라는 점에서, 예비적 청구의 집행에는 따로 집행문을 필요로 하지 않는다. 따라서 주위적 청구의 집행불능은 조건성취집행문을 규정하는 법 30조 2항의 조건이 아니다(조건성취를 증명할 필요가 없이 예비적 청구에 대해서도 집행력이 발생한다).

2) 선택적 이행의무

선택적 이행의무의 경우, 채무자가 이행의무를 선택하는 것이라면 채무자가 선택을 하고, 채무자가 선택을 하지 않으면 채권자가 선택의 최고를 하며 그래도 채무자가 선택하지 않으면 채권자가 선택하게 된다(민법 381조). 이 때 채권자는 위의 예비적 이행의무와는 달리 조건이 성취되었음을 증명하여야만 집행문을 부여받을 수 있다(30조 2항). 즉 조건성취가 증명되어야 집행력이 발생한다.

3) 조건부 이행의무

조건부 또는 기한부 이행의무라면, 기한이 도래하거나 조건이 성취되어야 집행력이 발생한다. 집행권원에 조건이나 기한이 표시되어 있으면, 확정기한의 도래는 집행개시의 요건, 불확정기간의 도래 및 정지조건의 성취는 집행문부여의 요건이다. 반대로 해제조건은 청구권의 소멸사유로서 상대방이 입증해야 하고, 법 30조 2항의 요건이 아니다.

4) 동시이행의무

동시이행의무라면, 채권자가 할 반대급부는 그 급부의무의 한 형태에 불과하고 상환이행판결에서의 반대급부에 대해서는 기판력도 집행력도 발생하지 않으므로, 채무자가 이를 집행권원으로 하여 반대급부의 이행을 채권자에게 요구하는 집행을 할 수 없다. 따라서 채권자의 반대급부는 집행문부여의 조건이 아니라 집행기관이 현실적인 집행을 개시하기 위한 집행개시의 요건이 된다(41조 1항).

단, 반대급부의 이행과 동시에 의사표시의 이행을 명하는 경우(263조), 임차인이 임차주택이나 상가건물에 대해 보증금반환청구소송의 확정판결이나 이에 준하는 집행권원에 기한 경매를 신청하는 경우(주택임대차보호법 3조의 2 제1항, 상가건물임대차보호법 5조 1항)에는, 반대급부의 이행이 집행개시의 요건이 아닌, 집행문부여의 조건이다. 이러한 예외는 집행기관이 집행개시시에 그러한 요건을 조사할 기회를 갖기 힘들기 때문에 집행개시의 요건이 아닌 집행문부여의 요건이 된 것이다.

5) 집행의 대상물

집행 대상물의 범위에 있어서는, 집행권원에 표시된 금전채권의 집행시 채무자의 전재산이 원칙적으로 집행의 대상이 된다. 만일 채무자가 유한책임을 지는 경우라면, 그 집행의 대상이 되는 재산의 범위가 집행권원에 표시되어야 한다. 한편 한정승인을 하였지만 이를 항변으로 제출하지 않아 책임재산에 관한 아무런 유보 없이 판결이 내려진 경우, 한정승인을 주장하여 청구이의의 소를 제기할 수 있는지 문제되는데, 이에 관해서는 후술(청구이의이유 부분)한다.

2. 주관적 범위

(1) 의 의

강제집행의 채권자 또는 채무자가 될 수 있는 자격을 집행당사자적격이라 하고, 이 적격을 갖는 자의 범위가 바로 집행력의 주관적 범위를 가리킨다. 강제집행은 집행권원에 의해 행해지므로, 집행당사자적격을 갖는 자에 해당하는지의 여부가 집행권원의 집행력의 주관적 범위에 의해 정해지기 때문이다. 민사집행법에서는 이 범위를 정하는 규정을 두고 있다(25조). 이러한 집행력의 주관적 범위에 관해서는, 특히 집행력의 확장을 받는 '승계인', '소지자'의 해석이 문제가 된다. 구체적으로는 집행문부여를 구하는 자 및 그 상대방이 집행당사자적격을 갖는 자인지의 여부인데, 이것은 집행문부여시에 부여기관이 판단한다.

(2) 집행력과 기판력의 차이

한편 집행력의 주관적 범위와 기판력의 주관적 범위는 일치하는 것일까 문제된다.[9] 이 점에 관해 아래에서 보듯이 법 25조는 구민소법 470조를 그대로 이어 받고 있다. 법 25조에 의해 기판력의 주관적 범위와 집행력의 주관적 범위는 일치한다는 것이 실무의 태도이다(실무제요 1-161). 학설에서도 원칙적으로 집행력의 주관적 범위는 기판력의 그것에 준한다고 하고,[10] 기판력의 주관적 범위에 관한 논의인 형식설에 의하면, 양자의 범위에 차이가 생기는 경우가 있다고 설명하고 있다.

집행력과 기판력의 구별의 필요성

그러나 집행력의 주관적 범위가 결과적으로 기판력의 주관적 범위와 일치하는 경우가 있을 수 있지만, 원칙적으로 기판력의 주관적 범위와 집행력의 주관적 범위는 별개의 것으로 해석하여야 한다. 원래 기판력과 집행력은 제도의 취지와 작용을 달리 한다. 일본에서도 처음에는 양자의 범위는 일치한다고 생각되었지만, 그 차이가 명확해지자 학설도 변화하고 민사집행법을 제정할 시에 우리의 법 25조와 같았던 조문을 수정하여 별개의 조문으로 하였다. 즉 판결효의 범위로부터 집행력의 범위를 추론한다는 기초를 제거하고 독자로 집행력의 주관적 범위를 정한 것이다. 또한 법 25조 단서(참가적 효력은 반드시 기판력과 동일하다고는 할 수 없지만 판결의 효력이라 본다면)의 존재도 그 점을 의미한다고 할 수 있다.

집행력과 기판력의 차이

기판력과 집행력은 다음과 같은 점에 차이가 있다. 우선 기판력은 전소와 후소와의 관계이고 전소에서 확정된 것은 후소에서 움직일 수 없다는 법적 안정성에 그 목적이 있다. 이에 대해 집행력은 (집행권원이 확정판결이라면)전소와 강제집행의 관계이고, 보다 신속하고 경제적으로 강제집행을 하여야 한다는 점에 그 목적이 있다. 또한 집행력은 기판력이 없어도 인정되고 기판력이 있어도 집행력이 없는 것이 많다. 더 나아가 중요한 차이는, 후술하는 승계인의 입장에서 볼 때, 기판력이 확장되면 후소에서 주장할 수 없는 것이 있다는 것에 불과하지만, 집행력이 확장되면 자신의 재산에 직접 강제

9) 자세히는 김상수, 강제집행법상의 몇가지 문제점, 저스티스 제30권 제2호(1997) 참조. 그 밖에 기판력과 집행력의 차이에 언급하는 것으로 주석민사집행법Ⅱ-93 참조.

10) 특히 박두환, 69면은 기판력과 집행력이 정확히 일치한다고 말한다.

집행을 받게 된다는 결과가 되어 이해관계에 큰 차이가 있다. 따라서 기판력이 확장된다는 것과 집행력이 확장된다는 것은 별개의 문제로 다루어야 한다.

(3) 집행당사자적격자

확정판결 등의 경우의 집행당사자적격자

구체적으로 강제집행을 할 수 있는 자는 집행권원의 종류에 의해 달라진다. 확정판결과 공정증서 이외의 집행권원의 경우에는, 집행권원에 표시된 당사자, 집행권원에 표시된 당사자가 타인을 위해 당사자가 된 경우의 그 타인, 이러한 자의 집행권원 성립 후의 승계인(판결의 경우에는 변론종결후의 승계인)에 대해, 또는 그 자를 위해 강제집행을 할 수 있고, 이러한 자를 위해 청구의 목적물을 소지하는 자에게 대해서도 강제집행을 할 수 있다(25조). 한편 집행권원상의 청구권이 양도되고 양수인이 승계집행문을 부여받으면 양도인에 대한 기존 집행권원의 집행력은 소멸된다(대판 2008.2.1, 2005다23889). 따라서 집행권원상의 청구권을 양도한 채권자가 집행력이 소멸된 집행권원의 정본에 기하여 강제집행절차에 임한 경우에 채무자는 법 16조의 집행이의의 방법으로 다툴 수 있다. 그 밖에 판례는 주주대표소송의 주주와 같이 다른 사람을 위하여 원고가 된 사람이 받은 확정판결의 집행력은 확정판결의 당사자인 원고가 된 사람과 다른 사람 모두에게 미치므로, 주주대표소송의 주주는 집행채권자가 될 수 있다고 해석한다(대결 2014.2.19, 2013마2316).

공정증서의 경우의 집행당사자적격자

또한 공정증서의 경우에는 거기에 표시된 당사자 또는 증서작성 후의 승계인에 대해 또는 이들을 위해 강제집행을 할 수 있다(57조, 25조). 후술하는 공증인법의 개정(56조의3)에 의해 특정물도 공정증서를 작성할 수 있게 되었으므로 그 한도에서 청구의 목적물의 소지인도 문제된다.

(4) 집행력의 주관적 범위의 확장

변론종결후의 승계인과 집행력

제3자가 집행력이 확장되는 '승계인' 또는 '소지자'에 해당하는지의 여부는 다음과 같은 법률관계에서 주로 문제된다. 예를 들어 부동산의 매수인 X가 제기한 소유권이전등기청구소송에서, 패소한 매도인 Y로부터 이중양도를 받아 변론종결후에 등기를 취득한 선의의 제3자 Z에게는 집행력이 미치는가이다(민법 204조 2항 참조). 제3자 Z는 고유의 방어방법을 갖고 있기 때문이다.

형식설과 실질설

이에 대해 기판력의 주관적 범위에 있어서의 실질설과 형식설을 여기에 적용하여, 실질설에 의하면 집행력이 미치지 않게 되어 채권자가 제3자에 대한 집행문부여의 소를 제기하여야 하고, 형식설에 의하면 승계집행문이 부여되므로 채무자로 된 자가 집행문부여에 관한 이의의 소 또는 청구이의의 소를 제기해야 한다는 해석이 있다(실무제요 1-163 참조). 그러나 앞서 기판력과 집행력의 차이에서 보았듯이, 집행력의 주관적 범위를 기판력의 주관적 범위의 문제인 실질설과 형식설의 논의로 처리하는 것은 타당하지 않다.

권리확인설과 제소책임전환설

위의 예에서의 Z는 고유의 항변을 갖고 있으므로, Z에 대해서 승계집행을 하는 것은 실체법에서 볼 때 허용되지 않는다. 최종적으로 강제집행을 인정하면 안 되는데, 고유의 항변을 집행의 어느 단계에서 주장시키는지 문제된다. Z를 상대방으로 하는 승계집행문을 부여해야 하는지의 여부에 관해서는 두 가지 견해가 있다. 권리확인설은 집행문 부여 단계에서 고유의 항변을 판단하여 승계집행문을 부여해서는 안 된다고 한다. 이에 대해 제소책임전환설은 Z는 청구이의소송 등 통상의 소로써 고유의 항변을 주장해야 한다고 풀이한다.

보다 타당한 견해는?

이 2가지 견해 중에서는, 제소책임전환설이 타당하다고 생각한다. 강제집행은 집행권원이 있으면 그에 의해 집행권원의 실체적 당부를 판단함이 없이 이루어지는 것이 원칙이다. 만약 실체적인 하자가 있으면, 그에 기한 부당집행의 위험에 대해서는 채무자가 청구이의소송 등을 통해 대처해야 한다고 해석해야 하기 때문이다. 또한 법관이 관여하지 않고 변론도 열리지 않으며 채무자의 심문도 없는 집행문 부여의 약식절차에서, 승계인의 고유의 항변 유무나 성부에 관한 확실한 판단은 불가능하다고 생각되기 때문이다. 이때 주의해야 할 점은 승계집행이 가능한 자인지의 여부와 승계집행문을 부여할 수 있는 제3자인지의 여부는 구별해야 한다는 것이다. 권리확인설이나 제소책임전환설은 승계집행문을 부여해야 하는지의 여부에 관한 논의이며, 그것이 전소판결에서 판단될 기판력에 의해 결정되는 것은 아니다.

등기의무의 승계집행

나아가 등기의무의 승계집행의 가능성에 관한 문제가 있다. 위의 사례에서 광의의 집행력에 대해서도 승계집행의 가능성을 인정하면, Z는 자신이 모르는 사이에 자신의 등기가 이전된다는 것이 된다. 실무에서는 명확하다고 할 수 없지만 승계집행도 가능한 것으로 풀이하고 있는 것 같다(실무제요 3-619). 그러나 Z에게 있어서는 실제적인 집행이 행해지지 않는 이상, 등기절차에 대해 집행절차 내에서 집행소송의 제기에 의해 자신의 고유의 항변을 주장하여 강제집행의 정지나 취소를 구할 수단이 없다. 이러한 Z의 불이익을 고려한다면 등기의무의 승계집행은 불가능하고 집행문부여의 소로써 부여받아야 한다고 해석해야 할 것이다.

제3관 각종 집행권원

1. 확정판결(24조)

확정판결은 전형적이고 기본적인 집행권원이다. 집행권원이 되는 확정판결은 구체적 급부의무를 선언한 급부(이행)판결이고, 그 내용이 강제집행에 의한 실현에 적합한 것이어야 한다. 물론 형성판결도 구체적 급부의무를 발생시키는 것(광의의 집행)은 집행권원이 될 수 있다.

판결의 형식적 확정력은 상소의 추후보완신청이나 재심의 소가 이유 있을 때에는 배제되고, 그러한 경우 집행력도 소멸한다. 그러나 상소의 추후보완신청이나 재심의 소가 제기된 것만으로는 확정판결에 기한 집행이 당연히 영향을 받는 것이 아니다. 따라서 집행절차를 정지시키려면, 당사자의 신청에 따라 법원이 불복이유로서 주장한 사정이 법률상 이유가 있다고 판단되고, 또한 사실상의 점에 관해 소명이 있는 경우에 임시의 처분으로서 강제집행의 일시정지, 속행, 취소를 명하여야 한다(민소법 500조).

2. 가집행선고부 판결(24조)

(1) 의 의

가집행선고란, 확정되지 않은 판결에 집행력을 발생시키는 특수한 효력을 부여하는 것을 말한다. 판결의 효력은 확정되어야만 발생하는 것이 원칙인데 정책적으로 그 예외를 인정한 것이다. 즉 종국판결에 집행력을 부여하여 상소의 종결시까지 기다려야 한다는 승소자(원고)의 불이익을 막아주는 한편, 패소자에게는 일정한 요건 하에 그 집행의 정지를 구할 수 있게 한 제도이다. 가집행선고는 본집행으로서의 집행력을 목적으로 하는 종국판결에 대해서 할 수 있고, 고지에 의해 즉시 효력이 발생하는 결정과 명령의 경우에는 이용할 수 없다.

(2) 요 건

재산상의 청구

① 청구가 재산권에 관한 것이어야 한다(민소법 213조 1항). 가집행선고는 상소에 의해 취소 될 수 있으므로, 원상회복(금전배상)의 가능성을 남겨두기 위해서이다. 가집행선고에 의한 집행력은 광의의 집행력을 의미하므로, 광의의 집행력을 발생시키는 판결이라면 급부판결에 한하지 않는다고 해석할 수 있을 것이다. 단, 판례(대판 1966.1.25, 65다2374)는 법률에 규정이 있는 경우를 제외하고는 확인판결, 형성판결의 경우에는 불가능하다는 해석이다. 그 밖에 급부판결이라도 의사표시를 명하는 판결의 경우에는 확정에 의해 효력이 발생하므로, 원칙적으로 가집행선고를 할 수 없다고 해석하여야 할 것이다(후술 의사표시의무의 집행 참조).

상당한 이유의 부존재

② 법원은 판결에 상당한 이유가 없는 한 가집행선고를 해야 한다(민소법 213조 1항). 법은 필요가 있는 경우에 할 수 있다는 문언이 아닌 상당한 이유가 없는 경우에는 선고를 하여야 한다는 점에서, 가집행선고의 적극적 활용을 요구하고 있다. 상당성은 채권자와 채무자의 이익을 비교하여 상대적으로 고려할 수밖에 없다. 여기에는 채무자의 현저한 손해의 유무, 담보제공의 유무, 상소심에서의 패소가능성, 가집행면제선고의 적부 등이 고려요소가 된다.

단, 어음금 또는 수표금의 청구에 관한 판결에는 담보 없이 가집행선고를 해야 한다(민소법 213조 1항 단서). 어음과 수표라는 권리구제의 특수성을 고려한 것이다.

(3) 절 차

가집행선고는 판결주문에 기재하고, 당사자의 신청에 관계없이 법원이 직권으로 한다(민소법 213조 3항). 예외적으로 결정에 의하는 경우도 있다(민소법 406조). 선고시 담보의 제공을 요구하는가에 대해서도 법원이 직권으로 정한다(민소법 213조 1항). 한편 채무자가 가집행을 면제받으려면 직권 또는 당사자의 신청에 의해 채권전액의 담보를 제공해야 하고, 이에 의해 법원은 가집행면제를 선고한다. 단, 담보는 상급심이 하급심판결의 불복신청이 없는 부분에 한해 가집행선고를 하는 경우에는 요구되지 않는다(민소법 406조, 435조).

담보의 제공

당사자에 의해 제공된 담보는 당사자의 손해배상청구권을 보전하기 위한 것이고, 가집행선언의 담보에 관해서는 피고가, 가집행면제선언의 담보에 관해서는 원고가 각각 우선변제권을 갖게 된다(민소법 214조). 이 담보는 집행의 지연에 따른 손해를 담보하는 것이고 집행채권까지 담보하는 것이 아니다. 이에 대해서는 집행채권 전액의 담보를 요구하고 있다는 점에서 집행채권까지 담보한다는 입장이 있다. 그러나 채권전액이라는 것은 일종의 담보기준을 제시한 것이라고 보아야 하고, 만일 집행채권 전액까지 담보한다면 가집행선고에 의해 우선권을 부여하는 일종의 법정 질권과 같은 결과가 되어 부당하다.

(4) 효 과

가집행선고에 기한 집행은 본집행이고 보전집행이 아니다. 그러나 상소심판결에 의해 가집행선고 또는 본안판결 자체가 변경되면 그 한도에서 효력을 상실한다(민소법 215조 1항). 이런 특성으로 인해 상급심에서는 집행이 이루어졌다는 가정적인 사실을 무시하고 청구권의 존부에 관한 원판결의 당부를 심판해야 한다. 또한 가집행선고 자체에 대해서는 독립하여 상소할 수 없다(대판 1979.12.11, 79다1731).

가집행선고가 실효된 경우

가집행선고가 실효되면 그 효력은 기존의 집행 자체는 유효했다는 점에서 소급효가 없는데, 그로 인해 발생한 피고의 불이익을 방지하기 위해 피고가 신청하면 법원은 원판결 변경시에 피고가 입은 손해(가집행에 의한 또는 가집행을 면하기 위한)의 배상을 원고에게 명해야 한다(민소법 215조 2항, 3항). 손해는 상당인과 관계가 있는 재산상·정신상의 모든 손해를 말하고(대판 1979.9.25, 79다1476), 특별한 사정이 없는 한 피고가 임의변제를 한 경우에도 인정된다(대판 1995.6.30, 95다15827 참조). 아울러 원고의 손해배상책임은 과실책임인가 무과실책임인가의 문제가 있다. 판례(대판 1965.5.31, 65다544)와 통설은 무과실책임이라고 해석한다.

3. 집행판결부 외국확정재판등(26조)

(1) 서

외국법원의 확정판결[11] 또는 이와 동일한 효력이 인정되는 재판(확정재판등)은 일정한 요건 하에 국내에서도 그 효력이 인정된다(민소법 217조). 그러나 외국판결에 의한 강제집행은 우리 법원의 집행판결(그 외국판결에 의한 강제집행의 허용을 선언하는 판결)을 필요로 한다. 이것은 집행력의 성질에 비추어, 외국판결이 법정의 요건을 구비하는지의 여부를 미리 심사할 필요가 있기 때문이다. 외국판결과 집행판결의 관계는, 일반적으로 양자가 합체하여 하나의 집행권원이 된다는 것으로 해석되고 있다(합체설).[12]

집행판결의 성질

또한 집행판결의 성질에 관해서는 견해의 대립이 있다. 여기에는, 외국판결에 의해 확정된 청구권에 대해 그 급부를 명하는 판결이라는 견해(급부판결설), 외국판결은 당연히 기판력과 집행력을 갖는 것으로서 그 집행력의 존재를 확정하는 판결이라

11) 재판권을 가지는 외국의 사법기관이 그 권한에 기하여 사법상(사법상)의 법률관계에 관하여 대립적 당사자에 대한 상호간의 심문이 보장된 절차에서 종국적으로 한 재판으로서 구체적 급부의 이행 등 그 강제적 실현에 적합한 내용을 가지는 것을 의미하고, 그 재판의 명칭이나 형식 등이 어떠한지는 문제되지 아니한다(대판 2010.4.29, 2009다68910).

12) 강대성, 40면; 김홍엽, 49면; 박두환, 117면; 이시윤, 124면; 주석민사집행법Ⅱ-125.

는 견해(확인판결설), 외국판결은 당연히 기판력은 갖지만 집행력은 존재하지 않는다고 하여 집행판결은 집행력을 부여하는 소송상의 형성판결이라는 견해(형성판결설),[13] 확인기능과 형성기능을 겸유한다는 견해(구제소송판결설) 등이 있다.

(2) 집행판결을 구하는 소의 소송절차

1) 관 할

원칙적으로 채무자의 보통재판적소재지의 지방법원의 관할에 전속한다(26조2항). 보통재판적이 없는 경우에는 민소법 11조에 의한다(26조 2항).

2) 당사자

외국판결의 효력이 그 자를 위해 발생하거나 그 자에게 미치는 채권자 또는 채무자이다. 그 인적 범위는 당연히 판결국의 법에 의한다.

3) 대상이 되는 외국판결

외국법원의 급부판결이다. 외국법원의 혼인무효나 이혼판결과 같은 가사사건의 판결도 집행판결이 필요한가에 대해서는, 이혼판결은 원칙적으로 집행판결이 필요 없지만, 혼인무효나 취소판결의 경우에는 호적선례에 의해 집행판결이 필요하다는 것이 실무이다(실무제요 1-180 이하).

4) 소송절차 및 재판

일반적인 소송절차에 의한다. 당사자는 당사자능력 등 소송요건을 갖추어야 한다(대판 2015.2.26, 2013다87055). 단, 외국판결은 기판력을 갖기 때문에 심리의 범위는 한정되고, 외국판결의 내용의 당부를 조사할 수 없다(27조 1항). 심리의 대상이 되는 것은 외국판결이 확정되었다는 증명 및 민소법 217조의 조건을 구비하였는지의 여부를 판단할 뿐이다. 집행판결에서는 당해 외국판결에 의한 강제집행을 허용하는 것을 선언한다.

---

13) 강대성, 40면; 이시윤, 123면; 주석민사집행법Ⅱ-124.

청구이의이유의 주장가능성

이 소송절차에서 피고가 청구이의이유를 항변으로 주장할 수 있는가 문제되는데, 적극설[14]이 타당하다. 소송경제에 맞고, 합체설에 의한다면 아직 집행권원이 성립되지 않았으므로 채무자가 청구이의의 반소를 제기할 수 없기 때문이다. 따라서 이 견해에 의한다면, 집행판결이 확정된 후에는 그 변론종결시까지 주장할 수 있었던 사유에 기해 청구이의의 소를 제기할 수 없게 된다.

5) 집행판결에 의한 집행

집행판결이 내려진 경우, 집행권원이 되는 것은 전술하였듯이 외국판결과 집행판결이 결합한 것이라는 해석이 통설이다.

4. 집행판결부 중재판정

(1) 서

중재판정(내국, 외국 포함)은 확정판결과 동일한 효력을 갖는데(중재법 35조), 이에 의해 강제집행을 하려면 집행판결을 받아야 한다(중재법 37조). 내국중재판정은 중재법 36조 2항의 사유가 없으면 집행판결이 내려지고(중재법 38조), 외국중재판정은 중재법 39조에 의해 집행판결이 내려진다. 중재판정은 법정사유가 존재할 때에 그 취소의 소에 의해 취소되므로(중재법 36조), 집행력의 성질에 비추어 집행하기 전에 취소사유가 존재하는지의 여부를 심사하는 것으로 되어 있다. 민사집행법상 중재판정과 집행판결이 합체하여 하나의 집행권원이 된다. 집행판결의 성질은 외국판결의 경우와 같다.

(2) 소송절차

관할에 관해서는 규정이 있지만(중재법 7조 4항), 그 밖에는 대략 외국판결의 경우와 같다. 집행판결을 구하는 소는 중재판정취소의 소와 대조

---

14) 김홍엽, 51면; 이시윤, 129면; 주석민사집행법Ⅱ-127.

적인 관계에 있으므로, 집행판결 후에는 취소의 소는 원칙적으로 허용되지 않는다.

5. 항고로만 불복할 수 있는 재판(56조 1호)

판결 이외의 결정이나 명령을 가리키고, 항고는 즉시항고나 통상항고를 불문한다. 이러한 재판은 고지에 의해 효력이 발생하므로(민소법 221조 1항), 고지 시에 바로 협의의 집행력이 발생하고 집행권원이 된다(56조 1호. 이 구체적 종류에 관해서는 실무제요 1-192 참조).

6. 확정판결과 동일한 효력이 인정되는 판결이외의 재판(56조 2호, 3호, 5호)

(1) 확정된 지급명령

지급명령에 대하여 이의신청이 없거나 이의신청을 취하하거나 각하결정이 확정된 때에는 지급명령이 확정되고, 이것은 확정판결과 동일한 효력을 가지므로 집행권원이 된다(56조 3호). 이에 기한 집행은 원칙적으로 집행문을 부여받을 필요가 없다(58조 1항 본문). 예외적으로 집행문이 필요한 경우에 관해서는 법 58조 1항 단서가 규정한다.

(2) 확정된 이행권고결정

소액사건심판법에 의해 확정된 이행권고결정은 확정판결과 동일한 효력이 있으므로(같은 법 5조의 7 제1항), 이것은 법 56조 5호의 집행권원이 된다. 단, 기판력은 갖지 아니한다(대판 2009.5.14, 2006다34190).

(3) 확정된 화해권고결정

화해권고결정도 확정되면 재판상 화해와 동일한 효력을 갖고(민소법 231조), 결국 법 56조 5호의 집행권원이 된다.

(4) 보전명령

가압류나 가처분의 명령도 집행권원이 되고 원칙적으로 집행문의 부여 없이 즉시 집행할 수 있다. 단, 재판 후 채권자나 채무자의 승계가 있으면 승계집행문이 필요하다(292조 1항, 301조).

7. 확정판결과 동일한 효력을 갖는 것(재판을 제외, 56조 5호)

위에서 본 6.과는 달리 재판이 아닌 경우로서, 화해조서, 인낙조서의 기재(민소법 220조), 조정조서 또는 조정에 갈음하는 결정(민사조정법 29조, 30조, 34조, 가사소송법 59조), 파산채권자표(채무자회생법 460조) 등이 이에 해당된다. 이들은 확정판결과 동일한 효력을 갖는다고 따로 규정되어 있기 때문에 그 집행권원이 되는 것은 당연하다.

8. 공정증서

(1) 의 의

공정증서란 공증인, 법무법인 또는 공증인가합동법률사무소(이하 '공증인'으로 약칭)가 작성하고 집행권원으로 인정된 증서를 말한다(다른 말로 '집행증서'라고도 한다). 공증인은 당사자 그 밖의 관계인의 촉탁에 의해 법률행위 그 밖의 사권(私權)에 관한 사실에 대해 공정증서를 작성한다(공증법 2조). 이 증서는 일반적으로 유력한 증거방법이 되고, 동시에 법정의 요건을 구비하고 있는 증서는 집행권원으로서 집행력이 인정되는 것이다(56조 4호, 변호사법 49조 1항 · 59조, 공증인법 56조의 2 제1항). 이러한 공정증서는 법원의 관여 없이 성립하는 집행권원이고, 그 집행력의 근거는 공정증서의 요건인 채무자의 공증인에 대한 집행수락의 진술(의사표시)에 있다(56조 4호).

공정증서의 특징 공정증서는 거래당사자가 장래에 채무를 임의로 이행하지 않을 경우를 대비하여, 채권자가 신속하게 권리의 실현을 도모할 수 있는 지위를 미리 형성하는 수단이다. 즉 공정증서에 의한 집행은 소송을 거치지 않는다. 그 대신 공정증서는 판결에서와 같은 기판력을 갖지 않고, 공정증서에 대한 청구이의의 소에서는 당해 증서에 표시된 청구권이 처음(판결이라면 변론종결 후)부터 불성립 내지 무효라고 주장할 수 있다(59조 3항).

(2) 요 건

권한 있는 공증인에 의한 작성

① 공정증서는 권한이 있는 공증인이 스스로 작성한 것이어야 하고, 공증인은 법률이 정한 방식에 따라 공정증서를 작성해야 한다(공증인법 35조). 즉 첫째로 공정증서는 공증인이 그 권한의 범위 내에서 작성한 것이고, 공증인이 청취한 당사자의 진술을 녹취하여 작성하는 것이다(공증인법 34조). 반대로 공증인이 사서증서에 인증을 하여도 그 문서는 공정증서가 아니다. 둘째로 공증인에 의한 공정증서의 작성은 국가의 공증작용이다. 공정증서의 작성은 용어, 형식, 작성절차 등에 관해 법률에 따라 공증인법에 의해 이루어진다.

당사자 쌍방 또는 그 대리인은 공증사무소에 나가 공증인에게 공정증서의 작성을 촉탁한다. 공증인은 촉탁인에 대해 본인의 여부를 인감증명서의 제출 그 밖의 방법으로 확인하고, 또한 대리인에 의한 촉탁(대리촉탁)의 경우에는 대리권을 증명하는 서면이나 인감증명서의 제출에 의해 엄격하게 확인을 하며, 작성한 증서를 참석자에게 읽어 준 다음 공증인 및 참석자가 각자 증서에 서명 날인한다.

대상이 되는 청구권

② 공정증서가 되는 문서는 일정한 금액의 지급 또는 그 밖의 대체물이나 유가증권의 일정한 수량의 급부를 목적으로 하는 청구에 관해 공증인이 작성한 것으로서, 채무자가 강제집행에 따른다는 내용의 진술이 기재되어 있어야 한다(56조 4호).

a) 금전청구권의 표시

공정증서는 일정액의 금전의 지급 또는 일정수량의 대체물이나 유가증권의 급부를 목적으로 하는 특정한 청구를 표시해야 한다. 이것은 증서의 기재(표시) 자체의 문제이고, 표시된 청구권의 실체적인 존재 내지 유효성과는 별개의 문제이다. 금전·대체물 또는 유가증권의 급부를 내용으로 하는 청구권에 한하는 점은 지급명령에서와 같고, 부당집행의 경우에 금전배상에 의해 채무자의 손해를 용이하게 회복할 수 있도록 고려한 것이다. 단, 입법적으로는 특정물 청구권에 대해서도 확장할 여지가 있는데 다음에서 보듯이 그것을 인정하는 법개정이 있었다.

청구권의 특정

청구권은 증서의 기재에 의해 특정할 수 있는 것이어야 한다. 청구권은 발생원인에 의해 특정할 수 있으므로, 증서에 청구를 특정하는 요소로서의 발생원인인 사실(계약, 금전수수의 일시 등)이 기재되어 있어야 한다. 기재된 사실이 객관적 사실과 일치하지 않아도 증서는 공정증서로서 집행력을 갖는다. 만일 단지 표시된 청구권과 동일성이 인정되는 청구권이 부존재라면 청구이의의 소에 의해 집행력을 배제할 수 있다.

일정한 금액과 수량

집행해야 하는 청구권은 금액・수량이 일정해야 하는데, 공정증서에서는 청구권의 일정한 금액・수량이라는 것이 증서의 기재에 의해 확인할 수 있어야 한다. 즉 증서에 금액・수량이 명기되어 있거나 증서 자체에 의해 산출할 수 있어야 한다. 그러나 공정증서는 거래 당초에 장래의 채무불이행에 대비하여 작성되고, 집행문부여 시에 집행할 수 있는 금액・수량을 확정할 수 있으므로, 증서상의 금액・수량의 일정성은 그 최대한을 명시해야 하는 것으로서 이해할 수 있다.

일정한지의 여부가 문제되는 경우

청구의 금액・수량의 일정은 청구가 기한부・조건부 청구권, 장래의 청구권일 때 또는 반대급부에 관계된 것에 대해서도 인정된다. 그러나 당좌대월계약이나 근저당권설정 금전소비대차에서 일정한 한도액을 정하여 이루어지는 여신계약에 관해 작성되는 공정증서에 대해서는, 통설은 증서 상에 기재된 금액은 여신의 최고한도를 제시함에 그치고, 채권의 존재를 표시하는 것은 아니라고 하여 금액의 일정성을 부정한다. 공정증서만으로는 확정적으로 지급하여야 할 금액이 명확하지 않은 점, 한도액만큼 집행권원이 된다면 존재하지 않는 채무에 대해 압류가 내려지는 등 공정증서가 남용될 우려가 있는 점에서 본다면 통설이 타당하다고 생각한다.

마찬가지로 그러한 여신계약에 특약을 붙여 채무불이행이 있으면 채무액은 한도액이 된다거나 채무불이행을 조건으로 한도액의 채무를 부담하는 것으로 하여 그 금액을 즉시 지급한다는 공정증서도 금액의 일정성이 부정된다. 이러한 특약은 부당하게 집행권원을 만들려는 기교에 불과하기 때문이다. 그 밖에 대체집행(특정물을 인도하되 인도불능이면 시가로 환산한 금액을 지급한다는)의 경우의 청구금액도 명확하지 않으면 일정성이 부정된다.

b) 어음 · 수표에 첨부하는 공정증서

공정증서는 어음 · 수표의 발행인과 수취인, 양도인과 양수인 또는 그 대리인의 촉탁이 있으면, 어음 · 수표에 첨부하여 작성할 수도 있다(공증인법 56조의2제1항, 2항). 이러한 공정증서도 그 어음 또는 수표에 공증된 발행인, 배서인 및 공증된 환어음을 공증인수한 지급인에 대하여 집행권원이 된다(같은 조 4항). 또한 이 경우의 집행문은 공증된 어음 · 수표의 수취인이나 공증배서된 양수인에게만 부여할 수 있다(같은 조 5항).

c) 인도청구권의 공정증서

집행권원이 되는 공정증서는 금전 지급 또는 유가증권 등의 일정한 수량 급여를 목적으로 하는 경우에만 이용할 수 있었는데, 공증인법(56조의3 신설)의 개정으로 건물 · 토지 · 특정동산의 인도청구권을 목적으로 하는 공정증서도 이용할 수 있게 되었다. 원래 인도청구권의 경우에는 공정증서를 이용할 수 없어 제소전 화해가 널리 활용되어 왔으나, 지위가 열악한 채무자에게 불리한 내용이 강제되는 등 제소전 화해의 남용 사례가 적지 않았다. 이에 따라 공증제도의 이용을 활성화하고 동시에 사회적 약자를 보다 철저히 보호할 수 있게 공증제도를 개선한 것이다. 특히 임차건물 반환에 관한 공정증서는 임대차 관계의 종료에 따라 건물을 반환하기 전 6개월 이내에만 작성할 수 있다(같은 조 1항 단서). 이러한 인도청구권에 관한 공정증서의 집행문부여는, 그 증서를 보존하는 공증인이 그 공증인의 사무소가 있는 곳을 관할하는 지방법원 단독판사의 허가를 받아 부여하는데, 지방법원 단독판사는 허가 여부를 결정하기 위하여 필요하면 당사자 본인이나 그 대리인을 심문할 수 있다(같은 조 4항. 그 밖에 구체적인 집행문부여절차에 대해서는 신설된 규칙22조가 정하고 있다).

d) 집행수락문언의 기재

채무자가 강제집행을 승낙한다는 취지의 의사표시를 하고, 그 진술이 기재되어 있어야 한다. "강제집행을 승낙한다"는 것은 소송 그 밖의 절차에 의한 재판을 할 필요 없음을 말한다. 집행수락의 의사표시는 공증인에 대한 소송행위라는 성질을 갖는다. 따라서 집행수락의 요건, 효력에 대해서는 증서에 기재된 사법행위와는 구별해야 한다. 그러나 집행수락은 소송 외에서 사법행위와 일체로 이루어지므로 계속적인 소송절차의 일환으로서 이루어지는 고유의 소송행위와는 성격을 달리하고, 소송행위의 일반원칙보다는 민법의 표현대리 또는 의사표시에 관한 규정의 유추적용을 인정해야 할 것이다.[15] 이에 대해 판례는 표현법리의 유추적용을 부정하고 있다(대판 1984.6.26, 82다카1758 등).

(3) 공정증서의 효력

1) 의 의

공정증서는 전술한 요건을 갖추면 집행권원으로서 집행력을 갖는다. 기판력은 없지만 집행력의 유무에 관해서는 청구이의의 소로 다툴 수 있다(59조 3항).

2) 요건의 흠결의 경우

물론 전술한 요건에 하자가 있는 증서의 효력에 관해서는, 해석상의 문제가 있다. 전술하였듯이 민사집행법에서는 공정증서(그 밖의 재판이외의 집행권원에 관해서도 같다)의 성립에 관한 이의는 청구이의의 소에 의해 주장할 수 있기 때문이다.

성립에 관한 하자

공정증서의 성립(작성절차)에 관한 하자란, 대리인에 의한 증서작성의 촉탁에서 무권대리인이 집행수락의 의사표시를 한 것, 집행수락의 통모허위표시, 착오 등이 있다. 이러한 하자는 집행문부여기관인 공증인이 집행문부여 시에 기록에 의해 인정하는 것이 곤란하므로, 이에 대해 청구이의의 소에 의한 구제를 인정한 것이다. 따라서 공정증서는 성립에 관해 하자가 존재하여도 집행력을 갖고 공증인은 집행문부여에 있어서 이를 인정할 필요가 없으며, 그 집행력은 청구이의의 소에 의해 배제된다.

그 밖의 형식적 요건의 흠결

이에 반해 공정증서가 그 밖의 형식적 요건을 결할 때(성립에 관한 하자 이외의 하자로서 예를 들면 공증인법 56조의2 제2항이나 같은 56조의3 제1항 단서가 정하는 요

---

15) 박두환, 126면. 부정설은 강대성, 45면; 이시윤, 137면.

건을 결할 때, 금액의 일정성을 결할 때 등)는 집행력이 발생하지 않아 집행문을 부여할 수 없고, 공증인은 집행문부여에 있어서 이를 조사·판정해야 한다. 만일 집행문을 부여한 때에는 채무자는 집행문부여에 대한 이의(59조 2항)를 신청할 수 있다. 따라서 공정증서는 그 성립에 관해 하자가 있어도, 형식적·외형적으로 민사집행법의 요건을 구비하고 있으면 집행력을 갖는다.

한편 판례(대결 1999.6.23, 99그20)는 위와 같은 경우, 어느 경우에나 채무자가 구제방법(집행문부여에 관한 이의 또는 청구이의소송)을 선택할 수 있다고 한다. 채무자의 권리보호라는 점에서는 판례의 견해가 적절하다고 할 수 있지만, 공정증서가 집행권원으로서 갖는 효력과의 정합성에서 본다면, 그 2가지 구제방법을 구분하는 것이 논리적이라고 생각한다.[16] 이것은 후술하는 집행문부여에 관한 이의와 청구이의소송이 갖는 기능분담을 고려하여야 하기 때문이다.

청구권의 불성립 내지 부존재

청구권의 불성립 내지 부존재인 경우에, 공정증서의 집행력(유효성)은 청구권의 실체법상의 성부, 존부와는 관계가 없다. 달리 말하면 증서 그 자체의 효력과 증서의 내용인 법률행위의 효력과는 구별해야 한다. 물론 공증인법에 의하면, 공증인은 법령에 위반한 사항, 무효한 법률행위 및 무능력에 의해 취소해야 하는 법률행위에 관해서는 증서를 작성할 수 없다고 규정하고 있는데(공증인법 25조), 법률행위의 효력은 종국적으로는 법원의 공권적 판단을 기다려야 하는 사항이고, 또한 공증인은 실질적 심사의 권한을 갖지 않으므로, 위 규정은 공증인에 대한 훈시규정에 그치고, 증서의 효력을 좌우하는 것이 아니라고 해석된다. 증서에 표시된 청구권이 불성립 내지 부존재하면 청구이의의 소에 의해 집행력을 배제할 수 있다. 기재내용이 객관적 사실과 일치하지 않는 경우에도 같다.

9. 과태료재판

검사가 명령한 과태료 재판도 집행권원으로서의 효력을 갖는다(60조).

---

16) 구분설로는 박두환, 131면 이하.

제 3 절 청구이의의 소

1. 서

(1) 의 의

청구이의의 소란, 집행권원이 갖는 집행력의 배제를 구하는 소를 말한다(44조). 즉 집행권원에 표시된 청구권의 존재 또는 내용, 재판 이외의 집행권원의 성립에 관한 이의 등에 의해 집행을 영구적 또는 연기적으로 불허해야 한다는 이유를 주장하고, 변론을 통한 심리를 거쳐 당해 집행권원에 기한 강제집행의 불허를 선언하는 판결을 구하는 소이다. 집행권원의 내용이 금전청구인지 여부는 문제되지 않는다. 또한 청구에 관한 이의의 소는 유효한 집행권원을 대상으로 한다(대판 2012.11.15, 2012다70012).

청구이의의 소가 인정되는 이유

강제집행은 청구권의 강제적 실현을 도모하는 절차이므로, 청구권의 존재를 전제로 한다. 그러나 재판기관과 집행기관을 분리하는 제도 하에서는, 집행기관은 집행해야 하는 청구권의 존재 내지 형태를 심사할 권한과 직책을 갖지 않고, 단순히 집행력 있는 정본에 기해 집행을 실시해야 한다(단, 후술하는 바와 같이 집행정지사유가 있다[49조]). 그러하기 때문에 집행권원의 성립 후에 청구권이 소멸하거나 그 형태가 변경되는 경우, 또는 기판력이 없는 집행권원이라면 처음부터 청구권이 부존재인 경우라면, 현재의 실체관계와 합치하지 않는 집행권원에 의해 강제집행이 이루어질 수 있다. 이러한 강제집행은 집행법상은 위법하지 않다고 할 수 있지만, 실체법적으로는 부당하기 때문에 당연히 채무자는 이를 저지할 수 있어야 한다. 즉 집행을 부당하다고 하는 사유는 실체법상의 것이고, 또한 확정판결을 포함하는 모든 집행권원에 대해 인정되어야 하는 것이므로, 구제방법은 소에 의한 판결절차에 의하는 것이 타당하다. 이러한 점에서 청구이의의 소가 마련되어 있는 것이다.

재판 이외의 집행권원에 대한 청구이의의 소

다른 한편 재판 이외의 집행권원에 있어서 그 성립에 관해 존재하는 하자에 대해서는, 그것이 집행문부여기관이 조사할 수 있는 형식적 하자라면 집행문부여에 대한 이의(34조)에 의해 구제되어야 하지만, 사건기록 이외의 자료를 수집하여 심리할 필요가 있는 실체적 하자라면 변론을 열어 판단하는 것이 적당하므로 청구이의의 소를 인정할 필요가 있다. 또한 실체적 사유는 집행문부여에 대한 이의의 소의 이의사유에는 반드시 해당한다고 할 수 없기 때문에, 민사집행법에서는 그것이 청구이의의 소의 이의이유로 규정된 것이다. 그 밖에 실체관계에 기한 것으로 판단하여야 하는지 문제가 있는 사유라도, 법률상 달리 적당한 구제방법이 없는 것이라면 해석상 청구이의의 소가 인정되는 경우가 있다. 위와 같이 원래 재판이 아닌 집행권원에 대하여 그 취소나 변경을 구하기 위한 상소·이의·재심 등의 구제수단이 없는 경우에 인정되는 청구이의의 소는 준재심의 기능을 갖는데, 이러한 청구이의의 소를 보통 전용형(轉用型) 청구이의의 소라 부른다.

청구이의의 소가 인정되지 않는 경우

그러나 청구이의의 소는 상소나 이의신청에 의해 다툴 수 있는 재판(확정 전의 가집행선고부 판결, 가집행선고부 지급명령)에 대해서는 인정되지 않는다. 또한 보전처분, 법 260조 1항의 수권결정, 검사의 집행명령(형소법 477조 등) 등은 이론상 별개의 구제절차가 마련되어 있으므로, 청구이의의 소가 인정되지 않는다. 단, 소송비용액확정결정(민소법 110조), 법 260조 2항의 수거비용지급명령, 법 261조에 의한 배상금지급명령 등은 인정된다. 아울러 담보권실행경매에 대해서도 청구이의의 소가 인정되지 않는데 이에 대해서는 후술하는 담보집행에서 논한다.

(2) 성 질

1) 의 의

청구이의의 소는 전술하였듯이 집행권원의 표시가 실체법상의 권리관계와 일치하지 않다는 이유, 또는 그 성립에 관해 하자가 있다는 이유에 의해, 그 집행권원의 집행력을 향후 배제하고 이에 기한 강제집행을 저지함을 목적으로 하는 소이다. 따라서 집행권원 자체의 취소와 변경을 목적으로 하는 것이 아니고, 또한 개개의 재산에 대한 개별적 집행의 배제를 목적으로 하는 것이 아니다. 이러한 청구이의의 소의 성질을 어떻게 파악하느냐에 대해서는 견해의 대립이 있다.

2) 단순소송설

먼저 단순한 형태의 소송으로 해석하는 입장에서는, 청구이의의 소는 소의 3가지 유형 중의 하나라고 해석한다. 즉 급부소송설은, 집행권원에 표시된 청구권을 행사할 수 없음을 구하는 소라든지, 집행권원의 반환을 구하는 소라든지, 집행기관에 대한 집행금지명령을 구하는 소라든지 등의 견해이다. 형성소송설은, 집행력의 배제 또는 변경을 발생시키는 소송법상의 형성권이라는 이의권을 소송물로 하는 소송법상의 형성소송이라는 견해이다.[17] 또한 확인소송설은, 집행력 또는 실체상의 청구권의 부존재의 확인을 구하는 소라는 견해를 말한다.

단순소송설의 문제점

그러나 청구이의의 소의 목적은 집행권원에 표시된 청구권이 현재의 실체관계에 합치되지 않으므로 당해 집행권원의 집행력을 배제한다는 점, 그리고 그에 근거한 집행의 불허를 구하는 소라는 점을 고려한다면, 이를 순수하게 급부소송, 형성소송 또는 확인소송으로만 구성하면 여러 가지 난점이 발생한다.

급부소송설에 따르면, 청구권을 행사하여서는 안 된다는 급부소송을 청구권부존재의 확인과 별개로 구성하는 근거가 박약하다. 만일 실체상의 청구권과 분리된 부작위청구권으로 구성한다면, 판결효나 중복제소금지 등에 대해 곤란한 문제가 생기고, 또한 집행력은 채무자에게 반환한다는 성질의 것이 아니며, 나아가 채무자가 집행기관을 상대로 하는 것이 아니므로, 법원에 집행기관에 대한 집행금지명령의 발령을 구할 수 있다는 구성도 설득적이지 않다. 다음으로 형성소송설에 따르면, 집행력배제의 효과는 설명하기 쉽지만, 소송물을 이의권으로 구성하기 때문에 청구권의 존부에 관해 기판력을 발생시키지 않게 되고, 채무자는 이 소송에서 패소하여도 소송종료 후에 다시 동일한 사유를 주장하여 채권자에 대해 부당이득반환청구를 할 수 있다는 문제가 있다. 마지막으로 확인소송설에 따르면, 그 중 소송상의 확인소송이라는 견해는 집행권원의 집행력이 이의이유의 발생과 동시에 소멸하는 것이 되지만, 이것은 청구인용판결의 주

17) 김홍엽, 105면; 이시윤, 205면(후술하는 신형성소송설처럼 난해한 구성을 할 필요가 없다고 주장한다).

문에서 "집행력 있는 정본에 기한 강제집행을 불허한다"고 선언하는 것을 충분히 설명할 수 없다. 또한 단순히 실체상의 청구권 부존재라는 확인만을 구한다면 강제집행을 저지할 수 없게 되는 문제가 있다.

3) 복합소송설

위와 같은 단순소송설의 난점에 따라 청구이의의 소를 복합적 기능을 갖는 집행법상의 특수한 소라고 파악하는 입장이 주장된다. 그런데 청구이의소송에서의 청구권부존재 등의 확인, 집행권원의 집행력의 배제, 그리고 판결주문에서의 집행불허의 선언이라는 다른 기능이 각각 어떻게 병존하는가에 대해서는 다시 견해가 갈린다. 물론 이러한 복합소송으로 해석하는 견해는 이 소의 법적 성질에 대해 복합적인 기능을 한다는 점에서는 거의 일치하고 있다. 구체적으로 말하면, 청구이의소송은 집행권원의 집행력을 배제하고 이에 따라 강제집행을 저지한다는 것을 목적으로 하는 소(대결 1984.5.28, 84마202 등)를 말한다는 점이다. 이러한 두 가지 목적(집행권원의 집행력의 배제와 강제집행의 불허)이 청구이의소송에서는 불가분의 요소를 이루고 있다. 따라서 청구이의소송의 의의나 법적 성질을 고찰할 때에는, 그것이 급부·확인·형성소송의 어느 하나의 유형에 해당하는 것이 아니라, 어차피 그러한 두 가지 목적을 갖는 복합적인 의미의 소송이라 이해할 수밖에 없을 것이다.

복합소송설의 구체적 내용

복합소송설은 세부적으로 위와 같은 2가지 기능이 어떻게 병존하는가에 대해 다음과 같이 주장한다. 먼저 구제소송설은 청구권부존재 등의 확인이라는 확인적 기능과 집행력의 배제라는 형성적 기능이 병존하는 특수한 소라는 견해이다[18]. 명령소송설은 집행이 실체상 위법하다는 것의 확인과 집행기관에 대한 집행불허의 지시 내지 명령을 구하는 소라는 견해이다. 신형성소송설은 특정한 집행권원에 대해 집행력의 배제를 구할 수 있는 지위에 있다는 형성적인 법적 주장을 소송물로 한다는 소(특정 집행권원에 의한 강제집행을 부당하다고 하는 법적 상태의 확인에 집행권원의 집행력의 배제라는 법적 효과가 결부된 판결을 구하는 소)라는 견해이다. 그리고 신확인소송설은 청구이의소송의 인용판결에서는 집행불허를 선언해야 하는데, 이는 청구이의소송이 집

18) 강대성, 121면.

행권원에 표시된 청구권의 실체관계를 집행절차에 반영시키는 특별한 소송이라는 점에 기한 기술적이고 부수적인 재판이라는 견해를 말한다.

2. 소송절차

(1) 관 할

집행권원의 구분에 따라 정해져 있고 토지관할은 전속관할이다(21조). 집행권원이 확정판결 또는 항고로만 불복을 신청할 수 있는 재판이면 그것을 한 제1심판결법원(44조 1항, 57조, 56조), 지급명령이면 그 명령을 발한 법원(58조 4항), 소송상의 화해조서 등은 소송이 계속된 바 있는 제1심 수소법원, 공정증서는 채무자의 보통재판적이 있는 곳의 법원(이것이 없으면 민소법 11조에 따라 피고에게 제소할 수 있는 법원. 59조 4항), 채권표는 그 파산채권표가 성립한 지방법원의 관할(채무자회생법 535조)에 속한다.

(2) 소송절차

청구이의소송의 소송절차는 일반적인 소송절차와 같다. 집행권원 성립 후에는 집행문의 부여전이라도 또한 집행개시 후라도 제기할 수 있지만, 집행완료 후에는 부당이득반환청구 또는 불법행위에 의한 손해배상청구의 소를 제기하여야 하고, 또는 이것으로 변경할 수 있다. 복수의 이의이유가 있는 경우에는 후술하는 바와 같이 채무자는 동시에 이를 주장하여야 한다(44조 3항).

원고와 피고 원고는 집행권원에 채무자로 표시된 자 또는 그 승계인 그 밖의 원인에 의하여 그에 대신하여 집행력을 받을 자(25조)이다. 이들의 채권자도 채권자대위권의 행사로 원고가 될 수 있다(그 외에 채무자회생법 458조, 466조에 의해 파산관재인이나 파산채권자도 가능). 피고는 집행권원에 채권자로 표시된 자, 그 승계인 그 밖에 집행권원의 집행력의 확장을 받게 되어 자기를 위한 집행을 신청한 자이다. 소송대리인은 집행권원 성립절차에 관여하였다고 하여도 새로이 청구이의의 소에 관한 수권을 얻어야 한다.

판 결 법원이 청구를 인용해야 할 때에는, 종국판결에서 그 집행권원에 의한 집행을 영구적으로 또는 일시적으로 허용하지 않는다고 선언한다. 청구인용의 판결이 확정되거나 가집행선고가 내려지면 원고(채무자)는 그 정본을 집행기관에 제출하고, 강제집행의 정지 및 취소의 조치를 구할 수 있다(50조). 한편 집행권원의 집행력 일부만의 배제를 인용하는 판결을 내릴 수 있는가에 관해 과거의 판례는 소극적인 것이 있지만(대판 1971.12.28, 71다1008), 이의이유에 따라서는 일부배제도 가능하다. 예를 들어 집행증서상 청구권은 의무의 단순 이행을 내용으로 하는 것인데, 그 청구권이 반대의무의 이행과 상환으로 이루어져야 하는 동시이행관계에 있으므로 집행증서에 기한 집행이 불허되어야 한다는 주장을 하는 경우이다. 이 경우에는, 집행증서상으로는 단순 이행의무로 되어 있는 청구권이 반대의무와 동시이행관계의 범위 내에서만 집행력이 있고 그것을 초과하는 범위에서의 집행력은 배제되어야 한다는 것을 의미한다. 따라서 이러한 사유를 이유로 하는 청구이의의 소에 관한 재판에서 집행권원상의 청구권과 동시이행관계에 있는 반대의무의 존재가 인정되는 경우, 법원으로서는 본래의 집행권원에 기한 집행력의 전부를 배제하는 판결을 할 것이 아니라 집행청구권이 반대의무와 동시이행관계에 있음을 초과하는 범위에서 집행력의 일부 배제를 선언하는 판결을 하여야 한다(대판 2013.1.10, 2012다75123, 75130).

3. 청구이의소송의 소송물과 이의이유

(1) 서

청구이의소송에서의 소송상의 청구(소송물)는 이의 또는 이의청구이다. 이 점을 법 44조 1항은 "판결에 따라 확정된 청구에 관하여 이의하려면"이라고 규정하고 있는데, 이것이 다른 집행권원에도 준용된다(57조). 다른 한편 법 44조 1항의 이의와는 달리 같은 조 2항과 3항은 '이의의 이유'라는 개념을 채용하고, 확정판결에 관한 이의이유는 변론이 종결된 뒤(변론 없이 한 판결의 경우에는 판결이 선고된 뒤)에 생긴 것이어야 한다고 규정함과 동시에, 수개의 이의이유는 동시에 주장해야 하는 것으로 규정하였다.

이에 따라 이의의 구체적인 이유와 그 개수가 문제된다.

(2) 청구이의소송의 소송물

청구이의소송에서의 소송물 특정식별의 기준에 관해서는, 여러 견해가 있지만 대략 다음과 같이 구분할 수 있을 것이다. ① 이의원인설은 이의의 이유가 되는 사실마다 소송물을 별개로 파악하는 설이다. ② 이의형태설(실체관계설)은 이의의 형태에 의해 소송물을 특정하는 설로서, 청구권의 존재에 관한 이의 등을 각각 별개의 소송물로 파악하는 설이고, 이 입장에서는 이의의 각각의 형태를 구분하는 사실(변제, 면제, 시효의 완성, 불성립 등의 구체적 사실을 포함하는 추상적 개념으로서의 사실)이 이의의 이유이다. ③ 집행권원설은 주장되는 이의의 종류, 내용에 관계없이 소송물은 특정 집행권원에 대해 집행력의 배제를 구하는 법적 지위에 있으므로, 소송물은 1개이고 동일하다고 파악하는 입장이다. 이 설에서는 이의의 이유는 집행력 배제를 구할 수 있는 이유가 되는 사실이다.[19)]

집행권원설의 타당성

청구이의소송의 소송물에 관한 위와 같은 견해 중 어느 것이 타당한지는 쉽게 판단할 수 없다. 생각건대 집행의 신속한 진행과 법 44조 3항의 존재 및 하나의 집행권원으로 한 번의 집행을 할 수 있는 채권자에 대해 채무자도 한 번의 집행력 배제를 구할 수 있다고 하는 것이 공평하고, 채무자의 권리보호가 불공정하다고 할 수 없으므로, 집행권원설이 타당하다고 생각한다.[20)]

(3) 이의이유의 형태

이의이유에 해당되는 것은 주로 청구권의 소멸을 야기하거나 실효시키는 사유로서, 대개 적극적 이행소송에서의 항변사유이다. 집행권원에 기판력이 있는 경우에는 청구권의 소멸이나 그 행사를 저지할 수 있는 원인, 기판력이 없는 경우라면 청구권의 불성립이나 무효사유도 이의이유가 된다(59조 3항). 또한 집행이 권리남용에 해당하는 경우에도 청구이의의 소로 그 집행의 배제를 구할 수 있다(대판 2001.11.13, 99다32899).

집행권원과 거기에 표시된 청구권은 구별되는데, 청구이의소송은 후자

---

19) 결론적으로 집행권원설을 취하는 것은 박두환, 151면.

20) 박두환, 151면도 결론적으로 같다.

를 대상으로 하는 것이다. 따라서 전자에 관한 성립절차의 불비, 집행권원의 부존재, 무효 또는 집행권원의 불명확 등은 청구이의소송의 대상이 되지 않는다.

(4) 이의이유의 시적 제한

확정판결에 관한 이의이유는 변론종결 후(변론 없는 판결이라면 판결선고 후)에 발생한 것에 한한다(44조 2항). 기판력은 일정한 시점을 기준으로 하여 인정되고, 기준시 전의 사유에 대해서는 차단효가 발생하기 때문이다. 즉 기판력이란 기준시(변론종결시. 44조 2항 참조) 당시의 권리관계를 확정한다는 의미가 있고, 이 기준시는 당사자가 공격방어방법을 제출할 수 있는 한계점을 가리키며, 따라서 이 시기가 지났다는 의미는 당사자가 더 이상 기준시 전에 이미 존재하고 있었던 공격방어방법을 제출하여 확정된 권리관계를 다툴 수 없다는 것을 말한다. 만일 기준시 전에 발생한 공격방어방법을 제출하면 그로 인해 이미 확정된 권리관계와 모순되는(기판력에 저촉되는) 경우가 발생하고, 이러한 결과를 막기 위해 기준시전의 공격방어방법의 제출을 막아야 하기 때문이다. 또한 그 때까지 당사자는 집행권원의 성립에 대해 충분히 다툴 수 있었기 때문이다. 이 원칙에 따라 법은 기준시(변론종결시) 후에 발생한 이유라는 청구이의이유의 시적 제한을 가하고 있는 것이다.

단, 가집행선고부 지급명령에 관한 이의의 이유는 그러하지 않다(58조 3항. 이하의 지급명령에 대한 청구이의의 소 참조). 공정증서 그 밖의 기판력이 없는 집행권원에 대한 경우에도 이의이유에 관해 이러한 시적 제한이 없다.

형성권의 행사가능성

이의이유의 시적 제한에 관해 특히 문제가 되는 것은, 기준시 전에 발생한 형성권을 기준시 후에 행사하고, 그 효과를 청구이의이유로서 주장할 수 있는가이다. 이에 대해 판례는 상계권의 기준시후의 행사를 인정한다(대판 1966.6.28, 66다780). 반대로 취소권이나 해제권은 행사할 수 없다는 입장이다(대판 1979.8.14, 79다1105). 한편 학설은 먼저 상계권에 관해, 실권되지 않는다는 견해와 예외적으로 당사자의 知·不知에 의해 실권된다는 견해가 있다. 다음으로 취소권과 해제권의 경우는 실권된다는 견해와 일정한 경우에 예외적으로 실권되는 경우가 있다는 견해로 구분된다. 그밖에 형성권에 관해 일반적으로 실권되지 않는다는 견해도 있다.

생각건대 청구이의소송의 이의이유가 될 수 있는가의 문제는 결국 기판력의 시적 범위의 문제로서, 기본적으로 기판력의 모순·저촉이 관건이 된다. 기준시전에 발생한 공격방어방법을 주장하더라도 후소가 전소와는 다른 권리관계의 확정을 구하는 것이라면, 당연히 기판력의 저촉을 논의할 필요가 없게 된다. 이러한 경우의 공격방어방법의 제출 자체는 그 주장가능성을 기판력이 아닌 신의칙으로 규율할 수 있고, 이러한 점을 구분하여 대처해야 할 것이다.

상계권·해제권·취소권

먼저 상계권의 경우에는 이미 기판력에 의해 확정된 권리관계(수동채권의 존재)와 모순되는 것을 주장하는 것이 아니다. 상계의 항변을 주장하려면 수동채권의 존재가 이미 기판력에 의해 확정되었음을 인정해야 하고, 상계의 항변으로 인해 상계적상시로 소급하여 수동채권이 소멸되는 것은 실체법이 부여한 특별한 효과이기 때문이다(민법 493조 2항). 따라서 상계권의 주장 자체는 전소판결의 기판력과 모순되지 않는다. 다음으로 그 밖의 형성권 행사의 경우, 해제권은 권리관계의 유효한 존재를 전제로 하면서 새롭게 그것을 해소하는 것이고, 이 점에서 취소와 구별된다. 해제권을 행사해도 기준시의 권리관계의 존재는 인정하는 것이므로, 해제에 의한 권리관계가 기준시의 그것과 모순되지 않고, 기판력의 시적 범위에 의해 차단된다고는 할 수 없다. 반대로 취소의 경우에는 기준시의 권리관계의 부정을 목적으로 하는 것이므로, 취소 후의 권리관계는 당연히 기준시의 권리관계와 모순된다. 따라서 취소권의 경우에는 기판력의 시적 한계에 따른 차단효의 대상이 된다. 아울러 지상권자나 임차인의 건물매수청구권 등의 경우에도 상계권이나 해제권과 동일하게 해석해야 할 것이다(대판 1995.12.26, 95다42195).

변론종결 전에 한 한정승인

한편 변론종결 전의 한정승인을 항변으로 제출하지 않고 청구이의이유로 주장하는 것은, 기판력의 시적 한계에 해당되는가(기판력에 저촉되는가) 문제된다. 이에 대하여 판례(대판 2006.10.13, 2006다23138)는 한정승인에 관하여는 전소에서 아무런 심리판단을 받은 것이 아니므로 전소의 기판력이 미치지 아니하고, 따라서 집행단계에서 이를 주장하여도 무방하다고 해석한다(단, 한정승인이 아닌 상속포기라면 기판력에 저촉된다[대판 2009.5.28, 2008다79876]).

그러나 한정승인을 청구이의이유로서 인정하는 것이 아닌 당해 집행 자체를 신의칙위반 내지 권리남용으로서 청구이의이유를 인정하는 것이 타당하다.[21] 이론적으로는 기판력의 시적한계와의 관계에서 변론종결 전의 사유로서 원칙적으로 청구이의이유가 되지 아니하지만, 집행단계에서 집행을 구하는 것 자체가 신의칙에 위반되는 것이라면 강제집행을 불허한다는 것으로 처리하는 것이 타당하기 때문이다.[22]

변론종결 후에 한 한정승인

변론종결 후 상속인이 한정승인을 한 경우, 청구이의에 의하는가, 집행문부여절차에서 다투는가, 아니면 제3자이의의 소로 다투는가, 견해의 대립이 있다. 책임범위는 청구권과 관련된 것이므로 판결절차를 통해 확정하여야 하는 점, 강제집행개시 전이나 집행문부여 전에도 구제를 할 필요가 있는 점, 집행의 대상인 특정 재산에 대한 강제집행의 불허라는 점을 고려한다면, 청구이의의 소로 다투어야 한다고 생각한다.[23]

(5) 이의이유의 동시주장

이의이유가 수개 있는 경우 채무자는 이를 동시에 주장해야 한다(44조 3항). 여기서 동시에 주장할 필요가 있다는 수개의 이의이유에 대해서는, 전술하였듯이 청구이의소송의 소송물과 관련된 문제가 있다. '동시에'라는 의미는 '동일소송'에서 라는 의미로 해석된다(실무제요 1-301). 동시주장은 여러 가지 이의이유를 하나의 청구이의소송으로 주장하는 것을 말한다. 즉 소제기 당시 존재하는 모든 이의이유를 빠짐없이 소장에 기재해야 하는 것을 의미하는 것이 아니고, 공격방어방법의 제출로서 적시제출주의의 원칙에 따라 주장해야 한다는 것이다.

---

21) 이에 관한 사견의 입장에 대해서는 당해 판례를 평석한 김상수, 한정승인과 청구이의의 소, 법조622호, 284면 이하 참조.

22) 이시윤, 94면. 반대로 부정한다는 견해로는 강대성, 127면; 박두환, 81면, 148면.

23) 박두환, 148면.

(6) 지급명령에 대한 청구이의이유

지급명령의 경우의 특칙

기판력을 갖는 집행권원인 경우라도, 판결과는 다른 형태로 청구이의의 사유의 시적 제한을 받는 것이 있을 수 있다.[24] 구법에서와 같이 지급명령이 기판력을 갖는 경우이다. 1990년 개정 전의 구민소법 521조 2항은, "청구에 관한 이의의 소는 가집행선고있는 지급명령의 송달 후에 생긴 원인을 이유로 하는 때에 한하여 제기할 수 있다"라고 규정하여, 지급명령에 있어서는 그것이 채무자에게 송달된 후에 생긴 사유에 한하여 청구이의의 소로 주장할 수 있었다. 독촉절차는 서면심리에 의하고 따라서 그대로 확정된 경우에는 구술변론의 여지가 없기 때문에, 법이 확정판결이라는 집행권원과는 다른 특별규정을 두었던 것이다.

지급명령이 기판력을 갖는 경우

말하자면 이때에는 지급명령을 발령하는 독촉절차가 순수한 서면절차라는 점에서, 채무자에게는 지급명령이 발령되는 독촉절차에서 그 성립을 다투는 것이 불가능하다. 그 대신에 지급명령의 송달은 받은 후 2주일 내에 지급명령에 대한 이의를 신청할 수 있는 것으로 되어 있었다(1990년 개정 전의 구민소법 442조). 따라서 채무자가 집행권원의 성립을 다툴 수 있는 기회가 그만큼 보장되어 있는 것이므로, 지급명령은 이의신청이 없거나 이의각하의 결정이 확정하면 확정되고, 확정되면 기판력을 갖으며, 그 기준시는 채무자에 대한 지급명령의 송달시이다. 구법은 지급명령이 갖는 효력을 염두로 하여 이러한 점을 규정하고 있었던 것이다.

지급명령이 기판력을 갖지 않는 경우

이에 비해 집행권원이 기판력을 갖는 것이 아니라면, 위에서 본 법리와는 달리 이의이유에 관한 시적 제한이 가해지지 않는다(아래와 같은 현행법에 대한 대법원의 판례이고 1990년 개정 전의 구민소법 521조 2항에서도 그러하다). 원래 기판력이 없는 집행권원에 대한 청구이의의 소에서는 기판력이란 굴레에서 벗어나므로 그 기준시가 문제되지 않고, 청구권의 불성립, 무효 그 밖의 집행권원 존재 전의 사유도 주장할 수 있다. 그렇다면 현행법 하의 지급명령에 대한 청구이의소송에서는, 당해 청구권의 부존재에

---

24) 자세히는 김상수, 지급명령에 따른 강제집행과 청구이의사유, 쥬리스트 2002/7, 63면 이하 참조.

관한 모든 사유, 특히 집행권원 성립 전의 사유를 주장할 수 있는 것이 된다(대판 2002.2.22, 2001다73480).

규정의 문제점 지급명령의 효력을 규정하는 현행 민소법 474조의 원래의 규정인 같은 법 445조는 제정 이래 "(지급명령의 확정)가집행선고있는 지급명령에 대하여 이의신청이 없거나 이의신청을 취하하거나 각하결정이 확정한 때에는 지급명령은 확정판결과 동일한 효력이 있다."고 규정하고 있었다. 그런데 1990.1.13. 민사소송법 개정시에 같은 조문은 "(지급명령의 확정) 지급명령에 대하여 이의신청이 없거나 이의신청을 취하하거나 각하결정이 확정된 때에는 지급명령이 확정된다."고 변경되었다. 이것이 2002년의 민사소송법 전면개정 시에 다시 현행법과 같은 조문, 즉 1990년 개정 전의 제정 당시의 상태로 조문상으로는 복귀한 것이다.

1990년 민사소송법 개정 전에는 지급명령의 효력으로 기판력이 인정된다고 해석되었고, 반대로 기판력이 인정되는 것을 부정하기 위하여 조문도 개정되었던 것인데, 다시 원래의 조문으로 돌아가게 된 것이다. 그럼에도 아래와 같이 판례가 기판력은 인정되지 않는다고 해석하여야 하는 것이라면, 마땅히 조문의 내용을 원래대로 복귀시키는 것이 아닌 다른 표현으로 규정하는 것이 타당하였을 것이다. 조문은 원래와 같으면서 그 해석이 원래와 다른 것은 법조문상의 "확정판결과 동일한 효력"에 대한 대법원의 해석이 통일되지 않게 되어 법적 안정성에도 도움이 될 수 없는 점에 해당된다. 지급명령에 기판력을 부여하지 않는 입장 자체는 최근의 입법추세이고, 사법보좌관이 담당하는 간이한 분쟁처리수단으로서 신속한 처리에 기한다는 점에서도 타당하다.

지급명령에 기판력을 인정하지 않는 판례 판례(대판 2009.7.9, 2006다73966)는, 민소법 474조는 확정된 지급명령이 확정판결과 같은 효력을 가진다고 규정하고 있으나, 확정판결에 대한 청구이의이유를 변론이 종결된 뒤(변론 없이 한 판결의 경우에는 판결이 선고된 뒤)에 생긴 것으로 한정하고 있는 법 44조 2항과는 달리, 법 58조 3항은 지급명령에 대한 청구이의의 주장에 관하여는 법 44조 2항의 규정을 적용하지 아니한다고 규정하고 있으므로, 민소법에 의한 지급명령에 있어서도 지급명령 발령 전에 생긴 청구권의 불성립이나 무효 등의 사유를 그 지급명령에 관한 이의의 소에서 주장할 수 있고, 따라서 이러한 의미에서 구 민소법뿐만 아니라 현행 민소법에 의한 지급명령에도 기판력은 인정되지 아니한다고 해석한다. 즉 해석을 통해 지급명령에 기판력을 인정하지 않는다는 결론을 도출하여 앞에서와 같은 청구이의이유의 문제를 해결하는 것이다.

4. 청구이의의 소와 집행정지 등의 가처분

청구이의의 소를 제기하여도 그 집행권원에 기한 집행은 당연히 영향을 받는 것이 아니다(46조 1항). 그러나 집행이 계속되면 소의 제기에 의한 집행저지의 목적을 달성할 수 없게 되는 경우가 있다. 이에 따라 채무자의 이익보호를 위해 집행을 잠정적으로 정지하거나 취소하는 가처분이 인정되는 것이다.

(1) 소의 제기에 동반한 가처분

청구이의의 소가 제기되어도 집행절차가 당연히 정지되는 것은 아니므로, 강제집행의 속행을 저지하기 위해서는 채무자는 그 정지를 구하는 잠정처분을 신청하여야 한다. 점정처분의 신청은 청구이의의 소의 제기를 전제로 하고, 변론 없이 재판한다(46조 2항). 채무부존재확인의 소를 제기한 것만으로 잠정처분을 할 요건이 갖추어졌다고 할 수 없다(대결 2015.1.30, 2014그553). 잠정처분에 대한 재판에는 불복신청을 할 수 없고 특별항고만이 가능하다(대결 2001.2.28, 2001그4).

1) 수소법원에 의한 가처분

청구이의의 소가 제기된 경우에, 이의로 주장한 사정이 법률상 이유가 있고 나아가 사실상의 점에 관해 소명이 있을 때에는, 수소법원은 신청에 의해 종국판결에서의 가처분을 명할 때까지, 채무자에게 담보를 제공하게 하거나 그러하지 않고 강제집행의 정지를 명할 수 있고, 채권자에게 담보를 제공하게 하여 강제집행을 명하거나 채무자에게 담보를 제출하게 하여 이미 한 집행처분의 취소를 명할 수 있다(46조 2항). 급박한 사정이 있는 경우에는 재판장도 이들 처분을 명할 수 있고(46조 3항), 수소법원은 1심법원만이 아니라 상소가 제기된 경우의 상소심도 이에 해당한다.

2) 집행법원에 의한 가처분

집행법원도 급박한 경우에는 잠정처분을 명한 뒤, 상당한 기간 이내에 잠정처분을 명하는 수소법원의 재판서를 제출토록 명할 수도 있다(46조 4항). 이 경우 집행법원이 정한 기간 이내에 수소법원의 재판서의 제출이 없으면, 채권자의 신청에 따라 강제집행이 속행된다(46조 5항).

(2) 종국판결에서의 집행정지의 재판 등

수소법원은 종국판결에서 새로이 전술한 것과 같은 가처분을 명하거나(청구기각판결을 제외) 이미 내린 전술한 재판을 취소, 변경 또는 인가할 수 있다(47조 1항). 이 재판에 관해서는 직권으로 가집행의 선고를 하여야 한다(47조 2항). 이 재판에 대해서는 불복을 신청할 수 없다(47조 3항).

제4절 집행문

1. 의 의

집행문은 집행권원이 갖는 집행력의 현존 및 그 범위, 특히 집행당사자를 공증하는 문언 또는 이를 기재한 문서이다. 집행문의 부여는, 채무자에 대해 그 집행권원에 기한 채권자의 강제집행이 허용된다는 내용을 집행권원의 끝에 부기하는 방법에 의해 이루어진다(29조 1항, 2항). 집행문이 부여된 집행권원의 정본을 집행력 있는 정본이라고 한다(28조 1항).

집행문의 존재의의

강제집행은 집행권원을 기본으로 하여 그 집행력의 범위 내에서 이루어져야 한다. 그런데 집행권원이 갖는 집행력의 현존 및 그 범위의 조사는, 원칙적으로 집행권원 그 자체만으로는 불가능하여 별도로 조사자료가 필요하다. 집행기관이 집행권원의 작성기관과 분리되고 집행관도 집행기관인 제도 하에서, 이 조사・판정을 집행기관에게 맡기는 것은 신속하고 정확한 판정에 도움이 되지 않는다. 이에 따라 집행권원의 원본이 존재하는 기관이 이를 조사・판정하게 하고, 집행권원 정본의 끝에 이를 공증하게 하여 집행기관이 이에 기해 바로 집행할 수 있도록 한다는 것이 바로 집행문이 갖는 의의이다.

집행권원의 보충기능

강제집행은 집행권원 자체에 표시된 당사자 사이에서만이 아니라 그 밖의 자에 대해 또는 그 밖의 자를 위해서도 이루어진다(25조 1항). 또한 집행권원에 표시된 청구권이 전환된 청구권에 대해서도 이루어지고, 이러한 경우에는 그 내용이 집행문에 기재되어야 한다. 이러한 것을 집행문의 기능이라는 점에서 본다면, 집행문은 집행권원의 보충기능을 갖는다고 말할 수 있다.

2. 필요성

집행권원에 기해 강제집행을 하기 위해서는 원칙적으로 집행문의 부여를 필요로 하지만, 약간의 예외가 있다. 집행문이 필요함에도 집행문을 부여받지 않고 한 강제집행은 무효가 된다.

(1) 확정된 지급명령(58조 1항 본문)

집행에 조건이 붙은 경우나 당사자의 승계가 있는 경우를 제외하고 집행문이 필요 없다(58조 1항 단서). 단, 이와 유사한 소송비용액 확정결정은 확정 후 집행문을 부여받을 필요가 있다는 것이 실무이다(송민 80-2).

(2) 확정된 이행권고결정(소액심판법 5조의 8 제1항 본문)

원칙적으로 집행문이 필요 없고, 예외적으로 집행문이 필요한 경우는 위의 지급명령의 경우와 같다(같은 법 5조의 8 제1항 단서).

(3) 보전집행

예외적으로 당사자의 승계가 있는 경우를 제외하고 집행문이 필요하지 않다(292조, 301조).

(4) 법률상 집행력 있는 집행권원과 동일한 효력이 있는 것

과태료 재판의 집행을 위한 검사의 명령(60조), 소송비용의 수봉(收捧)에 관한 결정 등(민소비용법 12조 1항), 배상명령(소송촉진에 관한 특례법 34조 1항) 등은 일반적으로 집행문이 필요하지 않다(실무제요 1-203).[25]

(5) 부수집행

집행권원에 표시된 본래의 청구권의 집행에 부수하는 집행으로서, 채권집행에서의 채권증서의 인도집행(234조 2항), 강제관리부동산의 점유집행(166조 2항) 등에는 집행문을 필요로 하지 않는다. 그러나 부동산인도명령(136조 1항)의 경우, 실무는 집행문 없이 집행하는 경우가 많지만(실무제요 1-204), 집행권원으로서 집행문이 필요하다는 주장이 있다.[26] 인도집행 자체는 법258조의 부동산인도청구권의 강제집행과 동일한 것이므로 집행문이 필요하다고 해석하여야 할 것이다. 또한 대체집행의 비용예정액의 지급을 명하는 재판(260조 2항), 간접강제의 제재금지급을 명하는 재판(261조 1항)의 경우에는 원집행권원과는 별개의 집행권원이 되므로 집행문부여가 필요하다. 아울러 강제경매에서 인정되는 보전처분으로서의 집행관보관명령(136조 2항, 규칙 44조 2항)의 경우, 보전처분에 준하여 당사자의 승계가 없는 한 집행문이 필요 없다는 주장(실무제요 1-203은 법136조 3항의 인도명령이 그러하다고 한다)과, 별개의 집행권원으로서 집행문이 필요하다는 견해가 있다. 당해 보관명령의 집행이 보전처분과 유사한 집행절차(규칙 44조 7항, 8항)를 취한다는 점에서 본다면, 집행문은 요구되지 않는다고 해석하여야 할 것이다.

(6) 의사표시의 집행

등기절차의 이행을 명하는 판결과 같이 의사표시의 진술이 판결의 확정으로 간주되는 경우(263조 1항)에는 집행문이 필요 없다. 단, 의사의 진술

---

25) 불요설로는 강대성, 56면; 박두환, 159면; 이시윤, 148면.

26) 김홍엽, 240면; 박두환, 160면. 반대설로 이시윤, 148면.

이 반대의무의 이행에 달려 있는 경우에는 집행문이 필요하다(263조 2항). 또한 의사표시를 명하는 가집행선고부판결의 경우에도, 판결이 확정된 것이 아니므로 통상의 부대체적 의무의 집행방법인 간접강제에 의하여야 하고, 따라서 간접강제를 위한 집행문이 필요하다고 해석하여야 할 것이다.

집행문의 부여가 무효인 경우

판례(대판 2012.3.15, 2011다73021)는, 집행권원상의 의사표시를 하여야 하는 채무가 반대급부의 이행 등 조건이 붙은 경우, 반대급부의 이행 등 조건이 성취되지 않았는데도 그러한 집행권원에 집행문이 잘못 부여된 경우에는 그 집행문부여는 무효라고 한다. 그러나 강제집행이 종료되고 더 이상의 집행 문제는 남지 않게 되면, 집행문부여에 대한 이의신청이나 집행문부여에 대한 이의의 소를 제기할 이익이 없으므로, 채무자로서는 집행문부여에 의하여 의제되는 등기신청에 관한 의사표시가 무효라는 것을 주장하거나 그에 기초하여 이루어진 등기의 말소 또는 회복을 구하는 소를 제기하여야 한다는 것이 판례의 해석이다.

3. 집행문부여의 절차

(1) 부여기관

집행문은 채권자(집행력이 미치는 채권자, 승계인 대위채권자를 포함)의 신청에 의해 공정증서 이외의 집행권원이면 사건기록이 존재하는 법원의 법원사무관 등이(28조. 그 밖에 각종 분쟁조정위원회 등의 조정조서에 대한 집행문부여에 관한 규칙 2조, 3조, 6조, 7조 1항), 공정증서라면 그 원본을 보존하는 공증인이 부여한다(59조 1항).

(2) 집행문부여의 신청

신청은 구술로도 가능하나(28조 3항) 서면으로 하는 것이 대부분이고, 서면에는 규칙 19조 1항의 사항을 명시하여야 한다.

(3) 집행문의 형식

집행문은 채권자가 채무자에 대해 그 집행권원에 기한 강제집행을 할 수 있다는 내용을 집행권원의 끝에 부기하는 방법으로 부여된다(29조). 집행권원에 표시된 청구권의 일부에 관해서 집행문을 부여할 때에는 강제집행을 할 수 있는 범위를 집행문에 기재한다(규칙 20조 1항). 사법보좌관의 명령이 필요한 경우에는 그 취지를 기재하고(32조 3항), 승계집행문의 경우 승계사실이 법원에 명백한 경우라면 그 취지가 기재된다(31조 2항). 집행문에는 법원사무관 등이 기명날인하여야 한다(29조 2항). 공증인에 의한 집행문부여절차에 대해서는 특별한 규정이 없으므로 확정판결에 대한 집행문부여절차가 준용된다(실무제요1-235).

4. 집행문부여의 요건

집행문은 다음의 요건을 구비하는 경우에 부여되고, 부여기관은 이들 사항을 조사·판단하여야 한다. 이들 요건 중, ①, ②는 모든 집행권원에 필요한 요건이고, ③, ④는 각각 당해 사유가 있는 경우에 필요한 요건이다. ③ 또는 ④의 요건을 구비함으로써 부여되는 특수집행문에 대비하여, ①, ②의 요건의 구비에 의해 부여되는 집행문을 단순집행문이라고도 한다. 또한 집행문부여의 요건은 후술하는 집행개시요건과도 구별하여야 한다.

① 집행권원으로서 형식적으로 적식이고 내용적으로도 유효한 문서가 존재할 것.

② 집행권원의 집행력이 발생하고 또한 현존하고 있을 것.

확정되지 않으면 집행력이 발생하지 않는 집행권원이라면 그것이 확정되어야 하고, 재심소송, 청구이의소송의 판결 등에 의해 집행력이 배제되었다면 집행문을 부여할 수 없다.[27] 가집행선고부 종국판결의 경우, 거기서 요구한 담보의 공탁여부 또는 판결정본이 패소자에게 송달되었는지의 여부는 집행문부여요건이 아니고 집행개시요건이다(39조 2항, 40조 2항).

27) 또한 판결에 대하여 집행문을 부여하기 위해서는 그 판결의 집행력이 유효하게 발생하고 존재할 것을 요건으로 하므로, 집행력이 발생하지 않는 당연무효의 판결에 대하여는 집행문을 부여할 수 없고, 이러한 법리는 집행문부여의 소를 제기한 경우에도 마찬가지이다(대판 2012.4.13, 2011다93087).

③ 청구가 채권자가 증명해야 하는 사실의 도래가 요건인 경우의 집행문이라면, 그 사실이 도래했을 것.

집행문은 채권자가 그 사실이 도래하였음을 증명하는 문서를 제출하여야만 부여된다(30조 2항 본문). 이 경우의 집행문을 보충집행문, 사실도래집행문 또는 조건성취집행문이라고도 한다. 여기서의 조건이란, 불확정한 기한 그 밖의 즉시의 집행을 저지할 모든 사실을 포함하는 개념이다. 집행권원의 집행력이 조건에 관계되어 있어도, 부여기관이 조사해야 하는 사항은 채권자에게 증명책임이 있는 사실의 도래에 한정되고, 재판장(사법보좌관)이 명령한 때에만 집행문을 부여할 수 있다(32조 1항). 또한 후술하는 바와 같이 집행개시의 요건인 사실(예를 들면 확정기한의 도래, 담보의 제공 등)은 집행문부여시의 조사사항이 아니다.

채권자가 증명해야 하는 사실

따라서 여기서 채권자가 증명해야 하는 사실이란, 정지조건의 성취, 불확정기한의 도래, 선이행관계에 있는 반대급부의 이행 등이다. 또한 과태(실권)약관이 있는 경우, 예를 들면 화해조서 등에서 차임지급을 연체하면 임대차계약을 해제할 수 있다는 조항이 정해져 있는 경우에는, 해제의 의사표시를 한 사실(또는 당연히 계약해제의 효과가 발생한다면 그러한 사실)은 채권자가 증명해야 하는 사실이다. 반대로 차임지급의 사실은 채무자가 증명해야 하는 사실이다(단, 채무자에게 반대사실을 증명하기 위한 일정한 기간을 부여하는 일민집법 173조 3항의 규정에서 보는 것처럼, 해석상 그와 같은 처리가 가능할 것이다).

④ 집행권원에 표시된 당사자 이외의 자를 채권자 또는 채무자로 하는 집행문이라면, 그 자에 대해 또는 그 자를 위해 강제집행을 할 수 있을 것.

당사자 이외의 자에게 집행권원의 집행력이 미치는(그 자가 집행당사자적격을 갖는) 경우에는, 집행문은 그러한 승계가 집행문부여기관에게 명백할 때 또는 채권자가 그것을 증명하는 문서를 제출했을 때, 재판장의 명령을 받아 부여된다(31조 1항, 규칙 19조 3항). 이 경우의 집행문을 승계집행문이라고 한다. 집행권원의 집행력이 미치는 당사자 이외의 자로는 전술하였듯이 승계인뿐만 아니라 당사자가 타인을 위해 당사자가 된 경우

(소송담당)의 그 타인이나 청구의 목적물의 소유자도 있고(25조), 여기서 말하는 승계집행문에는 그러한 자를 채권자 또는 채무자로 하는 집행문도 포함된다.[28] 또한 전술하였듯이 단순집행문의 부여를 필요로 하지 않는 집행권원이라도 승계집행문은 필요하다.

⑤ 전환집행문

동일 당사자 사이에 집행권원표시의 청구권이 전환된 경우(구청구권이 소멸하고 그에 대응하는 청구권이 발생한 경우나 청구권의 형태가 변경된 경우 등), 그 전환 후의 청구권에 대해 부여되는 집행문을 전환집행문이라고 한다. 임대차의 갱신에 의한 신임대차계약상의 청구권, 건물철거・토지인도의 집행권원이 성립한 후에 건물매수청구권을 행사한 채무자에 대한 건물인도・토지인도청구권, 특정한 침해행위를 유지하는 집행권원의 성립 후에 채무자가 침해형태를 변경한 경우의 그 침해의 유지청구권 등이 있다. 전환집행문이 필요한 이유는, 채권자에게 신청구권에 관해 집행권원의 취득을 요구하는 것이 당사자 간의 형평에 반하기 때문이다. 해석론으로서는 당사자가 동일하지만 단순집행문에는 해당하지 않고, 오히려 승계집행문에 준하는 것이라고 말할 수 있다.

5. 집행문의 재도부여 등

채권자는 집행문이 부여된 집행권원의 정본을 복수로 부여받거나 재도부여받을 수 있다. 다만, 채권의 완전한 변제를 받기 위해 필요하거나, 집행력 있는 집행권원이 분실・멸실된 경우이어야 하고, 원칙적으로 사법보좌관의 명령이 있어야 한다(35조 1항). 단, 확정된 지급명령의 경우에는 사법보좌관의 명령이 필요없다(58조 2항, 이행권고결정도 같다[소액사건심판법 5조의 8 제2항]). 아울러 가집행선고부 지급명령의 경우에도 동일하게 해석될 것이다.

28) 그러나 채무자의 채무를 소멸시켜 당사자인 채무자의 지위를 승계하는 이른바 면책적 채무인수는 승계인에 해당되지만, 중첩적 채무인수는 당사자의 채무는 그대로 존속하며 이와 별개의 채무를 부담하는 것에 불과하므로 승계인에 해당되지 않는다(대결 2010.1.14, 2009그196).

제 5 절 집행문부여에 관한 구제

1. 집행문부여 등에 관한 이의

(1) 서

집행문부여의 신청에 관한 처분에 대해서는 이의의 신청을 할 수 있다(34조 1항, 59조 2항). 집행문부여의 신청이 거절되면 채권자가, 집행문이 부여되었을 때에는 채무자가, 각각 법원에 이의를 제기할 수 있다. 즉 이 이의에는 집행문부여거절에 대한 채권자의 이의와 집행문부여에 대한 채무자가의 이의가 있다. 집행문부여는 집행기관의 집행처분이 아니므로, 이 이의는 형식적으로 집행에 관한 이의와 구별된다.

관할법원

관할법원은 집행문부여를 담당하는 법원의 단독판사(34조 1항)이고, 공증인의 처분이라면 공증인의 소재지를 관할하는 지방법원의 단독판사(59조 2항)이다. 가집행선고부 지급명령 정본의 재도 교부에 대해서도 이 이의신청이 가능하고, 관할도 당해 집행문부여를 담당하는 법원으로서 위와 같다(34조 1항 참조).

이하, 집행문부여거절에 대한 이의신청에서 다루는 사항은 기본적으로 집행문부여에 대한 이의신청의 경우에도 해당된다.

(2) 집행문부여거절에 대한 이의신청

1) 이의사유

이의신청은 민사집행의 신청이 아니고, 서면 또는 구술로 할 수 있다(23조 1항, 민소법 161조 1항). 이의사유는 집행문부여의 요건이 구비되어 있다는 점(부여기관이 조사해야 하는 사항에 관한 판단이 부당할 것)이다. 보충집행문에서의 사실의 도래나 승계집행문에서의 집행력확장사유에 관한 채권자의 증명의 유무도 이의사유가 된다.

2) 심리 및 재판

이의의 신청에 관해서는 변론을 열지 않고 심리할 수 있고, 재판은 결정으로 내려진다. 이의가 이유 있는 경우에는 집행문부여거절의 처분을 취소하고 부여기관에 대하여 집행문의 부여를 명하는 선언을 한다. 채권자는 이 결정정본과 집행권원을 첨부하여 재도 집행문부여를 신청하는 것이 된다. 소송기록의 송부 등으로 법원사무관 등이 더 이상 집행문을 부여할 수 없게 된 경우, 그러한 법원사무관 등이 한 집행문부여거절처분에 대한 이의신청은 특별한 사정이 없는 한, 신청의 이유가 없어 부적법 각하되고(대결 2000.3.13, 99마7096), 채권자는 소송기록이 있는 법원에 다시 집행문부여를 신청해야 한다.

재판에 대한 불복

이의신청이 배척되면 채권자는 불복할 수 없고(대결 1997.6.20, 97마250), 후술하는 집행문부여의 소를 제기하여 다툴 수 있다(아울러 후술(4)의 불복방법 참조). 반대로 집행문부여거절처분이 취소되어 집행문이 부여된 경우, 채무자는 채권자의 이의신청에서 문제되었던 동일한 사유로는 이의신청을 할 수 없지만 다른 사유로는 이의신청이 가능하다는 입장이 있다(실무제요 1-262. 대결 1979. 8.25, 78마249). 그러나 집행의 신속과 채권자의 경우와의 균형을 고려할 때, 채무자는 후술하는 집행문부여에 대한 이의의 소로만 다툴 수 있다고 해석해야 할 것이다.

(3) 집행문부여에 대한 이의신청

1) 이의사유

집행문부여의 요건이 구비되지 않은 점(부여기관이 조사해야 하는 사항에 관한 판단이 부당할 것)이다. 채무자명의를 모용하여 집행문을 부여받은 경우(대결 1999.6.23, 99그20), 보충집행문에서의 사실의 도래나 승계집행문에서의 집행력확장사유의 증명이 없는 경우도 이의사유이다. 1심법원의 법원사무관 등이 집행문을 부여하고 소송기록을 항소심에 송부하여도, 집행문부여거절에 대한 이의신청과 달리 채무자는 집행문을 부여한 1심법원에 이 이의신청을 제기할 수 있다.

2) 심리 및 재판

이의신청에 대해서는 변론을 열지 않고 심리할 수 있고 결정으로 재판한다. 이의가 이유 있는 경우에는 집행문부여를 취소하고, 그 집행문을 부여한 집행권원의 정본에 기한 집행을 불허한다고 선언한다.

재판에 대한 불복

이 결정에 대해서는 특별항고만이 가능하다는 것이 판례이다(대결 1995.5.13, 94마2132). 사실상 불복신청을 할 수 없다는 취지이다(아울러 후술(4)의 불복방법 참조). 이의신청이 배척되어도 채무자는 집행문부여에 대한 이의의 소(45조)를 제기할 수 있고, 이의가 인용되어도 채권자는 집행문부여의 소(33조)를 제기할 수 있다. 따라서 채무자는 집행문부여에 대한 이의신청과 집행문부여에 대한 이의의 소를 동시에 제기할 수 있고, 전자의 인용결정이 없는 한(인용되면 후자의 소의 이익이 없어진다) 후자의 소에서 불복절차가 처리된다.

3) 집행정지에 관한 가처분

집행문부여에 대한 이의신청을 하여도 당연히 집행정지의 효력이 발생하는 것은 아니다. 법원은 직권으로 이의에 관한 재판을 할 때까지 집행정지 등의 가처분을 명할 수 있고, 급박한 사정이 있으면 재판장도 이 처분을 명할 수 있다(34조 2항, 16조 2항). 이 잠정처분을 내리는 명령에 대해서는 불복할 수 없다.

(4) 집행문부여 등에 관한 이의신청과 불복신청

집행문부여 등에 관한 이의신청에 내려진 재판에 대해 불복신청이 가능한지에 관하여 법 34조는 침묵하고 있다. 이에 대해서는 원래 실무에서는 통상항고를 인정하고 있었고, 판례는 즉시항고에 의해야 한다(대결 1995.1.20, 94마1961)고 한 후에, 바로 전술하였듯이 불복불가설(특별항고설)로 변경되었다(대결 1995.5. 13, 94마2132).[29]

29) 이에 관해서는 김상수, 강제집행법상의 몇가지 문제점, 저스티스 제30권 제2호(1997) 참조.

집행문부여절차의 특징과 불복방법

집행문이라는 것은 강제집행을 염두에 두고 부여되는 것이고 또한 조문상으로도 강제집행부분에 정해져 있으므로, 실질적으로 집행절차에 해당한다. 따라서 집행문부여 등에 관한 이의신청이라는 것은 집행에 관한 이의와 실질적으로 거의 같은 것이라고 말할 수 있다. 그렇다면 이의신청에 관한 재판에 대해 다시 집행에 관한 이의를 인정하는 것은 같은 절차를 두 번씩 반복하는 것으로 집행절차의 신속한 운영이라는 점에서 타당하지 않다. 또한 집행문부여 등에 대한 재판에서 이의사유에 대한 실체심리가 이루어지는 점도 불복신청을 제한할 이유가 된다. 이러한 점에서 해석상 불복신청이 제한되는 것이다. 그러나 모든 불복신청이 허용되지 않는다는 조문이 없는 이상 특별항고를 인정할 여지가 있다.

집행문부여의 소・집행문부여에 대한 이의의 소에 의한 불복

또한 법 33조(집행문부여의 소)와 법45조(집행문부여에 대한 이의의 소)에 의한 소로써 불복을 제기할 수 있는지도 문제된다. 집행문이라는 것은 간단한 사건으로서, 집행권원의 원본이 있는 곳에서 집행문을 부여해야 할 요건을 심사한 후에 부여하는 것이다. 그리고 거기에 문제가 있다면 다시 법원에 대한 이의에 의해 재심사가 인정된다. 따라서 당사자로서는 그만큼 구제수단이 충분하고 더 이상 구제수단을 인정할 필요성이 없다고도 할 수 있을 것이다.

생각건대 구체적으로 어떠한 구제를 인정해야 하느냐에 대해서는 집행문부여의 일반요건과 특별요건을 구분하여 고찰할 필요가 있다. 일반요건이란 집행권원에 관한 형식적 유효성에 관한 것으로 용이하게 판단할 수 있는 이상, 다시 구제수단을 인정할 필요는 없다. 이에 반해 특별요건은 보충집행문, 승계집행문(교체집행문) 및 전환집행문에 있어서 그 부여의 당부를 실체적으로 판단해야 하는 것이므로, 이에 대해서는 법 33조와 45조에 의해 통상의 소로써 불복을 제기할 수 있다. 특별요건의 존부에 대한 이의심의 재판에 기판력이 발생하지 않기 때문이다. 그러한 소송을 인정하지 않는 견해도 생각할 수 있지만, 일반요건과 특별요건의 차이를 고려하지 않는 문제가 있다. 따라서 집행문부여의 소와 집행문부여에 대한 이의의 소를 제기할 이익(특별요건에 대해 다툴 이익)이 있는 한, 제소할 수 있다고 해석해야 할 것이다. 이는 설사 이의재판에 대한 불복신청이 인정되지 않는다는 규정이 있어도, 따로 그러한 소가 인정되어 있고 그 소의 이익이 인정되는 한, 그러한 금지규정도 거기까지는 효력이 미치지 않기 때문이다.

불복방법의 정리

요컨대 집행문부여 등에 관한 이의에 대한 재판에 대해서는 불복신청을 인정할 필요가 없으므로, 처음부터 그러한 조문이 규정되었어야 했다. 그러한 조문이 없어도 현실적인 해석으로서 즉시항고가 인정되지 않지만, 특별항고가 인정될 여지는 남게 되기 때문에 그 차이는 특별항고가 인정되는지의 여부에 있다. 한편, 그러한 불복신청 금지규정의 유무에도 불구하고 집행문부여의 소와 집행문부여에 대한 이의의 소가 통상의 소로서 불복수단으로 규정되어 있는 이상, 그 소의 이익이 있는 한 허용되어야 한다.

2. 집행문부여의 소

(1) 의 의

보충집행문 또는 승계집행문의 부여를 받기 위해 필요한 사실의 도래 또는 집행력확장사유를 증명하는 문서를 제출할 수 없을 때, 채권자가 채무자를 피고로 하여 증명문서의 제출을 대신하여 집행문의 부여를 받을 수 있는 판결을 구하는 소를 말한다(33조). 이 소에서의 청구인용판결은 집행문을 대신하는 것이 아니고 부여의 요건인 사실의 증명을 대신하는 것으로, 판결이 확정되거나 가집행선고가 내려지면 원고는 그 정본을 부여기관에 제출하여 집행문의 부여를 받아야 한다.

집행문부여 등에 관한 이의신청의 필요성

집행문부여가 거절된 경우 이에 대한 이의신청 없이 바로 집행문부여의 소를 제기할 수 있고, 부여신청 없이 이 소를 제기할 수도 있다. 그러나 여러 통의 집행문부여를 구하는 경우(35조)에는, 사항이 실체상의 사실에 관한 것이 아니므로 집행문부여신청을 거쳐야 하고 바로 이 소를 제기할 수 없다.

(2) 소의 성질

집행문부여의 소의 성질에 대해서는 집행권원에 표시된 청구권에 관해 급부를 구하는 급부소송이라는 견해, 집행문의 부여를 받을 수 있는 지위를 형성하는 형성소송이라는 견해, 집행문부여요건의 존재확인을 구하는 확인소송이라는 견해[30]가 주장된다. 그러나 집행권원이 집행문을 부여할 수 있는 상태임을 확정함과 동시에, 증명문서를 필요로 하지 않고 집행문부여를 받을 수 있는 지위를 형성하는 점에서, 확인소송과 형성소송을 겸유하는 성질을 갖는다고 말할 수 있다.

이 소를 제기할 수 있는 경우에 채권자가 따로 급부소송을 제기할 이익이 인정되는지 문제된다. 이 소송의 판결은 청구권에 관해 기판력이 발생하지 않고, 급부소송을 제기한다고 하여 채무자에게 특별한 불이익도 없으므로, 소의 이익이 존재한다고 해석해야 할 것이다.[31]

(3) 심리 및 재판

1) 관 할

관할은 집행권원의 구분에 의해 정해지고 원칙적으로 1심법원의 전속이다(33조). 즉 토지관할은 전속인데(21조), 나아가 사물관할도 전속관할인지에 관해서는 견해의 대립이 있다. 실무는 전속이 아니라는 것이 주류적인 입장인 듯하다(실무제요 1-289). 집행권원이 판결 이외의 재판 그 밖의 화해조서, 인낙조서이면 1심법원(청구이의의 소에서의 1심판결법원과 같은 의미이다)이 관할을 갖는다. 지급명령의 경우에는 이를 내린 지방법원의 관할이고(58조 4항), 청구가 합의사건이면 그 법원이 있는 곳을 관할하는 지방법원 합의부가 재판한다(58조 5항). 제소전 화해조서나 조정조서는 그것이 성립한 지방법원의 관할로, 사물관할은 일반원칙에 따른다. 공정증서는 채무자의 보통재판적 소재지 법원이 관할하고, 그러한 법원이 없으면 민소법 11조의 규정에 따라 채무자에 대하여 소를 제기할 수 있는 법원이 관할하며(59조 4항), 이 경우의 사물관할은 일반적으로 임의관할이라고 해석된다.

---

30) 강대성, 63면; 김홍엽, 72면; 주석민사집행법Ⅱ-182.

31) 박두환, 177면.

2) 소송절차

소송절차는 일반적인 소송과 같다. 원고는 채권자이고 피고는 채무자이다. 증명도 문서에 한하지 않고 모든 증거방법을 이용할 수 있다. 채권자의 청구를 인용해야 하는 경우에는, 채권자가 구하는 집행문을 부여해야 함을 선언한다. 채권자는 이 판결의 정본을 제출하여 집행문의 부여를 구하게 된다. 집행문부여를 구하는 원고의 청구 범위 중 일부에 대하여만 집행력의 존재가 인정되는 경우, 법원은 집행문부여기관이 집행권원에 표시된 청구권 중 그 집행력이 인정되는 일부에 대하여만 집행문을 내어줄 수 있도록, 강제집행을 할 수 있는 범위를 특정하여 집행문부여를 명하여야 한다(대판 2009.6.11, 2009다18045).

채무자가 주장할 수 있는 사유

이 소송에서 채무자는 심리의 대상인 사실의 도래 또는 집행력확장사유의 존재를 다툴 수 있고, 집행문부여의 형식적 요건의 흠결(확정의 차단, 집행력정지 등의 사유)을 주장할 수 있지만, 나아가 청구권의 부존재, 소멸이나 재판 이외의 집행권원의 성립에 관한 이의 등 청구이의이유도 항변으로 주장할 수 있는지 문제된다. 다음에서 보듯이 이 소송은 집행문부여의 요건인 사실의 도래 또는 집행력확장사유의 존재에 의한 집행권원의 집행력의 존부를 확정하는 소송이고, 이 항변을 허용하면 채권자의 집행문취득이 늦어지며, 다른 한편 채무자는 청구이의의 반소를 제기할 수 있으므로 당사자간의 형평이라는 점에서 소극적으로 해석해야 할 것이다.

(4) 집행문부여의 소와 피고의 방어방법

청구이의이유의 주장가능성

피고가 청구이의이유를 항변으로 제출할 수 있는지에 관하여 구체적으로 살펴보면 다음과 같다. 먼저 적극설은 청구권이 불성립 또는 소멸된 경우 집행은 허용되지 않으므로 판결절차에 의해 집행력을 확정하는 경우에 집행문부여의 요건과 실체적 이의이유를 구별할 의미가 없고, 항변으로서 주장하게 하면 청구이의의 소를 제기할 필요가 없게 되어 소송경제에도 적합하다는 점 등을 이유로 한다. 적극설에서도 청구이의이유를 이 소에서 주장하였는지의 여부를 묻지 않고 청구이의의 후소가 인정되지 않는다는 입장(실권긍정설), 반대로 이를 주장하였는지의 여부를 묻지 않고 청구이의의 후소가 인정된다는 입장(실권부정설), 그리고 이를 주장하지 않은 경우에는 청구이의의 후소가 허용된다는 입장(절충설)의 대립이 있다.

소극설의 타당성

한편 소극설[32]은 청구이의이유가 발생하여도 집행권원의 집행력이 당연히 상실되는 것은 아니고, 집행문부여의 소에서 심리의 대상은 청구권 자체의 존부가 아닌 집행문부여의 요건인 사실의 도래 또는 승계사실의 존부에 한정되기 때문에 청구이의의 소와는 기능이나 목적을 달리하며, 또한 이 소송에서 청구이의이유의 주장을 허용하는 경우, 채무자는 청구이의의 소라면 부담하게 될 집행정지를 위한 담보의 제공을 부담하지 않으면서도 집행정지의 이익을 받게 된다는 점 등을 이유로 한다. 입법론으로서는 이 소를 폐지하고 실체권에 대한 급부소송을 제기해야 하도록 하거나(동시에 집행문부여에 대한 이의의 소와 청구이의의 소를 통합하는 것), 청구이의의 소와의 사이에 별소금지를 인정하는 것(전술한 실권긍정설에 가깝다)을 생각할 수 있다. 현행법의 조문을 고려한다면, 해석론으로는 소극설이 타당하다고 생각한다. 판례(대판 2012.4.13, 2011다93087)도 같다.

3. 집행문부여에 대한 이의의 소

(1) 의 의

보충집행문 또는 승계집행문이 증명문서의 제출에 의해 부여된 경우, 채무자가 채권자를 피고로 하여 채권자가 증명해야 하는 사실이 도래하지 않았다는 것 또는 집행력확장사유의 부존재를 주장하고, 그 집행문이 부여된 집행권원의 정본에 기한 강제집행을 불허하는 판결을 구하는 소이다(45조).

소의 성질

이 소는 집행문의 효력 배제를 구하는 소라는 형성소송설, 집행문부여요건의 부존재 내지 집행문을 부여하면 안된다는 상태의 확인을 구하는 소라는 확인소송설, 그 밖에 구제소송설,

---

32) 강대성, 64면; 김홍엽, 74면(큰 차이는 없지만 이론상 소극설이 타당); 박두환, 178면. 이시윤, 160면은 적극설과 소극설에 큰 차이는 없다고 한다.

명령소송설이 있지만, 앞서 보았듯이 확인소송과 형성소송의 성질을 겸유하는 것이라고 생각된다.

(2) 심리 및 재판

관할은 청구이의의 소에 관한 규정이 준용되어(45조), 집행권원이 판결이면 제1심 판결법원(44조 1항), 지급명령이라면 그 명령을 발한 지방법원(58조 4항), 공정증서라면 채무자의 보통재판적이 있는 곳의 법원(59조 4항), 화해·인낙조서라면 제1심 수소법원(57조, 44조 1항)이 된다(그 밖에 22조 1호 참조). 전속관할인지의 여부는 앞의 집행문부여의 소에서 다룬 바와 같다.

소송절차의 내용

소송절차는 일반적인 소송절차와 같다. 원고는 채무자이고 피고는 채권자이다. 채권의 승계가 있는 경우, 그 양도의 무효를 주장하는 양도인이나 스스로 승계인이라고 주장하는 제3자는 채권자와 채무자를 공동피고로 하여 본소를 제기할 수 있는 것이 원칙이다. 이의이유가 수개라면 채무자는 동시에 이를 주장해야 한다(45조에 의한 44조 3항의 준용). 승계사실에 대한 증명책임은 채권자인 피고에게 있다(대판 2015.1.29, 2012다111630). 청구가 인용되면, 판결에서는 당해 집행문이 부여된 집행권원의 정본에 기한 강제집행은 이를 불허한다고 선언한다. 청구인용판결이 확정되면, 원고는 그 정본을 집행기관에 제출하여 강제집행의 정지 및 취소를 구할 수 있다.

(3) 이의이유

보충집행문의 경우

이 소에서의 이의이유는 채권자가 증명해야 하는 사실의 도래 또는 집행력확장사유의 존재를 다투는 이의이다. 즉 보충집행문에 관해서는, 예를 들어 과태약관부 청구권이라면 채권자의 해제의 의사표시가 없음을 주장하려고 할 때에는 이 소에 의하지만, 이행과태의 사실이 없음을 주장하려고 할 때에는 청구이의의 소를 제기하여야 한다.

승계집행문의 경우

또한 승계집행문에 관해서는, 채무자가 채권자는 이미 채권을 양도하여 지금은 채권자가 아닌 점 또는 자신이 면책적 채무인수 등에 의해 지금은 채무자가 아닌 점을 주장하려면, 이 소송에 의할 수 없고 청구이의의 소에 의해야 한다. 한편 집행권원에 표시된 채권자가 집행채권 양도의 무효를 주장하거나 제3자가 자신이 집행채권의 양수인이라고 주장하며 집행문의 부여를 다투려면, 앞서 보았듯이 법 45조에 의해 집행문부여를 받은 채권자 및 채무자를 공동피고로 하여 집행문부여에 대한 이의의 소를 제기할 수 있다고 해석해야 할 것이다.

(4) 집행문부여에 대한 이의의 소와 청구이의의 소와의 관계

채무자가 집행문부여에 대한 이의의 소에서 청구이의이유를 같이 주장하거나, 청구이의의 소에서 집행문부여에 대한 이의이유를 같이 주장할 수 있는가에 관하여 견해가 대립된다. 양소는 목적을 달리하는 별개의 소이므로 한쪽의 이유이유를 다른 쪽의 소에서 주장할 수 없고, 양자가 주장되면 소의 병합이라는 입장(소권경합설),[33] 양소는 본질적으로 동일하므로 한쪽의 이의이유를 다른 쪽의 소에서 주장할 수 있고 거기서 주장하지 않으면 실권하며, 다시 다른 쪽의 소에서 주장할 수 없다는 입장(법조경합설), 한쪽의 소에서 다른 쪽의 이의이유를 주장할 수 있지만 주장하지 않아도 실권되지 않는다(주장하여 패소하면 실권)는 입장이 있다(절충설).[34]

(5) 집행문부여에 대한 이의의 신청과 이의의 소의 관계

집행문부여에 대한 이의신청과 집행문부여에 대한 이의의 소(집행문부여의 소의 경우도 동일)와의 관계에 대해, 실무에서는 당해 이의의 소에서 조건성취나 승계를 다투는 이상 동시에 다른 사유를 주장할 수 있고, 조건의 불성취 등의 사유로서는 이유가 없는 경우에도 형식상의 요건에 흠결이 있으면 이 소를 인용해야 한다고 해석한다(실무제요 1-292).

실무의 타당성

이러한 실무의 태도는 다음과 같은 이유에서 기본적으로 정당하다고 생각한다. 특수집행문부여의 특별요건의 부존재를 주장하는 것은 이 소의 적법요건이지만, 특수집행문도 집행문부여의 일반요건의 존재가 전제가 된다. 집행문부여에 대한 이의신청의 재

33) 강대성, 71면; 김홍엽, 76면; 박두환, 183면.
34) 이시윤, 162면.

판에 대해 또 다시 이의의 소로써 다툴 수 있지만, 일반요건의 흠결로 인해 이의의 소가 인용되는 것은 처음부터 이의의 소를 제기한 경우이다. 반대로 이의신청에서 일반요건이 있다고 판단된 경우에는 법원이 판단을 잘못하는 경우는 희박하므로, 특별요건의 존재가 이 소의 이익의 기본적 요건이 된다.

(6) 집행문부여에 대한 이의의 소의 제기와 집행정지 등의 가처분

앞서 본 청구이의의 소의 경우와 같다(46조, 47조).

제 6 절 강제집행의 대상

제 1 관 책임재산

1. 의 의

특정 청구권을 실현하기 위한 집행의 대상이 되는 재산, 즉 그 강제집행의 대상(목적물)이 될 수 있는 재산을 책임재산이라 한다. 책임재산은 원칙적으로 집행개시 당시의 채무자의 일반재산이다.

2. 범 위

책임재산은 전술하였듯이 집행개시 당시에 채무자에게 속한 재산이다. 청구권의 성립 당시에 채무자에게 속하여도 집행 당시에 이미 채무자가 유효하게 처분하고 대항요건을 갖춘 재산은 책임재산이 아니다. 단, 그 처분이 사해행위라면 채권자는 채권자취소권(민법 406조)을 행사하여 책임재산으로 회복시킬 여지가 있다.

책임재산의 범위

책임재산은 원칙적으로 채무자의 일반재산, 즉 채무자에게 속하는 모든 재산이다(단, 압류금지재산은 책임재산이 아니다[채무자회생법 383조 1항 참조]). 금전집행의 책임재산이라면 원칙적으로 집행개시 당시에 채무자에게 속하고 금전으로 현금화할 수 있는 재산이어야 한다. 인격권이나 신분권은 책임재산이 아니고, 또한 금전으로 현금화할 수 없는 재산, 예를 들면 일신전속권, 불유통물이나 금전적 가치가 없는 것도 책임재산이 될 수 없다. 책임재산인 채무자의 일반재산 중 어느 재산을 집행의 대상으로 할지는 채권자가 그 집행신청에서 지정한다(단, 궁극적으로는 집행관의 선택에 맡겨진다).

특정물인도의 경우

특정물의 인도를 목적으로 하는 채권의 경우에는 채무자가 점유하는 그 물건, 또는 채무자의 제3자에 대한 인도청구권이 집행의 대상이고, 대체물의 급부를 목적으로 하는 채권에서는 채무자가 소유하는 그 종류의 동산이 집행의 대상이다. 그러나 이러한 채권은 그 채무불이행에 의해 손해배상청구권이 되기 때문에, 궁극적으로는 채무자의 일반재산이 책임재산이 된다.

작위 · 부작위채무의 경우

작위나 부작위를 목적으로 하는 채권에서는 대체집행시의 비용의 추심, 간접강제시의 제재금의 추심에 관해 금전집행에서와 같이 채무자의 일반재산이 책임재산이다.

3. 유한책임

유한책임(물적 유한책임)이란 특정한 채권에 대해 채무자의 재산 중의 특정한 물건 또는 재산만이 책임재산이 되는 경우이고, 법률 또는 계약으로 특별히 정하는 경우에 인정된다. 예를 들면 일정한 채권에 대해 특별한 규정이 있는 경우(상법 769조, 868조 등), 채무자가 상속의 한정승인을 한 경우, 임무에 의한 당사자로서 그 관리재산에 한해 책임을 지는 경우, 당사자가 특약에 의해 책임을 제한하고 있는 경우 등이 그 예이다. 유한책임에서의 책임의 한정은 특정한 채권의 특수한 성질에 기한 실체법적 속성이므로, 집행채권과는 관계없이 집행의 대상인 재산의 성질에 기한 집행법적 제한을 가리키는 법률에 의한 압류금지와 차이가 있다.

유한책임에 관한 조사·판단

유한책임인지의 여부는 집행기관이 조사·판단하는 사항이 아니라고 해석된다. 따라서 유한책임인 채권에 대해 유한책임이라는 내용이 집행권원 내지는 집행문에 표시되어야만 그에 대한 집행이 책임재산이 아닌 재산에 대한 집행으로 위법하게 되고, 다른 한편 채무자는 기판력에 저촉되지 않는 한 청구이의의 소에 의해 책임한정을 구할 수 있다(집행문부여에 대한 이의 또는 이의의 소도 가능하고, 다음에서 보는 제3자이의의 소도 허용된다). 반대로 책임재산이라는 내용이 집행력 있는 정본에 표시되어 있음에도 불구하고, 집행기관이 책임재산이 아닌 재산에 대해 집행할 때에는, 청구이의의 소 또는 제3자이의의 소에 의해 그 집행의 배제를 구할 수 있다.

제2관 제3자이의의 소

1. 서

(1) 의 의

제3자이의의 소란, 제3자가 타인 간의 강제집행(및 그 밖의 민사집행을 말하고 이하 같다)에 의해 목적물인 재산에 대해 자신이 갖는 권리가 위법하게 침해된다고 주장하고, 그 집행의 불허를 선언하는 판결을 구하며 채권자를 상대방으로 하여 제기하는 소를 말한다(48조). 즉 강제집행의 대상이 된(압류된) 재산(책임재산)에 대해, 일정한 권리(소유권 또는 양도나 인도를 막을 수 있는 권리)를 갖고 있는 제3자가 집행채권자를 상대로 제기하는 강제집행의 배제를 구하는 소를 가리킨다. 이 소는 강제집행에 한하지 않고 모든 민사집행에 관하여 인정되며, 재산권을 대상으로 하는 모든 집행에 적용된다(강제관리의 경우도 인정. 168조). 또한 집행기관이 집행법원인지 또는 집행관인지도 문제되지 않는다.

(2) 존재이유

강제집행은 채무자에 대해 그 책임재산을 대상으로 하여 이루어져야 하는데, 집행기관은 집행개시에 있어 집행의 목적물이 채무자의 책임재산에 속하는지의 여부(집행에 의해 침해되는 제3자의 권리가 존재하는지의 여부)에 대해 실질적·확정적인 판정을 하지 않는다. 어느 정도의 외형적 조사, 등기부의 기재(채무자소유로 등기되지 않아도 등기가 가능함을 증명하는 서류의 제출로 압류가 가능하다. 81조 1항 1호·2호)나 동산의 점유상태 등(채무자가 점유하는 물건, 채무자의 재산으로서 채권자가 점유하거나 제3자가 점유하고 제출을 거부하지 않은 물건. 189조 1항, 191조)에 근거한 조사에 의해, 그때만의 판단을 하는 것으로 되어 있다(채권집행의 경우라면 그것이 채무자에게 귀속된다는 취지의 채권자의 진술만으로 압류를 할 수 있다. 225조, 226조). 이것은 집행기관이 집행의 목적물인 재산에 대해 그 권리관계를 실질적으로 확정하는 것은 집행기관이 재판기관과 분리되어 있고 또한 집행관도 집행기관이므로 인정하기 곤란하며, 나아가 집행의 신속한 실시라는 요구에도 적합하지 않기 때문이다.

제3자 이익보호의 필요성

따라서 강제집행이 채무자의 책임재산이 아닌 재산에 대해 이루어지고 그 결과 제3자의 이익을 침해하는 일이 있을 수 있으므로, 이러한 제3자의 이익을 보호하는 방법이 있어야 한다. 또한 책임재산 이외의 재산에 대한 집행이 당연히 위법이 되는 것이 아니므로, 절차상의 하자를 주안으로 하는 집행에 관한 이의나 즉시항고로는 불복할 수 없는 것이 보통이다. 따라서 집행의 목적물이 채무자의 책임재산에 속하는지의 여부, 제3자가 집행에 의해 침해되는 권리를 갖는지의 여부(집행에 의해 침해를 수인해야 하는 의무를 부담하는지의 여부)는 실체적인 문제이므로, 제3자의 구제방법은 소에 의한 판결절차로 하는 것이 적당하다. 이러한 점이 제3자이의의 소의 존재의의이다.

(3) 성 질

제3자이의의 소의 성질에 대해서는 청구이의의 소에서와 같이 논란이 많다. 주요 논점은 청구인용판결에 의해 집행이 배제되는 관계를 어떻게 이해하는가, 이 소송의 소송물은 무엇인가, 이 소송의 기판력은 어떠한 내용인가 등이다. 견해가 대립하지만, 최근에는 판결효로서 실체적 상태의 확인적 기능과 판결의 선언에 의한 집행배제의 형성적 기능의 병존을 인정하는 방향으로 좁혀지고 있다.

청구이의소송과의 관계

제3자이의소송과 청구이의소송을 비교하면, 후자는 강제집행이 채무자에 대한 관계에서 집행권원 및 집행문에 의해 정당성이 보장되어 있으므로, 강제집행의 배제를 도출하려면 집행권원 및 집행문의 집행력의 실효를 개재시켜야 한다. 이에 비해 제3자이의의 소에서는, 집행의 목적물에 대한 제3자의 실체관계의 확정을 직접 집행관계에 반영시키는 것이라고 이해할 수 있다. 그 밖의 점에 관해서는 제3자이의의 소의 법적 성질을 청구이의의 소에 준하여 구성할 수 있다. 요컨대 제3자이의의 소는 채권자에 의한 특정재산에 대한 집행과의 관계에서 그 집행에 의해 침해되는 제3자의 실체적 권리의 확인, 그리고 그에 부수하는 집행불허의 선언을 구하는 소이고, 그 청구인용판결은 제3자의 실체권의 존재에 대해 기판력을 발생시킨다.

2. 소송절차

(1) 관 할

이 소송은 집행법원의 전속관할에 속한다(48조 2항). 만일 유체동산의 강제집행에서 압류와 경매를 각각 다른 집행법원이 관할하게 된 경우에는, 압류를 한 법원의 관할이라는 견해와 경매를 관할하는 법원도 관할권이 있다는 견해가 있다. 특별한 규정이 없고 실제로 경매절차가 진행되고 있다는 점에서 후자의 견해가 보다 타당하다. 또한 대체집행의 경우라면 그 결정을 한 수소법원의 관할이 아니고 대체집행을 실시할 집행의 목적물 소재지를 관할하는 지방법원의 관할이다. 보전집행으로서 부동산가압류나 가처분 그 밖의 채권가집행의 경우에는 보전처분을 한 법원(293조 2항, 296조 2항, 301조, 305조 3항), 유체동산의 보전집행의 경우에는 집행을 실시하거나 실시할 법원의 관할이다.

(2) 심리와 판단

소의 제기

집행개시 후 종료 전까지 제기할 수 있지만, 제기 후 집행이 종료하면 부적법하게 된다(대판 1996.11.22, 96다

37176. 그러나 부당이득반환청구나 손해배상청구의 소로 변경할 수 있다). 매각절차종료 후 배당절차종료 전에 이 소를 제기할 수 있는가에 대해서도, 판례는 가능하다는 해석이다(대판 1997.10.10, 96다49049). 또한 집행이 채권자에 의해 임의로 중지된 경우에는, 재도 집행의 위험성이 있는 한 이 소를 유지할 수 있다. 나아가 특정물인도청구나 토지가옥인도청구의 집행에서는 집행의 대상이 특정되어 있으므로, 집행개시 전에도 이 소를 제기할 수 있다.

원고 정당한 원고는 원칙적으로 그 집행에 의해, 목적물에 대해 갖는 자신의 권리가 침해됨을 주장하는 집행권원에 표시된 당사자와 그 승계인 그 밖의 제3자이다. 단, 채무자도 유한책임을 표시한 집행권원에 기해 책임재산 이외의 재산에 대해 집행을 받은 경우(한정승인을 한 상속인 등)에는 이 소를 제기할 수 있고, 특정물인도집행이 집행권원에 표시된 물건 이외의 물건에 대해 이루어지는 경우(직무상의 채무자인 파산관재인이 자신의 고유재산에 대해 집행처분을 받은 경우)에도 같다.

피고 이 소의 피고는 목적물에 대해 집행을 하는 채권자이다. 또한 제3자는 이 소에 병합하여 채무자를 상대로 강제집행의 목적물에 관한 소를 제기할 수 있다(48조 1항 단서). 전속관할의 소는 청구병합이 인정되지 않는 것이 원칙이므로(민소법 31조, 25조 참조), 그 예외라는 취지로 명문의 규정이 있는 것이다. 채무자에 대한 소를 병합하면 통상공동소송이 된다.

심리와 재판 본안의 심리는 제3자가 주장한 이의이유의 존부에 국한된다. 법원은 청구가 이유 있으면 그 목적물에 대한 집행을 허용하지 않는다는 내용을 선언하는 판결을 한다. 이 판결은 이의권의 존부를 확정하는 것이고 실체권의 존부를 확정하는 것은 아니라는 것이 실무의 견해이다(실무제요 1-322). 청구인용판결을 하는 경우에는 직권으로 법 46조의 잠정처분을 내리고, 이미 내린 명령을 취소, 변경 또는 인가할 수 있으며(48조 3항, 47조 1항), 이에 대해서는 직권으로 가집행선고를 하여야 한다(48조 3항, 47조 2항. 이 선고에 대해서는 불복할 수 없다[48조 3항, 47조 3항]). 청구인용판결이 확정하거나 가집행선고가 내려지면 원고인 제3자는 그 정본을 집행기관에 제출하여 집행의 정지・취소를 구할 수 있다(49조 1호, 50조).

3. 이의이유

앞서 보았듯이 제3자이의의 소의 이의이유는, 집행에 의해 목적물에 관해 제3자가 갖는 권리(소유권이나 양도나 인도를 막을 수 있는 권리)가 위법하게 침해되는 점이다. 따라서 제3자가 집행에 의해 침해되는 권리를 갖고, 그 침해를 수인해야 하는 이유가 없는 경우가 여기에 해당된다. 이의이유의 존부는 원칙적으로 제3자의 권리의 종류, 우선순위와 집행의 형태와의 상관관계에 의해 판정할 필요가 있다. 이러한 제3자의 권리는 압류 당시 존재해야 하고, 또한 제3자이의소송의 변론종결시까지 존재하여야 한다.

(1) 소유권

집행의 목적물에 대해 제3자가 소유권을 갖는 것은, 집행의 형태를 불문하고 이의이유가 된다(단, 지상권이나 전세권에 대한 집행에서의 토지는 집행의 목적물이 아니다). 유체동산집행에서는 매수인의 선의취득에 의해 제3자는 소유권을 상실하게 되고, 부동산집행에서도 제3자는 소유권의 행사에 장해를 받기 때문이다.

대항요건의 구비

제3자의 소유권이 대항요건을 구비하고 있을 것을 요하는지(압류채권자는 등기, 인도의 흠결을 주장할 수 있는가) 문제되는데, 대항요건의 구비를 요한다고 해석해야 한다(대판 1982.9.14, 81다527. 보통 압류 후에 소유권을 취득한 자는 대항할 수 없지만[압류의 효력 참조], 예외적으로 가압류 후에 소유권을 취득하고 본압류로 이행되었지만 당해 가압류가 반사회적 법률행위에 기인한 경우에는 제3자이의의 소를 제기할 수 있다[대판 1988.9.27, 84다카2267]). 따라서 소유권이전등기청구권은 이에 해당하지 않고, 명의신탁자도 대외적으로는 소유권을 주장할 수 없으므로 이 소를 제기할 수 없다(대판 1974.6.25, 74다423). 또한 제3자가 소유권취득에 대해 가등기를 갖고 있는 경우에 이 소에 의해 집행을 배제할 수 있는지에 대해서는 견해의 대립이 있다(후술 (8) 참조).

신의칙에 의한 제한

아울러 유체동산가압류의 집행시, 제3자가 채권자에 대해 자신이 점유하는 동산을 채무자가 소유하는 것이라고 주장하고, 채권자를 그 소재장소로 안내하여 임의로 이를 제공함으로써 가압류절차를 진행시키고, 채무자의 다른 물건에 대한 집행이 중지되는 등의 사정이 있을 때에는, 후일 제3자가 집행배제의 이의이유로서 그 물건의 소유권을 주장하는 것은 신의칙상 허용되지 않는다.

법인격부인과 공유의 경우

또한 법인의 재산을 그 배후에 있는 개인이나 친회사의 재산으로 인정할 수 있는 경우에는, 그 재산에 대한 집행에 관해 개인 또는 친회사가 제기한 제3자이의의 소를 법인격부인의 법리에 의해 배척할 수 있는 경우도 있을 것이다. 공유자1인에 대한 집행권원으로 공유물 전부에 대해 집행이 행해져도 다른 공유자는 제3자이의를 할 수 있지만, 부부공유인 유체동산은 예외이다(190조).

(2) 채권 그 밖의 권리가 제3자에게 귀속할 것

제3자가 집행의 목적인 채권 그 밖의 권리가 자신에게 속함을 주장하는 경우에도, 물건에 대한 소유권을 주장하는 것과 동일하게 제3자이의의 이유가 된다.

(3) 점유권

점유권도 집행에 의해 위법하게 침해되는 한 제3자이의의 이유가 되고, 간접점유의 경우에도 같다. 부동산의 강제경매에서는 점유권의 침해가 없지만 강제관리에서는 채무자의 부동산을 제3자가 점유하고 있는 경우, 관리인이 제3자의 승낙 없이 집행관의 원조 하에 그 점유를 배제할 때에는 제3자이의의 소를 제기할 수 있다. 유체동산집행에서는 압류에 제3자의 승낙이 필요하고(191조 반대해석), 승낙이 없는 압류에 대해 제3자는 집행에 관한 이의를 신청하거나 제3자이의의 소를 제기할 수 있다.

(4) 용익물권 및 대항력이 있는 임차권

강제경매에서는 이러한 권리로써 압류채권자나 가압류채권자에게 대항할 수 있는 것은 존속하고, 대항할 수 없는 것은 매각으로 소멸하므로(후술 강제경매에서의 매각의 효과 참조), 어느 경우에나 제3자이의의 소는 허용되지 않는다. 그러나 강제관리에서는 이들 권리가 침해되는 경우가 있으므로, 그 경우에는 이 소를 제기할 수 있다.

(5) 담보물권

담보물권은 원칙적으로 제3자이의의 이유가 되지 않는다. 즉 부동산집행에 있어서 담보물권은 매각에 의해 소멸하거나 매수인에게 인수되고, 소멸하는 담보물권 중 압류 또는 가압류 전에 등기된 것은 배당에 가입할 수 있다(91조 2항). 또한 유체동산집행에 있어서 질권자에게는 배당요구가 인정된다(217조). 그러나 점유나 사용을 동반하는 유치권·질권이라면 그 집행에 의해 점유를 방해받는 경우에는 제3자이의의 소를 제기할 수 있다. 또한 저당권의 효력이 미치는 동산에 대한 강제집행에서는, 저당권자는 이 소를 제기할 수 있다.

(6) 양도담보권

부동산양도담보

부동산의 양도담보권의 경우, 등기명의는 담보권자에게 이전되므로 이를 설정자의 재산으로 하여 집행되는 일은 없다(단, 물론 소유권이전등기가 '양도담보'를 원인으로 하고 있는 경우라면 압류를 허용하는 것을 생각할 수도 있다). 반대로 이를 담보권자의 재산으로 하여 그 채권자가 압류한 경우에는, 설정자는 원칙적으로 피담보채권의 한도에서 압류채권자의 채권을 변제하고, 소유권을 회복하여 제3자이의의 소를 제기할 수 있다.

제소가능시기

한편 부동산양도담보설정자가 그 양도담보권자의 채권자가 한 압류에 대하여 구체적으로 어느 시기까지 제3자이의의 소를 제기할 수 있는지 문제가 된다. 이에 대해 우리의 판례는 없지만 일본의 판례(최고재판소판결 평성18년(2006년)10월20일)는 부동산양도담보설정자가 피담보채무의 변제기 후라면 소유권을 환취하였다고 하여 목적부동산을 압류한 채권자를 상대로 제3자이의의 소를 제기할 수 없다고(결국 소유권을 환취할 수 없다고) 판단하였다.[35] 우리의 경우에도 가담법의 적용을 받지 않는 부동산양도담보의 경우라면 위와 같은 일본 판

35) 이하, 이 점에 대해 자세히는 김상수, 부동산양도담보설정자와 제3자이의의 소 – 최근의 일본 최고재판소 판례를 중심으로 –, 비교사법14권2호(37권) 29면 이하 참조.

례에서의 법리(변제기 전에 소유권을 환취하여야 가능)가 그대로 적용될 여지가 있다. 반대로 가담법의 적용을 받는 양도담보라면 그러한 법리가 적용될 수 있을지 추가적으로 검토할 필요가 있다. 주로 문제되는 것은 가담법 11조의 조문이다. 같은 조 단서는 설정자가 '선의의 제3자'에게 대항할 수 없다는 내용을 규정하고 있다. 같은 조 단서는 '소유권'을 취득한 제3자라고 규정하고 있지만, 그 제3자에는 압류를 한 채권자도 해당된다고 해석하여야 할 것이다. 그렇다면 선의의 압류채권자에게 설정자는 대항할 수 없지만, 악의의 압류채권자에게는 대항할 수 있고, 이 한도에서 제3자이의의 소도 가능하다.

동산양도담보 동산의 양도담보에서, 점유를 담보권자에게 이전하고 있는 경우에는 담보권자가 임의제출하지 않는 한, 설정자의 일반채권자가 압류하는 일은 없다. 문제는 동산의 점유가 설정자에게 유보되어 있고, 설정자의 일반채권자가 압류한 경우에 양도담보권자의 구제방법이다.

이 점에 관해서는 견해의 대립이 있는데, 제3자이의의 소를 인정하는 입장, 우선변제청구의 한도에서 제3자이의의 소를 인정하는 입장(우선변제청구의 소가 아닌 감축된 제3자이의의 소로서 주장하는 경우), 배당요구를 인정하는 입장(배당요구권자의 범위[217조]에 해석상 양도담보권자도 유추), 목적물의 가격이 피담보채권액에 이르지 않는 경우와 유질적인 비청산형양도담보에서는 제3자이의의 소를 인정하고, 그러하지 않은 경우에는 우선변제의 소 또는 배당요구에 의해야 한다는 입장이 있다. 양도담보권자에게 어떠한 구제방법을 부여하느냐는 쉽게 단정할 수 없지만, 양도담보권의 담보권적 측면에 무게를 두어 원칙적으로 배당요구에 의하는 것으로 해석하는 것이 타당할 것이다. 물론 양도담보권자에게 배당요구가 인정되지 않는다면, 감축된 제3자이의의 소로서 우선변제청구가 가능하다고 해석해야 할 것이다. 판례(대판 1994.8.26, 93다44739)와 통설은 특별한 사정이 없는 한 제3자이의의 소를 인정하고 있다.

(7) 소유권유보

소유권유보는 매매대금채권을 담보하기 위해 목적물의 소유권을 매도인에게 유보하는 것으로 동산이나 부동산 모두에 이용된다. 이때 유보매도인이 유보소유권을 주장하여 제3자이의의 소를 제기할 수 있는지 문제되는데, 대략 양도담보의 경우에 준해 해석할 수 있다. 한편 판례는 이를 직접적으로 다룬 것은 없지만, 소유권유보부 매매의 목적물을 타인의 직접점유를 통하여 간접점유하는 매수인은, 그 타인의 채권자가 한 압류에 대하여 제3자이의의 소를 제기할 수 있다고 판시한 것이 있다(대판 2009.4.9, 2009다1894).

(8) 가등기담보권

가등기담보권자가 제3자이의의 소를 제기할 수 있는지에 대해서는 다음과 같이 해석된다. 먼저 담보가등기가 설정된 토지, 건물에 대해 채무자 이외의 채권자가 강제경매 등을 신청하고 개시결정이 내려진 경우, 그 결정이 가등기담보권자의 청산절차의 완료(청산금지급채무의 이행) 전(청산금이 없으면 청산기간의 경과 전)에 이루어진 신청에 기한 때에는, 가등기담보권자는 가등기에 기한 본등기를 청구할 수 없고, 매각에 의해 가등기가 소멸(가등기담보권자는 배당의 교부를 받을 뿐이다)되므로 이 소를 제기할 수 없다. 반대로 개시결정이 청산금의 변제 후(청산금이 없으면 청산기간의 경과 후)에 이루어진 신청에 기한 때에는, 가등기담보권자는 그 토지 등의 소유권취득으로서 압류채권자에게 대항할 수 있다(가담법 14조). 따라서 이때에는 제3자이의의 소를 제기할 수 있다. 즉 가등기권리자의 본등기승낙청구를 거부할 수 없으므로, 압류채권자는 집행배제를 구하는 제3자이의도 거부할 수 없게 되는 것이다.[36]

(9) 처분금지가처분

처분금지가처분이 내려진 재산에 강제집행이 개시되면, 당해 가처분권자는 제3자이의의 소를 제기할 수 있는지 문제된다. 적극설(제기가능)과 소극설(제기불가능)이 있는데, 실무에서는 절충적으로 집행을 개시하되 가처분의 효력이 결정되는 본안판결이 내려질 때까지 그 절차의 진행을 정지한다는 절차로 처리한다(실무제요 1-318).[37]

36) 김홍엽, 119면. 반대로 단지 본등기가 필요하다는 견해로는 박두환, 96면; 이시윤, 223면.
37) 강대성, 142면; 박두환, 95면.

(10) 채권적 청구권

집행목적물이 채무자의 재산에 속하지 않는 경우

채권적 청구권이라도 집행목적물이 채무자의 소유에 속하지 아니하면, 이의이유가 될 수 있다(대판 2003.6.13, 2002다16576).[38] 제3자의 권리(채권적 청구권)가 압류채권자에게 대항할 수 있는지의 여부가 관건이 된다. 즉 집행의 목적물이 채무자에게 속하지 아니하고 제3자가 그 목적물의 반환을 구할 수 있는 채권적 청구권을 가지고 있는 때에는, 채무자회생법 407조가 규정한 일반 환취권자와 같이 집행에 의한 양도 또는 인도를 저지할 이익이 있다. 전대인(민법 630조), 재임차인 등의 경우에도 목적물의 소유자가 아니지만 환취권은 있으므로 제3자이의의 소를 제기할 수 있다.

압류채권자에게 대항할 수 있는 채권

나아가 집행채권자에 대한 대항력의 유무가 중요하므로, 집행목적물이 채무자의 재산에 속하지 않더라도 제3자이의의 소의 이의이유가 될 수 없는 경우가 있다. 목적물이 채무자의 재산에 속하지 않고 그 인도만을 구할 수 있는 채권적 청구권을 갖는 제3자는, 소유권에 기해 집행관보관가처분의 집행을 한 채권자에게는 대항할 수 없으므로 제3자이의의 소를 제기할 수 없는 경우가 그것이다. 예를 들어 집행목적물은 채무자인 창고회사가 소외인으로부터 임치를 받은 것이고 그 창고증권이 순차로 돌고 돌아 그 교부를 받은 자는, 창고회사를 채무자로 하여 당해 목적물에 대해 집행관보관가처분의 집행을 한 채권자에 대해 제3자이의의 소를 제기하는 것은 인정되지 않는다(일본의 판례로서 最高裁判所判決 1969.7.4 判例時報 565호 57면 참조).

4. 집행정지의 가처분

청구이의의 소에서와 같다(48조 3항).

---

38) 자세히는 김상수, 채권적 청구권과 제3자이의의 소의 이의원인, 법률신문 3202호(2003년) 14면 참조.

제 7 절 강제집행절차의 진행

1. 신 청

채권자의 신청에 의해 강제집행은 개시된다. 신청은 서면으로(4조) 관할 집행관에게 일정한 집행절차 또는 집행행위를 구하는 취지를 진술함으로써 한다. 신청시에는 집행문 등 각종 서류를 제출하여야 한다.

2. 개 시

강제집행의 개시 또는 그 시점은 반드시 일정하지 않고 집행의 신청 또는 그 수리를 의미하기도 하지만, 보통은 후술하는 바와 같은 강제집행개시요건과의 관계에서 강제집행의 실시로서 현실적으로 강제집행을 개시하는 것, 즉 집행기관이 채무자에 대해 강제집행의 최초 단계의 집행처분에 착수하는 것을 의미한다. 예를 들면 집행기관이 집행법원이나 수소법원인 경우, 금전집행에서의 강제경매개시결정, 즉 압류명령의 발령 등이나 대체집행에서의 수권결정의 발령 등이다. 집행기관이 집행관이라면 집행관의 유체동산압류를 위한 입회, 수색, 부동산인도집행에서의 채무자에 대한 점유배제의 착수, 유체동산인도집행에서의 유체동산의 환수착수 등이 여기에 해당한다.

(1) 집행개시의 요건

채권자가 소정의 사항을 기재한 신청서에 집행력 있는 집행권원의 정본을 첨부하여 집행의 신청을 하면, 집행기관은 원칙적으로 강제집행을 실시하여야 한다. 단, 강제집행을 개시하기 위해서는 이하의 요건(집행기관이 본격적인 심리 없이 형식적으로 판단하면 충분한 요건)을 구비하여야 한다. 여기에서 말하는 집행의 개시란 전술하였듯이 집행기관이 현실적인 집행을 개시하는 것을 말한다.

1) 집행당사자의 표시

강제집행은 이를 신청한 채권자와 집행을 받을 채무자의 이름이 집행문이 부여된 집행권원의 정본에 표시되어야만 개시할 수 있다(39조 1항). 집행당사자는 집행력 있는 정본만으로 집행기관이 판단하므로, 집행권원이나 집행문에 집행당사자의 표시가 없으면 집행할 수 없기 때문이다.

2) 집행권원의 송달

송달의 필요성

강제집행을 개시하려면 집행권원 또는 확정에 의해 집행권원이 되는 재판의 정본 또는 등본이 미리 또는 동시에 채무자에게 송달되어야 한다(39조 1항). 채무자에게 집행의 내용을 알리기 위해서이다. 판결이나 가집행선고부 지급명령은 이미 판결절차 또는 독촉절차에서 송달되게 된다(공정증서의 송달은 우편이나 규칙 22조가 정하는 방법에 의한다. 공증인법 56조의5). 화해조서, 인낙조서도 직권으로 송달된다(민소규칙 56조). 집행과 동시에 송달하는 것은 집행관이 공정증서를 직접 채무자에게 송달하는 것과 같이 집행관이 집행기관이 되는 경우이다.

집행권원의 송달여부는 집행기관이 조사할 사항이나, 집행기관이 직접 송달하는 등으로 인해 집행기록상 송달사실이 명백하지 않는 한, 채권자는 송달증명서 등에 의해 송달을 증명할 필요가 있다. 단, 보전처분의 집행(292조 3항, 301조), 비송사건절차법상의 비용의 재판에 의한 집행(같은 법 29조 2항 단서), 과태료재판에 대한 검사의 명령의 집행(같은 법 249조 2항 단서), 형소법 477조 3항의 검사의 명령의 집행의 경우에는 집행권원의 송달이 집행개시요건이 아니다.

송달하지 않고 한 집행의 효력

집행권원이 송달되지 않은 사이에 개시된 집행의 효력이 문제된다. 절대무효설, 압류 후에 송달되면 유효라는 설이 있지만, 즉시항고나 집행이의에 의해 취소되지 않는 한 유효하고, 취소되기까지 송달되면 하자는 치유된다는 견해(취소설)[39]가 타당하다고 생각한다. 판례는 무효설(대판 1987.5.12, 86다카2070)과 취소설(대판 1980.5.27, 80다438)로 나뉘어져 있다.

---

39) 강대성, 96면; 김홍엽, 81면; 박두환, 189면; 이시윤, 165면; 주석민사집행법Ⅱ-210.

3) 집행문 및 증명서의 송달

통상의 집행문의 경우에는 집행권원의 송달만으로 족하지만, 보충집행문 또는 승계집행문이 부여된 경우에는 집행문 및 증명문서도 미리 또는 동시에 송달되어야 한다(39조 2항). 송달이 안 된 사이에 개시된 집행의 효력은 집행권원의 경우와 같다.

4) 기한의 도래

청구권이 집행권원상 확정기한의 도래에 걸려 있는 경우에는, 강제집행은 그 기한의 도래 후에 한해 개시할 수 있다(40조 1항). 확정기한의 도래는 집행기관이 쉽게 판단할 수 있는 사항이다. 또한 집행문의 부여는 확정기한의 도래 전에도 할 수 있음을 의미한다. 불확정기한부 또는 조건부의 경우에는, 기한의 도래나 조건의 성취 여부는 집행문부여시의 조사사항이다. 기한 전에 개시한 집행은 취소되기까지는 유효하고, 취소까지 기한이 도래하면 하자는 치유된다.

5) 담보의 제공

담보제공을 강제집행 실시의 조건으로 하는 집행권원에 의한 집행은, 채권자가 담보를 제공하였음을 증명하는 문서(공탁증명서 그 밖의 법원의 담보제공증명서)를 제출하고, 그 증명서류의 등본을 집행 전에 또는 집행과 동시에 채무자에게 송달했을 때에만 개시할 수 있다(40조 2항). 담보는 제공하였지만 그 증명서등본의 송달을 하지 않은 경우에 한 집행은, 채무자의 이의신청에 의해 취소되기 전에 송달이 이루어지면 하자는 치유된다(대판 1965.5.18, 65다336). 담보제공 없이 집행이 개시된 경우에 관해서는 위에서 본 개시요건의 경우와 같다.

6) 반대급부에 걸려 있는 경우 그 이행 또는 제공

집행개시요건이 되는 경우

집행권원상 채무자의 급부가 반대급부와 상환으로 해야 하는 경우에는, 채권자가 반대급부의 이행 또는 그 제공이 있었던 것을 증명하였을 때에만 강제집행을 개시할 수 있다(41조 1항). 단, 집행권원 중 반대의무의 이행과 상환으로 권리관계의 인낙이나 의사를 진술할 의무에 관해서는, 집행문부여시에 의사표시의 효력이 발생하므로(263조 2항), 이 경우에는 집행문부여의 요건이 된다. 즉 집행문이 내려지면 현실적인 집행 없이 바로 완성되므로 판결기관에서 조사하게 되는 것이다.

집행개시시까지 채권자가 반대급부의 이행 또는 제공을 하면 된다. 증명의 방법은 한정되어 있지 않으므로 공문서만이 아니라 사문서로도 가능하다. 집행관이 집행기관인 경우에는 집행관의 면전에서 변제의 제공을 하는 방법으로도 가능하다. 집행개시시 이 반대급부의 이행이나 제공의 증명서를 채무자에게 송달해야 하는가에 관해서는, 이를 긍정하는 입장도 있지만 실무는 송달을 요하는 규정이 없다는 점에서 불요설에 따르고 있다(실무제요 1-247).

이행 또는 제공의 방법

변제의 제공에는 현실적인 제공과 구술제공이 있는데, 채무의 내용에 따라야 하고(민법 460조), 집행기관은 유효한 제공이 있었는지의 여부를 판단하여야 한다(집행법원은 채무자 그 밖의 관계인을 심문할 수 있다[규칙 2조]). 집행절차 중 제공이 계속되어야 하는지는 의문이 있지만, 일단 중단되어도 집행완결시에 제공이 존재하면 족하다. 반대급부 제공의 증명 없이 한 집행은 무효이다. 한편 반대의무의 이행을 상계의 항변으로 할 수 있는지에 관해서는, 실무에서는 상계의 항변이 유효하게 성립되었다는 증명(채무부존재확인판결 또는 채무자의 상계를 인정하는 확인서)이 있다면 인정할 수 있다고 한다(실무제요 1-247).[40] 특별한 사정에 의해 예외적으로 집행기관이 상계의 유무를 판단할 수 있다는 점을 근거로 하고, 타당한 해석이다.

7) 다른 급부의 불이행에 걸려 있는 경우 불이행의 증명

다른 의무의 집행이 불가능하면(집행불능의 경우) 그에 갈음하여 집행할 수 있다는 것을 내용으로 하는 집행권원(예비적 대상청구)의 집행은 그 강제집행의 불능을 증명하여야만 개시할 수 있다(41조 2항). 집행불능은 집행기관이 용이하게 판단할 수 있는 사항이므로, 이를 집행문부여의 요건으로 하지 않고 집행개시의 요건으로 한 것이다. 증명의 방법은 한정되지 않고, 집행관의 확인이나 다른 집행기관의 집행기록등본을 제출하는 등의

---

40) 강대성, 98면; 박두환 192면; 주석민사집행법Ⅱ-220도 같다.

방법으로 한다. 이러한 불이행의 증명 없이 개시된 집행은 무효이다.

(2) 집행장해

도산절차의 개시

집행장해란 어떤 사유의 존재가 특정 집행권원에 의한 집행의 개시 또는 속행을 방해하는 요건(소극적 요건)이 되는 것을 말하는데, 특히 집행기관이 직권으로 조사해야 하는 사유에 관한 것을 가리킨다. 예를 들어 채무자에 대한 파산절차(협의의), 회생절차, 회사정리절차 등의 개시가 있다는 사유이다. 또한 도산절차시의 특수한 보전처분(강제집행정지의 가처분)이 있는 경우, 목적부동산이 공장재단, 광업재단의 일부를 구성하고 있는 경우(공장 및 광업재단저당법 3조, 54조에 의해 재단 전부에 대해 집행해야 함)에도 그러하다. 단, 신탁 전의 원인으로 발생한 권리 또는 신탁사무의 처리상 발생한 권리에 기한 경우가 아니면, 신탁재산에 대하여는 집행할 수 없는 것이 원칙인데(신탁법 22조 1항), 제3자이의의 소에 의해 집행이 배제되지 않는 한 집행은 유효하게 된다(같은 조 2항).

집행채권의 압류・가압류

집행채권이 압류・가압류되어 있는 것이 집행장해에 해당하는지 문제된다. 집행법원이 직권으로 그 존부를 조사하여 압류 등이 해제되지 않는 한 집행할 수 없다는 입장(대결 2000.10.21, 2000마5221, 실무제요 1- 254. 단, 채권압류명령은 가능하다고 한다)과, 압류의 효력으로서 추심이 금지되지만, 이것은 집행기관이 직권으로 조사해야 하는 것은 아니고, 파산절차의 개시 그 밖의 것과 동일하게 파악할 수 없다는 반대설이 있다. 압류나 가압류에 의하여 강제집행의 개시나 속행이 금지되는 것이 아니라는 점에서 반대설이 타당하다고 생각한다.

집행계약

부집행합의 등의 집행계약의 경우, 그러한 합의를 집행법상의 효과의 발생을 초래하는 것으로 해석하는 견해와 실체법상의 효과를 발생시키는 것에 불과하다고 해석하는 견해[41]가 있다. 집행계약에 위반된 집행에 관하여는 전자에 의하면 집행에 관한 이의나 즉시항고에 의해 처리되지만, 후자에 의하면 청구이의의 소로 처리

---

41) 이시윤, 46면 이하(단, 민사집행법이 정하는 합의는 예외로 한다).

된다. 따라서 후자에 의하면 집행장해가 될 수 없고, 전자에 의하는 경우라도 집행기관에게 그러한 계약의 존재를 조사할 권한이나 직책이 없으므로 집행장해가 될 수 없다고 해석된다.

3. 정지 및 취소

(1) 의 의

집행의 정지란 법률상의 사유에 의해 집행기관이 집행을 개시·속행하지 않는 것을 말한다. 또한 집행의 취소란 집행기관이 이미 한 집행처분을 제거하는 것을 말한다. 집행정지에는 종국적 정지와 일시적 정지가 있다. 종국적 정지는 집행의 정지에 그치지 않고 이미 한 집행처분의 취소를 동반한다(50조). 한편 현실적인 강제집행절차가 존재하지 않는 경우, 즉 의사의 진술을 명하는 재판의 집행에는 집행정지가 인정되지 않는다(대판 1995.11.10, 95다37568).

전부정지와 일부정지

집행의 정지·취소는 개개의 실제 집행에 관해 내려지는데, 정지의 원인이 집행권원 또는 집행문에 관해 존재하는 경우에는, 그에 기한 개개의 실제 집행 모든 것에 정지·취소가 발생하므로, 결국 전체로서의 강제집행이 정지 내지는 제한된다(전부정지). 집행의 정지는 집행의 일부, 예를 들면 집행채권의 일부, 집행의 목적물의 일부, 집행채권자(압류채권자, 배당요구채권자)의 일부, 또는 집행채무자의 일부에 관해서만 발생하는 경우도 있다.

정지·취소의 신청자와 집행기관

집행의 정지·취소는 주로 채무자 또는 제3자가 집행정지, 취소문서를 제출하여 신청한 경우에 내려진다(49조). 예외적으로 채권자의 신청에 의한 경우(집행신청의 취하, 변제의 유예 등)나 집행기관의 직권에 의한 경우(집행정본의 흠결 등 집행을 당연히 무효로 하는 요건 또는 집행장해사유의 존재를 안 경우)도 있다. 집행기관은 실제로 강제집행을 실시하고 있는 집행기관이다. 법 49조 2호의 집행정지를 한 사법보좌관이 동시에 집행기관인 경우, 직권으로 정지나 취소를 할 수 있는지에 관해서는, 긍정설과 부정설의 대립이 있다. 법 49조의 조문은 "서류를 제출한 경우에 정지하거나 제한하여야 한다"라고 규정하고 있으므로, 부정설이 타당하다.

신청방법 신청의 경우 소정문서의 제출에 의해 바로 효과가 발생하고 당해 문서의 제출로 충분하지만, 실무상으로는 그 신청서를 제출하는 것이 통례라고 한다. 또한 당해 문서는 집행개시 후에만 제출할 수 있다. 아래의 문서는 모두 매수인의 매각대금지급 전까지 제출해야 하는데, 3호, 4호, 6호의 문서는 만일 매수신고가 있은 후에 제출한다면, 최고가매수신고인 또는 매수인과 법 114조의 차순위매수신고인의 동의를 받아야 효력이 발생한다(93조 3항).

(2) 집행정지문서 · 집행취소문서

다음의 문서의 제출이 있으면 강제집행은 정지되어야 한다고 규정되어 있는데(49조), 그 중 1호, 3호, 5호, 6호의 문서는 집행취소가 되는 소위 집행취소문서이고, 단순한 집행정지문서는 2호, 4호의 문서이다(50조). 이러한 문서가 제출된 경우와 직권으로 가능한 경우에만 집행정지가 가능하다.

1) 집행할 판결 또는 그 가집행을 취소하는 취지나, 강제집행을 허가하지 아니하거나 그 정지를 명하는 취지 또는 집행처분의 취소를 명한 취지를 적은 집행력 있는 재판의 정본(1호)

① 여기서 말하는 집행력 있는 재판의 정본이란, 확정되거나 가집행선고가 붙은 재판의 정본을 말하고 광의의 집행력을 의미한다(집행력 있는 집행권원의 정본과는 구별된다).

② 집행할 판결을 취소하는 재판이란, 상소, 재심, 가집행선고부 지급명령에 대한 이의 등에 의해 원판결 또는 지급명령을 취소하는 재판, 그 밖의 판결 이외의 집행권원을 취소하는 재판(준재심)이 여기에 해당한다.

③ 가집행선고를 취소하는 재판이란 가집행선고만을 취소하는 재판(민소법 215조 3항)을 말한다.

④ 강제집행을 허가하지 않는 재판이란 청구이의의 소, 집행문부여에 대한 이의 또는 이의의 소, 제3자이의의 소, 집행방법에 관한 이의,

즉시항고 등에 기해 내려진 집행불허의 재판을 말한다.

⑤ 집행의 정지를 명하는 재판은 위 ④의 재판 중 집행의 일시적 불허를 선언한 재판을 의미한다. 즉 조건이나 기한의 미성취로 인해 일시적으로 집행을 불허하는 경우이다.

⑥ 집행처분의 취소를 명하는 재판이란 집행정지에 맞추어 이미 내려진 집행처분의 취소를 명하는 재판(46조 내지 48조. 민소법 500조, 501조)을 말한다.

2) 강제집행의 일시정지를 명한 취지를 적은 재판의 정본(2호)

잠정처분 또는 집행정지에 관한 재판 중 집행의 일시적 정지를 명한 취지를 기재한 재판이 대상이 된다. 여기서 강제집행정지결정의 정본이 압류채권자에게 송달되었는지 여부나 규칙161조가 규정하는 집행정지 통보가 제3채무자에게 송달되었는지 여부는 집행정지의 효력 발생과 무관하다(대판 2012.10.25, 2010다47117). 단, 집행의 일시정지를 명하면서 동시에 집행처분의 취소를 명하지 않은 재판(일시적 집행정지명령. 46조 2항, 4항 47조 1항 등. 민소법 448조, 500조 등)의 정본은 집행정지문서이고, 이것이 제출되면 집행기관이 이미 한 집행처분을 취소할 수 없다.

3) 집행을 면하기 위하여 담보를 제공한 증명서류(3호)

가집행선고부 판결에 가집행면탈의 선고(민소법 213조 2항)가 붙여진 경우의 그 담보의 제공을 증명하는 문서(19조 2항)를 가리킨다.

4) 집행할 판결이 있은 뒤에 채권자가 변제를 받았거나 의무이행을 미루도록 승낙한 취지를 적은 증서(4호)

변제나 변제의 유예에 대해 다툼이 있으면 청구이의의 소를 제기하고 동시에 집행정지의 가처분을 구할 수 있지만, 채권자가 작성한 변제증서나 변제유예문서의 제출이 있으면, 채무자보호를 위해 집행을 일시 정지할 수 있다. 채권자가 스스로 작성한 서면으로 변제의 사실을 기재한 것 또는 이에 준하는 것이거나 의무이행의 유예를 승낙한 취지의 기재가 있는 것이어야 한다.

변제증서

즉 변제증서는 전액의 변제를 받은 내용을 증명하는 문서이지만, 여기서 말하는 변제란 반드시 통상의 변제에 한하지 않고 다른 방법, 예를 들면 대물변제, 상계, 면제, 전부명령 등에 의해 집행채권이 소멸한 경우도 포함한다. 화해가 진행 중이라는 이유에 관해서는 실무는 2회 정도 경매기일을 연기하는 취급을 하고 있다(실무제요 1-243). 변제공탁서는 공탁원인의 존부 및 이에 따른 공탁의 유효 여부를 조사할 필요가 있으므로, 여기서 말하는 증서가 아니라는 것이 통설이다.

정지의 기간과 횟수

변제증서의 제출에 의한 집행정지는 2개월에 한하고(51조 1항), 그 사이에 채권자가 집행의 신청을 취하하지 않으면 채무자는 청구이의의 소를 제기하여야 한다. 또한 변제유예문서의 제출에 의한 집행정지는 2회에 한하고 또한 통산하여 6개월을 초과할 수 없다(51조 2항). 통산 6개월이란 경매절차에서 통산하여 6개월을 말하고, 그 기간이 연속하여야 하는 것은 아니다.

5) 집행할 판결, 그 밖의 재판이 소의 취하 등의 사유로 효력을 잃었다는 것을 증명하는 조서등본 또는 법원사무관 등이 작성한 증서(5호)

가집행선고가 붙은 판결의 선고 후에 상소심에서 소취하가 있는 경우에 당해 소취하조서나 소취하증명서가 여기서 말하는 문서이다. 상소심에서 소취하가 아닌 청구의 포기나 화해가 이루어진 경우에도 같다.

6) 강제집행을 하지 아니한다거나 강제집행의 신청이나 위임을 취하한다는 취지를 적은 화해조서의 정본 또는 공정증서의 정본(6호)

소위 부집행합의 또는 집행신청의 취하의 합의가 재판상의 화해 또는 공정증서에서 성립한 경우에는, 그에 기하여 청구이의의 소에서의 판결이 확정되거나 채권자의 집행신청의 취하를 기다리지 않고, 당해 조서 정본의 제출에 의해 바로 집행을 저지할 수 있다. 조정조서도 화해조서와 동일하게 취급된다.

7) 그 밖의 집행취소사유

집행비용을 예납하지 않은 경우(18조 2항), 부동산멸실 등에 의한 강제경매절차의 취소(96조 1항), 남을 가망이 없고 압류채권자가 매수신청과 보증을 제공하지 않은 경우의 강제경매절차의 취소(102조 2항), 유체동산 집행시 남을 가망이 없는 경우의 집행관이 하는 압류절차의 취소(188조 3항), 부동산수익으로 채권자가 전부 변제를 받은 경우의 강제관리의 취소(171조 2항) 등이 있다.

(3) 집행정지 · 취소의 조치

집행은 집행기관의 행위이므로, 집행의 정지 · 취소는 집행기관의 행동으로서 나타난다. 판결법원이 집행의 정지 · 취소를 명하는 재판을 하여도 당연히 집행이 정지되거나 취소되지 않고, 이들 재판을 얻은 자가 그 문서를 집행기관에 제출하여 정지나 취소를 신청하여야 한다.

집행을 정지시키는 조치

집행의 정지 · 취소에 관해 집행기관이 어떠한 조치를 취해야 하는지는 집행의 종류나 집행절차의 단계에 따라 달라진다. 집행정지에 대해 말한다면, 집행관의 집행에서는 단순히 집행처분을 앞으로 실시하지 않는다는 소극적 행위에 의해 달성되지만, 사법보좌관의 집행에서는 대부분의 정지의 경우 추심금지의 재판, 기일지정의 취소, 배당 등의 금액의 공탁 등의 적극적인 행위를 요한다. 그러나 집행정지문서가 매수신청 후(93조 3항) 또는 이와 동일시되는 경우라고 할 수 있는 매각의 실시종료 후나 매각대금납부 후에 제출되면, 집행은 원칙적으로 정지하지 않는다.

집행을 취소시키는 조치

집행취소에 대해서는, 집행취소문서가 제출된 경우에 집행기관은 이미 한 집행처분의 존재를 없애는 조치를 하여야 한다. 예를 들면 사법보좌관의 집행에서는 이미 한 집행처분을 취소하는 재판이 필요하고(단, 집행법원의 집행처분에 대한 즉시항고에 기해 취소결정이 있으면 당연히 취소되는 것으로 해석해야 한다), 집행관의 집행에서는 압류표시의 철거, 압류물의 반환 등을 요한다.

정지 · 취소의 조치와 불복방법

집행의 정지, 취소문서가 제출되어도 집행기관이 정지, 취소의 조치를 하지 않으면 채무자 또는 제3자는 집행에 관한 이의를 제기할 수 있다. 또한 반대로 유효한 정지, 취소문서의 제출이 없는데 집행기관이 집행을 정지하거나 법정의 기간, 횟수를 넘겨 집행을 정지하고 있을 때에는, 채권자가 동일하게 집행에 관한 이의를 할 수 있다. 그러나 집행취소문서의 제출에 의한 집행처분 취소의 처분에 대해서는 즉시항고가 불가능하게 되어 있다(50조 2항). 또한 집행절차의 종료를 불안정하게 하는 점, 이의인용재판이 있어도 취소된 집행처분이 부활되지 않는 점, 당사자는 다시 집행신청이 가능하다는 점에서 집행에 관한 이의의 여지도 없다고 해석하여야 할 것이다.[42)]

(4) 집행의 정지 · 취소의 효력

집행정지의 효력

집행정지에 있어서는 집행의 정지를 명하는 재판이 취소되고 그 정본이 제출된 경우, 또는 정지기간이 경과한 경우 등 정지한 사유가 소멸된 경우에는, 집행기관은 채권자의 신청에 의하거나 직권으로 집행을 개시 또는 속행하여야 한다. 집행정지 중에는 새로운 집행을 개시할 수 없다. 단, 부동산멸실 등으로 인한 경매절차의 취소(96조 1항) 등은 집행정지의 취지에 반하지 않는 것으로 가능하다.

집행취소의 효력

집행처분의 취소에 관해서는, 집행처분은 취소에 의해 그 존재를 상실하고 이에 기하여 집행처분의 효력은 소멸한다. 그러나 이미 완결한 집행처분에 의한 실체상의 효과는 제3자에 대한 관계에서 소급적으로 소멸하지 않는다고 해석된다. 예를 들면 강제경매에서 매수인이 대금을 납부한 후에 집행정지문서의 제출이 있어도 매수인의 부동산취득의 효과는 소멸되지 않고, 채권압류명령이 취소되어도 제3자의 압류채권자에 대한 변제의 효력은 상실되지 않는다.

집행의 취소에 의한 집행처분의 실효는 종국적이다. 이것은 집행취소가 가처분의 재판(49조 1호)에 기한 경우에도 같고, 가처분을 취소하는 재판이 있어도 강제집행을 하려면 채권자는 새롭게 집행신청을 해야 한다. 집행을 취소하는 재판은 원칙적으로 확정되어야만 효력이 발생하고 즉시항고가 가능한데(17조 1항, 2항), 법 49조 1호, 3호, 5호, 6호에 의한 취소의 경우에는 고지와 동시에 효력이 발생하고 즉시항고도 불가능하다(50조 2항).

---

42) 단, 판례는 집행에 관한 이의를 인정한다(대결 2011.11.10, 2011마1482).

4. 종 료

만족의 완료 또는 만족의 불가능

특정한 집행권원에 기한 전체로서의 강제집행은 채권자가 청구 및 집행비용에 대해 완전한 만족을 얻었을 때 종료하는 것이 원칙이다. 특정물인도청구의 집행에서 목적물이 멸실된 경우와 같이 집행채권의 만족이 절대적으로 불능이 된 경우에도 같다. 이때의 종료는 청구에 관한 이의의 소나 집행문부여 등에 대한 이의신청 또는 이의의 소를 제기할 수 없게 되는 시점을 말한다.

취하 · 취소

특정 목적물에 대해 개시된 개개의 집행절차는, 그 절차에 정해진 최후의 단계에 해당하는 행위가 완료한 때에 종료하는 것이 원칙이지만, 채권자가 집행신청을 취하한 경우(집행절차는 당연히 종료되고 예외적으로 사후처리를 위해 필요한 경우를 제외하고 집행절차 또는 집행처분을 별도로 취소할 필요는 없다), 채무자 또는 제3자의 신청이나 집행기관의 직권으로 집행이 취소된 경우에도, 집행은 그 한도에서 종료한다. 이때의 종료란 집행에 관한 이의신청(대결 1979.10.29, 79마150), 제3자이의의 소 및 이들에 기한 집행의 정지, 취소가 불가능하게 된 시점을 말한다.

02 제 2 장 금전집행

제 1 절 총 설

1. 의 의

금전집행은 집행기관이 채무자의 재산을 강제적으로 현금화하여 그 대금으로 금전채권의 만족에 충당하는 집행이다. 금전채권은 현대 경제생활에서 중요한 지위를 차지하고, 따라서 그 집행은 가장 빈번하게 행해진다. 또한 집행의 목적물은 다종다양하고 동종 채권이 경합할 수 있으므로, 금전집행의 절차는 매우 복잡하다.

여기서 금전채권이란 채무자의 재산을 현금화하여 금전을 취득함으로써 실현을 도모할 수 있는 채권을 말한다. 금전채권은 금종채권, 외국금전채권을 포함하고, 다른 한편으로는 금전을 채권자에게 지급해야 하는 채권 이외에 공탁을 하거나 제3자에게 지급해야 하는 채권도 포함한다.

재산의 종류에 따른 집행

금전집행의 절차는 대상이 되는 재산의 종류에 의해 모습이 달라지므로, 민사집행법은 부동산, 선박 등 준부동산, 유체동산, 채권 및 그 밖의 재산에 대한 집행으로 구별하여 집행절차를 규정하고 있다. 채권자는 집행해야 하는 재산을 선택하고, 선택된 재산의 종류에 따라 각각 집행절차에 관해 권한을 갖는 집행기관(집행법원 또는 집행관)에게 집행신청을 하여야 하며, 나아가 유체동산에 대한 집행 이외에 있어서는 집행의 대상인 재산을 특정하여 집행신청을 하여야 한다.

금전집행은 압류, 현금화, 만족(배당 등)의 단계를 거쳐 이루어진다.

2. 재산명시제도

(1) 의 의

강제집행절차에는 청구권의 효율적인 실현을 위한 보조적 제도(집행보조절차)로서 재산명시제도(이하, 채무불이행자명부제도를 포함하는 의미로 사용)가 마련되어 있다. 재산명시제도란 채무자로 하여금 자신의 재산을 강제로 개시하게 하여 채권자의 급부청구권 실현을 용이하게 하려는 제도를 말한다.[43] 재산명시제도는 1990년 민사소송법 개정 시에 독일법을 모델로 도입한 것이다.

재산명시제도의 개요

재산명시제도란 명시명령을 내리고 그 의무위반자에게 일정한 제재를 가함으로써, 되도록 채무자가 자신의 재산을 명시하게 유도하는 제도를 말한다. 명시절차는 채권자의 신청에 따라 법원이 명시명령을 내리는 것으로 이루어진다. 명시명령에 대해서 채무자가 이의신청을 하지 않거나 그 이의신청이 기각된 때, 법원은 재산관계의 명시를 위한 기일(명시기일)을 정하여 채무자를 소환하고, 이 명시기일에 채무자는 진실함을 선서(명시선서)한 재산목록을 제출하는 과정으로 진행된다. 만일 채무자가 명시명령에 따른 의무를 위반하게 되면, 일정한 제재가 가해지는 것이다.

한편 채무불이행자명부란, 채무를 일정기간 내에 이행하지 아니하거나 명시절차에서 처벌대상이 되는 행위를 한 채무자에 관한 일정한 사항을 법원의 재판에 의하여 명부에 등재한 후, 이를 법원에 비치하여 일반인에게 열람할 수 있게 하는 것을 말한다.

---

43) 이하, 재산명시제도의 상세에 관하여는 김상수, 재산명시제도의 개정과 앞으로의 전망, 법경제학연구 제1권 제1호(2004년), 169~195면 참조.

(2) 재산명시절차의 운영

1) 명시신청의 요건

채권자는 다음과 같은 요건을 구비하여 재산명시신청을 할 수 있다(61조 1항). ① 강제집행개시요건의 구비, ② 금전채권에 관한 집행권원의 존재, ③ 금전채권에 관한 강제집행을 개시할 수 있는 집행권원을 가진 모든 채권자(단, 가집행선고부 판결과 가집행선고부 배상명령은 제외), ④ 채무자의 채무불이행, ⑤ 용이하게 채무자의 재산을 발견할 수 없다는 권리보호이익의 존재가 그 요건이다.

2) 명시신청의 절차

채권자는 강제집행신청에 준해 서면으로 명시신청을 하여야 한다. 당해 신청서에는 집행력 있는 정본 및 강제집행을 개시함에 필요한 문서, 즉 강제집행개시의 요건이 구비되었음을 증명하는 문서를 첨부하여야 하고, 채권자 또는 채무자에게 대리인이 있거나 대표자에 의하여 대표되는 경우 그 자격을 증명하는 서면을 첨부하여야 한다(61조 2항).

명시신청에 대한 관할은 전속관할(21조)로서, 법 61조 1항에서 채무자의 보통재판적소재지의 법원에 신청한다고 규정하고 있고, 채무자의 보통재판적소재지의 집행법원이 명시신청의 관할법원이 된다.

3) 명시신청에 대한 재판

법원은 채무자를 심문하지 않고(62조 3항), 명시신청에 대한 관할의 유무, 명시신청요건의 구비여부 등을 심리한다. 법원은 필요한 경우 채권자를 심문할 수 있다. 재산명시신청이 이유 있다고 인정되면, 법원은 결정으로 채무자에 대하여 재산관계를 명시한 재산목록의 제출을 명하고(명시명령), 이 명령은 채권자 및 채무자에게 송달하여야 한다(62조 1항, 4항). 채무자에게 송달되면 거기에 소멸시효 중단사유인 '최고'로서의 효력은 인정되지만, 재산명시결정에 의한 소멸시효 중단의 효력은 그로부터 6월 내에 다시 소를 제기하거나 압류 또는 가압류, 가처분을 하는 등 민법174조에 규정된 절차를 속행하지 아니하는 한 상실된다(대판 2012.1.12, 2011

다78606).

명시신청이 그 요건을 구비하지 못하면(채무자의 재산발견이 용이하다고 인정할만한 명백한 사유가 있는 경우를 포함), 법원은 결정으로 명시신청을 기각하여야 한다(62조 2항). 명시신청을 기각하는 결정은 채권자에게 고지되어야 하고, 채권자는 위 기각결정에 대하여 즉시항고를 할 수 있다(62조 8항). 아울러 사정변경이 없음에도 채권자가 명시신청을 남용하는 것을 방지하기 위해, 명시신청이 기각·각하된 경우에는 그 명시신청을 한 채권자는 당해 기각·각하 사유를 보완하지 않는 한 동일한 집행권원으로는 다시 재산명시신청을 할 수 없다(69조).

4) 명시명령에 대한 이의

이의신청의 처리

재산명시명령에 대해, 채무자는 명시명령이 그 요건을 구비하지 않았음을 이유로 집행에 관한 이의의 일종으로 이의를 할 수 있다. 이의신청은 서면으로, 명시명령을 송달받은 날로부터 7일 내에만 할 수 있다(63조 1항). 이의신청에 대한 재판은 명시명령을 한 법원이 관할한다. 이의신청이 있으면 법원은 기일을 정하여 채권자와 채무자를 소환하고 심문을 하여야 한다(필요적 심문. 63조 2항). 심리의 결과 이의신청이 이유 있는 때, 즉 명시신청요건의 흠결이 인정되는 때에는 결정으로 명시명령을 취소하여야 한다(63조 3항). 이 명시명령의 취소결정은 신청인인 채무자와 상대방인 채권자에게 고지되어야 한다. 또한 취소결정은 강제집행절차를 취소하는 결정으로서 확정되어야 효력이 있고(17조 2항), 이에 대해서는 채권자가 즉시항고를 할 수 있다(63조 5항).

이의신청의 기각

심리의 결과 이의신청이 이유 없거나 채무자가 정당한 사유 없이 기일에 출석하지 아니한 때에는 결정으로 이의신청을 기각하여야 한다(63조 4항). 이의신청이 이유 없다는 것은 명시명령이 적법하다는 것을 말하는데, 정당한 사유 없이 채무자가 불출석한 경우에는 이의신청의 당부를 판단하지 않고 곧바로 이의신청을 기각한다. 이의신청의 기각결정은 신청인인 채무자에게 고지하여야 하고, 채무자는 이에 대하여 즉시항고를 제기할 수 있다(63조 5항). 그러나 이 즉시항고에는 집행정지의 효력이 없다.

5) 명시기일의 실시

채무자의 소환

명시명령에 대하여 채무자의 적법한 이의신청이 없거나 이의신청을 기각한 때에는, 법원은 채무자로 하여금 재산목록을 제출하고 선서를 하게 하기 위한 명시기일을 정하여 채무자를 소환하고 채권자에게는 기일의 통지를 하여야 한다(64조 1항). 채무자를 소환함에 있어, 소환장에는 ① 채권자 및 채무자의 표시, ② 재산목록에 기재 또는 명시할 사항과 범위, ③ 재산목록을 작성하여 명시기일에 제출하여야 한다는 취지, 그리고 ④ 벌칙의 개요를 기재하여야 한다(규칙 27조 1항). 아울러 실무상으로는 일정한 양식의 재산목록과 그 작성요령 및 명시절차에 대한 안내서를 첨부하여 함께 송달하고 있다. 채권자는 명시기일에 출석할 의무가 없고, 소송대리인으로 하여금 명시기일에 출석하게 할 수 있으며, 그에 대한 명시기일의 통지는 발송송달로도 가능하다(11조 3항). 재산명시기일의 출석요구서를 채무자에게 송달할 때에는 소송대리인이 선임되어 있어도 채무자본인에게 하여야 한다(규칙 27조 2항).

명시명령은 적법하게 채무자에게 송달되었으나 그 후 지정된 명시기일의 소환장의 송달이 불능이 된 경우, 예를 들어 주소보정을 명하였으나 보정에 불응하거나 보정된 주소로도 송달불능이 되어 우편송달이나 공시송달 외에는 달리 송달할 방법이 없는 경우에는, 종전의 송달장소로 송달할 수 있다(62조 9항). 따라서 기존의 송달장소에 등기우편의 방법으로 송달하고 이 발송시에 송달한 것으로 처리된다.

재산목록의 제출

채무자는 명시기일에서 자신이 작성한 재산목록을 제출하고, 그 진실함에 대한 선서를 하여야 하므로 반드시 출석하여야 한다. 명시기일에서 채무자는 다음과 같은 사항이 기재된 재산목록의 제출이 요구된다(64조 2항). 즉 강제집행의 대상이 되는 재산, 명시명령의 송달 전 1년 이내에 채무자가 한 부동산의 유상양도, 명시명령의 송달 전 1년 이내에 채무자가 배우자, 직계혈족 및 4 촌 이내의 방계혈족과 그 배우자, 배우자의 직계혈족과 형제자매에 대하여 한 부동산 이외의 재산의 유상양도, 그리고 명시명령의 송달 전 2년 이내에 채무자가 한 재산상의 무상처분이다. 재산목록에 기재할 구체적인 사항과 범위는 대법원규칙으로 정하도록 규정하고 있다(64조 3항. 규칙 28조).

명시기일의 진행과 종료

명시기일은 채무자로부터 재산목록을 제출받아 그 진실성에 대한 선서를 시키는 점에 그 목적이 있고, 재산목록 기재사항의 진위를 확인함에 있는 것이 아니다. 따라서 변론절차와 같이 재판공개의 원칙을 지켜야 할 필요는 없지만, 실무상으로는 공개로 진행되고 있다. 법원은, 명시기일에 채무자가 출석하여 기재사항이 완비된 재산목록을 제출한 경우, 채무자에 대하여 그 진실성을 담보할 선서를 시킨다(65조 1항). 명시기일은, ① 채무자가 명시기일에 불출석한 때, ② 출석하였으나 재산목록의 제출 또는 명시선서를 거부한 때, ③ 명시기일에 출석하여 재산목록을 제출하고 선서를 한 때, ④ 절차가 완료되기 전 채권자가 명시신청을 취하한 때, ⑤ 명시기일이 연기 또는 변경된 때, ⑥ 절차 도중 집행정지 또는 취소서류가 제출된 때, ⑦ 명시기일 소환장이 채무자에게 송달불능되어 채권자에게 주소보정명령을 발하고 기일을 연기하였는데, 신기일까지 주소보정이 되지 않거나 보정된 주소로도 송달이 되지 않은 때 종료된다. 아울러 채무자는 명시기일에 제출한 재산목록에 형식적인 흠이 있거나 불명확한 점이 있는 때에는, 이미 제출한 재산목록을 법원의 허가를 얻어 정정할 수 있다(66조).

명시기일의 연기

법원은 통상기일에서처럼 현저한 사유가 있을 때 직권으로 명시기일을 연기 또는 변경할 수 있다. 또한 채무자가 명시기일에 출석하여 3개월 내에 채무를 변제할 수 있음을 소명한 때에는, 그 기일을 3월의 범위 안에서 연기할 수 있고, 채무자가 새 기일에 채무액의 3분의 2 이상을 변제하였음을 증명하는 서류를 제출한 때에는, 다시 1월의 범위 내에서 연기할 수 있다(64조 4항). 재산명시절차도 독립된 집행절차의 하나이므로 집행의 정지·취소에 관한 규정이 적용된다.

조서의 작성

명시기일에는 담당사무관 등이 기일마다 조서를 작성한다. 따라서 채무자의 명시기일에의 불출석, 재산목록의 제출거부, 선서의 거부 등에 관해서는, 조서가 멸실된 경우를 제외하고 명시기일조서만으로 증명할 수 있다. 때문에 채권자가 채무자의 위 의무위반을 이유로 한 처벌을 구하기 위해 명시기일조서등본의 발급을 구하는 경우가 많다고 한다.

재산명시절차의 종결

재산명시절차를 신청함에 있어 첨부하여 법원에 제출한 집행권원의 집행력 있는 정본과 집행개시요건의 구비증명서류 등은, 위 절차에서 파악된 채무자의 책임재산에 대한 강제집행에도 필요한 서류들이다. 따라서 재산명시절차가 종결된 후 채권자가 강제집행에 착수하기 위해 당해 서류의 반환을 청구하면, 법원은 지체 없이 재산명시사건의 기록에 그 사본을 편철하는 등의 조치를 취한 다음 이를 반환하여야 한다. 채무자에 대하여 강제집행을 개시할 수 있는 채권자는 재산목록의 열람 또는 등사를 청구할 수 있다(67조).

6) 위반자에 대한 제재

채무자가 정당한 사유 없이 명시기일에 출석하지 않거나 재산목록을 낼 것을 거부하거나 선서를 거부한 때에는 20일 이내의 감치에 처할 수 있다(68조 1항). 감치결정에 대해 채무자는 즉시항고를 할 수 있다(68조 4항). 이 즉시항고는 집행정지효가 없지만(15조 6항 본문), 재판기록이 남아 있는 원심법원이나 그렇지 않은 경우의 항고법원이 담보를 제공하게 하거나 또는 하지 아니하고 원심재판의 집행을 정지할 수 있다(15조 6항 단서).

채무자가 감치의 집행 중에 재산명시명령을 이행하겠다고 신청한 때에는, 법원은 바로 명시기일을 열어야 하고, 채무자가 당해 명시기일에 재산목록을 내고 선서하거나 신청채권자에 대한 채무를 변제하고 이를 증명하는 서류를 낸 때에는, 법원은 바로 감치결정을 취소하고 채무자를 석방하도록 명하여야 한다(68조 5항 및 6항). 감치 중인 채무자의 명시명령 이행신청에 의한 명시기일에는 채권자에게 통지하지 않는 대신, 명시기일의 결과를 채권자에게 통지해야 한다(68조 7항). 위와 같은 절차를 위해 대법원규칙으로 규정을 정할 수 있고(68조 8항. 규칙 30조가 상세히 규정한다), 채무자가 거짓의 재산목록을 낸 때에는 3년 이하의 징역 또는 500만원 이하의 벌금에 처한다(68조 9항).

(3) 채무불이행자명부

1) 의 의

광의의 민사집행절차

채무불이행자명부란, 일정기간 내에 채무를 이행하지 아니하거나 재산명시절차에서 처벌의 대상이 되는 행위를 한 채무자의 인적 사항을 법원(사법보좌관)의 재판을 거쳐 등재한 후, 법원 및 채무자의 주소지에서 일반인의 열람에 제공하게 하는 명부를 말한다(70조). 강제집행을 개시할 수 있는 채권자가 아니더라도 등재신청을 할 수 있다는 점에서, 재산명시제도와는 독립된 별개의 절차로서 강제집행절차가 아니며, 민사집행법 하에서는 협의의 강제집행절차가 아닌 광의의 민사집행절차로서 이해할 필요가 있다. 따라서 채무불이행자명부에 관해서는 협의의 강제집행을 전제로 한 49조, 50조의 규정 등은 적용되지 않는다. 이에 대해 잘못된 인적사항이 등재되는 피해를 막기 위해 적용되어야 한다는 견해도 있다.

2) 등재신청의 요건

채무자가 확정판결, 확정판결과 동일한 효력을 갖는 조서, 확정된 지급명령에 의하여 금전채무를 부담하여야 한다(70조 1항). 채무자가 판결 또는 지급명령이 확정되거나 위 조서들이 작성된 후 6개월 내에 채무를 이행하지 아니하거나, 벌칙을 받을 행위를 하여야 한다. 권리보호의 이익도 있어야 하는데, 이것은 예를 들어 강제집행이 용이하다고 인정할 만한 명백한 사유[44]가 있는 때에는 채권자가 곧바로 강제집행에 착수하여 채권

---

44) 이것은 채무자가 보유하고 있는 재산에 대하여 많은 시간과 비용을 투입하지 아니하고서도 강제집행을 통하여 채권의 만족을 얻을 수 있다는 점이 특별한 노력이나 조사 없이 확인 가능하다는 것을 의미하고, 그 사유의 존재에 관하여는 채무자가 이를 증명하여야 한다(대결 2010.9.9, 2010마779). 예를 들어 신청인이 피신청인을 상대로 임대차보증금의 지급을 구하는 소를 제기하여 2007.7.11. 22,980,279원 및 그에 대한 지연손해금의 지급을 명하는 일부승소 판결을 받고 그 무렵 확정되었으나 그 확정일로부터 6개월이 지나도록 위 판결에 따른 채무이행이 이루어지지 않자, 신청인은 피신청인 소유 아파트에 관하여 부동산가압류 신청을 하여 가압류 등기가 경료되기도 하였으나, 위 아파트에는 이미 채권최고액이 5,850만 원인 다른 채권자의 근저당권설정등기가 경료되어 있었고, 위 가압류 이후에도 또 다른 채권자의 신청에 의하여 청구금액이 10,133,810원인 가압류 등기와 국민건강보험공단에 의한 압류등기가 각 경료되었다면 쉽게 강제집행할 수 있다고 인정할 만한 명백한 사유가 있는 때에 해당되지 않는다.

의 만족을 얻을 수 있어 권리보호의 이익이 있다 할 수 없으므로, 등재신청이 허용되지 않는다(71조 2항).

3) 등재신청의 절차 및 관할

등재신청은 서면에 의하여야 하고, 그 서면에는 ① 채권자, 채무자 및 대리인의 표시, ② 집행권원의 표시, ③ 채무자가 이행하지 아니하는 금전채무액, ④ 신청취지 및 사유를 기재하고 채권자가 기명날인하여야 한다(규칙 31조). 등재신청을 함에 있어서는 그 사유를 소명할 자료를 첨부하여야 할 것인데, 단순한 채무불이행을 사유로 하는 경우에는 그 집행권원의 제출로서 족하고, 벌칙의 대상에 해당하는 사유를 근거로 하는 경우에는 집행권원 외에 명시기일조서등본, 재산목록이 허위임을 소명할 자료 등을 제출하여야 할 것이다. 등재신청은, 금전의 지급을 명한 집행권원이 확정된 후 또는 집행권원을 작성한 후 6월 이내에 채무를 이행하지 아니하는 때의 신청의 경우에는 채무자의 보통재판적이 있는 곳의 법원의 사법보좌관이, 그 밖의 벌칙에 해당하는 사유에 의하는 경우에는 재산명시절차를 실시한 법원의 사법보좌관이 관할한다(70조 3항. 사보규 2조 1항 5호).

4) 등재신청에 대한 재판

심리의 결과 등재신청이 이유 있다고 인정되면, 채무자를 채무불이행자명부에 등재하는 결정이 내려진다(71조 1항). 이 결정에 대하여 채무자는 즉시항고를 제기할 수 있지만, 집행정지의 효력이 없다(71조 3항). 심리의 결과 등재신청이 이유 없거나 강제집행이 용이하다고 인정할 만한 명백한 사유가 있는 때에는 결정으로 등재신청이 기각되고(71조 2항), 이 결정에 대해 채권자는 즉시항고를 제기할 수 있다(71조 3항).

5) 명부의 작성 및 비치

채무불이행자명부에의 등재결정이 있으면, 그 결정을 한 법원의 사무관등은 지체 없이 채무불이행자명부를 작성하여 결정에 따른 등재를 하여야 하고, 이 명부는 등재결정을 한 법원에 비치된다(72조 1항). 채무자에 대한 간접강제, 거래안전의 도모라는 채무불이행자명부제도의 목적을 달성하기 위해, 당해 명부의 부본은 사법보좌관에 의해 채무자의 주소지(채무자가 법인 또는 비법인사단이나 재단인 경우는 주된 사무소소재지)의 시·구·읍·면장에게 송부되어야 한다(72조 2항, 사보규 2조 1항 5호). 또한 사법보좌관은 금융기관에도 통보할 수 있다(72조 3항).

채무불이행자명부나 그 부본은 누구나 열람 또는 등사를 청구할 수 있다(72조 4항). 그러나 신문, 잡지 등의 인쇄물이나 그 밖에 방송 등 대중매체에 의한 채무불이행자명부의 공표는 허용되지 않는다(72조 5항).

6) 명부등재의 말소

변제 그 밖의 사유로 채무의 소멸이 증명된 때에는, 사법보좌관은 채무자의 신청에 의하여 채무불이행자명부에서 그 이름을 말소하는 결정을 하여야 한다(73조 1항). 말소결정에 대해서는 채권자가 즉시항고를 할 수 있고, 전술한 것처럼 집행정지효는 없다(73조 2항). 기각결정에 대해서는 즉시항고를 할 수 있다는 규정이 없으므로 집행에 관한 이의신청만이 가능하고 민사소송법상의 통상항고도 불가능하다(실무제요 1-63).

채무불이행자명부에 등재된 연도종결 후 10년이 경과한 때에는, 사법보좌관은 직권으로 그 말소를 결정하여야 한다(73조 3항). 채무불이행자명부를 카드식으로 채무자별로 구분 작성하고 있기 때문에, 말소결정이 내려지면 명부가 비치된 법원의 사무관 등은, 해당 채무자의 카드에 말소사유 및 말소일자를 기입한 후 이를 분리하여 말소철에 편철하는 방식으로 말소절차를 이행한다. 사법보좌관은 말소의 취지를 채무자의 주소지 또는 채무자가 법인 및 비법인사단이나 재단인 경우는 주된 사무소의 소재지 시·구·읍·면장에게 통지하여 그 곳에 비치된 명부의 부본을 말소하게 한다(73조 4항, 5항).

(4) 재산조회

재산조회의 취지

민사집행법의 제정에 의해 도입된 재산조회제도란 넓은 의미의 민사집행절차로서, 채권자가 채무자의 재산을 쉽게 발견할 수 있도록 하여 재산의 투명성을 확보하면서,

재산조회 결과를 강제집행 외의 목적으로 사용하는 자를 처벌하여 남용을 방지하려는 제도를 말한다(74조 내지 77조). 그 주된 내용은, 개인의 재산 및 신용정보에 관한 전산망을 관리하는 공공기관·금융기관 등에 대하여 채무자 명의의 재산에 관한 조회를 할 수 있다는 것이다. 재산조회제도의 신설에 따라 그 구체적 절차에 관하여 규칙 35조 내지 39조가 신설되었고, 재산조회를 위한 재산조회규칙도 제정되었다. 또한 대법원은 웹서버에서 재산조회신청사건을 처리하는 프로그램(재산조회시스템)을 설치·운영하고 있다.

조회신청의 방법

재산조회는 재산명시절차가 끝난 후 또는 채무자의 도주로 재산명시절차를 종료할 수 없는 경우에 그 재산명시를 신청한 채권자만이 가능하다(74조 1항). 신청사유는 법 68조 1항과 68조 9항 소정의 사유와 채무자가 제출한 재산목록만으로는 집행채권의 만족을 얻기에 부족한 경우이다. 조회신청은 재산명시절차를 실시한 법원(74조 1항)의 사법보좌관이 담당하고, 토지관할은 전속이다(21조). 신청서에 기재해야 할 사항에 대해서는 규칙 35조 1항이 규정한다.

조회신청의 처리

재산조회신청에 대해 사법보좌관은 서면심리 이외에도, 필요한 경우 이해관계인 그 밖의 참고인을 심문할 수 있다(규칙 2조). 신청에 정당한 이유가 없으면 결정으로 신청을 기각한다. 이에 대해서는 집행에 관한 이의가 가능하다고 주장된다(실무제요 1-381). 신청이 이유 있으면 별도의 결정서를 작성함이 없이 결정내역 용지에 날인한 후 재산조회를 실시하게 된다. 이에 대한 채무자의 불복도 집행에 관한 이의가 타당하다고 주장된다(실무제요 1-402).

제2절 절차의 개관

1. 압 류

(1) 의 의

압류란, 광의로는 국가권력을 통해 특정한 물건 또는 권리에 관한 사인의 사실상·법률상의 처분을 금지 내지 제한하는 것을 말하고, 협의로는 금전집행의 최초 단계의 집행처분으로서 특정한 재산을 목적물로 확보하기 위해 구속된 상태로 두는 권력적 행위, 즉 집행기관이 특정한 재산에 대한 채무자의 사실상, 법률상의 처분을 금지하는 것을 말한다. 처분금지에 반하는 채무자의 법률적 처분은 채권자에 대한 관계에서 무효(대항불능)가 되고, 또한 그 사실적 처분에 대해서는 형벌의 제재가 가해진다(형법 140조).

(2) 압류방법

압류의 방법은 압류하는 재산의 종류에 따라 달라진다. 예를 들어 부동산에 대한 집행에서는 관념적인 집행처분인 강제경매 또는 강제관리의 개시결정에 의해, 유체동산에 대한 집행에서는 사실적인 집행처분인 집행관의 점유에 의해, 또한 채권에 대한 집행에서는 관념적인 집행처분인 압류명령에 의해 이루어진다. 압류의 효력을 확보하고 거래안전을 보호하기 위해 공시할 필요가 있는데, 공시방법은 부동산집행에서는 등기, 유체동산집행에서는 압류물을 채무자에게 보관시키는 경우에 봉인이나 그 밖의 방법, 채권집행에서는 제3채무자에 대한 압류명령의 송달 등이다.

(3) 압류의 효력

압류의 본질적 효력은 금전집행의 목적달성에 필요한 한도에서의 목적물에 대한 채무자의 처분금지이다. 압류에 의해 채무자는 압류한 재산의 처분권을 상실하고, 국가가 처분권을 취득한다.

1) 압류재산의 사용수익

압류에 의해 채무자가 바로 소유권을 상실하는 등 그 재산의 귀속에 변경이 발생하는 것은 아니다. 사용수익에 관해서는, 부동산의 강제경매라면 채무자는 매수인이 소유권을 취득할 때까지 부동산의 현금화 가치를 감소시키지 않는 한도 내에서 부동산을 사용·수익할 수 있지만(83조 2항), 강제관리에서는 관리수익권을 상실한다. 유체동산에 대한 집행에서는 집행관의 허가가 있으면 압류물을 사용할 수 있고, 채권에 대한 집행에서는 압류 후의 이자, 지연손해금에도 압류의 효력이 미친다.

2) 압류에 의한 처분금지의 효력

처분금지의 필요성

압류의 본질적 효력은 처분금지(처분제한)이고, 이에 반하는 채무자의 처분행위(저촉처분)는 무효가 된다. 그리고 압류재산의 처분권은 압류에 의해 국가에 이전한다. 원래 금전집행은 집행기관이 채무자의 재산을 강제적으로 현금화하여 그 대금으로서 채권의 만족을 시도하는 민사집행이므로, 집행의 제1단계로서 집행의 대상이 되는 재산을 확보할 필요가 있다. 이를 위한 처분인 압류가 압류재산에 관한 채무자의 처분권을 제한하고, 채무자의 저촉처분을 무효로 하는 것은 당연한 이치이다.

처분금지와 상대적 무효

그러나 그 처분금지는 금전집행의 목적달성을 위해 압류재산의 현금화가치의 유지에 필요한 한도에서 인정하면 충분하고, 압류의 목적을 해치지 않는 범위에서는 저촉부분의 효력을 인정할 수 있다. 압류가 추후에 취소되는 경우가 있음을 고려하면, 채권자의 권리 실현이라는 압류의 종국적 목적과 채무자의 재산처분의 자유를 조화롭게 하여야 하므로, 채무자의 저촉처분을 절대적으로 무효로 하는 것은 적당하지 않고 이를 채권자에게 대항할 수 없다는, 즉 채권자와의 관계에서 집행절차와의 관계에서만 무효(상대적 무효)라고 해석해야 하기 때문이다.

이러한 의미에서 압류에 의한 처분금지는 관계적 처분금지이다. 즉 처분금지에 반하여 채무자가 처분행위를 하여도, 집행절차는 이를 무시하고 진행되어 현금화가 종료하면 채무자의 저촉처분은 무효가 된다. 그러나 다른 한편 저촉처분도 채권자 이외의 자에 대한 관계에서는 유효하고, 이에 대해 대항요건을 구비할 수 있으며(압류 후에도 채무자의 처분에 관해 등기할 수 있다), 집행신청의 취하나 집행절차의 취소에 의해 압류의 효력이 소멸하면 저촉처분은 완전하게 유효가 된다.

상대효에 관한 2가지 견해

이와 같이 저촉처분은 그 효력을 채권자에게 대항할 수 없는데, 더 나아가 처분의 효력을 대항할 수 없는 채권자의 범위가 문제되고, 이 점에 관하여 개별상대효설[45]과 절차상대효설[46]이라는 2가지 입장이 있다. 주로 부동산에 대한 집행,

특히 부동산의 가압류의 집행에서 문제된다. 압류 후에 당해 부동산을 양도하거나 저당권을 설정하고 그 후에 경매에 이르게 된 경우, 당해 압류에 의해 양도나 저당권설정은 무효가 되고 압류채권자가 아닌 다른 채권자는 양도나 저당권설정에 관계없이 배당을 요구할 수 있다는 것이 절차상대효설이고, 양도나 저당권설정은 압류채권자에 대하여만 무효가 되고 다른 채권자는 배당요구를 할 수 없다는 것이 개별상대효설이다.

3) 개별상대효와 절차상대효

압류에 위반하는 처분행위의 효력

먼저 다음의 예를 생각해보도록 하자. 채권자 A가 자신의 채권 500만원 중 300만원을 보전해야 하는 채권으로 하여 채무자의 부동산(350만원)을 가압류 하였다. 그 후 채무자는 그 부동산을 제3자 B에게 양도하고 이전등기가 경료되었다. A는 그 후 본집행으로 이행하였는데(350만원으로 매각되었다고 가정한다), 다른 채권자 C가 자신의 채권 200만원에 대하여 배당요구를 하였다. 이 경우 A, B 그리고 C는 집행절차나 매각대금의 분배에 대하여 어떠한 권리를 갖는지 문제된다(채무자가 당해 부동산을 제3자 B에게 저당권설정등기를 한 다음 채권자 C가 배당요구를 하는 경우에도 같다).

개별상대효와 절차상대효의 차이

압류에 위반하는 처분행위의 효력을 상대적으로 무효로 하는 경우, 절차상대효에 의한다면 채무자의 양도행위는 C에 대한 관계에서도 무효가 되고, C도 배당요구를 할 수 있게 된다(매각대금 350만원을 A와 C가 300만원 대 200만원의 비율로 배당받는다). 반대로 개별상대효에 의한다면 채무자의 양도행위는 A에 대한 관계에서만 무효가 되므로, C는 배당을 요구할 수 없게 된다. 절차상대효가 타당한지 아니면 개별상대효가 타당한지에 대해서는 각각의 입장에 일장일단이 있고 용이하게 정할 수 있는 문제가 아니며, 입법적으로 해결하는 것이 타협으로서는 적당할 수도 있다.[47] 예를 들어

---

45) 박두환, 289면; 이시윤, 261면은 개설하여 가압류는 개별상대효로 본압류는 절차상대효로 해석한다.

46) 강대성, 177면. 특히 법91조 3항과 4항, 148조 4호를 절차상대효의 근거가 되는 조문이라고 한다.

47) 민사집행법 제정단계에서는 절차상대효를 도입하는 입법이 추진되었지만 대법원에서의 논의 중에 절차상대효에 관한 조문을 두지 않는 것으로 하였다(법원행정처, 민사집행해설

일본의 경우에는 입법적으로 압류와 가압류가 모두 절차상대효를 갖는 것으로 해결하였다.

평등주의와의 관계

압류의 효력을 어떻게 해석하는 것이 타당한지에 대해 결론부터 말하자면 법 88조를 고려하여 절차상대효에 따르는 것이 타당하다고 생각한다.[48] 먼저 후술하는 바와 같이 법이 평등주의를 취하고 있고 특히 법 88조 1항을 주목해야 하기 때문이다. 개별상대효는 우선주의를 취하는 나라에서는 충분히 설득력을 갖는 논의이다. 그러나 평등주의를 취하면 균형을 잃는 경우가 발생한다. 즉 압류 후에 저당권등기가 경료되고 그 후에 다시 우선변제청구권자에 의해 배당요구가 행해지는 사례에서, 개별상대효설을 취하면 압류채권자는 저당권자에게 우선하고 저당권자는 우선변제청구권자에게 우선하며 우선변제청구권자는 압류채권자에게 우선한다는 무한의 순환관계가 발생하여 배당표작성이 곤란해진다. 또한 집행권원이 없는 채권자는 가압류에 의하지 않는 한 배당요구를 할 수 없는 점과의 整合性(압류채권자의 입장에서 보았을 때 압류등기후의 저당권자 등은 집행권원이 없는 배당요구채권자에 해당하기 때문에)을 상실하게 된다.

유체동산집행과의 관계

다음으로 규칙 155조 1항을 주목해야 한다. 이 조문은 유체동산집행에 관한 규정이지만 부동산집행에도 적용된다고 풀이해야 할 것이다(실무제요 2-446). 그렇다면 잔여금이 있으면 채무자에게도 반환한다는 의미는 채무자가 압류 후에 당해 부동산의 소유권을 제3자에게 양도(등기경료)하거나 그것에 저당권을 설정(등기경료)하여도, 이는 압류채권자와의 관계만이 아니라 널리 경매절차상 무시된다는 의미이므로, 절차상대효에 의한 귀결이라고 말해야 한다. 이러한 점을 고려하여 압류의 효력에 관해서는 절차상대효를 취해야 한다고 풀이해야 할 것이다.

[2002년] 195면 이하 참조). 개별상대효설을 입법적으로 채택한 것인지는 명확하지 않지만, 적어도 실무상으로는 개별상대효설을 취한다는 점이 명확해졌다. 절차상대효의 도입에 대한 반대논의 중 중요한 논거는, 압류등기 후 확정일자를 받은 주택임차인의 보호에 있다고 생각한다. 그러나 주택임차인도 당해 부동산의 등기여부를 확인하고 임대차계약을 체결하여야 한다는 점을 고려한다면, 그렇게까지 보호할 필요가 있는 것인지 의문이다.

48) 이와 관련된 저자의 견해에 관하여는 김상수, 민사집행법의 시행과 부동산경매, 민사소송 제12권제1호(2008)339면 이하 참조.

가압류의 경우

위와 같은 점은 압류의 효력에 관한 것인데, 가압류의 경우에는 압류와는 달리 가압류 채권자 자신을 위한 집행보전이라는 목적을 중시하여 개별상대효를 취하는 것도 가능하다. 그러나 가압류의 효력으로서 개별상대효를 취하면 앞에서도 언급했듯이 무한정 우선관계의 순환이 발생하여 배당표작성이 곤란해진다. 따라서 가압류도 압류의 경우와 같게 보아야 할 것이다.

실무의 입장

실무에서는 집행채무자에 대한 채권이라 할지라도 경매절차 진행 중에 목적물이 제3자에게 양도되어 소유권이전등기가 된 때에는, 그 처분이 경매신청자와의 관계에 있어서는 효력이 없으나 그 외의 자에 대하여는 그 처분이 유효하므로, 양수인 명의로 이전등기가 된 시점 이후에는 배당요구를 할 수 없다(실무제요 2-460)라고 하고, 송민 63-11을 근거로 하고 있다. 당해 예규는 담보집행에 관하여 규정한 것인데 강제집행에 대해서도 적용되므로 그와 같이 풀이하고 있는 것 같다. 이는 부동산의 압류만이 아닌 유체동산의 압류의 경우에도 동일하다. 이러한 실무의 태도는 결국 압류등기 후의 당해 목적물에 관한 소유권의 양도나 저당권 등의 설정이 매각에 의해 그 효력을 잃는 것이 아니라는 점을 염두에 두고 있는 입장이라 말할 수 있다. 즉 압류의 효력으로서의 개별상대효를 취하고 있는 것이다. 전술한 바와 같이 절차상대효를 취해야 한다고 해석되는 이상 위와 같은 실무의 태도는 타당하지 않다. 이 점은 입법적으로 해결해야 할 것이다. 아울러 개별상대효설에 따른 배당의 문제에 관하여는 후술 배당부분에서 다룬다.

2. 현금화

압류재산은 이를 현금화(환가)할 필요가 있다(금전을 압류한 경우에는 현금화는 문제가 발생하지 않는다). 민사집행에서의 현금화는 압류에 의해 국가가 채무자로부터 수납한 처분권에 기해 행해진다. 현금화의 방법에는 여러 가지가 있는데, 일반적인 방법은 매각이고, 강제관리에서의 수익의 수취·현금화(169조), 채권집행에서의 채권자의 추심(229조), 채권의 전부·양도, 채권관리(229조, 241조) 등도 현금화의 하나이다. 현금화로서의 매각(집행매각)의 성질에 대해서는 공법상의 처분(공용수용에 유사한 처분 또는 공법상의 매매 등)으로 해석하는 공법설, 사법상의 매매로 해석하는 사법설 및 공법상의 처분으로서의 면과 사법상의 매매로서의 면이라는 2가지 성질이 있다는 절충설이 있다.

3. 만 족

금전집행에서 채권자의 채권 만족은 부동산의 매각대금, 유체동산의 매득금 등, 강제관리에서의 수익금, 채권집행에서의 제3채무자로부터의 추심금 등으로 하는 변제금의 교부 또는 배당절차의 실시에 따른 배당에 의해 이루어지는 것이 일반적이다. 예외적으로 압류채권자가 제3채무자로부터 지급을 받은 경우나 전부명령, 양도명령의 경우 등에는 당연히 변제의 효력이 발생한다.

4. 우선주의와 평등주의

(1) 다수 채권자의 경합

한편으로 금전채권자는 채무자의 모든 재산에 대해서 집행할 수 있고, 다른 한편으로 금전채권관계는 동일한 채무자에 대하여 다수의 채권자가 존재하는 경우가 많다. 다수 채권자가 존재할 때 각 채권은 실체법상 평등한데(채권평등의 원칙), 다수채권의 공동의 담보인 채무자의 재산이 총채권을 만족시키지 못하는 경우라면, 각 채권은 그 채권액에 따라 안분된 금전으로부터 만족을 얻을 수 있다. 그러나 이 원칙은 채무자의 총재산을 청산하는 경우에는 실현되지만, 평상시에는 각 채권자는 채무자의 임의변제 또는 집행에 의해 만족을 얻을 수 있고, 그에 따라 침해를 받는 다른 채권자는 부인권(채무자회생법 391조) 또는 채권자취소권(민법 406조)에 의해 보호될 뿐이다.

집행의 경합

또한 금전집행은 압류, 현금화, 만족의 단계를 거쳐 종료할 때까지 상당한 기간이 필요한 것이 보통이므로, 동일한 재산에 대한 금전집행이 경합할 가능성이 많다. 어떤 채권자에 의해 개시된 선행의 절차에 다른 채권자가 참가한 경우, 특히 압류재산을 현금화한 금전이 절차에 참가한 각 채권자의 채권을 만족시키지 못하는 경우에는, 그 현금화된 금액의 배분을 어떻게 하는지 입법상 중요한 문제이고 각국의 입법례에 차이가 있다. 개별집행에서 어느 채권자를 위해 집행이 진행되는 도중에 다른 채권자가 이에 참가하여 온 경우, 그 현금화된 금전의 배분에 관한 문제는, 먼저 집행에 착수한 채권자와 후에 절차에 참가한 채권자의 집행법상 지위의 문제로서, 실체법적 측면과 집행법적 측면을 고려하면서 검토해야 한다.

(2) 입법주의

1) 우선주의

압류, 집행의 참가 시기의 전후에 의해 순위를 붙이고 먼저 집행에 착수한 채권자에게 우선권을 부여하는 주의이다. 영미법, 독일법이 채택하고 있다. 우선주의의 근거로는, 권리행사에 근면한 채권자는 그에 상응하는 보상이 부여되는 것이 공평한 점, 일반파산주의를 취하는 법제에서는 채권자의 평등은 도산절차를 통해 도모하도록 하고 개별집행에서는 우선주의를 취하는 것이 양제도 병존의 취지에 합치하는 점, 우선주의에 의하면 집행절차의 구조가 간단하게 되고 신속하게 처리할 수 있으므로 집행의 능률이 상승하는 점, 그리고 우선주의에 의하면 초과압류를 엄격하게 억지할 수 있으므로 채무자의 이익이 보호된다는 점 등이 있다.

2) 평등주의

집행절차의 일정한 단계까지 집행에 참가한 모든 채권자에게 그 채권액에 따른 평등한 만족을 부여하는 주의이다. 프랑스법, 이탈리아법, 일본법 등이 채용한다. 평등주의의 근거는, 실체법상의 채권평등에 적합한 점, 일찍 집행에 착수한 채권자가 다른 채권자에 비해 반드시 성실하다고는 말할 수 없는 점, 평등주의에서는 채권자가 성급하게 집행에 착수할 필요가 없으므로 채무자에게 유리한 점, 파산은 절차가 복잡하고 장기간이 소요되어 많은 비용이 필요하므로 개별집행에서도 소형파산적인 집행을 하는 것이 적당한 점 등이다.

3) 군단우선주의

집행개시 후 일정기간 내에 집행에 참가한 채권자를 일군으로 하여 그 후에 참가한 채권자에게 우선하는 것으로 하고, 이하 동일하게 군단으로서 우선권을 인정하며, 각 군단 내에서는 경합하는 채권자에게 채권액에 비례하여 평등하게 만족을 받게 하는 주의이다. 우선주의와 평등주의를 절충한 것이라고 할 수 있다. 군단을 구분하는 기간은 스위스법의 경우 30일로 되어 있다.

4) 우선주의와 평등주의의 우열

양 주의는 각각 일장일단이 있고 쉽게 그 우열을 논할 수 없다. 반면 군단우선주의는 집행의 신속에 도움이 되지 않는다는 문제가 있다. 생각건대 개별집행에서 평등주의를 취하는 것과 일반파산주의에 의한 파산제도가 존재하는 것이 반드시 모순된다고는 말할 수 없고, 민법의 기본원칙이기도 한 평등주의를 원칙으로 하여 그 결함을 시정하면서 개별집행에 소형파산적인 기능을 부여하는 것이 타당할 것이다.

(3) 민사집행법상의 평등주의

1) 부동산집행과 평등주의

군단우선주의의 문제점

1990년의 민사소송법개정안 단계에서는 채권자 간의 우열에 관해 군단우선주의의 도입이 시도되었다. 그 이유는 특히 공정증서를 만들어 배당에 참가하는 가장 채권자의 등장을 견제하기 위한 것이었다.[49] 그러나 민법이 채권자평등주의의 원칙을 고수하고 있음에도 단순히 신청시기만을 이유로 배당에 우선순위를 두는 것은 법체계상의 모순을 가져오는 점, 채무자를 신뢰하고 호의를 베푼 채권자의 보호에 미흡한 반면 통보나 조작에 의해 부당하

---

49) 김상수, 강제집행법상의 몇가지 문제점, 저스티스 제30권 제2호(1997) 참조.

게 우선순위를 확보하게 할 우려가 큰 점 및 절차의 번잡으로 인해 업무의 가중이 예상된다는 점 등으로, 군단우선주의의 도입은 좌절되고 새로 제정된 민사집행법에서도 평등주의가 유지되었다.

평등주의의 보완

그러나 당시까지의 평등주의와는 달리 그 결함의 시정을 시도하는 조치가 취해졌다. 다수의 채권자가 불확실한 권리주장으로 때를 가리지 않고 배당에 가입함으로써 발생하는 집행절차의 이완·지연·복잡을 막는 한편, 개별재산에 대한 단일한 집행절차를 이용하여 적절한 복수채권처리의 실효를 확보하려고 한 것이다. 즉, 첫 번째는 배당요구의 종기가 조기에 정해지도록 한 것이다. 후술하듯이 집행법원은 압류효력 발생 후 절차에 필요한 기간을 감안하여 배당요구를 할 수 있는 종기를 첫 매각기일 이전으로 정한다(84조 1항). 구체적인 기간은 감정평가와 현황조사가 완료되어 매각물건명세서가 작성될 수 있는 시점을 대략 계산하여 그 이후로 지정된다(나아가 배당요구의 종기의 결정과 동시에 채권계산서의 제출을 최고하고 있다). 두 번째로 배당요구를 할 수 있는 채권자로서 경매개시결정등기 후에 가압류를 한 채권자(88조 1항)가 있는데, 이것은 집행력 있는 정본이 없는 채권자는 가압류등기를 하여야만 배당요구를 할 수 있게 한 조치이다.

2) 유체동산집행과 평등주의

평등주의는 부동산집행만이 아니라 유체동산이나 채권집행에서도 동일하게 중요한 문제가 된다. 단, 집행의 특성에서 볼 때 모든 경우에 부동산집행과 동일하게 다룰 수는 없다.

배당요구가 가능한 자

유체동산집행에서 배당요구를 할 수 있는 자에 관해서는 법 217조에 규정이 있다. 법 217조는 집행권원이 있는 채권자 및 가압류채권자의 배당요구를 인정하지 않고 배당요구가 가능한 자를 질권자 등의 우선변제청구권이 있는 채권자에 한정한 조문이다. 이 의의는 다음과 같다. 즉 초과압류가 금지되어 있기 때문에(188조 2항. 배당요구가 있어도 압류의 범위는 확대되지 않는다), 단순히 배당요구를 인정하면 그때까지 집행에 참가하고 있었던 채권자가 불이익을 받게 되는 점을 고려하여, 특정된 재산에 대한 강제집행인 부동산집행이나 채권집행과는 달리 집행력 있는 집행권원을 갖는 채권자나 가압류채권자는 이중의 집행신청에 의해 배당을 받을 수 있는 것이라고 해석된다. 한편 우선변제청구권자에게 배당요구를 인정하지 않으면 권리행사의 길이 사실상 봉쇄되므로, 그 권리를 증명하는 문서를 제출함으로써 배당요구가 가능하게 되어 있는 것이다(218조, 규칙 158조, 48조 1항).

배당요구의 종기

또한 위와 같은 제한과 동시에 배당요구의 종기에 대해서도 법 220조는 일반적으로 집행관이 매각대금을 인수할 때까지라고 하고 있다. 배당요구의 종기를 명확히 규정하고 있는 점도 유체동산집행에 있어서의 평등주의를 보완한 것으로 해석할 수 있다.

일반채권자의 배당요구 가능성

그 밖에 유체동산집행에 있어서 우선변제청구권자가 아닌 일반채권자는 어떻게 배당요구를 할 수 있는지의 문제가 있다. 이에 관해 실무에서는 법 215조를 이중압류라 해석하고 그에 의해 배당요구가 가능하다고 판단하고 있다(실무제요 3-251). 결론적으로는 정당하지만 과연 법 215조를 이중압류를 인정한 규정으로 해석할 수 있을까 의문이다. 유체동산의 이중압류라는 것은 실제적으로 무의미하다. 왜냐 하면 유체동산집행에 있어서의 압류는 집행관이 그 동산을 점유하는 것으로 하거나 집행관이 채무자 등에게 압류물을 보관하게 하는 등 그것에 봉인 그 밖에 압류의 표시를 하는 것으로 되어 있으므로(189조 1항), 유체동산을 이중으로 압류한다는 절차는 사실상 무의미한 것이라고 해석하여야 하기 때문이다. 따라서 법 215조 1항에서도 후행 압류의 집행관은 집행신청서를 선행 압류의 집행관에게 교부하는 것으로 되어 있고, 사실상 후술하는 바와 같이 사건의 병합을 인정한 것으로 풀이해야 할 것이다. 결국 압류의 경합을 규정하는 법 215조는 이중의 유체동산집행을 구하는 신청(사건)의 병합이라고 해석된다. 단, 유체동산 이외에 부동산과 채권의 경우에 이중압류가 인정되는 점은 집행의 대상인 재산의 성격상 당연하다.

3) 채권집행과 평등주의

배당요구의 종기

채권집행에서의 평등주의는 다음과 같다. 유체동산집행의 경우와 같이 법 247조가 평등주의를 보완하는 내용을 규정하고 있다. 즉 배당요구의 종기가 앞당겨진 점과 배당요구채권자가 제한된 점이다. 이러한 점에서 본다면, 채권집행의 경우에도 평등주의를 보완하여 특히 배당요구의 종기가 제한되어 있는 것이다.

일반채권자의 배당요구

아울러 법 247조를 볼 때 채권집행에 있어서 집행권원이 없으면 전혀 배당요구를 할 수 없는지는 명확하지 않다. 이에 대해 실무에서는 이중압류(가압류를 포함)에 의해 결과적으로 배당을 받게 되는데, 배당요구의 종기 이후에 후행의 압류가 있을 때에는, 그 압류채권자는 선행 압류에 의한 배당절차에 가입할 수 없으므로 압류의 경합은 발생하지 않는다고 하고 있다(실무제요 3-422). 결과적으로 집행권원이 없는 채권자는 배당요구의 종기까지 가압류를 함으로써 평등하게 자신의 채권의 만족을 얻을 수 있다. 단, 배당요구의 종기까지 단순히 가압류를 하는 것으로 자신의 권리의 만족을 얻을 수 있는지 의문인 점이 있으므로, 부동산집행과 같이 가압류채권자도 배당요구의 종기까지 배당요구를 할 수 있다는 점을 조문 상 명확히 하는 편이 입법적으로 적당할 것이다.

5. 공동압류, 이중압류 및 배당요구

(1) 공동압류

공동압류란 동시압류라고도 하는데, 집행기관이 다수의 채권자를 위해 동일 재산을 동시에 압류하는 것을 말한다. 당사자의 공동신청에 의한 경우와 별개의 신청을 집행기관이 병합한 경우가 있다.

(2) 이중압류

이중압류란 집행기관이 채권자를 위해 이미 압류한 재산을 다시 다른 채권자를 위해 압류하는 것을 말한다. 유체동산집행에 있어서는 그 압류가 집행관의 사실적 처분에 의하므로 이중압류가 적당하지 않고, 앞서 보았듯이 이중압류는 사건을 병합하는 것이 된다.

(3) 배당요구

배당요구란 금전집행에서 압류채권자 이외의 채권자가 집행기관에 대해 자신의 채권 만족을 위해 배당을 요구하는 신청을 말한다. 배당요구에 의해 당해 채권자는 집행절차에 참가하고 배당 등을 받을 권리를 갖게 된다. 평등주의이지만, 전술하였듯이 배당요구의 시기나 배당요구가 가능한 채권자의 자격에 제한이 있다.

제 3 절 부동산집행

제1관 서

1. 부동산집행의 방법

부동산에 대한 강제집행은, 사법보좌관이 채권자의 신청에 기해 경매개시결정을 하고 채무자소유의 부동산을 압류함으로써 개시된다. 부동산집행의 방법에는 강제경매와 강제관리가 있는데, 양자를 병용하여 신청할 수 있다(78조 3항). 즉 우선 강제관리를 하여 부동산가격의 상승을 도모하고, 이와 동시에 또는 후에 강제경매를 하는 것이다.

2. 관할법원

부동산집행은 부동산소재지를 관할하는 지방법원(79조 1항, 268조)의 사법보좌관이 관할한다. 건물이 복수 지방법원의 관할구역에 걸쳐 존재하는 경우에는 각 지방법원의 사법보좌관에게 관할권이 있는데, 사법보좌관이 필요하다고 인정하면 사건을 다른 관할지방법원으로 이송할 수 있다(79조 2항. 직권에 의한 이송으로 당사자에게는 이송신청권이 없다는 것이 실무이다[실무제요 2-21]). 부동산으로 보는 재산에 대한 강제집행의 경우에는, 그 등기 또는 등록을 하는 곳을 관할하는 지방법원이 처리한다(규칙 41조).

제 2 관 부동산의 범위

1. 서

채무자소유로 등기된 부동산

부동산은 채무자의 책임재산이어야 하고, 등기가 있는 부동산에 관해서는 채무자가 등기부에 소유자로서 등기되어 있어야 한다. 등기가 아닌 다른 문서에 의해 부동산이 채무자의 소유임을 증명하는 것은 허용되지 않는다. 따라서 채무자가 상속에 의해 부동산을 취득했는데 아직 상속등기를 하지 않았다면, 대위에 의한 상속등기를 해야 한다. 그러나 가압류등기를 한 채권자는 경매신청 전에 가압류채무자가 등기를 제3자에게 이전하여도, 당해 제3자는 가압류채권자에게 대항할 수 없으므로 경매신청을 할 수 있다.

2. 등기된 토지 · 건물

(1) 토 지

등기된 토지는 부동산집행의 대상이다. 당해 토지에 부착된 공작물 중, 독립된 부동산으로 취급될 수 없는 것은 토지와 함께 집행의 대상이 되고, 독립하여 집행의 대상이 되지 않는다(독립하여 거래의 대상이 되는 정착물은 유체동산집행의 대상이다[189조 2항 1호]). 토지 위의 채무자소유 미등기수목은 원칙적으로 토지와 일체로서 집행의 대상이 되지만(대결 1998.10.28, 98마1817), 독립하여 존재하는 것(입목에 관한 법률에 의해 소유권보존등기가 된 입목이나 명인방법을 갖춘 수목 등)은 독립하여 집행의 대상이 된다. 미분리천연과실은 토지와 일체로서 집행의 대상이 되는데, 1개월 이내에 수확할 수 있는 것은 과실수취권자를 채무자로 한 유체동산의 집행대상이 된다(189조 2항 2호).

(2) 공유지분

토지의 공유지분(지상권도 같다)도 집행대상이 되는데(규칙 40조), 그 경매신청의 경우에는 다른 공유자에게도 강제경매개시결정을 통지하여야 한다(139조1항). 또한 최저매각가격은 원칙적으로 채무자의 지분에 관해 정해지므로(139조2항), 신청서에는 채무자 이외의 공유자 전원의 성명, 주소 및 채무자의 지분을 적어야 한다. 대지사용권으로서의 토지공유지분은 전유부분과 분리하여 처분할 수 있는 것이 아니면 독립하여 집행의 대상이 되지 않는다(집합건물의 소유 및 관리에 관한 법률 20조).

(3) 건 물

건물도 토지와 동일하게 취급된다. 건축 중인 건물의 경우에는 독립된 부동산으로 파악할 수 없고, 분리가 가능하다면 유체동산의 집행에 의한다. 또한 건물의 경우에는 그 등기 여부가 부동산집행의 중요한 관건이 되는데 이에 관해서는 아래에서 다루기로 한다.

3. 미등기부동산

미등기부동산이라도 채무자의 소유이면, 경매개시결정에 의해 등기관이 직권으로 소유권보존등기를 하고 경매개시결정등기를 함으로써 부동산집행의 대상이 될 수 있다. 등기부가 멸실되고 아직 회복등기가 되어 있지 않아도 동일하다. 그러나 원인무효라고 하여도 부동산이 제3자 명의로 되어 있거나 채무자가 그에 대한 이전등기청구권만을 가지고 있는 경우에는, 채무자명의로 당해 부동산에 관한 등기가 변경되지 않는 한 그 집행이 불가능하다.

(1) 미등기토지

미등기토지라면 채무자명의로 등기할 수 있음을 증명할 서류(토지대장, 소유권확인판결, 수용증명서 등)를 첨부하여 경매개시결정신청을 한다(부등법 65조 등). 소유권확인판결에는 확인판결만이 아닌 소유권의 존재를 증명하는 이행판결이나 형성판결, 화해조서 등 확정판결에 준하는 것도 포함된다(대판 1994.3.11, 93다57704).

(2) 미등기건물

사회통념상 건물의 실체를 갖추고 있는 신축건물이 대상이고, 이에 대한 경매신청에는 채무자가 소유자임을 증명하는 부등법 65조 소정의 서면을 첨부해야 한다(대결 1995.12.11, 95마1262). 나아가 그러한 서류를 제출하기 곤란하더라도 건축허가나 신고를 마친 뒤 사용승인을 받지 못한 미등기 건물에 대해서는, 다음과 같은 서류를 제출하여 집행을 신청할 수 있다(81조 1항 2호 단서). 즉 건물이 채무자의 소유임을 증명할 서류(실무상 건축허가서나 건축신고서, 나아가 건축도급계약서가 요구된다), 당해 건물의 지번·구조·면적을 증명할 서류 및 건축허가 또는 건축신고를 증명할 서류이다. 채권자는 공적 장부를 주관하는 공공기관에 위 사항을 증명하여 줄 것을 청구할 수 있다(81조 2항). 이러한 서류 또는 규칙 42조 1항에 의해 집행관이 제출한 서면에 의해 경매개시신청을 한 건물이 건축허가 또는 건축신고된 사항과 동일하다고 인정되지 않으면, 그 신청은 각하된다(규칙 42조 2항).

4. 그 밖의 경우

(1) 공장재단, 광업재단

공장재단과 광업재단은 그것이 동산이라고 하더라도 하나의 부동산으로 취급되므로, 집행의 대상이 된다(공장 및 광업재단 저당법 8조, 12조, 54조).

(2) 광업권, 어업권

법률상 부동산으로 취급되므로 부동산집행의 대상이다(광업법 10조1항, 수산업법 16조 2항). 단, 공동광업권자의 지분은 다른 공동광업권자의 동의가 있어야 처분할 수 있으므로 그 지분은 집행의 대상이 아니다(송민 63-16).

(3) 소유권보존등기가 된 입목

입목법 3조 1항, 23조에 의해 부동산집행의 대상이 된다.

(4) 지상권 등

지상권 및 그 공유지분은 부동산으로 다루어진다(규칙 40조). 지역권이나 저당권은 부종성에 의해 독립하여 부동산집행의 대상이 될 수 없다. 등기된 전세권의 경우에는, 그 존속기간이 만료되지 않은 것은 전세권 자체에 관하여 그 밖의 재산권에 대한 집행으로(251조 1항), 존속기간이 만료되거나 합의해지된 것은 전세금반환채권에 대한 집행으로 각각 처리된다. 전세권에 설정된 저당권을 실행하는 경우, 전세권의 존속기간이 만료되지 않았으면 부동산경매절차에 따르고, 그 존속기간이 만료되었으면 전세금반환채권에 대한 채권집행을 스스로 신청하거나 배당요구의 방법에 의한다(대결 1995.9.18, 95마684). 그 외에 가등기상의 권리, 부동산환매권 등은 모두 그 밖의 재산권에 대한 집행의 대상이다.

(5) 자동차, 건설기계 및 항공기

부동산집행에 준해 처리되는데, 이에 관해서는 후술한다.

제3관 강제경매

제1항 서

1. 의 의

경매의 법적 성질

강제경매란 채무자의 재산(부동산)을 강제로 매각하여 그 대금으로 채권의 만족을 기하려는 집행방법을 말한다. 강제경매에 의한 매각의 성질에 관하여는 사법상의 매매인가, 공법상의 매매인가 약간의 논의가 있다. 전자로 해석하는 견해는 민법상의 담보책임에 관한 같은 법 578조를 근거로 한다. 후자는 공용징수와 유사한 것으로 취급하여 매수인은 목적물을 원시취득 한다는 견해이다. 전자가 통설이고, 판례도 전자에 가깝다(실무제요 2-3 참조).

부동산집행의 또 하나의 방법인 강제관리는 강제경매와 달리 당해 부동산을 관리하여 그 수익금으로 변제에 충당한다는 점에 차이가 있다. 또한 담보권에 기한 임의경매 또는 형식경매로서의 부동산경매는 집행권원 없이 실체권(담보권)의 내용으로서 경매권이 인정된다는 점에서 강제경매와 차이가 있지만, 금전채권의 만족을 얻기 위해 국가가 절차를 진행한다는 점에서 공통점이 있다.

2. 절차의 개요

강제경매는 금전채권에 관한 강제집행이므로 전술하였듯이 압류, 현금화, 만족이라는 3가지 단계를 거쳐 행해진다(이하, 〈도표 2〉 참조). 즉 채권자가 집행력 있는 정본 및 그 밖의 필요서류를 첨부하여 강제경매를 신청하였을 때, 사법보좌관은 강제경매의 개시결정을 하여 목적부동산을 압류한다. 다음으로 배당요구의 종기를 정하고, 개시결정이 내려진 내용 및 배당요구의 종기를 공고하는 한편, 따로 집행관으로 하여금 부동산의 현황조사를, 또한 평가인으로 하여금 부동산의 평가를 하게 하여 최저매각가격을 결정하며, 물건명세서를 작성하여 일반인이 열람하게 한다. 계속하여 사법보좌관은 집행관에 의한 입찰 또는 경매 그 밖의 매각방법을 정하여 부동산을 매각하게 된다. 최고가매수신고인이 정해지면 법원은 매각결정기일을 열어 매각의 허부를 결정하고, 매수인은 대금을 납부한 때에 당해 부동산의 소유권을 취득한다. 사법보좌관은 대금의 납부가 있으면 매각대금으로 채권자에게 변제금을 교부하거나 배당절차에 의해 배당을 실시한다.

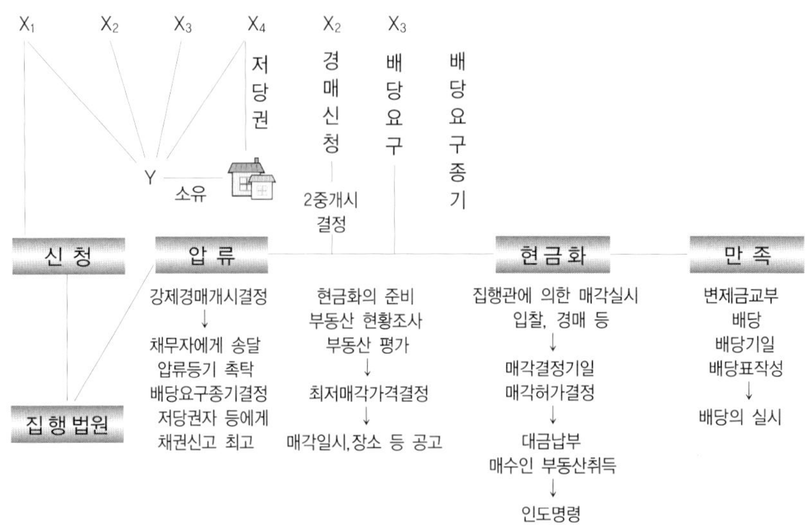

※ X_1~X_3은 채무자 Y에 대한 집행력 있는 정본이 있다.

〈도표 2〉 부동산강제경매절차 개관

이상은 강제경매의 절차경과의 개요인데, 개시결정에 의한 압류 전에 그 채권자 또는 다른 채권자에 의한 가압류의 집행이 있거나 압류 후에 다른 채권자가 강제경매의 신청이나 배당요구를 하는 경우가 있다.

제2항 개시신청과 재판

1. 신 청

강제경매의 신청은, 서면에 의해(4조) 위에서 본 사법보좌관에게 신청한다.

신청서 기재사항

신청서에는 소정의 인지를 첩부하고 정해진 사항을 적어야 하며(80조), 소정의 서류의 첨부가 요구된다(81조). 신청서의 기재사항을 보면 다음과 같다.

① 채권자 · 채무자와 법원의 표시(80조 1호)

당사자를 특정할 수 있도록 그 이름과 주소를 기재하고 법원은 집행법원을 표시한다.

② 부동산의 표시(80조 2호)

강제경매의 대상이 될 부동산을 특정하여 표시한다.

③ 경매의 이유가 된 일정한 채권(80조 3호)

강제경매에 의해 변제를 받고자 하는 일정한 채권과 그 청구액을 기재한다.

④ 집행할 수 있는 일정한 집행권원(80조 3호)

경매의 이유가 된 채권에 관한 집행권원을 표시한다.

⑤ 대리인의 표시

그 밖에 대리인에 의해 강제경매의 신청을 하는 경우에는 신청서에 대리인의 이름과 주소를 표시하여야 한다(실무제요 2-26).

첨부서류

첨부서류로는 집행력 있는 정본 등의 서류(집행력 있는 정본, 집행권원의 송달증명서, 이하 그 밖의 필요한 경우 집행문 및 증명서의 송달증명서[조건부 집행문이나 승계집행문인 경우], 담보제공증명서와 그 등본의 송달증명서, 반대의무의 이행 또는 이행의 제공을 증명하는 서면, 집행불능증명서), 법 81조 1항 소정의 첨부서류, 그 밖의 첨부서류(자격증명, 위임장, 경매개시결정등기 등록세 영수필통지서 및 영수필확인서, 부동산목록 10통)가 있다.

부동산강제관리를 하기 위해 이미 부동산이 압류되어 있는 경우, 그 집행기록에 법 81조 1항의 서류 중 어느 하나가 첨부되어 있으면 다시 그 서류를 첨부할 필요가 없다(81조 5항). 단, 강제관리 개시 후에 당해 부동산의 소유자가 변경되면, 전소유자에 대한 집행권원으로는 강제경매를 신청할 수 없으므로, 법 81조 1항의 서류를 제출하는 것이 바람직하다는 것이 실무이다(실무제요 2-35).

신청서가 접수되면 법원사무관등은 신청에 관련된 위와 같은 요건의 흠의 유무를 검토하고, 있다면 신청자에게 구술로 흠의 보정을 촉구하여야 한다.

2. 신청에 대한 재판

사법보좌관은 강제집행의 요건을 판단하고, 신청이 적법한지, 그 밖에 사유(예를 들면 집행정지명령의 정본의 제출)가 있는지 개시결정 당시를 기준으로 판단하여, 강제집행절차를 개시할 수 없으면 신청을 각하 또는 기각하고, 그렇지 않으면 경매개시결정을 한다. 실무상 개시결정은 경매신청 접수일로부터 2일 이내에 하는 것으로 되어 있다(송민 91-5). 강제경매신청을 기각하거나 각하하는 재판에 대하여는 즉시항고가 가능하다(83조 5항). 반대로 강제경매개시결정에 대해서는 사법보좌관이 아닌 법원에 이의신청을 할 수 있다(86조 1항, 사보규 2조 1항 7호 가목).

3. 경매개시결정

(1) 개시결정의 송달 등

송달을 받는 자

사법보좌관이 강제경매의 절차를 개시하려면 강제경매의 개시결정을 하고, 이 개시결정에 의해 처분제한의 효과가 발생하는 것을 명확히 할 목적으로 채권자를 위해 부동산의 압류가 선언된다. 이 개시결정은 직권으로 채무자에게 송달되고(83조 4항. 채무자에 대한 송달은 매각절차진행의 유효요건이다), 채권자에게도 그 정본을 송달한다(송달하지 않아도 매각허가의 효력에는 영향이 없다[대결 1969.6.10, 69마231]). 강제관리결정이 내려진 부동산에 대한 강제경매개시결정의 경우에는 강제관리인, 강제관리의 압류채권자 및 배당요구를 한 채권자에게 통지하여야 한다(규칙 43조).

송달의 시기 압류의 등기 전에 개시결정이 채무자에게 송달되면 채무자의 처분행위에 의해 압류의 목적을 달성할 수 없게 될 우려가 있으므로, 통상 압류의 등기가 되고 등기관으로부터 등기사항증명서 등의 송부를 받은 후에 이를 송달하는 것이 실무이다(실무제요 2-54). 압류의 효력은 그 결정이 채무자에게 송달된 때 또는 경매개시결정의 기입등기가 된 때 중 먼저 도달된 때에 발생한다(83조 4항). 개시결정의 송달 후 경매개시결정의 등기 전에 당해 부동산에 관한 권리를 취득한 제3자는, 경매신청 또는 개시결정이 내려졌다는 사실을 몰랐다면(선의라면) 압류채권자에게 대항할 수 있지만, 악의라면 그러하지 않다(92조 1항).

등기의 촉탁 개시결정이 내려지면 법원사무관등은 즉시 압류등기의 촉탁을 관할등기소에 해야 한다(94조 1항). 이미 경매결정이 내려진 부동산에도, 경매개시결정신청이 있고 신청이 적법하면 다시 경매개시결정을 하고 당해 개시결정등기의 촉탁도 하여야 한다. 부동산공유지분에 대한 경매개시결정이 내려져도 개시결정의 등기를 한다(139조 1항). 등기촉탁은 보통 경매개시결정과 동시에 또는 직후에 한다(실무제요 2-54). 이 경우에 미등기부동산에 관해 등기의 촉탁이 있으면, 등기관은 직권으로 보존등기를 한 다음에 압류의 등기를 한다(부등법 66조).

(2) 경매개시결정의 취소

경매개시결정이 내려졌어도 일정한 사유가 있으면 사법보좌관은 강제경매 절차를 취소하여야 한다(96조 1항). 발생원인이 무엇인지 또는 소유자의 고의인지를 묻지 않는다. 취소사유는 다음과 같다.

취소사유 부동산의 멸실(건물에 강제경매절차가 시작되었는데 채무자인 임차인의 채무불이행 등으로 그 부지에 관한 임대차계약이 해제되어 건물이 철거되어 버리거나, 화재로 목적부동산이 멸실되어 버리는 경우), 채무자의 소유권상실(압류의 등기 전에 채무자소유의 목적부동산에 관해 제3자에게 소유권이전등기가 되거나, 압류의 등기 후라도 압류등기 전에 이루어진 소유권이전등기청구권보존의 가등기에 의해 본등기가 이루어지고 압류의 등기가 직권으로 말소된 경우), 파산의 등기(이에 의해 등기관이 촉탁을 수리할 수 없으므로 이유를 붙여 각하처분을 하고 집행법원에 통지된다)의 경우이다.

취소결정 이와 같이 강제집행을 속행하여도 현금화를 할 수 없는 사정이 발생하면, 사법보좌관은 결정으로 강제경매절차를 취소하고, 이 결정이 확정되면 법원사무관등은 압류등기의 말소를 촉탁하여야 한다. 취소결정은 확정되어야 효력이 있는데(17조 2항), 당사자에게는 취소신청권이 없으므로 집행법원이 이를 하지 않으면 집행에 관한 이의로 다툴 수 있다(대결 1997.11.11, 96그64). 취소결정은 채권자와 채무자에게 고지되고(규칙 7조 1항 2호), 실무상 최고가매수신고인 또는 매수인에게도 고지되며(실무제요 2-109), 취소결정에 대해서는 즉시항고가 가능하다(96조 2항).

(3) 강제경매개시결정에 대한 이의

1) 의 의

강제경매개시결정에 대하여는 이의로 법원에 불복신청이 가능하고(86조 1항), 이의의 재판에 대하여는 즉시항고를 할 수 있다(같은 조 3항). 이의신청은 개시결정을 한 사법보좌관이 소속하는 법원에 하는데(86조 1항. 사보규 2조 1항 7호 가목). 이의신청권자는 매각절차의 이해관계인이다(86조 1항, 90조).

2) 이의이유

이 이의는 집행에 관한 이의의 성질을 가지므로 절차상의 하자를 이유로 하는 경우에만 가능하고, 실체상의 하자는 그 이유가 되지 못한다(대결 1994.8.27, 94마147). 또한 이의이유는 경매개시결정 전의 것이므로 그 결정 후의 것은 원칙적으로 이의이유가 될 수 없지만, 예외적으로 집행권원이 청구이의의 소 등에 의해 개시결정 후에 실효되었다면 이의이유로 할 수 있다.

3) 잠정처분 등

이의신청은 집행정지의 효력이 없고, 대신 집행법원은 이의에 대한 재판에 앞서 잠정처분을 할 수 있다(86조 2항, 16조 2항). 이 결정에 대하여는 불복할 수 없다.

4) 즉시항고

이의신청에 관한 재판에 대해 이해관계인은 즉시항고를 할 수 있다(86조 3항). 이 이해관계인에는 매수인도 포함된다는 것이 실무이다(따라서 취소결정을 고지해 준다. 실무제요 2-89). 그 밖의 절차는 앞서 본 즉시항고의 경우와 같다. 아울러 이의신청에 의해 개시결정이 취소되고 그것이 확정되면, 법원사무관 등은 직권으로 개시결정의 등기를 말소하도록 등기관에게 촉탁하여야 한다(141조).

제 3 항 부동산 보전을 위한 사법보좌관의 조치

1. 의 의

강제경매개시결정이 내려지고 압류가 된 후, 채무자나 제3자가 적극적으로 목적부동산을 파손 또는 훼손하는 등의 행위를 하여 당해 부동산의 가치가 감소될 우려가 있다. 이러한 채무자 등의 침해행위를 방지하기 위하여 하는 것이, 일종의 보전처분(특수보전처분)인 민사집행법상의 사법보좌관의 조치이다(83조 3항).

이러한 보전처분은 이해관계인의 신청이나 직권에 의해 결정으로 내려진다(83조 3항). 이해관계인은 압류채권자 또는 최고가매수인이다. 신청의 상대방은 부동산을 점유하는 채무자, 소유자 그 밖의 제3자 중 점유권원을 압류채권자, 가압류채권자 또는 법 91조 2항 내지 4항의 규정에 의해 소명되는 권리를 갖는 자에 대하여 대항할 수 없는 자이다(규칙 44조 2항).

2. 요 건

(1) 금지명령 · 작위명령(규칙 44조 1항)

부동산에 대한 침해행위를 방지하기 위해, 특정한 행위를 금지하거나 일정한 행위를 명하는 것을 가리킨다. 침해행위란 목적물의 교환가치를 현저히 감소시키거나 감소시킬 우려가 있는 채무자의 행위를 말하고, 여기에는 작위나 부작위가 모두 포함된다. 신청은 경매개시결정 후부터 매각허가결정의 선고가 있을 때까지 하여야 하고, 매각허가결정이 선고된 후 부동산을 인도할 때까지라면, 법 136조 2항의 규정에 의해 관리인에게 부동산을 관리하게 하는 보전처분이 가능하다.

(2) 집행관보관명령(규칙 44조 2항)

여기에는 2가지가 있다. 먼저 부동산을 점유하는 채무자, 소유자 또는 그 점유자로서 그 점유권원을 압류채권자, 가압류채권자 또는 법 91조 2항 내지 4항의 규정에 따라 소멸되는 권리를 갖는 사람에 대하여 대항할 수 없는 사람이 규칙 44조 1항의 규정에 따른 명령을 위반한 경우이다(같은 항 전단). 다음은 가격감소행위 등을 하는 경우에 부동산 가격의 현저한 감소를 방지할 수 없다고 인정되는 특별한 경우이다(같은 항 후단).

3. 발령절차

(1) 절 차

경매개시결정을 한 사법보좌관이 발령하고, 담보의 제공은 금지명령의 경우에는 임의적이지만 집행관보관명령의 경우에는 필수적이다(규칙 44조 1항, 2항). 사법보좌관이 채무자나 소유자 이외의 점유자에 대해 발령하려면 절차권보장을 위해 그 점유자를 심문하여야 하지만, 그 점유자가 압류채권자, 가압류채권자이거나 법 91조 2항 내지 4항의 규정에 따라 소멸되는 권리를 갖는 사람에 대하여 대항할 수 없는 권원에 의한 것이 명백한 때 또는 이미 그 점유자를 심문한 때에는 그러하지 않다(규칙 44조 3항). 위 명령의 발령 후 사정변경이 있으면, 사법보좌관은 신청에 의해 그 결정을 취소하거나 변경할 수 있고(규칙 44조 4항), 이 취소 또는 변경결정은 확정되어야 효력이 발생한다(같은 조 6항).

(2) 명령의 집행

금지명령, 작위명령의 집행은 대체집행이나 간접강제에 의한다. 이 명령은 집행권원이 되는데(56조 1호), 집행을 하려면 당해 명령의 정본 또는 등본을 상대방에게 송달하고 집행문도 부여받아야 한다. 집행기간은 매각허가결정이 있을 때까지이다(규칙 44조 1항). 집행관보관명령은 보전처분에 준하는 성격을 갖는 관계로 그 결정이 상대방에게 송달되기 전에도 집행할 수 있고(규칙 44조 8항), 매각허가결정이 있기 전이라도 그 결정이 신청인에게 고지된 날로부터 2주일이 경과되면 집행할 수 없다(동조 7항). 위 명령에 대하여는 모두 즉시항고를 할 수 있다(규칙 44조 5항).

(3) 차임의 대납

압류에 의한 처분금지의 효력은 그 부동산에 부수한 권리에 대해서도 미치는데, 임차한 토지상의 건물이 압류된 경우에도 채무자의 의사표시에 의하지 않은 임대차계약의 종료(또는 지상권계약의 종료), 예를 들면 차임의 미납으로 인한 임대인의 토지임대차계약의 해지가 불가능하게 되는 것은 아니다. 그러나 그러한 해지에 의해 임차권이 소멸해 버리면 건물의 가치는 자재 값에 불과하게 된다. 이에 따라 압류채권자로서는 채무자가 차임을 미납하면 임대차계약의 해지를 막기 위해 그 대납을 할 필요가 있는데, 규칙 45조에서는 이 대납제도로서 압류채권자로 하여금 집행법원(사법보좌관)의 허가를 받아 대납할 수 있게 하고, 이 경우에 대납한 차임 등은 매각을 위한 보전처분에 소요된 비용과 같이 공익비용으로서 매각대금 중에서 최우선으로 변제를 받는 것으로 하여, 압류채권자의 보호를 꾀하고 있다.

제 4 항 이중경매개시결정

1. 서

이중경매와 공동경매

복수의 채권자가 동일한 채무자의 부동산에 대해 동시에 또는 이시에 강제경매를 신청하여 이에 기해 매각절차를 실시하는 경우가 있다. 먼저 이미 경매개시결정이 내려진 경우에, 동일한 부동산에 다른 강제경매의 신청이 있으면 다시 경매개시결정을 할 수 있고, 이를 여기서 다루는 이중경매개시결정이라 한다(87조 1항). 이중경매개시결정을 하면 먼저 개시된 집행절차에 따라 경매가 진행된다(87조 1항). 또한 하나의 부동산에 복수의 경매신청이 있는 경우라면, 별개의 경매신청을 병합하여 하나의 경매개시결정을 하여야 한다. 이것을 공동경매라고 하는데, 경매신청을 한 채권자들은 공동의 압류채권자가 되고 그 집행절차는 단독으로 경매신청을 한 경우에 관한 법 80조 내지 161조의 규정이 준용된다(162조).

2. 요 건

(1) 경매개시결정이 이미 내려져 있을 것

개시결정이 내려지면 족하고 개시결정효력의 발생 여부는 묻지 않는다. 개시결정을 하기 전이라면 병합하여 하나의 경매개시결정으로 공동경매를 하게 된다. 개시결정이 내려졌지만 후에 취소되었다면, 뒤에 한 개시결정은 이중개시결정에 해당되지 않는다. 이중경매는 강제경매의 경합뿐만이 아니라 임의경매와의 경합의 경우에도 동일하게 적용된다(대결 1991.4.13, 91마131). 그러나 가압류가 되어 있는 부동산에 대한 경매개시결정은 이중경매개시결정이 아니다.

(2) 경매신청의 요건구비

후발 경매신청도 독립한 경매신청으로서의 요건을 구비하여야 한다.

(3) 부동산이 동일한 채무자의 소유일 것

매각절차진행 중 당해 부동산의 소유자가 변경되고 새로운 소유자의 채권자가 경매를 신청한 경우에는, 이중경매신청에 해당되지 않는다. 이 때에는 선행 경매사건이 완결될 때까지 후행 경매사건은 개시결정등기만을 하고 유보해야 한다는 것이 실무이다(실무제요 2-73).

3. 이중경매신청시기

이중경매신청은 매수인이 대금을 완납하여 그 부동산의 소유권이 채무자로부터 매수인에게 이전되기 전까지 가능하다(대결 1972.6.21, 72마507 등).[50] 단, 배당요구종기 이후에 이중경매신청을 하면 선행의 경매신청으로 절차가 진행되는 한, 뒤의 압류채권자는 매각대금의 배당에 참가할 수 없게 된다(148조 1호).

4. 절 차

이중경매신청에 대한 개시결정의 형식과 내용은 본래의 개시결정의 그것과 동일하다. 따라서 압류를 명하고(83조 1항) 기입등기를 촉탁하며(94조 1항), 그 개시결정은 채무자에게 송달하고(83조 4항) 이해관계인에게는 이중경매신청이 있음을 통지하여야 한다(89조).

5. 효 력

권리관계의 기준이 되는 절차

매각절차는 선행사건의 집행절차에 따라 진행된다. 강제경매개시 후 압류채권자에 우선하는 저당권자 등이 경매신청을 하여 이중경매개시결정이 된 경우에, 법 102조 소정의 매각시 남을 가망의 판단기준이 되는 권리는 압류채권에 우선한다는 점에서, 저당권자 등에 의한 후행절차에서 경매개시결정을 받은 채권자 중 최우선순위권리자의 권리가 된다(대결 1998.1.14, 97마

50) 김홍엽, 174면; 이시윤, 292면; 주석민사집행법Ⅲ-257.

1653). 이중경매신청자가 선행 경매사건의 배당요구의 종기까지 신청을 한 것이라면, 신청서 접수 시에 배당요구를 한 것이 되지만, 전술하였듯이 그 후에 경매신청을 한 것이라면 배당에 참가할 수 없다(148조 1호).

선행 경매절차의 취하·취소

선행사건의 경매신청이 취하되거나 그 절차가 취소되면, 사법보좌관은 법 91조 1항의 규정에 어긋나지 않는 한도(선행 압류채권자의 채권이 부동산에 우선권을 가지고 이중압류채권자의 그것은 우선권이 없어 법 91조의 요건을 맞출 수 없게 되는 경우)에서 후행 경매개시결정에 따라 절차를 속행한다(87조 2항). 이 경우 후행 경매개시결정이 배당요구의 종기 이후의 신청에 의한 것이라면, 집행법원은 새로이 배당요구종기를 정하여야 한다(87조 3항). 후행절차에서 압류에 대항할 수 있는 권리의 범위는, 후행 압류채권자를 위한 절차이므로 후행 압류의 발효시가 기준이 된다(단, 임의경매의 경우라면 저당권설정등기시점). 후행의 경매신청인은 선행 경매절차의 결과를 유효한 범위 내에서 그대로 승계하게 된다(대판 2001.7.10, 2000다66010). 또한 선행 경매절차에서 배당요구를 한 채권자에 대하여는 후행 경매절차가 진행되는 경우 다시 배당요구를 하지 않아도 후행 경매절차에서 배당요구를 한 것으로 취급되지만, 선행 경매절차에서 한 배당요구의 효력이 후행 경매절차에서 인정된다고 하여 그러한 배당요구의 효력에 대상 부동산에 대한 처분금지효 등 압류의 일반적인 효력이 포함되는 것은 아니다(대판 2014.1.16, 2013다62315).

선행 경매절차의 정지

선행사건이 정지된 경우에는, 사법보좌관은 신청에 따라 후행 경매절차를 진행한다는 취지의 결정을 하여야 하는데, 이 신청권은 후행 개시결정에 관한 압류채권자만이 갖는다. 이 신청을 위해, 법원은 후행 개시결정에 관한 압류채권자에게 선행절차가 정지되었음을 통지해야 한다(규칙 47조). 단, 선행절차의 배당요구종기 후에 개시결정을 신청한 압류채권자는 속행신청권이 없어(87조 4항) 통지하지 않는다. 속행신청권을 인정하지 않은 것은, 배당요구를 다시 받게 되면 정지가 해소된 후에 매각절차가 지나치게 불안정하게 되기 때문이다.

6. 이중경매신청의 취하

선행매각절차가 정지·취소되기 전까지는 후행 개시결정신청을 취하할 수 있다.

제 5 항 체납처분절차와의 경합

1. 서

동일한 채무자를 대상으로 한 양 절차의 경합

국가는 자신의 국세채권(그 밖에 국세의 체납처분의 예에 의하는 다른 공과금을 포함)을 실현하기 위해 국세징수법에 의한 체납처분을 독점적으로 이용할 수 있다. 국가가 아닌 사인이 자신의 채권을 실현하기 위해서는 민사집행절차를 이용해야 하는데, 국세채권자와 사채권자가 동일한 채무자를 상대로 그 권리를 실현하려고 할 때에는 체납처분절차와 민사집행절차가 경합할 수 있고, 경합한다면 무엇인가 양 절차를 조정할 필요가 발생한다.[51] 우리나라에는 일본의 '체납처분과 강제집행 등과의 절차의 조정에 관한 법률'과 같은 국세징수절차와 민사집행절차의 조정에 관한 법이 없다. 각각 별개의 절차가 진행된다고 할 수 있는데, 판례에 의하면 기본적으로 다음과 같은 처리 형식을 취한다.

2. 절 차

개별적 신청

양 절차의 조정에 관한 법이 없는 이상, 개별적 신청이 가능하다. 판례는 부동산에 관한 체납압류가 있어도 민사집행을 진행하여 현금화할 수 있다는 입장인데, 부동산 이외의 재산, 즉 유체동산이나 채권 등에 대한 확장의 가능성에 대해서는 언급이 없다.

51) 이하 자세히는 김상수, 체납처분과 민사집행의 경합, 조세법연구7호(2001년) 62면 이하 참조.

집행을 위해서는 어느 재산이나 압류가 필요하고 이중압류나 압류의 경합이 가능하므로, 구별할 필요는 없다고 생각한다.

체납처분절차의 진행

국세징수권자는 부동산에 대한 체납처분 시 등기소에 압류등기[52]를 촉탁할 수 있고, 그 압류의 뜻을 체납자에게 통지한다(국세징수법 45조 1항·4항). 정리채권인 조세채권은 국세의 우선권이 보장되는 체납처분에 의한 강제환가절차에서 공익채권보다 우선하여 변제를 받을 수 있다(대판 2012.7.12, 2012다23252). 만일 민사집행법상의 압류가 되어 있으면 일반적으로 압류하거나, 교부청구하거나(국세징수법 56조), 참가압류(국세징수법 57조 1항)를 할 수 있다. 교부청구는 일종의 배당요구로서, 납기 전 징수를 위하여 정하거나 변경한 납부기한이 이미 도래한 경우이어야 한다(대판 1992.4.28, 91다44834). 이때 교부청구의 필요성과 그 기한이 문제된다. 이에 대해 판례(대판 2012.5.10, 2011다44160)는 조세채권의 경우에도(그것이 설사 당해세에 관한 것이라도) 경매신청서 또는 배당요구종기 이전에 제출된 배당요구서에 배당기일까지의 이자 등 지급을 구하는 취지가 기재되어 있지 않다면, 배당요구종기까지 교부청구한 금액만을 배당받을 수 있을 뿐이라고 해석하고 있다.[53]

교부청구에 의한 배당금의 변제충당방법

집행법원에 체납국세에 대한 교부청구를 한 결과 배당된 배당금이 당해 배당절차에서 교부청구된 여러 국세의 총액에 부족한 경우의 충당에

52) 이 압류등기는 압류 이후에 발생한 동일인의 체납세액에 대하여도 새로운 압류등기를 거칠 필요 없이 당연히 압류 효력이 미친다는 것일 뿐이고, 압류에 의해 이후 발생하는 국세채권에 대하여 특별한 우선적 효력을 인정하는 것은 아닐 뿐 아니라, 압류 이후 배당기일까지 발생한 체납세액 전부에 대하여 교부청구 효력까지 인정하는 것이 아니다(대판 2012.5.10, 2011다44160. 따라서 체납처분에 의한 압류 등기 이후 매각기일까지 별도의 교부청구나 세액을 알 수 있는 증빙서류가 제출되지 아니하면 집행법원으로서는 일단 집행기록에 있는 압류등기촉탁서에 의하여 인정되는 조세체납액에 대해서 배당을 할 것이지만, 배당액이 압류처분의 원인이 된 조세채권의 압류 당시 실제 체납액을 초과하는 경우에는 초과액 부분은 후순위 배당권자의 배당이의 대상이 되고, 이 경우 체납처분에 의한 압류 효력이 미치는 다른 조세채권이 존재한다고 하더라도 배당요구의 종기까지 따로 교부청구를 하지 아니한 이상 그 체납조세채권으로 후순위 배당권자에 우선하여 배당받을 수는 없다).

53) 구법시대의 임의경매에 관한 판례에는 배당기일까지 유효하게 교부청구를 할 수 있다는 것이 있었는데(대판 1972.6.13, 72다503), 그 당시에는 강제경매에 있어서의 배당절차에 관한 규정이 준용되지 않아 배당요구의 종기가 없었기 때문이다.

있어서, 세무서장이 경매절차에서 받은 배당금을 민법상 법정변제충당의 법리에 따르지 아니하고 어느 국세에 먼저 충당하여도, 체납자의 변제이익을 해하는 것과 같은 특별한 사정이 없는 한 위법하지 않다(대판 2007.12.14, 2005다11848).

제6항 경매의 준비

1. 경매준비단계

사법보좌관은 압류의 효력이 발생하면 현황조사를 명하고, 감정인으로 하여금 목적물을 평가하게 하여 최저매각가격을 정한다. 그리고 최저매각가격으로 우선채권자의 채권을 변제하고 남을 가망성이 없으면 법 102조에 따라 매각절차를 취소하고, 그 가망성이 있으면 직권으로 매각기일과 매각결정기일을 지정, 공고·통지한다.

2. 배당요구의 종기결정 및 공고

(1) 의 의

사법보좌관은 압류효력의 발생 후 절차에 필요한 기간을 감안하여 배당요구를 할 수 있는 종기를 첫 매각기일 이전으로 정한다(84조 1항). 이것은 부동산 위의 권리관계의 파악과 매각기일 전에 무잉여의 유무를 판단하여 매각절차의 불안정을 해소하기 위한 것이다. 배당요구의 종기결정은 경매개시결정에 따른 압류의 효력이 발생한 때로부터 1주일 이내에 하여야 하고(84조 3항), 결정된 종기는 공고·고지하여 채권을 신고하도록 최고하여야 한다(84조 2항, 4항). 구체적인 기간은 감정평가와 현황조사가 완료되어 매각물건명세서가 작성될 수 있는 시점을 대략 계산하여 그 이후로 지정되는데, 보통 첫 매각기일의 1개월 이내로 정한다고 한다(실무제요 2-111).

(2) 공고 및 고지

배당요구의 종기가 정해지면, 채권자들이 이를 널리 알 수 있도록 사법보좌관은 경매개시결정을 한 취지 및 배당요구의 종기를 공고한다(84조 2항). 공고는 압류효력의 발생 시로부터 1주일 이내에 하여야 한다(84조 3항). 특히 저당권·압류채권·가압류채권에 대항할 수 있는 최선순위 전세권은, 후술하는 바와 같이 전세권자의 선택에 따라 매수인이 인수하거나 배당요구로 소멸하게 되는데, 이 선택권을 보장하기 위해 최선순위 전세권자에게도 배당요구의 종기를 고지하여야 한다(84조 2항). 또한 법 88조 1항의 채권자는 배당요구를 하여야만 배당을 받을 수 있으므로, 이 채권자에게도 배당요구의 종기가 고지된다(84조 2항).

(3) 배당요구의 종기의 연기

일단 배당요구의 종기가 정해져도, 감정평가나 현황조사의 지연 등 특별한 사정이 있으면 이를 연기할 수 있다(84조 6항). 연기가 있으면 다시 이를 공고하고 고지하게 되지만, 이미 배당요구를 한 자에게는 그러하지 않다(84조 7항단서).

3. 채권신고의 최고

(1) 의 의

법원사무관등은 법 148조 3호 및 4호의 채권자(첫 경매개시결정등기 전에 등기된 가압류채권자 및 저당권·전세권, 그 밖의 우선변제청구권으로서 첫 경매개시결정등기 전에 등기되었고 매각으로 소멸하는 것을 가진 채권자) 및 조세, 그 밖의 공과금을 주관하는 공공기관에 대하여 채권의 유무, 그 원인 및 액수(원금·이자·비용, 그 밖의 부대채권을 포함한다)를 배당요구의 종기까지 법원에 신고하도록 최고하여야 한다(84조 4항. 268조에 의해 임의경매에도 준용). 이것은 매각에 따른 잉여의 가능성 그 밖의 매각조건을 정하고 배당요구의 기회를 부여하기 위한 것이다. 단, 최고는 임의적이고 최고하지 않아도 매각절차가 무효가 되는 것은 아니다(대결 1979.10.30, 79마299).

(2) 최고의 방법과 채권의 신고

채권신고가 없는 경우

최고의 방법에는 제한이 없다. 서면·구술 그 밖에 전화로도 가능하지만, 실무에서는 서면으로 하고 있다(실무제요 2-116). 최고를 하였음에도 신고하지 않으면, 집행기록에 있는 서류와 증빙에 따라 채권액을 계산한다(84조 5항). 집행기록상 기록이 없으면, 근저당권자라면 등기부에 기재된 채권최고액을 배당한다(대판 2006.9.28, 2004다68427). 공과주관 공무소는 전술하였듯이 배당요구로서 교부청구를 하여야 배당을 받을 수 있지만, 만일 배당요구의 종기까지 세액을 계산할 수 있는 증빙서류를 제출하지 않았다 하더라도, 집행법원은 압류등기촉탁서에 의한 체납세액을 조사하여 배당한다(대판 1997.2.14, 96다51585).

배당요구종기 후의 채권액의 변경가능성

한편 경매개시결정의 등기 전에 등기된 가압류권자, 근저당권자는 배당요구의 종기 후에도 채권액을 확장할 수 있는지 다툼이 있다. 실무와 같이 채권신고서를 제출하지 않아도 직권으로 배당을 한다는 입장에 의하면 배당표작성 전까지라면 확장이 가능하다는 긍정설이 된다(실무제요 2-118. 대판 1999.1.26, 98다21946. 자세한 내용은 후술 제3편 제2장의 3. (3) 참조).

4. 공유자에 대한 통지

공유부동산의 지분에 관해 경매개시결정을 하게 되면, 다른 공유자에게 그 결정이 있음을 통지하여야 한다(139조 1항). 그러나 공유자라도 이해관계가 없는 경우(구분소유적 공유의 경우 등)라면 통지의무가 없고(같은 항 단서), 실무도 통지하지 않는다고 한다(실무제요 2-122).

5. 현황조사

(1) 필요성

부동산의 현금화가 적정하게 이루어지려면 그 가격이 적정히 정해지고, 그 물건의 현황이나 부담의 유무가 이를 매수하려는 사람에게 명시되어 있어야 한다. 이를 위해서는 우선 사법보좌관 스스로 목적부동산의 현황을 정확히 파악할 필요가 있다. 예를 들어, 목적부동산의 현황이 등기부상의 표시와 같은지, 목적부동산을 채무자 이외의 자가 점유하고 있는지, 점유하고 있다면 그 점유권원은 매수인에게 대항할 수 있는지 등이 명확하지 않다면, 최저매각가격 그 밖의 매각조건이 정해지지 않고 또한 매수인에게 예상치 못한 손해가 발생할 수도 있다. 이러한 점에서 부동산의 현금화절차를 적정화하고, 보통 사람이라도 안심하고 매수의 신청이 가능하도록 하는 방책으로서 존재하는 것이 현황조사(85조)이다.

(2) 집행관에 의한 현황조사

사법보좌관은 모든 사건에서 직권으로 부동산의 현상, 점유관계, 차임 또는 보증금의 액수, 그 밖의 현황에 관한 조사를 집행관에게 명하여야 한다(85조1항. 집행관이 없으면 이를 대신하는 법원사무관등에게 조사를 명한다). 현황조사명령은 직무명령으로 보통 경매개시결정등기의 촉탁과 동시에 또는 촉탁 후 2, 3일 후에 내려지고, 보고서의 제출기간은 2주일이다(실무제요 2-124). 필요에 따라서는 추가 또는 재조사명령이 가능하다. 이 명령에 대해서는 집행에 관한 이의로 불복할 수 있다.

조사명령을 받은 집행관에게는, 강제력을 동반한 목적부동산 출입권, 질문권 내지 임대차계약서 등의 문서의 제시청구권을 부여하여 현황조사의 충실을 기하고 있다(85조 2항, 82조 1항). 건물출입을 위해 필요한 때에는 잠긴 문을 여는 등 적절한 처분을 할 수도 있고, 관할구역 밖에서도 직무를 집행할 수 있다(규칙 46조 3항).

(3) 현황조사보고서의 제출 등

집행관이 한 현황조사의 결과는 집행법원에 대해 일정한 형식을 갖춘 서면으로 보고된다(규칙 46조). 사법보좌관은 현황조사보고서의 사본을 매각물건명세서 및 평가서의 사본과 함께 비치하여 일반인이 열람할 수 있게 하여야 한다(105조 2항. 비치시기 등에 관해서는 규칙 55조).

사법보좌관에 의한 참고인 심문

한편 현황조사를 위한 집행관의 권한행사에는, 제3자가 점유하고 있는 경우에는 그 자체로 한계가 있고 집행관에 의한 현황조사만으로는 사실관계가 충분히 정확하게 파악될 수 없는 경우가 생긴다. 이에 사법보좌관도 필요하다면 채무자, 부동산을 점유하고 있는 제3자 그 밖의 참고인(예를 들면 인접토지의 거주자)에 대해 일종의 증거조사인 심문을 할 수 있고(규칙 2조), 이에 따라 사법보좌관이 정확히 사실관계를 파악한 다음 매각조건을 정할 수 있게 되어 있다.

6. 매각조건의 결정

(1) 부동산의 부담의 처리 - 소멸주의와 인수주의

1) 소멸주의와 인수주의의 병용

경매에 의해 부동산이 매각될 때 당해 부동산의 부담을 전부 인수하는 법제(인수주의)와 전부 인수하지 않고 소멸시키는 법제(소멸주의 또는 소제주의)가 있는데, 법은 양 원칙을 병용하고 있다. 따라서 매수인이 인수하는 부담이 문제되고 그것은 법 91조의 해석에 의한다. 그 기준이 되는 것은 집행의 합목적적인 요청에 서서 물권법질서를 존중한다는 점이다. 특히 법 105조 3호에서 등기된 부동산에 관한 권리 또는 가처분으로서 매각에 의해 그 효력이 소멸되지 않는 것은, 매수인이 인수하는 것으로서 물건명세서에 기재하도록 되어 있다. 소멸하지 않는 권리가 있음을 명확히 한 것이므로, 매각에 의해 소멸하는 권리가 무엇인지는 중요한 문제이다.

인수 여부에 관한 원칙

우선 가장 기본적인 원칙으로서 전술한 압류 또는 가압류의 상대효에 입각하여 압류채권자 또는 가압류채권자(이 경우에는 가압류채권자가 본안에 승소하여 본집행에 이행한 경우)에 대항할 수 없는 부동산 위의 권리는 소멸한다고 해석해야 한다. 즉 원칙적으로 가압류 또는 압류의 등기 후에 설정된 권리는 담보권인지 용익권인지를 가리지 않고 또한 대항요건을 구비했는지의 여부에 관계없이 모두 소멸한다(91조 2항, 3항, 4항 참조). 반대로 말하자면 소멸하는지의 여부가 문제가 되는 것은 기본적으로 가압류 또는 압류의 등기 전에 설정된 권리인 경우이다.

2) 담보권

법 91조 2항에 의해 저당권은 매각에 의해 소멸하는 것으로 되어 있고, 원칙적으로 저당권 등의 담보권이 소멸하는 점에 문제는 없다. 그 밖에 가등기담보권 등의 경우에도 저당권과 동일하게 해석하면 된다(후술 비전형담보의 집행부분 참조).

유치권의 경우

한편 담보권으로서 부동산유치권은 그 권리의 특성 때문에 소멸하지 않는다(91조 5항). 유치권의 경우에는 실체법상 그 성립의 시기나 원인을 불문하는데, 집행법에서는 이를 고려하여야 하기 때문이다.

유치권이 소멸하지 않는 이유

이와 같이 유치권이 소멸하지 않는 것은 이하에서 다루는 용익권의 경우와의 관련에서 중요하다. 법 91조 5항에 의해 유치권이 소멸하지 않는 것은 어떤 이유에서일까. 그 이유는 매우 간단한 것으로 우선변제청구권이 없기 때문이다. 이 점은 유치권 자체의 성격을 고려한 것으로 원칙적으로 시기를 불문하고 권리를 주장할 수 있다는 것이며, 용익권의 경우에 있어서도 유치권과의 균형에서 볼 때 중요한 의미를 갖는다.[54] 단, 당해 유치권은 경매로 인한 압류의 효력이 발생하기 전에 취득한 것이어야 한다(대판 2009.1.15, 2008다70763). 다음에서 보는 유치권 남용에 대한 대책으로서 판례가 절차법상 제한을 가한 것이다. 특히 유치권 성립 당시에 이미 목적물에 대하여 제3자가 권리자인 제한물권이 설정되어 있다면, 상사유치권은 그와 같이 제한된 채무자의 소유권에 기초하여 성립할 뿐이고, 기존의 제한물권이 확보하고 있는 담보가치를 사후적으로 침탈하지는 못한다. 따라서 채무자 소유의 부동산에 관하여 이미 선행 저당권이 설정되어 있는 상태에서 채권자의 상사유치권이 성립한 경우, 상사유치권자는 채무자 및 그 이후 채무자로부터 부동산을 양수하거나 제한물권을 설정받는 자

54) 아울러 상사유치권도 민사유치권과 동일하게 적용되는지 문제가 있다. 즉 토목공사를 수행한 건설회사가 당해 부동산에 대해 상사유치권을 주장하는 경우이다. 상사유치권 자체에 관해서는 목적물로서 부동산을 제외해야 한다는 지적이 있으며, 또한 공시되지 않고 채권과 물건과의 관련성도 없는 상사유치권이 토지의 담보가치에까지 개입하는 것은 인정하기 곤란하므로 상사유치권의 성립을 부정하여야 할 것이다.

에 대해서는 대항할 수 있지만, 선행저당권자 또는 선행저당권에 기한 임의경매절차에서 부동산을 취득한 매수인에 대한 관계에서는 상사유치권으로 대항할 수 없다(대판 2013.2.28, 2010다57350).

반대로 체납처분압류가 되어 있는 상태에서 경매절차가 개시되기 전에 부동산에 관하여 민사유치권을 취득한 유치권자는, 체납처분에 의한 처분금지효와 관계 없이 경매절차의 매수인에게 그 유치권을 행사할 수 있다(대판(전) 2014.3.20, 2009다60336).[55)]

유치권의 남용

위와 같이 유치권은 항상 매수인이 인수하여야 하므로 경매의 장애요인으로 작용할 수 있고, 이에 따라 유치권은 경매질서를 어지럽히는 대표적인 요인이라고도 불리고 있다.[56)] 공장이나 신축된 건물 등을 경매하는 과정에서 유치권의 속성을 악용한 허위 유치권의 행사로 인해 경매절차가 지연되고 저가로 매각되는 등 금융기관의 피해사례가 빈발하고 있는 것이다. 일반적인 남용사례는, 토지경매에 있어서 건축도급업자가 지상건물의 건축도급대금채권에 관하여 부지의 상사유치권을 주장함으로써 경매를 방해하는 경우이다.

유치권 남용에 대한 대책

이에 대한 대책으로는 유치권자의 의사를 판단하여 그 성부를 결정하자는 견해가 있다. 이러한 견해는 남용적인 유치권을 골라내어 그 성립을 부정하자는 입장으로 나름대로 타당성이 있다. 그러나 유치권을 주장하는 자의 주관적 의사를 판단하여야 한다는 점에서는 경매의 신속한 진행에는 도움이 되기 어려운 이론이 될 수도 있다. 이보다는 객관적인 기준으로서 주로 남용적인 유치권으로 주장되는 상사유치권이 인정되지 않는다는 규정을 두는 것이 타당하지 않을까 생각된다.[57)] 즉 상사유치권을 인정하지 않는다는 조문

---

55) 왜냐하면, "부동산에 관한 민사집행절차에서는 경매개시결정과 함께 압류를 명하므로 압류가 행하여짐과 동시에 매각절차인 경매절차가 개시되는 반면, 국세징수법에 의한 체납처분절차에서는 그와 달리 체납처분에 의한 압류와 동시에 매각절차인 공매절차가 개시되는 것이 아닐 뿐만 아니라, 체납처분압류가 반드시 공매절차로 이어지는 것도 아니다. 또한 체납처분절차와 민사집행절차는 서로 별개의 절차로서 공매절차와 경매절차가 별도로 진행되는 것이므로, 부동산에 관하여 체납처분압류가 되어 있다고 하여 경매절차에서 이를 그 부동산에 관하여 경매개시결정에 따른 압류가 행하여진 경우와 마찬가지로 볼 수는 없다." 는 점이다.

56) 이시윤, 268면.

57) 이에 관하여는 김상수, 민사집행법의 시행과 부동산경매, 민사소송 제12권제1호(2008) 344면 이하 참조.

을 명확히 하고, 유치권을 주장할 때 민사유치권의 성립을 증명하도록 요구하는 방안이다. 또한 남용적인 유치권을 주장한 자에게 경매절차의 원활한 진행을 방해하였다고 하여 불법행위책임을 묻는 것도 하나의 대책이 될 것이다. 참고로 현재 진행 중인 민법개정작업에서는 부동산유치권을 폐지하고 저당권으로 대체하려는 시도가 추진되고 있다.

3) 용익권

소멸되지 않는 용익권

용익권에 관해서는 법 91조 3항에 의해 처리된다. 소멸 여부에 대해 우선 명확히 하여야 할 점은, 법 91조 3항에서 보듯이 원칙적으로 저당권 등의 소멸하는 담보권에 대항할 수 있는 용익권은 매각에 의해 소멸되지 않는다는 점이다. 이것이 물권법질서와도 합치하고, 전술한 유치권의 경우와의 균형에서도 그렇게 해석되기 때문이다. 또한 사용·수익을 할 수 있으며 저당권에 대해서도 대항할 수 있는 최선순위권리임에도 불구하고 사용·수익권을 용익권자의 의사에 의하지 않고 소멸시키는 것은 타당하지 않으며, 일반적으로 용익권에는 우선변제청구권이 없기 때문이다. 따라서 저당권 등의 소멸하는 담보권에 대항할 수 있는 용익권은 전세권이나 주택임대차보호법상의 임대차를 포함하여 매각에 의해 소멸하지 않는다. 물론 이러한 용익권은 법 105조 1항 3호에서 보는 바와 같이 등기된 권리이거나 그에 준하여 물권으로서의 대항력을 갖춘 권리임이 요구된다.

전세권의 경우

아울러 전세권의 경우, 위와 같은 전세권으로서 소멸하지 않는 것이라도, 전세권자가 사용·수익권 대신에 민법상의 우선변제청구권에 의하여 배당을 요구한다면, 담보권에서와 같이 배당을 받게 된다. 따라서 그 경우에는 원래는 소멸하지 않는 전세권도 배당요구에 의하여 소멸하는 것으로 처리된다(91조 4항 단서).

4) 주택임대차보호법상의 임차권

① 의 의

주택임차권(이하 동일한 기준으로 판단할 수 있는 상가임대차보호법에 의한 상가임차권도 포함하는 것으로 한다)은 부동산경매에 있어서 2가지 권리(물론 2개의 권리를 동시에 행사할 수 없다)를 갖는 특혜적인 권리이다.[58] 이 2개의 권리는 주택임대차보호법을 기본으로 하여 민사집행법이 튼튼한 버팀목으로 작용하고 있는 것인데, 주택[59]의 용익권과 임차보증금반환채권의 우선변제권이라는 2가지를 가리킨다(이러한 권리의 성격으로 인하여 많은 논자들은 부동산경매에 있어서의 최대의 난관이 주택임차권이라고도 말하고 있다).[60]

② 용익권으로서의 지위

최선순위로서의 용익권

경매의 대상인 부동산, 즉 주택의 임차인이 용익권(거주권)을 주장하고 그것이 인정된다면, 당해 부동산의 매수인은 원래의 소유자가 갖고 있던 주택임차인에 대한 권리와 의무를 그대로 승계하게 되고, 이것은 매수인에게 매우 부담이 된다. 배당요구를 하지 아니한 최선순위 용익권(주로 주택임차권 또는 전세권 등)은 매수인이 이를 인수하여야 하고(91조 3항, 4항), 매각물건명세서에는 그러한 최선순위 전세권이 존재한다는 취지를 적는 것으로 되어 있다(105조 1항 3호). 물론 주택임차인이 용익권을 주장하려면 자신의 권리가 최선순위이어야 하고, 법률이 요구하는 적법한 주택임차인이어야 한다. 결국 최선순위가 아닌 주택임차권은 매각으로 소멸된다.

용익권이 아닌 우선변제권의 선택

또한 최선순위 주택임차권자는 용익권이 아닌 우선변제권을 선택할 수도 있다. 더 나아가 최선순위 주택임차인은 당해 주택의 매수인에 대하여 우선변제권을 행사하고 임차보증금 전액을 반환받을 때까지 임차주택을 비워주지 않아도 된다. 즉 배당요구를 하면 그 자체로 임대차는 종료되어 우선변제를 받게 되고, 동시에 주택임대차보호법 3조의 5의 규정에 따라 임차권은

---

58) 이하에 관하여는 김상수, 민사집행법의 시행과 부동산경매, 민사소송 제12권제1호(2008) 334면 이하 참조. 그 밖에 주택임대차와 경매에 관련된 문제에 대하여는 민일영, 주택의 경매와 임차인 보호에 관한 실무연구(경인문화사, 2005) 참조.

59) 점포 및 사무실로 사용되던 건물에 근저당권이 설정된 후 그 건물이 주거용 건물로 용도 변경되어 이를 임차한 소액임차인도 특별한 사정이 없는 한 주택임대차보호법 제8조에 의하여 우선변제를 받을 권리가 있다(대판 2009.8.20, 2009다26879).

60) 주택임대차보호법상의 대항요건을 갖춘 임차인이라고 하더라도 매각허가결정 이전에 경매법원에 스스로 그 권리를 증명하여 신고하지 않는 한 집행관의 현황조사결과 임차인으로 조사·보고되어 있는지 여부와 관계없이 이해관계인이 될 수 없다(대판 2008.11.13, 2008다43976).

매각으로 소멸하는 것이 원칙이지만, 같은 법 3조의 5의 단서에 의해 보증금이 전액 변제되지 아니하면 임차권이 소멸하지 않는 것이다.[61)]

만일 용익권과 우선변제권을 모두 가지고 있는 임차인이 보증금을 반환받기 위하여 보증금반환청구 소송의 확정판결 등 집행권원을 얻어 임차주택에 대하여 스스로 강제경매를 신청하였다면 특별한 사정이 없는 한 용익권과 우선변제권 중 우선변제권을 선택하여 행사한 것으로 보아야 하고, 이 경우 우선변제권을 인정받기 위하여 배당요구의 종기까지 별도로 배당요구를 하여야 하는 것은 아니다. 그 경매절차에서 집행관의 현황조사 등을 통하여 경매신청채권자인 임차인의 우선변제권이 확인되고 그러한 내용이 현황조사보고서, 매각물건명세서 등에 기재된 상태에서 경매절차가 진행되어 매각이 이루어졌다면, 특별한 사정이 없는 한 경매신청채권자인 임차인은 배당절차에서 후순위권리자나 일반채권자보다 우선하여 배당받을 수 있다(대판 2013.11.14, 2013다27831).

전세권등기도 한 경우

최선순위 전세권자로서의 지위와 주택임대차보호법상 대항력을 갖춘 임차인으로서의 지위를 함께 가지고 있는 사람이 전세권자로서 배당요구를 하여 전세권이 매각으로 소멸된 경우에도, 변제받지 못한 나머지 보증금에 기하여 대항력을 행사할 수 있다(대결 2010. 7.26, 2010마900). 그 이유는 전세권과 더불어 주택임대차보호법상의 대항력을 갖추는 것은 자신의 지위를 강화하기 위한 것이지 원래 가졌던 권리를 포기하고 다른 권리로 대체하려는 것은 아니라는 점, 자신의 지위를 강화하기 위하여 설정한 전세권으로 인하여 오히려 주택임대차보호법상의 대항력이 소멸된다는 것은 부당하다는 점, 동일인이 같은 주택에 대하여 전세권과 대항력을 함께 가지므로 대항력으로 인하여 전세권 설정 당시 확보한 담보가치가 훼손되는 문제는 발생하지 않는다는 점이다.

③ 우선변제권으로서의 지위

61) 대지에 관한 저당권 설정 후에 비로소 건물이 신축되고 그 신축건물에 대하여 다시 저당권이 설정된 후 대지와 건물이 일괄 경매된 경우, 주택임대차보호법 제3조의2 제2항의 확정일자를 갖춘 임차인 및 같은 법 제8조 제3항의 소액임차인은 대지의 환가대금에서는 우선하여 변제를 받을 권리가 없다고 하겠지만, 신축건물의 환가대금에서는 확정일자를 갖춘 임차인이 신축건물에 대한 후순위권리자보다 우선하여 변제받을 권리가 있다(대판 2010.6.10, 2009다101275).

주택임차권에는 우선변제권도 부여되어 있는데 이 점이 경매절차에서 가장 문제되는 부분이다. 기본적으로 대항요건 자체를 갖추지 못하였거나 또는 대항요건을 갖추었더라도 소액임차인이 아니고 확정일자가 없으며 임차권(임대차)등기도 없는 경우는, 역시 배당을 받을 수 없다. 최선순위이면서도 용익권을 행사하는 경우가 아닌 우선변제권을 행사하는 경우는 크게 2가지로 나누어진다(중복될 수 있다).

소액보증금 임차인

먼저 소액보증금 임차인으로서 주택임대차보호법 8조 1항에 의한 경우, 그리고 확정일자 있는 임차인(같은 법 3조의2 제2항)과 임차권 또는 임대차등기를 한 임차인(같은 법 3조의3 제5항, 3조의4 제1항)의 경우이다. 전자의 경우 임차보증금 중의 일정액에 관하여는, 주택에 관한 경매개시결정등기 전에 주택임대차보호법3조의 대항요건(주택의 인도[62]와 주민등록[63])을 갖춘 때에는 다른 담보권자보다 우선하여 변제받을 권리가 부여된다(같은 법 8조 1항, 같은 법 시행령 3조, 4조). 이 때 주택의 인도와 주민등록이라는 우선변제의 요건은 그 우선변제권 취득시에만 구비하면 충분한 것이 아니고, 배당요구의 종기까지 계속 존속하고 있어야 한다(대판 2007.6.14, 2007다17475).[64] 한편 저당권 설정 등으로 실질적인 담보가치가 전혀 없는 주택을 시세보다 월등하게 저렴한 소액임대차보증금 상당액만 지급하고 임차한 임차인은 주택임대차보호법상 소액임차인으로서 보호받을 수 없다(대판 2013.12.12, 2013다62223).[65]

---

62) 간접점유라도 인정된다(대판 2007.11.29, 2005다64255).

63) 주민등록의 신고는 행정청이 수리한 경우에 비로소 신고의 효력이 발생하고, 주민등록 신고서를 행정청에 제출하였다가 행정청이 이를 수리하기 전에 신고서의 내용을 수정하여 위와 같이 수정된 전입신고서가 수리되었다면 수정된 사항에 따라서 주민등록 신고가 이루어진 것이 된다(대판 2009.1.30, 2006다17850).

64) 또한 주택임차인이 그 지위를 강화하고자 별도로 전세권설정등기를 마친 경우라도, 주택임차인이 주택임대차보호법 제3조 제1항의 대항요건을 상실하면 이미 취득한 주택임대차보호법상의 대항력 및 우선변제권을 상실한다(대판 2007.6.28, 2004다69741).

65) 임대차계약의 내용이, ① 원고의 남편은 공인중개사로서 주택임대차보호법 규정을 잘 알고 이 사건 임대차계약 체결을 중개한 점, ② 원고는 그 소유의 아파트를 보유하고 있었음에도 채권최고액의 합계가 시세를 초과하는 이 사건 아파트를 임차하였고 이 사건 아파트에 관한 경매가 개시될 것을 예상하여 소액임차인의 요건에 맞도록 이 사건 아파트 시세에 비추어 현저히 낮은 임차보증금만을 지급하고 이 사건 임대차계약을 체결하였으며, 실제로 이 사건 임대차계약 체결 직후 이 사건 아파트에 관하여 경매가 개시된 점, ③ 당초 이 사건 임대차계약상 잔금지급기일 및 목적물인도기일보다 앞당겨 임차보증금 잔액을 지급하고 전

전차인의 경우

소액전차인도 보증금반환청구권에 관하여 소액임차인과 동일한 권리를 갖는지 문제되지만, 우선변제는 부정되어야 한다고 해석된다(따라서 소액전차인은 전대인이 배당받을 권리를 가압류해 놓는 등의 조치를 취할 필요가 있다). 단, 주택임차인이 임차주택을 직접 점유하여 거주하지 않고 그곳에 주민등록을 하지 아니한 경우라 하더라도, 임대인의 승낙을 받아 적법하게 임차주택을 전대하고 그 전차인이 주택을 인도받아 자신의 주민등록을 마친 때에는, 이로써 당해 주택이 임대차의 목적이 되어 있다는 사실이 충분히 공시될 수 있으므로, 임차인은 주택임대차보호법에 정한 대항요건을 적법하게 갖춘 것이 된다(대판 2007.11.29, 2005다64255).

소액보증금이 아닌 우선변제권

후자인 소액보증금이 아닌 우선변제권의 경우, 주택임대차보호법 3조의 2, 3, 4에 의해 주택임차인의 보증금반환채권에 우선변제권이 부여된다. 이것은 후순위권리자 그 밖의 채권자보다 우선하여 보증금을 변제받을 권리를 말한다(같은 법 3조의2 제2항). 위 3개의 조문에 의한 우선변제권은 중간의 용익권, 즉 선순위저당권자나 가압류권자보다 뒤에 대항요건을 구비한 임차인의 보호를 위하는 점에 실질적인 의미가 있다.

주택임차인에 대한 통지

위와 같은 우선변제권이 있는 주택임차권과 관련하여, 집행법원은 집행관의 현황조사서 등의 기재에 의하여 주택임차인으로 판명된 자, 주택임차인인지 여부가 명백하지 아니한 자 또는 주택임차인으로 권리신고를 하고 배당요구를 하지 아니한 자에 대하여 별지 통지서 양식을 송부하고, 주택임대차보호법 3조1항 소정의 대항요건과 임대차계약서 상의 확정일자를 구비한 임차인 또는 같은 법8조1항 소정의 소액임차인이라도 배당요구의 종기까지 배당요구를 하여야만 우선변제를 받을 수 있음을 고지한다(송민 98-6. 대판

입신고를 마친 점, ④ 원고가 이 사건 주택을 임차한 때로부터 불과 6개월 만에 원고의 남편이 원고의 자녀를 대리하여 다른 아파트를 임차하였고, 그 임차보증금 또한 소액임차인의 요건을 충족하는 2,000만 원이며, 그 임대차계약 체결 직후 경매절차가 개시된 점 등이 인정되어, 소액임차인을 보호하기 위하여 경매개시결정 전에만 대항요건을 갖추면 우선변제권을 인정하는 주택임대차보호법을 악용하여 부당한 이득을 취하고자 임대차계약을 체결한 것으로 봄이 상당하고, 이러한 임차인은 주택임대차보호법상의 보호대상인 소액임차인에 해당하지 않는다.

(전) 2007.6.21, 2004다26133). 이 통지를 받은 주택임차인이 배당요구의 종기까지 배당요구를 하여야 배당을 받을 수 있게 되는 것이다. 나아가 주택임차인은 주택만이 아닌 대지의 현금화대금에서도 우선변제권을 행사할 수 있다(대판(전) 2007.6.21, 2004다26133).

④ 문제점

위와 같이 주택임차권에 대한 특혜로 인해 부동산경매에서는 가장임차인이 등장하게 되어 경매의 실효성과 관련하여 많은 문제가 발생한다. 서민의 전 재산인 주택임차권을 보호하는 것은 물론 중요하다. 그러나 국가경제의 기본인 경매제도는 그 자체로서 적절하게 유지할 필요가 있고, 이러한 경매제도를 통하여 주택임차인을 보호하려는 것은 문제가 있는 것이 아닐까도 생각된다. 그 대책으로는 서민을 보호하기 위한 소액보증금을 보험의 문제로 처리하는 것도 하나의 방법이 될 것이다.

5) 그 밖의 권리

가압류

담보권이나 용익권 이외의 남은 문제는 가압류나 가처분의 집행이 소멸하는지의 여부이다. 법 105조 1항 3호는 가처분 중에서 소멸하지 않는 것이 있다는 취지로 되어 있는데 어느 것이 그에 해당하는지는 아무런 규정이 없다. 이 점에 대해 실무에서는 어떻게 처리되고 있는지 명확하지 않다. 먼저 가압류는 부동산의 현금화대금에서 변제를 받을 목적으로 행해지는 것이므로 매각에 의해 소멸한다.

가처분

가처분의 경우에는 전술한 용익권의 경우에 준하여 해석하면 된다. 즉 압류등기에 대항할 수 있으며 저당권 등 소멸하는 담보권에 대항할 수 있는 가처분의 집행은 소멸하지 않는다. 여기서 주의해야 할 점은, 소멸 여부의 대상이 되는 가처분은 매수인이 취득하는 부동산소유권에 대한 물적 부담으로서의 의미를 갖는 것이므로, 원칙적으로 매수인의 소유권취득을 방해하거나 매수인이 취득하는 소유권에 대한 물적 부담이 되는 권리를 보전하는 가처분인 처분금지가처분의 집행(등기)만이 해당되고, 이러한 가처분 중에서 전술한 기준에 의해 소멸의 여부가 판단된다. 이에 비해 건물의 소유자가 점유자를 상대방으로 한 건물인도청구권의 보전을 위한 점유이전금지 또는 집행관보관의 가처분은 이에 해당하지 않고(선순위의 담보권이 매각에 의해 소멸하여도 소멸되지 않고), 매수인이 구소유자의 가처분채권자로서의 지위를 승계하는 것이 된다.

(2) 무잉여매각의 금지 - 잉여주의

1) 잉여주의

잉여주의란

경매의 대상인 부동산에는 여러 가지 담보권이나 용익권이 다수 존재하는 경우가 있고 그 처리가 문제되는데, 이에 관하여는 앞서 본 인수주의나 소멸주의 이외에 잉여주의가 취해지고 있다. 잉여주의란, 사법보좌관이 부동산의 최저매각대금으로 우선채권, 즉 집행비용 중 공익비용인 것(절차비용) 및 압류채권자의 채권에 우선하는 채권(우선부담)을 변제하면 남는 것이 없다고 인정할 때에는, 그 내용을 압류채권자에게 통지하고, 압류채권자가 우선채권액을 넘는 가격으로 매수하는 자가 없을 경우에는 스스로 매수할 것을 신청하고 충분한 보증을 제공하지 않는 한 매각절차를 취소하여야 한다는 것을 말한다(102조, 91조 1항).[66)]

잉여주의의 근거

이와 같이 잉여주의가 취해지는 것은 선순위의 권리를 후순위의 권리에 의한 침해로부터 보호한다고 하는 물권법질서에 기한 당연한 요청이라는 견해와, 무익집행의 금지라고 하는 집행법상의 합목적적인 요청이라는 견해가 있다. 이에 관하여는, 물권법질서를 전부 무시하는 것은 불가능하고(실체법이 인정한 권리를 가급적 존중하면서) 집행법의 요청으로서 소멸주의가 취해지는 경우에 잉여가 없는 현금화를 배제한다고 하는 복합적인 근거에 기한 것이 잉여주의라고 해석해야 할 것이다.

2) 남을 가망이 없는 경우의 조치

우선채권의 총액과 최저매각가격

최저매각가격 결정시부터 매각결정기일 종료시까지의 사이에, 어떤 사유에 의해서이든 압류채권자의 채권에 대한 우선채권의 총액이 최저매각가격을 상

66) 부동산담보집행의 신청채권자가 경매절차진행 중에 신청채권과 별개의 선순위 채권 및 근저당권을 양수받은 경우에도 선순위 근저당권의 피담보채권액을 선순위 채권액의 계산에 포함시켜 잉여 여부를 계산하여야 한다(대결 2010.11.26, 2010마1650).

회하는 경우에는 법 102조가 적용된다. 우선채권에는 매각절차에서 밝혀진 압류채권자에 우선하여 변제받을 수 있는 부동산 위의 모든 부담(저당권, 전세권, 가등기담보권, 공과금, 임금채권, 임차보증금, 제3채무자의 비용상환청구(민법 367조) 등)과 절차비용이 포함된다. 일괄매각의 경우에는 각 부동산에 대해 남을 가망의 여부를 심사하여야 한다(단, 민법 365조에 의한 일괄매각의 경우에는 남을 가능성이 없어도 된다는 것이 실무이다[실무제요 2-196]).[67]

사법보좌관의 처리

사법보좌관은 매각기일 공고 전에 남을 가능성이 없으면 이를 압류채권자에게 통지하여야 한다. 새 매각을 위해 종전 최저매각가격을 저감한 결과, 그것이 우선채권 총액에 미달하게 되면 법 102조가 적용된다. 매수신고가 있은 후에 경매신청채권자에게 우선하는 채권의 누락이 발견되면, 사법보좌관은 새로이 남을 가망이 없다는 통지를 하여야 한다(대결 1994.9.5, 94마1205). 통지는 통지서의 송달로써 한다. 압류채권자가 이 통지를 받은 날로부터 1주일 이내에 남을 수 있음을 증명하면 법원은 경매절차를 속행한다(규칙 53조).

남을 수 있음을 증명하지 못하는 경우

만일 남을 가망이 없다는 통지를 받고 1주일 내에 남을 수 있음을 증명하지 못하거나 다음의 사항을 이행하지 아니하면 경매절차가 취소되는데(102조 2항), 이에 대해서는 즉시항고가 가능하고(102조 3항), 취소결정은 확정되어야 효력이 발생한다(17조 2항). 즉 압류채권자는 절차비용과 우선채권의 예상금액을 넘는 신청액을 정하고 만일 그 가격에 맞는 매수신고가 없을 때에는 자기가 그 가격으로 매수하겠다고 신청하면서, 여기에 충분한 보증의 제공을 하지 않으면 강제경매의 절차는 취소된다. 압류채권자의 보증은 법 113조의 매수신청인의 보증과 같으므로, 그 제공은 현금이나 법원이 인정하는 유가증권, 지급보증위탁계약체결 증명문서로 할 수 있다(규칙54조 1항). 압류채권자는 위와 같은 절차를 남을 가망이 없다는 통지를 받고 1주일 이내에 취해야 하는데, 이 기간은 법정기간으로 신축할 수 있으므로 당해 기간 후 경매절차취소 전에 위와 같은 절차를 취하

67) 그 밖에 김상수, 민법 제365조의 일괄경매의 가능성과 한계, 인권과정의 326호(2003년) 180면 이하 참조.

면, 경매절차가 속행된다(대결 1975.3.28, 75마64). 그 밖에 위와 같이 경매절차가 취소되어도 압류로 인한 소멸시효 중단의 효력이 소멸하지 않고, 마찬가지로 첫 경매개시결정등기 전에 등기되었고 매각으로 소멸하는 저당권을 가진 채권자의 채권신고로 인한 소멸시효 중단의 효력도 소멸하지 않는다(대판 2015.2.26, 2014다228778).

조치 없이 매각이 진행된 경우

이 조치가 취해지지 않은 채로 매각이 이루어진 경우, 매수가액이 우선채권액을 초과하면 하자는 치유되고, 그러하지 않으면 하자는 치유되지 않지만(대결 1995.12.1, 95마1143), 매수인이 대금을 지급하면 확정적으로 소유권을 취득한다. 또한 남을 가망이 없는 경우에는 사법보좌관이 직권으로 매각불허가 결정을 해야 하는데, 이를 간과하고 매각허가결정을 내린 때에는 압류채권자와 우선채권자만이 즉시항고를 할 수 있고, 채무자와 소유자는 불가능하다(대결 1986.11.29, 86마761).

3) 잉여주의의 문제점

그런데 잉여주의를 엄격하게 적용한다면, 당사자나 이해관계인의 의사와는 관계없이 경매절차가 진행되지 않는다는 점에 문제가 있다. 즉 남을 가망의 유무만에 집착하여 매각의 가능성을 판단할 때 발생하게 되는 문제점이다. 경매를 신청한 채권자가 만족을 얻을 수 없는 경우라도 반드시 경매절차로서 무익하다고 할 수 없는 경우가 있기 때문이다. 예를 들어 잉여가 생길 가망이 없는 경우라도 부동산이 매각되면 압류채권자는 매각의 실시절차까지 지출한 절차비용에 관하여 부동산의 매각대금으로부터 변제를 받을 수 있고, 채무자도 자신의 총채무가 감소하는 것이 되므로 반드시 무익한 현금화라고는 할 수 없다. 또한 남을 가망이 없는 경우의 조치가 취해지면 그때까지 이루어진 절차형성이 상실되거나 동일한 부동산에 대한 경매절차의 비효율적인 반복이 발생할 우려가 있으므로, 그러한 무잉여조치가 적용되는 범위를 합리적으로 획정할 필요가 있다.

앞서 본 것처럼, 우선채권자에게 현금화시기의 선택권을 보장하는 것이 보통 잉여주의의 근거로 이해되고 있다는 점에서도 그러하듯이, 남을 가망이 없는 경우의 처리방법도 수정할 수 있을 것이다. 예를 들어 이해관계인이 합의하면 무잉여매각도 인정할 수 있다고 생각한다.

(3) 매각조건

1) 서

매각조건이란 부동산을 매각하여 그 소유권을 매수인에게 이전시키는 데 있어서 지켜야 할 조건, 즉 경매의 성립과 효력에 관한 조건을 말한다. 매각조건에는 법정매각조건과 특별매각조건이 있다. 전자는 법과 규칙이 미리 정하여 놓은 매각조건이고, 후자는 이해관계인의 합의나 직권에 의해 변경된 매각조건이다. 매각조건에 대해서는 특별매각조건이 있는 경우에만 집행관이 매각기일을 개시할 때 그 내용을 고지하고(112조), 매각허가결정에도 그 조건을 명시하여야 한다(128조 1항).

2) 분할매각의 원칙

하나의 매각절차에서 여러 개의 부동산을 매각하는 경우, 각 부동산 별로 최저매각가격을 결정하고 매각을 실시하는 방법을 분할매각, 부동산 전부에 관하여 일괄하여 하는 방법을 일괄매각이라 부른다. 법 124조 1항은 분할매각을 원칙으로 하고 있다. 그러나 분할매각은 법정매각조건이 아니므로, 법원은 직권으로 분할 또는 일괄매각을 정할 수 있다.

3) 일괄매각

여러 개의 부동산을 매각하는 경우에 그 위치, 형태 그 밖의 이용관계 등을 고려하여 이를 일괄매수하게 하는 것이 적절한 경우, 즉 일괄매각이라면 고가로 매각될 수 있고 또한 사회경제적으로도 유리한 경우에는, 직권 또는 이해관계인의 신청으로 일괄매각을 하는 것이 가능하다(98조 1항). 또한 부동산의 위치, 형태 그 밖의 이용관계 등을 고려하여 다른 종류의 재산(금전채권을 제외)을 그 부동산과 함께 일괄매각하는 것도 인정된다(98조 2항). 일괄매각의 결정은 그 목적물에 대한 매각기일 이전까지 할 수 있다(98조 3항). 그러나 과잉매각이 되는 경우에는 일괄매각을 할 수 없다(101조 3항).

일괄매각을 하는 경우

일괄매각의 여부는 사법보좌관이 직권으로 결정하지만, 이해관계인 전원의 합의가 있다면 이를 존중하는 것이 타당하다(110조 참조). 또한 일괄매각을 하는 것이 당해 물건 전체의 효용을 높이고 그 가액도 현저히 고가로 될 것이 명백히 예측되는 경우, 특별한 사유가 없음에도 분할매각을 하는 것은 그 부동산이 유기적 관계에서 갖는 가치를 무시하는 것으로써 집행법원의 재량권의 범위를 넘어 위법한 것이 된다(대결 2004.11.9, 2004마94). 그 밖에 법에 의해 일괄매각이 요구되는 경우로서, 구공장저당법에 의한 저당권의 실행으로 매각이 이루어지는 경우에 토지 또는 건물과 그에 설치된 기계, 기구 등의 일괄매각(대결 1992.8.29, 92마576), 민법 365조에 의한 일괄매각이 있다.

4) 특별매각조건

① 이해관계인의 합의에 의한 경우

최저매각가격 이외의 법정매각조건은 이해관계인 전원의 합의에 의해 변경할 수 있다(110조 1항). 보통 매각대금의 지급방법과 시기, 부동산 위의 담보권·용익권의 인수와 소멸에 관한 매각조건 등이 변경의 대상이고, 최저매각가격이나 매수인에 대한 소유권 이전과 같은 매각조건은 변경할 수 없다고 해석된다. 이해관계인의 합의가 있으면 사법보좌관은 매각조건변경결정에 의해 매각조건을 변경하고, 이 결정은 집행관이 매각기일에서 매수가격의 신고를 최고하기 전에 이해관계인에게 고지되어야 한다(112조). 고지의 방법은 매각기일공고에 기재하거나 결정정본을 송달하는 방법에 의한다.

② 사법보좌관의 직권에 의한 경우

거래의 실상을 반영하거나 경매절차를 효율적으로 진행하기 위해 필요한 경우, 사법보좌관은 배당요구의 종기까지 매각조건을 바꾸거나 새로운 매각조건을 설정할 수 있다(111조 1항). 이해관계인의 합의로 변경할 수 없는 것(최저매각가격)도 직권으로 변경할 수 있지만, 매각에 의한 소유권의 이전과 같은 경매의 근본에 관한 매각조건은 변경할 수 없다. 직권에 의한 경우에도 사법보좌관은 합의에 의한 경우와 동일하게 결정으로 매각조건을 변경하고 그 고지를 한다.

7. 매각을 위한 그 밖의 절차

(1) 현황조사보고서 · 평가서 · 물건명세서

1) 서

필요성

강제경매에서 현금화를 적정하게 추진하고 일반 시민도 안심하고 매수인이 될 수 있게 하려면, 어떠한 부동산이 매각되려고 하는지, 그 최저매각가격은 얼마인지, 또는 매수인이 인수하여야 하는 권리관계는 있는지 등이 공개되어야 한다. 이를 위해 집행법원은 전술하였듯이 집행관에 대해 현황조사를 명하여 현황조사보고서의 작성과 그 제출을 요구하고, 이에 의해 매각물건의 현황파악을 한다. 다른 한편으로 감정인을 선임하고 부동산의 평가를 명하여 평가서의 작성과 그 제출을 요구하고, 이에 기해 최저매각가격을 정해야 한다(97조 1항). 감정인의 평가를 그대로 따르지 않아도 되지만, 보통 실무에서는 감정인의 평가액을 그대로 최저매각가격으로 정한다고 한다. 매수희망자에게 정확한 정보를 제공하기 위해, 사법보좌관은 위의 평가서, 현황조사보고서 및 매각물건명세서의 사본을 법원에 비치하여 누구든지 볼 수 있도록 하여야 한다(105조 2항. 매각기일마다 그 1주일 전까지 비치하여야 한다[규칙 55조]).

2) 최저매각가격과 평가서

최저매각가격이란 매각이 허용되는 최저한도의 금액이고, 매수신청액이 그에 이르지 않으면 매각은 허가되지 않는다. 이것은 법정의 매각조건이며 이해관계인 전원이 합의해도 바꿀 수 없다(110조 1항). 위에서 보았듯이 사법보좌관은 최저매각가격을 결정하기 위해 적당한 자를 감정인으로 선임하여 부동산을 평가시켜야 한다. 사법보좌관은 부동산을 특정하여 평가를 명하고 2주 이내의 평가서의 제출기간을 정하여야 하며, 그 외에 평가상 유의할 점이 있으면 이를 지시하여야 한다(송민 91-5). 평가서의 기재사항에 관해서는 규칙 51조가 규정하고, 평가대상은 매각부동산 및 매수인이 그 부동산과 함께 취득할 모든 물건 및 권리에 미친다.

3) 최저매각가격제도의 문제점

실세가격과의 차이

최저매각가격은 경매부동산이 부당하게 염가로 매각되는 것을 방지하고 부동산의 소유자 또는 채권자의 이익을 보호하려는 것으로 나름대로 의의가 있다. 그러나 다른 한편으로 실세가격보다 높은 최저매각가격이 정해지기 때문에 매각되지 아니하는 경매부동산이 존재하는 경우가 발생하고, 유찰의 원인으로서 경매절차의 무익한 반복을 야기하기도 한다. 또한 유찰이 되어 새 매각을 하게 되면 최저매각가격을 상당히 낮추고 새 매각기일을 정하도록 하고 있다(119조. 실무에서는 보통 20% 저감).

일본법에서의 매각기준가격

이러한 점에서 본다면, 최저매각가격이라는 엄격한 기준도 입법적으로 수정할 필요가 있는 것이 아닐까 생각된다. 즉 최저매각가격의 골격은 유지하면서 보다 매수를 용이하게 하는 방법으로, 일본의 민사집행법 60조[68]와 같이 탄력적인 매각기준이 되는 매각기준가격과 같은 새로운 기준을 도입하는 것이다. 이러한 기준은 부동산경매에서의 매각촉진과 자유로운 가격형성에 의한 기능향상을 추구하는 입장에서, 평가의 적정화를 유도하고 동시에 최저매각가격을 매각기준가격으로 고쳐 그 10분의 2 상당액을 공제한 가격을 매수가능가격으로 함으로써 유연한 가격형성의 여지를 인정한다는 점에 의의가 있다.

4) 매각물건명세서

법원은 법 105조 소정의 각 사항을 기재한 매각물건명세서를 작성하여야 한다. 즉 매각물건명세서에는 부동산의 표시, 점유관계와 관계인 진술, 매각으로 효력을 잃지 아니하는 부동산 위의 권리 또는 가처분, 지상권의 개요를 기재하여야 한다. 이와 같이 작성된 매각물건명세서는 매각물건의 명세를 알려주는 것이고, 또한 이중경매의 경우에 먼저 개시결정

68) 이 조문은 (매각기준가액의 결정 등)이라는 제목하에, 1항에서는 "집행법원은 평가인의 평가에 기하여 부동산의 매각액의 기준이 되는 가액(이하 '매각기준가액'이라고 한다)을 정하여야 한다", 2항에서는 "집행법원은 필요하다고 인정할 때에는 매각기준가액을 변경할 수 있다", 그리고 3항에서는 "매수신청액은 매각기준가액으로부터 그 10분의 2에 상당하는 금액을 공제한 가액(이하 '매수가능가액'이라 한다) 이상이어야 한다"고 규정하고 있다.

을 한 경매절차가 정지된 때 뒤의 개시결정에 따라 절차를 속행할 것인지를 정하는 표준이 된다(87조 4항). 그러나 매각물건명세서는 사법보좌관의 인식을 기재한 서면에 불과하고 재판은 아니므로, 그 작성행위는 일종의 사실행위이다.

매각물건명세서의 하자와 그 처리

매각물건명세서의 작성에 중대한 하자가 있으면, 매각허가에 대한 이의(121조 5호) 및 매각허가결정에 대한 즉시항고(129조)의 사유가 된다. 사법보좌관도 직권으로 매각불허가를 할 수 있다(121조 5호, 123조 2항). 매각물건명세서를 비치하지 않았거나 비치기간을 지키지 않은 경우에도 준용된다. 매각물건명세서의 기재에 오류가 있고 이에 의해 매수인이 손해를 입으면, 매수인은 담보책임을 추급할 수 있다(민법 578조 1항, 2항, 570조 내지 577조).

(2) 경매기록의 열람

매각기일의 공고 전에 매각절차에 관한 기록의 열람을 하려면, 매각절차의 이해관계인(90조, 268조) 또는 당사자와 이해관계가 있음을 소명한 제3자(민소 162조 1항)에 한해, 기록의 열람을 허용하는 것이 실무이다(송민 2002-1 제28조).

(3) 매각기일 및 매각결정기일의 지정·공고·통지

1) 매각방법의 지정

압류된 부동산의 현금화를 매각이라 한다. 부동산매각은 후술하듯이 매각기일에서의 호가경매, 매각기일에 입찰 및 개찰을 하게 하는 기일입찰, 그리고 입찰기간 내에 입찰하게 하여 매각기일에 개찰하는 기간입찰의 3가지가 있다(103조 2항). 사법보좌관은 이 중 어느 것에 의할지 정하는데(같은 조 1항), 보통 매각명령을 발하면서 매각방법도 동시에 정한다.

2) 매각기일

매각부동산에 대한 매각을 실시하는 기일을 매각기일이라 하고, 사법보좌관은 공과주관공무소에 대한 최고, 현황조사, 최저매각가격결정 등의 절차가 끝나고 경매절차를 취소할 사유가 없는 경우, 직권으로 매각기일을 지정하고 공고하여야 한다(104조 1항). 그러나 매각기일이 정해져도 사법보좌관은 직권으로 매각기일을 취소하거나 변경할 수 있다. 이에 대해 이해관계인에게는 신청권이 없고 직권의 발동을 촉구할 수 있을 뿐이다. 또한 매각기일로부터 1주일 이내로 매각을 허가하거나 불허하는 결정을 선고하는 매각결정기일을 정하여야 하는데(109조 1항), 이에 관한 규정은 훈시규정이다(대결 1984.8.23, 84마454).

매각기일의 지정방법

최초매각기일 · 매각결정기일의 지정 · 공고(신문공고의뢰), 이해관계인에 대한 통지는 배당요구종기부터 1개월 안에 하여야 한다(송민 91-5). 매각기일의 지정은 연월일과 시각을 특정하여 하는데, 매각기일(기간입찰의 경우에는 입찰기간의 개시일)의 2주일 전까지 공고하여야 하고(104조 1항), 20일 전까지 공고의뢰를 하여야 한다(송민 91-5). 매각기일 2주 전이란 매각기일 전날부터 2주에 해당하는 날을 포함하여 그 이전이므로, 공고일과 매각기일 간의 중간기간이 13일이면 족하다(대결 1979.3.20, 79마79).

3) 매각기일의 공고

매각기일의 공고는 법원게시판에서의 게시, 관보나 공보 또는 신문 게재 그리고 전자통신매체를 이용한 공고 중 어느 하나의 방법으로 한다(규칙 11조 1항 각호). 매각기일의 공고에 기재할 사항에 관하여는 법 106조와 규칙 56조에 규정이 있는데, 조세 그 밖의 공과를 명시하여야 하는 것은 아니다(대결 1992.2.12, 91마584). 위법한 공고를 간과하고 집행을 속행하면 매각허가에 대한 이의 및 매각불허가사유(121조 7호, 123조 2항)가 되고, 나아가 매각허가결정에 대한 항고사유(129조, 130조)가 된다.

4) 매각기일의 통지

사법보좌관은 매각기일과 매각결정기일을 이해관계인에게 통지하여야 한다(104조 2항). 이 통지는 집행기록에 표시된 이해관계인의 주소에 등기우편으로 발송할 수 있다(104조 3항, 규칙 9조). 통지누락은 매각허가에 대한 이의사유인 집행을 속행할 수 없는 때(121조 1호)에 해당한다(대결 1999.

11.15, 99마5256). 그러나 통지가 없더라도 불복이 없이 매각허가결정이 확정되면, 하자는 치유된다(대판 1992.2.14, 91다40160).

제 7 항 매각의 실시

1. 매각의 개시

법원사무관 등은 집행관으로 하여금 매각을 실시하게 하기 위해, 매각기일 전에 매각명령이 가철된 경매기록을 집행관에게 교부한다. 매각절차는 담임집행관이 주재하여야 하고, 담임집행관은 매각기일에 매각절차를 개시하기 전에 매각실시방법의 개요를 매수희망자에게 설명하여야 한다(송민 2002-1 제15조, 제16조). 기일입찰 또는 호가경매의 방법에 의한 매각기일에서는, 출석한 이해관계인과 매수희망자에게 매각물건명세서, 현황조사보고서 및 평가서의 사본을 볼 수 있게 하여야 한다(112조). 단, 매수희망자는 위 사본만을 열람할 수 있고 경매기록은 열람할 수 없다.

2. 매각의 방법

(1) 매각방법의 종류

1) 호가경매

호가경매는 매각기일에 자유롭게 참가하는 매수희망자에게 신청금액을 경합시켜 가장 고가의 신청을 한 자를 매수인으로 한다는 매각방법이다. 현행법상 주된 매각방법은 아니고, 그 구체적 매각방법에 관해서는 입찰의 규정을 준용하는 방식으로 처리하며 특유한 점에 대해서만 별도의 규정을 두고 있다(규칙 72조). 호가경매는 호가경매기일에 매수신청액을 서로 올려가는 한 가지 방법으로 한다(규칙 72조 1항).

2) 기일입찰

일정한 시간내에 매수희망자가 자유롭게 참가하여 입찰서를 제출하고 이를 개찰하여 가장 고가의 입찰가격을 기재한 자를 매수신청인으로 하는 매각방법이다. 기일입찰의 입찰장소에는 입찰자가 다른 사람이 알지 못하게 입찰표를 적을 수 있는 설비를 갖추어야 한다(규칙 61조 1항). 기일입찰에서는 매각기일에 본인 또는 대리인이 매각장소에 출석하여 입찰표를 집행관에게 제출하는 방식으로 진행된다(규칙 62조 1항). 같은 매각기일에 입찰에 부칠 사건이 복수이거나 매각할 부동산이 복수인 경우에는, 각 부동산에 대한 입찰은 동시에 실시되는 것이 원칙이다(규칙 61조 2항). 기일입찰에서의 입찰은 취소, 변경 또는 교환될 수 없다(규칙 62조 6항).

3) 기간입찰

기간입찰은 일정한 입찰기간을 두고 그 기간 내에 입찰표를 제출하게 하면서, 사법보좌관이 정한 최저매각가격의 1할을 일률적으로 보증금으로 내게 한 뒤, 입찰기간 종료 후 일정한 날짜안에 별도로 정한 개찰기일(매각기일)에 개찰을 하는 매각방법이다(103조 2항). 입찰기간은 1주 이상 1월 이내의 범위 안에서 정하여야 하고, 개찰기일(매각기일)은 입찰기간이 종료된 후 1주 안의 날로 정하여야 한다(규칙 68조). 입찰표의 제출은 집행관에게 직접하거나 등기우편으로 집행관에게 우송하는 방법으로 한다. 기간입찰에 관해서는 약간의 특별규정을 두는 것 이외에는 기일입찰의 규정을 준용하고 있다(규칙 71조).

(2) 질서유지

악질 경매브로커 등을 배제하기 위해, 집행관에게는 적정한 매각을 방해할 우려가 있는 자를 매각의 장소에서 배제하는 권한이 부여되어 있다(108조). 즉 다른 사람의 매수신청을 방해한 사람, 부당하게 다른 사람과 담합하거나 그 밖에 매각의 적정한 실시를 방해한 사람, 위의 행위를 교사한 사람, 민사집행절차에서의 매각에 관하여 형법상의 죄로 유죄판결을 받고 그 판결 확정일로부터 2년이 지나지 아니한 사람에 대해, 입장을 제한하고 퇴장시키거나 또는 매수의 신청을 시키지 않을 수 있다. 이러한 질서유지의 권한을 행사하기 위해, 집행관은 매각의 장소에 나온 사람의 신분을 확인할 수 있다(규칙 57조 1항). 또한 집행관은 매각장소의 질서유지를 위해 필요한 때에 집행법원에 대해 원조를 요청할 수 있고(규칙 57조 2항), 집행법원은 이를 받아 경찰 등의 원조를 요청하는 등의 방법을 취할 수 있다(20조).

(3) 매수신청인

1) 자 격

매수신청인은 권리능력과 행위능력이 있어야 한다(121조 2호). 채무자, 매각절차에 관여한 집행관, 매각부동산을 평가한 감정인은 매수인이 될 수 없다(규칙 59조. 그 밖에 집행법원의 법관·사법보좌관과 참여사무관 등, 재매각절차에서 전의 매수인[138조 4항], 집행관이 매각장소의 질서유지를 위해 매수의 신청을 금지한 자[108조]도 같다). 또한 법령에 의한 취득이 제한되어 있는 부동산이라면, 사법보좌관은 매수신청이 가능한 자를 미리 제한하는 재판(결정)을 하여(규칙 60조), 매각기일의 공고 중에 명시한다(규칙 56조 2호). 자격이 없는 자가 매수하여 매각불허가가 되는 불필요한 결과를 회피하기 위해서이다. 여러 사람이 공유 또는 합유를 목적으로 공동하여 매수신청을 할 수도 있는데, 이 때에는 각자의 지분을 명시하여야 한다(규칙 62조 5항). 매수신청은 변호사가 아닌 임의대리인에 의해서도 가능하다(대결 1985.10.12, 85마613).

2) 보증의 제공

기일입찰에서의 보증

매수신청을 하는 자는 대법원규칙에 따라 보증을 제공해야 한다(113조). 기일입찰에서의 그 금액은 원칙적으로 최저매각가격의 10분의 1이다(규칙 63조 1항). 개찰한 결과 최고가격으로 입찰한 자가 소정의 보증을 제출하지 않았거나 그 금액에 미달한 경우에는, 입찰 자체가 무효가 된다(대결 1998.6.5, 98마626). 보증은 다음과 같은 때에 반환된다. 재매각절차가 취소되거나 경매신청이 취하된 때, 남을 가망이 없는 경우 압류채권자가 충분한 보증을 제공한 경우, 최고가 및 차순위매수신고인을 제외한 다른 매수신고인에게 매각기일 종결이 고지된 때이다. 보증제공의 상대방은 집행법원이다. 보증으로 제출할 수 있는 것(제공방법)에 관해서는 규칙 64조에 상세히 규정되어 있고, 보증의 변경은 인정되지 않는다.

호가경매·기간입찰에서의 보증

호가경매나 기간입찰의 경우의 보증금에 대해서는 기일입찰의 규정이 준용된다(규칙 71조, 72조 4항). 보증의 제공방법은 기일입찰의 규정이 호가경매에도 준용되지만(규칙 72조 4항. 아울러 호가경매시에는 호가를 개시하기 전에 매수희망자 전원에게 제출시킨다), 기간입찰의 경우에는 별도의 규정이 적용된다. 즉 금전이나 자기앞수표를 제출하는 것은 허용되지 않고, 법원의 입금계좌에 입금을 하는 방법과 지급보증위탁계약을 체결하는 방법이 인정된다(규칙 70조). 계좌송금을 통해 누구나 간편하게 보증을 제공할 수 있는 점, 현금이나 유가증권을 직접 우송하게 되는 경우 발생할 관리의 어려움을 피하려는 점이 그 이유이다.

(4) 차순위매수신고인

취지

최고가매수인이 대금미납으로 인해 실권한 경우, 이에 대신하여 매수하는 차순위의 매수신청인을 미리 정해두는 것으로 하고 재경매를 하지 않는다(114조). 즉 최고가매수신고인 이외의 매수신고인의 신고액이 최저매각가격 이상이고 또한 최고가매수신고인의 신고액에서 보증금의 금액을 뺀 가격을 초과하는 경우에는, 그 자는 집행관에게 신고하여 차순위매수신고인이 될 수 있다(114조 2항). 차순위매수신고인은 그 신고를 임의로 철회할 수 없고, 매수인이 대금을 모두 지급한 때에 비로소 매수의 책임을 벗게 되며 보증의 반환을 요구할 수 있다(142조 6항). 이러한 차순위매수신고인은 절차지연과 비용의 낭비를 회피하기 위한 것이다.

매수인이 되는 경우와 보증금의 충당

차순위매수신고인은 최고가매수인이 매각대금을 납부하지 않아 실권하면 매각허가결정을 받아 스스로 매수인이 될 수 있다. 그러나 최고가매수인에 대한 매각허가가 불허된 경우에는 차순위신고인에 대한 매각결정을 할 수 없다. 매각불허가로 인해 최고가매수인의 보증이 매각대금에 포함되지 않기 때문이다. 이와 같이 차순위신고인이 매수인이 되는 경우에는 몰수된 보증금이 대금에 충당되므로, 차순위의 신고액과 합하게 되고 결국 최고가매수신청인이 매수한 경우보다 고가로 매각할 수 있다. 재경매를 하지 않아도 간편하게 실익을 올릴 수 있는 것이다.

(5) 매수신청인의 보호

경매신청의 취하와 동의

매수신청인이 결정되면 그 자에게 매수에 대한 기대가 발생하므로, 그 이후에는 채권자가 경매신청을 취하하려면 최고가 및 차순위매수신고인의 동의가 필요하다(93조 2항). 강제집행을 하지 않는다는 취지 또는 그 신청을 취하한다는 취지를 기재한 화해, 조정조서의 정본이나, 강제집행을 면하기 위한 담보를 제공한 증명서를 제출하여 집행의 정지를 구하는 경우에도 같다(93조 3항). 그러나 2개 이상의 개시결정이 내려진 경우에 앞선 신청의 취하 등에 대해서는 원칙적으로 적용되지 않는다(87조 2항). 이 경우에는 후행 개시결정에 의해 절차가 속행되므로(87조 2항), 매수인의 지위에 영향이 없기 때문이다. 아울러 최고가매수신고인과 차순위매수신고인은 대한민국 안에 주소, 거소 그 밖의 사무소가 없다면 대한민국 안에 송달이나 통지를 받을 장소와 영수인을 정하여 법원에 신고하여야 한다(118조).

절차의 정지 등

다음으로 매각의 실시 후에는 변제문서 또는 유예문서를 제출하여도 절차는 당연히는 정지하지 않고, 매각허가절차로 진행할 수 있다(93조 3항). 또한 최고가매수신고인은 채무자가 부동산의 가액을 감소시키지 않도록 보전처분을 구할 수 있다(136조).

3. 매각진행절차

(1) 기일입찰에서의 매각기일의 절차

1) 입 찰

집행관은 매각기일에 들어가기 전에 참가자들에게 입찰사항, 방법 및 주의사항을 고지하여야 한다(송민 2002-1 제18조). 입찰기일의 시작은 입찰의 개시를 알리는 종을 울린 후 집행관이 입찰표의 제출을 최고하고(같은 예규 19조 1항), 입찰마감시각(입찰표의 제출을 최고한 후 1시간이 지난 후의 시간이어야 한다)과 개찰시각을 고지함으로써 시작한다(규칙 65조 1항). 고지된 입찰마감시각이 경과되면, 입찰의 마감을 알리는 종을 울린 후 집행관이 이를 선언함으로써 입찰을 마감한다(같은 예규 19조 2항). 입찰이 마감되면 신청을 받지 않으므로(같은 예규 18조 9호), 입찰이 되려면 입찰봉투를 입찰함에 그 마감부저가 울리기 전에 넣어야 한다.

입찰을 마감하면 곧이어 개찰로 들어가고, 그 공정성을 위해 집행관은 개봉시에 입찰한 사람을 참여시켜야 한다(규칙 65조 2항). 만일 매각기일에서 유찰되는 결과가 나타나면 집행관은 매각기일의 마감을 취소하고 당해 부동산에 대해 최저매각가격의 변경없이 제2회의 입찰을 실시할 수 있지만, 두 번째도 유찰이 되면 더 이상 매각기일의 마감을 취소할 수 없다(115조 4항, 5항).

2) 개 찰

집행관은 개찰을 실시한다고 고지한 후 개찰을 실시하는데, 개찰시간은 입찰마감시각으로부터 10분 이내로 하여야 한다(같은 예규 20조 1항). 집행관은 입찰함을 개함하고 입찰자의 면전에서 입찰봉투를 개봉하며, 최고가매수인으로 된 자의 매수신청보증봉투를 개봉하여 보증의 제공 여부를 확인한다. 이 보증이 부족하거나 보증을 제공하지 않았다면, 차순위매수신청인의 당해 보증봉투를 개봉한다(같은 예규 20조 5항).

3) 입찰절차의 종결

집행관은 적법한 매수신청을 한 자 중 최고가매수신고인을 정하면 당해 신고인의 이름과 그 가격을 불러야 하고, 그런 다음 매각기일을 종결한다고 고지하여야 한다(115조 1항). 최고가매수신고를 한 입찰자가 복수인 경우에는, 그 사람들에게만 다시 입찰하게 하여 최고가매수신고인을 정한다(규칙 66조 1항). 추가입찰로도 복수의 최고가매수신고인이 나오면 추첨으로 정한다(규칙 66조 2항). 위와 같이 하여 최고가매수신고인 및 차순위매수신고인을 정하면, 집행관은 그 취지를 기일입찰조서(매각기일조서)에 적어야 한다(규칙 67조 1항 3호). 기일입찰조서(매각기일조서)는 각 매각기일마다 소정의 양식에 따라 작성되어야 한다(116조, 규칙 67조). 또한 집행관은 매각기일로부터 3일 이내에, 경매기록과 함께 매각기일조서를 그리고 매수의 보증으로 받아 돌려주지 아니한 것을 각각 법원사무관등에게 인도하여야 한다(117조).

(2) 기간입찰에서의 매각기일의 절차

매각기일의 절차에 관해서는 기일입찰의 절차가 준용된다(규칙 71조).

(3) 호가경매에서의 매각기일의 절차

원칙적으로 기일입찰이 준용된다. 매수신청은 매각기일에 매각장소에서 반드시 말로, 조건이나 기한을 붙이지 않고 집행관에게 하여야 하고, 집행관은 그 신고가격을 3회 부른다(규칙 72조 3항). 동일한 가격을 신고한 자가 복수인 경우에는 먼저 신고한 자를 최고가매수신고인으로 하고, 그 신고가 동시라면 추첨으로 정하게 된다.

4. 공유자의 우선매수

(1) 의 의

공유자는 매각기일까지 매수신청의 보증(113조)을 제공하고, 최고매수신고가격과 같은 가격으로 채무자의 지분을 우선적으로 매수하겠다는 신고를 할 수 있다(140조 1항). 이에 대해 법원은 최고가매수신고인이 있더라도 그 공유자에게 매각을 허가하여야 한다(140조 2항. 단, 호가경매라면 최고가매수신고인은 공유자보다 더 높은 가격으로 매수할 것을 신고할 수 있다). 이것은 공유자의 우선매수권제도로서 우리의 독특한 제도이다. 단, 공유자가 배우자로서 그 지분을 상속하여 단독 소유자가 되고, 그 후 피상속인의 채권자에 의해 매각절차가 개시된 경우에는, 피상속인은 채무자로서 매수인이 될 수 없으므로, 상속배우자는 우선매수를 신청할 매수인의 자격이 인정되지 않는다(대결 2009.10.5, 2009마1302). 복수의 공유자가 매수를 신고하면 그 지분비율에 따라 매수하게 된다(104조 3항). 단, 공유물분할판결로 공유물을 현금분할하는 경우에는, 공유자우선매수가 적용되지 않는다(대결 1991.12.16, 91마239).

(2) 신청권의 행사

우선매수권은 집행관이 매각기일을 종결한다는 고지를 하기 전까지 행사할 수 있고(규칙 76조 1항), 매각기일 전에도 행사할 수 있다. 공유자가 우선매수신고를 하였으나 다른 매수신고가 없는 경우라면, 최저매각가격을 법 140조 1항의 최고매수신고가격으로 보아 우선매수를 인정한다(규칙 76조 2항). 공유자가 우선매수신고를 하게 되면 원래의 최고가매수신고인은 차순위매수신고인으로 취급되지만(140조 4항), 그 매수신고인은 집행관이 매각기일을 종결한다는 고지를 하기 전까지 차순위매수신고인으로서의 지위를 포기할 수 있다(규칙 76조 3항).

(3) 문제점

입법의 경위

경매목적물의 공유자에게는 단지 공유자라는 이유로 매우 유리한 지위를 부여하고 있는 것이 위에서 보았듯이 현행법규의 태도이다.[69] 이러한 조문은 민사집행법이 분리되기 전의 민사소송법이 제정된 때(1960.4.4 법률 제547호)부터 같은 법 제650조에 있었고, 민사집행법 제정 시에도 그대로 유지되었다. 우리의 모법국이라 할 수 있는 일본이나 독일법에도 없는 우리만의 매우 독특한 제도로서, 1960년의 민사소송법 제정 시 입법자의 특정한 의도로 도입된 것으로 추측된다(어떠한 이유로 입법되었는지를 알려주는 자료는 발견되고 있지 않다).

우선매수권의 폐해

공유자의 우선매수권이 인정되는 관계로 실제 경매에서는 이러한 우선매수권이 악용되는 사례가 빈번하다. 예를 들면 토지와 건물 중에서 토지공유자가 우선 매수권을 신청한 경우, 실무에서는 건물까지 우선매수권을 인정함으로써 일반매수자의 매수참가를 제한시켜 저가 매각의 요인이 되고 있다. 또한 토지의 공유자가 매 입찰 기일마다 공유자 우선매수권을 신청함으로써 다른

---

69) 이하에 관하여는, 김상수, 민사집행법의 시행과 부동산경매, 민사소송 제12권제1호(2008)346면 이하 참조.

매수희망자가 참가를 하지 않도록 유도하고, 이로써 저가로 매각되어 결국 채권자가 피해를 입는 경우가 발생한다.

폐지의 필요성 공유자의 우선매수권 자체에는 이론적인 근거도 희박하다. 원래 공유자는 법 90조상의 이해관계인에도 해당되지 않는다.[70] 당해 이해관계인이란 경매목적물의 양도 또는 인도를 막을 권리를 갖고 있거나, 경매의 결과 그 권리를 상실하는 경우를 말한다. 공유자라는 채무자의 지분이 경매에 붙여진 결과 공유관계를 구성하는 주체에 변동이 생기지만, 다른 공유자의 권리 자체는 경매 전과 아무런 차이가 없는 점에 유의하여야 한다. 현재의 실무나 학설에서는 조문이 있는 관계로 단순히 비판 없이 이를 설명하는 것이 보통이다. 그러나 실무상으로는 그 폐지를 주장하는 의견이 많다고 한다.[71] 위와 같은 문제점에서 고려한다면, 공유자의 우선매수권과 관련된 법140조는 삭제하는 것이 타당하다.

5. 새 매각

(1) 의 의

새 매각이란 매각을 실시하였으나 매수인이 결정되지 않아 다시 기일을 정해 실시하는 경매를 말한다. 매각허가결정 후 매수인의 대금미납으로 인한 경매를 말하는 재매각과 구별된다. 새 매각은 다음과 같은 경우에 하여야 한다. 매각기일에 허가할 매수가격의 신고가 없는 경우(119조), 매각불허가사유로 매각을 불허하거나 매각허가결정이 항고심에서 취소된 경우(125조), 매수가격신고 후 천재지변, 그 밖에 자기가 책임을 질 수 없는 사유로 부동산이 현저하게 훼손된 사실 또는 부동산에 관한 중대한 권리관계가 변동되어, 최고가매수신고인이나 매수인의 신청에 의해 매각불허가결정을 하거나 매각허가결정을 취소한 경우(121조 6호,

---

70) 단, 민사집행법에서 공유자의 우선매수권을 인정한다면 당연히 공유자는 이해관계인에 해당하게 된다(대결 1965.7.2, 65마520; 대결 1998.3.4, 97마962).

71) 이형구, 민사집행법상의 공유자우선매수권에 관한 소고, 법조 604권(2007.1)124면 이하, 특히 141면 이하에서는 절차상의 복잡과 매수가격의 하락을 초래하여 당해 제도의 폐지도 고려할 필요가 있다고 주장하고 있다.

127조)이다.

(2) 허가할 매수가격의 신고가 없는 경우

적법한 매각기일이 열렸음에도 허가할 매수신고가 없는 경우(신고가 전혀 없거나 최저매각가격에 미달한 경우 및 보증을 제공하지 아니한 경우), 법 91조 1항의 우선권을 해하지 않는 한도에서, 최저매각가격을 상당히 낮추고 새 매각기일을 정하여야 한다(119조). 실무에서는 잉여주의원칙을 해하지 않는 범위에서 보통 20% 저감하고 있다고 한다(실무제요 2-294). 새 매각기일이 계속 열린다면 최저매각가격도 계속 저감되지만, 남을 가망성이 없게 되면 법 102조의 절차를 취해야 한다. 법원은 사유발생일로부터 1주일 이내에 직권으로 새 매각기일과 매각결정기일을 지정, 공고하여야 한다(송민 91-5). 가격저감에 대해서는 독립된 불복방법이 없다(대결 1971.7.19, 71마215).

(3) 매각불허가를 한 경우

매각불허가결정을 한 경우에, 그 사유가 종국적으로 매각을 불허하거나 일시정지하여야 할 사유가 아니고 다시 매각을 허용할 수 있는 때에는, 직권으로 새 매각기일을 정하여야 한다(125조). 그 사유가 해소된 후 새 매각기일을 정하는데, 매각기일의 2주일 전까지 공고하여야 한다(규칙 56조). 이 경우에는 최저매각가격을 저감할 수 없다.

(4) 부동산훼손이나 권리변동으로 매각불허가 등을 한 경우

이러한 사유로 매각불허가결정을 하거나 매각허가결정을 취소하면, 사법보좌관은 다시 감정인으로 하여금 평가를 하게 하여 최저매각가격결정부터 새롭게 한 후 새 매각기일을 지정한다(134조, 97조). 단, 부동산의 권리변동으로 인한 경우에는 반드시 재감정을 할 필요는 없고, 경매목적물이 없어지면 매각절차를 취소해야 하므로 새 매각의 여지는 없다.

6. 매각허부에 관한 결정과 불복신청

(1) 매각허가절차

매각결정기일

최고가매수신고인이 정해지면, 사법보좌관은 새로이 매각결정기일을 열어 매수의 적부를 심사하고 매각허가나 매각불허가의 결정을 한다. 매각결정절차는 법원 안에서 진행되어야 한다(109조 2항). 매각결정기일은 매각기일과 함께 공고되고(104조 1항), 매각기일로부터 1주일 이내로 정하져야 한다는 법 109조의 규정은 훈시규정이다. 매각결정기일은 이해관계인에게 통지·공고되어야 하는데(104조 2항). 매각결정기일은 변경될 수 있고 변경된 기일은 이를 이해관계인에게 통지만 하는 것으로 충분하다(규칙 73조. 대결 1981.1.19, 80마96).

사법보좌관은 매각결정기일에 출석한 이해관계인에게 매각허가에 관한 의견을 진술하게 하여야 한다(120조 1항). 여기서 말하는 이해관계인은 법 90조 보다 넓은 개념으로, 최고가매수신고인이나 그 외의 매수신고인이 해당된다. 진술은 매각허부결정의 선고시까지 가능하다(120조 2항).

매각허부에 관한 재판

사법보좌관은 직권으로 다음에서 보는 매각불허가사유의 유무를 기록에 의하여 조사한 다음, 매각허부에 관한 재판을 한다. 결정으로 재판하고 매각결정기일에 선고하여야 한다(126조 1항). 이 결정은 선고한 때에 고지의 효력이 생기고(규칙 74조), 확정되어야 효력이 있다(126조 3항). 매각결정기일을 실시한 경우에는, 그 기일마다 법원사무관 등은 매각결정기일조서를 작성하여야 한다.

(2) 매각허가결정

사법보좌관은 법정의 매각불허가사유가 존재하지 않으면 매각허가결정을 한다. 매각허가결정서에는 매각한 부동산, 매수인과 매각가격을 적고, 특별한 매각조건으로 매각한 때에는 그 조건을 적어야 한다(128조 1항). 매각허가결정은 선고하는 이외에 대법원규칙에 따라 공고하여야 한다(128조 2항). 단, 공고의무는 훈시규정이다.

(3) 이의사유에 의한 매각불허가

사법보좌관은 이해관계인의 이의가 정당하다고 인정할 때 매각을 허가하지 않는다(123조 1항). 또한 사법보좌관은 법 121조에 규정한 사유가 있는 때에는 직권으로 매각을 허가하지 아니한다(123조 2항. 다만, 같은 조 제2호 또는 제3호의 경우에는 능력 또는 자격의 흠이 제거되지 아니한 때에 한한다[같은 조 단서]). 당사자의 신청에 의하건 사법보좌관의 직권에 의하건 여기서 관건이 되는 것은 매각허가에 대한 이의신청사유의 존재이다.

매각불허가사유

여기에는 다음과 같은 사유가 있다(121조). 강제집행을 허가할 수 없거나 집행을 계속 진행할 수 없을 때(같은 조 1호), 최고가매수신고인이 부동산을 매수할 능력이나 자격이 없는 때(같은 조 2호), 부동산을 매수할 자격이 없는 사람이 최고가매수신고인을 내세워 매수신고를 한 때(같은 조 3호), 최고가매수신고인, 그 대리인 또는 최고가매수신고인을 내세워 매수신고를 한 사람이 제108조 각호 가운데 어느 하나에 해당되는 때(같은 조 4호), 최저매각가격의 결정, 일괄매각의 결정 또는 매각물건명세서의 작성에 중대한 흠이 있는 때(같은 조 5호), 천재지변, 그 밖에 자기가 책임을 질 수 없는 사유로 부동산이 현저하게 훼손된 사실 또는 부동산에 관한 중대한 권리관계가 변동된 사실이 경매절차의 진행 중에 밝혀진 때(같은 조 6호), 경매절차에 그 밖의 중대한 잘못이 있는 때(같은 조 7호)를 말한다.[72]

(4) 매각허가의 유보

부동산의 강제경매에서는 유체동산집행, 채권집행과는 달리 압류 단계에서의 초과압류를 금지하지 않으므로, 복수의 부동산이 압류되고 각각 매각이 실시되는 경우가 있다. 이 경우 하나의 부동산의 매수신고액으로 각 채권자의 채권액과 집행비용을 변제할 수 있을 때에는, 다른 부동산에 관해 매각허가결정을 유보한다(124조 1항). 이러한 부동산이 복수 존재하면 채무자의 의견을 듣고 어느 부동산을 유보할 것인지 정한다(124조 2항). 이 경우 매각허가가 유보된 부동산의 최고가 또는 차순위매수인은 매수의 신청을 취소할 수 있고, 매각허가결정이 내려진 부동산에 관해 대금이 납

72) 최고가매수신고인이 착오로 자신이 본래 기재하려고 한 입찰가격보다 높은 가격을 기재하였다는 사유는 매각불허가사유에 해당되지 않는다(대결 2010.2.16, 2009마2252).

부되면 유보의 필요가 없어지므로 경매절차를 취소하게 될 것이다.

(5) 집행정지문서와 매각불허가

매각을 실시한 후에 집행절차를 정지해야 하는 사유가 발생하면, 이미 일단 확정된 최고가매수신고인의 지위와 조정을 할 필요가 있게 된다. 정지한 후에 집행처분을 취소해야 하는 경우(49조 2호)에는 채무자의 이익을 우선해야 하므로, 매수인은 대금납부 시까지 매각허가결정의 취소신청을 할 수 있다(규칙 50조 2항). 그러나 변제·유예문서가 제출된 것에 불과하면 매각허가의 절차를 진행할 수 있고, 다른 이유로 매각허가가 없는 것으로 될 때에만(불허가, 항고에 의한 허가의 취소, 대금미납으로 인한 허가의 실효 등) 정지의 효력이 발생한다. 이에 대해 매각실시 후 매각허가결정기일의 종료까지 집행정지의 재판정본이 제출되면, 절차를 정지시켜 매각결정기일을 열지 않고 상황을 지켜보아야 하고, 이 경우 최고가 또는 차순위매수신고인은 불안정한 지위에서 벗어나기 위해 매수신청을 취소할 수 있다. 매각결정기일 후에 그러한 문서가 제출되었을 때에는, 다른 이유로 매각허가가 없게 되는 경우를 제외하고 절차는 정지하지 않는다.

(6) 매각불허 후의 절차

종국적 장애에 의한 불허가의 경우에는, 이후의 매각절차는 모두 소멸되므로 매각절차는 이로써 종결된다. 종국적 불허사유가 아닌 경우에는, 매각불허가결정의 확정 후에 직권으로 새 매각기일이 정해진다(125조 1항). 법 121조 6호 사유에 의한 매각불허가결정이라면, 새로 최저매각가격부터 결정하여 경매를 속행한다(125조 2항). 과잉매각을 이유로 불허가된 경우에는, 매각이 허가된 부동산에 대한 매각대금이 완납될 때까지 그대로 두었다가, 대금 완납 후에 매각불허된 부동산에 대하여 경매개시결정등기의 말소촉탁을 하여야 한다(141조). 법 127조에 의한 경우에는 재평가부터 실시하여 새로 경매를 속행한다(134조).

(7) 불복신청

1) 매각허가에 대한 이의

이해관계인이 법 121조 소정의 이의사유에 기하여 매각을 허가하여서는 안된다고 진술하는 것을 말한다. 이의사유는 같은 조의 사유에 한정된다. 또한 이의진술자인 이해관계인 자신의 권리에 관한 이유에 의하여야 하고, 다른 이해관계인의 권리에 관한 이유로 신청할 수 없다(122조). 사법보좌관은 이의신청이 정당하면 매각을 허가하지 아니한다(123조 1항). 매각허가에 대한 이의는 독립한 신청이 아니므로, 매각을 허가하는 경우에는 이의의 진술이 있었음을 매각결정기일조서에 기재하는 것으로 족하다. 이에 대해 이의를 진술한 이해관계인은 매각허가결정에 대한 즉시항고로서 불복하게 된다(대결 1983.7.1, 83그18).

2) 매각허부의 결정에 대한 즉시항고

① 의 의

매각을 허가하는 또는 불허가하는 결정에 대해, 이에 의해 권리가 침해되는 자는 즉시항고를 할 수 있다(129조. 이 절차는 전술하였듯이 사보규 4조에 의한다). 권리가 침해된다는 요건에는 불복신청의 남용을 억제한다는 의미가 담겨 있다.

항고권자

즉시항고를 제기할 수 있는 자는 그 결정에 따라 손해를 보는 이해관계인, 매각허가에 정당한 이유가 없거나 결정에 적은 것 이외의 조건으로 허가해야 한다고 주장하는 매수인, 매각허가를 주장하는 매수신고인이다(129조). 이중경매개시결정의 경우 이해관계인의 범위는 선행의 경매사건을 기준으로 정하여지므로, 선행사건의 배당요구의 종기 이후에 설정된 후순위 근저당권자는 당해 배당요구의 종기까지 아무런 권리신고를 하지 아니하고 배당요구의 종기 이후에 이중경매를 신청하면, 선행사건에서 이루어진 매각허가결정에 대하여 즉시항고를 제기할 수 있는 이해관계인이 될 수 없다(대결 2005.5.19, 2005마59).

② 보증의 제공

보증의 공탁

매각허가결정에 대해 항고를 하려는 자는, 보증으로 매각대금의 10분의 1에 해당하는 금전 또는 사법보좌관이 정하는 유가증권을 공탁하여야 한다(130조 3항). 보증은 항고절차를 남용하여 절차가 지연되는 것을 방지하기 위한 것이다. 반대로 매각불허가결정에 대한 항고시에는 보증의 제공이 요구되지 않는다. 매각허가 결정에 대해 즉시항고를 제기하는 항고인이 2인 이상인 경우, 그들이 경매절차에서 이해관계의 기초가 되는 권리관계를 공유하는 등의 특별한 사정이 없는 한, 항고인 별로 각각 매각대금의 10분의 1에 해당하는 금전 또는 유가증권을 공탁해야 한다(대결 2006.11.23, 2006마513).

보증의 반환 등 보증 제공 후 항고가 기각되면, 그 전액을 배당금액에 포함시킨다. 채무자 및 소유자 이외의 사람이 한 항고가 기각되면, 항고인은 보증으로 제공된 금전이나 유가증권을 현금화한 금액 중에(이 한도에서) 항고를 한 날로부터 기각결정이 확정된 날까지의 매각대금에 대한 연 2할 5푼의 이율(규칙 75조)에 의한 금액에 대하여는 반환을 받을 수 없다(130조 7항 본문). 따라서 그 지연손해금만을 배당금액에 포함시키고 나머지는 보증제공자에게 반환한다. 항고가 기각되더라도 경매신청이 취하되거나 매각절차가 취소되면 반환된다. 위와 같은 처리는 항고가 각하된 경우, 항고가 취하된 경우에도 같다.

만일 배당절차에서 잔여가 발생한다면, 배당할 금액에 편입된 금액의 범위 안에서 이를 제공한 사람에게 반환하여야 한다(147조 2항). 보증을 제공한 사람이 복수이고 반환금액이 부족하면, 보증 등의 비율에 따라 안분한다(147조 3항). 반대로 항고가 인용된다면, 그 확정증명을 제출하여 담보취소절차를 밟을 필요 없이 바로 보증을 회수할 수 있다.

③ 항고이유

매각허가결정에 대한 항고이유 매각허가결정에 대한 즉시항고는 매각허가에 대한 이의신청사유가 있다거나 그 결정절차에 중대한 잘못이 있다는 것을 이유로 드는 때에만 가능하다(130조 1항). 항고심은 원재판 이후의 사유로 원재판을 취소 또는 변경을 할 수 있으므로, 매각허가결정 후 항고심 재판까지의 사이에 생긴 사유도 가능하다(실무제요 2-341). 또한 재심사유에 해당하는 사유는 항상 즉시항고사유가 된다(130조 2항. 다음에 보는 매각불허가결정에 대해서도 같다).

매각불허가결정에 대한 항고이유

매각불허가결정에 대한 즉시항고에서는 원재판의 취소・변경을 구하는 사유로서, 매각불허가결정에 기재된 사유가 없음을 이유로 한다. 재심사유가 있는 경우에도 같다(130조 2항). 또한 그 매각불허가결정에 기재된 사유에 대하여만 다투면 되고, 모든 불허가사유가 없음을 다툴 필요는 없다.

임의경매에서의 항고이유

나아가 임의경매에서의 실체상의 이유(담보권의 부존재・소멸, 피담보채권의 불발생・소멸 등)로 매각허가결정에 대한 즉시항고를 제기할 수 있는지 문제된다. 과거의 판례는 이를 긍정하는 것이 있다(대판 1964.4.13, 63마98 등). 이에 대해 일본의 최고재판소판례는 등기부등본 등이 제출되면 집행법원은 담보권의 존부를 판단하지 않고 경매절차를 개시하여야 하는 점, 그러한 사유는 법 265조에서 규정하는 개시결정에 대한 이의신청으로 불복해야 하는 점을 이유로 부정한다(최고재판소결정 2001.4.13. 민집55권3호671면. 일본의 학설도 판례에 찬성하는 것이 대부분이다).

④ 즉시항고에 대한 집행법원의 조치

항고장각하결정

집행법원은 항고장을 심사하여, 기재사항의 흠이 있거나 인지를 첨부하지 않으면 그 보정명령을 내리고, 이에 따라 흠결이 보정되지 않으면 항고장각하명령을 내린다(15조 10항).[73] 보증공탁이 없다면 항고장각하결정을 한다(130조 4항). 이에 대해서는 즉시항고를 할 수 있다(130조 5항).

항고각하결정

또한 항고이유서의 기간내 부제출, 항고이유의 기재방법에 위반한 경우, 항고가 부적법하고 이를 보정할 수 없음이 분명한 때(15조 5항)에는 항고각하결정을 한다. 따라서 항고기간도과의 경우, 이해관계인 등이 아닌 자가 제기한 항고라면 항고각하결정을 하게 된다. 이에 대해서도 즉시항고를 할 수 있다(15조 8항).

즉시항고의 효력

매각허부결정에 대한 즉시항고에는 집행정지의 효력이 없지만(15조 6항 본문), 그 결정은 확정되어야 효력이 발생한다(126조 3항). 그러나 원심에서 한 항고장각하결정

---

73) 매각허가결정에 대한 이의신청인에게 상당한 기간을 정하여 법 130조 3항 소정의 보증금의 공탁을 명하거나 그 서류를 제출할 것을 내용으로 하는 보정을 명함이 없이 재항고인의 이의신청을 각하하는 취지로 항고장을 각하한 제1심법원 판사의 조치는 위법하다(대결 2011.4.14., 2011마38).

이나 항고각하결정에 대해 즉시항고가 제기된 경우, 예를 들어 원심에서 보증의 제공이 없어 내려진 항고장각하명령에 대해 즉시항고가 제기된 경우, 당해 명령에는 확정되어야 효력이 발생한다는 규정이 없고, 그 즉시항고에 집행정지의 효력도 없으므로 경매절차는 정지되지 않는다(대결 1995.1.20, 94마1961). 즉시항고의 대상이 원심의 항고장각하·항고기각의 결정이지 매각허부결정이 아니기 때문이다. 따라서 사법보좌관은 그러한 항고가 제기되어도 매각절차를 계속 진행하게 된다. 단, 원심에서 당해 하자를 간과하여 항고법원이 항고장각하명령이나 항고각하결정을 하고 이에 대해 즉시항고(재항고)가 제기된다면, 이것은 매각허가결정에 대한 즉시항고가 되므로 매각허가결정은 확정되지 않는다.

재도의 고안 항고가 정당하다면 집행법원은 스스로 그 재판을 경정한다(15조 10항). 이러한 재도의 고안으로 매각허부결정을 취소할 때에는, 이를 상당한 방법으로 고지하면 되고 다시 매각결정기일을 정하여 선고할 필요는 없다. 고지는 이해관계인 모두에게 송달하는 것으로 하는 것이 실무이다(실무제요 2-344).

항고심 절차 항고심의 절차는 법 131조, 132조의 특칙을 제외하고는, 민사소송법의 규정이 적용된다(15조 10항). 항고법원은 필요에 따라 반대진술을 하게 하기 위해 상대방을 정할 수 있다(131조 1항). 한 개의 결정에 대한 복수의 항고는 이를 병합한다(131조 2항. 훈시규정이다). 항고심에서는 항고심의 결정시를 기준으로 항고이유를 판단하는데, 항고장 또는 항고이유서에 적힌 이유에 대해서만 조사한다(15조 7항). 심리 후 매각허부결정에 대한 항고가 이유 없는 경우에는 항고기각결정을 하고, 이유 있는 경우에는 원결정을 취소하여야 한다. 매각허가결정을 취소하는 경우에 매각불허가결정을 직접 할 수는 없다(132조. 사법보좌관이 한다). 재심사유를 이유로 매각불허가결정에 대해 항고하는 경우에는 다른 불허가사유가 있더라도 항고를 인용하여야 한다(130조 2항). 항고법원의 항고기각결정은 당사자인 항고인에게만 고지하면 되고, 인용결정은 항고인의 상대방뿐만 아니라 다른 이해관계인에게도 고지하여야 한다(23조 1항).

⑤ 즉시항고와 집행정지

즉시항고에는 집행정지효가 없지만 매각허부결정은 확정되어야 효력이 있으므로, 즉시항고가 있게 되면 집행법원은 대금지급, 배당기일이나 새 매각기일을 지정·실시할 수 없게 되어(142조 1항) 사실상 매각절차를 진행할 수 없다. 단, 전술하였듯이 원심법원이 항고장각하결정이나 항고각하결정을 한 경우에는, 즉시항고가 있다 하여도 매각허부결정의 확정이 차단되지 않는다.

7. 부동산의 훼손 또는 권리관계의 변동이 있는 경우의 처리

(1) 원 칙

부동산의 훼손 또는 권리관계의 변동이 있는 경우, 매수인은 매각허가결정 확정 전이라면 매각허가에 대한 이의신청을 하거나 매각허가결정에 대한 즉시항고를 할 수 있다. 사법보좌관은 위와 같은 사유가 있다고 인정하면, 재평가를 실시한 다음 최저매각가격을 변경하여 매각을 실시한다(125조 2항). 매각허가결정이 확정되어 버린 경우라도, 매수인은 법 127조 1항에 의하여 매수인의 대금납부 전까지 매각허가결정의 취소신청을 할 수 있다(대결 1998.8.24, 98마1031). 취소신청은 특별한 방식이 규정되어 있지 아니하므로 서면 또는 구술로 한다. 매각허가결정이 취소되면, 최저매각가격부터 새로 정하여 경매를 속행한다(134조). 매각허가결정의 취소신청에 대한 결정에 대하여는 즉시항고가 가능하다(127조 2항). 그러나 재매각명령이 난 이후라면 매수인은 매각허가결정의 취소신청을 할 수 없다(대결 2009.5.6, 2008마1270).

(2) 경매절차진행시 저당권이 변제로 소멸된 경우

후순위 용익권자의 선순위저당권에 대한 대위변제의 효력

저당권자의 신청에 의해 경매절차가 진행되는 도중(또는 저당권이 설정된 부동산에 대해 강제경매가 진행되는 도중)에, 그 피담보채권이 변제(채무자의 변제 그 밖의 선순위저당권자에게 뒤지는 용익권자 등에 의한 대위변제를 포함)로 소멸되면, 그러한 변제는 경매절차에 어떠한 영향을 미치는지 문제된다.[74] 매각허가결정이 확정된 후에 중간의 용익권자가 선순위저당권자의

74) 자세히는 김상수, 경매절차진행시 저당권이 변제로 소멸된 경우의 처리, 민사법학 24호

피담보채권을 대위변제한 경우이다. 이러한 경우에 중간의 용익권자의 대위변제는 유효한지, 또한 변제에 의해 경매절차는 어떻게 진행되는지, 그 밖에 매수인의 지위는 어떻게 되는지 등 여러 가지 문제가 발생하게 된다.

판례

이에 대해 앞서 본 판례(대결 1998.8.24, 98마1031 등)는 변제의 효력이 경매절차에서도 당연히 발생하고, 또한 그에 따라 매각에 의한 법률관계가 재정립된다는 점을 전제로 하여, 매수인에 의한 매각허가결정의 취소신청을 받아들인다. 판례는, 변제로 인한 선순위저당권의 소멸에 의해 중간의 용익권이 부활된다는, 또는 그 밖에 이에 준하는 유치권의 발생 등 매수인이 예상하지 못한 권리를 인수하게 되는 사유는, 교환가치의 감손이라는 부동산의 훼손으로서 매각불허가사유에 해당된다고 해석하고 있는 것이다.

실무의 태도

법 121조 6호는, 위와 같은 판례의 입장을 받아들여 규정된 조문이다. 이에 따라 대금납부 전의 매수인은 매각허가결정 확정 전에는, 매각허가이의신청(121조 6호)이나 즉시항고(130조)로, 매각허가결정 확정 후에는 매각허가결정취소신청으로 각각 구제받을 수 있다. 전자의 경우에는 법 125조 2항에 의해, 후자의 경우에는 법 134조에 의해 처리되지만, 어느 경우에나 최저매각가격결정부터 다시 새롭게 경매를 속행해야 한다는 점에서 같다. 또한 매수인이 대금을 납부하여도 대금납부 전의 변제에 따른 선순위저당권의 소멸로 용익권이 부활하면, 그에 상당한 손해를 원래의 소유자로부터 배상받을 수 있다는 것이 실무라고 말할 수 있다.

2가지 유형 - 선순위저당권만 있는 경우와 후순위저당권도 있는 경우

후순위저당권이 없고 선순위저당권이 변제로 소멸된다면 임의경매 자체를 할 수 없다는 문제가 발생한다. 반대로 후순위저당권이 있다면, 모든 저당권을 변제로 소멸시키지 않는 한 경매 자체에는 문제가 없고, 용익권의 부활 여부가 문제된다. 이에 대해서는 권리관계의 명확화에 따른 경매절차의 신속 이외에도 후순위저당권자의 정당한 기대이익(선순위저당권의 존재를 기준으로 권리관계의 소멸 여부를 판단한다는)을 보호해야 한다는 점에서, 중간의 용익권이 존재하는 때에 선순위저당권이 변제로 소멸되는 경우에도 동일하

(2003년), 343면 이하 참조.

게 적용되어, 이미 선순위저당권의 존재에 따라 매각에 의해 소멸해야 할 운명을 바꿀 수는 없다고 해석해야 할 것이다(만일, 바꾸려면 후순위저당권도 모두 소멸시켜야 한다).

모든 저당권이 소멸된 경우의 처리

용익권에 앞서는 선순위저당권만이 존재할 때 당해 저당권이 변제로 말소된 경우, 또는 앞서 본 유형(선순위저당권과 후순위저당권 사이에 용익권이 존재하는 경우)에서 모든 저당권이 변제로 소멸된 경우의 처리는 다음과 같이 된다고 생각한다. 이러한 경우에는 경매를 신청할 수 있는 저당권이 소멸한 것이므로, 원칙적으로 경매를 진행해서는 안되고 취소해야 한다. 이에 관해 실무는, 저당권의 소멸시기를 경매개시절차 전후로 나누어, 개시 후의 경우에는 대금지급시까지 경매개시결정에 대한 이의(265조)로 다투어야 하고, 개시 전의 경우에는 집행에 관한 이의신청으로 다툴 수 있지만, 다투지 않더라도 매수인이 소유권을 취득할 수 없다는 해석이다(실무제요 2-760). 그러나 이러한 해석은 너무나도 경매의 신뢰성을 깨트리는 것이 아닌가 생각된다. 경매절차에서 여러 가지 불복절차를 만들어 집행절차의 신속과 당사자나 이해관계인의 절차보장을 도모하는 민사집행법의 기본입장과도 상충된다. 따라서 일률적으로 판단하는 것이 아닌, 당사자의 절차권보장의 유무에 따라 매수인의 소유권취득 여부를 판단하는 것이 타당하다고 생각한다.

매수인의 소유권취득

즉 무조건 개시결정 전의 저당권의 부존재가 매수인의 소유권취득을 막는다는 것이 아닌, 소유자와 매수인 중 어느 쪽의 이익을 보호해야 하는지에 따라 결정하는 것이다. 예를 들어 소유자가 경매절차개시 사실을 모른 경우나, 매수인이 담보권의 부존재를 알았던 경우에는 매수인보다는 소유자의 보호이익이 높을 것이고, 반대로 매수인은 담보권의 부존재를 몰랐는데 소유자는 경매절차개시 사실을 알고 이의신청을 충분히 할 수 있다고 판단된다면 매수인의 보호이익이 높을 것이라는 해석이다.

(3) 부동산의 훼손 등으로 인한 매각목적물의 하자와 담보책임

경매한 물건 또는 권리의 전부 또는 일부가 타인에게 속하거나(민법

570조 내지 573조) 또는 수량부족이나 일부멸실(민법 574조), 제한물권이 있는 경우(민법 575조), 저당권 등이 행사된 경우(민법 576조) 등으로, 매수인이 완전한 권리를 취득할 수 없는 경우에 한하여 담보책임이 발생한다. 하자담보책임규정(민법 580조 1항)은 적용되지 않고 추탈담보책임에 한정된다. 단, 매각절차 자체가 무효인 경우에는, 채무자나 채권자의 담보책임은 인정될 여지가 없다(대판 1991.10.11, 91다21640).

8. 매수인의 대금지급의무불이행과 사법보좌관의 조치

(1) 차순위매수신고인에 대한 매각허부의 결정

사법보좌관은 매수인이 대금지급기한까지 대금을 납부하지 않아도 차순위매수신고인이 있으면, 당해 신고인에게 매각을 허가할 것인지를 결정하여야 한다(137조 1항). 이에 따라 사법보좌관은 매각결정기일을 새로 정하여 매각허부를 결정하고, 매각허가결정이 확정되면 대금지급기한을 정하여 이후의 매각절차를 진행하며, 매각불허가결정이 확정되면 직권으로 재매각을 실시한다(단, 142조 4항에 예외가 있다). 최고가매수신고인에 대한 매각허가결정이 항고심이나 재항고심에서 취소되면 차순위매각신고인에게 매각을 허가할 수 없고, 새 매각기일을 정하여 매각절차를 진행한다.

(2) 재매각

1) 의 의

매수인이 기한까지 매각대금지급을 하지 않고 차순위매수신고인이 없는 경우에, 사법보좌관이 직권으로 다시 실시하는 매각을 재매각이라 한다(138조 1항). 매각결정확정 후 매각을 다시 실시한다는 점에서, 매각을 실시하였지만 매수인이 결정되지 않아 다시 기일을 정해 실시하는 새 매각과 구별된다. 단, 매수인은 매각대금지급기한이 지난 후에도 재매각기일의 3일전까지는 대금지급을 할 수 있으므로(138조 3항), 그러한 경우에는 재매각이 불가능하다. 재매각명령에 대해서는 이해관계인이 집행에 관한 이의신청으로 불복할 수 있다.

2) 절 차

매각조건의 변경과 매수인이 될 수 있는 자

재매각절차에도 기존의 매각조건이 적용된다(138조 2항). 그러나 이해관계인 간에 매각조건의 변경에 관한 합의 또는 법원의 직권으로 종전의 매각조건을 변경할 수 있다. 실무에서는 직권으로 매수신청의 보증금액을 변경하여 최저매각가격의 10분의 2로 정한 금액을 보증으로 보관하게 한다(실무제요 2-352). 재매각절차에서 전의 매수인은 매수신청을 할 수 없고(138조 4항. 보증의 반환도 요구할 수 없다), 재매각절차개시 후 경매신청인이 신청을 취하하여 매각을 종료시키고자 하는 경우에도, 전의 매수인은 법 93조 2항이 정하는 신청취하에 대한 동의권자가 되지 않는다(대결 1999.5.31, 99마468).

대금납부에 따른 처리

아울러 앞서 보았지만 매수인이 재매각기일 3일전까지 대금, 지급기한이 지난 뒤부터 지급일까지의 대금에 대한 연 2할 5푼(규칙 75조)의 비율에 의한 지연이자와 절차비용을 지급하면, 재매각절차를 취소하여야 한다(138조 3항). 단, 위의 3일전 이후라도 매수인이 대금납부를 희망하면 재매각기일을 변경하여 대금의 납부를 허용하는 것이 실무이다(실무제요 2-355). 최고가매수신고인의 대금미납 등으로 차순위매수신고인이 매각허가결정을 받았으나, 차순위매수신고인도 대금을 미납하여 재매각을 실시하는 경우, 재매각일의 3일 전에는 위 양자 간에 먼저 대금을 지급하는 쪽이 매매목적물의 권리를 취득한다(138조 3항 후문).

9. 부동산관리명령

매수인이 결정되어도 매수한 부동산의 인도는 매각대금을 지급해야 청구할 수 있기 때문에 그 사이의 매각부동산의 가치를 보호하기 위한 조치가 필요하다.

관리명령과 인도명령

이에 따라 매각허가결정 후 인도할 때까지, 매수인이나 채권자의 신청에 의해 법원은 관리인을 선임하여 그 관리인으로 하여금 부동산을 관리하게 하는 부동산관리명령을 내린다(136조 2항. 이 사무는 사법보좌관이 다루지 않는다[사보규 2조 1항 7호 나목]). 관리인으로 선임된 자는 관리명령에 기하여 채무자에 대하여 매각부동산의 인도를 구하고, 채무자의 임의의 인도를 통해 관리에 착수한다. 채무자가 임의로 인도하지 않으면 새로이 법 136조 3항에 준하는 인도명령을 내려야 한다(136조 3항). 인도명령의 신청에 관한 재판에 대하여는 즉시항고를 할 수 있다(136조 5항).

관리인의 권리와 의무

관리인은 매각부동산의 인도를 받은 후 선량한 관리자의 주의로써 이를 보존·유지하여야 한다. 관리인은 매각부동산의 수익권은 없지만, 천연과실의 경우 이를 수취할 권한이 있다. 매수인이 매각대금을 다 지급하고 인도를 청구하면, 관리인은 관리사무를 청산하고 부동산을 매수인에게 인도하여야 한다. 매각허가결정이 실효된 경우에는 동시에 관리명령도 실효된다는 것이 다수설이다(법원의 관리명령취소결정이 필요하다는 견해[75]도 있다). 관리비용은 집행비용이 아니고 이를 신청한 매수인이나 채권자가 부담한다.

10. 매각대금의 지급

(1) 지급기한

매각허가결정이 확정되면 최고가매수신고인은 매수인이 되고, 사법보좌관이 정한 기한까지 대금을 지급하여야 한다(142조 2항). 매수인은 임의로 매수인으로서의 권리의무를 포기할 수 없다. 단, 대금지급 후 추후보완을 통한 항고제기가 항고법원에 의해 허용되고, 그 후 항고가 기각되거나 재항고가 기각되면 매각대금 지급은 효력을 상실한다(대결 1998.3.4, 97마962 등). 이 경우 사법보좌관은 새로이 대금지급기한을 정하여야 한다.

75) 주석민사집행법 Ⅳ-69.

(2) 지급기한의 지정

대금지급기한은 매각허가결정 확정일로부터 1개월 내의 날로 정하여야 한다(규칙 78조. 경매사건기록이 상소법원에 있으면 기록을 송부받은 날로부터 1개월 안). 단, 채권자가 매수인이 되고 차액지급을 하는 경우에는 대금을 배당기일에 낼 수 있으므로(143조 2항), 지급기한을 정함이 없이 바로 배당기일을 정한다.

(3) 집행정지서면의 제출과 지급기한의 지정

법 49조 1호·5호, 2호 서류의 경우

매각허가결정후 법 49조의 서류가 제출되고(단, 3호, 4호, 6호의 경우에는 매수인의 동의 필요) 이중경매신청이 없는 경우에는, 지급기한을 정할 수 없고 또한 정하였다 하여도 대금을 수령할 수 없다. 이중경매신청이 있는 경우, 법 49조 1호, 5호 서류가 제출되면 법 91조 1항의 규정에 어긋나지 않은 한도에서, 선행 사건의 절차를 이어받아 후행 사건의 절차를 진행하면 되므로 바로 대금지급기한을 정하고 대금을 수령한다. 반대로 법 49조 2호의 서류라면, 후행사건에 관한 압류채권자의 절차속행신청이 있는 경우에는 대금지급기한을 정하고 대금을 수령할 수 있다.

법 49조 3호·6호, 4호 서류의 경우

같은 조 3호, 6호 서류라면, 법 105조 1항 3호의 기재사항의 변경 여부에 따라, 변경되지 않으면 선행사건 취소 후 후생사건에 따라 절차는 계속 진행되므로 지급기한을 정하고 대금을 수령하지만(당해 기재사항이 변경되어도 매수인 등이 선행사건에 관한 서류의 제출에 동의하지 않으면 동일하다), 이와 반대로 변경되고 매수인 등이 동의하면 후행사건에 의해 다시 매각을 실시하여야 한다. 같은 조 4호 서류라면, 매수인 등의 동의를 받아야 하는데(93조 3항), 동의를 받지 못하면 대금지급기한을 정하고 대금을 수령하지만, 동의를 받으면 후행사건의 압류채권자의 절차속행에 의해 달라진다. 즉 절차속행신청이 있으면 동의를 받지 못한 경우와 같지만, 없으면 대금지급기한을 정할 수 없고 대금의 수령도 불가능하다.

(4) 지급기한의 통지

사법보좌관은 대금지급기한을 매수인과 차순위매수신고인에게 통지하여야 한다(142조 1항). 기한을 통지할 때에는 연월일, 시각 및 지급장소까지 자세히 통지한다.

(5) 지급기한의 변경

변경은 매수인의 신청과 사법보좌관의 직권으로 가능하다.

(6) 지급금액과 절차

지급금액의 액수

매수인이 제공한 보증은 대금에 충당되므로(142조 3항), 매각허가결정서에 적힌 매각대금에서 보증을 뺀 잔액이 실제로 지급하는 금액이 된다. 금전이외의 방법(유가증권 등)으로 보증이 제공되었으면, 다시 대금전액을 납부하고 보증의 반환을 받는다. 만일 매수인이 보증을 뺀 나머지 금액만을 지급하면 법원이 보증을 현금화하여 매각대금에 충당하고, 모자라면 다시 대금지급기한을 정하여 매수인에게 지급하게 한다(142조 4항).

매각대금의 지급방법

대금은 현금이나 자기앞수표로 지급하여야 한다. 분할지급도 가능하다. 채권자가 매수인이 되는 차액지급의 경우에는 배당받아야 할 금액만큼 대금지급의 효력이 생기고 채권에 대한 배당액 지급의 효과가 생긴다. 또한 매수인이 배당받아야 할 금액에 대하여 이의가 있으면, 매수인은 배당기일이 끝날 때까지 이에 해당하는 대금을 내야 하고(143조 3항), 그러하지 않으면 재매각을 하게 된다. 이 때 이의가 있음에도 대금을 현실적으로 납부하지 않고 차액지급에 따라 배당절차를 마친 경우, 대금납부의 효력이 발생하는지 문제된다. 이에 대해서는 그 효력을 인정하고 이의권자는 배당이의를 통해 구제받아야 한다는 견해와, 그 효력이 없고 재매각을 하여야 한다는 견해가 있다(실무제요 2-386면은 전자에 찬성). 적법한 이의에 의한 금전이 납부되지 않으면 배당절차를 진행할 수 없고, 나아가 대금미납부로서 매수인에 대한 매각허가결정은 그 효력을 상실하므로 후자에 따른 처리가 원칙적이라고 생각한다.

채무를 인수한 경우

매수인이 채무를 인수하는 경우에는 매각대금과 인수한 채무와의 차액을 지급하면 되는데, 법원사무관등은 배당기일 3일 전에 배당표원안이 작성되면 매수인에게 배당기일에 지급하여야 할 예상액을 전화나 팩스로 통지한다. 단, 인수할 채무에 이의가 있으면 배당기일이 끝날 때까지 이에 해당하는 대금을 내야 하고(143조 3항), 그러하지 않으면 재매각을 명하게 된다.

남을 가망이 없어 채권자가 보증을 제공한 경우

남을 가망이 없는 경우에 압류채권자가 스스로 잉여를 발생시킬 신청액을 정하여 절차의 속행을 구한 때에는, 신청액과 동액의 보증을 제공해야 하는데(102조 2항 참조), 이 경우에는 매각허가결정과 함께 납부한 것으로 본다.

11. 소유권이전과 부동산인도명령

(1) 소유권이전

1) 의 의

매수인은 대금을 납부한 때에 매각의 목적인 권리를 취득한다(135조). 즉 매각허가결정서에 적힌 부동산과 동일성이 인정되는 범위 내에서 그 소유권의 효력이 미치는 범위의 소유권을 취득한다. 이 소유권취득은 승계취득이다(대판 1991.8.27, 91다3703). 위험부담도 동시에 매수인에게 이행한다. 따라서 대금납부시까지 부동산이 멸실되면 경매절차는 취소되지만(96조), 대금납부 후의 멸실은 그 후의 절차에 영향을 미치지 않는다.

경매가 당연무효인 경우

경매신청도 없었고 경매개시결정을 받은 바 없는 부동산이 경매신청된 다른 부동산과 함께 경매되고 매각허가결정이 확정되어도, 이는 당연무효이고 매수인은 소유권을 취득하지 못한다(대판 1991.12.10, 91다20722). 재산의 처분에 감독관청의 허가가 필요함에도 허가 없이 경매로 처분된 경우에는, 소유권이 이전되지 않는다(학교법인의 기본재산의 경우로서 대판 1994.1.25, 93다42993. 전통사찰의 경우로서 대판 1999.10.22, 97다49817). 집행권원이 부존재한 경우 또는 집행권원이 무효인 경우에도 이에 기한 강제경매는 당연무효로서 아무런 효력이 생기기 않고 매수인은 소유권을 취득하지 못한다(단, 집행권원의 소멸 또는 집행권원의 집행력배제에 관한 서류가 매수 후에 제출된 경우에는 매수인의 소유권취득에는 영향이 없다).

경매절차상의 하자가 소유권취득에 영향을 주지 않는 경우

그러나 무효인 공정증서에 기한 강제경매에서 채무자가 매수인에게 그 공정증서가 유효하다는 신뢰를 부여한 경우에는, 무효인 공정증서에 기한 강제경매가 무효라고 주장할 수 없다(대판 1992.7.28, 92다7726). 또한 경매개시결정이 채무자에게 송달되지 않은 것과 같이 강제경매절차를 무효로 하는 하자가 아닌 한, 경매절차에 하자가 있더라도 매각허가결정이 확정되고 매수인이 대금을 납부하면 매수인의 소유권취득에는 영향이 없다.

2) 이전절차

대금의 지급 – 등기의 촉탁

법원사무관등은 매수인이 대금을 지급하면, 바로 매가허가결정의 등본을 첨부하여 매수인 앞으로 소유권을 이전하는 등기, 매수인이 인수하지 아니한 부동산의 부담에 관한 기입을 말소하는 등기, 경매개시결정등기를 말소하는 등기를 등기관에게 촉탁하여야 한다(144조 1항). 실무상 촉탁은 매수인이 주민등록표등본 등의 촉탁서류를 제출한 날로부터 3일안에 하도록 요구되고 있다(송민 91-5). 매수인이 인수하지 아니한 부동산의 부담이란 법 91조 1항에 의해 매수인이 인수하기로 한 것, 법 143조 1항에 의해 매수인이 채무를 인수한 경우 이외를 말한다.

대출금으로 매각대금을 지급하는 경우

또한 매각대금을 지급할 때까지 매수인과 매수인으로부터 부동산을 담보로 제공받으려고 하는 사람이 규칙78조의2가 정하는 바에 따라 공동으로 신청한 경우, 소유권이전등기 촉탁은 등기신청의 대리를 영업으로 할 수 있는 사람으로서 신청인이 지정하는 사람에게 촉탁서를 교부하여 등기소에 제출하는 방법으로 하여야 하고, 이 경우 신청인이 지정하는 사람은 지체 없이 그 촉탁서를 등기소에 제출하여야 한다(144조 2항). 이것은 담보대출을 통해 매수하는 경우를 대비하기 위한 절차로서 새로이 도입된 것이다. 즉 경매절차에서 법원이 매수인 명의의 소유권이전등기를 촉탁하기 이전에는 매각대금 중 잔금 대출을 위한 저당권을 설정할 수 없으므로, 매수인이 금융기관 등으로부터 자금 대출을 받을

경우 금융기관 등은 당일 소유권이전등기 및 저당권 등기를 마칠 것을 전제로 대출을 하게 된다. 이 과정에서 당일 저당권 등기를 마치기 위하여 법원직원에 대한 신속한 소유권이전등기 촉탁의 청탁 등 부작용이 발생할 수 있으므로 등기촉탁 전에 안심하고 잔금을 대출할 수 있도록 한 것이다.

대금의 미지급 기한까지 대금을 납부하지 않으면 매각허가결정은 효력을 상실하고, 매수인은 그 자격을 확정적으로 상실하므로 보증의 반환을 받지 못한다(137조 2항, 138조 4항. 물론 그 후의 절차가 취소되면 반환된다). 차순위매수신고인이 있는 경우에는 사법보좌관은 그 신고에 대해 매각결정기일을 열어 그 허부를 결정한다(137조 1항). 재매각은 없으므로 대금납부가 없으면 다시 통상의 매각을 실시하지만, 그 경우 대금납부에 의해 실권된 자는 매수인이 될 수 없고(138조 4항), 전술하였듯이 그 자가 제공한 보증은 매각대금에 충당된다(142조 3항).

법정지상권이 성립하는 경우 채무자의 소유물인 토지와 그 지상건물의 한쪽 또는 양쪽이 압류되고 매각에 의해 각각 소유자를 달리 하면, 그 건물에 관해 지상권이 설정된 것으로 보고 건물의 보호를 꾀한다(관습법상의 법정지상권. 대판 1970.9.29, 70다1454). 토지와 그 지상 건물이 동일인에게 속하였는지 여부를 판단하는 기준시점에 대해서는, 원래 토지와 그 지상 건물이 애초부터 원시적으로 동일인의 소유에 속하였을 필요는 없고, 그 소유권이 유효하게 변동될 당시에 동일인이 토지와 그 지상 건물을 소유하였던 것으로 족하다는 것이 판례였지만(대판 1970.9.29, 70다1454), 대판(전) 2012.10.18., 2010다52140에서는 이를 변경하여 다음과 같이 해석하게 되었다. 즉 그 매수인이 소유권을 취득하는 매각대금의 완납시가 아니라 그 압류의 효력이 발생하는 때를 기준으로 하여 토지와 그 지상 건물이 동일인에 속하였는지 여부가 판단되어야 하고, 강제경매개시결정 이전에 가압류가 있는 경우에는, 그것이 본압류로 이행되어 경매절차가 진행된 경우에는 애초 가압류가 효력을 발생하는 때를 기준으로 토지와 그 지상 건물이 동일인에 속하였는지 여부를 판단한다.

만일 강제경매의 목적이 된 토지 또는 그 지상 건물에 관하여 강제경매를 위한 압류나 그 압류에 선행한 가압류가 있기 이전에 저당권이 설정되어 있다가 그 후 강제경매로 인해 그 저당권이 소멸하는 경우라면 토지와 그 지상 건물이 동일인 소유에 속하였는지를 판단하는 기준 시기는 그 저당권 설정 당시이다(대판 2013.4.11, 2009다62059).[76]

한편 토지와 함께 공동근저당권이 설정된 건물이 그대로 존속함에도 등기부에 멸실의 기재가 이루어지고 이를 이유로 등기부가 폐쇄된 후 토지에 대하여만 경매절차가 진행되어 토지와 건물의 소유자가 달라진 경우에도 건물을 위한 법정지상권이 성립한다(대판 2013.3.14, 2012다108634). 왜냐하면, 저당권자로서는 멸실 등으로 인하여 폐쇄된 등기기록을 부활하는 절차 등을 거쳐 건물에 대한 저당권을 행사하는 것이 불가능한 것이 아닌 이상 저당권자가 건물의 교환가치에 대하여 이를 담보로 취득할 수 없게 되는 불측의 손해가 발생한 것은 아니기 때문이다. 즉 단지 건물에 대한 등기부가 폐쇄되었다는 사정만으로 건물이 멸실된 경우와 동일하게 취급하여 법정지상권이 성립하지 아니한다고 할 수는 없는 이치이다. 그 밖에 압류, 가압류나 체납처분압류 등 처분제한의 등기가 된 건물에 관하여 그에 저촉되는 소유권이전등기를 마친 사람이 건물의 소유자로서 관습상의 법정지상권을 취득한 후 경매 또는 공매절차에서 건물이 매각되는 경우에는 매수인은 위 법정지산권도 취득한다(대판 2014.9.4, 2011다13463).

차임은 협의가 이루어지지 않으면 당사자의 청구에 의해 법원이 정한다. 압류당시 토지와 건물이 별개의 소유자에 속한 경우에 건물만 압류된 때에는, 원칙적으로 당해 압류의 효력은 건물의 기반이 되는 토지이용권(지상권, 임차권)에 미치므로, 매수인은 경매건물의 소유권과 함께 부지이용권을 취득한다(민법 100조 2항). 건물의 매각이나 집행의 실효성을 위하여 부지이용권에 대한 압류의 효력을 인정하여야 하기 때문이다.

---

76) 그 저당권설정 이후의 특정 시점을 기준으로 토지와 그 지상 건물이 동일인의 소유에 속하였는지 여부에 따라 관습상 법정지상권의 성립 여부를 판단하게 되면, 저당권자로서는 저당권 설정 당시를 기준으로 그 토지나 지상 건물의 담보가치를 평가하였음에도 저당권 설정 이후에 토지나 그 지상 건물의 소유자가 변경되었다는 외부의 우연한 사정으로 인하여 자신이 당초에 파악하고 있던 것보다 부당하게 높아지거나 떨어진 가치를 가진 담보를 취득하게 되는 예상하지 못한 이익을 얻거나 손해를 입게 되기 때문이다.

(2) 부동산인도명령

1) 의 의

소유권을 취득한 매수인은 채무자로부터 부동산의 인도를 받을 수 있는데, 임의로 인도되지 않는 경우에 소송과 강제집행에 의해 인도를 실현해야 하는 것은 매수인에게 큰 부담을 과하는 것이고, 나아가 민사집행에 관한 신뢰를 떨어뜨린다. 이 대책으로 집행법원은 매수인이 대금을 낸 뒤 6월 이내에 신청하면 채무자, 소유자 또는 부동산점유자에 대하여 부동산을 매수인에게 인도하도록 명할 수 있고(136조 1항. 이 사무는 사법보좌관이 다루지 않는다[사보규 2조 1항 7호 나목]), 이를 인도명령이라 한다. 인도명령은 즉시항고로서만 불복할 수 있는 재판이고(136조 5항), 법 56조 1호의 집행권원이 된다.

2) 당사자

① 신청인

인도명령은 매수인 또는 매수인의 일반승계인이 신청할 수 있다. 매각대금을 지급하면 되고 등기가 이전되지 않아도 가능하다. 인도명령의 신청권은 매수인에게만 인정되는 집행법상의 권리이고, 인도명령후의 일반승계인은 승계집행문을 받아 인도명령을 집행할 수 있으며, 특정승계인은 인도명령의 신청권도 대위신청권도 갖지 않는다.

② 상대방

채무자와 소유자(그 일반승계인을 포함) 그리고 부동산점유자가 인도명령의 상대방이다. 채무자와 소유자의 경우에는, 그 점유가 직접점유는 물론 간접점유도 요건은 아니지만, 부동산점유자의 경우에는 직접점유만을 가리킨다. 단, 점유자가 매수인에게 대항할 수 있는 권원에 의하여 점유하고 있는 것으로 인정되는 경우에는 상대방이 될 수 없다(136조 1항 단서). 그러나 압류 전에 정당한 권원에 기한 점유를 개시하였는데 그 점유권원이 매각에 의해 효력을 잃고 매수인에게 대항할 수 없게 된 것에 불과한 경우(사용대차의 차주의 경우)에는 인도명령이 가능하다(136조 1항 단서 참조).

3) 절 차

① 신 청

인도명령의 신청은 집행법원에 서면 또는 구술로 할 수 있지만, 보통 서면이 이용된다. 인도명령은 집행절차에 부수하여 소위 매수인에게 서비스하는 것이므로 신청은 매각대금납부 후 6월 이내에 하여야 하고(도과한 경우에는 통상의 인도소송을 제기하여야 한다), 당해 부동산에 대해 경매사건이 현재 계속되어 있거나 계속되어 있었던 집행법원에 한다.

② 심판 및 집행

임의적 변론과 필요적 심문

임의적 변론이지만, 채무자 및 소유자 이외의 점유자에 대하여 인도명령을 하려면 점유자를 심문하여야 하고, 다만 그 점유자가 매수인에게 대항할 수 있는 권원에 의하여 점유하고 있지 아니함이 명백한 때 또는 이미 그 점유자를 심문한 때에는, 그러하지 않다(136조 4항). 법원은 인도명령의 사유가 소명되면 인도명령을 발한다. 재판의 형식은 결정이다(136조 5항).

인도명령의 집행

인도명령을 내려도 상대방이 이에 따르지 아니하면 신청인은 집행관에게 그 집행을 위임하고, 집행관으로 하여금 법 258조에 의하여 인도집행을 하도록 한다(136조 6항). 인도명령의 집행에는 집행문이 필요하다는 것이 실무이다(실무제요 2-442). 아울러 인도명령의 집행력은, 상대방인 채무자는 물론 그와 생계를 같이 하는 가족과 같은 채무자와 동일시되는 자에게도 미친다(대판 1998.4.24, 96다30786). 그러나 기판력은 없고, 매수인에게 대항할 수 있는 권원을 주장하는 상대방은 청구이의의 소로 다툴 수 있다.

4) 인도명령에 대한 불복

인도명령의 허부의 결정에 대해서는 즉시항고가 가능하고(136조 5항), 그 절차는 매각허가결정에 대한 즉시항고의 경우와 같다. 인도명령의 집행 자체에 존재하는 위법에 대하여는 집행에 관한 이의에 의해 다툴 수 있다. 또한 즉시항고에는 집행정지의 효력이 없고, 확정되어야 효력이 발생한다는 규정도 없다.

제8항 배 당

1. 서

사법보좌관은 매각대금으로 각 채권자에게 그 채권액을 교부(변제)하고 나머지가 있으면 채무자에게 반환한다. 부족하면 각 채권자들에게 법률에 의한 우선순위에 따라 안분비례의 방법으로 매각대금을 배당한다. 배당은 배당기일을 정하고 배당표를 작성하여 실시하게 된다. 금전의 지급을 목적으로 하는 강제집행시에 집행채권자는 물론 다른 채권자에게 있어서도, 특히 배당의 단계에서는 자신의 채권의 확보에 관해 중대한 이해관계가 발생한다. 따라서 민사집행법에서는 이에 관해 명확한 규정을 두고 있다.

외화채권의 경우

아울러 강제집행절차에서는 외화채권이라 할지라도 반드시 내국통화로 환산한 금액을 지급한다. 특별한 사정이 없는 한 배당기일에 있어서의 그 외화의 환금시가에 의한 한화 환산금액이 채권액으로 된다(대판 2011.4.14, 2010다103642).

2. 배당요구

(1) 의 의

배당요구란 다른 채권자에 의해 개시된 집행절차에 참가하여, 동일한 재산의 매각대금에서 변제를 받으려는 집행법상의 행위를 말한다. 배당을 받는 채권자에는 배당요구를 할 수 있는 채권자와 배당요구를 하지 않아도 당연히 배당에 참가할 수 있는 자로 구분된다. 배당요구를 해야 하는 채권자가 이를 하지 않으면 실권효로서 배당받을 수 없고, 채권의 일부로 배당요구를 하였다면 그 금액을 추가하거나 확장할 수 없다(대판 2002.1.25, 2001다11055).

(2) 배당요구 없이 배당에 참가할 수 있는 자

① 이중경매신청인(148조 1호)

② 첫경매개시결정등기 전에 등기된 가압류채권자(148조 3호)

③ 첫경매개시결정등기 전에 등기된 우선변제권자(148조 4호)

여기의 우선변제권자에는 매각으로 소멸되지 않는 권리의 경우는 제외되고, 체납처분의 절차로서 압류 또는 보전압류등기가 되어 있는 압류권자가 포함된다(대판 1997.2.14, 96다51585).

④ 종전 부동산등기부에 기입되어 있던 부담등기의 권리자

(3) 배당요구가 필요한 채권자

① 집행력 있는 정본을 가진 채권자(88조 1항)

② 경매개시결정등기 후에 가압류를 한 채권자(88조 1항)

가압류의 집행을 한 채권자를 말하고,[77] 이중경매개시결정의 경우에는 먼저 개시결정된 사건이 기준이 된다.

③ 민법·상법, 그 밖의 법률에 의하여 우선변제청구권이 있는 채권자(88조 1항)

④ 조세 그 밖의 공과금채권

⑤ 대위변제자의 배당요구

민법 368조 2항의 경우가 있다. 아울러 배당요구를 할 수 있는 채권자의 채권을 압류한 경우 그 압류를 대위에 의한 배당요구로 볼 것인지에 대해 논의가 없지 않지만, 실무는 부정한다(실무제요 2-457).

(4) 배당요구방식

배당요구는 채권의 원인과 액수를 적은 서면으로 하여야 한다(규칙 48조 1항). 배당요구서는 법원이 정한 배당요구의 종기까지 제출되어야 한다(88조). 확정된 지급명령의 채권자가 집행력 있는 정본을 가진 채권자로서 적법하게 배당요구를 하는 경우에는 지급명령 정본이나 사본을 배당요구의 종기까지 제출하여야 한다(대판 2014.4.30, 2012다96045).

77) 따라서 외국선박에 대한 가압류결정을 받은 가압류권자는 가압류집행을 마쳐야 배당요구를 할 수 있고, 가압류대상인 선박에 대하여 이미 경매신청채권자 등에 의하여 선행 감수·보존처분이 되어 있다고 하더라도 별도로 가압류집행을 하여야 하며, 그러한 집행을 하지 아니한 채 선행 감수·보존처분을 원용하거나 가압류결정만으로 적법한 배당요구가 있었다고 할 수는 없다(대판 2011.9.8, 2009다49896).

(5) 배당요구시기

배당요구를 할 수 있는 시기는 압류의 효력발생시 이후이고, 종기는 첫 매각기일 이전으로서 사법보좌관이 정하는 때이다(84조 1항).

(6) 배당요구채권

① 집행채무자에 대한 채권

② 이행기가 도래한 채권

단, 이행기가 도래하지 않은 채권으로 가압류를 한 경우에는 그 배당액이 공탁되므로(160조 1항 2호), 사실상 이행기도래전의 채권으로 배당받게 된다.

(7) 배당요구에 대한 사법보좌관의 조치

배당요구에 대해서는 그 형식적 요건을 심사하여 각하하거나, 적법하면 이해관계인에게 통지하게 된다(89조, 88조 1항).

(8) 배당요구의 효력

배당요구는 배당요구서가 사법보좌관에 제출되면 배당요구의 요건이 구비되어 있는 한, 채무자나 이해관계인에 대한 통지가 누락되어도 효력이 발생한다. 이러한 효력은 배당요구채권자의 배당받을 권리, 배당기일 통지를 받을 권리(146조), 배당표에 대한 의견을 진술할 수 있는 권리(151조), 또한 배당요구채권자라는 이해관계인으로서의 권리(90조, 89조, 88조1항, 110조, 120조, 129조)를 가리킨다. 배당요구 또는 채권신고 등의 방법으로 경매절차에서 참가함으로써 발생한 소멸시효의 중단효는 배당표가 확정된 때에 그 소멸시효가 다시 진행한다(대판 2009.3.26, 2008다89880).

(9) 배당요구의 철회

배당요구는 원칙적으로 자유롭게 철회할 수 있지만, 매수인이 인수하여야 할 부담이 바뀌는 경우에는 배당요구의 종기 전에만 철회할 수 있다(88조 2항).

3. 계산서의 제출

법 84조 4항의 채권신고의 최고 이외에, 법원사무관 등은 배당기일이 정해지면 각 채권자에 대하여 채권의 원금·배당기일까지의 이자, 그 밖의 부대채권 및 집행비용을 적은 계산서를 1주일 안에 제출할 것을 최고하여야 한다(규칙 81조). 최고를 받을 채권자는 법 148조 각 호의 배당받을 채권자의 범위와 같다. 배당에 참가할 수 있는 채권자는 최고 없이 스스로 계산서를 제출할 수 있다. 계산서에 적어야 할 사항은 배당표에 적어야 할 사항과 같다(150조 1항). 계산서의 제출은 배당표 작성의 준비행위에 불과하고, 그 제출 유무에 따라 채권자의 권리가 좌우되는 것은 아니다.

4. 배당받을 채권자

경매절차에서 배당받을 채권자는 다음과 같다(148조).

(1) 압류채권자

압류채권자란 배당요구종기까지 강제경매 또는 일반 법정질권의 실행으로서 경매의 신청을 한 압류채권자에 한한다. 이중경매신청이 배당요구의 종기까지 이루어진 때에는, 비록 그에 기한 압류의 효력이 배당요구종기 후에 발생해도 배당받을 채권자가 된다. 압류채권자가 배당받을 금액은 배당요구의 종기까지 적법하게 청구된 채권의 원금과 이자 그리고 집행비용이다.

(2) 배당요구의 종기까지 배당요구를 한 채권자

집행력이 있는 집행권원을 소지한 자의 채권 중, 법 148조 1호의 배당요구의 종기까지 경매신청을 한 압류채권자의 채권에 해당하는 것 이외에는, 배당요구의 종기까지 배당요구를 하여야 한다. 배당요구서는 그 서면의 제목이 권리신고서이든 채권계산서이든, 채권의 원인과 액수가 적혀 있다면 배당요구로 취급된다(대판 1999.2.9, 98다53547). 배당요구의 원인과 액수는 압류채권자의 그것에 준한다.

(3) 최초의 강제경매의 개시결정에 의한 압류의 등기 전에 등기된 가압류채권자

가압류채권의 배당순위는 가압류에 의해 보전된 피보전권리에 관하여 법률에 정해진 우선순위에 따른다. 가압류의 개별상대효를 인정하는 판례에 의하는 경우, 가압류등기 후의 담보권설정이나 소유권이전이 가압류의 처분금지효에 반하지 않는 것이라고 하면 다음과 같이 처리된다. 먼저 가압류채권자와 담보권자는 채권액에 비례하여 평등하게 배당받게 된다(대판 1987.6.9, 86다카2570). 또한 가압류 후에 제3자 앞으로 소유권이전등기가 된 경우에는, 가압류채권자가 아닌 다른 채권자는 당해 부동산의 매각대금의 배당에 참가할 수 없다(대판 1998.11.13, 97다57337).

(4) 저당권 · 전세권 그 밖의 우선변제청구권으로서 첫 경매개시결정등기 전에 등기되었고 매각으로 소멸하는 것을 가진 채권자

압류의 등기 후에 담보권이 설정된 경우가 아닌 압류등기 전에 등기된 담보권의 경우에만 배당을 받을 수 있다(88조 1항). 여기에는 저당권, 근저당권, 가등기담보권, 전세권, 주택 및 상가건물의 임차보증채권, 등기된 임차권 등이 있다. 우선변제청구권의 우선순위와 그 범위는 민법 등의 관련 법률에 의한다. 주로 등기의 선후에 의한다.

(5) 그 밖의 법률에 의한 경우

1) 근로자의 우선변제권

임금 · 퇴직금 · 재해보상금 그 밖의 근로관계로 인한 채권은, 사용자의 총재산에 대하여 질권 또는 저당권에 의하여 담보된 채권을 제외하고는 조세 · 공과금 및 다른 채권에 우선하여 변제되어야 한다(다만, 질권 또는 저당권에 우선하는 조세 · 공과금에 대하여는 그러하지 아니하다[근로기준법 37조 1항]. 즉 저당권과 조세채권의 우열에 따라 전자가 우위이면 그 중간순위로, 후자가 우위이면 3순위가 된다).

그러나 최종 3개월분의 임금, 최종 3년간의 퇴직금(퇴직금은 계속 근로년수 1년에 대하여 30일분의 평균임금으로 계산), 그리고 재해보상금은 사용자의 총재산에 대하여 질권 또는 저당권에 의하여 담보된 채권, 조세・공과금 및 다른 채권에 우선하여 변제되어야 한다(근로기준법 37조 2항, 3항). 이 우선채권의 순위는 주택임대차보호법 8조에 의한 소액보증금채권과 같다(송민 91-2).

2) 국세 · 지방세 채권

국세, 지방세, 관세 및 그 가산금과 체납처분비는 다른 공과금 그 밖의 채권에 우선한다(국세기본법 35조 1항, 지방세법 31조 1항, 관세법 3조 2항). 이 조세채권과 저당권의 우선관계는, 조세의 법정기일(보전압류등기일)과 설정등기일의 선후로 정해진다. 양 기일이 같다면 조세채권이 우선이라는 설[78]이 다수설이라 말해진다. 단, 매각부동산 자체에 부과된 조세와 가산금은 법정기일 전에 설정된 저당권 등으로 담보된 채권보다 우선하는데, 이를 당해세라 한다(국세기본법 35조 1항 3호, 지방세법 31조 2항 2호). 그러나 이 당해세는 담보물권을 취득하는 사람이 장차 그 재산에 대하여 부과될 것을 상당한 정도로 예측할 수 있는 것으로서, 오로지 당해 재산을 소유하고 있는 것 자체에 담세력을 인정하여 부과되는 국세만을 의미한다(대판(전) 1999.3.18, 96다23184).

3) 체납처분의 예에 따라 징수되는 공과금채권

여기에는 일반채권보다 우위인 것과 그렇지 않은 것, 또한 납부기한에 따라 담보권과 우선순위가 달라지는 것과 그렇지 않은 것이 있다(이에 관해서는 실무제요 2-548면 이하 참조).

4) 저당물의 제3취득자가 지출한 필요비 · 유익비채권

저당권설정 등기 후 제3취득자가 그 부동산에 필요비 또는 유익비를 지출한 때에는, 민법 203조에 의해 저당물의 경매대금에서 우선상환을 받을 수 있다(민법 367조). 저당부동산이 매각되는 것이라면 다른 채권자

78) 주석민사소송법 Ⅳ-195.

에 의해 개시된 강제경매절차에도 적용된다. 이 권리도 배당요구의 종기까지 배당요구를 하여야 우선변제를 받을 수 있다(88조 1항).

5. 매각목적물이 일부지분인 경우의 배당

선순위권리자가 있는 부동산에 대해 일부 지분만을 대상으로 경매가 개시되고, 당해 선순위권리를 매수인이 인수한다는 취지의 특별매각조건을 정하지 않고 매각한 경우, 당해 선순위권리자의 배당을 어떻게 할 것인지 문제된다.

안분배당과 전액배당

이에 관해서는 경매목적물의 지분에 상응한 비율로 안분한 금액을 배당해야 한다는 견해와, 청구금액 전액에 대하여 우선적으로 배당받고 다른 권리자와의 관계는 변제자의 대위문제로 해결해야 한다는 견해가 있다. 한편 실무에서는 매수인이 선순위권리를 인수한다는 특별매각조건에 의하거나, 아니면 청구금액 중 매각지분에 상응한 비율로 안분한 금액만을 배당받고 그에 해당하는 권리를 일부 말소하는데 동의하는 각서를 받고 매각한다고 한다(실무제요 2-561).

6. 채권자취소권의 행사와 배당

채권자취소소송의 청구인용판결(취소판결)은, 그 취소권을 행사한 채권자와 그 상대방인 수익자 또는 전득자와의 상대적인 관계에만 미치는 상대적 무효(대판 1988.2.23, 87다카1989)이다. 다른 한편, 채권자취소권 행사에 의한 취소와 원상회복은 모든 채권자의 이익을 위하여 그 효력이 있는데(민법 406조), 이로 인해 배당에서는 특수한 문제가 발생한다.

(1) 원물반환의 경우

전소유자 앞으로의 환원 후 취소채권자에 의해 경매가 개시된 경우에는, 취소채권자만이 아닌 다른 채권자도 배당에 참가할 수 있다. 재산을 반환한 수익자의 경우에는 사해행위 전의 채권자라면 배당요구를 할 수 있고, 단순수익자라면 부당이득반환청구권이나 담보책임추급권에 기하여 배당요구를 하는 것은 부정된다(실무제요 2-563). 사해행위임을 알았기 때문이다. 또한 사해행위 이후 채권을 취득한 자도 부정된다. 나아가 위의 경우 전소유자의 채권자에게 배당하고 남은 잉여금을 배당요구한 수익자의 채권자에게 배당할 수 있는지에 대해서는, 민법상 채권자취소권의 성격과도 연관되어 있는데, 배당할 수 없고 금전채권에 대한 집행절차를 통해 만족을 얻어야 한다는 견해와, 전소유자의 채권자들을 모두 만족시키고 남은 금액에 대하여는 수익자의 부동산을 매각한 것과 같으므로 그대로 배당할 수 있다는 견해가 있다.

(2) 가액반환의 경우

가액반환을 명한 경우에는, 취소채권자는 사해행위의 목적부동산이 아닌 수익자의 다른 부동산에 대하여도 강제집행을 할 수 있고, 배당요구만을 할 수도 있다. 또한 채권자가 사해행위취소권을 행사하여 직접 수령한 가액배상금에 대하여 다른 채권자는 취소채권자를 상대로 채권액에 따른 안분액의 지급을 구할 수 없다(대판 2008.6.12, 2007다37837). 사실상 채권집행에서의 채권추심과 동일한 상황이 되기 때문이다. 그 밖에 여러 건의 사해행위취소 및 원상회복청구 소송이 개별로 진행되거나 병합되어 하나의 절차에서 진행된 결과 가액배상을 명하여야 할 경우, 법원은 수익자 등이 반환하여야 할 가액을 채권자의 채권액에 비례하여 채권자별로 안분한 범위 내에서 반환을 명할 것이 아니라, 수익자 등이 반환하여야 할 가액 범위 내에서 각 채권자의 피보전채권액 전액의 반환을 명하여야 한다(대판 2008.6.12, 2008다8690, 8706).

(3) 사해행위가 담보설정행위인 경우

취소된 담보권자는 별도의 배당요구를 하여 배당요구채권자로서 배당받아야 하고, 담보권자로서는 배당받을 수 없다.

(4) 잉여금의 귀속

취소채권자 등이 강제집행을 실시하여 배당받고 남은 잉여금은, 그 재산을 반환한 수익자에게 반환하고 채무자에게는 지급하지 않는다.

7. 배당기일의 지정 및 통지

(1) 배당기일의 지정

매수인이 매각대금을 지급하면 법원은 배당에 관한 진술 및 배당을 실시할 기일(배당기일)을 정하여야 한다(146조). 실무상으로는 매각대금지급 후 3일 안에 지정하되, 배당기일은 대금지급 후 4주 안의 날로 정하도록 되어 있다(송민 91-5).

(2) 배당기일의 통지

사법보좌관은 지정된 배당기일을 이해관계인과 배당요구채권자에게 통지하여야 한다(146조). 통지는 규칙 8조가 정한 바에 따라 상당하다고 인정되는 방법으로 할 수 있는데, 배당기일통지서를 작성하여 이를 송달하는 것이 바람직하다고 한다(실무제요 2-573). 법 149조 1항의 3일 간의 배당표열람기간을 확보하기 위해, 이 통지는 늦어도 배당기일 3일 전에 도달되어야 한다.

8. 배당표의 작성

(1) 서

채무자의 재산을 현금화하고 채권자에게 배당하는 준비로서 배당표를 작성한다. 배당표의 작성은 어느 채권자에게 어느 정도의 배당이 가능한지 명확히 할 필요가 있기 때문이다. 부동산집행의 강제경매에 대한 배당표 작성절차의 규정은 강제관리(169조), 선박집행(172조), 유체동산집행·채권집행(256조), 담보집행(268조 등)에서도 동일하게 준용된다.

(2) 배당표원안의 작성

작성절차 배당표는 먼저 원안이 작성되고, 이것이 배당기일에 채권자들 사이에 합의가 성립하거나 이의가 없을 때 배당표로서 확정된다. 배당표원안은 배당에 관한 일정한 사항을 적은 것이고, 배당기일에서 채권자들이 배당에 관한 의견을 진술함에 있어서의 기초가 된다. 배당표는 규칙 81조의 계산서제출기간이 지난 뒤에 작성하는데, 그 제출기간이 가장 늦게 만료되는 채권자를 기준으로 그 다음날로부터 배당표원안을 작성할 수 있다. 원안을 작성한 후라도 그 내용에 하자가 있으면 신청이나 직권으로 경정할 수 있다. 열람에 제공한 후에 경정한 것이라면 지정된 배당기일을 변경하고, 배당기일에 경정하면 기일을 속행하여야 한다.

집행비용 어느 경우에나 최선순위로 배당되는 집행비용은 각 채권자가 지출한 비용의 전부가 아니라 배당재단으로부터 우선변제를 받을 집행비용만을 의미하며, 이에 해당하는 것으로서는 당해 경매절차를 통하여 모든 채권자를 위하여 체당한 비용으로서의 성질을 띤 집행비용(공익비용)에 한하고, 집행비용에는 민사집행의 준비 및 실시를 위하여 필요한 비용이 포함된다. 그러나 사해행위취소소송에 의하여 사해행위의 목적이 된 재산이 채무자의 책임재산으로 원상회복되고 그에 대한 강제집행절차가 진행된 사안에서, 사해행위취소소송을 위하여 지출한 소송비용, 사해행위취소를 원인으로 한 말소등기청구권 보전을 위한 부동산처분금지가처분비용, 사해행위로 마쳐진 소유권이전등기의 말소등기 비용은 집행비용에 해당하지 않는다(대판 2011.2.10, 2010다795650). 반대로 단체 임원 등의 직무대행자를 선임하는 가처분의 경우, 채권자가 예납한 금전에서 지급된 직무대행자의 보수는 집행비용에 해당한다(대결 2011.4.28, 2011마197).

배당표원안에 대한 이의 배당표원안은 배당기일 3일 전에 채무자와 채권자에게 보여주기 위해 법원(법원사무관등의 사무실)에 비치하여야 한다(149조 1항). 열람 후 배당표원안에 이의가 있는 이해관계인 등은, 반드시 배당기일에 출석하여 이의를 진술하여야 하고 미리 서면으로 이의할 수 없다(151조 1항, 3항). 반대로 채무자는 배당표원안 비치후 배당기일이 끝날 때까지 서면으로 이의할 수 있다(151조 2항).
배당표는 배당기일에 출석한 이해관계인과 배당을 요구한 채권자를 사법

배당표의 확정

보좌관이 심문하여 확정하여야 한다(149조 2항). 배당표의 기재사항에 관해서는 법150조 1항이 규정하는 것 이외에, 사법보좌관의 배당표양식에 의하면 배당사법보좌관의 표시, 사건번호, 배당할 금액, 매각부동산, 채권자의 이름, 배당순위와 이유, 배당액, 잔여액 등을 적게 되어 있다(기재사항의 구체적인 내용에 관해서는 실무제요 2-578면 이하 참조). 이하에서는 배당순위만을 간단히 살펴보도록 하겠다.

(3) 배당순위

배당순위는 민법, 상법 그 밖의 법률에 의한 우선순위에 의한다(145조 2항).[79] 배당순위는 번호로 표시하고 동일순위가 복수인 경우에는 같은 번호로 표시한다.

1) 조세채권에 우선하는 저당권, 전세권에 의하여 담보되는 채권이 있는 경우

제1순위 - 집행비용
제2순위 - 저당물의 제3취득자가 그 부동산의 보존, 개량을 위해 지출한 필요비, 유익비(민법 367조)
제3순위 - 소액임차보증금채권, 최종 3개월분 임금과 최종 3년간의 퇴직금 및 재해보상금(이들 채권이 경합하면 동순위가 된다[송민 91-2])
제4순위 - 집행목적물에 부과된 국세, 지방세와 가산금(소위 당해세)
제5순위 - 조세채권에 우선하는 저당권, 전세권에 의하여 담보되는 채권
제6순위 - 제3순위의 임금 등을 제외한 임금 그 밖의 근로관계로 인한 채권[80]
제7순위 - 국세, 지방세 및 이에 대한 체납처분비, 가산금 등의 징수비
제8순위 - 국세, 지방세 다음 순위의 공과금
제9순위 - 일반채권

---

79) 한정승인자로부터 상속재산에 관하여 저당권 등의 담보권을 취득한 사람과 상속채권자 사이의 우열관계는 민법상의 일반원칙에 따라야 하고, 상속채권자가 한정승인의 사유만으로 우선적 지위를 주장할 수는 없다(대판(전) 2010.3.18, 2007다77781).

80) 근로자의 임금채권과 근로복지공단의 체당금채권 사이의 배당순위는 임금채권이 우선한다(대판 2011.1.27, 2008다13623).

2) 저당권, 전세권에 의하여 담보되는 채권이 조세채권에 뒤진 경우

제1순위 내지 제3순위는 위와 같다.
제4순위 - 당해세를 포함한 조세 그 밖의 이와 동순위의 징수금
제5순위 - 조세 다음 순위의 공과금 중 납부기한이 저당권, 전세권 설정등기보다 앞서는 의료보험료 등
제6순위 - 저당권, 전세권에 의하여 담보되는 채권
제7순위 - 임금 그 밖의 근로관계채권
제8순위 - 조세 다음 순위의 공과금 중 보험료의 납부기한이 저당권, 전세권의 설정등기 이후인 경우
제9순위 - 일반채권

3) 매각재산에 저당권 등에 의하여 담보되는 채권이 없는 경우

제1순위 내지 제3순위는 위와 같다.
제4순위 - 임금 그 밖의 근로관계로 인한 채권
제5순위 - 조세 그 밖의 이와 동순위의 징수금(당해세 포함)
제6순위 - 조세 다음 순위의 공과금
제7순위 - 일반채권

(4) 순환배당과 흡수배당의 문제

안분후흡수설

압류의 효력으로서 판례·실무가 개별상대효를 따르는 관계로, 배당순위가 고정되지 않고 채권자 사이의 우열관계가 상대에 따라 변동되는 경우의 배당에 관해서는 2가지 방법을 생각할 수 있다. 첫째가 각 채권자의 채권액에 비례하여 안분배당하여야 한다는 입장으로 안분배당설이다. 두 번째는 제1단계로 안분배당설에 의해 안분한 후, 제2단계로 제1단계에서 안분 받지 못한 부족금액에 달할 때까지 자신에게 열후하는 채권자의 안분액으로부터 흡수하여 그 결과를 배당한다는 안분후흡수설이다. 판례(1992.3.27, 91다44407 등)와 실무(실무제요 2-594)는 후자에 따른다.

안분후흡수설에서의 흡수방법

안분후흡수설에서의 흡수는 한번으로 종결되지만, 자기보다 후순위권리자의 배당액을 자기채권이 만족할 때까지 흡수시키며(대결 1994.11.29, 94마417), 후순위

권리자가 복수라면 열후한 후순위권리자에서 먼저 흡수하고 모자라는 한도에서 다음 순위의 후순위권리자로부터 흡수하며, 동순위이면 안분하여 흡수한다. 일단 흡수된 부분을 다시 선순위권리자가 흡수할 수 있는지에 대해서는, 실무는 흡수당한 부분은 일단 배당받은 것이므로 그 부분을 공제한 나머지만 흡수하여야 한다는 견해가 타당하다고 한다(실무제요 2-600). 이렇게 해석하지 않으면 순환이 계속되어 배당할 수 없게 된다는 문제가 발생하는 점을 고려한 것으로 풀이된다.

안분후흡수설의 문제점

그러나 안분후흡수설에 의하면, 배당요구를 많이 할수록 다른 채권자의 배당액이 적어진다는 문제가 발생할 수 있고, 이러한 점을 감안하여 1차로 자기보다 후순위자의 채권을 가산한 금액을 기준으로 안분하여 배당하고, 다만 이러한 안분결과 본래의 자기채권을 초과하여 배당받은 부분은 다시 나머지 채권자들 사이에서 순위에 따라 배당하여야 한다는 가산후안분설도 주장되고 있다. 위 3자의 차이를, 예로 설명하면 다음과 같다(실무제요 2-595의 부분을 기본으로 하여 저자가 추가보충한 것이다).

배당액의 구체적인 예

A의 채권은 1,000만원, B의 채권은 800만원, C의 채권은 200만원이고(총안분기준액으로 2000만원) 배당재단은 1000만원이며, A는 B에 대해, B는 C에 대해, C는 A에 대해 각각 배당순위가 앞서는 경우의 배당금액은 아래 표와 같다(단, 가산후안분설에 의하면, C에 대한 1차안분액 300만원 중 배당요구금액의 초과분 100만원은 A와 B 중 순위가 앞서는 A에게 전액배당된다).

(단위 : 만원)

	A의 배당액	B의 배당액	C의 배당액
안분배당설	500= 안분기준액(1000)÷총안분기준액(2000)×배당재단(1000)	400=안분기준액(800)÷총안분기준액(2000)×배당재단(1000)	100=안분기준액(200)÷총안분기준액(2000)×배당재단(1000)
안분후흡수설	800=기존배당(500)+B로부터 흡수(400) - C로부터 흡수당함(100)	100=기존배당(400)+C로부터 흡수(100)-A로부터 흡수당함(400)	100=기존배당(100)+A로부터 흡수(100)-B로부터 흡수당함(100)
가산후안분설	550=안분기준액([A]1000+[B]800)÷총안분기준액(4000)×배당재단(1000)+C의 초과배당액(100)	250=안분기준액([B]800+[C]200)÷총안분기준액(4000)×배당재단(1000)	200=안분기준액([C]200+[A]1000)÷총안분기준액(4000)×배당재단(1000)-초과배당액(100)

위에서 보듯이 안분배당설에 의하지 않는 경우 가장 불이익한 배당을 받게 되는 것은 B이다. 만일 A, B, C의 채권금액이 같다면, 어느 경우에나 배당금액도 같아지는데, 어쩌다 채권액 간에 차이가 발생하면 채권자 중에 불이익을 받는 경우가 발생하고, 그러한 불이익을 정당화하는 합리적인 근거도 보이지 않는다.

또한 보다 구체적으로 안분후흡수설이 적용되는 것을 본다면, 배당재단은 3,300만원, 당해세우선원칙이 규정된 이후부터 임차인의 소액보증금의 한도가 4,000만원의 임차인 중 1,600만원 한도로 인상되기 전에 설정된 저당권자 A의 채권이 3,000만원, 당해세 채권자 B의 채권이 2,000만원, 임차인 C의 보증금채권이 4,000만원이고 그 소액보증금채권이 1,600만원인 경우에는, A의 채권은 C의 채권보다 앞서고, C의 채권은 B보다 앞서며, B의 채권은 A에 앞선다는 순환이 계속된다(A·B·C 간의 우열관계가 앞의 예와 차이가 있다). 이러한 경우의 배당은 실무상 다음과 같이 처리된다. B가 가장 유리함을 알 수 있다. 결과적으로 자기보다 후순위 채권자의 금액이 클수록 배당액도 커진다.

	A의 배당액	B의 배당액	C의 배당액
1단계 안분	1500= 안분기준액(3000)÷총안분기준액(6600)×배당재단(3300)	1000= 안분기준액(2000)÷총안분기준액(6600)×배당재단(3300)	800= 안분기준액(1600)÷ 총안분기준액(6600)×배당재단(3300)
2단계흡수	C로부터 800을 흡수하고, B로부터 1000을 흡수당함(200감소)	A로부터 1000을 흡수하고, C로부터 800을 흡수당함(200증가)	B로부터 800을 흡수하고, A로부터 800을 흡수당함(증감없음)
최종배당	1300(43%)	1200(60%)	800(50%)

※ 최종배당의 ( )는 총채권액 중 배당받게 되는 비율이다.

9. 배당이의

(1) 배당이의의 신청

1) 서

이의신청의 방법

배당표에 기재된 각 채권자의 채권 또는 배당액에 대해 불복이 있는 채권자 및 채무자는, 배당기일에서

이의의 신청을 할 수 있다(151조 1항, 3항. 사보규 5조 2항). 채무자는 전술하였듯이 법 149조 1항에 따라 사법보좌관에 배당표원안이 비치된 이후 배당이 끝날 때까지 서면으로 이의할 수 있다(151조 2항. 사보규 5조 3항). 배당기일의 통지를 받고 기일에 출석하지 않은 채권자는 배당표에 동의한 것으로 보게 되지만(153조 1항), 기일에 출석한 채권자가 결석한 채권자의 채권에 이의하는 경우, 결석한 채권자는 그 이의를 정당하다고 인정하지 않은 것으로 보게 된다(153조 2항). 이의는 대리인이 출석하여 할 수 있다. 배당이의의 신청은 사법보좌관에 대한 진술에 불과하고 이의의 당부에 관한 사법보좌관의 재판은 이루어지지 않는다. 아무런 이의를 하지 않고 배당기일이 종료된다면 이의권의 상실로 처리할 수 있다.

2) 이의사유

절차상 하자의 제외

배당이의의 신청의 대상이 되는 사유는 실체상의 하자이고 절차상의 하자는 여기에 해당되지 않는다. 배당표에 관한 절차상의 하자에는, 매각허가결정이 취소되었음에도 배당기일을 지정하여 배당표를 작성한 것, 배당재단에 포함되어서는 안 될 금액을 배당하는 것으로 배당표가 작성된 것, 법 147조에 위반하여 배당할 금액에 산입하여야 할 금액을 누락한 것, 기일통지를 받지 못한 것, 배당표열람기간이 준수되지 않은 것 등이 있다. 이러한 절차상의 하자에 대하여는 배당이의의 신청이 아닌 법 16조의 집행에 관한 이의를 하여야 한다. 집행에 관한 이의가 정당하면, 법원은 배당표를 경정하여 불이익을 받을 채권자 전원이 기일에 참석하여 동의를 얻어 경정된 배당표에 따라 배당을 실시한다. 그러하지 않으면 집행에 관한 이의신청을 각하 또는 기각한다.

그러나 그 사유가 절차상의 하자인지 실체상의 하자인지 구별하기 곤란한 경우(압류의 무효, 배당을 받을 수 없는 채권자를 배당표에 기재한 경우 등)에는, 집행에 관한 이의를 하지 않고 바로 배당이의의 신청을 할 수 있다.

실체상의 하자

실체상의 하자는 배당표에 기재된 각 채권자의 채권의 존부, 범위, 순위에 관하여 이의할 수 있고(151조 1항, 2항) 자기의 이해관계에 관계되는 범위 안에서 각 채권자가 제기하는 다른 채권자의 채권의 존부, 범위, 순위에 관한 것이다(같은 조 3항). 각 채권자란 법 148조 각호에 해당하는 채권자이다. 또한 매각대금으로 모든 채권자를 만족시킬 수 있는 경우에는, 모든 채권자는 배당이의를 할 수 없다. 아울러 채권자는 이의의 결과로 자기의 배당액이 증가되는 경우에 한하여 이의를 할 수 있다(대판 1994.1.25, 92다50270). 즉 배당이의의 신청은 배당표의 변경에 의해 자신에 대한 배당을 받는 경우가 아니면 그 이익이 없다는 의미이다.

3) 이의신청의 처리

사법보좌관의 적부판단

이의신청에 대해 사법보좌관은 그 적부만을 판단하고 그 당부에 대하여는 판단하지 않는다. 적법한 이의가 있으면 사법보좌관은 아무런 판단을 하지 않는데, 채권자가 한 이의신청의 당부는 배당이의소송에서 가려지고, 채무자가 한 이의신청의 당부는 배당이의소송, 청구이의소송, 정기금판결 변경의 소(민소법 252조)에서 가려진다.

부적법한 이의신청의 처리방법

반대로 부적법한 이의에 대해서는 실무는 이의가 부당하다고 인정하면 응답하지 아니한 채 배당표를 확정하여 배당을 실시할 수 있고, 이 경우에 이의를 한 자는 정식으로 집행에 관한 이의를 할 수 있다는 견해가 일반적이라고 하지만(실무제요 2-620), 의문이다. 배당이의신청에 대해 아무런 응답을 하지 않으면 이의가 완결되지 않아 배당을 실시할 수 없게 되고(152조 3항), 이러한 부당한 효력을 막기 위해서 사법보좌관은 아무런 응답을 하지 않는 것이 아닌 부적법한 배당이의신청을 각하하여야 하는 것이며, 이 재판(각하)에 대해 정식의 집행에 관한 이의가 허용되는 것이라고 해석하여야 할 것이다.

이의신청과 배당기일

이의에 관계된 채권자가 배당기일에 출석하였다면, 그에게 이의에 대한 인부를 진술하도록 하여야 한다(152조 1항). 당해 채권자란 이의에 의해 자신의 배당액이 줄어드는 채권자를 말한다. 이의에 의해 불이익을 받는 모든 채권자가 이의를 정당하다고 인정하거나 다른 방법에 의해 합의하면, 그에 따라 배당표를 경정하고 배당을 실시한다(152조 2항). 이러한 절차가 불가능하면 사법보좌관은 배당기일을 중지한 후 이의신청사건을 지체없이 소속법원의 판사에게 송부하여야 한다(사보규 5조 4항 2호).

기일에 출석하지 아니한 채권자는 배당표와 같이 배당을 실시하는데 동의한 것으로 다룬다(153조 1항). 채무자의 경우에도 유추적용된다. 이의를 하였으나 이의가 완결되지 아니한 채로 그대로 배당이 실시된 경우에는, 부당이득반환이나 추가배당으로 처리되어야 할 것이다.

4) 이의신청의 효과

① 채무자의 이의신청

이의가 기일에 완결되지 않으면 그 부분에 대하여는 배당의 실시가 유보되고, 집행력 있는 집행권원의 정본을 소지하지 않은 채권자(가압류채권자를 제외)에 대해 이의를 한 채무자는 배당이의의 소를 제기하여야 한다(154조 1항). 이 소제기가 증명되면 제기된 부분의 배당액은 공탁된다(160조 1항 5호). 집행정본을 소지한 채권자에게 배당이의를 한 경우에는, 청구이의의 소를 제기하고 집행정지의 재판을 받아야 한다(154조 2항). 배당기일부터 1주일 이내의 청구이의의 소의 제기사실과 집행정지재판의 정본을 제출하여야 하고, 이를 하나라도 제출하지 못하면 이의가 취하된 것으로 본다(154조 3항).[81]

단, 이의사유가 정기금변경을 해야 할 사유의 것이라면 민소법 252조의 정기금변경의 소를 제기하여야 할 것이다. 또한 집행력 있는 판결 정본을 가진 채권자가 채권을 담보하기 위한 근저당권을 가지고 있어 경매법원이 근저당권의 채권최고액 범위 내에서 우선순위에 따라 배당을 실시하였다

---

81) 채무자가 그 중 어느 하나라도 제출하지 않으면, 집행법원으로서는 채무자가 실제로 위 기간 내에 청구이의의 소를 제기하고 그에 따른 집행정지재판을 받았는지 여부와 관계없이 채권자에게 당초 배당표대로 배당을 실시하여야 하고, 배당을 실시하지 않고 있는 동안에 청구이의의 소에서 채권자가 패소한 판결이 확정되었다고 하여 달리 볼 것이 아니고(그러한 경우 채무자는 채권자를 상대로 부당이득반환 등을 구하는 방법으로 구제받을 수 있다), 만일 집행법원이 채권자에 대한 배당을 중지하였다가 청구이의의 소 결과에 따라 추가배당절차를 밟게 되는 경우, 채권자는 추가배당절차의 개시가 위법함을 이유로 집행에 관한 이의신청을 할 수 있는데, 채권자가 집행에 관한 이의 대신 추가배당표에 대하여 배당이의를 하고 당초 배당표대로 배당을 실시해 달라는 취지로 배당이의의 소를 제기하였다면, 배당이의의 소를 심리하는 법원은 소송경제상 당초 배당표대로 채권자에게 배당을 실시할 것을 명한다는 의미에서 추가배당표상 배당할 금액을 당초 배당표와 동일하게 배당하는 것으로 추가배당표를 경정하여야 한다(대판 2011.5.26, 2011다16592).

면, 그 배당에 관하여 이의한 채무자는 청구이의의 소를 제기할 필요는 없고 배당이의의 소로 다툴 수 있다(대판 2012.9.13, 2012다45702).

② 채권자의 이의신청

채권자의 이의의 경우에도 이의가 기일에 완결되지 않으면 그 부분에 대하여는 배당의 실시가 유보되고, 이의채권자가 배당이의의 소를 제기하여 그 제기사실을 배당기일로부터 1주일 안에 법원에 증명하면(154조 1항, 3항) 그 부분의 배당액은 공탁된다(160조 1항 5호). 1주일의 법정기간은 연장이 불가능하고 추후보완도 허용되지 않는다. 아울러 이의는 취하(철회)할 수 있고, 이에 따라 유보되었던 배당이 실시된다.

(2) 배당이의의 소

1) 서

① 의 의

배당이의의 소란, 배당이의의 신청을 완결하기 위해 당해 신청을 한 채권자 또는 채무자(이의의 상대방은 집행권원의 정본이 없는 채권자이고 전술하였듯이 정본이 있는 채권자에게는 청구이의의 소를 제기하여야 한다)가 배당기일로부터 1주일 이내에 집행법원에 대해 제기하는 소를 말한다. 배당이의의 소의 제기를 증명을 하지 않으면 배당이의의 신청은 취하된 것으로 의제되고, 배당이 실시된다(154조 3항).

② 부당이득반환의 소와의 관계

배당요구를 못한 경우, 배당요구를 하였지만 적법하게 배당이의를 하지 못한 경우, 또는 이의는 하였으나 배당이의의 소를 제기하지 않거나 제기하였지만 제소증명을 기간 내에 하지 못해 그대로 배당이 실시된 경우, 배당을 받지 못한 자는 배당을 받을 자격이 없으면서 배당받은 자에게 부당이득반환을 청구할 수 있는지 문제된다. 즉 배당이의를 통한 구제를 거치지 않고 사후에 부당이득반환을 청구할 수 있는지 그 가능성이다.

판례는 법 148조의 배당받을 채권자의 경우, 배당이 제대로 이루어져서 배당을 받을 수 있었다면 이를 긍정한다(대판 2001.3.13, 99다26948 등).[82]

---

82) 예를 들어 첫 경매개시결정등기 전에 등기된 가압류의 피보전권리를 양수한 특정승계인

즉 그러한 채권자에게 있어서는 배당이의의 소만이 배당과 관련된 권리구제수단이 아니라는 것이 판례의 해석이다. 반대로 배당이의의 소에서 패소한 자가 다시 부당이득반환청구의 소를 제기하는 경우에는, 후술하는 배당이의의 소의 기판력을 받는다(대판 2000.1.21, 99다3501). 결국 부정된다.

2) 절 차

① 제소기간

전술하였듯이 배당이의의 소는 이의를 한 배당기일로부터 1주일 이내에 제기하여야 한다(154조 3항). 기간 경과 후의 제소에 대해서는 각하설과 부당이득반환청구로 변경하면 된다는 설이 있다. 어느 경우에나 배당절차에는 영향이 없고 각하되어도 당사자는 다시 부당이득반환청구의 소를 제기할 수 있으므로, 당사자의 의사에 따라 소의 변경으로 처리하는 것이 타당할 것이다. 물론 소가 변경되어 부당이득반환청구의 소가 되어도 위에서 본 바와 같이 부당이득의 반환여부가 결정된다.

② 관할법원

배당이의의 소는 배당을 실시한 집행법원이 속한 지방법원의 관할이다(156조 1항). 여러 개의 배당이의의 소가 제기된 경우에 한 개의 소를 합의부가 관할하면 나머지도 합의부가 관할하고(156조 2항), 전속관할임에도 당사자의 합의에 의해 단독판사의 관할로 할 수 있다(156조 3항).

③ 소의 이익

이의가 인용됨으로써 자신의 배당액이 증가되는 경우에 소의 이익이 인정된다. 배당에 가입한 이상 원고나 피고의 채권의 성격을 묻지 않는다. 배당이의소송의 사실심변론종결 시까지 발생한 가압류채권자에 대한 가압류결정이 취소되었다는 사유는 배당받을 지위의 상실을 의미하므로 배당이의사유가 된다(대판 2015.6.11. 2015다10523).

당사자적격 원고는 배당표상의 채권자는 물론, 그러하지 않더라도 배당이의의 소에서 승소하면 배당받을 지위를 갖게 되

이 배당절차에서 경매법원에 그 피보전권리의 승계사실을 제대로 소명하지 못한 경우, 배당이의소송에 의하여 배당받은 다른 채권자를 상대로 부당이득반환청구를 할 수 있다(대판 2012.4.26, 2010다94090).

는, 배당기일에 출석하여 이의를 한 채권자이다(154조 1항).[83] 채무자는 배당기일에 출석하지 않아도 배당기일이 끝날 때까지 서면으로 이의한 경우에 원고적격을 갖는다. 배당이의의 상대방채권자 또는 채무자로서 배당이의에 의해 배당액이 감소하는 자는 피고적격이 있다. 채무자가 원고인 경우에 피고인 채권자는 그 채권의 집행력의 유무가 확정되지 아니한 집행권원의 정본이 없는 자(단, 가압류채권자를 제외)이어야 한다(154조 1항). 가집행선고 있는 판결이 확정되지 않아 채무자가 청구이의의 소를 제기할 수 없는 때에도 배당이의의 소를 제기할 수 없다(대판 2015.4.23, 2013다86403). 아울러 채무자는 원고나 피고측에 보조참가할 이익을 가진다.

④ 그 밖의 절차

청구취지에는 원래의 배당표에 기재된 것보다 배당을 더 받게 될 금액을 명시하여야 한다(대판 2000.6.9, 99다70983). 또한 실무상으로는 그에 따라 줄어드는 피고의 금액도 표시한다고 한다(실무제요 2-641). 원고인 채권자는 배당이의의 소에서 승소하기 위하여 피고의 채권이 존재하지 않는다는 점 외에 자신이 피고에게 배당된 금원을 배당받을 권리가 있다는 점까지 주장·증명하여야 하고, 원고가 채무자나 소유자라면 피고의 채권이 존재하지 아니함을 주장·증명하는 것으로 충분하다(대판 2015.4.23, 2014다53790). 배당이의의 소를 제기하면서 원고가 최초의 변론기일(변론준비기일은 포함되지 않는다[대판 2007.10.25, 2007다34876])에 출석하지 않으면, 소가 취하된 것으로 본다(158조). 이것은 첫 변론기일에 원고만이 아닌 당사자 쌍방 모두가 결석해도 마찬가지로 적용된다(대판 1967.6.27, 67다796). 배당이의의 소에서는 소송상의 화해, 청구의 포기·인낙이 가능하다.

3) 판 결

① 판결의 형식

소각하나 청구기각판결이 내려지면 당초의 배당표가 그대로 확정된다. 청구인용의 경우에는 배당표상의 피고에 대한 배당액을 삭제 또는 감액함과 동시에 그 배당액을 원고에게 배당하도록 정하고, 이것이 적당하지 않

83) 담보권 실행을 위한 경매에서 경매목적물의 진정한 소유자와 경매개시결정기입등기 당시 소유자로 등기된 사람이 다른 경우, 후자에게만 배당이의의 소를 제기할 원고적격이 있다(대판 2015.4.23, 2014다53790).

으면 배당표를 다시 작성하여 다른 배당절차를 밟도록 명하여야 한다(157조). 피고에 대한 배당이 전부 잘못되었다고 판단하여도, 원고가 구한 배당액의 추가만을 하고 그 나머지는 피고의 배당액으로 하여야 한다(대판 1998.5.22, 98다3818 등). 단, 채무자가 원고라면 배당에 대해 이의하지 않은 채권자를 위하여서도 배당표를 바꾸어야 하므로(161조 2항 2호), 피고 배당액의 감소부분을 어떻게 처리해야 할 것인지 명확히 할 필요는 없다.

② 판결의 효력

i) 주관적 범위

상대적 효력과 절대적 효력

채권자가 제기한 배당이의의 소의 판결은 상대적 효력을 갖는다. 따라서 어느 채권자가 배당이의소송에서의 승소확정판결에 기하여 경정된 배당표에 따라 배당을 받은 경우에, 그 배당이 배당이의소송에서 패소확정판결을 받은 자가 아닌 다른 배당요구채권자가 배당받을 몫까지도 배당받은 결과로 된다면, 그 다른 배당요구채권자는 배당이의소송의 승소확정판결에 따라 배당받은 채권자를 상대로 부당이득반환청구를 할 수 있다(대판 2007.2.9, 2006다39546).

채무자가 제기한 소에서 청구인용된 경우에는 이의를 하지 않은 채권자에게도 효력이 미치는 절대적 효력을 갖는다. 채권자와 채무자가 동일한 채권자를 상대로 각각 제기한 배당이의의 소에서 청구인용판결이 내려지면, 대세효를 갖는 채무자가 원고인 판결에 따라 추가배당을 하여야 한다.

복수의 채권자가 원고가 된 경우

만일 여러 채권자가 동일한 채권자를 피고로 제기한 배당이의소송에서 승소하였지만, 원고의 배당액 증액분의 합이 피고의 배당액을 초과하게 되어 새로 배당표를 작성하여야 하는 경우에도 배당액의 조정을 어떻게 하는지 문제된다. 이에 대해 실무에서는, 이해관계가 상충되는 각 채권자들 사이에서는 독립적으로 배당순위에 따라 처음 배당할 때와 같이 다시 배당할 수 있다는 입장을 취하고 있다(실무제요 2-657 이하).

ii) 객관적 범위

배당이의의 소의 판결에 의해 배당액에 관한 실체적 배당수령권 존부의 판단에 기판력이 발생하므로, 확정된 배당액이 부당이득이라고 하여 그 반환을 구하는 소를 제기하는 것은 배당이의소송의 본안판결의 기판력에 저촉된다(대판 2001.1.21, 99다3501). 그러나 배당이의의 소의 결과와 부당이득반환청구의 소의 결과가 항상 같은 것은 아니고, 피고의 채권은 존재하지 않지만 원고보다 선순위인 다른 채권자가 있는 것과 같은 경우에는, 배당이의의 소로는 승소가능해도 부당이득으로는 패소할 수 있다(실무제요 2-659). 부당이득의 경우에는 원고의 손해의 발생이 요건으로 되어 있기 때문이다.

4) 배당이의소송에 따른 배당액의 공탁

배당이의의 소가 제기되면 법원사무관등은 이의의 상대방인 채권자의 채권에 대한 배당액에 상당하는 금전을 공탁해야 한다(160조 1항 5호). 전술하였듯이 배당을 받아야 하는 권리가 불확정한 경우의 하나이기 때문이다. 따라서 결국 배당이의소송이 완결된 후에는 공탁된 금전에 관해 배당이 실시되게 된다(161조 1항). 그러나 그 배당액이 공탁된 채권자가 채무자에 의해 제기된 배당이의소송에서 패소하면, 집행법원은 배당이의를 신청하지 않은 채권자를 위해서도 배당표를 변경하여야 한다(161조 2항 2호).

5) 그 밖의 집행에 대한 준용

위와 같은 부동산집행의 강제경매에서의 배당이의의 신청, 배당이의소송, 배당이의소송의 제기에 따른 배당액의 공탁, 권리확정에 따른 배당등의 실시의 규정은 부동산의 강제관리, 선박집행, 유체동산집행, 채권집행, 그리고 담보집행의 집행법원에 의한 배당 등의 실시에 준용된다.

제 9 항 배당의 실시

1. 배당금의 지급

(1) 절 차

배당금의 지급(배당금의 교부, 공탁 및 공탁금의 지급위탁절차)은 법원사무관등이 그 이름으로 실시한다(규칙 82조 1항). 그 지급절차는 배당재단을 구성하는 금원이 법원보관금인지 또는 공탁금인지에 따라 달라진다. 전자라면, 배당기일에 출석한 채권자에게 법원보관금취급규칙에 따라 배당금을 지급한다. 후자라면 공탁금의 보관 및 관리는 공탁공무원이 하므로, 법원사무관등은 지급할 배당금액을 적은 지급위탁서를 공탁공무원에게 송부하고, 지급받을 자에게는 배당액지급증을 교부하여야 한다(159조 2, 3항). 또한 전자나 후자에 관계없이, 기일에 출석하지 않은 채권자가 배당금을 수령할 예금계좌를 신고한 때에는, 공탁에 갈음하여 그 예금계좌에 입금할 수 있다(규칙 82조 2항).

배당금 수령 후의 처리

채권자가 채권액 전부를 배당받으면 집행력 있는 정본 또는 채권증서를 채무자에게 돌려주어야 한다(159조 2항). 그러한 서류가 없으면 영수증을 제출하여 채무자에게 교부하여야 한다. 반대로 채권액의 일부를 배당받는 경우에는, 법원사무관등은 그 채권자로부터 집행력 있는 정본 또는 채권증서를 제출받아 그 여백부분 또는 뒷면에 배당액을 적고 기명날인하여 돌려주고, 채권자로부터 영수증을 제출받아 채무자에게 교부하여야 한다(159조 3항).

(2) 배당금의 공탁

배당 등을 받아야 하는 채권자의 권리가 불확정한 상태에 있는 경우에는, 그 자를 위해 배당해야 할 액에 상당하는 금전은 공탁된다. 여기에는 채권에 정지조건 또는 불확정기간이 붙어 있는 때(160조 1항 1호), 가압류채권자의 채권(같은 2호), 법 49조 2호 및 266조 1항 5호의 문서가 제출된 때(같은 3호), 저당권설정의 가등기가 마쳐져 있는 때(같은 4호), 법 154조 1항에 의한 배당이의의 소가 제기된 때(같은 5호), 저당권자가 저당권의 목적부동산이 아닌 다른 부동산에 관한 배당절차에서 배당을 받는데 다른 채권자가 그 배당금의 공탁청구(민법 340조 2항 및 370조)를 한 때(같은 6호), 배당기일에 출석하지 않은 채권자의 배당액(160조 2항), 그 밖에 해석상 인정되는 것으로 저당권자의 저당권부채권이 압류 또는 가압류된 경우, 저당권에 대하여 처분금지가처분이 된 경우, 배당금 또는 잉여금수령채권에 대하여 압류·가압류가 발령된 경우이다. 그러한 공탁사유가 소멸하면 집행법원은 공탁금을 지급하거나 추가배당을 하여야 한다(161조 1항).

가압류채권자의 경우

특히 가압류채권자에 대한 배당은 다음과 같다. 확정된 피보전채권액이 가압류 청구금액 이상인 경우에는 가압류채권자에 대한 배당액 전부를 가압류채권자에게 지급하지만, 반대로 확정된 피보전채권액이 가압류 청구금액에 미치지 못하는 경우라면 집행법원은 그 확정된 피보전채권액을 기준으로 하여 다른 동순위 배당채권자들과 사이에서의 배당비율을 다시 계산하여 배당액을 감액 조정한 후, 공탁금 중에서 그 감액 조정된 금액만을 가압류채권자에게 지급하고 나머지는 다른 배당채권자들에게 추가로 배당하여야 한다(대판 2004.4.9, 2003다32681). 또한 배당금 조정 시에 다른 배당채권자들의 채권액은 종전의 배당기일에서의 채권원리금액을 기준으로 하고, 가압류채권자의 경우에도 종전의 배당기일까지의 지연손해금을 가산한 채권원리금액을 기준으로 하여 조정한 후, 공탁금 중에서 그 감액 조정된 금액을 가압류채권자에게 지급하며, 나머지 공탁금은 특별한 사정이 없는 한 종전의 배당기일에서의 채권액을 기준으로 하여 다른 배당채권자들에게 추가로 배당함이 상당하다(대판 2013.6.13, 2011다75478).

배당금채권에 대한 전부명령 또는 추심명령

배당금채권 또는 잉여금채권에 채권집행으로서 후술하는 전부명령이나 추심명령이 발령된 경우에는, 기본적으로 전부채권자 또는 추심권자 앞으로 지급위탁서를 작성하여 배당금을 지급하는 것이 실무이다(실무제요 2-683).

(3) 재배당 · 추가배당

일단 작성된 배당표를 후에 변경하거나 다시 작성하여 배당을 실시하는 절차를 재배당 및 추가배당이라 한다. 재배당은 실무상 배당이의의 소의 당사자 사이에서만 다시 배당하는 것을 말한다.

배당에 참가한 모든 채권자를 대상으로 배당순위에 따라 추가로 배당하는 절차를 추가배당이라 한다(161조 2항, 3항). 추가배당은 공탁사유에 해당하는 자에 대해 확정적으로 배당 등을 실시할 수 없게 된 때, 채무자가 제기한 배당이의의 소에서 채권자가 패소한 때, 저당권 등의 담보권자가 담보목적물 이외의 재산에서 배당받은 금액에 대하여 다른 채권자가 공탁을 청구한 후 그 담보권자가 담보목적물의 매각대금에서 배당을 받게 된 때에 한다(161조 2항, 3항).

2. 집행정지서류가 제출된 경우

매각대금의 납부 후에 집행처분의 취소를 동반한 종국적 집행정지서면의 제출이 있으면, 그 채권자에 대한 배당을 실시하지 않지만, 달리 배당 등을 받아야 하는 채권자가 있으면 그들에게 배당 등이 실시된다. 즉 법 49조 1호, 3호, 5호 또는 6호의 서류가 제출되면 그 채권자를 배당에서 제외한다(규칙 50조 3항 1호). 같은 2호가 제출되면 그 채권자에 대한 배당액을 공탁하고(160조 1항 3호, 규칙 50조 3항 2호), 같은 4호의 대금납부 후에 집행처분의 취소를 동반하지 않는 일시적 집행정지서면이 제출되면, 이를 무시하고 배당을 실시한다(규칙 50조 3항 3호). 이때의 이중변제 등의 문제는 부당이득의 문제로 처리된다.

3. 잉여금의 처리

배당 후의 잉여금은 소유자(채무자)에게 지급하여야 한다. 채권자취소권 행사에 의한 경우, 채무자가 아닌 수익자에게 지급하여야 하는 경우에 대해서는 전술(채권자취소권의 행사와 배당)하였다.

제 10 항 경매신청의 취하

1. 시기와 요건

매각기일에서 적법한 매수신고가 있기까지 경매신청인은 임의로 경매신청을 취하할 수 있다.

매수신고인의 동의

매수신고가 있은 뒤 경매신청을 취하하려면, 최고가 매수신고인 또는 매수인과 법114조의 차순위매수신고인의 동의를 받아야 한다(93조 2항). 이해관계인의 동의는 요구되지 않는다. 이중경매개시결정의 경우에는, 선행사건이 취하될 때 법 105조 1항 3호의 기재사항이 변경되면 최고가매수인 등의 동의를 받아야 하고, 반대로 그 변경이 없으면 동의가 필요없다(93조 2항, 규칙 49조 1항 참조). 단, 후행사건이 배당요구의 종기가 지난 후에 신청된 것이라면, 후행사건의 진행을 위해 다시 배당요구의 종기를 정하는 등 절차를 밟아야 하므로(87조 3항), 최고가매수신고인 등의 동의가 필요하다(규칙 49조 1항 참조).

아울러 재매각명령의 경우, 원래의 대금지급기한까지 그 의무를 이행하지 않아 재매각절차가 개시된 전매수인은 경매신청 취하에 대한 동의권자가 아니다(대결 1999.5.31, 99마468).

2. 취하권자

취하권자는 경매신청인이다. 담보집행의 경우에 대위변제에 의해 담보물권이 이전되고 이 사실이 사법보좌관에 신고되기 전이라도 대위변제자가 경매신청인의 지위를 승계하므로, 종전의 경매신청인이 한 취하는 효력이 없다(대결 2001. 12.28, 2001마2094).

3. 취하절차

취하의 의사표시와 동의서의 제출

취하의 의사표시는 사법보좌관에 대하여 하여야 하고, 매각기일이 개시되어도 집행관에 대하여는 할 수 없다. 매각허부결정에 대한 즉시항고가 제기된 후 기록이 항고법원에 송부된 후라면, 항고법원에 제출하여야 한다. 취하의 의사표시는 구술로도 가능하지만, 가능한 취하서를 제출함으로써 이루어지는 것이 실무이다(실무제요 2-703). 최고가매수신고인 등의 동의는 동의서를 제출하는 방법에 의한다.

취하된 후의 처리

경매신청이 취하되면 압류는 소멸하고(93조 1항), 경매절차는 당연히 종료한다. 취하시까지 소요된 경매절차의 비용은 경매신청인이 부담한다. 압류의 경합이 있고 선행사건의 신청인이 지출한 비용이 후행사건에 그대로 이용된 절차에 관한 비용은, 물론 공익비용으로서 매각대금에서 우선적으로 상환받게 된다. 또한 취하에 의해 법원사무관등은 직권으로 등기관에게 경매개시결정등기의 말소를 촉탁하여야 한다(141조). 사건이 항고법원에 계속 중이라면 항고법원의 법원사무관등이 말소촉탁을 할 수 있다(구판 실무제요 2-630). 그 밖에 경매신청이 취하되면 법원사무관등은 경매개시결정의 송달을 받은 채무자에게 그 사실을 통지하여야 한다(규칙 16조).

취하합의가 있는 경우

아울러 경매신청취하의 합의가 있은 후 취하신청서가 제출되지 않는 경우의 처리에 관해서는, 청구이의의 소, 집행에 관한 이의, 강제집행의 취하를 구하는 통상의 소송절차, 손해배상청구라는 4가지 입장을 생각할 수 있다. 취하의 효력을 다투는 절차적인 사항이므로 집행에 관한 이의로 다투는 것이 타당할 것이다.

제 2 관 강제관리

1. 서

(1) 의 의

취지와 이용가능성

강제관리는 부동산에 대한 금전집행방법의 하나로, 채무자의 부동산을 이용하여 금전채권의 만족을 도모하는 민사집행이다. 채무자 소유의 부동산에 대해 그 관리수익권을 국가에 맡기고, 집행법원이 선임하는 관리인으로 하여금 이를 행사시켜 그에 의해 얻어지는 수익을 채권자에게 교부하여, 금전채권의 만족을 도모하는 집행방법이다. 강제관리는 부동산이 법률상 양도할 수 없을 때, 매각대금으로 우선채권을 변제하고 잉여가 없어 강제경매가 불가능할 때, 임차용 대규모건물 등과 같이 매각은 곤란하지만 고수익이 발생하는 것인 때 등에 가장 적합한 집행방법이다. 그러나 강제관리가 집행방법으로 이용되는 예는 거의 없는 실정이다.

수익에 대한 집행

부동산으로부터 발생하는 천연과실이나 법정과실에 대해서는 개별적으로 유체동산집행이나 채권집행에 의해 집행할 수도 있지만, 강제관리는 부동산의 수익권을 집행의 대상으로 하여 수익을 포괄적으로 취급하는 점에 특색이 있고(수익집행이라 불린다), 채무자가 부동산 그 자체를 처분하는 것은 불가능하지 않다. 따라서 다른 채무자가 사용수익권을 갖는 부동산에 대해서는 강제관리를 할 수 없다.

부동산에 대한 강제집행이 아닌 경우

아울러 강제관리는 협의로는 부동산집행으로서의 그것을 가리키지만, 그 밖의 채권 및 기타 재산권에 대한 강제집행의 방법으로서의 관리명령에 의한 관리(241조 1항 3호)도 있다. 또한 강제관리는 강제집행(본집행)으로서만이 아니라 전술하였듯이 가압류의 집행으로서도 인정되는데, 그 경우에는 배당 등에 충당하는 금전은 공탁된다(294조). 담보집행의 경우에는 현행법상(법 268조 이하 및 민법에 관련규정이 없다) 강제관리를 이용할 수 없다. 이에 비해 일본에서는 담보집행의 경우에도 강제관리를 인정하는 제도를 도입하였고, 참고할 만하다.[84]

(2) 다른 절차와의 관계

강제경매절차와의 경합

부동산집행에는 강제경매와 강제관리의 2가지 방법이 있는데 채권자는 어느 한쪽을 선택할 수 있고, 또한 양자를 병용할 수도 있다(78조 3항). 병용의 경우에는 강제경매에 의해 채무자가 소유권을 상실할 때까지 강제관리가 행해지고, 다른 채권자를 위한 강제경매절차 중에서도 강제관리가 가능하다(동일 채권자의 신청에 의한 병용에서는 강제경매의 매각절차를 기다릴 수 있다. 장래의 강제경매가 예상되는 경우에는 처분제한을 위해 병합해 두는 것이 채권자에게는 더 유리할 것이다).

또한 반대로 강제관리 중인 부동산에 대해서는, 동일한 채권자 또는 다른 채권자가 강제경매의 신청을 할 수도 있다. 다른 채권자의 신청에 의

84) 자세히는 김상수, 일본의 담보법제의 개정, 비교사법 11권 1호(통권 24호)(2004년), 31면 이하 참조. 또한 우리 법에서의 도입방법에 관한 논고로서 김상수, 저당권의 수익집행절차에 관한 연구 - 일본법을 중심으로 -, 민사소송 제16권1호(2012), 391면 이하가 있다.

한 2개의 절차가 병합되고 매수인이 당해 부동산의 소유권을 취득하였을 때, 이 2개의 절차의 처리가 문제된다. 이에 대해서는 강제관리절차취소설, 경매신청채권자와 관리신청채권자의 우열에 따라 전자가 후자에 우선하면 직권으로 관리절차를 취소하고, 반대라면 관리절차가 속행되며, 채권 사이에 우열이 없다면 압류효력의 발생 시에 따라 우열을 정한다는 설이 있다. 법 163조, 96조, 135조를 감안한다면, 강제관리는 채무자가 당해 부동산을 소유하는 것을 전제로 하고, 강제관리신청채권자도 강제경매절차에서 배당요구를 할 수 있으므로, 목적 부동산의 전 가치에 대한 집행이 되는 경매절차를 우선하여야 한다고 생각한다.

가압류집행절차와의 경합

또한 가압류집행이 진행 중인 부동산에 대해서도 강제관리가 가능한데(294조), 가압류집행도 강제관리라면 2개의 절차의 선후에 관계없이 이중의 강제관리신청이 있는 것으로 처리된다. 가압류가 아닌 가처분이라면, 가처분의 내용에 따라 처분만이 금지되면 강제관리가 가능하고, 사용수익이 금지되면 강제관리는 불가능하다(가압류집행이 본집행으로 이행되는 경우에 관해서는 가압류집행부분에서 상술함).

(3) 강제관리의 대상

강제관리는 부동산집행의 일종으로서 그 대상은 강제경매의 경우와 같다. 따라서 부동산, 그 공유지분, 지상권의 공유지분 등을 대상으로 한다. 또한 강제관리의 대상은 위에서 보았듯이 수익을 발생하는 부동산이어야 한다. 수익이란 천연과실 및 법정과실을 말한다. 반대로 부동산이 채무자의 영업이나 기업의 물적 설비로 이용되어 발생하는 부동산자체의 수익이 아닌 영업수익 또는 기업수익(여관, 목욕탕, 극장 등의 영업)에 대해서는 강제관리를 할 수 없다.

2. 강제관리의 절차

(1) 관할법원과 신청서

강제관리의 관할법원은 강제경매의 경우와 같이 부동산소재지의 지방법원이 집행법원이 된다(79조 1항. 사법보좌관의 관할이 아니다). 강제관리는 채권자의 신청으로 개시되고(78조 1항). 신청은 서면으로 하여야 한다(4조). 강제관리신청서의 기재사항에 관해서는 강제경매의 규정이 준용된다(163조). 그 이외에 수익의 지급의무를 부담하는 제3자(임차인 등)가 있으면 그 표시와 지급내용(규칙 83조)을 적어야 하고, 특정관리인을 희망하는 경우에는 그 취지를 기재할 수 있다.

신청서의 첨부서류

또한 첨부서류로는 강제경매의 경우의 법 81조 소정의 서류가 필요하고, 그 이외에도 자격증명서, 위임장, 강제관리개시결정등기를 기입하기 위한 서류를 첨부해야 한다. 단, 강제경매를 위해 이미 부동산이 압류되어 법 81조 소정의 서류가 첨부되어 있으면, 다시 첨부할 필요는 없다. 비용의 예납이 필요한 것도 강제경매의 경우와 같다.

(2) 강제관리의 개시

1) 개시결정과 압류

압류의 효력

구체적인 절차는 강제경매의 경우와 대체로 같다. 강제관리개시결정의 기재사항에 관해서는 법 164조에 규정이 있다. 개시결정에 의한 압류의 효력은 부동산에 대한 것과 수익에 대한 것으로 나누어진다. 부동산에 대한 것의 내용은, 앞서 언급하였듯이 관리를 방해하는 처분행위만이 제한되고, 그러하지 않은 처분행위(양도나 담보설정)가 가능하다. 수익에 대한 것의 내용은, 과거 및 장래의 과실에도 미친다는 효력이다.

개시결정과 채권자・채무자

채권자는 법원에 적법한 강제관리절차의 수행을 요구할 수 있고, 집행법원에 관리인의 지휘, 감독 또는 해임할 것을 요청할 수 있지만, 직접 관리인을 지휘할 수 없다. 채무자는 관리권을 상실하고 부동산을 관리인에게 인도하여야 하며, 제3자가 점유 중이라면 채권자가 미리 부동산인도청구권에 대한 집행(244조)을 하거나 관리인이 인도소송을 통해 인도받아야 한다. 수확하였거나 수확할 과실과 이행기에 이르렀거나 이르게 될 과실은 처분이 금지된 수익에 속하고(164조 2항), 제3자는 채무자에게 그러한 수익을 지급하여서는 안되고 관리인에게 지급하여야 한다.

2) 개시결정의 송달 등

개시결정과 등기의 촉탁

강제관리개시결정이 내려지면 법원사무관등은 즉시 그 사유를 등기부에 기입하도록 등기관에게 촉탁하여야 하고, 등기관은 이 촉탁에 따라 등기부에 그 사유를 기입하여야 한다(163조, 94조). 등기의 촉탁은 개시결정과 동시에 또는 개시결정 직후 개시결정정본을 채무자에게 송달하기 전에 하여야 한다.

개시결정의 송달

강제관리개시결정은 법원이 직권으로 그 정본을 채무자에게 강제경매의 경우와 같이 송달하여야 한다. 또한 결정으로서 당사자에게 고지되어야 하므로, 채권자에게도 고지의 방법으로 그 정본을 송달한다. 나아가 수익지급의무를 부담하는 제3자에게 송달하여야 당해 결정의 효력이 발생하므로(164조 3항), 그러한 제3자에게도 그 정본을 송달하여야 한다. 제3자는 당해 결정에 표시된 자이고, 결정 후에 그 존재가 밝혀지면 신청 또는 직권으로 추가결정을 하고 이 추가결정과 강제관리개시결정을 당해 제3자에게 송달하여야 한다. 아울러 부동산에 대한 침해행위를 방지하기 위한 필요한 조치를 취할 수 있음은 강제경매의 경우와 같다.

3) 개시결정에 따른 불복신청

신청의 기각 또는 각하결정에 대하여는 즉시항고를 할 수 있다(164조 4항). 강제관리개시결정에 대한 불복은 먼저 집행에 관한 이의만을 할 수 있고, 이 재판에 대해 즉시항고를 할 수 있다(163조, 86조 1항, 3항). 이의는 강제관리종결시까지 가능하다. 그 밖의 불복과 관련된 절차는 강제경매의 경우와 같다. 강제관리가 개시된 부동산에 대해 수익권을 갖고 있는 제3자는, 집행에 관한 이의가 아닌 제3자이의의 소로 불복해야 한다(168조, 48조).

(3) 현금화절차

1) 통지 및 현황조사

법원사무관등은, 강제관리개시결정을 한 때에는 조세 그 밖의 공과금을 주관하는 공공기관에게 교부청구를 할 수 있는 기회를 부여하기 위하여 그 사실을 통지하여야 한다(규칙 84조). 현황조사는 강제경매의 경우에 준하여 처리된다(163조, 규칙 94조).

2) 강제관리인의 지위

① 지 위

관리인이 되는 자

강제관리가 시작되는 그 개시결정과 동시에 집행법원에 의해 관리인이 선임된다(166조 1항 본문, 규칙 85조 1항). 관리인은 집행법원의 보조기관으로서 채무자로부터 이전받은 수익권을 행사한다. 관리인의 자격에 제한은 없고, 법인이라도 가능하다(규칙 85조 2항). 채무자는 적당하지 않다고 해석된다(실무제요 2-849). 관리인의 취임에는 물론 그 승낙이 전제가 된다. 보통 관리인으로 선임되는 것은 변호사나 집행관이고, 이들은 변호사법 27조, 집행관법 6조, 14조에 의해 정당한 이유없이 관리인취임을 거절하지 못한다. 관리인은 상당한 보수를 받아야 하는데, 보수액은 법원이 제반 사정을 고려하여 결정한다(규칙 2조 참조).

관리인이 임명되면 법원사무관등은 압류채권자, 채무자, 수익의 지급의무를 지는 제3자에게 그 취지를 통지하여야 하고(규칙 85조 3항), 법원은 관리인에게 그 임명을 증명하는 문서를 교부하여야 한다(규칙 85조 4항). 관리인 임명에 불복이 있는 이해관계인은 집행에 관한 이의로 다툴 수 있다.

관리인의 해임·사임

관리인에게 직무를 계속 수행할 수 없는 사유가 생긴 경우에는, 직권 또는 이해관계인의 신청에 의해 법원은 관리인을 해임할 수 있다(167조 3항). 해임을 할 때에는 관리인을 심문하여야 하고(167조 3항), 관리인이 해임되면 법원사무관등은 압류채권자, 채무자, 그리고 수익의 지급명령을 송달받은 제3자(이 부분은 선임통지와의 차이이다)에게 그 취지를 통지하여야 한다(규칙 87조 2항). 반대로 관리인도 정당한 이유가 있으면 법원의 허가를 받아 사임할 수 있다(규칙 87조 1항). 사임의 경우에도 해임의 경우와 같은 통지가 이루어진다(규칙 87조 2항, 1항).

② 직무집행

집행보조기관

관리인은 집행기관의 집행보조기관으로서의 역할을 수행하고, 채권자 또는 채무자의 대리인이 아니다. 관리인은 집행법원과는 집행법상의 관계가 되지만, 채무자나 제3자와는 사법상의 관계에 해당하므로, 부동산의 수익에 관한 개개의 행위는 집행행위가 아닌 사법행위이다.

집행법원의 감독과 관리인의 권한

집행법원은 관리에 필요한 사항과 관리인의 보수를 정하고, 관리인을 지휘·감독한다(167조 1항). 관리인은 집행법원의 감독 하에 목적부동산을 관리하고 수익의 수취, 현금화를 한다. 이를 위해 관리인은 채무자가 점유하는 부동산을 인도받아 스스로 점유할 수 있다(166조 2항). 채무자가 그 인도를 거부하면 관리인은 집행관에게 원조를 요구할 수 있다(166조 2항). 제3자가 당해 부동산을 점유하고 있고 제3자가 채무자에게 인도의무를 부담하고 있다면, 관리인은 소송담당으로서 인도청구소송을 제3자 상대로 제기하여야 한다. 관리인은 부동산의 수익을 채무자에게 지급할 제3자가 있는 때에는, 채무자에 갈음하여 당해 수익을 자기에게 지급할 것을 청구할 수 있다(166조 3항).

관리의 방법

관리의 방법으로는 토지를 경작하여 그 수확물을 현금화하는 것, 용익권을 설정하여 그 차임 등을 수취하는 것 등을 생각할 수 있다. 강제관리개시 전에 이미 설정된 용익권에 대해서는 관리인도 이에 구속되고(166조 3항, 164조 3항), 개시 후의 용익권은 그러하지 않지만, 관리인은 그대로 승인하여 수익의 지급을 청구할 수도 있다고 해석된다. 이 관리의 효과는 당연히 채무자에 미치고, 강제관리가 종료된 후에도 채무자를 구속한다. 그러한 경우에 채무자의 이익을 보호하기 위해 관리인이 민법 619조에 정해진 기간을 넘어 부동산을 임대하려면 채무자의 동의가 필요하다는 일본민사집행법 95조 2항과 같은 해석을 하여야 할 것이다.

관리인의 책무

관리인은 해석상 수임인과 동일한 지위를 가지므로, 선량한 관리인의 주의로서 관리할 책임이 있다. 이를 위해 채권자, 채무자 그 밖의 이해관계인을 심문할 수 있고, 감정인의 의견을 들을 수 있다(167조 1항). 또한 집행법원은 관리인의 직무해태에 대비하기 위해 보증의 제공을 관리인에게 명할 수 있다(167조 2항). 관리인은 매년 또는 그 업무를 마친 뒤에 채권자, 채무자 및 집행법원에 관리의 수지에 관한 계산서를 제출하여야 한다(170조 1항). 제출방법은 집행법원에 일괄제출하고 법원이 이를 다시 채권자와 채무자에게 송달하는 것이 상당하다고 한다(실무제요 2-856).

계산서에 대한 채권자·채무자의 이의

채권자와 채무자는 계산서의 송달을 받은 날로부터 1주일 이내에 집행법원에 이에 대한 이의신청을 할 수 있다(170조 2항). 계산서에 대한 이의신청에 대해, 법원은 관리인을 심문한 뒤 결정으로 재판하여야 한다(170조 4항). 이 재판에 대해서는 신청인에게 불리하더라도 신청인은 즉시항고를 할 수 없고(17조 1항 참조), 신청인에게 유리한 것이라면 상대방은 집행에 관한 이의신청으로 다툴 수 있다. 만일 기간 내에 이의신청이 없거나 신청한 이의가 매듭지어지면, 관리인의 책임이 면제된다(170조 3항, 170조 4항).

3. 공동집행

강제관리의 경우에도 공동강제관리, 이중관리신청, 배당요구 등 3가지 형태의 공동집행이 인정된다. 공동강제관리는 시기에 관계없이 다수의 채권자가 강제관리를 신청하면 병합하여 1개의 강제관리개시결정이 내려진다. 단, 집행절차는 단독으로 진행되고 다른 공동신청자에게 생긴 사유, 집행정지, 취소, 신청의 취하에 의한 영향을 받지 않는다.

이중관리신청은 이미 강제관리가 개시된 부동산에 다른 강제관리신청이 있는 경우를 말하고, 이 경우에는 먼저 개시결정한 집행절차에 따라 관리된다는 이중개시결정이 내려진다(163조, 87조 1항). 이중관리신청은 강제관리절차가 종료될 때까지 가능하고, 절차의 구체적인 내용은 이중강제경매개시결정에서와 같다.

4. 강제관리에서의 배당

(1) 배당요구채권자

우선권자의 배당요구 가능성

강제관리에서 배당요구를 할 수 있는 자는 강제경매에서의 채권자와 대부분 그 범위가 같다(163조, 88조 1항). 한편 강제관리개시결정에 의한 압류 전에 설정된 저당권자, 가등기담보권자, 전세권자나 대항력과 우선변제권을 갖는 주택임대차보호법상의 임차인은, 배당요구를 하지 않아도 당연히 배당을 받을 수 있는지 문제된다. 이에 대해서는 그러한 채권자들은 채무자의 일반재산에서 우선변제를 받는 것이 아니고 교환가치를 파악한 것이므로, 배당요구를 할 수 있는 우선변제청구권이 있는 채권자가 아니라는 것이 실무이다(실무제요 2-846). 자신의 권리가 침해되는 경우라 할 수 없으므로 이러한 실무의 태도는 타당하다.

가압류권자·양수인의 배당요구 가능성

가압류채권자의 경우에도 배당요구를 할 수 있다는 견해와 그렇지 않다는 견해가 있을 수 있지만, 법 294조에 의해 가압류채권자는 배당요구를 할 수 없고 자신이 강제관리개시결정을 얻지 못하면 배당을 받을 수 없다고 해석된다. 또한 강제관리개시결정 목적부동산이 제3자에게 양도된 경우, 다른 채권자가 배당요구를 할 수 있는지에 대해, 강제관리 중인 재산도 양도할 수 있고 당해 양수인은 양수 당시의 절차상의 부담(그 때까지 나타난 신청채권자와 배당요구채권자의 채권)의 한도 내로 그 수익의 제한을 인수하는 것이므로 배당요구를 할 수 없다는 것이 실무이다(실무제요 2-866). 이것은 판례가 압류의 개별상대효를 따르는 논리적 귀결이기도 하다.

배당요구의 방식

배당요구는 관리인이 아닌 집행법원에 하여야 한다. 단, 조세의 교부청구는 관리인에게 한다(국세징수법 56조). 방식은 강제경매의 경우와 같다. 배당요구를 할 수 있는 시기는, 법원이 정한 수익처리기간의 종기가 그 때까지 배당요구를 하지 않은 채권자의 배당절차 참가가능시점이므로(169조 4항, 규칙 91조 1항), 그 종기가 배당요구가능시점이다.

(2) 배당절차

1) 배당재단

배당재단을 구성하는 것은, 부동산에서의 수익 또는 수익을 현금화한 대금에서 부동산에 대한 조세 그 밖의 공과금 및 관리인의 보수, 그 밖의 강제관리에 필요한 비용을 공제한 잔여의 금액이다(169조 1항). 즉 관리인은 법원이 정하는 기간 마다 그 수익으로부터 그 부동산이 부담하는 공과금을 뺀 뒤에, 관리비용을 변제하고 그 나머지 금액을 채권자에게 지급한다. 여기서의 수익이란 배당기간 안에 현실적으로 수취한 금전 또는 현금화된 대금이다. 현금화 방법은 법 190조, 214조를 준용한 방법에 의한다. 배당을 받을 수 있는 채권자는, 강제관리신청채권자, 이중강제관리신청채권자, 강제관리개시결정등기 이전의 가압류채권자, 배당요구채권자 및 조세 등의 교부청구권자 등에 한한다.

2) 배당의 실시

강제관리에서의 배당의 절차는, 제1차적으로는 관리인이 한다(규칙 91조 2항).

배당재단이 각 채권의 전부를 만족시킬 수 있는 경우

우선 채권자가 1명이거나 채권자가 복수라도, 수익 등에서 비용 등을 공제한 배당 등에 충당해야 하는 금전으로 각 채권자의 채권 및 집행비용의 전부를 변제할 수 있을 때에는, 배당이라는 문제는 발생하지 않는다. 관리인은 각 채권자에게 그대로 변제금을 교부하게 된다. 만일 잉여가 있으면 그 잉여금은 채무자에게 교부된다. 관리인은 미확정채권에 대한 교부액은 이를 공탁하고, 그 사유를 법원에 신고하여야 한다(169조 1항, 규칙 92조 1항).

채권자의 협의 또는 집행법원에 의한 배당

반대로 채권자가 복수이고 배당 등에 충당해야 할 금전으로는 각 채권의 전부를 만족하기에 부족할 때에는, 채권자 사이에 배당협의가 행해지고, 관리인은 협의가 이루어지면 그 협의에 따라 배당을 실시한다(169조 2항, 규칙 91조 4항). 협의가 이루어지지 않으면 집행법원에 사정을 신고하지만 공탁은 하지 않는다(169조 3항). 그 이후에는 집행법원이 배당을 하게 되는데, 강제경매의 경우를 준용하여 작성된 배당표에 의해 관리인으로 하여금 배당을 실시하게 하고, 미확정권리는 집행법원이 공탁을 한다(169조 4항, 160조 1항).

5. 강제관리의 정지 · 종료

(1) 정 지

강제관리는 그 개시결정 후 법 49조 2호, 법 49조 4호가 규정하는 증서가 제출되고, 달리 이중강제관리개시결정을 받는 채권자가 없으면 정지된다. 이러한 서류는 관리인이 아닌 집행법원에 제출하여야 한다. 또한 파산 등 도산처리절차의 개시 등으로 관리절차개시에 장애가 될 사유가 밝혀진 때에도 정지된다. 집행법원의 정지결정은 요구되지 않는다.

배당절차를 제외한 절차의 진행

그러나 집행법원에 정지서류가 제출되어도, 배당절차를 제외한 나머지 절차는 그 당시의 상태로 계속하여 진행할 수 있다(규칙 88조 1항). 즉 그 정지의 효과가 계속되는 사이에도 강제관리는 그대로 계속할 수 있다(단, 새로운 관리행위, 예를 들면 새로운 임대 등은 할 수 없다). 이 경우, 관리인은 배당에 충당될 금전을 공탁하고 그 사유를 법원에 신고하여야 한다(규칙 88조 2항). 이에 반해 정지에도 불구하고 배당절차를 진행하는 경우가 2가지 있다. 하나는 집행법원이 배당실시를 위해 정한 일정한 기간(규칙 91조 1항)의 만료 후에 정지서류가 제출되면, 그 기간의 공탁금에 대하여는 배당절차를 실시한다. 다른 하나는 이중강제관리개시결정이 있는 때이다.

(2) 취 소

변제의 완료

강제관리는 필요한 경우 법원의 결정으로 취소된다(171조 1항). 취소사유로는 변제의 완료가 있다(171조 2항). 변제의 목적을 달성하였기 때문이다. 반대로 채권자가 부동산의 수익 이외에서 전부변제를 받은 경우에도 취소결정을 하여야 하는지에 대해서는, 긍정설과 부정설의 대립이 있다. 법 171조 2항을 고려한다면, 부동산의 수익 이외의 변제의 경우라면 채권자의 신청의 취하나 채무자의 집행취소문서의 제출에 의해 취소결정을 하여야 할 것이다.

그 밖의 사유에 의한 취소

그 밖에 비용의 미예납, 부동산의 멸실(163조, 96조), 수익부족(배당재단을 구성할 수 없을 때이다. 규칙 89조), 집행취소서류의 제출(50조 1항), 강제집행절차의 일부취소서류(49조 2호, 4호)가 제출되면, 배당절차를 제외한 나머지 절차가 진행되는데, 공탁된 금전으로 채권자의 채권과 집행비용의 전부를 변제할 수 있으면, 배당절차를 제외한 나머지 절차를 취소하여야 한다(규칙 88조 3항). 즉 이 공탁금으로 각 채권자의 채권 및 집행비용의 전부를 변제할 수 있을 때에는, 집행법원은 배당 등의 절차를 유보하고 강제관리절차를 취소해야 한다. 집행정지에 이유가 없었던 경우에도, 그 공탁금에 관해 배당 등을 함으로써 채권자는 만족을 얻을 수 있고 강제관리절차를 속행할 의미가 없기 때문이다.

취소결정과 불복신청

취소결정은 압류채권자 및 채무자에게 고지하여야 하고(규칙 7조 1항), 고지는 통상 송달에 의하며 이 취소결정에 대해서는 즉시항고로 불복할 수 있다(171조 3항). 그러나 법 50조 1항에 의한 취소의 경우에는 즉시항고가 허용되지 않는다(50조 2항). 관리인도 이해관계인이 아니므로 불복할 수 없다. 취소결정이 확정되면, 이를 법원사무관등은 관리인과 수익의 지급명령을 송달받은 제3자에게 통지하여야 한다(규칙 90조 1항). 강제관리의 취소결정이 확정되면, 그에 따라 압류의 효력도 소멸된다. 취소결정의 효력은 소급효가 없고, 이후 관리인의 지위는 잔무를 처리하고 계산서를 제출하는 한도에서 잔존한다.

(3) 취 하

채권자가 강제관리신청을 취하하면, 관리절차는 법원이 취소결정을 할 필요가 없이 종료된다. 취하되더라도 관리 중에 있는 수익행위에는 영향이 없다. 취하의 사실은 법원사무관등이 관리인과 수익의 지급명령을 송달받은 제3자에게 통지하여야 한다(규칙 90조 1항). 또한 강제관리의 상대방인 채무자에게도 통지하여야 한다(규칙 16조).

(4) 취소결정 · 취하 후의 절차

취소결정이나 취하에 의해 강제관리절차가 종결되면, 법원사무관등은 등기관에게 강제관리개시결정등기를 말소하도록 촉탁하여야 한다(171조 4항). 관리인은 관리종결의 계산서를 채권자, 채무자 및 법원에 제출하고(170조 1항), 관리 중인 부동산이나 수익금액을 채무자에게 인도하여야 한다.

제 4 절 선박에 대한 강제집행

1. 서

선박은 동산이지만, 그 경제적 가치는 물론 형체도 크고, 법률상으로도 공시방법으로 등기제도를 갖추어 저당권의 설정도 인정되는 등 부동산과 유사한 성격을 가지므로, 이에 대한 강제집행도 부동산에 대한 강제경매에 준하여 다루어진다. 단, 부동산집행과는 달리 강제관리는 이용할 수 없다. 그 이유는, 선박을 관리인으로 하여금 관리시켜 이를 임대하거나 스스로 운행하여 이익을 내는 것은 관리상의 곤란이나 경영상의 불안정이 있고, 또한 선박을 운항함으로써 얻어지는 이익은 천연과실이라기보다는 영업이익으로 파악되는 등의 사정으로, 집행방법으로서 현실적이지 않기 때문이다.

선박은 전술하였듯이 동산이면서 집행절차로서는 부동산의 강제경매에 준해 취급되는데, 선박이 이동성을 갖고 있다는 점에서 선박운행에 필요한 문서의 확보(174조, 175조), 선박이동에 따른 사건의 이송(182조) 등 특별한 절차가 인정되고 있다. 집행절차를 주재하는 것은 집행관이 아닌 법원(사법보좌관)으로 원칙적으로 집행법원의 강제경매개시결정에 의해 절차가 개시된다.

2. 압류방법의 특색

(1) 집행의 대상

선박의 종류 및 등기가능성

집행의 대상인 선박이란, 수상 또는 수중에서 항행용으로 사용하거나 사용될 수 있는 종류의 배를 말한다. 수상비행기나 수상비행선, 수상호텔, 골재채취선(단, 골재운반선은 선박), 뗏목은 선박이 아니고, 준설선은 선박이 아닌 건설기계로 취급된다. 또한 집행대상인 선박은 등기할 수 있는 것이어야 한다(172조). 선박등기법 2조에 의해 등기할 수 있는 선박이란 총톤수 20톤 이상의 기선과 범선 및 총톤수 100톤 이상의 부선이다(소형선박에 대하여는 다음의 제5절 참조). 등기능력이 있으나 아직 미등기인 경우에는 미등기부동산의 예에 따른다(172조, 81조 1항 2호). 실무상으로는 채권자가 채권자대위에 의해 보존등기를 경료하고 경매신청을 한다고 한다(실무제요 3-6).

등기능력이 없는 선박

등기능력이 없는 선박은 유체동산집행의 대상이다. 선박지분에 대한 강제집행은 법 251조에서 규정한 그 밖의 재산권에 대한 강제집행의 예에 따른다(185조 1항). 건조 중인 선박에 대해서는 유체동산집행에 의하는지, 선박집행에 의하는지 다툼이 있지만 전자가 유력하다. 또한 외국선박의 경우에도 선박집행의 대상이 될 수 있는데(186조), 그 기준은 등기가능성에 있다(외국선박의 집행에 관해서는 규칙 95조에 규정이 있다). 나아가 선박의 인도청구권에 기한 강제집행(258조)이나 채무자의 선박인도청구권에 대한 강제집행(244조)은 여기서 말하는 선박에 대한 집행이 아니다(전자는 비금전집행이고 후자는 그 밖의 재산권에 대한 강제집행이다).

압류할 수 없는 선박

등기할 수 있는 선박이라도 다음과 같은 것이라면 압류할 수 없다. 항해 준비를 완료한 선박과 그 속구(단, 항해를 준비하기 위해 생긴 채무에 대하여는 압류할 수 있다[상법 744조])이다. 항해준비의 완료란 사실상 법률상의 준비완료를 의미한다. 압류의 제한이 계속되는 기간은 항해의 종료, 즉 운송계약의 종료 시까지이다.

(2) 관 할

선박집행사건의 관할은, 압류당시에 그 선박이 있는 곳을 관할하는 지방법원이 갖는다(173조. 선박소재주의). 지방법원에는 지방법원지원도 포함된다(규칙98조). 압류당시란, 개시결정이 내부적으로 확정되어 발령된 때(결정서가 법원사무관등에게 교부된 때)인 경매개시결정시를 말한다. 압류된 선박이 관할구역 밖으로 떠난 때에는, 법원은 선박이 있는 곳을 관할하는 법원으로 사건을 이송할 수 있다(182조 1항).

(3) 부동산의 강제경매규정의 준용

선박의 특수성으로 인하여 정해진 특칙에 의하는 것을 제외하고 또한 성질상 준용되지 않는 것을 제외하고, 선박에 대한 집행절차에는 부동산에 대한 강제경매규정이 널리 준용된다(172조). 그 경매의 절차는 부동산의 경우와 거의 같다.

3. 집행의 개시

(1) 신청서의 제출

선박강제집행신청서에 특별히 첨부하여야 할 서류에 관해서는 법 177조에 규정이 있다.

(2) 이해관계인과 당사자

선박집행에서의 이해관계인에는, 법 90조의 준용에 의한 부동산집행에서의 이해관계인과, 법 179조에 의한 이해관계인으로서 선장, 선박소유자가 있다. 선장에 대한 판결로 선박채권자를 위해 선박을 압류하면 그 압류는 소유자에게도 효력이 미치고, 당해 판결의 집행에 있어서는 압류 후에 소유자나 선장이 바뀌더라도 집행절차에는 영향이 없다(179조). 즉 예외적으로 승계집행문이 요구되지 않는 경우를 인정한 것이다.

(3) 선박경매개시결정등기의 촉탁

이미 등기되어 있는 선박의 경우에는, 부동산경매에서와 같이 법원사무관등은 등기관에게 그 결정등기를 촉탁하여야 한다(172조, 94조 1항). 미등기선박인 경우에는, 등기관은 직권으로 소유권보존등기를 한 다음 경매개시결정등기를 하게 되므로, 미등기선박이라는 취지를 적어 등기를 촉탁하여야 한다. 그러나 외국선박의 경우에는 촉탁하지 않는다(186조).

(4) 선박국적증명서 등의 제출명령

법원은 경매개시결정을 한 때에는, 집행관에게 선박국적증명서 그 밖에 선박운행에 필요한 문서를 선장으로부터 받아 법원에 제출하도록 명하여야 한다(174조 1항). 이 명령은 직무명령이고, 그 집행은 이를 명받은 집행관이 선박을 점유하는 채무자(그의 대리인인 선장)로부터 당해 문서를 직접 받는 방법으로 이루어진다.

선박국적증명서 등의 제출

집행관이 당해 문서를 받으면 법원에 제출하는 것 이외에도, 그 취지를 채무자·선장 및 선적항을 관할하는 해운관서의 장에게 바로 통지하여야 한다(규칙 96조. 단, 이 통지의 의무는 외국선박을 제외한 대한민국 선박에만 적용된다). 경매개시결정이 송달 또는 등기되기 전에 집행관이 당해 문서를 받으면, 처분금지를 의미하는 출항금지명령의 집행이 되므로 이 때 압류의 효력이 발생한다(174조 2항). 만일 집행관이 당해 문서를 받으려 하였으나 목적을 달성할 수 없으면, 그 사유를 법원에 서면으로 신고하여야 한다(규칙 97조. 그 밖에 집행관에 의한 현황조사보고서에 관하여는 규칙 99조 참조).

(5) 정박명령

정박명령의 필요성

법원은 선박이 압류당시의 장소에 계속 머무르도록(정박의무) 명하여야 한다(176조 1항). 등기가 되어 있는 선박에 대해서는 처분제한의 등기를 할 수 있지만, 선박은 자유롭게 이동할 수 있으므로 압류 및 이에 계속되는 현금화를 실효 있게 하려면 선박의 운항을 정지하고, 일정한 장소에 구속할 필요가 있기 때문이다. 이러한 점에서 채무자가 압류된 부동산의 사용수익을 할 수 있다는 법 83조 2항의 규정은 선박집행에 적용되지 않는다. 또한 선박집행의 신청서에도 선박이 소재하는 장소의 기재가 필요하다(규칙 95조 1항).

정박명령의 내용

실무상 별도의 결정으로 정박명령을 발한다(실무제요 2-30). 이 명령의 이행을 도모하기 위해 동시에 선박국적증서 그 밖의 선박의 항행을 위해 필요한 문서를 법원에 제출해야 한다는 취지를 직접 그 지방법원 소속의 집행관에게 명한다. 이 명령(직무명령)이 있으면 집행관은 목적 선박에 가서 선박국적증서 등을 수취하게 된다.

(6) 압류의 효력발생과 절차의 취소

압류효력의 발생시기

선박 압류의 효력은, 부동산경매에서와 같이 개시결정의 송달 또는 압류의 등기 중의 어느 하나가 먼저 이루어지면, 그 때 발생하는 것이 원칙이다(83조 4항). 그러나 이보다 앞서 집행관이 선박국적증서 등을 수취한 때(174조 2항), 또는 감수・보존처분을 하였을 때(178조 2항)에 압류의 효력이 발생한다.

절차가 취소되는 경우

강제경매개시결정이 있는 날로부터 2개월 이내에 집행관이 선박국적증서 등을 넘겨받지 못하고, 선박이 있는 곳이 분명하지 않은 때에는 경매절차는 취소된다(183조). 집행관이 집행법원의 직무명령에 기해 선박국적증서의 수취 등의 직무를 집행하였지만 그 목적을 달성할 수 없을 때에는, 집행법원에 그 사유를 서면으로 신고해야 한다(규칙 97조).

4. 선박국적증서 등의 인도를 명하는 보전처분

(1) 의 의

개시결정 전의 보전처분의 필요성

선박이 입항 후 단시간 내에 출항하게 되는 경우에는, 선박 입항 후의 집행법원에 선박집행의 신청을 하게 하는 것으로는 시기에 맞지 않을 우려가 있다. 이에 선박집행의 신청 전이라도 그 집행을 보전하기 위해, 선적이 있는 곳을 관할하는 지방법원(없다면 규칙 98조가 정하는 법원)은 채무자에게 선박국적증서 등을 집행관에게 인도하도록 명할 수 있다(175조 1항).

신청방법

이 명령은 일종의 보전처분이다. 보전처분이라고 하여도 계속하여 본집행이 이루어지는 것이 예상되어 있고, 신청에는 집행력이 있는 집행권원의 정본을 붙이지만, 보증은 요구되지 않는다. 그 밖에 신청서에는 인도명령의 발령요건을 소명하는 문서와 선적소재지를 증명하는 문서, 선박이 채무자의 소유임을 증명하는 문서 및 선박이 집행적격이 있는 선박임을 증명하는 문서를 붙여야 한다.

(2) 집행절차

집행기한과 집행방법

이 명령은 보전적 집행권원으로서 발령후 채무자에게 송달되기 전이라도 집행할 수 있지만, 상대방에게 송달된 날로부터 2주일이 지나면 집행하지 못한다(175조 4항). 이 명령에 대해 즉시항고를 할 수 있는데 집행정지의 효력은 없다(175조 3항). 구체적인 선박국적증서 등의 수취의 집행은, 채권자의 신청에 의해 집행관이 한다. 집행관이 이 명령에 기해 선박국적증서 등의 수취집행을 한 때에는, 그 취지를 채무자, 선장 및 선적항을 관할하는 해운관서의 장에게 통지하여야 하고(규칙 96조), 그 반사적 효력으로서 선박은 항행이 불가능해지며, 선박의 소재지는 고정되는 것이다.

보전집행의 효력

그러나 이러한 금지는 5일간에 한정되고, 집행관은 선박국적증서 등의 인도를 받은 날로부터 5일 이내에 채권자가 선박집행의 신청을 하였음을 증명하는 문서의 제출이 없으면, 선박국적증서 등을 채무자에게 반환하여야 한다(175조 2항). 그 사이에 선박집행의 신청이 있고 강제경매의 개시결정이 내려지면, 선박집행의 본집행으로 연결된다. 그러나 압류의 효력은 인도명령이 집행되어도 다시 경매개시결정에 부수된 수취명령이 내려지고, 이 수취명령이 집행된 때 압류의 효력이 생긴다.

5. 감수 · 보존처분

(1) 의 의

처분의 필요성

선박의 압류는 압류선언, 출항정지명령 및 압류의 등기에 의해 이루어진다. 그러나 선박국적증서 등을 접수하는 것만으로 선박을 정박시켜 두는 경우에는, 채무자의 사용수익권능은 제한되지만 채무자의 점유 자체에는 변경이 없고, 압류선박의 가치가 보전된다고는 할 수 없다. 이에 선박의 현황을 유지하고 가치의 감소를 방지하기 위해, 법원은 압류채권자의 신청에 의해 감수인을 선임하여 선박을 감수하도록 하거나 그 보존에 필요한 처분을 명할 수 있다(178조).

감수처분과 보존처분의 신청

감수처분은 주로 선박이나 그 속구의 이동을 방지하기 위한 처분을(규칙 103조 2항), 보존은 주로 선박이나 그 속구의 효용 또는 가치의 변동을 방지하기 위한 처분(규칙 103조 3항)을 말한다. 감수인의 선임은 임의적이지만, 보통이 2가지가 중복되어 신청되고 발령된다(규칙 103조 4항). 신청은 적어도 경매신청과 동시에 또는 그 이후이어야 하고, 경매신청 이전에는 할 수 없다(178조 참조). 신청시에는 집행비용으로서 법원이 정하는 금액을 미리 내야 한다.

(2) 절 차

감수・보존명령과 고지

법원은 신청에 대해 결정으로 감수・보존처분을 명하고, 이것은 경매개시결정 전에도 가능하다(규칙 102조). 이 명령의 내용은 집행관 그 밖에 적당한 감수인 또는 보존인을 정하고, 감수 또는 보존을 하게 하는 것이다(규칙 103조 1항). 또한 이 명령은 채무자에게 고지하여야 하고, 채권자에게도 적당한 방법으로 고지하여야 한다. 실무상으로는 신속성과 밀행성을 기하기 위해 경매개시결정과 동시에 송달한다고 한다. 감수・보존명령이 내려지면 경매개시결정이 송달되기 전이라도 압류의 효력이 생긴다(178조 2항. 단, 압류는 등기되어야 제3자에게 대항할 수 있다).

집행방법

감수인과 보존인은 독립된 집행기관이 아니므로, 직접 선박의 점유를 취득할 수 없고 집행관에게 인도집행을 위임하여야 한다. 감수명령에 의해 압류된 선박이 출항한 경우, 감수인은 당해 선박을 회항하여 이를 다시 점유할 수 있는데, 그 집행은 위임받은 집행관이 하게 되는 것이다. 만일 외국에 정박하여 감수명령의 집행이 불가능하게 되면, 법원은 일정한 기간 내에 채권자에게 회항명령을 내리고,

기간 내에 회항되지 않으면 집행불능으로 경매절차가 취소된다(실무제요 3-48).

6. 항행허가

(1) 의 의

강제경매개시결정에 의해 선박은 운항이 금지되고, 채무자는 이를 사용·수익할 수 없게 된다. 그러나 현금화절차의 종료까지 시일을 요하는 경우에는, 일시적으로 채무자에게 운항을 허가하는 것이 채무자를 위해서도 사회경제적 면에서도 타당한 경우가 있다. 이에 따라 법원은 영업상의 필요 그 밖의 상당한 사유가 있다고 인정한 경우에 한하여, 채무자의 신청에 의해 항행허가를 할 수 있고, 이해관계인인 각 채권자 및 최고가매수신고인, 차순위매수신고인 등의 동의가 필요하다(176조 2항). 동의는 출항을 인정한 경우에는 반드시 귀항하여 절차가 속행된다는 보증이 없으므로, 이해관계인의 승낙을 요구한 것이다. 이 선박운항허가는 귀항시까지 집행이 불가능해지므로, 실질상 강제집행의 일시정지 내지 취소에 해당한다.

(2) 절 차

법원은 항행수역, 기간, 이용목적 등에 관해 운행허가에 조건을 부가할 수 있다(규칙 100조 1항). 운행허가결정은 신청인인 채무자뿐만 아니라 동의를 요하는 모든 이해관계인에게 고지되어야 한다(규칙 100조 2항). 이 고지일이 같은 결정에 대한 즉시항고기간의 기산점이다. 이 운행허가결정에 대해서는 즉시항고가 가능하지만, 항행허가결정은 확정되어야 효력이 발생한다(176조 3항, 4항). 따라서 신속히 확정시키기 위해서는 이해관계인의 항고권포기를 필요로 한다.

항행을 위해서는 집행법원이 접수·보관 중인 선박국적증서 등이 필요하므로, 이것은 일시적으로 채무자에게 반환되고 항행종료 후 다시 반납된다. 반납되지 않으면 집행법원은 직권 또는 이해관계인의 신청에 따라 집행관에 대하여 재수취할 것을 명할 수 있다(규칙 101조 1항).

7. 집행취소

(1) 관할위반에 의한 취소

압류당시 선박이 그 법원의 관할 안에 없었음이 판명되면, 그 절차를 취소하여야 한다(180조). 단, 법 182조에 의해 이송 등을 하게 되므로 이 사유로 취소되는 일은 예외적이고, 또한 실무상 법 183조에 의한 요건이 충족되어야 경매절차를 취소하기 때문이다(실무제요 3-62). 압류 후 출항하면, 이송이나 집행불능에 의한 취소로 처리된다.

(2) 보증제공에 의한 집행취소

1) 필요성

채무자가 압류 중인 선박을 출항시키기 위해서는 항행허가의 제도가 있지만, 이해관계인의 동의를 요건으로 하므로 현실적으로 항행허가를 얻는 것은 곤란하고 거의 이용되고 있지 않다. 선박을 압류당하여 선박을 운행하지 못한 경우에 발생하는 채무자의 손해는, 선박이 크면 클수록 거액이 된다. 특히 집행이 부당하다고 다투는 경우에는 절차종료까지 장기간이 필요하고, 그 사이에 선박을 운행할 수 없는 채무자에게 있어 감당할 수 없는 손해를 발생시킬 우려가 있다. 다른 한편 채권자에게 있어서는 강제집행에 있어 자신의 채권의 만족을 얻는 것이 확보되어야 한다. 이러한 채무자와 채권자의 이해관계를 고려하여 일정한 경우(특정 집행정지문서가 제출된 경우 등)에 보증에 의한 집행취소를 인정하고 있는 것이다(181조).

집행정지문서의 필요성

여기서 채무자가 집행정지문서를 제출하여 집행채권의 존부를 다투는 경우에 한하여 보증제공에 의한 집행취소가 인정되는 것은, 그 이외의 경우에는 채무자가 임의로 채권자에게 집행채권에 관해 변제를 하고, 이에 따라 집행신청을 취하하는 것으로 처리할 수 있기 때문이다.

2) 절 차

법 49조 2호 또는 4호의 집행정지문서가 제출되고 따라서 집행이 정지되어 있는 경우에, 채무자가 매수신고 전에 압류채권자 및 배당요구채권자의 채권 및 집행비용에 상당하는 보증을 제공한 때에는, 법원은 배당 등의 절차를 제외하고 강제집행의 절차를 취소해야 한다(181조 1항).

취소신청에 대한 재판과 불복신청

취소신청을 기각한 재판에 대하여는, 채무자는 즉시항고를 할 수 있다(181조 3항). 취소결정에 대해서는 경매신청권자가 즉시항고를 할 수 있으나(17조 1항. 일본민사집행법117조 4항은 아예 취소결정에 대한 불복을 인정하지 않는다) 집행정지효가 없으므로(181조 4항), 이 때 압류선박은 즉시 출항할 수 있다.

보증의 제공

채무자는 일단 집행채권자 등의 청구를 만족시키기에 충분한 보증을 제공할 것이 요구된다. 보증의 내용에 관해서는 규칙 104조가 규정하고 있다. 그러나 청구이의의 소 등에 의해 압류가 허용되지 않는 것으로 확정된 때에는, 채무자는 그 제공한 보증의 반환을 요구할 수 있다. 반대로 집행정지문서의 제출에 의한 집행정지의 효력이 상실된 때에는, 채권자(압류채권자, 배당요구채권자)에 대해 이 보증에 의한 배당 등이 실시된다(181조 2항). 이 경우 구체적 배당방법에 관해서는 규칙 104조가 규정한다.

(3) 선박국적증서 등을 수취할 수 없는 경우의 취소

앞서 보았듯이 경매개시결정 후 2개월 내에 집행관이 선박국적증서 등을 넘겨받지 못하고, 선박이 있는 곳이 분명하지 않으면, 법원은 강제경매절차를 취소할 수 있다(183조). 2가지 요건을 모두 갖추어야만 취소된다. 이 취소결정에 대하여는 즉시항고가 가능하다(17조 1항).

8. 배 당

선박집행에서의 배당요구권자, 배당을 받을 채권자의 범위, 배당표의 작성과 실시 등에 관해 부동산에 대한 강제경매의 규정이 준용된다(172조. 규칙 105조). 또한 집행비용으로는 선박감수·보존비용과 항만시설사용료, 그리고 관련 보험료가 있다.

제5절 항공기, 자동차, 건설기계에 대한 강제집행

1. 서

항공기, 자동차, 특정동산저당법 제3조제2호에 따른 소형선박 및 건설기계는 모두 동산에 해당되지만, 등기 또는 등록이 공시방법이고 또한 저당권의 목적으로 할 수 있다. 이에 따라 등기 또는 등록이 있는 이들에 대한 강제집행은, 원칙적으로 부동산집행에 준해 지방법원의 사법보좌관이 이를 관할하고, 그 구체적인 절차는 규칙이 규정하고 있다(187조).

2. 항공기에 대한 집행

항공법에 따라 등록된 항공기에 대한 강제집행은, 선박에 대한 강제집행의 예에 따라 실시하고, 다만 현황조사와 물건명세서에 관한 규정 및 규칙 95조 2항의 규정은 제외되며, 그 절차의 특성상 다소 용어를 고쳐 적용된다(규칙 106조). 따라서 항공기집행은 물건명세서 및 현황조사서를 작성하지 않고 매각절차를 실시하는 점 이외에는, 선박집행과 동일하다. 그 밖에 항공기의 기장은 선박의 선장과 같은 권한이 없으므로, 법 177조 1항 1호 후단과 법 179조는 준용되지 않는다. 항공기가 여러 사람의 공유인 경우에도 관리인을 선임하지 않으므로, 법 185조 4항은 준용되지 않는다. 그러나 물건명세서와 현황조사서를 작성하지 않는 대신, 평가서를 일반인에게 보여주어 매각을 실시한다(규칙 107조 1항).

3. 자동차에 대한 집행

(1) 서

자동차집행의 구체적 절차는 규칙2편 2장 5절에서 규정한다. 집행의 대상인 자동차란 자동차관리법에 따라 등록된 자동차에 한정된다(규칙

108조. 자동차집행의 대상이 아닌 자동차는 유체동산의 집행에 의한다). 또한 자동차 공유지분에 대한 강제집행은, 그 밖의 재산권에 대한 강제집행의 예에 따른다(규칙 129조). 전술하였듯이 자동차집행은 원칙적으로 부동산 집행의 규정을 따르지만(규칙 108조), 자동차집행의 특유한 규칙이 있다(규칙 109조 내지 127조). 그 밖에 규칙 128조 1항은 항공기 및 동산집행에 관한 규정이 준용되는 경우를, 규칙 128조 2항은 부동산강제집행에 관한 규정 중 준용되지 않는 것을 정하고 있다.

(2) 경매절차의 개시

1) 관 할

자동차집행의 관할은, 자동차등록원부에 기재된 사용본거지를 관할하는 지방법원의 사법보좌관이다(사용본거지주의. 규칙 109조 1항). 단, 다른 법원 소속 집행관이 자동차를 점유하고 있으면 일정한 경우에 당해 법원으로 이송할 수 있고(규칙 119조 1항), 이송을 하게 되면 이송을 받은 법원의 사법보좌관의 관할이 된다(규칙 109조 1항 단서). 또한 경매신청 전의 자동차의 인도명령(규칙 113조 1항)에 의해 인도받은 경우, 자동차가 있는 곳을 관할하는 법원도 관할권을 가진다(규칙 109조 2항).

2) 개시결정과 인도명령

자동차집행의 개시결정

자동차집행은 사법보좌관이 경매개시결정을 하고, 이를 공적장부상에 압류의 등기를 촉탁하는 방법에 의해 개시된다(규칙 111조, 108조). 개시결정은 채권자와 채무자에게 고지되어야 하고(규칙 111조 4항. 채무자에게는 송달로 고지한다[규칙 108조]), 개시결정 후 법원사무관등은 즉시 자동차등록을 관장하는 지방자치단체장에게 압류의 등록을 촉탁하여야 한다(규칙 108조, 94조 1항). 개시결정에 대해서는 사용·수익의 제한이 가해진다는 점에서 즉시항고가 가능하고(규칙 111조 4항), 자동차집행신청을 기각 또는 각하하는 재판에 대해서도 즉시항고가 가능하다(규칙 108조).

인도명령의 필요성

개시결정등기만으로는 자동차의 이동을 막을 수 없으므로, 개시결정과 동시에 자동차를 집행관에게 인도하도록 명하여(83조 1항, 규칙 111조 1항 본문) 집행관보관을 시킨 후에 절차가 진행된다. 이 인도명령은 직권으로 사법보좌관이 내려야 한다(사보규 2조 1항 7호). 그 집행방법은 동산의 인도집행의 경우와 같지만(257조), 개시결정이 채무자에게 송달되기 전에도 가능하다(규칙 111조 2항). 그러나 압류효력발생시(개시결정이 채무자에게 송달된 때, 그 송달전 압류등록이 된 때[규칙 108조] 또는 그 등록전 집행관이 자동차를 인도받은 때[규칙 111조 3항]) 이전부터 자동차를 제3자가 점유하고 있으면 불가능하고(규칙 112조 참조), 그 자가 자동차를 임의로 제출하지 않으면 자동차집행은 취소된다(규칙 116조. 이 때에는 법 243조에 의한 유체동산에 관한 청구권집행에 의해야 한다).

(3) 자동차인도명령

1) 종 류

개시결정과 함께 내리는 경우

자동차인도명령은 먼저 앞서 본 규칙 111조 1항 본문에 의해 강제경매개시결정을 하는 때에 채무자를 상대로 내린다. 또한 압류효력 발생 후 제3자가 점유하게 된 경우에도, 사법보좌관은 당해 제3자에게 자동차를 집행관에게 인도할 것을 명할 수 있다(규칙 112조). 이 인도명령은 제3자에게 송달되기 전이라도 가능하지만(193조 3항) 신청인에게 고지된 날로부터 2주일이 지나면 할 수 없다(같은 조 4항).

개시결정 전에 내리는 경우

다음으로 강제경매신청 전의 인도명령이 있다(규칙 113조 1항). 이 인도명령의 관할은 자동차가 있는 곳을 관할하는 법원의 사법보좌관이다. 채권자는 인도명령 신청시 집행력 있는 정본을 제시하고 신청의 사유를 소명하여야 한다(규칙 113조 2항). 이 인도명령은 보전처분의 성격을 갖는 것이므로, 집행관이 자동차를 인도받은 후 10일 이내에 채권자가 강제경매신청을 하였음을 증명하는 문서를 제출하지 않으면, 자동차를 채무자에게 반환하여야 한다(규칙 113조 3항). 만일 10일 후 채권자가 경매개시결정의 정본을 제출하였다면, 집행관은 이 결정정본에 의해 새로 자동차를 인도받은 것이 되고, 바로 그 취지, 보관장소, 보관방법 및 예상되는 보관비용을 법원에 신고하여야 한다(규칙 114조 1항). 이 인도명령은 채무자에게 송달하기 전이라도 집행할 수 있다(규칙 113조 5항). 채무자의 처분을 방지하여 인도명령의 실효성을 기하기 위해서이다. 단, 채권자에게 인도명령 송달 후 2주일이 지나면 집행하지 못한다(규칙 113조 5항).

2) 효 력

인도명령의 집행

인도명령은 집행권원에 준하고 집행방법은 집행관보관이 원칙이다. 단, 보전처분의 성격을 가지므로, 앞서 본 송달 전의 집행가능을 제외하고 승계집행문이 필요한 경우 이외에는 집행문부여가 요구되지 않는다(단, 다른 보전명령과 달리 집행기간의 제한이 없다). 집행관이 자동차의 인도를 받으면 바로 그 취지, 보관장소, 보관방법 및 보관비용을 사법보좌관에 신고하여야 한다(규칙 114조 1항. 단, 경매신청 전의 인도명령의 경우에는 집행단계에서는 신고할 필요가 없다). 경매신청의 취하 등으로 인도명령이 실효되면, 집행관은 보관중인 자동차를 채무자에게 반환하여야 한다.

강제경매개시결정이 있는 날로부터 2개월이 지나기까지 집행관이 자동차의 인도를 받지 못하면, 사법보좌관은 집행절차를 취소하여야 한다(규칙 116조). 단, 2개월이라는 기간에는 집행관이 보고할 상당한 시간적 여유를 부가하는 것이 실무이다(실무제요 3-99). 또한 취소결정이 있기 전에 인도되면 취소가능기간이 도과하여도 취소할 수 없다.

인도명령에 대한 불복신청

인도명령에 대해서는 경매개시결정에 즉시항고할 수 있으므로 독립해서 즉시항고를 할 수 없다. 단, 제3자에 대한 인도명령, 경매신청 전의 인도명령에 대해서는 즉시항고가 가능하지만(193조 5항, 규칙 113조 4항), 집행정지효는 없다.

(4) 자동차의 보관

보관방법

집행관은 인도명령에 기해 자동차를 인도받으면 이를 직접 보관해야 하고, 재량에 따라 정한 그 보관장소, 보관방법 및 예상되는 보관비용을 전술하였듯이 사법보좌관에 신고해야 하며, 그 변경이 있어도 이를 신고해야 한다(규칙 114조 1항, 2항). 단, 상당하다고 인정되면, 인도받은 자동차를 압류채권자, 채무자, 그 밖의 적당한 사람에게 보관시킬 수 있다(보관위임. 규칙 115조 전문). 이 경우에는 공시서를 붙여두거나 그 밖의 방법으로 그 자동차가 집행관의 점유하에 있음을 분명히 표시해야 하고, 또한 보관시킨 후에 규칙 117조에 따라 운행이 허가된 경우를 제외하고, 자동차운행을 금지하는 적당한 조치를 취해야 한다(규칙 115조 후문).

보관장소 자동차의 보관장소는 집행관의 관할구역 안이어야 한다. 집행관이 관할구역에서 자동차에 대한 점유를 취득하지 않으면 매각을 실시할 수 없고(규칙 120조), 관할구역 밖에 보관토록 하면 자동차의 이동(규칙 118조 2항) 또는 사건의 이송(규칙 119조) 절차를 필요로 하는 등 절차가 복잡해지기 때문이다.

(5) 운행허가

사법보좌관은 영업상 필요하거나 그 밖에 상당한 이유가 있으면, 이해관계인의 신청에 따라 보관 중인 자동차의 운행을 허가할 수 있다(규칙 117조 1항). 이해관계인이란 법 90조의 경우보다 넓게 자동차의 운행에 따라 이익을 받을 지위에 있는 사람을 포함한다(실무제요 3-101). 운행허가에는 적당한 조건을 붙일 수 있다(규칙 117조 2항). 운행허가결정에 대해서는 즉시항고가 가능하지만(규칙 117조 3항), 집행정지효는 없다.

(6) 이동명령 및 인계명령의 촉탁

사법보좌관은 필요하다고 인정하면, 집행관에게 자동차를 일정한 장소로 이동할 것을 명할 수 있다(규칙 118조 1항). 매수희망자에게 보여주기 위해서 이동할 필요가 있기 때문이다. 만일 집행법원 소속 집행관이 아닌 집행관이 당해 자동차를 보관 중이라면, 규칙 119조 1항의 규정에 따라 사건을 이송하거나(규칙 119조) 그렇지 않으면 소속 집행관에게 인계하도록 명할 것을 촉탁하여야 한다(규칙 118조 2항). 이 촉탁을 받은 사법보좌관은 당해 집행관에게 자동차의 이동과 인계를 명하여야 한다.

(7) 현금화와 만족

1) 서

현금화와 만족절차는 일반적으로 부동산에 대한 그것과 같다. 이하에서는 몇 가지 특칙에 대해 살펴보기로 한다. 매각은 집행관이 자동차를 보관하고 나서 실시해야 하는데(규칙 120조), 규칙 124조에 의해 압류채권자에게 매각허가결정을 하는 방법에 의한 경우에는 그 예외가 된다.

2) 최저매각가격결정의 특례

사법보좌관은 상당하다고 인정하면 집행관에게 거래소에 자동차의 시세를 조회하거나 그 밖의 방법으로 매각할 자동차를 평가하게 하고, 그 평가액을 참작하여 최저매각가격을 정할 수 있다(규칙 121조 1항). 이 평가명령에 대해서는 즉시항고를 할 수 없고, 집행에 관한 이의의 방법으로 해야 한다.

3) 매각기일의 공고

매각기일의 공고시의 기재사항에 관해서는 규칙 122조가 규정한다. 단, 법106조 4호에서의 기간입찰시의 입찰기간과 장소, 같은 조 7호에서의 매각물건명세서와 현황조사보고서의 사본은 자동차집행에는 적용되지 않는다(규칙 128조 2항).

4) 특별매각방법

의의

사법보좌관은 상당하다고 인정하는 때, 집행관에게 입찰 또는 경매 이외의 방법으로 자동차의 매각을 실시할 것을 명할 수 있다(규칙 123조 1항 전문). 이 경우 그 매각의 실시방법과 기한, 그 밖의 다른 조건을 붙일 수 있다(123조 1항 후문). 이러한 특별매각의 실시를 명할 때에는, 압류채권자의 의견을 사전에 들어야 한다(규칙 123조 2항). 또한 사법보좌관은 매수신고의 보증금액을 정하고, 아울러 그 보증의 제공은 금전 또는 사법보좌관이 상당하다고 인정하는 유가증권을 집행관에게 제출하는 방법으로 하도록 정하여야 한다(규칙 123조 3항).

절차의 진행

특별매각결정이 내려지면 법원사무관등은 각 채권자와 채무자에게 그 취지를 통지하여야 한다(규칙 123조 4항). 또한 집행관은 특별매각조서를 작성하여야 하고(규칙 123조 5항), 조서와 함께 보증으로 제공된 금전 또는 유가증권을 집행법원에 제출하여야 한다. 사법보좌관은 특별매각조서가 제출되면 바로 매각결정기일을 지정하여야 하고(규칙 123조 6항), 법원사무관등은 지정된 매각결정기일의 일시와 장소를 이해관계인과 매수신고를 한 사람에 대하여 통지하여야 한다(규칙 123조 7항).

5) 양도명령에 따른 매각

양도명령의 의의

사법보좌관은 상당하다고 인정하면, 압류채권자의 매수신청에 따라 그에게 자동차의 매각을 허가할 수 있다(규칙 124조 1항). 간편하고 신속한 매각을 위해 양도를 통한 특별한 매각방법을 인정한 것이다. 압류채권자에 대한 매각허가결정은 매각결정기일을 열지 않고 할 수 있다(규칙 124조 3항). 그 시기는 최저매각가격이 정해진 이후여야 하는 점 이외에는 특별한 제한이 없다.

매각절차의 특징

양도명령에 의한 매각은 자동차가 집행법원의 관할구역 안에 있지 않아도 가능하다(규칙 120조 참조). 압류채권자에 대한 매각허가결정은 이해관계인에게 고지되어야 하고(규칙 124조 2항), 이해관계인은 즉시항고를 할 수 있다(129조). 이에 비해 양도명령신청을 기각하는 결정은 압류채권자에게 고지되면 되고(규칙 7조 2항), 압류채권자는 이에 대해 집행에 관한 이의로 다툴 수 있다. 대금을 납부한 압류채권자는, 사법보좌관으로부터 그 증명서를 받아 이를 집행관에게 제출하여 자동차를 인도받게 된다. 단, 압류채권자는 배당을 받을 자이므로 대금에서 그만큼 차액한 금액을 납부하게 될 것이다.

6) 매수인에 대한 자동차의 인도

매각허가결정이 확정되면 매수인은 사법보좌관이 정한 기한까지 대금을 납부하여야 한다(142조). 대금은 사법보좌관에게 납부하고 그 증명을 받아 이를 집행관에게 제출하면, 집행관이 자동차를 매수인에게 인도하는 것이 된다. 인도방법은 현실의 인도가 원칙인데, 집행관이 보관하고 있지 않는 경우에는 매수인의 동의를 얻어 보관자에게 그 자동차를 매수인에게 인도할 것을 통지하는 방법으로 인도한다(규칙 125조 1항 후문). 집행관은 매수인에게 자동차를 인도하고 그 취지와 날짜를 사법보좌관에게 신고해야 한다(규칙 125조 2항).

7) 긴급매각

자동차의 가치가 크게 떨어질 염려가 있거나 보관비용이 많이 드는 경우에는, 집행정지 중이라도 압류채권자나 채무자의 신청에 의해 긴급매각을 할 수 있다(규칙 126조). 그 절차는 집행관이 먼저 긴급매각이 필요한 사유가 발생하면, 이를 압류채권자, 채무자 및 저당권자에게 통지하는 것으로 시작된다(규칙 126조 2항). 그리고 이 사실을 통지받은 압류채권자 등이 신청하면 사법보좌관이 긴급매각을 결정한다(같은 조 3항). 긴급매각이 결정되면 법원사무관등은 이러한 사실을 그 신청을 하지 않은 압류채권자 등에게 통지하여야 한다(126조 4항). 긴급매각대금이 집행법원에 납부되면 법원사무관등은 이를 공탁하여야 한다(규칙 126조 5항).

8) 집행신청이 취하된 경우 등의 특칙

자동차의 반환 자동차집행신청이 취하되거나 그 절차를 취소하는 결정이 확정되면, 법원사무관등은 이를 집행관에게 통지하여야 한다(규칙 127조 1항). 이 통지를 받은 집행관은 자동차를 채무자 그 밖의 수취권자에게 인도하여야 한다. 취하나 취소사실은 채무자에게 각각 통지(규칙 16조)·고지하여야 하고(규칙 7조 1항 2호), 채무자 이외의 수취권자에게는 집행관이 이를 통지하여야 한다(규칙 127조 2항).

자동차를 인도할 수 없는 경우의 매각 만일 집행관이 자동차를 인도할 수 없게 되면, 사법보좌관은 집행관의 신청을 받아 자동차집행의 절차에 따라 자동차를 매각하는 결정을 할 수 있다(규칙 127조 4항). 집행관이 자동차보관의무로부터 벗어나기 위해 필요한 조치이다. 집행관의 신청에 의해 강제경매개시결정이 있으면, 법원사무관등은 그 개시결정에 기한 압류의 등록을 촉탁하고, 또한 채무자와 저당권자에게 그 취지를 통지하여야 한다(규칙 127조 5항). 이후의 매각절차는 자동차집행의 경우와 같다. 매각대금은 집행비용을 공제하고 잔액이 있으면 매각대금의 교부계산서에 의해 저당권자에게 변제금을 교부하고, 그 나머지는 채무자에게 교부하여야 한다(규칙 127조 6항). 교부일도 이를 저당권자와 채무자에게 통지하여야 한다(규칙 127조 7항). 통지를 받고도 출석하지 않으면 공탁한다(규칙 127조 7항).

4. 건설기계 · 소형선박에 대한 집행

건설기계에 대한 집행은 자동차에 대한 집행이 준용되고, 단지 "자동차등록원부"라고 규정된 것은 "건설기계등록원부"가 된다(규칙 130조). 건설기계를 목적으로 하는 담보집행도 자동차의 경우가 준용된다(규칙 198조). 소형선박의 경우에도 위와 같다.

제6절 유체동산에 대한 강제집행

1. 서

유체동산이란

유체동산집행은 유체동산을 대상으로 집행관이 목적물의 압류를 하는 방법으로 행해지는 강제집행이다. 여기서 말하는 동산에는, 동산 이외에 등기할 수 없는 토지의 정착물, 토지로부터 분리하기 전의 천연과실 및 배서가 금지된 유가증권 이외의 유가증권(예를 들면 어음, 수표, 주권, 사채, 화물인환증 등)이 포함된다. 예탁주권 등에 관한 강제집행은 채권집행에 준한다(규칙 176조 이하). 이러한 동산은 보통 협의의 의미로서 유체동산을 의미하고, 광의로는 채권 그 밖의 재산권도 포함하는 것으로 사용된다.

집행방법으로서의 의의

유체동산집행은, 현재의 사회경제구조상 금전집행으로서의 실용성이 매우 낮고, 그 간접강제적인 효과(정신적 압박을 가하는 효과)만이 기대되는 실정이다. 즉 유체동산은 미술품, 귀금속류나 주권, 어음, 수표 등 교환가치가 높은 것을 별개로 하면, 일상생활에 필요한 동산, 사무용품, 기계기구 등을 대상으로 하고, 일반적으로 채무자에게는 사용가치가 높아도 거래상의 교환가치는 적기 때문이다. 따라서 유체동산집행에 의해 회수할 수 있는 채권액은 고액을 예상할 수 없지만, 채무자에게 주는 고통이 크기 때문에 채무자에게 간접적으로 변제를 강제하는 기능을 부정할 수 없다. 그러나 유체동산집행에서의 압류물은 보통 그 소재장소에서 경매되고, 경매참가자도 적으며 그 실태는 매우 음산하여 개선의 필요가 적지 않다고도 평가된다. 집행과정을 도표로 나타내면 아래와 같다.

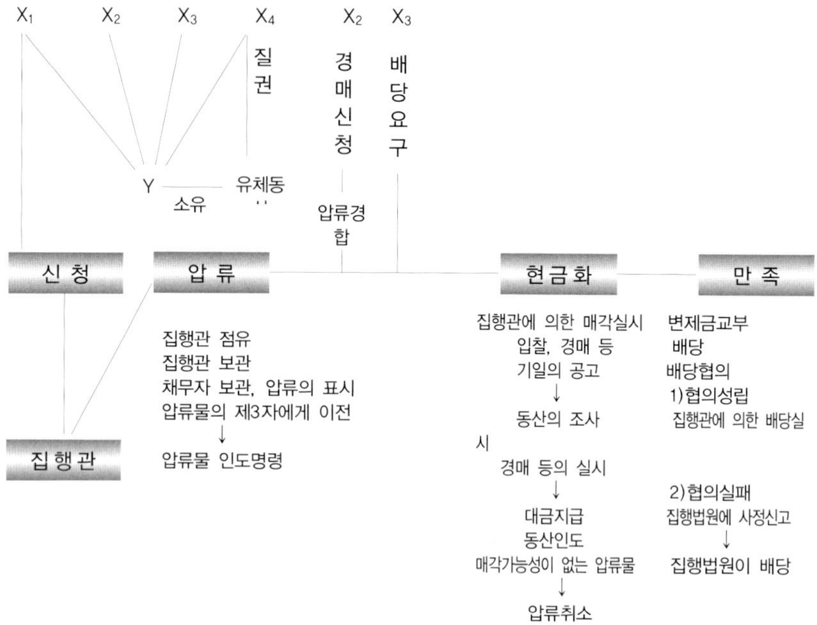

※ X_1과 X_2는 채무자 Y에 대한 집행력 있는 정본이 있다.

〈도표 3〉 유체동산집행절차 개관

2. 유체동산의 의의

(1) 민법과의 차이

민법상의 동산은 토지 및 그 정착물 이외의 물건을 말한다(민법 99조). 민사집행법상의 유체동산에 대한 강제집행에서의 동산은, ① 민법상의 동산보다 좁게, 앞서 보았듯이 특별한 집행절차가 있는 선박, 항공기, 자동차 및 건설기계 그 밖에 독립된 부동산으로 취급되는 공장재단, 광업재단, 입목 등은 포함되지 않고, ② 반면으로 민법상의 동산보다도 넓게 등기할 수 없는 토지의 정착물, 토지에서 분리하기 전의 과실로서 1개월 이내에 수확할 수 있는 것 및 배서가 금지된 유가증권 이외의 유가증권은 동산에 포함된다(189조). 또한 부부공유의 유체동산도 채무자가 점유하거나 그 배우자와 공동으로 점유하고 있는 동산은, 채무자에 대한 집행권원으로 압류할 수 있다(190조).

(2) 토지의 정착물

민법상의 동산은 아니지만 유체동산집행의 대상인 것 중 등기할 수 없는 토지의 정착물이란, 계속적으로 토지에 부착하여 사용되고 있는 물건으로 등기를 하는 방법에 의해 집행할 수 없는 것을 말한다. 또한 거래의 대상으로서의 가치를 가져야 한다(대결 1995.11.27, 95마820). 예를 들면 철탑, 정원수나 정원석, 주유소 급유기, 등기되지 않은 입목 등이 이에 해당한다. 지중의 암석, 토사 등과 같이 토지의 구성부분을 이루는 것은, 토지의 정착부분이 아니다. 부동산인 주물의 상용에 이바지 하는 종물은 부동산과 일체로서 다루어진다. 예를 들면 백화점 지하의 전화교환실은 당해 백화점이 압류된 후에는 독립하여 압류의 대상이 되지 않는다(대판 1993.8.13, 92다43142).

미등기건물

건축신고 또는 건축허가를 마쳤으나 보존등기를 마치지 않은 건물은 유체동산집행의 대상이 아니고 미등기건물로서 부동산집행에 의한다(81조 1항 2호. 대결 1994.4.12, 93마1933). 독립된 부동산으로 취급되지 않는 건축 중인 건물(최소한의 기둥과 지붕, 그리고 주벽을 갖춰야 독립된 부동산으로서 취급된다[대판 2001.1.16, 2000다51872])이라면, 토지로부터 분리할 수 있기 때문에 유체동산집행이 가능한 경우를 제외하고 독립한 거래의 객체가 될 수 없다. 독립된 부동산이라고 하여도 미등기부동산으로서 부동산집행이 불가능하고 토지로부터 분리할 수 없다면 마찬가지이다.

(3) 과 실

유체동산으로서 집행의 대상이 되는 과실은 토지에서 분리하기 전의 과실로서 1개월 이내에 수확할 수 있는 것이다(189조 2항 2호). 이러한 과실은 독립하여 거래의 대상이 되는 천연과실로서, 토지에 생육하는 식물이고 수확을 목적으로 하는 것에 한정된다.

(4) 유가증권

유가증권 자체는 민법상의 동산이지만, 배서가 금지된 것은 그 증권에 화체된 권리를 집행대상으로 파악하여 채권 그 밖의 재산권의 집행방법에 의하여야 한다(189조 2항 3호, 223조 이하). 배서금지의 여부는 실체법의 해석에 의한다. 예를 들어 유체동산집행의 대상인 유가증권이라도 공시최고 중 또는 제권판결 후의 유가증권은 유체동산집행이 아니고, 채권집행의 방법에 의한다.

3. 압류의 단계

(1) 압류의 방법

채무자 점유동산에 대한 압류

유체동산집행은 집행관이 채무자가 점유하고 있는 목적물인 유체동산을 점유함으로써 개시된다(189조 1항). 이 경우에 집행관은 강제력을 행사할 수 있다(5조). 단, 강제력을 행사할 수 있는 것은 유체동산을 채무자가 점유하고 있는 경우에만 국한되고, 채무자 이외의 자가 점유하고 있는 경우에는, 그 자가 임의로 동산을 제출하지 않는 한 이를 압류할 수 없다. 만일 집행관이 채무자가 아닌 제3자의 재산을 압류하면, 채권자가 불법행위자로서 배상책임을 지는 경우가 있다(대판 1999.4.9, 98다59767). 집행관은 압류 시 압류사유를 채무자에게 통지하여야 한다(189조 3항). 압류물의 선택은 집행관의 자유재량에 따른다. 단, 채권자의 이익을 해치지 아니하는 범위에서 채무자의 이익을 고려하여야 한다(규칙 132조). 일반적으로는 금전 그 밖의 현금화가 용이한 물건부터 선택하는 것이 될 것이다.

집행관에 의한 목적물의 점유

압류는 전술하였듯이 원칙적으로 집행관이 채무자가 점유하고 있는 유체동산을 점유함으로써 한다(189조 1항 본문). 점유란 집행관의 직접 지배·보관을 의미한다. 집행관이 점유를 침탈당하면 자력구제나 점유회복의 소를 제기할 수 있고, 채권자도 사법보좌관에게 그 물건을 집행관에 인도하도록 명할 것을 신청할 수 있다(193조). 단, 집행관이 직접 점유하기 곤란한 경우라면, 법 198조 1항에 따라 제3자(창고업자 등)로 하여금 이를 보관하게 할 수 있다.

채무자의 점유의 의미

채무자가 유체동산을 점유하고 있는 때에는 그 소유자가 누구인지 물을 필요 없이 압류를 할 수 있다(189조 1항). 단, 점유의 외관으로 보아 이미 타인의 물건임을 쉽게 알 수 있는 경우로서, 수하인의 명찰이 붙어 있는 경우에는 압류할 수 없다. 당해 동산이 제3자의 소유인 때에는, 그 제3자는 제3자이의의 소에 의해 압류의 취소를 구하는 것이 된다. 여기서의 점유란 사실상의 지배인 소지를 말하고 자주점유일 필요는 없다. 이에 비해 민법상의 간접점유는 해당되지 않는다. 공동점유의 경우에도 부부공동재산을 제외하고 이를 압류할 수 없다(190조).

채권자가 목적물을 점유하는 경우

채무자소유의 재산이면 채권자가 점유하여도 법 189조를 준용하여 압류할 수 있다(191조). 단, 채권자가 질권 등의 담보권으로 당해 동산을 점유하고 있는 경우에도 가능한지에 대해서는, 견해의 대립이 있다. 담보권에 대한 영향 없이 압류가 가능하다는 견해[85]와 압류가 불가능하다는 견해[86]의 대립이다. 판례는 부정적이다(대판 1990.12.26, 90다카24816). 채권자는 강제집행이나 담보집행을 이용할 수 있는 입장이므로, 채권자의 의사를 확인하여 담보권을 포기하면서 강제집행을 원하는 것이 아니라면 담보집행으로서 처리하는 것이 타당할 것이다.

제3자가 목적물을 점유하는 경우

제3자가 점유하고 있다면 그 승낙과 제출이 있어야 압류할 수 있다(191조). 제3자란 집행권원의 집행력이 미치지 않는 자이다. 이 때의 점유도 외관적인 사실상의 지배를 의미한다. 제3자의 승낙과 제출은 일종의 소송행위로 판단된다. 제3자의 의사에 반한 압류는, 취소할 수 있을 뿐 당연무효는 아니다. 제3자는 집행에 관한 이의나 제3자이의의 소에 의해 다툴 수 있다. 마찬가지로 유치권자가 점유하고 있는 채무자의 유체동산에 대한 강제집행은 유치권자가 채권자의 강제집행을 위하여 집행관에게 그 물건을 제출한 경우에 한하여 허용된다(대결 2012.9.13, 2011그213).

채무자에게 보관하게 하는 경우

나아가 채권자의 승낙이 있거나 운반이 곤란한 때에는, 집행관은 압류물을 채무자에게 보관하게 할 수 있고(189조 1항 단서), 이러한 사항을 적은 조서를 작성하여 보관자의 기명날인 또는 서명을 받아야 한다(규칙 136조 1항). 이 때에는 봉인 그 밖의 방법으로 압류물임을 명확히 표시하여야 한다

85) 박두환, 489면; 주석민사집행법 Ⅳ-227.
86) 강대성, 246면.

(189조 1항 단서). 채권자의 승낙은 묵시적으로도 무방하다. 압류물이 채무자의 보관인 경우, 채무자는 목적물의 가치감소를 초래하지 않거나 목적물의 보존방법으로 인정되는 한도에서 압류표시를 훼손하지 않고 점유중인 물건을 사용할 수 있다. 또한 집행관은 채권자 또는 제출을 거부하지 아니하는 제3자가 점유하고 있는 유체동산을 압류하는 경우에는, 채무자에게 보관위임하는 경우에 준하여 그 채권자 또는 제3자의 보관에 위임할 수 있다(191조, 189조). 이 위임은 집행관과 채권자 또는 제3자의 사법상의 계약이 된다.

(2) 초과압류의 금지

유체동산의 압류는 압류채권자의 채권 및 집행비용의 변제에 필요한 한도를 초과할 수 없다(188조 2항). 따라서 채무자가 점유하는 유체동산을 차례로 압류하고 그 대체적인 견적에 의한 평가액의 합계가 압류채권자의 채권 및 집행비용의 액에 도달하면, 그 이상 압류할 수 없다. 단, 여러 개의 동산을 압류하는 것이 아니고 불가분적인 한 개의 물건을 압류하는 때에는, 그 범위를 초과하여도 무방하다.

초과압류의 취소

초과압류금지에 저촉되는 압류임이 분명하다면, 집행관은 그 한도에서 압류를 취소하여야 한다(규칙 140조 1항). 압류 후에 질권을 갖는 자의 배당요구가 있어 압류채권자의 채권 및 집행비용을 변제함에 충분하지 않으면, 압류채권자는 추가압류신청을 할 수 있다. 압류의 병합 후에 일방의 압류채권자가 동산집행의 신청을 취하하여 압류 후에 초과압류라는 것이 판명된 경우에도, 집행관은 그 초과하는 한도에서 압류를 취소해야 한다(규칙 140조 1항). 집행관이 압류취소를 하지 않으면 집행에 관한 이의로 다툴 수 있다.

(3) 무잉여압류의 금지

부동산의 경우와 같이 압류해야 하는 유체동산의 매각대금으로 집행비용을 변제하고 잉여를 발생시킬 가망성이 없는 때에는, 압류를 할 수 없다(188조 3항). 그러한 경우에는 압류를 실시하여도 압류채권자에게 실익이 없을 뿐만 아니라, 채무자에게도 무익한 집행비용을 부담시키는 것이 되어 불이익하기 때문이다. 무잉여의 판단은 집행관이 한다. 우선채권자의 배당요구 등에 의해 압류채권자의 채권 변제에 충당하는 잉여를 발생시킬 가망성이 없는 때에도 같은 취지에서, 집행관은 이 경우에 이미 한 압류를 취소해야 한다(규칙 140조 2항). 이 원칙에 위반된 압류에 대해서는 집행에 관한 이의로 다툴 수 있다. 집행관은 집행법원의 허가에 관계없이 압류를 취소하게 되는데, 실무상으로는 채권자에게 통지한 다음 취소하는 것이 바람직하다고 한다(실무제요 3-143).

(4) 국가에 대한 강제집행에 있어서의 압류의 제한

국가에 대한 강제집행의 경우, 국유재산 중 어느 것이나 다 압류의 대상이 되는 것은 아니고, 국고금만이 압류의 대상이 된다(192조). 국고금이란 국가에 속하는 현금을 말한다.

(5) 압류금지동산

민사집행법상 압류가 금지되는 물건에 대해서는, 법 195조가 총 16가지의 압류금지동산을 규정한다(같은 조 3호와 관련하여 2005년에 생계비관련 규정을 대통령령[민사집행법시행령]으로 위임하고 민사집행규칙 143조를 삭제하는 개정이 있었다). 민사집행법 이외에도 그 밖의 법률에 의한 압류금지동산이 존재한다(자세히는 실무제요 3-152 이하 참조). 단, 재판에 의한 압류금지의 변경, 취소 및 가처분이 인정된다.

압류금지에 관련된 재판

법원은 신청에 의해 채무자 및 채권자의 생활의 상황, 그 밖의 사정을 고려하여 압류를 할 수 없는 동산의 범위를 확장하거나 축소할 수 있다(196조). 직권으로는 불가능하다. 관할법원은 압류를 실시할 곳이나 실시한 곳을 관할하는 지방법원 단독판사의 전속관할에 속한다(단, 가압류를 한 경우라면 가압류재판을 한 법원의 관할이다[291조, 278조]). 신청을 인용하는 재판에 대하여는 즉시항고를 할 수 있지만(196조 4항), 기각한 결정에는 즉시항고가 아닌 집행에 관한 이의로 다투어야 한다.

압류금지결정 후 그 이유가 소멸되거나 사정이 변경되면, 법원은 직권으로 또는 당사자의 신청에 따라 그 결정을 취소하거나 바꿀 수 있다(196

조 2항). 이 절차는 앞서 본 금지의 경우와 같다. 단, 법16조 2항에 준하는 잠정처분을 동시에 내릴 수 있다(196조 3항).

4. 압류절차

(1) 집행신청

신청서의 제출

유체동산집행은 채권자가 집행기관인 집행관에게 서면으로 집행신청을 함으로써 개시된다(4조). 신청서에는 당사자 및 그 대리인, 집행권원의 표시, 집행목적물인 유체동산이 있는 장소, 집행권원에 표시된 청구권의 일부에 관하여 강제집행을 구하는 때에는 그 범위를 적고, 집행력 있는 정본을 첨부하여야 한다(유체동산에 대한 강제집행신청양식1, 규칙 131조). 유체동산의 위치를 적어야 하는 것은 압류대상을 특정하기 위해서이다. 집행관이 집행신청을 받으면 수수료 그 밖의 비용의 개산액을 예납시킬 수 있는 등 집행총칙에 의한 절차가 적용된다.

관할구역 밖에서의 압류

집행관은 소속지방법원장의 허가가 없는 한 자신의 관할구역 내에서만 압류할 수 있는 것이 원칙이다. 예외적으로 다음의 3가지 경우에 관할구역 밖에서 압류할 수 있다. 먼저 동시에 압류하고자 하는 여러 개의 유체동산 가운데 일부가 관할구역 밖에 있는 경우에는 그 동산에 대하여도 압류할 수 있다(규칙 133조). 두 번째로 압류물의 채무자 또는 제3자 보관의 경우에도 특히 필요하다고 인정하면 압류물보관자로 하여금 소속 법원의 관할구역 밖에서 압류물을 보관하게 할 수 있다(규칙 135조). 이 경우에는 보관장소에서 압류물을 점검하고(규칙 137조), 열람시키며(규칙 148조) 매수인에게 매각물을 인도하게 된다(205조 2항). 매각시에는 집행법원의 허가가 필요하다(규칙 145조 2항, 151조 3항). 세 번째로 이미 압류된 동산이 관할구역 밖에 있게 된 경우에 이를 회수하기 위해 필요한 때에는 관할구역 밖에서 직무집행을 할 수 있다(규칙 138조 1항). 집행관이 위와 같이 유체동산을 압류한 때에는 채무자에게 적절한 대응조치를 취할 기회를 보장하기 위해 그 사유를 채무자에게 통지하여야 한다(189조 3항).

(2) 압류물의 관리

1) 압류물의 보존

집행관은 선량한 관리자로서 압류물을 보존하여야 한다. 집행관은 채권자 및 채무자의 이익을 종합적으로 고려하여 압류물의 보존을 위한 필요한 조치를 내릴 수 있다(198조 1항).

보관인에 의한 보존

이에 따라 집행관은 적절한 보관인을 선임하여 압류물을 보관하게 할 수 있는데, 보관인을 선임하면 적당한 방법으로 압류물임을 표시하여 두는 것이 상당하다. 또한 보관인을 선임하면, 보관자의 표시 등을 적은 조서를 작성하여 보관자의 기명날인 또는 서명을 받아야 한다(이러한 조서에 관해서는 규칙 136조 참조). 보관인 선임 후에도 집행관은 압류물이 멸실되거나 훼손되지 않도록 점검하는 등의 주의의무가 있고, 압류물의 부족이나 손상이 있으면 그 취지를 보관자가 아닌 채권자 또는 채무자에게 통지하여야 한다(규칙 137조).

조기매각과 긴급매각

또한 압류물의 매각은 압류 후 1주일이 지나야 가능한데, 그 보존비용이 많거나 식료품 등 보존하기 곤란한 것이라면 조기에 매각할 수 있다(202조). 이와 유사한 이치로 집행정지 중인 경우에도 긴급히 매각할 필요가 있는 경우에는 매각할 수 있다(198조 3항). 상법 67조의 자조매각에 상당한다. 긴급매각의 경우에는 매각대금을 공탁하여야 한다(198조 4항). 이 공탁금은 법 222조와는 달리 압류물에 갈음하는 것이다.

그 밖의 보존조치

그 밖의 보존조치로는 다음을 생각할 수 있다. 배서가 가능한 어음, 수표 그 밖의 유가증권을 압류한 경우라면 지급제시, 채무자에 대한 보충의 최고, 제3채무자의 변제의 수령 또는 지급거절증서의 작성 등 유가증권실권방지조치 등이다. 주권을 압류한 경우, 주권제출의 공고가 있으면 신주권의 교부에 관한 상법 442조에 규정된 조치(주권의 압류 후 현금화되기까지의 사이에 주식의 소각, 병합, 분할, 전환, 매수에 의해 주주가 금전 또는 신주식을 받게 된 경우에 관해서는 규정이 없지만, 집행관은 압류물의 보존행위로서 회사로부터 이를 수령해야 한다고 해석된다) 등이다. 또한 토지에서 분리되기 전의 과실을 압류한 경우라면 수확이 보존방법이 된다. 나아가 규칙 138조 1항의 압류물의 회수, 같은 조 2항의 사건의 이송 등도 보존조치에 해당한다.

보존의무와 보존비용

압류물의 보존은 집행관의 권리인 동시에 의무이다. 보존처분을 게을리 하여 채무자에게 손해가 발생하면, 집행관 뿐만 아니라 국가도 손해배상책임을 진다. 보존처분에 비용이 필요한 경우에는, 집행관은 그 비용을 채무자로 하여금 미리 내게 하고, 채권자가 복수이면 요구하는 액수에 비례하여 미리 내게 할 수 있다(198조 2항). 이 때의 채권자란 집행채권자 및 이중압류채권자만을 가리킨다. 보존처분에 소요된 비용은 집행비용이 된다. 집행관의 보존처분에 대해 채무자나 채권자는 집행에 관한 이의신청으로 다툴 수 있다.

2) 압류물의 점검

집행관이 직접 압류물을 보관하지 않는 경우에는, 압류채권자 또는 채무자의 신청이 있거나 그 밖에 필요하다고 인정하는 때에는 압류물의 보관상황을 점검하여야 한다(규칙 137조 1항). 점검에 의해 압류물에 부족이나 손상이 있으면 그 내용과 집행관이 취한 조치를 적은 점검조서를 작성하여야 하고, 보관인이 아닌 채무자 또는 채권자에게 그 취지를 통지하여야 한다(같은 조 2항).

3) 압류물의 회수

압류물을 집행관이 직접 점유하고 있는 경우에 제3자가 그 점유를 침탈하면, 집행관은 자력구제나 점유회복의 소로 이를 회수할 수 있다. 또한 집행관이 직접 보관하고 있지 않은 경우에 압류물이 제3자의 점유로 넘어간 경우에는, 그것이 선의취득이 아닌 한, 집행관은 압류물의 회수를 위한 적당한 방법을 강구하여야 한다. 만일 집행관이 자력구제로 회수할 수 없는 경우에는, 다음에서 보는 채권자의 신청에 따른 압류물 인도명령에 의해 회수하게 된다.

(3) 압류물의 인도명령

압류물을 제3자가 점유하게 된 때에는, 사법보좌관은 압류채권자의 신청에 의해 그 제3자에 대해 압류물을 집행관에게 인도해야 함을 명할 수 있다(193조 1항). 이 신청은 압류물을 제3자가 점유하고 있음을 안 날로부터 1주일 이내이어야 한다(같은 조 2항). 관할은 원래 압류집행을 한 집행관 소속의 법원의 사법보좌관이다. 심리시에는 압류물인지의 여부, 상대방이 점유사실만이 그 대상이 된다. 신청을 기각한 결정은 신청인에게 고지하고, 인용결정(인도명령)은 신청인과 상대방에게 고지되어야 한다.

인도명령이 내려진 경우의 처리

인도명령은 집행권원이 되고 인도명령이 상대방에게 송달되기 전에도 집행할 수 있지만 신청인에게 고지된 후 2주일이 지나면 집행할 수 없다(193조 3항, 4항). 인도명령의 신청에 대한 재판에 대해서는 즉시항고를 할 수 있지만(193조 5항), 집행정지효는 없다. 즉시항고에서 제3자는 선의취득에 의해 소유권을 취득한 취지를 주장할 수 없고, 압류물인지의 여부, 신청인의 자격, 신청기간의 도과 등만을 주장할 수 있다. 선의취득에 의해 소유권을 취득한 자는 제3자이의소송을 제기하여 그 집행의 배제를 구할 수밖에 없다.

5. 현금화의 단계

(1) 방 법

동산이 금전인 경우

유체동산중 금전(내국통화에 한정)을 압류한 경우에는 현금화할 필요가 없고, 압류한 금전을 채권자에게 인도하여 집행이 종료된다(201조 1항). 단, 채권자가 다수인데 배당협의가 성립되지 않으면, 압류금전을 공탁하여 배당하여야 한다(222조, 252조 1호). 집행관이 금전을 추심한 때에는, 채무자가 그 금전을 채권자에게 지급한 것으로 본다(201조 2항 본문). 그러나 채무자가 담보를 제공하거나 공탁을 하여 집행에서 벗어날 수 있도록 허가받은 때에는, 위와 같은 지급의제의 효과가 발생하지 않는다(같은 항 단서).

금전이 아닌 동산의 경우

금전이 아닌 유체동산을 현금화하는 방법으로는 호가경매, 입찰, 적당한 방법에 의한 매각 및 제3자에게 위탁하는 방법에 의한 매각이 있다. 그 중 호가경매 및 입찰이 원칙적인 매각방법이고, 집행관의 재량에 의해 어느 것을 실시하여도

되지만, 그 이외의 매각방법을 채용하려면 원칙적으로 집행법원의 허가를 받아야 한다. 아울러 압류한 어음, 수표 등을 지급을 위해 제시하는 것도 압류물의 현금화의 한 방법이다.

(2) 호가경매의 준비절차

1) 감정인의 평가

집행관은 압류 후 압류물 중 값비싼 물건에 대하여는, 적당한 감정인에게 그 평가를 하게 하여야 한다(200조). 감정인은 소송절차에서의 감정인이 아닌 목적물의 객관적 거래가격을 평가하기에 족한 정도의 지식과 경험을 갖고 있는 자면 충분하다. 감정인의 평가액은 법 214조 1항의 규정에 따라 이를 최저매각가격으로 하는 특별현금화를 명한 경우를 제외하고는, 단순히 호가경매의 참고자료에 불과하므로, 금・은(209조)이 아닌 한 평가액보다 지나치게 낮은 가격이 아니면 그 평가액 이하로 매각하여도 위법하지 않다. 감정인의 평가를 거치지 않은 경우에는, 이해관계인은 집행에 관한 이의로 다툴 수 있다. 그 밖의 유체동산을 압류한 경우에는 집행관이 스스로 그 가액을 평가하여 압류조서에 적어야 한다(10조, 규칙 134조 2항). 단, 필요에 따라 감정인에게 평가하게 할 수도 있다(규칙 144조 1항).

2) 경매기일의 지정

집행관은 호가경매로 유체동산을 매각하는 경우에는, 그 경매기일의 일시와 장소를 정하여야 한다(규칙 145조 1항 전문). 보통 호가경매기일은 압류 직후라고 해석된다. 호가경매의 방법에 의해 동산을 매각하려는 때에는, 부득이한 사정이 있는 경우를 제외하고, 압류일로부터 1주일 이상 1개월 이내의 날을 호가경매기일로 정하여야 한다(202조, 규칙 145조 1항 후문). 단, 이 기간을 지키지 않아도 매각의 효력에는 영향이 없다. 또한 압류 후 이해관계인 전원의 합의가 있으면 압류일로부터 1주일 전이라도 경매할 수 있다.

호가경매기일은 기일 도래 후 집행관이 매각절차를 시작함으로써 개시된다. 그 기일은 함부로 이를 변경 또는 연기할 수 없다. 압류일로부터 1주일이 지난 후 상당한 기간이 지나도 집행관이 매각하지 않는 때에는, 압류채권자는 집행관에게 일정한 기간 이내에 매각하도록 최고할 수 있다(216조 1항). 상당한 기간이란 보통 압류일로부터 1개월 이내를 말한다. 집행관이 최고에 따르지 않는 경우에는, 법원에 필요한 명령을 신청할 수 있다(216조 2항). 이 신청은 집행에 관한 이의신청을 가리킨다.

3) 경매의 장소

호가경매는 압류동산이 있는 곳에서 하는 것이 원칙이다(203조 1항 본문). 보통 압류한 채무자의 주소지나 영업소에서 하는 것이 실무이다(실무제요 3-197). 집행관의 소속 지방법원의 관할구역 밖에서 호가경매기일을 여는 때에는 집행법원의 허가를 받아야 한다(규칙 145조 2항). 또한 채권자와 채무자가 합의한 때(203조 1항 단서)나 사법보좌관이 압류지 이외의 다른 장소를 호가경매장소로 지정한 때(214조 1항, 시보규2조1항8호), 집행관이 압류물 보관자로 하여금 관할구역 밖에서 압류물을 보관하게 한 때(규칙 135조)에는 압류지 이외의 장소에서 호가경매를 할 수 있다.

4) 통 지

호가경매기일을 여는 일시 및 장소는 먼저 채권자, 채무자, 압류물 보관자 및 그 밖의 부부공유재산 압류시의 배우자에게 다음에서 보는 공고 전에 미리 통지하여야 한다(규칙 146조 2항). 또한 그러한 사항 그리고 그 밖의 동산의 매수신청을 하기 위해 필요한 사항은, 규칙에 따라 공고하여야 한다(203조 2항). 집행관은 호가경매기일의 3일 전까지 공고사항을 공고하여야 하고(규칙 146조 1항), 공고는 법원의 게시판 그 밖의 법원내의 공중이 보기 쉬운 장소에 공고된다(규칙 11조). 법정기간 경과 전의 매각의 경우에도, 공고 후 절차진행이 정지되었다가 다시 속행하는 경우에도, 또한 재매각의 경우에도 공고하여야 한다.

동산의 전시

매각해야 하는 유체동산은 호가경매기일 또는 그 기일 전에 일반에게 전시된다(규칙 148조 1항). 전시의 경우에 그 장소가 채무자가 점유하는 건물 내부 인 때, 그 이외의 경우 동산 보관자의 신청이 있는 때에는 집행관도 그 장소에 참여하여야 한다(규칙 148

조 2항). 또한 집행관은 위와 같은 취지를 기록에 적어야 한다(규칙 148조 3항).

5) 매각조건의 고지

집행관은 호가경매기일을 개시한 때에는 매각조건을 고지하여야 한다(규칙 147조 1항). 매각조건에는 법률에 규정이 있는 법정매각조건(205조 2항, 209조 등)과 이해관계인의 합의나 집행법원의 명령(214조)에 의한 특별매각조건이 있다. 전자를 위반하여 호가경매가 실시되어도 그 호가경매가 당연무효가 되는 것은 아니다.

(3) 호가경매기일

1) 매각방법

개별매각과 일괄매각

유체동산에 대한 호가경매는 각 압류물마다 실시함(개별매각)이 원칙이다. 단, 일괄매수가 적합한 경우라면 직권이나 이해관계인의 신청에 의해 일괄매각을 할 수 있다(197조 1항). 또한 집행관은 매각에 앞서, 개별매각의 경우에는 매각목적물을 일일이 부르고 실물을 보이면서 매수신청의 최고를 하지만, 일괄매각의 경우에는 일괄매각을 한다는 취지를 고지함으로써 충분하다.

매각기일의 진행

호가경매기일에서 집행관은 매수신청의 액을 차례로 올림으로써 경매를 진행한다(규칙 147조 4항, 72조 1항). 부부공유동산을 압류한 경우에 배우자는 매각기일에 출석하여 우선매수를 신고할 수 있고, 이 경우에는 당해 배우자에게 우선적으로 매각을 허가하여야 한다(206조). 매수신청인은 자신보다 높은 금액의 매수신청이 있을 때까지 신청을 철회할 수 없다(규칙 147조 4항, 72조 2항). 아울러 집행관은 부동산경매에서와 같이 매각장소의 질서유지를 위해 일정한 사람에 대해 매각장소에의 출입금지, 매각장소에서의 퇴출 또는 매수신청의 금지를 할 수 있다(204조, 108조).

매수의 허가

집행관은 최고매수신청액을 3번 부른 다음 그보다 고액의 매수신청이 없으면, 그 신청을 한 자의 성명, 매수신청액 및 그 자에게 매수를 허용한다는 취지를 고지하여야 한다(205조 1항, 규칙 147조 2항). 고지 후에 별도의 매각을 허가하는 처분 내지 의사표시가 있어야 하고, 그 전까지는 채무자도 변제 등에 의해 매각을 종결시킬 수 있다. 그러나 매수신청액이 평가액 등에 비해 상당하지 않게 낮은 때에는, 집행관은 최고가매수신청인에 대해 매수를 허용하지 않을 수 있다(규칙 147조 2항 단서). 또한 여러 개의 물건이 압류되어 이를 순차로 매각하는 경우에, 집행관이 매각대금을 영수한 때를 기준으로 채무의 변제와 집행비용을 지급할 금액이 되면 매각을 중지하여야 한다(207조 본문. 단, 일괄매각에는 적용되지 않는다). 매각이 중지되면 압류물의 압류를 취소하여야 한다.

2) 매수신청

매수신청의 방법과 자격

매수신청은 말로 하고, 자기가 압류물을 매수하려는 가액을 신고하여야 한다. 매수신청의 자격에 관해서는, 먼저 채무자는 적법한 매수인이 될 수 없다(규칙 158조, 59조 1호). 채무자는 당해 경매절차에서 채무자로 된 자만을 가리키고 연대채무자나 연대보증인 등은 제외된다. 또한 매각절차에 관여한 집행관 또는 그 친족(집행관법 15조 1항), 매각하는 유체동산을 평가한 감정인이나 그 친족(같은 조 2항), 집행법원을 구성하는 법관, 사법보좌관 또는 담임법원사무관등(민소법41조 1호, 50조의 유추), 재매각절차에서 전의 매수인(138조 4항), 집행관이 매각장소의 질서유지를 위해 매수의 신청을 금지한 자(204조, 108조), 그 밖에 집행법원이 특별히 매수인의 자격을 제한한 경우의 무자격자(158조, 60조)도 매수인이 될 수 없다. 이에 비해 채권자는 매수인이 될 수 있고(143조), 그 밖의 경매신청권자의 대리인, 담보권자, 제3취득자도 될 수 있다.

매수인의 지위

유체동산의 매수를 신청한 자는, 집행관이 매수를 허용하는 취지를 알린 때에 매수인의 지위를 취득한다. 매수인이 발생하면 그 밖의 자는 당해 동산에 관해 다시 매수의 신청을 할 수 없다. 매수인은 집행관에게 대금을 지급하면 동산의 소유권을 취득한다. 매수인이 대금을 지급하기 전에 집행이 정지되거나 취소되면, 매수인은 그 지위를 잃는다. 물론 유체동산집행에서 매수인은 집행관으로부터 매수를 허용하는 취지를 전달받으면, 바로 대금을 지급하는 것이 원칙이므로

(규칙 149조), 위와 같은 사태는 통상 일어나지 않는다.

3) 대금의 지급

바로 지급하여야 하는 경우

매수가 허용된 자는 미리 대금지급일(호가경매기일로부터 1주일 이내)이 정해진 경우(규칙 146조 1항 6호에 의해 집행관은 매수신고의 보증금액과 그 제공방법 및 그 대금지급일을 공고하여야 한다)를 제외하고, 바로(경매기일 마감 전에) 대금을 지급해야 한다(규칙 149조). 대금은 집행관에게 지급하고, 집행관은 집행기관으로서 이를 영수하며 또한 담보를 제공하거나 공탁하여 집행에서 벗어나도록 채무자에게 허가하지 않는 한, 채무자가 지급한 것으로 본다(208조). 바로 대금을 지급하지 않으면 그 매수의 신청은 실효되고, 새로운 호가경매기일이 정해진다(205조 3항). 아울러 참가자의 상황에 따라서는 그 장소에서 바로 재도 호가경매가 이루어지는 일도 있다.

정해진 날에 지급하여야 하는 경우

미리 대금지급일이 정해져 있을 때에는, 매수인은 정해진 날까지 집행관소속 법원에서 대금을 지급하여야 한다. 대금지급일이 정해지는 것은 압류물의 매각가액이 고액이 될 것으로 예상되는 경우이다. 이 경우에 대금의 지급을 담보하기 위해 매수신청을 하려는 자는, 압류물의 평가액의 10분의 1에 상당하는 금액의 보증을 제공해야 하고, 보증제공방법은 부동산강제경매에서의 매수신청의 보증의 제공방법과 같다(규칙 149조 3항). 이 보증금은 재매각시 그 차액을 한도로 매각대금에 산입된다(규칙 149조 5항).

4) 목적물의 인도

인도방법

집행관은 대금과 상환으로 매각물을 매수인에게 인도하여야 한다(205조 2항). 점유개정이나 목적물반환청구권의 양도에 의한 인도는 허용되지 않는다. 집행관은 대리인이 아니기 때문이다. 집행관이 인도하지 않는다면, 매수인은 집행에 관한 이의로 다툴 수 있다.

매수인의 소유권 취득

매수인은 인도에 의해 소유권을 취득한다(205조 2항). 매각절차상의 하자, 예를 들면 압류금지물건, 집행정지서류가 제출되었음에도 진행된 매각절차, 매각조건 등을 잘못 지정하는 등의 사유는, 매수인의 소유권취득에 영향을 미치지 않는다. 이에 비해 압류 자체의 무효 또는 부존재인 경우에는, 매수인은 소유권을 취득할 수 없다. 나아가 매각물이 제3자의 소유물인 경우에도, 매수인이 소유권을 취득하는지에 대해서는 견해의 대립이 있다. 선의취득에 해당하지 않는 한 매수인은 소유권을 취득할 수 없다는 입장이 있는데, 판례(대판 1972.4.25, 72다52)는 항상 매수인이 소유권을 취득한다는 입장이라고 풀이된다. 매수인의 소유권취득은 원시취득이 아닌 승계취득이기 때문에, 선의취득에 해당하지 않아도 당연히 소유권을 취득한다는 해석은 타당하지 않다.

담보책임의 적용 여부

강제집행의 절차에 의한 매각은 공법상의 처분이라는 설에 의해도 매각의 방식 및 효과는 일반 매매와 다르지 않으므로, 민법 249조의 선의취득의 규정이 유추적용된다. 따라서 유체동산집행에서의 매수인에 관해서는 선의취득의 규정이 적용 내지 유추적용되므로, 매도인의 담보책임에 관한 민법의 규정(578)은 일반적으로 적용될 여지가 없고, 다른 한편 매도인의 하자담보책임에 관한 민법의 규정(580)도 적용되지 않으므로, 매수인은 자신의 위험에 의해 유체동산을 매수하는 것이 된다.

(4) 입찰절차

유체동산의 매각은 호가경매가 원칙이고 특별한 경우에 입찰로 한다(199조, 규칙 145조 내지 151조). 입찰절차는 입찰기일에서의 매수신청의 방법이 호가경매와 다를 뿐 호가경매의 절차와 차이가 없다.

(5) 특별매각방법

1) 금·은의 현금화

금·은붙이는 그 금·은의 시장가격 이상의 금액으로 일반 현금화의 규정에 따라 매각하여야 한다(209조). 금·은 이외의 보석류는 여기에 해당되지 않는다. 또한 당사자의 합의가 있는 경우에는 시장가격 이하로도 매각할 수 있다.

2) 유가증권의 현금화

대상이 되는 유가증권

집행관이 압류한 배서가 금지되지 아니한 유가증권이 대상이다. 예를 들면 어음, 수표, 화물상환증, 창고증권 등의 지시증권 중 배서가 금지되지 않은 것, 무기명식의 수표, 국채, 지방채, 공채, 사채 등의 무기명채권증권이 여기에 해당된다. 유가증권이 기명식이면 집행관이 채무자에 갈음하여 배서 또는 명의개서에 필요한 행위를 할 수 있다(211조). 유체동산집행으로 압류한 유가증권 중 인수 또는 지급을 위한 제시 또는 지급의 청구를 필요로 하는 것(보통어음과 수표 그 밖의 우편통상환증서의 경우)이라면, 집행관은 채무자에 갈음하여 필요한 보존행위를 하여야 한다(212조 1항).

시장가격이 있는 경우

위와 같은 유가증권 중 시장가격이 있는 것은 매각하는 날의 시장가격에 따라 적당한 방법으로 매각하고, 그 시장가격이 형성되지 않으면 일반 현금화의 규정에 따른다(210조). 먼저 증권거래소에 상장되어 있거나 시장이 형성되어 객관적인 가격이 있는 유가증권은, 집행관이 매각하는 날의 시장가격에 따라 적당한 방법으로 매각할 수 있다(210조 전단). 이 매각방법은 집행관의 재량으로 적절한 매각방법을 택하는 것이므로, 매각일의 상장 이상의 가격으로 매각하는 것이라면 호가경매 또는 입찰 이외의 방법으로 매각하거나, 증권회사 등에 매각의 실시를 위탁하는 방법으로 매각하여도 좋고, 또한 집행법원의 허가를 받거나 압류채권자의 의견을 들을 필요는 없다.

시장가격이 없는 경우

반대로 시장가격이 없다면 통상의 동산의 현금화방법에 의하는데, 집행관은 사법보좌관에게 특별현금화명령을 신청하도록 권고하여 그 명령에 따라 매각하는 것이 바람직하다고 한다(실무제요 3-235).

3) 사법보좌관의 명령에 의한 특별현금화

의의

사법보좌관은 필요하다고 인정하면 직권으로 또는 압류채권자, 배당요구채권자 또는 채무자의 신청에 따라 일반현금화가 아닌 다른 방법이나 다른 장소에서 압류물을 매각하게 할 수 있고, 집행관이 아닌 다른 자에게 매각하게 하도록 명할 수 있다(214조 1항). 관할은 압류물 소재지를 관할하는 지방법원의 사법보좌관이고 전속이다. 사법보좌관의 특별현금화명령에 대해서는 불복할 수 없다(214조 2항).

필요성 유체동산집행의 대상물은 변화하기 쉽고 호가경매나 입찰에 적합하지 않은 것(예를 들면 쌀, 마약 등 매각의 상대방이 제한되어 있는 것)도 적지 않다. 또한 집행관이 스스로 매각을 실시하기보다 제3자에게 위탁하여 매각을 실시하는 쪽이 신속하고 상당한 가격으로 매각할 수 있는 것(예를 들면 가축, 생선식품 등 전문 시장이 있는 것)도 있다. 이에 따라 그러한 경우에 대처하기 위해 호가경매나 입찰 이외의 방법으로 매각을 실시하거나 제3자에게 매각의 실시를 위탁할 수 있게 한 것을 말한다(특별현금화의 구체적 방법에 관해서는 실무제요 3-239 이하 참조).

6. 집행경합

(1) 동시압류

동시압류란 집행관이 여러 개의 채권 또는 여러 명의 채권자를 위해 동일한 유체동산을 동시에 압류하는 것을 말하고, 공동압류라고도 한다(222조 2항). 보통 금전압류의 경우를 대상으로 하는데(222조 2항), 그 밖의 경우에도 가능하다. 동시압류의 경우에는 압류에서부터 현금화에 이르기까지 집행절차가 1개로서 진행된다. 그러나 집행법상의 법률관계는 집행신청을 한 채권 또는 채권자별로 독립하여 성립되므로, 하나의 채권 또는 채권자에 의한 집행신청의 취하나 집행정지 그 밖의 취소 등은, 다른 채권 또는 채권자에 의한 집행절차에 영향이 없다.

(2) 압류의 경합

의의 유체동산을 압류하거나 가압류한 뒤 매각기일에 이르기 전에 다른 강제집행이 신청되는 경우가 있다. 이러한 새로운 신청을 받은 집행관은 먼저 이미 압류된 물건 이외에 더 압류할 물건이 있는지 조사한다. 이 때 추가압류의 가능성을 확인하기 위해, 선행집행신청의 집행관에게 압류조서를 보여줄 것을 청구할 수 있다(규칙 152조). 조사의 결과 추가로 압류할 물건이 있으면 이를 압류한 다음 그 집행신청서와 추가압류조서를, 만일 추가로 압류할 물건이 없다면 집행신청서만을 먼저 압류한 집행관에게 교부하여야 한다(215조 1항). 이러한 추가압류 또는 집행신청서의 교부를 이중압류 또는 압류의 경합이라 한다. 특히 추가로 압류할 물건이 없는 경우에는, 기존의 압류물을 다시 압류한다는 것이 아닌 사건을 병합한다는 절차가 된다.

가능성

압류의 경합은 동일한 채무자에 대해서만 가능하고, 이미 유체동산을 압류하거나 가압류한 뒤 다시 강제집행을 하는 것을 가리킨다. 그 종기는 매각기일까지이다. 여기서 매각기일이란 실제로 매각이 된 매각기일을 말한다(대판 2011.1.27, 2010다83939). 유체동산집행절차에서 이중압류는 우선변제청구권이 없는 일반채권자가 배당에 참가할 수 있는 유일한 방법인 점, 우선변제청구권이 있는 채권자의 배당요구의 종기가 집행관이 매각대금을 영수한 때 등으로 정해져 있는 점을 고려하여야 하기 때문이다.그러나 선행 압류 또는 가압류 집행의 장소와 후행 유체동산집행의 신청이 있었던 장소가 다르면, 선행사건과 후행사건은 별개로 절차가 진행된다.

효력

이중압류는 관념적인 것이지만 독립된 압류로 취급된다. 이중압류가 이루어지면 후행집행신청을 한 채권자의 집행위임은 선행집행의 집행관에게 이전된다(215조 2항). 또한 압류된 물건은 강제집행을 신청한 모든 채권자를 위하여 압류된 것이 된다(215조 3항). 선행압류와 후행압류는 독립된 압류가 되므로, 후행압류가 취소되거나 그 신청이 취하되어도 선행압류에는 영향이 없고, 또한 추가압류물에 대한 압류를 취소할 수 없다. 그 밖에 집행관은 또한 이중압류의 사유를 배당에 참가한 채권자와 채무자에게 통지하여야 한다(219조). 이 통지는 효력발생요건이 아니다.

7. 배당의 실시

(1) 배당요구

1) 배당요구권자

일반 채권자

부동산에 대한 강제집행과 같이 집행권원이 없는 채권자의 배당요구는 원칙적으로 인정되지 않고, 배당을 받으려면 집행력 있는 집행권원의 정본을 얻어 유체동산집행의 신청을 하거나 가압류명령을 얻어 유체동산가압류의 집행을 하여야 한다. 또한 채무자가 갖는 동산 전체가 일체로서 집행의 목적물로 관념되는데, 전술하였듯이 압류를 할 수 있는 범위는 압류채권자의 채권 및 집행비용의 변제에 필요한 한도를 초과할 수 없으므로, 집행권원이 있는 채권자는 이중압류의 신청을 하고 배당을 받게 된다. 가압류명령을 얻은 채권자의 경우에도 같다. 청구금액을 확장하려는 집행채권자도 이중압류로 이를 하여야 한다. 한편 압류한 유체동산의 공유자임을 주장하는 배우자는, 후술하듯이 배당요구가 아닌 지급요구를 하여야 한다(221조).

우선권자

실체법상 우선권이 있는 질권 등을 갖는 자는 그 권리를 증명하는 문서를 제출하여 배당요구를 할 수 있다(217조). 양도담보권자도 배당요구를 할 수 있는지에 대해서는, 배당요구설, 제3자이의의 소로 다투어야 한다는 제3자이의설이 주장된다. 판례(대판 1994.5.13, 93다21910)는 후자를 따른다. 저당권자, 유치권자 그 밖의 임의로 압류를 승인하지 않은 질권자는 배당요구를 할 수 없다. 「동산ㆍ채권 등의 담보에 관한 법률」 2조7호에 따른 담보권자에게는 집행관이 매각기일에 이르기까지 집행을 신청하거나 배당요구종기까지 배당요구를 하여 매각대금의 배당절차에 참여할 수 있음을 고지하는 것으로 되었다(규칙132조의2).

2) 배당요구

배당요구는 채권(이자, 비용 그 밖의 부대채권을 포함)의 원인과 액수를 적은 서면을 집행관에게 제출함으로써 한다(218조, 규칙 158조, 48조 1항). 배당요구가 있으면 배당받을 지위를 갖게 되고, 배당순위는 채권자 전원의 협의나 실체법의 규정에 의한다.

배당요구가 가능한 시기

배당요구의 시기에 관한 특별한 규정은 없으나 집행개시 후(집행착수시)로 해석된다. 배당요구의 종기는, 금전을 압류한 경우라면 그 압류를 하기까지(220조 1항 1호 전단), 압류물의 매각, 현금화하는 경우라면 집행관이 그 지급을 받기(매각대금의 영수)까지 각각 배당요구를 한 채권자로 하고 있다(같은 호 후단). 또한 금전의 지급을 목적으로 하는 유가증권을 압류한 경우에도 그 매각대금의 영수시까지(220조 1항 2호), 긴급매각의 경우에는 강제집행을 속행하게 된 때(220조 2항)까지 배당요구를 하여야 한다.

우선변제청구권자의 경우

집행관은 실체법상 우선변제청구권이 있는 자의 배당요구가 있으면, 이를 배당에 참가한 채권자와 채무자에게 통지하여야 한다(219조). 채권자는 물론 채무자도 이에 대해 배당이의를 할 수 있다(256조). 우선변제청구권이 있는 채권자가 배당요구를 하지 않은 경우 또는 배당요구를 하였으나 배당받지 못한 경우, 후순위자를 상대로 부당이득반환을 청구할 수 있는지 문제된다. 판례는 우선변제권이 있는 임금채권자의 경우 배당요구를 하였지만 배당이의를 하지 않은 경우에는 가능하고(대판 1988.11.8, 86다카2949), 배당요구종기까지 배당요구를 하지 않으면 불가능하다고 해석한다(대판 1996.12.20, 95다28304). 또한 양도담보로 제공된 동산에 대하여 집행이 된 경우, 제3자 소유의 동산에 집행을 한 것이 되므로 양도담보권자는 부당이득반환을 청구할 수 있다고 한다(대판 1995.12.5, 95다22061).

3) 배우자의 지급요구

부부공유재산이 압류된 경우 그 배우자는 목적물에 대한 우선매수청구권(206조)을 행사하거나, 자기 공유지분에 대한 매각대금을 지급하여 줄 것을 요구할 수 있다(221조 1항). 이 지급요구는 배당요구와는 다르지만, 그 방식과 절차 등은 배당요구의 예가 준용된다(221조 2항, 규칙 153조). 지급요구가 있으면 집행비용의 공제에 앞서 배우자에 대하여 그 지분에 해당하는 몫을 지급하는 것이 실무이다(실무제요 3-262). 배우자의 지급요구에 대해 이의가 있는 채권자는, 공유가 아니라는 것을 확인하는 공유관계부인의 소를 제기할 수 있다(221조 3항). 공유관계부인의 소에 관해서는 배당이의의 소가 준용된다(221조 4항).

(2) 변제절차

1) 매각대금 등의 교부

매각대금으로 변제가 가능한 경우

채권자가 1인이거나 매각대금 또는 압류금전으로 모든 채권과 집행비용을 변제할 수 있는 경우에는, 집행관은 채권자의 채권액을 교부하고 나머지가 있으면 채무자에게 교부하여야 한다(201조 1항, 규칙 155조 1항). 교부받을 자는 압류채권자, 배당요구를 한 우선변제청구권이 있는 채권자 그리고 지급요구를 한 배우자이다. 채권자의 채권이 불확정채권인 경우, 당사자가 불출석한 경우 그리고 집행정지서류가 제출된 경우에는, 집행관은 금액을 공탁하고 그 사유를 집행법원에게 신고하는 절차로 처리된다(규칙 156조, 157조). 채무자가 집행관의 매각대금 교부에 불복하려면, 청구이의의 소에 따른 잠정처분이나 우선변제권 또는 질권의 실행을 일시금지하는 잠정처분을 얻어 그 정본을 제출하여야 한다.

2) 매각대금 등의 배당

매각대금으로 변제가 불가능한 경우

위와 같은 교부가 불가능하면 배당절차에 들어간다. 배당은 채권자들의 배당협의에 따라 집행관이 하거나(규칙 155조 3항 전문), 사법보좌관에 의한 배당절차로 진행된다(252조, 사보규 2조1항10호). 배당협의는 배당의 순위와 내용에 관하여 각 채권자의 의견을 조정하는 것이다. 집행관은 매각허가된 날로부터 2주 이내의 일시를 배당협의기일로 지정하고, 각 채권자에게 그 일시와 장소를 서면으로 통지하여야 한다(규칙 155조 2항 전문). 매각허가된 날이란 금전압류라면 압류일, 어음·수표 그 밖의 금전지급을 목적으로 하는 유가증권의 지급을 받은 때에는 그 지급일이 기산일이 된다. 배당실시에 관한 채권자의 의사표시는 기일에 출석하지 않고 서면으로 제출할 수 있다. 협의의 내용은, 집행권원에 부합되지 않는 것을 제외하고는 특별한 제한이 없다.

배당협의가 성공하지 못한 경우

배당협의가 이루어지지 않으면 집행관은 매각대금을 공탁하고 그 사유를 신고하여야 한다(규칙 155조 4항, 222조). 매각대금이 공탁되고 그 사유가 사법보좌관에 신고되면, 사법보좌관은 사유신고의 내용에 따라 법 252조 이하의 규정에 따른 배당을 실시한다.

8. 압류의 취소

(1) 압류의 소멸

매각물이 매수인에게 인도되어 현금화절차가 완료되는 경우, 집행신청의 취하나 집행취소사유에 의해 집행관이 압류의 해제를 한 경우, 그 밖에 압류동산의 멸실·부합·가공의 경우에 압류는 소멸한다.

(2) 압류해제

압류의 해제(취소)란 집행기관(집행관)이 이미 실시된 압류를 제거하는 행위를 말한다. 집행관이 압류를 해제할 사유로는, 집행취소재판의 정본의 제출, 압류채권자의 집행신청의 취하 또는 압류취소의 신청, 초과압류가 밝혀진 경우의 그 초과한도, 무잉여압류의 경우, 압류물의 일부에 대한 매각금으로 모든 채권을 변제하고 집행비용도 지급할 수 있는 경우의 잔여 압류물의 경우(일괄매각의 경우는 제외된다), 압류물의 매각가능성이 없는 경우, 집행비용의 미예납으로 인한 신청각하의 경우이다. 집행관이 압류를 해제하면 이를 채권자에게 통지하여야 한다(규칙 17조). 이에 대해 채권자는 집행이 완료되기 전까지 집행에 관한 이의로 다툴 수 있다.

제 7 절 채권 및 그 밖의 재산권에 대한 강제집행

채권 및 그 밖의 재산권에 대한 집행은 집행대상인 재산의 성질에 따라 채권(금전의 지급 또는 선박이나 동산의 인도를 목적으로 하는 채권)에 대한 집행(채권집행)과 그 밖의 재산권에 대한 집행으로 구별하여 규정되어 있고, 전자는 다시 금전채권에 대한 집행과 선박이나 동산 등의 물건의 인도청구권에 대한 집행으로 구별된다. 채권집행은 동산에 대한 강제집행의 일종이므로 그에 관한 강제집행의 통칙이 적용된다.

제 1 항 서

1. 의 의

채권과 그 밖의 재산권에 대한 집행

채권집행이란 금전집행의 일종으로 그 대상이 부동산, 유체동산이라는 유형물 이외의 권리(채무자의 제3채무자에 대한 권리인 채권)에 대한 집행을 말한다. 채권이외의 그 밖의 재산권(예를 들면 임차권, 지식재산권, 전화가입권 등이 이에 해당)의 경우에도 채권집행에 준해 강제집행이 행해진다. 채권집행은 다시 채무자가 갖고 있는 채권 자체의 성격에 따라, 금전채권에 대한 것과 비금전채권에 대한 것으로 분류된다.

무형물에 대한 집행으로서의 특징

채권집행도 금전집행이므로 압류, 현금화, 만족이라는 기본 절차에 따라 진행된다(이하 〈도표 4〉 참조). 따라서 강제집행으로서의 압류, 현금화 및 만족에 대한 기본적인 요건이 채권집행에도 적용된다. 그러나 무형물인 관계로 압류물을 매각하여 금전화 할 필요가 거의 없다. 채권을 매각하기보다 채무를 변제시켜 만족을 얻는 것이 가장 적절한 방법이고, 따라서 추심이 원칙적이고 일반적인 집행방법이라고 할 수 있다. 이 점은 국가의 관여가 상대적으로 낮고 채권자와 제3채무자와의 협력에 의존한다는 채권집행의 특징을 나타내는 부분이다. 실질적인 현금화인 강제경매나 강제관리가 행해지는 예는 거의 없고, 또한 압류의 공시도 필수적인 것은 아니며, 사법보좌관의 집행처분 이외에 채권의 추심이라는 집행 외의 사후적 활동을 통해 현금화되는 경우가 대부분이다.

채권집행의 중요성

채권집행은 기업의 자산으로서 차지하는 채권의 중요성이나 소비자신용거래의 증가로 특히 달리 재산이 없는 채무자의 급료채권에 대한 채권집행의 가능성에서 보듯이, 중요한 책임재산이 되고 있는 채권에 대한 집행이다. 또한 부동산 또는 유체동산의 집행에 있어서는 경기침체로 인한 매각이 곤란하거나 저가로 매각을 할 수밖에 없는 경우가 많지만, 특히 채무자의 예금채권에 대한 집행의 예에서 보듯이 채권집행은 나름대로의 실효성을 갖고 있다. 반대로 무형물인 관계로 채권의 특정이 곤란하다는 것이 난점이다.

재산으로서의 금전채권

채권집행의 주된 대상인 금전채권이란 집행채무자가 제3채무자에 대해 갖고 있는 금전의 지급을 목적으로 하는 채권을 말한다. 외화채권도 포함된다(단, 특정된 화폐만을 지급의 목적으로 하는 특정금전채권은 여기에 해당하지 않고 동산인도청구권에 대한 집행의 방법에 의한다). 또한 공법상의 채권인지 사법상의 채권인지를 불문하고, 동시이행관계에 있는 채권, 소 계속 중인 채권, 압류채권자 자신이 제3채무자인 채권, 질권의 목적인 채권, 국세체납처분에 의해 압류된 채권에 대해서도 집행할 수 있다.

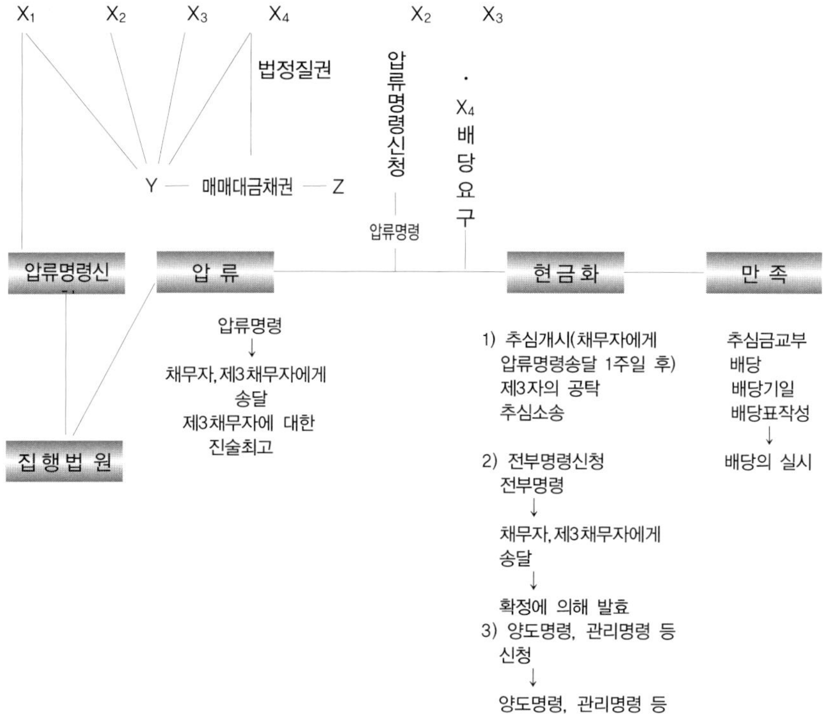

※ X_1~X_3는 채무자 Y에 대한 집행력 있는 정본이 있다.

〈도표 4〉 채권집행절차 개관

2. 피압류적격

피압류적격이 필요한 이유

채권집행의 대상인 채권은, 법적 판단에 의해서만 존재하는 관념적인 사물이라고 할 수 있다. 따라서 무형물의 압류인 관계로 집행의 개시에 해당하는 압류는 집행기관의 관념적 처분인 압류명령에 의한다(223조). 채권을 압류하기 위해서는 금전집행의 책임재산으로서의 요건 특히 피압류적격을 갖추어야 한다. 피압류적격의 유무에 대해서는 법원이 압류명령을 하기 전에 직권으로 판단하여야 하고, 만일 적격이 없는 채권에 대해 압류명령을 내리면 즉시항고를 할 수 있다(227조 4항). 피압류적격을 가지려면 다음과 같은 요건이 필요하다.

(1) 책임재산

채권이 집행채무자의 책임재산이어야 한다. 압류명령시에는 조사하지 않지만 실체상 채권은 채무자에게 속하여야 한다. 그 판정은 압류명령시가 아닌 압류명령이 제3채무자에게 송달된 때이다.

(2) 재산적 가치

독립된 재산으로서 재산적 가치가 있어야 한다. 즉 금전집행인 이상 그 대상인 채권은 독립한 금전적 가치를 가지는 권리이어야 한다(대판 1988.12.13, 88다카3465). 영업과 함께 하지 않으면 양도할 수 없는 상호권(상법 25조), 법률행위의 취소권이나 해제권 같은 형성권, 담보물권, 보증채권, 아직 발생하지 않은 이자채권은 압류할 수 없다. 그러나 채권을 특정할 수 있는 한, 아직 발생하지 않은 권리라도 장차 그 발생이 예상되고 그 기초가 되는 법률관계가 존재한다면(채권의 발생근거나 제3채무자를 특정할 수 있고, 가까운 장래에 발생할 가능성이 상당한 정도로 확실한 것), 채권액이 확정되지 않아도 피압류적격을 갖는다(대판 1990.12.26, 90다카24816. 단, 피압류채권과 동일성이 없는 새로운 원인에 의하여 발생한 채권에는 압류의 효력이 미치지 않는다[대판 2012.10.25, 2010다47117]). 또한 공탁물회수청구권(대결 1986.5.1, 85마739), 손실보상금채권(대판 1995.9.15, 93다48458)은 피압류적격이 있다(환매권은 그 밖의 재산권으로서 압류의 대상이다). 반대로 채권이라 하더라도, 특별법상 소위 부동산재단으로서 부동산으로 간주되는 채권, 강제관리의 압류가 선행된 부동산의 법정과실에 대한 수익채권은 채권집행의 대상이 되지 않는다.

(3) 양도가능

압류채권은 양도할 수 있어야 한다. 압류금지채권이 아니라도 채권집행은 금전집행이므로, 양도하거나 타인이 대신 행사할 수 있는 채권이어야 한다. 이에 반해 양도금지특약부 채권은, 이에 대한 집행을 인정하지 않으면 당사자의 합의에 의한 일반적인 집행배제를 인정하게 되므로 피압류적격을 인정해야 한다(대판 1976.10.29, 76다1623).

(4) 압류금지채권이 아닐 것

법률상 압류금지채권이 아니어야 한다. 즉 압류금지채권은 피압류적격이 없다.

특별법상의 압류금지채권

먼저 특별법상 사회보장제도로 인정되는 채권의 압류가 금지된다(이에 대해서는 실무제요 3-306 이하 참조). 예를 들면 건설업법 55조, 같은 법시행령 제52조에 의한 압류금지채권에 대한 압류를 부정한 예(대판 1987.3.24, 86다카1588), 자동차손해배상보장법 19조의 규정에 의하여 압류가 금지된 채권에 대한 압류의 효력을 부정한 예(대판 1988.2.9, 87다카2540), 그 밖에 사립학교법 43조 1항, 보조금의 예산 및 관리에 관한 법률 22조 1항 등에 의하여 국가 또는 지방자치단체로부터 교육의 진흥상 필요하다고 인정되어 사립학교 교육의 지원을 위하여 교부되고 그 목적 이외의 사용이 금지되는 보조금에 대한 압류의 효력을 부정한 예(대결 1996.12.24, 96마1302)가 있다. 아울러 이러한 채권은 특별법상 인정된 것이므로 후술하는 법 246조 3항에 따른 압류범위를 변경하는 압류명령을 할 수 없다.

민사집행법상의 압류금지채권

다음으로 민사집행법에서도 압류금지채권을 규정하고 있다(246조 1항). 여기에는, ⓐ 법령상 부양료 및 유족부조료(같은 1호), ⓑ 채무자가 구호사업 또는 제3자의 도움으로 계속 받는 수입(같은 2호), ⓒ 병사의 급료(같은 3호) 및 ⓓ 급료, 연금, 봉급, 상여금, 퇴직금, 퇴직연금, 그 밖에 이와 유사한 성질을 가지는 급여채권(국회의원이 국회의원수당 등에 관한 법률에 따라 받는 일반수당, 관리업무수당, 정액급식비, 정근수당, 명절휴가비와 같은 수당도 포함된다[대결 2014.8.11, 2011마2482])의 2분의 1 상당액(같은 4호, 5호. 2005년의 개정으로 같은 호에 단서가 추가되어, 그 금액이 국민기초생활보장법에 의한 최저생계비를 감안하여 대통령령이 정하는 금액에 미치지 못하는 경우 또는 표준적인 가구의 생계비를 감안하여 대통령령이 정하는 금액을 초과하는 경우에는, 각각 당해 대통령령이 정하는 금액으로 하는 것으로 되었다), ⓔ 주택임대차보호법8조에 따라 우선변제를 받을 수 있는 금액(같은 6호), ⓕ 생명, 상해, 질병, 사고 등을 원인으로 채무자가 지급받는 보장성보험의 보험금(해약환급 및 만기환급금을 포함하지만, 압류금지의 범위는 생계유지, 치료 및 장애 회복에 소요될 것으로 예상되는 비용 등을 고려하여 대통령령으로 정한다[같은 7호]), ⓖ 채무자의 1월간 생계유지에 필요한 예금(적금 · 부금 · 예탁금과 우편대체를 포함하지만, 그 금액은 국민기초생활 보장법에 따른 최저생계비, 195조3호에서 정한 금액 등을 고려하여 대통령령으로 정한다[같은 8호])을 압류금지로 하고 있다. 위와 같은 금원이 금융기관에 개설된 채무자의 계좌에 이체되는 경우, 법원은 채무자의 신청에 따라 그에 해당하는 부분의 압류명령을 취소하여야 한다(246조2항. 새롭게 도입된 이 조문의 의의에 대해서는 아래 '압류금지의 의의와 범위' 부분 참조).

재판에 의한 압류범위의 변경

반대로 법원은 당사자의 신청에 의해 채권자와 채무자의 생활상황 그 밖의 사정을 고려하여 압류명령의 전부 또는 일부를 취소하거나, 법 246조 1항의 규정에 의한 압류금지채권에 대해 압류명령을 내릴 수 있다(246조 3항. 구체적인 절차에 대해서는 송민 91-1 참조). 초과압류의 경우에도, 압류의 일부취소를 구하는 것이 가능하다고 해석된다. 압류금지범위를 변경하는 재판은 일반적인 재판효의 원칙으로서 당해 압류에 한정된다는 상대적인 효력을 갖는다고 해석하여야 할 것이다. 그 밖에 당사자의 신청 없이 법원이 압류금지범위를 결정할 수 있는지도 문제되지만, 채권자나 채무자의 상충되는 이익이라는 점에서 보아 부정적으로 해석하여야 할 것이다.

압류금지의 의의와 범위

이러한 압류금지의 의의와 범위에 대한 문제는 채권집행의 증가에 따라 중요성이 높아지고 있다. 압류금지의 의의를 살리기 위해서는, 예를 들면 급료가 은행에 입금되는 경우, 계좌입금에 의해 급료채권이 소멸하지만 압류금지의 법리를 적용할 필요가 있었다. 이에 대해 판례(대결 1996.12.24, 96마1302)는 계좌입금에 의해 압류금지채권의 성질을 잃고, 대신 법 246조 2항에 의해 압류변경으로 처리할 수 있다고 해석하고 있었다. 그러나 앞서 보았듯이 압류범위의 변경을 인정할 수 없는 점 및 판례 자신도 압류금지의 취지를 살려야 함을 인정하고 있었다는 점에서, 위에서 본 법 246조2항이 새롭게 도입된 것이다. 단, 취소되어도 이미 완결된 집행행위에는 영향이 없고, 채권자가 집행행위로 취득한 금전을 채무자에게 부당이득으로 반환하여야 하는 것도 아니다(대판 2014.7.10, 2013다25552).

(5) 재판권의 존재

제3채무자에게 대한민국의 재판권이 미쳐야 한다. 채권의 압류에 의해 이를 당해 제3채무자에게 송달할 수 있고, 이에 따라 제3채무자에게 지급의 금지를 내릴 수 있는 경우에만 압류가 가능하기 때문이다.

3. 관 할

채권집행의 관할법원

채권집행은 원칙적으로 채무자의 보통재판적 소재지 지방법원(224조 1항)의 사법보좌관 관할이다. 채무자의 보통재판적이 여러 개 있으면 채권자의 선택에 따라 그 중 하나의 보통재판적이 있는 곳의 지방법원이 된다. 이러한 지방법원이 없을 때에는, 제3채무자의 보통재판적 소재지의 지방법원이 되지만, 물건의 인도를 목적으로 하는 채권과 물상담보권이 있는 채권은 그 물건소재지의 지방법원이다(224조 2항). 단, 가압류에서 본집행으로 이전되는 채권압류의 경우에는 가압류를 명한 법원이 있는 곳을 관할하는 지방법원의 사법보좌관이 된다(224조 3항). 이 관할은 전속관할이고 지방법원 사법보좌관의 사물관할에 속한다.

관할의 기준시

관할을 정하는 기준시는 압류명령 신청시[87]인지, 아니면 압류명령 발령시인지 문제된다. 실무는 압류명령 신청시 관할의 유무를 판단하고 법 223조, 224조에 의해 명령신청시로 관할이 고정되는 것으로 해석한다(실무제요 3-316). 그러나 관할의 표준시로서 소를 제기한 때로 하는 소송과는 다른 점, 압류명령발령시까지 관할이 발생한다면 그대로 발령할 수 있다고 해석되는 점에서 보아, 압류명령 발령시 판단하는 것으로 충분하다고 생각된다.

이중압류명령과 관할

또한 후술하는 바와 같이 이중압류명령이 인정되는데, 집행법원이 서로 다른 경우의 관할법원이 어디인지의 문제도 있다. 이에 대해서는 다른 집행법원에 이송할 수 있다는 일본민사집행법 144조 3항과 같은 조문은 없지만, 민소법 34조 1항에 의해 관할법원에 일반적인 이송을 할 수 있다고 해석된다. 그러

87) 주석민사집행법 V-404.

나 실무에서는 취하 후 관할법원의 사법보좌관에게 재신청하는 것이 바람직하다고 한다(실무제요 3-316).

제 2 항 금전채권에 대한 집행

1. 금전채권의 압류

(1) 압류명령의 신청

채권에 대한 강제집행을 하려면 먼저 사법보좌관에게 압류명령을 신청하여야 한다(223조). 압류명령의 신청과 전부명령 등의 신청을 동시에 할 수 있고, 동시에 발령하는 것도 가능하다.

1) 신청서

채권자는 압류명령신청에 압류할 채권의 종류와 수액을 명시하여야 한다(225조). 그 외 신청서에는 다음과 같은 사항을 명시하고 집행력 있는 정본의 첨부를 요한다(규칙 159조). ⓐ 채권자, 채무자, 제3채무자 및 그 대리인의 표시(같은 1호), ⓑ 집행권원의 표시(같은 2호), ⓒ 집행권원에 기한 청구권의 일부에 관하여만 압류명령을 신청하거나, 목적채권의 일부에 대하여만 압류명령을 신청하는 때에는 그 범위(같은 3호)이다.

2) 채권의 특정

피압류채권의 특정방법

피압류채권은 특정되어야 하는데, 이는 피압류적격과 압류의 효력범위의 판단에 도움이 된다. 특정되지 않은 채권의 압류명령은 무효가 되고 후에 보완되어도 소급효가 없다(대판 1973. 1.30, 72다2151). 특정은 동일성의 인식을 말하는 것이고, 특정된다면 그 채권액을 기재할 필요는 없다(구체적인 표시에 관해서는 실무제요 3-311 이하 참조). 예를 들어 예금채권에 대해서는 제3채무자인 은행으로 하여금 압류당한 예금이 어느 것인가를 구별·특정할 수 있게, 즉 예금의 계좌번호, 예입연월일 등을 반드시 기재할 필요는 없고, 예입점포,

예금주, 예금의 종류 및 계좌 등에 의하여 특정하면 되는 것이 실무이다(실무제요 3-313 이하). 반대로 채권자가 채무자의 제3채무자에 대한 여러 개의 채권 전부를 대상으로 하여 압류를 신청하면서, 압류의 대상과 범위를 특정하지 않고 단지 그 여러 개의 채권 전부를 압류의 대상인 채권으로 나열하고 그 중 집행채권액과 동등액에 대한 압류를 구하는 등으로 금액만을 한정한 경우에는 압류명령이 유효하지 않다(대판 2012.11.15, 2011다38394).

청구채권액의 특정

그러나 압류채권자의 청구채권액의 기재는 필요하다. 이자나 손해금 등 부대청구가 '지급시까지'라고 되어 있고 이를 원금에 덧붙여 청구하는 경우, 그 확정금액의 기재를 요구하는 것은 제3채무자의 부담을 피할 수 있다는 이점이 있다(실무제요 3-310). 채무자가 수인이거나 제3채무자가 수인인 경우, 각 채무자나 제3채무자별로 얼마씩의 압류 및 추심을 명하는 것인지를 개별적으로 특정하지 아니한 압류 및 추심명령은 무효이고, 압류의 대상인 수인의 채무자들의 채권 합계액이나 수인의 제3채무자들에 대한 채권 합계액이 집행채권액을 초과하지 않아도 마찬가지이다(대판 2014.5.16, 2013다52547).

초과압류금지의 적용

채권집행시에도 초과압류금지의 원칙이 적용된다(실무제요 3-318). 물론 그 내용은 후술하는 바와 같이, 하나의 채권에 대해서는 초과금지의 가능성이 없지만, 하나의 채권의 가액이 집행채권액을 초과하면 그 나머지 채권에 대해서는 압류가 불가능하다는 초과압류금지의 원칙이 적용되는 것이다.

3) 심 리

채무자 등의 심문의 유무

압류명령은 제3채무자와 채무자를 심문하지 않고 내린다(226조). 이 취지는 집행법원(사법보좌관)과 수소법원의 역할이 분리되어 있고, 압류의 형식적인 면만을 심리하여 실체적인 문제, 즉 채권의 존부는 심리하지 않는다는 뜻이다. 또한 채무자에 의한 집행방해(채권양도나 추심 등)를 방지한다는 이유도 있다. 따라서 이러한 문제가 없는 급료채권에 대해서는, 채무자의 심문을 인정할 필요가 있다. 또한 위와 같은 취지에 어긋나지 않는 한, 권리보호를 위해 제3채무자에게 심문의 기회를 부여할 필요도 적지 않다.

신청에 대한 재판과 불복

신청이 적법하면 압류명령을 내리고, 부적법하면 이를 각하 또는 기각한다. 압류신청을 각하 또는 기각하는 결정은 채권자에게만 고지하면 된다(규칙 7조 2항). 압류명령의 신청에 관한 재판에 대해서는 즉시항고를 할 수 있다(227조 4항). 신청각하·기각결정에 대한 채권자의 즉시항고를 인용할 때에는 당사자의 심문권 보호를 위해 원심에 환송해야 하고, 항고법원이 스스로 압류명령을 내리면 심문권 침해를 이유로 하는 특별항고의 대상이 된다.

(2) 압류명령

1) 의 의

압류명령의 발령과 송달

압류명령이란 사법보좌관이 채권을 특정(225조에서와 같이 피압류채권의 종류와 액수를 기재)하여, 이 채권에 관해 채무자에게는 처분과 영수를 금지하고, 제3채무자에게는 채무자에 대한 지급을 금지하는 명령을 말한다(227조 1항).[88] 압류명령은 채무자와 제3채무자에게 송달하여야 하고(227조 2항)(실무상 집행방해를 막기 위해 제3채무자에게 먼저 송달), 제3채무자에게 송달시 효력이 발생한다(227조 3항). 채무자에게 송달되지 않아도 제3채무자에게 송달되면 압류명령의 효력이 발생한다.

압류명령과 채권양도의 경합

압류명령과 채권양도가 경합하는 경우에는, 효력발생일시(후자의 경우 제3채무자에게 확정일부 있는 채권양도의 통지가 도달한 때, 또는 확정일부 있는 제3채무자의 승낙의 일시)의 선후에 의해 결정된다. 채권양도의 통지, 가압류 또는 압류명령 등이 제3채무자에 동시에 송달되면 이중지급의 위험을 벗어나기 위해, 제3채무자는 송달의 선후가 불명한 경우에 준하여 채권자 불확지를 이유로 변제공탁을 함으로써 법률관계의 불안으로부터 벗어날 수 있고, 또한 압류경합 등을 이유로 하는 집행공탁을 아울러 할 수 있는데, 이러

---

88) 채권압류 및 전부명령의 주문에 압류·전부되는 채권들이 모두 명시되어 있으면 그 명령의 이유에 압류·전부되는 채권 중 일부 채권에 관한 집행권원의 기재가 누락되어 있어도 그 집행권원의 기재가 누락된 일부 채권에 대하여 위 압류·전부명령의 효력이 미친다(대판 2009.11.26, 2006다37106).

한 공탁은 변제공탁에 관련된 채권양수인에 대하여는 변제공탁으로서의 효력이, 집행공탁에 관련된 압류채권자 등에 대하여는 집행공탁으로서의 효력이 있다(대판(전) 1994.4.26, 93다24223[또한 대판 1996.6.14, 96다5179]. 그 밖에 후술 변제공탁과 집행공탁의 관계 참조).

이와 같은 경우에 채무자가 선행의 채권양도의 효력에 의문이 있고, 그 후 압류의 경합이 발생하였다는 것을 공탁원인사실로 하여 채무액을 공탁하면서 공탁서에 집행공탁에 관한 규정만을 근거법령으로 기재하면, 변제공탁으로서의 효력이 발생하지 않는 것이 확정되지 아니하는 이상, 이로써 바로 집행공탁으로서의 효력이 발생한다고 할 수 없다. 따라서 집행법원은 집행공탁으로서의 공탁사유신고를 각하하거나 채무자로 하여금 민법 487조 후단을 근거법령으로 추가하도록 공탁서를 정정하게 하고, 채권양도인과 양수인 사이에 채권양도의 효력에 관한 다툼이 확정된 후 공탁금을 출급하도록 하거나 배당절차를 실시할 수 있을 뿐, 바로 배당절차를 실시할 수는 없다(대판 2001.2.9, 2000다10079).

압류명령의 경정과 취하 · 취소

압류명령에 오기, 위산, 탈자 등이 있는 경우에는 일반적인 경정결정을 인정할 필요가 있다(실무제요 3-331). 압류명령 그 밖의 추심명령, 전부명령 또는 그 외의 현금화를 위한 명령의 신청이 취하되거나 당해 명령을 취소하는 결정이 있는 때에는, 법원사무관 등은 압류명령을 송달받은 제3채무자에게 그 사실을 통지하여야 한다(규칙 126조).

2) 압류의 경합

이중압류와 그 효과

압류명령은 중복해서 발령할 수 있다(이중압류로서 집행경합이 발생). 즉 채권의 일부가 압류된 후, 그 나머지 부분을 초과하여 다시 압류명령이 발령되면, 각 압류의 효력은 그 채권 전부에 미치고(235조 1항), 채권의 전부가 압류된 후 그 채권의 일부에 대해 다시 압류명령이 내려질 때도 같다(같은 2항). 압류가 경합되면 전부명령이 금지되고, 경합하는 채권자의 청구가 있으면 제3채무자에게는 공탁의무가 부과된다. 이중압류는 압류된 채권이 금전채권이 아닌 경우에도 가능하지만, 법 235조가 적용되는 것은 주로 압류된 채권이 가분채권인 경우라 해석된다(실무제요 3-420). 압류경합시 각 압류채권자의 배당은 목적채권으로부터 자신의 집행채권의 비율에 따라 안분된다.

경합의 범위 동일한 목적채권에 대해 복수의 압류나 가압류(조문상 명확하지는 않지만 성질상 양자를 포함한다고 보아야 하는 점에 이론이 없다)의 집행이 있다면, 목적채권이 불가분이면 항상, 가분이면 압류의 범위가 중복되는 한, 집행경합이 발생한다. 예를 들면 100만원의 목적채권에 대해 압류채권자 A가 50만원의 집행채권(이하 집행비용을 무시)을, 같은 B가 60만원의 집행채권을 압류했을 경우, 압류의 경합이 발생하고, 그 경합의 범위는 10만원인지 아니면 100만원인지 문제되는데, 100만원 전부에 대해 경합이 발생한다고 해석된다. 이 때 B의 압류신청이 취하되면 A의 압류의 효력은 50만원으로 감축된다고 해석하는 것이 타당하다. 아울러 예금채권과 같이 채권의 개수가 명확하지 않은 경우 압류경합의 유무가 문제되는데, 이에 대해서는 전예금채권을 1개로 보고 경합을 따지는 것이 타당하다고 생각된다.

후행압류의 발령시점에 따른 구분 이중압류가 인정되려면 후행압류가 후술하는 배당요구종기(247조)까지 발령되어야 한다. 따라서 추심완료, 제3채무자의 공탁, 전부명령, 양도명령의 효력발생, 배당요구종기 후의 압류는 집행경합을 발생시키지 못한다. 추심신고(236조)를 하기까지는 압류로서는 무효라도 배당요구로서의 효력은 인정될 수 있는지 문제되는데, 판례(대판 2008.11.27, 2008다59391)는 부정한다.

담보권실행절차와의 경합 채권에 대한 담보권실행이나 물상대위권의 행사의 경우, 채권의 압류와 경합의 문제가 발생할 수 있다. 이에 대해서는 담보권자에게 우선권이 있으므로, 담보권자는 강제집행에 따른 채권압류에 관계없이 전부명령을 얻을 수 있고 추심권을 행사할 수 있으며, 압류의 효력의 확장도 없다.

체납처분과의 경합 국세징수법상의 체납처분에 의한 채권압류와 민사소송법상의 채권압류와의 사이에도 집행경합이 발생한다. 단, 이 경합에 대해서는 법235조는 적용되지 않는다(대판 1991.10.11, 91다12233. 전술하였지만 기본적으로는 체납처분과 강제집행 등의 절차를 조정하는 법규가 필요하다). 그 경합의 처리는 다음과 같다. ⓐ 체납처분이 선행하는 경우에 체납처분이 일부압류이고 그 잔여의 범위 내에서의 강제집행에 의한 일부압류가 있다면, 집행경합은 발생하지 않는다. 집행경합시 선행하는 체납처분이 우선하므로 강제집행에 의한 채권압류는 가능하지만, 현금화절차로 진행하는 것은 인정되지 않는다(실무제요 3-425. 전부명령이 불가능하다). 이 때 제3채무자에게는 권리공탁을 인정할 필요가 있다. ⓑ 강제집행에 의한 채권압류가 선행하는 경우에는, 배당요구종기까지 세무서장은 교부청구(국세징수법 56조)나 참가압류(같은 법 57조)를 통해 배당에 참가할 수 있다.

(3) 압류의 효력

1) 채권의 범위

압류의 효력이 미치는 채권의 범위는 압류명령에 특별한 한정이 없는 한, 목적채권 전액과 종된 권리이다. 구체적으로 압류가능한 채권의 범위에 대해서는, 예를 들어 채무자 A가 제3채무자 B와 C에게 각각 100만원의 채권을 갖고 있고, 채권자 D의 집행채권과 집행비용의 금액은 80만원인 경우, B에 대한 100만이라는 1개의 가분채권 전체에 대해 압류할 수 있는지 문제된다. 민사집행법에는 이를 직접 인정하는 일본민사집행법 146조에 해당하는 조문이 없지만, 이중압류가 인정되고 다른 배당요구채권자의 등장이 예상되며, 잔액은 채무자에게 지급되므로, 명문이 없어도 동일하게 해석해야 할 것이다(실무제요 3-318도 같은 취지이다).

2) 처분의 제한

처분금지효의 상대성

압류의 효력(특히 채무자의 처분의 제한)은 상대효이다. 또한 조문상 명백하지는 않지만, 부동산이나 유체동산의 집행과 동일하게 다루어야 하고 평등주의를 취하는 이상 개별상대효가 아닌 절차상대효라 해석해야 할 것이다(압류의 상대효에 관하여는 전술 참조). 따라서 채권에 대한 압류나 가압류가 있은 후 당해 채권이 양도되어도, 그 후 당해 압류나 가압류에 근거한 집행절차가 존속하는 한, 배당요구종기까지 배당을 요구하는 채권자에게는 당해 양도를 대항할 수 없다. 개별상대효라면 채권양수인은 당해 양도 전의 압류 또는 가압류채권자에게만 대항할 수 없게 된다.

처분금지효가 미치지 않는 경우

채무자는 압류된 자신의 채권을 처분할 수 없지만, 채권자의 집행만족에 영향을 미치지 않는 행위는 가능하다. 따라서 피압류채권발생의 기본인 법률관계 자체(퇴직, 해제 등)의 처분을 할 수 있고, 또한 피압류채권에 관한 급부소송을 제기하는 것도 가능하다(대판 1982.10.26, 82다카508).[89] 아울러 압류만으로는 의해 피압류채권의 소멸시효가 중단되지 않는다(실무제요 3-327). 단, 압류명령이 제3채무자에게 송달되면 시효중단사유인 최고로서의 효력은 인정된다(대판 2003.5.13, 2003다16238).

채권증서의 인도

채무자는 채권에 관한 증서가 있으면 압류채권자에게 인도하여야 한다(234조 1항). 압류의 효력에 만전을 기하고 압류채권자가 압류된 채권의 추심을 위해 채권증서를 소지할 필요가 있기 때문이다. 인도의 대상이 되는 채권증서는 법 210조 또는 233조가 적용되는 유가증권을 제외한 것이다. 채무자가 인도하지 않으면 채권자는 강제집행의 방법에 의해 그 증서의 인도를 받을 수 있다(234조 2항). 이 강제집행은 효력이 발생한 압류명령에 의해 따로 집행문을 부여받을 필요 없이 비금전집행인 동산의 인도청구권의 집행에 따르게 된다(실무제요 3-349).

3) 제3채무자에 대한 효력

변제의 금지와 항변의 주장

압류에 의해 제3채무자는 채무자에게 채무를 변제해도 이중지급을 면하지 못한다(227조 1항. 이 부분은 227조1항 이외에 실체법상 변제의 효력이 발생하지 않는다는 일민법 81조와 같은 조문을 민법에 두는 것이 좋을 것이다). 그러나 제3채무자는 그 원인이 압류 전에 발생한 것이라면 압류 당시에 채무자에 대하여 주장할 수 있었던 취소, 해제(대판 2012.5.17, 2011다87235) 등의 모든 항변으로 압류채권자에게 대항할 수 있다. 아울러 집행채권의 부존재나 소멸은 집행

---

89) 채무자의 제3채무자에 대한 채권이 압류된 후 그 채권의 발생원인인 계약의 당사자 지위를 이전하는 계약인수가 이루어진 경우, 양수인은 압류에 의하여 권리가 제한된 상태의 채권을 이전받게 되므로, 제3채무자는 계약인수에 의하여 그와 채무자(양도인) 사이의 계약관계가 소멸하였음을 내세워 압류채권자에 대항할 수 없다(대판 2015.5.14, 2012다41359).

채무자가 청구이의의 소에서 주장할 사유이지, 추심의 소에서 제3채무자인 피고가 이를 항변으로 주장하여 채무의 변제를 거절할 수 있는 것이 아니다(대판 1994.11.11, 94다34012; 대판 1996.9.24, 96다13781).

제3채무자의 진술을 요구하는 채권자의 신청

압류채권자(가압류채권자를 포함)는, 압류채권의 집행으로 채권만족의 가능성을 판단하기 위해, 제3채무자가 압류명령의 송달을 받은 날로부터 1주일이내에 서면으로 다음과 같은 사항을 진술할 것을 법원에 신청할 수 있다(237조 1항). ① 채권의 인낙의 여부와 그 한도(같은 1호), ② 지급의사의 유무와 한도(같은 2호), ③ 채권에 대하여 다른 자로부터의 청구의 유무와 종류(같은 3호), ④ 채권에 대하여 다른 채권자로부터 압류된 사실의 유무와 그 청구의 종류(같은 4호)이다. 신청 시기는 압류명령의 신청과 함께 또는 그 전이라야 한다.

최고와 진술의무

법원은 부적법한 신청이 아닌 한 반드시 최고를 하여야 한다. 이러한 진술을 요구하는 최고는 진술최고서를 제3채무자에게 송달함으로써 하는 것인데(237조 2항), 압류명령과 함께 하여야 하고 압류명령이 송달된 후에는 불가능하다. 이러한 최고에 따라 제3채무자는 서면으로 진술할 의무가 있다. 진술기간은 압류명령 송달 후 1주일이지만, 훈시규정으로 다소 지연되어도 유효하다(실무제요 3-346). 제3채무자의 진술은 사실을 보고한다는 성질을 갖는 것에 불과하고, 법적 효력으로서 채무승인, 변제권상실, 상계권상실 등의 효력은 발생하지 않는다. 제3채무자가 진술을 해태하면 법원은 직접 심문할 수도 있다(237조 3항). 제3채무자가 고의나 과실로 허위의 진술을 하고 이로 말미암아 압류채권자에게 손해가 발생하면, 그 손해를 배상하여야 한다.

4) 압류채권과 제3채무자의 상계권의 우열

제3채무자의 권리행사에 관해 특히 문제가 되는 것은 피압류채권을 수동채권으로 하는 상계권의 행사가능성이다. 즉 민법 498조의 해석을 둘러싼 제3채무자의 상계가능성의 문제이다. 이에 대해서는 다음과 같이 4가지 견해가 주장되는 것이 일반적이다.

4가지 견해

① 자동채권과 수동채권이 모두 변제기에 도래하여 상계적상에 있는 경우, ② 자동채권만 변제기에 도래한 경

우, ③ 두 채권 모두 변제기에 도래하지는 않았지만 자동채권이 먼저 또는 수동채권과 동시에 변제기에 이른 경우, 그리고 ④ 변제기도래의 선후에 관계없이 상계적상에 이른 경우(수동채권의 변제기가 먼저 도래해도 압류 전에 발생한 자동채권과의 상계적상에 이른 경우)라는 4가지가 그것이다. ①의 경우에만 상계의 유효성을 인정하는 것이 상계적상설, ②의 경우까지도 그것을 인정하는 것이 기대이익설이다. 그러나 이러한 두 입장은 현재 거의 논의되고 있지 않다. 이에 비해 ③의 경우에도 상계의 유효성을 인정하는 것이 제한설(변제기선도래설[90])이고, ④의 경우라도 그것을 인정하는 것이 무제한설이다.

판례의 태도

판례(대판(전) 2012.2.16, 2011다45521[91]; 대판 1982.6.22, 82다카200 등. 실무제요 3-328 참조)는, 법정상계의 경우에는 제한설의 입장이지만, 상계예약의 효력은 무제한으로 인정하는 입장이라고 평가할 수 있다. 특히 법정상계의 경우에는 위의 전원합의체 판결에 의해 제한설이 확고한 입장이 되었다. 학설은 제한설(변제기선도래설)이 다수설이다. 한편 상계예약의 경우에는 아직 판례가 심도 있게 다루고 있지 않고 단순히 그 효력이 인정된다는 판단만을 하고 있다. 상계예약에 대해서는 다음과 같이 제한적으로 해석하여야 할 것이다.

상계예약의 효력

생각건대 금융거래에 있어서 상계예약이 필요한 점은 충분히 이해할 수 있다. 채권회수에 만전을 기한다는 것은 채권자로서는 당연히 우선적으로 고려하여야 하는 요소이기 때문이다. 그러나 다른 한편으로 특정 부문에서의 결속을 통해 일방적으로 유리한 법적 지위를 점하는 것은 바람직하다고 할 수 없을 것이다. 금융기관에게만 일방적으로 유리한 것이기 때문이다. 만일 금융기관이 우선권으로서 권리를 주장하려면 보다 강한 형태로 권리를 가져야 할 것이다. 예를 들어 채권담보로서의 양도담보(근담보)의 형태를 취하는 것 등이다. 그러하지 않고 단지 특약만을 통해 비전형담보로서의 지위를 누린다는 것은 불공평하다고 말하여야 할 것이다. 법정상계와 비교하여도 단지 특약만으로 강력한 효력을 부여하는 것으로 공평하다고 할 수 없다. 원래 상계예약의 효력이 무제한으로 인정된 것은 과거 경제발전 시기에

90) 이시윤, 414면. 한편 김홍엽, 310면은 상계예약의 효력을 인정한다.
91) 평석으로 김상수, 압류와 상계, 민사법학 60호, 273면 이하.

나타나는 금융거래의 중요성을 인정할 수밖에 없었기 때문이 아닐까 생각된다. 따라서 상계예약도 상계가 가능한 한도로 그 유효성을 제한하는 것(제한설)이 바람직하다고 해석하여야 할 것이다.

임금채권과 제3채무자 상계권의 우열

판례와 학설은 임금채권이 다른 담보물권과 동등한 효력을 갖지만, 경매신청권까지 인정되는 것은 아니고, 임금채권자도 배당을 통해 우선변제를 받아야 한다고 해석한다. 결국 임금채권의 속성이 위와 같다면(경매신청권의 유무와 관계없이), 임금채권과 제3채무자의 상계권의 우열에 관한 문제에 대해서도 압류와 상계와의 관계에서의 논의가 그대로 해당된다. 판례와 같이 해석한다면, 상계예약이 유효한 한도에서 임금채권자는 제3채무자의 상계행사에 대항할 수 없게 된다(대판 2000.5.26, 99다31551).

제3채무자의 동시이행항변권

제3채무자의 압류채무자에 대한 자동채권이 수동채권인 피압류채권과 동시이행의 관계에 있는 경우에는, 압류명령이 제3채무자에게 송달되어 압류의 효력이 생긴 후에 자동채권이 발생하였다고 하더라도 제3채무자는 동시이행의 항변권을 주장할 수 있다. 이 경우에 자동채권 발생의 기초가 되는 원인은 수동채권이 압류되기 전에 이미 성립하여 존재하고 있었던 것이기 때문이다(대판 2005.11.10, 2004다37676).

5) 채권자에 대한 효력

채권자는 압류명령에 의해 추심권을 취득하는 것은 아니다. 따라서 압류명령과 동시에 추심명령이나 전부명령을 구하는 것이 보통이다(추심권에 대해서는 후술 참조). 압류명령에 의해 압류채권자의 집행채권에 대해서는 압류명령의 미발령을 해제조건으로 시효중단의 효력이 발생한다(민법 168조). 압류채권자는 후술하는 바와 같이 추심권의 포기가 인정되므로, 압류 자체를 포기할 수 있고 그 내용은 추심권의 포기에 있어서와 동일하다.

6) 제3자

압류채권이 당초부터 또는 압류 전부터 제3자에게 속하거나 채권양도 그 밖에 질권이 설정된 경우, 이러한 제3자에게는 압류의 효력이 미치지 않는다. 이러한 제3자는 자신의 채권이 압류된 경우라면 제3자이의의 소로 다툴 수 있다(대판 1997.8.26, 97다4401). 제3채무자가 압류채권자에게 변제하면, 제3자는 제3채무자에게는 이중변제를, 아니면 압류채권자에게는 부당이득반환을 청구할 수 있다고 해석해야 할 것이다. 그러나 압류 후의 처분은 압류채권자에게 대항하지 못한다.

7) 특별한 채권의 경우

① 담보권부 채권의 경우

압류의 등기

압류채권에 담보권이 설정된 경우의 처리에 관한 문제이다. 담보권에도 압류효가 미치게 되어, 채권자는 저당권 있는 채권을 압류할 경우, 채권자와 채무자의 공동신청이 아닌 채무자의 승낙 없이 그 채권의 압류를 등기부에 기입하여 줄 것을 법원사무관등에게 신청할 수 있다(228조 1항). 이 등기는 부기등기이다(부동산등기법시행규칙 81, 80조). 저당권 있는 채권에 관하여 전부명령이 있는 경우에도 동일하다(230조). 그 밖에 등록에 의해 저당권이 설정되는 경우에도 준용된다.

압류기입등기의 신청

기입신청은 법원에게 하여야 하며, 이 신청은 압류명령의 신청과 병합하여 할 수 있다(228조 1항). 등기가 없어도 민법 187조의 법률에 의한 권리의 이전에 해당되어 담보권의 효력은 발생한다고 해석할 수 있지만, 저당권실행을 위한 경매절차를 진행하려면 법정문서로서 저당권이전의 부기등기가 선행되어야 한다(실무제요 3-338). 법원사무관등은 신청을 심사하여 적법하면 의무를 지는 저당부동산의 소유자에게 압류명령을 송달한 후에, 관할등기소의 등기관에게 압류의 기입등기를 촉탁하여야 한다(228조 2항). 동일한 이치로 제3채무자의 보증인에게도 무엇인가의 통지를 할 필요가 있을 것이다.

압류명령의 효력

압류명령이 제3채무자에게 송달되면 압류의 효력인 처분금지효가 발생하고, 이것은 기입등기의 유무와 관계가 없다. 이에 따라 압류채권자와 저당권부 채권의 양수인과의 우열은 제3채무자에 대한 송달시점과 채권양도의 제3자에 대한 대항요건구비시점의 선후에 따라 결정된다. 채무자 이외의 자에 의한 경매신청으로 저당부동산이 현금화되어 피담보채권에 대한 배당이 이루어지면, 이 배당금에 대해서도 압류의 효력이 미친다. 이 배당금은 법 256

조, 160조 1항에 준하여 공탁되고, 압류채권자는 추심명령이나 전부명령을 받아 사법보좌관에게 신청하여 이를 수령할 수 있다. 압류채권자가 직접 추심명령을 얻으면 자신의 이름으로 저당권을 실행할 수 있고, 전부명령을 얻는다면 압류채권자가 저당권자가 된다.

기입등기의 말소

압류등기 후 압류된 채권이 변제 또는 공탁에 의해 소멸하였음을 증명하는 문서가 제출되면, 또는 압류명령이 취소되거나 그 신청이 취하되면, 사법보좌관은 신청에 의해 등기의 말소를 촉탁하여야 한다(규칙 167조 4항). 이 때의 촉탁비용은, 전자의 경우에는 채무자가, 후자의 경우에는 압류채권자가 부담한다(규칙 167조 5항). 저당권이 있는 채권에 관하여 전부명령이나 양도명령이 확정된 때 또는 매각명령에 따른 매각이 종료된 때에는, 법원사무관등은 신청에 의하여 채권을 취득한 채권자 또는 매수인의 저당권이전등기와 더불어 압류기입등기의 말소를 촉탁하여야 한다(규칙 167조 2항. 당해 명령의 정본 또는 매각조서의 등본을 붙인 서면으로 하여야 한다. 그 밖의 이전등기에 관해서는 후술). 아울러 압류기입등기가 잘못 기재되었다고 주장하는 목적부동산의 소유자는, 제3채무자인지 그 밖의 제3자인지에 관계없이 제3자이의의 소에 의해 압류기입등기의 말소를 청구할 수 있다.

② 계속적 급부채권의 경우

급료 그 밖의 계속적 채권에 대한 압류의 효력에 대해서는, 집행채권과 집행비용의 금액을 한도로 그 만족을 얻을 때까지 확장한다고 규정하는 일본민사집행법 151조와 같은 조문이 우리 법에는 없다. 그러나 국세징수법 44조나, 신속 정확한 집행과 집행방해를 방지하기 위한 방법이라는 점에서 보아 동일하게 해석해야 할 것이다(실무제요 3-324). 단, 퇴직금은 장래채권으로 개별적으로 압류해야 한다(246조 참조).

③ 지시채권의 압류

집행관의 증권점유

어음·수표 등 배서가 금지되지 아니한 유가증권을 압류할 경우에는, 유체동산에 대한 압류 방법에 따라 집행관이 그 증권을 점유하여야 하는데, 배서가 금지된 유가증권의 채권압류의 경우에도 법원의 압류명령 외에 집행관의 점유를 요한다(233조. 대판 1997.11.14, 97다38145). 집행관의 증권점유는 법 257조에 준하고, 압류의 효력발생요건으로서 집행관의 증권점유가 없으면 압류명령의 송달만으로는 법률상 아무런 효력이 없다. 증권의 점유는 압류명령이 내려져야 가능한데, 압류명령의 송달 시에 채권자의 신청에 의하여 집행관이 증권의 점유를 취득함과 동시에 직접 채무자에게 송달하게 함으로써, 미리 송달하는 경우에 채무자가 집행을 방해하는 것을 방지하는 것이 보통이다. 제3자가 증권의 제출을 거부하면 압류명령이 아닌 채무자의 증권인도청구권에 대한 강제집행을 해야 한다(259조).

인도증권과 어음·수표의 경우

인도의무를 표창하는 인도증권만을 압류하면 그 압류의 효력은 인도의 목적물에는 미치지 않는다. 원인채권과는 별도로 어음, 수표채권만이 압류되면, 제3채무자는 집행채무자의 원인채권의 청구에 대하여 어음, 수표와 동시이행의 항변을 할 수 있고, 어음, 수표를 전부받은 채권자에게 지급하면 이로써 채무자에게 대항할 수 있지만, 집행채무자에 대한 원인채권의 지급으로는 채권자에게 대항할 수 없다. 원인채권만이 압류되면 증권채권에는 압류의 효력이 미치지 않는다.

(4) 압류신청의 취하

채권자는 현금화절차가 종료되기 전에 압류신청을 취하할 수 있다. 취하는 서면으로 하여야 한다(240조 2항). 신청이 취하되면, 채무자는 물론 압류명령을 송달받은 제3채무자에게도 그 사실을 통지하여야 한다(규칙 16조, 160조 1항). 취하의 통지가 있으면 압류의 효력은 소멸된다. 채무자나 제3채무자의 동의는 요건이 아니고 법원의 압류결정취소명령도 요구되지 않는다.

2. 현금화

(1) 서

현금화 방법에는 채권자경합(특히 전부명령이 금지되고 제3채무자의 공탁이 필요적)의 유무에 따라 차이가 난다. 현금화방법으로는 추심명령(소송), 전부명령 그리고 제3채무자의 공탁이 일반적인 방법이고, 그 밖에 특별한 현금화방법이 인정되고 있다.

(2) 압류채권자의 추심

추심명령의 의의

압류채권자의 신청에 의해 추심명령이 내려지면 압류채권자는 대위절차 없이 압류채권의 지급을 받을 수 있다(229조 2항). 추심명령은 압류명령과 병합하여 신청할 수 있고, 따라서 압류명령의 신청과 동일한 절차를 밟게 된다(229조 4항, 6항. 압류할 채권이 특정되지 않은 압류명령에 따른 추심명령의 효력은 유효하지 않다[대판 2012.11.15, 2011다38394]). 추심명령에는 일정한 기재사항이 요구된다(224조). 추심명령도 압류명령과 같이 제3채무자에게 송달하여야 한다(229조 4항, 227조 2항). 추심명령신청에 관한 재판에 대해서는 즉시항고를 할 수 있다(229조 6항). 단, 집행정지효가 없다(15조 6항).

추심명령의 효력

추심명령은 당해 채권 전액에 미친다(232조 1항 본문). 또한 압류의 효력이 미치는 종된 권리에도 미친다. 단, 법원은 채무자의 신청이 있을 때는, 압류채권자를 심문하여 압류액을 제한하고 채무자에게 그 초과액의 처분과 영수를 허가할 수 있다(232조 1항 단서. 사보규 2조 1항 9호 가목에 의해 사법보좌관이 아닌 법원의 사무이다). 제한허가의 결정은 추심명령 뒤에만 할 수 있다는 것이 일반적인 해석이다. 이러한 허가가 있으면 초과된 액수에 대한 압류는 해제되고, 채무자는 이를 처분하거나 영수할 수 있다. 허가부분에 대해 다른 채권자의 배당요구가 금지되고(232조 2항), 허가에 대해서는 제3채무자와 채권자에게 통지해야 하며(232조 3항), 즉시항고의 대상이 된다. 아울러 추심명령은 압류채권자에게 채무자의 제3채무자에 대한 채권을 추심할 권능을 수여함에 그치고, 제3채무자로 하여금 압류채권자에게 압류된 채권액 상당을 지급할 것을 명하거나 그 지급 기한을 정하는 것이 아니므로, 제3채무자가 압류채권자에게 압류된 채권액 상당에 관하여 지체책임을 지는 것은 집행법원으로부터 추심명령을 송달받은 때부터가 아니라, 추심명령이 발령된 후 압류채권자로부터 추심금 청구를 받은 다음날부터이다(대판 2012.10.25, 2010다47117).

추심권의 행사

추심명령에 의해 압류채권자는 추심을 위한 재판상, 재판외의 모든 행위를 할 수 있고, 압류채권자가 동시에 제3채무자이면 혼동에 의한 소멸을 주장할 수도 있다. 그러나 압류채권자는 압류가 경합하면 추심을 할 수 없고 공탁을 청구할 수밖에 없으며, 후술하는 바와 같이 제3채무자에게 공탁의무가 발생한다. 또한 추심의 목적을 넘는 행위, 예를 들면 채무면제, 채권의 포기, 기한의 유예, 그 밖에 채권양도와 이러한 내용의 화해 등은 불가능하다. 문제가 되는 것은 상계권, 취소권, 해제권 등의 행사가능성인데, 압류채권의 권리자는 어디까지나 채무자이라는 점에 비추어 추심의 목적(기본적으로 자동채권과 수동채권의 관계가 압류채권과 제3채무자의 추심채권자에 대한 채권의 관계이어야 한다)에 어긋나지 않는 한, 인정된다고 해석하여야 할 것이다. 또한 해약환급금청구권에 대한 추심명령을 얻은 채권자가 추심명령에 기하여 제3채무자를 상대로 추심금의 지급을 구하는 소를 제기하면, 그 소장에는 추심권에 기초한 보험계약 해지의 의사가 담겨 있다고 할 것이므로, 그 소장 부본이 상대방인 보험자에 송달됨에 따라 보험계약 해지의 효과가 발생하게 된다(대판 2009.6.23, 2007다26165).[92]

제3채무자의 변제

압류채권자의 추심에 대해 제3채무자가 임의변제를 하지 않으면, 담보권이 있으면 이에 의해 실행을 하고, 집행권원이 있으면 강제집행을 하며 없으면 추심소송을 제기하게 된다. 제3채무자가 변제를 하였지만 부족한 경우에는 민법 479조의 변제충당의 방법에 의하고, 부족액에 대해 추심권이 존속한다.

추심신고

압류채권자가 채권을 추심하면 그 범위내에서 압류된 채권은 소멸되고, 그 사유를 법원에 신고하여야 한다(236조 1항). 추심신고는 다음의 사항을 기재한 서면임을 요한다(규칙 162조 1항). ⓐ 사건의 표시(같은 1호), ⓑ 채권자, 채무자 및 제3채무자의 표시(같은 2호), ⓒ 제3채무자로부터 지급받은 금액 및 연월일(같은 3호)이다. 추심신고가 있으면 다른 채권자들에 의한 배당요구는 더 이상 허용되지 않는다(247조 1항 2호). 그러나 추심신고 전에 다른 압류, 가압류 또는 배당요구가 있는 때에는, 압류채권자는 추심한 금액을 지체없이 공탁하고 그 사유를 신고하여야 한다(236조 2항). 이 때의 신고서는 전술한 추심신고의 기재사항 외에, 공탁사유 및 공탁한 금액을 기재한 서면에 공탁서 원본을 첨부할 필요가 있다(규칙 162조 2항). 압류채권자가 추심신고를 하지 않으

92) 김상수, 보험환급금청구권의 압류, 금융법연구 10호, 465면 이하.

면 다른 채권자는 공탁청구의 소를 제기할 수 있다(실무제요 3-379).

추심권의 해태

압류채권자가 추심할 채권의 행사를 해태하면 그로 인한 채무자의 손해를 부담한다(239조). 채무자는 이 손해배상청구권으로 집행채권을 상계할 수 있다. 또한 집행력 있는 정본에 의해 배당을 요구한 각 채권자는 일정한 기간내에 추심할 것을 최고하고, 최고에 응하지 아니 하면 사법보좌관의 허가를 얻어 직접 추심할 수 있다(250조). 이 허가에 의해 기존의 압류채권자의 추심권은 상실된다(실무제요 3-375). 또한 허가의 재판은 채무자와 제3채무자에게 송달해야 한다는 것이 실무이고(실무제요 3-376), 채무자와 제3채무자의 보호라는 점에서 타당하다.

추심권의 포기

압류채권자는 기본 채권을 상실함이 없이 추심권을 포기할 수도 있다(240조 1항 본문). 이러한 포기는 법원에 서면(집행해제신청이라는 서면)으로 신고함을 요하고, 법원사무관등은 그 등본을 제3채무자와 채무자에게 송달하여야 한다(240조 2항). 추심권의 포기는 집행채권에 영향을 미치지 않고(240조 1항 단서), 압류의 효력에도 영향을 미치지 않는다. 그러나 추심소송에서 청구액을 감축하는 것은 추심권의 포기에 해당되지 않는다(대판 1983.8.23, 85다카450).

추심명령의 취하·취소

추심명령이 취하되거나 추심명령을 취소하는 결정이 확정(취하의 통지 또는 취소결정이 제3채무자에게 송달된 때)되면, 법원사무관등은 압류명령을 송달받은 제3채무자에게 그 사실을 통지하여야 한다(규칙 160조 2항). 압류명령 신청의 취소 이외에, 추심명령이 있은 후 49조 2호 내지 4호의 집행정지문서가 제출되면, 사법보좌관은 그 서류의 제출에 의한 집행정지효가 상실되기까지, 채권자에게는 채권의 추심의 금지를, 제3채무자에게는 채권의 지급의 금지를 통지하여야 한다(규칙 161조 1항).

(3) 제3채무자의 공탁

1) 의 의

필요성

제3채무자의 공탁은 자신의 이익을 보호하고 채무이행에 따른 부담을 경감시키기 위해 인정되는 것이다. 채권집행에서 제3채무자가 하는 공탁은 집행만이 아닌 공탁에 따른 변제효가 발생한다는 점에서, 변제공탁과 집행공탁의 양자를 포함하는 것이다. 따라서 공탁은 압류채권의 채무이행지의 공탁소에 하거나(민법 488조 1항), 채권자나 채무자의 보통재판적이 있는 곳의 지방법원 또는 집행법원에 할 수 있다(19조 1항). 공탁금의 처리는, 압류의 효력이 미치는 부분에 대해서는 집행법원의 배당 등의 실시로서, 담당법원사무관이 지급위탁을 하는 방법에 의해 이루어진다.

공탁의 신고

제3채무자가 채무액을 공탁하면 그 사유를 사법보좌관에게 신고하여야 한다(248조 4항 본문). 법원에 신고하므로 달리 채권자에게 신고할 필요는 없다(민법 488조 3항). 또한 신고해야 할 사법보좌관은, 압류와 가압류가 경합하는 경우라면 압류한 사법보좌관에(실무제요 3-355), 압류와 압류의 경합이라면 먼저 송달된 압류명령을 발령한 사법보좌관에 하여야 한다(규칙 172조 3항). 상당한 기간 내에 신고가 없으면 배당에 참가한 채권자, 채무자 그 밖의 이해관계인이 그 사유를 사법보좌관에게 신고할 수 있다(248조 4항 단서). 신고는 다음 사항을 기재한 서면에 의하여야 한다(규칙172조 1항). ⓐ 사건의 표시(같은 1호), ⓑ 채권자, 채무자 및 제3채무자의 표시(같은 2호), ⓒ 공탁사유 및 공탁한 금액의 명세(같은 3호)이다. 이 서면에는 공탁서 원본을 첨부하여야 하지만(규칙 172조 2항), 법 248조 4항 단서에 의해 제3채무자 이외의 자가 신고할 때에는 첨부할 필요가 없다(같은 단서). 제3채무자의 공탁비용은 실무상 집행비용으로 배당절차에서 고려된다(실무제요 3-354). 만일 제3채무자가 공탁신고서를 제출할 때까지 사법보좌관에게 청구하면 공탁금 중에서 지급받을 수도 있다(민소비용법 10조의 2).

2) 변제공탁과 집행공탁

변제공탁은 민법 487조 후단의 채권자를 알 수 없는 경우를 원인으로 하는 것이다. 한편 집행공탁은 법248조의 압류경합 등을 원인으로 한다. 금전채권의 채권자는 공탁약정에 기하여 채무자에게 공탁(집행공탁을 포함)할 것을 청구할 수 없다(대판 2014.11.13, 2012다52526).

혼합공탁

채무자는 변제공탁과 집행공탁을 하는 이른바 혼합공탁을 할 수 있다. 이러한 공탁은 변제공탁에 관련된 새로운 채권자에 대하여는 변제공탁으로서의 효력이 있고, 집행공탁에 관련된 압류채권자 등에 대하여는 집행공탁으로서의 효력이 있다. 혼합공탁된 공탁금이 배당된 경우, 공탁금에서 적법하게 변제받을 지위에 있는 채권자는 배당이의의 소를 통하여 집행채권자들에 대한 배당액 중 변제공탁에 해당하는 부분으로서 배당재단이 될 수 없는 부분을 경정하여 이를 자신에게 배당할 것을 청구할 수 있다(대판 2006.2.9, 2005다28747). 이 경우에 집행공탁에 의한 정당한 배당재단 부분에 대하여는 다른 배당이의의 사유가 없는 한 종전의 배당표에서 정한 집행배당순위에 영향이 없으므로, 집행채권자의 채권이 배당표상의 다른 집행채권자의 채권보다 앞서거나 또는 적어도 동순위이기 때문에 그 배당이 잘못되지 않았더라도 여전히 배당을 받을 수 있었던 범위에서는 배당액이 유지되어야 하며, 결국 그 배당액을 넘는 범위에 한하여 배당표의 경정이 허용된다(대판 2014.11.13, 2012다117461).

피공탁자의 확정

집행공탁의 경우에는 배당절차에서 배당이 완결되어야 피공탁자가 비로소 확정되고, 공탁 당시에는 피공탁자의 개념이 관념적으로만 존재할 뿐이므로, 공탁 당시에 피공탁자를 지정하지 아니하였더라도 공탁이 무효가 되는 것은 아니다. 변제공탁은 집행법원의 집행절차를 거치지 아니하고 피공탁자의 동일성에 관한 공탁공무원의 형식적 심사에 의하여 공탁금이 출급되므로 피공탁자가 반드시 지정되어야 한다.

변제공탁과 집행공탁의 구별

또한 변제공탁이나 집행공탁은 공탁근거조문이나 공탁사유, 나아가 공탁사유신고의 유무에 있어서도 차이가 있으므로, 제3채무자가 채권양도 등과 압류경합 등을 이유로 공탁한 경우에 변제공탁을 한 것인지, 집행공탁을 한 것인지, 아니면 혼합공탁을 한 것인지는 피공탁자의 지정 여부, 공탁의 근거조문, 공탁사유, 공탁사유신고 등을 종합적·합리적으로 고려하여 판단하는 수밖에 없다. 제3채무자가 채권양도 및 압류경합을 공탁사유로 공탁을 하면서 피공탁자 내지 채권자 불확지의 취지를 기재하지 않고 공탁근거조문으로 법 248조만을 기재한 경우, 위 공탁은 변제공탁으로서의 효과는 없다(대판 2005.5.26, 2003다12311).

3) 권리공탁

권리공탁의 방법

제3채무자는 압류와 관련된 금전채권의 전액을 공탁할 권리가 있다(248조 1항). 압류가 하나라도 있으면 되고 압류채권자가 추심권을 갖지 아니하거나 전부명령이 발령되고 그것이 확정되기 전이라도 가능하다. 권리공탁은 이자나 지연손해금의 부담을 안게 되고 이중변제의 책임을 지게 될 위험이 있는 제3채무자를 보호하기 위하여 인정된 것이다. 권리공탁을 하려면 원칙적으로 피압류채권의 전액을 공탁하여야 한다. 그러나 피압류채권액이 집행채권과 집행비용의 합계액을 초과하는 경우, 제3채무자는 피압류채권의 전액을 공탁하거나 집행채권과 집행비용의 합계액만을 공탁할 수 있을 것이다. 그 전액을 공탁한다면 초과분은 그 성질상 변제공탁이 되기 때문이다.

권리공탁의 효력

권리공탁은 형식상 집행공탁이지만 실질적으로는 변제공탁에 해당하므로, 공탁시 변제효가 발생한다. 반대로 형식은 집행공탁이므로, 배당요구의 종기를 초래하고 집행기관이 공탁금출급에 대한 관리권한을 가지며, 제3채무자에 의한 공탁금출급은 인정되지 않는다고 해석된다. 공탁 후 압류와 배당요구가 전부 실효되면, 채무자는 공탁금액 전액의 출급을 요구할 수 있다. 제3채무자의 공탁과 그 신고가 있으면 사법보좌관은 압류채권자에게 변제금을 교부하고, 그 잔액은 채무자에게 교부한다(256조 및 규칙 185조 참조).

4) 의무공탁

의의와 발생원인

채권집행에서 채권자가 경합하면 제3채무자에게는 공탁의무가 발생한다. 여기에는 2가지 경우가 있다. 즉 첫째로는 하나의 압류에서 복수의 채권자가 배당받아야 하는 것으로서 금전채무에 관하여 배당요구서를 송달받고 배당에 참가한 채권자의 청구가 있는 경우(248조 2항), 둘째로는 압류의 경합으로서 금전채권 중 압류되지 아니한 부분을 초과하여 거듭 내려진 압류명령 또는 가압류명령이 송달되고 압류 또는 가압류채권자의 청구가 있는 경우(248조 3항)이다. 어느 경우에나 채권자의 청구가 있어야 공탁의무가 발생하고, 전자에서는 압류된 부분에 해당하는 금액을, 후자에서는 채권의 전액에 해당하는 금액을 공탁하여야 한다. 경합하는 채권자 사이의 평등을 위해

요구되는 의무이다. 그러나 공탁의 의무는 집행법상으로 인정되는 것이므로, 제3채무자가 채무자에게 이행거절의 사유(이행기미도래 또는 조건의 미성취 등)가 있는 한, 공탁의무는 발생하지 않는다.

공탁의무의 위반

제3채무자가 공탁의무를 이행하지 않으면 채권자는 추심소송을 통해 공탁을 청구할 수 있다(단, 추심소송 중 공탁이 있으면 청구는 기각된다). 이와 같이 의무위반시 제3채무자에 대한 제재는 없다. 반대로 의무에 위반한 변제를 단순한 비채변제로 볼 것인지에 대해서는 문제가 있다. 이에 대해서는 원칙적으로 변제를 받지 않은 다른 채권자에게는 변제의 효력을 주장할 수 없고, 따라서 계속 제3채무자는 공탁의무를 부담하지만, 제3채무자가 공탁의무의 존재를 모르거나 거기에 귀책사유가 없는 경우라면 변제의 효력을 인정해야 할 것이다(대판 1980.9.30, 78다1292 참조).

즉 제3채무자의 공탁의무는 민사집행절차에서 발생하는 제3채무자의 절차협력의무로서 제3채무자의 실체법상 지위를 변경하는 것은 아니고, 공탁의무를 부담하는 제3채무자가 추심채권자 중 한 사람에게 임의로 변제하거나 일부 채권자가 강제집행절차 등에 의하여 추심한 경우에도, 제3채무자는 공탁청구한 채권자 외의 다른 채권자에 대한 관계에서는 여전히 채무의 소멸을 주장할 수 있다.[93]

(4) 추심소송

의 의

제3채무자가 추심절차에 대해 의무를 이행하지 아니 하면, 압류채권자는 그 이행을 위해 추심소송을 제기할 수 있다(238조, 249조 1항). 추심소송은 법정소송담당인지, 아니면 고유적격에 기한 소송인지 문제된다. 이 문제는 판결효의 범위나 이론적 정합성에 관해 실익이 있는데, 앞서 본 압류채권자에게는 추심만을 위한 권한이 부

93) 대판 2012.2.9, 2009다88129. 이 판례는 나아가 공탁의무에 위반하는 제3채무자에 대하여 공탁청구한 채권자가 추심할 수 있는 금액은, 제3채무자가 공탁청구에 따라 그 채권 전액에 해당하는 금액을 공탁하였더라면 공탁 청구 채권자에게 배당 될 수 있었던 금액 범위에 한정되고, 제3채무자가 그 채권 전액에 해당하는 금액을 공탁하였더라면 배당받을 수 있었던 금액은 공탁청구 시점까지 배당요구한 채권자 및 배당요구의 효력을 가진 채권자에 대하여 배당을 할 경우를 전제로 산정할 수 있으며, 이때 배당받을 채권자, 채권액, 우선순위에 대하여는 제3채무자가 주장·입증하여야 한다고 해석한다.

여된다는 점과 채무자는 급부소송을 제기할 수 있다는 점, 후술하는 압류채권자 등에 대한 소환명령은 의무적인 것이 아닌 점에서 본다면, 고유적격에 의한 소송이라 보는 것이 타당하다고 생각한다.

판례는 추심명령이 내려진 경우에도 채무자가 피압류채권에 관한 이행의 소를 제기할 수 있는지에 대해 대판 2013.10.31, 2011다98426에서 추심채권자만이 이행소송을 제기할 수 있고 추심채무자는 그 피압류채권에 대한 이행소송을 제기할 당사자적격을 상실한다고 해석한다(당사자적격을 상실하는 이유에 대해서는 특별한 언급이 없다).[94] 생각건대, 압류에 의한 처분금지효는 압류채권자의 만족을 방해하는 한도로 충분한 점, 제3채무자는 공탁을 할 수 있고 법249조2항에 의해 추심채권자의 공동소송참가도 인정될 수 있는 점에서 본다면 이행의 소를 제기할 당사자적격을 상실하지 않는다고 해석하여야 할 것이다.[95]

복수의 채권자와 공동소송참가

집행력 있는 정본을 갖는 각 채권자는, 추심소송에 공동소송인으로 원고측에 참가할 권리를 갖는다(249조 2항). 제3채무자가 복수의 추심소송에 응소할 부담을 덜어 주기 위해 별개로 추심소송을 제기하는 것은 인정되지 않고, 공동소송참가만이 가능하다. 별도로 소를 제기하면 소송행위의 전환으로 공동소송참가로 해석해야 할 것이다. 공동소송참가를 하면 당해 추심소송은 유사필수적 공동소송이 된다. 소의 제기를 받은 제3채무자도 원고에 참가하지 아니한 채권자(압류명령이나 추심명령을 얻지 아니하였더라도 집행력 있

94) 이러한 판례의 해석에 의하면, 2인 이상의 불가분채무자(또는 연대채무자)가 있는 금전채권의 경우에, 그 채권압류 및 추심명령의 제3채무자가 아닌 나머지 불가분채무자 등에 대하여는 추심채무자가 여전히 채권자로서 추심권한을 가지므로 나머지 불가분채무자 등을 상대로 이행을 청구할 수 있고, 이러한 법리는 위 금전채권 중 일부에 대하여만 채권압류 및 추심명령이 이루어진 경우에도 마찬가지라고 해석한다.

95) 판례는 추심채무자가 이행소송을 제기할 당사자적격을 상실한다는 해석이므로, 채무자가 제3채무자를 상대로 먼저 제기한 이행의 소가 법원에 계속되어 있는 상태에서, 압류 및 추심명령을 받은 압류채권자가 제3채무자를 상대로 나중에 제기한 추심의 소가 중복제소가 되는지에 대해 중복제소가 되지 않는다고 해석한다(대판(전) 2013.12.17, 2013다202120). 그 이유는 "압류채권자가 제3채무자를 상대로 제기한 추심의 소를 중복된 소제기에 해당한다는 이유로 각하한 다음 당사자적격이 없는 채무자의 이행의 소가 각하 확정되기를 기다려 다시 압류채권자로 하여금 추심의 소를 제기하도록 하는 것이 소송경제에 반할 뿐 아니라, 이는 압류 및 추심명령이 있는 때에 법238조, 249조1항과 대법원판례에 의하여 압류채권자에게 보장되는 추심의 소를 제기할 수 있는 권리의 행사와 그에 관한 실체 판단을 바로 그 압류 및 추심명령에 의하여 금지되는 채무자의 이행의 소를 이유로 거부하는 셈이어서 부당하다고 하지 않을 수 없다."는 점이다.

는 정본을 가진 채권자이어야 한다[실무제요 3-374])를 공동소송인으로 소환할 것을 제1회변론기일까지 신청할 수 있다(249조 3항). 이 때 소환을 받고도 참가하지 않은 채권자는 추심소송의 판결의 효력을 받는다(249조 4항). 이는 단순한 참가적 효력이 아닌 당사자로서의 판결의 효력을 의미한다(실무제요 3-374).

채무자에 대한 소송고지

추심소송의 관할은 일반적인 법리에 따른다(238조 본문 전단). 채권자는 또한 채무자에게 소송고지를 하여야 한다(238조 본문). 그러나 채무자에 대한 소송고지는 소송요건도 아니고 따라서 직권조사사항도 아니다(대판 1976.9.28, 76다1145, 1146. 이러한 해석과 앞서 본 압류채권자 등에 대한 소환명령에서 본다면 의무적 소송고지는 타당하지 않다고 생각한다. 의무적인 것이 아니라도 소송고지는 당사자의 판단에 따라 충분히 가능하기 때문이다. 일본민사집행법은 의무적 소송고지 부분을 삭제하였다). 또한 채무자가 국내에 없거나 주거를 알 수 없는 경우에는 고지를 요하지 않는다(238조 단서).

추심소송과 다른 소송과의 경합

추심소송의 소송물은 압류된 채권에 대한 급부청구이다(249조 1항 참조). 추심소송에 앞서 이미 채무자가 급부소송을 제기했다면, 양 소송을 병합하여 심리하고, 모두 단순인용의 판결을 내릴 수 있다. 채권자대위소송과 경합한다면 대위소송은 소의 이익이 없어 부적합하다.[96]

추심소송의 절차와 그 판결의 효력

추심소송에서 압류채권자는 추심목적의 실현을 구하는 것이므로, 앞서 본 점이기도 하지만, 청구포기는 불가능하고, 소송상 화해도 채무자를 포함해서 해야 한다. 채권자가 채권압류 및 추심명령에 기하여 채무자의 제3채무자에 대한 예금채권의 추심을 구하는 소를 제기한 경우, 채무자의 개인별 예금잔액과 법195조3호에 의하여 압류하지 못한 금전의 합계액이 150만원을 초과하여 압류금지채권에 해당하지 않는다는 점에 대한 증명책임은 채권자에게 있다(대판 2015.6.11. 2013다40476).

추심소송의 인용판결은 제3채무자가 공탁의무를 지는 경우 공탁명령의 형태로, 그렇지 않으면 직접 압류채권자에게 지급하라는 형태로 주문에 기재한다. 추심소송의 판결의 효력은 원칙적으로 승패에 관계없이, 소송

96) 부적합하다는 견해로, 강대성, 270면; 이시윤, 437면.

의 당사자와 소환명령을 받은 압류채권자 등에게는 모든 효력이, 소송고지를 받은 채무자에게는 참가적 효력이 미치고, 그렇지 않은 압류채권자나 채무자에게는 미치지 않는다.

(5) 전부명령

1) 의 의

전부명령이란 금전집행의 일종인 채권집행으로서 압류된 채권을 지급에 갈음하여 집행채권자에게 이전시키는 것을 말한다(229조 3항).[97] 즉 집행채권에 대해 집행채무자의 제3채무자에 대한 채권(피전부채권)으로 대물변제한다는 것을 강제집행의 일환인 현금화절차로 보고, 이에 따라 만족을 얻게 하는 집행수단이다. 집행채권자에게 평등주의에 배치되는 독점적 만족을 부여하게 되지만, 반면으로 전부채권에 대한 추심시의 위험(제3채무자의 무자력의 위험)이 동반된다. 말하자면 제3채무자의 무자력이 발생할 가능성이라는 추심시의 위험을 부담하지만, 피전부채권액만큼의 집행채권은 소멸시키는(변제되었다고 보는) 것이다. 전부명령은 실체법상의 채권양도와 거의 동일한 것인데, 법원의 재판이라는 점에서 채권양도에서와 같은 대항요건을 갖출 필요는 없다.

2) 신 청

전부명령의 신청은 압류채권자가 한다. 압류명령신청과 동시에 또는 사후에 신청할 수 있지만 보통은 동시에 하는 예가 많다. 추심명령을 얻은 경우에도 가능하다. 그러나 법 233조에 의한 증권채권의 경우에는 집행관의 점유가 선행되어야 하므로, 동시신청은 불가능하다. 채권가압류가 된 후라면 채권압류명령신청과 함께 하여야 한다. 또한 압류채권의 일부에 대한 신청도 가능하지만, 일부의 배서가 무효가 되는 증권채권에 대하여는 일부에 대한 전부명령의 신청은 불가능하다. 관할법원은 압류명령의 경우와 같다.

심리방법

전부명령의 신청에 대해 사법보좌관은 신청의 형식적 요건과 발령 요건의 유무를 판단하고, 필요한 경우 채무

---

97) 이하, 전부명령에 관하여는 김상수, 전부명령의 의의, 법률신문 1998. 7. 9, 14면 참조.

자 또는 제3채무자를 심문하여 재판한다. 단, 전부명령의 신청이 압류명령과 동시에 이루어진 경우에는 심문할 수 없다(226조).

3) 요 건

전부명령의 요건으로는 다음의 것이 있다.

강제집행의 요건 및 압류명령의 요건

첫 번째로 강제집행의 일반적 요건 및 채권압류명령이 존재해야 한다. 따라서 압류명령의 일반적인 요건이기도 한 피압류채권이 양도가능한 것이라야 한다. 그러나 양도금지특약은 전부명령의 발령에 영향이 없다. 그 밖에 양도가능성과의 관계에서 문제되는 것은 상계금지채권에 대한 전부명령의 가능성인데, 상계금지를 인정한 입법취지를 잠탈하는 것이 아닌 한, 상계금지채권도 피전부적격을 갖는다.

즉시결제가능성

두 번째는 즉시결제가능성(발생했고, 그 금액이 현재 이미 확정된 경우)이다. 이 점에서 비금전채권은 피전부적격이 없고, 법 233조의 지시채권 중 인도증권에 표창된 유체물인도청구권에 대한 집행의 경우에도 피전부적격이 없다(245조). 나아가 소멸되는 집행채권액을 확정하기 위해, 달리 말해 전술한 바와 같이 지급에 갈음한다는 현금화절차에 해당하므로, 피전부채권은 명목상의 금액 또는 실존금액을 가져야 한다고 풀이해야 하는데, 이를 보통 권면액이라 부른다. 따라서 권면액이 없는 장래발생채권, 정지조건부채권 등은 즉시결제의 가능성이 없는 것으로 해석된다(상세는 실무제요 3-385 이하 참조).

즉시결제가능성과 권면액의 필요성

이러한 권면액에 대해서는 논란이 있다. 여기에는 1960년 민사소송법 제정시 의용법과는 달리 권면액이라는 용어를 삭제했다는 점에도 원인이 있다고 말할 수 있다. 판례는 권면액의 범위를 아주 넓게, 경우에 따라서는 권면액이 필요하지 않다는 의미로 해석하고, 보증금반환채권 그 밖의 이와 유사한 조건부 또는 장래채권의 피전부적격을 긍정한다.[98] 또한 판례는 권면액이라는 용어를 사용하지 않으려는 경향(권면액이라는 용어를 사용한 판례는 대판

98) 지금까지의 전부명령에 대한 여러 판례 중에서 유일한 예외라고 볼 수 있는 대판 1985. 6.11, 84다카2561이 방론이지만, 조건부채권으로서 조건이 성취되지 아니하여 미발생상태에 있는 채권의 전부명령은 그 성질상 효력이 없다고 함이 일반이다 라고 판시하고 있을 뿐이다.

1962.4.4, 62다63, 대결 1973.1.24, 72마1548 정도이다)이라고 말할 수 있다. 그러나 적어도 그와 동일한 의미로 볼 수 있는 채권액의 확정이라는 용어를 사용한다는 점에서, 피전부채권의 권리존부의 확정을 요구하는 입장이라고 해석된다. 이러한 해석이 법 229조 3항에서 말하는 지급에 갈음한다라는 의미와도 일치한다. 후술하는 특별현금화방법을 인정하는 이유와 전부명령을 무한정 인정하는 것도 모순이라고 할 수 있다. 그 밖에 전부명령을 인정하지 않는 법 245조의 의미를 되새겨 볼만 한다. 위와 같은 점을 고려한다면 피전부채권은 권면액을 가져야 한다고 해석하여야 할 것이다.[99)]

독점가능성

세 번째는 독점가능성이다. 후술하는 바와 같이 전부명령이 제3채무자에게 송달될 때를 기준으로, 다른 채권자가 배당을 받을 수 없는 경우에 전부의 효력이 발생한다(대판 1983.8.23, 83다카450). 따라서 당해 기준시에 피전부채권에 대하여 압류, 가압류의 경합이나 배당요구가 없어야 한다.

요건이 없는데도 내려진 전부명령의 효력

위와 같은 요건이 없음에도 전부명령이 내려지면 선의·무과실인 제3채무자는 이를 이유로 전부명령을 얻은 채권자의 이행청구를 거부할 수 있다. 만일 변제한다면 준점유자에 대한 변제가 된다(민법 470조). 압류경합의 경우 제3채무자는 공탁이 가능하다는 점을 고려한다면, 이러한 경우 제3채무자의 선의·무과실이 인정될 수 있는 여지는 거의 없다.

4) 효 력

효력의 발생

전부명령은 제3채무자와 채무자에게 송달하여야 한다(229조 4항, 227조 2항). 전부명령은 확정되어야 효력이 발생하고(229조 7항), 제3채무자는 물론 채무자, 그 밖의 제3자(채권을 경합하여 압류한 자 등)도 자신의 정당한 이익을 침해 받는다고 하여 전부명령에 대해 즉시항고를 제기할 수 있다(229조 6항). 전부명령이 확정되기 전이라면, 제3채무자는 압류된 금전채권을 법 248조 1항에 따라 공탁할 수도 있다. 반대로 전부명령을 각하 또는 기각하는 결정은 이를 신청자에게 고지하여야 하고(규칙 7조 2항 참조), 이에 대해 신청자는 즉시항고를 할 수 있다.

---

99) 판례를 비판하며 권면액을 요구하는 견해로는 강대성, 272면; 박두환, 562면 이하; 주석민사집행법 Ⅴ-480. 기본적으로 판례에 찬성하는 견해로 이시윤, 439면 이하.

즉시항고 항고사유로는 전부명령 고유의 무효나 취소사유이고, 집행채권의 존부 등의 실체사유를 주장하는 것은 인정되지 않는다(대결 1992.4.15, 92마213). 집행정지 · 취소서류가 제출된 이유로 전부명령에 대한 즉시항고가 제기되면, 항고법원은 다른 이유로 전부명령을 취소하지 않는 한 집행정지에 관한 본소의 결론이 나올 때까지 항고에 관한 재판을 정지하여야 한다(229조 8항). 따라서 개인회생재단에 속하는 채권에 대한 전부명령이 확정되지 않은 상태에서 개인회생절차가 개시되고 이를 이유로 전부명령에 대하여 즉시항고가 제기되면, 항고법원은 다른 이유로 전부명령을 취소하는 경우를 제외하고는 항고에 관한 재판을 정지하였다가, 변제계획이 인가된 경우 전부명령의 효력이 발생하지 않게 되었음을 이유로 전부명령을 취소하고 전부명령신청을 기각하여야 한다(대결 2008.1.31, 2007마1679).

권리이전효와 변제효 전부명령의 효과는 권리이전효와 변제효에 있다. 전자는 채권의 양도를 의미하고, 피전부채권의 종된 권리도 이전된다(230조). 변제효는 압류명령과 전부명령의 확정(압류명령과 전부명령이 동시에 발령되는 경우가 많고, 전부명령의 요건으로 압류명령이 필요적이므로, 압류명령이 즉시항고에 의해 취소되면 전부명령도 무효가 된다)으로, 전부채권자의 집행채권과 집행비용이 피전부채권이 존재하는 한 그 권면액에 상당하는 범위로 변제됨을 의미한다(231조. 남은 채권에 대해서는 다시 강제집행을 할 수 있다). 따라서 전부명령 발령시에는 결정으로 채권액을 특정할 필요가 있다.

이와 같이 전부명령이 확정된 경우에는 전부명령이 제3채무자에게 송달된 때(다른 채권자가 배당을 받지 못하는 시점)에 채무자는 채무를 변제한 것으로 보고, 채권이 존재하지 아니한 때에는 전부명령의 효력이 발생하지 않는다(231조 단서). 만일 전부명령 송달 후 그 확정 전에 압류의 경합이 있고, 제3채무자가 공탁하면 이 공탁은 유효하며, 전부채권자가 공탁금출급청구권을 갖게 된다.

전부채권자와 제3채무자 사이의 상계가능성 제3채무자는 집행채무자에게 주장할 수 있는 사유로 전부채권자에게 대항할 수 있다. 문제는 제3채무자의 상계 가능성인데, 앞서 설명한 압류와 상계에서의 결론이 그대로 타당하다(아울러 실무제요 3-404 참조). 반대로 전부채권자도 피전부채권을 자동채권으로 제3채무자에 대한 채무를 수동채권으로 하는 상계가 가능하고, 이러한 상계의 효력이 발생하면 그 후의 제3채무자의 상계 의사표시는 효력이 없다고 해석된다.

저당권부 채권의 전부명령

저당권부 채권에 대한 전부명령이 내려지면, 이에 따른 저당권 이전등기의 촉탁시 법원사무관 등은 전부채권자나 그 일반승계인의 신청에 의해 등기공무원에게 ⓐ 채권을 취득한 채권자 또는 매수인의 저당권 이전등기, ⓑ 법 228조의 규정에 의한 등기의 말소를 촉탁하여야 한다(규칙 167조 1항 1호, 2호). 법원사무관등은 전부명령이 제3채무자에게 송달되기까지 다른 압류나 가압류, 가압류의 집행 또는 배당이 없는 것을 확인하고, 전부채권자도 이를 증명하는 문서를 제출하여야 한다(규칙 168조 1항).

촉탁서에는 부동산등기법 22조에 의한 부동산등기규칙 43조, 46조의 규정사항을 적고, 전부명령의 정본을 첨부하여야 한다(규칙 167조 2항). 촉탁비용은 채권을 취득한 채권자 또는 매수인이 부담한다(규칙 167조 3항). 아울러 원본확정 전의 근저당권의 경우에도 동일하게 다루어야 하는지 문제되는데, 담보권으로서의 성질에 비추어 담보가치에 대한 집행력을 인정해야 하므로 위와 같은 원칙이 동일하게 적용된다고 해석하여야 할 것이다.

금전채권 일부에 대한 전부명령

가분적인 금전채권의 일부에 대한 전부명령이 확정된 경우, 특별한 사정이 없는 한 전부명령이 제3채무자에 송달된 때에 소급하여 전부된 채권 부분과 전부되지 않은 채권 부분에 대하여 각기 독립한 분할채권이 성립하게 된다. 따라서 그 채권에 대하여 압류채무자에 대한 반대채권으로 상계하고자 하는 제3채무자로서는 전부채권자 혹은 압류채무자 중 어느 누구도 상계의 상대방으로 지정하여 상계하거나 상계로 대항할 수 있고, 그러한 제3채무자의 상계 의사표시를 수령한 전부채권자는 압류채무자에 잔존한 채권 부분이 먼저 상계되어야 한다거나 각 분할채권액의 채권 총액에 대한 비율에 따라 상계되어야 한다는 이의를 할 수 없다(대판 2002.2.8, 2000다50596).

전부명령의 확정 · 취하 · 취소

전부명령이 확정되어 실체적 효력이 발생하면 피전부채권에 관련된 집행절차도 종료된다. 장래의 채권에 대한 전부명령이 확정된 후에 그 피압류채권의 전부 또는 일부가 존재하지 아니한 것으로 밝혀졌다면, 법 231조 단서에 의하여 그 부분에 대한 전부명령의 실체적 효력은 소급하여 실효된다(대판 2001.9.25, 99다15177). 전부명령신청이 취하되거나 이를 취소하는 결정이 확정되면, 법원사무관등은 전부명령을 송달받은 제3채무자에게 그 사실을 통지하여야 한다(규칙 160조 2항).

(6) 특별현금화방법

1) 의 의

압류된 채권이 조건부 또는 기한부이거나 반대이행과 관련되어 있거나, 그 밖의 이유로 추심하기 곤란한 때에는, 채권자의 신청에 의해 법원은 아래와 같은 특별현금화명령을 내릴 수 있다(241조. 사보규 2조 1항 9호 나목에 의해 사법보좌관이 아닌 법원이 한다). 보통 통상의 금전채권이 아닌 그 밖의 재산권에 대한 강제집행에 이용되는 일이 많다.

신청권자와 신청방법

채권자나 배당요구자는 신청을 할 수 있지만, 채무자, 제3채무자, 그리고 가압류채권자는 이 신청을 할 수 없다. 신청은 압류명령 후 또는 동시에 할 수 있다. 단, 법 233조의 지시채권의 경우에는 집행관이 먼저 증권을 점유하여야만 신청할 수 있다. 또한 추심명령 후에도 가능하지만 전부명령 후에는 불가능하다.

심리절차

특별현금화명령의 관할법원은 압류명령의 집행법원과 동일한 지방법원이다. 이 명령을 발령하려면 추심명령이나 전부명령과 달리 우선 채무자가 국내에 없거나 거소를 알 수 없는 경우가 아닌 한, 채무자를 심문하여야 한다(241조 2항. 신청기각시에는 심문할 필요가 없다). 그러나 그 후의 절차에 대해서는 추심명령이나 전부명령과 같다. 따라서 송달도 제3채무자와 채무자에게 하여야 하고(241조 6항, 227조 2항), 즉시항고가 가능하며 이 명령은 확정되어야 효력이 발생한다(241조 3항, 4항). 그 밖에 집행법원은 필요가 있다고 인정되는 때에는 감정인에게 채권의 가액을 평가하게 할 수 있고, 감정인은 평가의 결과를 소정의 기일까지 서면으로 집행법원에 보고하여야 한다(규칙 163조).

2) 양도명령

양도명령이란 당해 채권을 법원이 정한 가액으로 지급에 갈음하여 압류채권자에게 양도하는 명령(241조 1항 1호)을 말한다. 전술한 전부명령과 매우 유사하다. 법원이 정한 양도가액이 채권자의 채권 및 집행비용의 액을 초과하는 경우, 집행법원은 양도명령을 발하기 전에 채권자에게 그 차액을 납부시켜야 한다(규칙 164조 1항). 양도명령이 확정되면 집행법원은 위 차액을 채무자에게 교부하여야 한다(규칙 164조 2항). 압류명령 등에 관한 법 227조 2항, 229조 5항, 230조, 231조의 규정은 양도명령에 준용된다(241조 6항).

3) 매각명령

매각명령은 추심에 갈음하여 법원이 정한 방법으로 그 채권의 매각을 집행관에게 명하는 명령이다(241조 1항 2호). 매각시 집행관은 채무자를 대신하여 제3채무자에게 서면으로 그 양도의 통지를 하여야 한다. 단, 집행법원이 채권의 매득금으로 채권자의 채권에 우선하는 채권 및 절차비용을 변제하면 잉여가 없다고 인정하는 때에는, 매각명령을 발할 수 없다(규칙 165조 1항). 집행관도 채권자의 채권에 우선하는 채권 및 절차비용을 변제하고 잉여가 있을 가격이 아니면 압류된 채권을 매각할 수 없다(규칙 165조 2항). 매각절차가 종료되면 집행관은 바로 매득금 및 관계서류를 집행법원에 제출해야 한다(규칙 165조 4항). 또한 법 108조의 규정은 매각명령에 의한 집행관의 매각에 준용된다(241조 6항). 대금지급시 매수인은 목적채권을 취득하고, 대금미지급인 한 채권양도의 통지나 채권증서의 인도를 하여서는 안된다.

4) 관리명령

관리명령이란 관리인을 선임하여 그 채권의 관리를 명하는 명령을 말한다(241조 1항 3호). 법227조 2항의 규정은 관리명령에, 법167조, 169조 내지 171조, 222조 2항, 3항의 규정은 관리명령에 의한 관리에 준용된다(241조 6항). 지식재산권 등의 현금화에 실익이 있다.

5) 그 외의 상당한 현금화명령(241조 1항 4호)

양도명령, 매각명령의 예에 준해 처리된다(규칙 166조). 특정의 제3자에게 평가액에 상당한 대금을 납부시키고 그 사람에게 채권의 양도를 명하거나, 아니면 제3자로 하여금 압류된 채권을 매각시켜 그 대금으로 변제에 충당토록 하는 방법 등이 있다.

3. 양육비청구권의 직접지급명령

(1) 의 의

양육비채권은 일반 채권으로서의 법적 지위를 갖지만, 한부모가족 등의 경우 그 생계를 위한 필수불가결한 요소이므로 일반 채권과는 달리 특별히 보호할 필요성이 있다. 원래 양육비채권은 장래 발생하는 정기급부로서 매월 이행하여야 하는 금액 자체는 소액이라고 할 수 있고, 의무자가 소정의 절차에 따라 임의로 이행하는 것이 바람직하고 보통 그럴 것이라고도 생각된다. 그러나 실상은 반드시 그렇지 않다는 점에서 그 보호의 필요성이 제기되는 것이다.

직접지급명령의 도입

이에 따라 가사소송법이 개정되어 직접지급명령제도를 기본으로 한 새로운 제도가 도입되었다.[100] 직접지급명령이란 가정법원이 제3채무자에 해당되는 자에게 직접 양육비지급의 명령을 내리는 제도를 말한다(가사소송법 63조의2). 즉 직접지급명령은 양육비의 이행확보방법으로서 추심이나 배당과정을 거치지 않고 소득세원천징수의무자(아래에서 보는 양육비채무자에게 일정한 채무를 부담하는 제3채무자에 해당되는데, 개정 가사소송법은 양육비채권자에게 직접 양육비를 지급하여야 한다는 점에서 보다 명확하게 '소득세원천징수의무자'라는 용어를 사용하고 있다)에게 직접 양육비채권자에게 그 지급을 명령하고 이행하지 않는 경우에는 고액의 과태료를 부과한다는 제도이다. 기존의 채권집행을 과태료를 부과함으로써 간접강제로서 처리하려는 것을 가리킨다고도 평가할 수 있다(더 나아가 '양육비 이행확보 및 지원에 관한 법률'이 제정

100) 이하 직접지급명령에 관하여는, 김상수, 양육비채권의 이행확보를 위한 직접지급명령제도, 법조2009/9(636호)5면 이하 참조.

되었다).

(2) 내 용

1) 신청권자와 상대방

신청권자의 적격요건

직접지급명령을 신청할 수 있는 자는 정기금양육비 채권에 관하여 집행권원을 가진 채권자로서의 양육비채권자를 말한다(가사소송법 63조의2 제1항). 여기서 보듯이 양육비채권자는 자신의 양육비채권에 관한 집행권원을 가져야 직접지급명령을 신청할 수 있다. 또한 의무의 이행여부를 판단한다는 점에서, 양육비채권자는 이를 지급할 의무가 있는 양육비채무자가 정당한 사유 없이 2회 이상 이행하지 않은 경우에 직접지급명령을 신청할 수 있지만, 이때 법 40조1항에 관계없이 기한이 도래하지 아니한 양육비채권에 대하여도 함께 신청에 포함시킬 수 있다(가사소송법 63조의2 제1항). 또한 정당한 사유 없이 2회 이상 채무를 이행하지 않은 사실은, 양육비채권자가 증명할 필요는 없고 소명으로써 가정법원은 직접지급명령을 내려야 할 것이다. 양육비채권자 측이 2회 변제가 없다는 것을 입증하는 것은 곤란하고, 다른 한편 소명만이 요구된다고 하여도, 양육비채무자로서는 아래에서 보는 즉시항고를 통하여 자신의 채무이행사실을 증명하여 직접지급명령을 취소할 수 있으므로 크게 문제되지 않는다.

상대방-소득세 원천징수의무자

직접지급명령의 상대방은 양육비채무자에 대하여 정기적 급여채무를 부담하는 소득세원천징수의무자이고, 가정법원은 그러한 소득세원천징수의무자에게 양육비채무자의 급여에서 정기적으로 양육비를 공제하여 양육비채권자에게 직접 지급하도록 명령하게 된다(가사소송법 63조의2 제1항). 이러한 점에서 직접지급명령의 대상이 되는 양육비채무자의 재산은 정기적 급여채권에 국한되고, 상대방도 그러한 급여채무를 부담하는 소득세원천징수의무자만이 당사자적격을 갖는다.

2) 절차 및 효과

관할법원과 심리절차

직접지급명령에 관한 사건은 양육비채무자의 보통재판적이 있는 곳의 가정법원의 전속관할이고(가사소송규칙 120조의3 제1항), 그러한 곳의 가정법원이 없으면 소득세원천징수의무자의 보통재판적이 있는 곳의 가정법원의 전속관할이다(같은 조 2항). 직접지급명령신청서에는 일정한 내용을 적고 집행력 있는 정본을 붙여야 한다(가사소송규칙 제120조의4). 그 심리절차에서는 보전처분의 경우의 밀행성에서 보듯이 상대방이나 양육비의무자에 대한 심문없이 진행되어야 할 것이다. 대신 상대방이나 이해관계인의 절차권보장은 아래에서 보는 즉시항고에 의한다. 따라서 직접지급명령서는 양육비채무자와 소득세원천징수의무자에게 송달하여야 하는 것으로 되어 있고(가사소송법 제63조의2 제4항), 송달은 직접지급명령의 효력발생요건에 해당된다고 해석하여야 할 것이다.

압류명령·전부명령으로서의 효력

직접지급명령은 압류명령 및 전부명령을 동시에 명한 것과 같은 효력을 갖고, 이에 따라 법의 해당 조문이 준용되게 되었다(가사소송법 63조의2 제2항). 직접지급명령을 내림으로써 발생하는 양육비채권자, 양육채무자, 소득세원천징수의무자 그 밖의 제3자 간의 권리의무관계의 복잡화를 피하고 명확하게 할 필요가 있기 때문이다. 만일 소득세원천징수의무자가 직접지급명령에 따르지 않으면, 1,000만원 이하의 과태료나 30일 이내에 감치에 처해진다(가사소송법 67조1항, 68조1항3호).

양육비채권자·채무자 및 제3채무자 사이의 관계

양육비채권자와 양육비채무자의 관계에서는 전부명령에 의해 채무를 변제한 것이 되고, 또한 소득세원천징수의무자와의 관계에서는 압류명령과 전부명령에 의해 양육비채권을 양육비채권자에게 직접 지급하여야 하고 그렇게 함으로써 유효한 변제를 한 것이 된다. 그 밖에 제3자와의 관계에서는 만일 양육비채무자의 채권자 등이 이미 당해 급여채권 등을 압류한 것(압류의 경합이나 그 밖에 배당요구가 있는 경우)이라면 직접지급명령을 내릴 수 없음을 의미한다. 따라서 이해관계인도 즉시항고를 제기할 수 있도록 되어 있다. 결국 압류의 경합이 있는 경우에는 과태료금액이 동일하게 1,000만원으로 상향 조정된 이행명령을 이용하게 될 것이다.

3) 불복절차

즉시항고

직접지급명령에 대하여는 소득세원천징수의무자나 양육비채무자 등 이해관계인이 즉시항고를 제기할 수 있다(가사소송법 63조의2 제5항). 가사소송법에 아무런 규정도 없지만, 이 즉시항고는 이행의 유무 등 직접지급명령의 발령요건을 판단하기 위한 불복신청으로서 집행정지효를 갖는다고 해석된다. 즉시항고는 재판을 고지 받은 날부터 1주 이내에 항고장을 그 재판을 행한 가정법원에 제출하여야 한다(가사소송규칙 120조의6).

직접지급명령의 취소

양육비 직접지급명령의 목적을 달성하지 못할 우려가 있다고 인정할 만한 사정이 있는 때에는 양육비채권자의 신청에 따라 양육비 직접지급명령을 취소할 수 있고, 이 경우 양육비 직접지급명령은 장래에 향하여 그 효력을 잃는다(가사소송법 63조의2 제3항). 이 규정은 만일 소득세원천징수의무자 측의 무자력 등으로 급여채무를 이행하지 못하게 되는 경우, 전부명령으로서의 추심의 위험을 양육비채권자에게 부담시키기 않도록 그 취소를 구할 수 있게 한 것이다. 취소의 관할은 직접지급명령을 발령한 가정법원의 전속이다(가사소송규칙 120조의5). 이 취소명령에 대하여도 즉시항고가 가능하다(가사소송법 63조의2 제4항). 이 즉시항고가 집행정지효를 갖는지에 대해 가사소송법에는 아무런 규정도 없지만, 직접지급명령을 취소하였다는 점에서는 집행정지효가 발생하지 않는다고 해석하여야 할 것이다.

제 3 항 물건의 인도청구권에 대한 집행

1. 서

유체물의 인도나 권리이전의 청구권에 대한 강제집행은 채권집행에 준한다(242조). 따라서 금전집행으로서의 요건을 갖추어야 함은 당연하다. 단, 권면액이 없으므로 전부명령은 불가능하지만(245조), 특별현금화명령은 가능하다(실무제요 3-436).

2. 동산의 인도청구권

(1) 원칙

동산인도청구권의 집행은 사법보좌관의 압류명령에 의해 개시된다(223조). 압류명령발령시에는 채무자를 심문하지 않고 한다. 압류명령의 신청의 허부에 관한 재판에 대해서는 즉시항고가 가능하다(242조, 227조 4항).

압류명령과 그 효력

압류명령의 내용은 청구권의 압류(따라서 인도 또는 권리이전의 금지, 그리고 추심 및 처분의 금지를 포함)시 당해 동산을 채권자의 위임을 받은 집행관에게 인도할 것을 명함으로써 한다(243조 1항). 이 압류는 동산인도청구권에 대한 압류이고, 당해 동산을 집행관에게 인도하기 전까지는 동산 자체에 대한 압류의 효력은 발생하지 않으므로, 제3채무자는 동산을 처분할 수 있다(대판 1994.3.25, 93다42757). 제3채무자가 임의이행을 하지 않으면 집행관이 당해 동산의 인도를 강제로 집행할 수 없고, 인도명령의 이행을 구하기 위해 채권자는 제3채무자에 대해 추심명령을 신청하고(243조 2항), 추심소송을 통해 집행권원을 취득할 필요가 있다. 동산인도청구권 집행의 현금화는 유체동산의 현금화에 관한 규정을 준용하고(243조 3항), 집행관은 그 매각대금을 법원에 제출해야 한다(규칙 169조, 165조 4항).

(2) 비밀금고 안의 물건에 대한 강제집행

유체동산집행에 의하는 경우

은행의 비밀금고 안의 물건에 대한 강제집행은 원칙적으로 유체동산집행에 의한다. 따라서 은행은 비밀금고 안의 물건에 대하여 이용자와 공동으로 점유권을 갖고, 은행이 비밀금고 안의 물건을 제출하면 집행관이 이를 점유하여 압류한다. 집행신청에 있어서도 금고 안의 물건을 구체적으로 특정할 필요가 없고, 당해 동산의 소재장소로서 비밀금고를 특정하면 된다. 은행은 비밀금고실에 집행관이 들어갈 수 있게 하고 금고문을 열어준다.

동산인도청구권의 집행에 의하는 경우

만일 은행이 위와 같이 하지 않는다면, 비밀금고이용자인 채무자가 은행에 대해 갖는 비밀금고계약상의 물건인도청구권에 대한 강제집행의 방법에 의한다. 이 인도청구권은 은행에 대해 이용자 스스로 당해 계약소정의 이용방법에 따라 물건을 꺼낼 수 있는 상태로 하도록 구하는 권리이고, 비밀금고 안의 물건 전체를 일괄적으로 인도할 것을 구하는 1개의 권리이다(일본최고재판소판결 1999.11.29 민집53권 8호 1926면).

강제집행의 구체적인 방법은, 당해 인도청구권의 압류는 비밀금고를 그 존재하는 은행의 점포명으로 특정함으로써 한다. 집행관은 비밀금고 안의 물건의 인도를 받고(243조 1항), 그 중에서 현금화가 가능한 것을 유체동산의 매각에 따라 현금화한다. 만일 은행이 그 인도를 거절하면 결국 압류채권자는 은행을 피고로 하여 추심소송을 제기한다. 이에 의해 집행권원을 취득한 채권자는 집행관에 대하여 은행을 채무자로 하여 당해 물건의 인도집행을 신청하게 되고, 법 243조 1항에 의해 당해 물건을 수령한 집행관이 유체동산집행에 의해 매각하게 된다.

3. 선박 · 항공기 · 자동차 등의 인도청구권

선박 등의 인도청구권에 관한 집행에 대해서는 동산인도청구권에 대한 집행에 관한 규정, 부동산인도청구권에 대한 집행에 관한 규정, 그 밖에 선박 등에 대한 강제집행에 관한 규정이 적용된다(규칙 171조). 특히 자동차 또는 건설기계의 인도청구권에 대한 압류에 관하여는 동산인도청구권의 규정이 준용된다(같은 조 2항).

4. 부동산의 인도청구권

(1) 의의와 실효성

채무자가 제3자에 대해 부동산인도청구권, 부동산소유권이전청구권 또는 소유권이전등기의 말소등기청구권 등 부동산에 관한 등기청구권을 가지고 있는 경우, 채권자는 채무자의 당해 청구권을 압류하여 그 청구권의 내용을 실현시키고, 이를 다시 매각한다는 집행을 할 수 있다(242조, 244조). 이와 같이 민사집행법상 부동산의 인도 또는 등기청구권에 관한 압류가 채권집행으로 인정되어 있지만, 그 실효성에는 의문이 적지 않다.

부동산인도청구권의 경우에는 채무자가 목적부동산을 점유하고 있지 않아도 부동산경매는 가능하고, 강제관리에 의해 제3자가 점유하는 부동산에 대해 관리인이 필요에 따라 점유를 탈취할 수 있다.[101] 한편 등기청구권의 경우에도 실체적인 물권 내지는 물권의 취득권을 반영해야 하는 것으로, 이와 별개로 압류·현금화를 하는 것은 부당하고, 부동산집행의 준비행위로서 한다면 채권자대위소송으로 충분하기 때문에 실효성은 적다.

(2) 부동산등기청구권에 대한 압류

그러나 실무나 판례는 널리 등기청구권에 대한 집행을 인정한다.[102] 판례(대판(전) 1992.11.10, 92다4680)는 부동산인도청구권에 대한 가압류를 인정하고 그 효과를 다음과 같이 해석한다. 즉 (a) 부동산이전등기청구권에 대한 가압류는 이를 등기부에 공시할 방법이 없으므로, 청구권의 목적물인 부동산 자체의 처분을 금지하는 대물적 효력이(대세효)가 없고, 그와 같은 효력을 인정하면 거래의 안전을 해칠 우려가 있다. (b) 가압류 후에 등기가 채무자명의로 이전되었다면 이를 말소할 필요는 없고, 제3채무자에게는 불측의 손해에 대한 배상책임이 발생한다. 그리고 (c) 가압류 후

101) 실무제요 3-444. 그 밖에 김상수, 소유권이전등기청구권에 대한 가압류의 효력, 사법행정 1993. 4월호, 52면 참조.

102) 판례에 찬성하는 견해로는 이시윤, 457면.

채무자가 제3채무자를 상대로 소유권이전등기를 명하는 소를 제기하면 그 청구인용판결은 의사의 진술을 명하는 판결로서 이것이 확정되면 채무자는 일방적으로 이전등기를 신청할 수 있고 제3채무자는 이를 저지할 방법이 없으므로, 이와 같은 경우에는 가압류의 해제를 조건으로 하지 아니하는 한 법원은 이를 인용하여서는 안 된다.[103)]

(3) 집행절차

압류명령의 발령

부동산인도청구권에 대한 집행절차는 동산인도청구권의 경우와 거의 같은 방법으로 실시된다. 부동산에 관한 인도청구권의 압류명령은 채무자의 보통재판적이 있는 곳의 지방법원, 없으면 당해 부동산소재지의 지방법원이 내린다(224조 1항, 2항 단서). 압류명령에서는 청구권의 내용과 그 목적물인 부동산을 명시하고, 제3채무자에 대하여 그 청구권의 추심과 처분의 금지를 명한다. 단, 이전등기청구권의 경우에는 제3채무자에게는 이전등기절차의 이행을 금지하고, 채무자에게는 이전등기청구권의 양도 그 밖의 처분을 금지하는 것으로 한다.

압류명령의 내용

압류명령에 있어서 부동산이 있는 곳의 지방법원의 사법보좌관은, 채권자 또는 제3채무자의 신청에 의하여, 당해 부동산의 보관인을 정하고 제3채무자에 대해 당해 부동산을 보관인에게 인도하도록 명하여야 한다(244조 1항). 또한 사법보좌관은 당해 보관인에게 권리이전등기절차를 이행할 것을 동시에 명하여야 한다(같은 2항). 이 때 보관인은 채무자의 대리인이 되고, 채권자는 제3채무자에 대해 위 명령의 이행을 구하기 위해 사법보좌관에게 추심명령을 신청할 수 있다(244조 3항, 4항). 이로써 부동산이 채무자에게 인도되거나 등기가 이전되면 부동산청구권에 관한 집행은 종료되고, 그 후에는 부동산에 관한 강제집행에 들어가게 되는 것이다.

압류명령의 효력

압류명령은 채무자와 제3채무자에게 송달하여야 하고(242조, 227조 2항), 채권자에게도 고지되며 제3채무자에게 송달되어야 효력이 발생한다. 압류는 채권에 대한 것

103) 이러한 법리는 가처분이 있는 경우에도 마찬가지이다(대판 1999.2.9, 98다42615).

이고 목적물인 부동산에 관한 것이 아니다. 또한 압류는 이를 등기부에 공시할 수 없고 채권자, 채무자 그리고 제3채무자 사이에서만 상대적으로 효력을 가짐에 불과하다. 따라서 압류후 소유권이전등기를 받은 제3자에 대해서는 원인무효를 이유로 말소등기를 청구할 수 없다(대판(전) 1992.11.10, 92다4680).

제4항 그 밖의 재산권에 대한 강제집행

1. 서

그 밖의 재산권이란 부동산, 선박, 동산 및 채권 이외의 재산권을 말하고, 이에 대한 강제집행에 관해서는 법 223조 내지 250조의 규정 및 규칙 98조 내지 101조의 규정을 준용한다(251조). 이 집행방법의 적용이 인정되는 그 밖의 재산권은, 압류·현금화하여 금전채권의 만족을 얻으려는 것이므로, 그 권리는 독립하여 재산적 가치가 있고 금전적 평가가 가능한 것이어야 한다. 그 예로서는 임차권, 특허권, 실용신안권, 의장권, 저작권, 사원권, 선박이나 동산의 공유지분권, 조건부 소유권, 전화사용권, 전세권 등이 있다. 벌채권에 대해서는 논의가 있다. 그 밖에 예탁유가증권 등에 관한 민사집행은 예탁주권 등에 관한 공유지분에 대한 집행의 방법으로 행해지므로, 채권집행의 규정이 준용된다(규칙 176조).

2. 전화사용권에 대한 집행

양도가 가능한 전화에 대한 사용권은 그 밖의 재산권에 대한 집행의 대상이 된다. 압류명령의 신청방식은 채권압류명령신청의 경우와 거의 같다. 압류명령의 내용은 금전채권에 대한 압류에 준하는데(251조, 227조), 채무자에 대한 처분금지와 제3채무자에 대한 사용권명의변경금지를 명하면 충분하다. 압류명령은 채무자와 제3채무자에게 송달하여야 하고, 제3

채무자에 대한 송달은 소관 전화업무취급국으로 함이 상당하다.

채권자는 변제를 받기 위해 양도명령이나 매각명령 또는 그 밖의 특별현금화방법(241조)을 신청하거나 법원에 적당한 방법을 정하여 주도록 신청할 수 있다. 후자에 관해서는 집행법원이 특정한 제3자(전화중개상 등)로 하여금 전화사용권을 임의로 매각하게 하거나, 평가액으로 제3자에게 양도할 것을 명하는 것을 생각할 수 있다(251조, 241조 1항).

3. 골프회원권에 대한 집행

양도가 가능한 골프회원권, 보통 예탁금회원제 골프회원권은 그 밖의 재산권에 대한 집행의 대상이 된다. 그러나 회원이 탈퇴할 때 행사할 수 있는 정지조건부 채권인 예탁금반환청구권에 대하여는, 금전채권에 대한 집행의 방법인 압류 및 전부명령을 받는 방법으로도 집행할 수 있다(대판 1989.11.10, 88다카19606). 단, 골프회원권이 당초의 예탁금반환보다 가치가 큰 경우라면 후자에 대한 집행은 예외적으로 허용하여야 할 것이다(실무제요 3-465).

골프회원권에 대한 집행은 채권집행의 예에 따른다. 압류명령은 제3채무자에 대하여 채무자에 대한 예탁금의 반환을 금지하는 내용이 포함되어야 하고, 채무자와 제3채무자에게 송달하여야 하며 제3채무자로의 송달로써 압류의 효력이 발생한다. 현금화방법은 양도명령, 매각명령 등의 특별현금화방법에 의하는 것이 보통이다. 나아가 스포츠센터회원권이나 콘도회원권에 대한 집행도 골프회원권의 경우에 준한다.

4. 주권발행 전의 주식, 신주인수권에 대한 집행

주식에 대한 강제집행

회사성립 후 또는 신주의 납입기일 후 6개월이 경과하기 전에는, 채무자가 회사에 대하여 가지는 주권교부청구권에 대해 강제집행을 할 수 있고, 그것은 유체동산인도청구권에 대한 강제집행의 예에 따른다(251조 1항, 242조, 243조). 회사가 주권을 발행하지 않으면 채권자는 추심명령을 얻어 추심소송을 제기할 수 있다. 반대로 회사성립 후 또는 신주의 납입기일 후 6개월이 경과된 후에는, 주식 자체를 압류목적물로 하여 그에 대한 양도명령, 매각명령 등 특별현금화방법의 결정에 의하게 된다.

신주인수권에 대한 강제집행

신주인수권의 경우에는, 그것이 양도가능한 것이라면 강제집행의 대상이 된다. 이 경우 신주인수권증서가 발행되고 이 증서는 유가증권이므로 원칙적으로 유가증권 집행의 방법에 의한다. 만일 신주인수권증서가 발행되지 않았다면 주권발행 전의 집행의 예(신주인수권증서 교부청구권을 압류하고 집행관이 신주인수권증서를 교부받아 이를 현금화하는 방법)에 따른다. 반대로 신주인수권이 양도불가능한 경우라면, 주주 또는 제3자의 재산권으로서 책임재산을 구성할 수 있으므로, 그 밖의 재산권에 대한 집행의 방법에 의한다.

5. 출자증권에 대한 집행

출자증권(특별법에 의해 공제조합의 조합원에게 발행된 증권)에 대한 압류는 배서가 금지된 지시채권의 압류방법에 의하고, 집행관이 이를 점유함으로써 효력이 생긴다(대판 1987.1.20, 86다카1456). 구체적으로는 위 증권을 조합이 질권자로 점유하는 경우가 대부분이므로, 조합을 제3채무자로 하여 압류명령을 발한다. 출자증권에 대한 현금화는 법 241조의 특별현금화절차에 의한다.

6. 사원의 지분에 대한 집행

사원의 지분권에 대한 압류절차는 법 251조 1항에 따라 법 227조, 241조를 준용하여 이루어진다. 따라서 압류신청은 채권압류명령의 신청과 같다(규칙159조). 압류의 효력은 제3채무자에게 송달된 때 발생한다. 사원의 지분권은 그 성질에 따라 적당한 방법으로 현금화한다(251조 1항, 241조). 지분권의 양도가 불가능하면 양도명령은 내릴 수 없고, 추심 또는 전부명령을 통해 채권의 만족을 얻게 된다.

7. 특허권 등 지식재산권에 대한 집행

지식재산권에
대한 강제집행

지식재산권은 법 251조가 규정하는 그 밖의 재산권에 대한 강제집행의 대상이 된다. 그 집행은 채권집행과 달리 제3채무자가 없는 것이 특징이지만, 그 공유지분에 대한 집행의 경우 다른 공유자가 갖는 전용실시권이나 통상실시권의 집행에서는 특허권자 등이 제3채무자가 된다. 압류명령의 신청은 일반의 채권압류에 준하여 이루어진다. 압류명령은 권리의 압류와 동시에 채무자에 대하여 압류된 권리에 관한 이전 등의 일체의 처분을 금지한다. 또한 제3채무자가 있는 경우에 내리는 압류명령은, 제3채무자에 대하여 채무자가 하는 권리처분에 대하여 승낙 그 밖의 협력을 금지한다.

특허권 등의
경우

특허권 등의 처분제한은 특허청에 비치된 등록원부에 등록을 하여야 효력이 발생하므로(특허법 101조, 실용신안법 42조, 의장법 61조, 상표법 56조, 58조), 압류명령을 발령함과 동시에 법원사무관등은 직권으로 촉탁서에 재판의 등본을 첨부하여 당해 권리에 관한 등록 등의 사무를 취급하는 관서인 특허청장에게 압류등록을 촉탁하여야 한다(규칙 175조 5항 등). 저작권의 경우 처분제한의 등록은 효력발생요건이 아니고 대항요건에 불과하므로(저작권법 52조), 문광부장관에 대한 압류등록의 촉탁은 법원사무관등이 직권으로 할 필요는 없고, 신청이 있으면 하면 된다.

현금화방법의
특징

현금화방법으로는 추심이나 전부명령은 불가능하고, 특별현금화방법인 매각명령이나 양도명령에 의하는 것이 보통이다. 양도나 매각절차가 종료되면 법원사무관등은 등록에 관한 사무를 취급하는 관서인 특허청장 등에 대해 압류채권자 또는 매수인이 취득한 권리의 이전등록과 압류기입등록 및 소멸할 부담의 말소등록을 촉탁하여야 한다(규칙 175조 5항, 114조).

8. 예탁유가증권에 대한 집행

예탁유가증권에 대한 압류명령

증권예탁결제원에 예탁된 예탁유가증권에 대한 강제집행은, 예탁된 증권의 공유지분에 대하여 그 밖의 재산권에 대한 집행방법에 따르는 것으로 되어 있고(규칙 176조), 채권집행 등에 관한 규정의 대부분이 준용되고 있다(규칙 182조). 따라서 압류명령에서는, 채무자에 대해 예탁유가증권에 대한 계좌대체청구 또는 증권거래법 174조의4 2항에 따르는 증권반환의 청구 그 밖의 처분을 금지하고, 만일 채무자가 예탁자인 경우에는 증권예탁원에 대해, 채무자가 고객인 경우에는 예탁자에 대해, 예탁유가증권의 계좌대체와 증권의 반환을 금지하는 것이 된다(규칙 177조). 압류명령의 효력은 제3채무자에 해당하는 증권예탁원 또는 예탁자에게 송달된 때에 생긴다.

현금화방법의 특징

현금화는 양도명령, 매각명령 그 밖의 상당한 방법에 의한다(규칙 179조). 양도명령의 구체적인 절차는 규칙 180조가, 매각명령에 관해서는 규칙 181조가 각각 규정한다. 예탁유가증권이 투자자가 자기소유의 유가증권을 유통시키지 않고 안전하게 별도로 분리하여 보관하기 위해 증권예탁원에 보관을 시키는 보호예수된 유가증권이라면, 유체물인도청구권에 대한 집행방법(242조, 243조)에 의해야 하고, 이 경우 보호예수증서는 법 234조에 의해 채무자로부터 수취한다.

9. 그 밖의 재산권

지상권, 전세권, 임차권 등의 용익권에 대해서는 그 밖의 재산권에 대한 집행의 방법으로 집행한다. 리스이용권도 독립된 재산권으로서 목적물이 제3자의 사용·수익을 위하여 양도가능하다면 압류할 수 있다. 나아가 각종 사업면허, 영업허가에 대한 권리도 사법상의 권리이고 포괄적 재산이 아니라면, 집행의 대상이 된다. 실례는 적다.

제5항 배 당

1. 서

실질적으로 배당이 이루어지는 것은 전부명령과 양도명령 이외의 경우이다. 배당의 구체적인 절차는 금전집행으로서의 부동산집행에 관한 배당의 경우와 같다. 이하에서는 채권집행에 특수한 부분에 대해 논하기로 하겠다.

2. 배당요구

(1) 배당요구채권자

종류 민법, 상법 그 밖의 법률에 의하여 우선변제청구권이 있는 채권자와 집행력 있는 정본을 가진 채권자가 배당을 요구할 수 있는 채권자이다(247조 1항). 압류채권자와 가압류채권자는 당연히 배당을 요구한 채권자로 취급된다(단, 제3채무자가 공탁 등 지급하기 전에 압류·가압류명령이 제3채무자에게 송달되어야 한다[대판 2008.11.27, 2008다59391]). 단순한 압류명령의 신청이 아닌 배당요구종기까지 압류명령을 얻어야 한다. 압류된 채권에 대하여 담보권을 가진 채권자나 물상대위행사권자(민법 342조 등)는 다른 채권자가 신청한 채권집행절차에 배당요구의 방식으로 참가할 수 있다. 그 밖에 우선특권이나 우선변제권이 있는 채권자도 배당요구를 할 수 있다. 권리질권자는 자신의 고유한 권리(민법 353조)에 기해 일반채권자의 채권집행절차에 관계없이 권리를 실현할 수 있으므로, 배당요구가 인정되지 않는다고 해석된다. 이와 관련하여 민법 354조는 법223조와 273조 이하에 상세한 절차규정이 있으므로 민법에 더 이상 필요한 조문이 아니고 삭제하여야 할 것이다.

배당요구방법 배당요구는 다른 강제집행절차에서와 같은 방식으로 이루어진다. 배당요구는 채권집행사건이 계속된 법원(사법보좌관)에 신청하여야 한다. 배당요구의 사유는 배당에 참가한 각 채권자,

채무자, 그리고 제3채무자에게 통지하여야 한다(247조 4항). 배당이의의 소로 다툴 기회를 부여하기 위해서이다.

(2) 배당요구의 시기

배당요구의 시기는 규정이 없지만 압류효력발생(압류명령이 제3채무자에게 송달된 때) 후라고 해석된다. 한편 배당요구의 종기는 ⓐ 제3채무자가 권리 또는 의무공탁의 신고(248조 4항)를 한 때(247조 1항 1호), ⓑ 채권자가 추심의 신고(236조)를 한 때(같은 2호), 또는 ⓒ 집행관이 현금화된 금전을 법원에 제출한 때(같은 3호, 규칙 169조, 165조 4항)이다. 전부명령이 제3채무자에게 송달된 후에는 배당요구가 불가능하다(247조 2항). 추심소송의 소장이 제3채무자에게 송달된 때, 양도명령이 내려진 경우에도 전부명령과 동일하게 해석해야 할 것이다.

(3) 배당요구의 효력

배당요구에 대해서는 유체동산집행의 절차를 준용한다(247조 3항). 배당요구가 있으면 이를 제3채무자에게 통지해야 하고(247조 4항), 배당요구는 채권의 원인인 수액을 기재한 서면에 의하여야 한다(규칙 173조). 집행법원이 배당요구서를 수리했을 때, 배당요구의 효력이 발생하고, 배당요구에 의해 시효중단효(민법 168조 2항, 175조, 176조)와 전술한 제3채무자의 공탁의무가 각각 발생한다. 배당요구는 그 기초가 된 압류가 취소되거나 그 신청이 취하되면 효력을 상실한다. 배당요구가 그 요건을 흠결하면 보정을 내리고, 보정되지 않으면 이를 기각 또는 각하한다. 이에 대해 배당요구채권자는 집행에 관한 이의로 다툴 수 있다. 배당요구가 적법하면 이에 관한 재판을 하지 않고 배당을 실시하게 된다.

3. 배당개시요건

배당없이 종료되는 경우

금전채권에 대한 집행에서는 압류채권자가 피압류채권을 추심할 때 또는 전부명령이나 양도명령이 확정된 때에는 추심시 또는 전부명령 등의 제3채무자로의 송달시에 변제 등 집행채권의 만족의 효과가 발생한다. 따라서 이러한 경우에는 집행법원의 특별한 절차를 요하지 않고 집행절차는 종료된다.

다른 한편 다음과 같은 요건을 갖추면 배당절차가 개시된다.

(1) 제3채무자의 공탁

제3채무자가 공탁을 하면 이 공탁금은 강제집행의 목적물인 금전채권이 공탁에 의하여 현금화되어 공탁금으로 변한 것이므로, 공탁이 이루어진 때에 집행법원의 배당에 의하여 공탁금을 지급하게 된다. 단, 가압류의 집행을 원인으로 하는 공탁은 일종의 변제공탁으로 민사집행법상의 제3채무자 공탁과는 성질을 달리 하는 것으로서, 배당절차를 개시하는 사유가 되지 않는다.

(2) 복수의 채권자의 경합

경합하는 2인 이상의 복수의 채권자가 있어야 배당절차가 개시된다.

(3) 대금의 부족과 배당협의의 부존재

현금화된 대금으로 집행비용과 총채권액의 변제에 부족하고, 또한 관리명령의 경우에는 채권자 사이에 배당협의가 성립되지 않아야 한다.

(4) 공탁 또는 매각대금의 제출

집행관, 추심채권자, 제3채무자 등이 매각대금, 추심금이나 채무액을 공탁하거나 집행관 등이 현금화된 대금을 법원에 제출하여야 한다.

(5) 배당절차개시 장애사유의 부존재

배당절차개시에 있어서의 장애사유가 없어야 한다.

4. 배당의 실시

(1) 관할법원

배당절차는 사법보좌관의 전속관할에 속한다.

(2) 배당의 준비

배당절차를 개시하려면, 사법보좌관은 제3채무자, 등기·등록관서 그 밖에 적당하다고 인정되는 사람에게 조회하는 등의 방법으로 그 채권이나 그 밖의 재산권에 대해 다른 압류명령이나 가압류명령이 있는지의 여부를 조사할 수 있다(규칙 184조 1항). 이 사실조회 등의 조사결과 동일한 권리에 대해 배당법원의 사법보좌관 이외의 다른 법원의 사법보좌관이 압류명령이나 가압류명령을 한 사실이 밝혀지면, 그 법원의 사법보좌관에 대해 당해 사건기록을 보내도록 촉탁하여야 한다(규칙 184조 2항).

(3) 채권신고서

사법보좌관은 배당절차를 개시하면서 배당표작성을 위한 준비로서 채권자들에게 1주일 이내에 원금·이자·비용, 그 밖의 부대채권의 계산서를 제출하도록 최고하여야 한다(253조). 이 최고는 법원사무관등이 할 수 있다(규칙 185조 2항). 계산서를 제출하지 않아도 권리를 잃거나 배당에서 제외되지 않지만, 이러한 채권자의 채권은 배당요구서, 사유신고서와 증빙서류에 따라 계산하고 다시 채권액을 추가하는 것은 인정되지 않는다(254조 2항).

(4) 일부압류와 배당

전술한 바와 같이 압류의 경합이 인정되고 그에 따른 압류 효력의 확장에 의해, 청구채권의 일부를 압류한 채권자에게 그 압류액을 초과하는 배당금의 분배(안분액)가 가능한지 문제된다. 예를 들면 채무자 B의 C에 대한 120만원의 채권에 대해, B에게 갑이 200만원, 을이 100만원의 채권을 갖고 있고, 압류는 갑이 그 일부인 50만원을, 을은 전부인 100만원을 하였다면, 갑과 을의 배당액은 각각 얼마인가라는 문제이다. 압류액을 기준으로 한다면 갑이 40만원, 을이 80만원을 배당받고, 청구채권액으로 안분하면 갑이 80만원, 을이 40만원의 배당을 받게 되어, 결국 갑은 압류액보다 30만원을 더 배당 받게 된다. 이러한 결과는 처분권주의와의 관계가 문제되지만, 압류의 경합에 의한 압류효의 확장이 인정되고(갑은 50만원을 압류했지만 실질적으로 120만원 전액을 압류한 효력을 얻게 되고), 배당

수령권의 포기가 없다면 갑에게 80만원을 배당할 수 있다고 보아야 할 것이다. 또한 채권자평등주의에 따라 압류없이 배당을 요구할 수 있는 다른 일반 채권자와의 관계에서 보아도 이러한 해석이 타당하다.

(5) 물상대위에 의한 배당

피압류채권이 담보권자의 물상대위의 목적인 경우, 대위권자는 배당요구종기까지 압류를 하지 않는 한 배당요구에 의한 우선권을 주장할 수 없다(대판 1994. 11.22, 94다25728; 대판 1998.9.22, 98다12812). 즉 압류신청을 한 것만으로는 부족하고, 실제로 압류를 함으로써 우선권을 주장할 수 있다. 압류를 통한 대위권자에게 하여야 하는 배분액은 실체법상의 담보권의 우열관계에 따른다.

03 제 3 장 비금전집행

제 1 절 서

1. 의 의

4가지 집행방법

금전채권 이외의 채권은 그 내용(목적)이 다양하고 집행방법도 그 내용에 따라 달라진다. 여기에는 대략 4가지 종류가 있다. 물건, 즉 부동산, 동산의 인도를 목적으로 하는 청구권에 대해서는 직접강제에 의해, 그 밖의 작위 또는 부작위를 목적으로 하는 청구권으로 대체집행에 적합한 것은 대체집행에 의해, 대체집행에 적합하지 않은 것은 간접강제에 의하고, 의사표시를 목적으로 하는 청구권은 집행권원의 확정 또는 성립에 의해 의사표시를 한 것으로 본다. 나아가 강제집행에 의해 실현할 수 없는 청구권도 있을 수 있다.

금전집행과 비금전집행의 차이

금전집행에서는 직접강제가 적당하고 전적으로 그에 의해야 하지만, 비금전집행에서는 직접강제가 적합하지 않고 대체집행이나 간접강제에 의해야 하는 것도 있다. 또한 금전집행에서는 절차가 압류, 현금화, 만족이라는 3단계로 구별되지만, 비금전집행에서는 현금화라는 단계가 없다.

유체물인도청구권의 집행

금전 이외의 유체물의 인도를 목적으로 하는 청구권에 대한 집행은, 동산의 인도집행(257조), 부동산의 인도 등의 집행(258조), 목적물을 제3자가 점유하는 경우의 인도집행(259조)으로 구별된다. 이러한 유체물의 인도를 목적으로 하는 청구권이란, 목적물의 직접점유를 채권자 또는 제3자에게 이전하는 것을 목적으로 하는 청구권을 말하고, 물권적 청구권인지 채권적 청구권인지를 묻지 않는다. 점유개정(민법 189조)이나 목적물반환청구권의 양도에 의한 인도(민법 190조)와 같은 간접점유의 설정·이전을 목적으로 하는 것에 관해서는 후술 의사표시를 구하는 청구권에 관한 집행에 의해야 한다.

인도의 내용

인도에는 단지 점유만을 이전하는 경우 이외에, 점유의 이전과 함께 소유권, 질권과 같은 권리의 이전, 설정을 목적으로 하는 경우도 포함된다. 또한 물건의 열람, 제시를 구하는 경우에도 인도에 포함된다. 그러나 물건을 제조 또는 가공한 후에 인도해야 하는 청구권은 물건의 인도를 목적으로 하는 청구권이 아니다.

2. 목적물을 제3자가 점유하는 경우

예외적인 집행가능성

동산인도집행, 부동산인도집행은 모두 채무자가 목적물을 점유하고 있는 경우에 이루어지므로, 목적물이 제3자가 점유하고 있으면 원칙적으로 집행할 수 없다. 그러나 그 목적물에 관해 채무자가 제3자에 대해 인도청구권을 갖고 있다면, 집행법원이 채무자의 제3채무자에 대한 당해 인도청구권을 압류하여 그 청구권의 행사를 채권자에게 허용한다는 취지의 명령(압류명령과 이부명령)을 발하는 방법에 의해 집행을 할 수 있다(259조).

이부명령

집행법원은 채권자의 신청에 의하여 금전채권의 압류에 관한 규정에 따라 제3자에 대한 채무자의 인도청구권을 압류하고, 이를 채권자에게 넘기는 명령(이부명령)을 발령한다(규칙 190조). 이부명령은 추심명령과 유사하고 전부명령은 아니다. 이부명령에 대해 제3자가 임의로 인도하면 강제집행은 종료되지만, 제3자가 임의로 인도하지 않으면 추심소송을 제기하고 이에 의한 집행권원에 기해 집행한다.

제 2 절 동산인도집행

1. 집행의 대상

범위

이 집행의 대상이 되는 것은 사람이 거주하고 있는 동산 이외의 동산(유가증권을 포함)이나 그 대체물의 일정 수량이다(257조). 항공기, 자동차, 건설기계와 같은 것도 이에 포함된다. 또한 금전채권의 실현을 위한 집행이 아니므로 목적물의 재산적 가치의 유무는 문제되지 않고, 압류금지물건이라도 목적물이 된다. 그러나 선박은 부동산에 준하는 것으로 취급된다(258조). 전기, 가스, 수도의 공급은 그를 위한 특별한 장치와 조작을 요하므로, 그에 대해서도 유체물의 인도로서 집행할 수 없다.

유아의 인도청구

의사능력이 없는 유아의 인도에 관해서는, 동산의 인도에 준하여 직접강제의 방법에 의할 수 있는지 아니면 간접강제에 의하는지를 둘러싸고 견해의 대립이 있다. 실무(송특 82-1)는 유체동산인도청구권의 집행절차에 준하여 집행관이 강제집행할 수 있지만, 집행관은 그 집행에 있어서 일반 동산의 경우와는 달리 수취할 때에 세심한 주의를 하여 인도에 어긋남이 없도록 하여야 한다고 주장하여, 원칙적으로 직접강제설의 입장에 서 있다. 또한 가사소송법 64조 1항, 67조, 68조에 의한 간접강제가 인정되고 있다. 이러한 양자의 관계에 관해서는, 가사소송법상의 간접강제를 우선으로 하고 예외적으로 간접강제의 실효성이 없거나 긴급한 사정이 있는 때에는 직접강제를 하는 것이 타당하다고 해석된다(실무제요 3-550). 반대로 의사능력이 있다면 그 의사에 반하는 집행은 불가능하다. 결국 유아를 유체물과 동일시할 수 없다는 점을 고려한다면, 예외적으로 불법하게 납치·유괴된 경우에 한해 직접강제의 방법을 인정해야 할 것이다.

2. 집행절차

직접강제의 실시

동산의 인도집행은, 집행관이 채무자로부터 목적물을 빼앗아 그것을 채권자에게 인도하는 직접강제의 방법으로 집행한다(257조). 집행시에 채무자가 임의로 목적물을 인도한다면 집행관은 이를 수령하면 된다. 또한 집행관은 집행시에 채무자의 주거 그 밖의 채무자가 점유하는 장소에 입회하여 목적물을 수색하고, 필요하다면 폐쇄된 문 및 금고 그 밖의 용기를 열기 위해 필요한 처분을 할 수 있다(5조). 채권자나 그 대리인 등이 출석하는 것(258조)은 집행의 요건이 아니지만, 채권자나 그 대리인이 출석하지 않으면 집행관은 목적물의 수량, 종류 등을 고려하여 부득이 하다고 인정한 때에는 집행의 실시를 유보할 수 있다(규칙 186조). 특정물인도집행의 경우에는 집행권원에서 이미 목적물이 특정되어 있으므로, 구체적인 집행처분이 착수되기 전이라도 제3자이의의 소의 대상이 된다. 청구권이 일정수량의 대체물의 인도를 목적으로 하는 경우에는, 채무자가 점유하고 있으면 집행관이 어느 것이나 특정하여 빼앗아 감으로써 집행한다.

목적물이 아닌 동산의 처리

목적동산 중에 목적물이 아닌 동산이 존재하는 경우에는, 목적물에서 제거하여 채무자, 그 대리인 또는 동거친족이나 사용인 그 밖의 종업원으로 상당한 분별력이 있는 자에게 인도할 필요가 있다(규칙 186조 3항, 258조 3항, 4항). 그러한 자가 부재로 인도할 수 없으면, 집행관이 일단 그것을 보관하고 채무자가 수령하러 오면 보관비용의 지급과 상환으로 그 동산을 인도한다(규칙 186조 3항). 채무자가 그래도 그 수령을 태만히 하면 집행관은 동산집행의 매각절차로 매각하고, 그 매득금에서 매각 및 보관비용을 공제한 잔액을 공탁해야 한다(규칙 186조 3항). 이 공탁은 일종의 변제공탁이다.

인도에 따른 집행의 종료

목적물을 채권자 그 밖에 이를 인도받을 자에게 인도하거나 인도받을 자가 출석하지 아니하면 집행관이 이를 보관한 때에 집행은 종료된다. 집행관은 채무자에게 종료된 취지를 통지하여야 한다(규칙 187조).

3. 유가증권의 인도집행

주권 등의 인도·반환청구권의 집행

주식의 매매의 이행으로서 주권의 인도를 구하는 채권적 청구권이나 절취 또는 편취된 어음이나 주권의 반환을 구하는 물권적 청구권의 집행은, 특정물 또는 일정수량의 대체물의 점유이전을 목적으로 하는 것으로, 동산 인도의 집행으로서 집행관이 채무자로부터 목적물을 접수하여 채권자에게 인도하는 방법으로 집행한다(257조). 이에 따라 배서가 금지된 유가증권도 동산의 인도집행의 방법에 의한다.

주권 등이 제3자의 수중에 있는 경우

청구의 목적이 특정 주권이나 어음이고 그것이 제3자의 수중에 있을 때에는, 채무자의 제3자에 대한 인도청구권을 채권집행에 준하여 압류하고, 청구권의 행사를 채권자에게 허용하는 명령을 얻어 제3자에 대해 그 인도를 청구할 수 있으며, 제3자가 임의로 응하지 않으면 추심소송에 준하여 제3자에 대해 인도청구소송을 제기하여 그 인도를 강제할 수 있다(259조). 아울러 제3자가 오로지 채무자를 위해 증권을 소지하고 있는 자라면, 채무자에 대한 인도를 명하는 집행권원(공정증서를 제외한다)에 제3자에 대한 집행문의 부여를 얻어 직접 이 제3자에 대해 인도집행을 할 수 있다(25조 1항 참조).

간제강제로 하여야 하는 경우

회사가 자신의 성립후 또는 신주 납입기일 후 지체 없이 주권을 발행하지 않아 주권의 발행·교부를 구하는 경우, 100주권을 1주권 100매로 분할할 것을 구하는 경우, 주권상실 후 제권판결을 얻어 주권의 재발행을 구하는 경우 등은, 단순한 동산(유가증권)의 인도청구가 아니고, 회사의 부대체적 작위 의무의 이행을 구하는 것이므로, 그 집행은 간접강제의 방법에 의한다.

주권교부청구권이 아닌 주식 자체의 압류가 필요한 경우

아울러 회사가 주권의 발행을 부당히 지연시키고 있는 경우에는, 다음과 같이 해석할 수 있다. 주주는 의사표시만에 의해 주식을 양도할 수 있고, 회사는 신의칙상 주식양도의 효력을 부정할 수 없다는 해석을 전제로 하여, 그러한 경우에 주주의 금전채권자는 주주가 갖는 주권교부청구권의 압류가 아닌 주식 자체를 압류할 필요가 있을 것이다(그러한 압류를 인정해야 한다는 일본의 재판례[東京地方裁判所決定 1992.6.26]가 있다).

제 3 절 부동산 · 선박의 인도집행

1. 집행의 대상과 인도

이 대상이 되는 부동산이란 토지, 가옥, 등기된 입목, 사람이 거주하는 선박 등(사람이 거주하는 자동차 등도 포함)을 말한다(258조). 집행의 목적인 인도는 부동산의 직접적 지배를 채무자로부터 이전시키는 협의의 인도와, 가재도구를 제거하게 하고 거주자를 퇴거시켜 채권자에게 완전한 지배를 이전하는 명도를 포함한다. 특히 주거인도의 집행시에는 채무자나 그 가족의 인격의 존엄을 해치지 않도록 주의해야 한다. 이 집행절차는 부동산 등에 관하여 채권자가 현실의 점유를 취득한 때에 종료된다. 집행관은 채무자에게 종료의 취지를 통지하여야 한다(규칙 187조).

2. 집행의 방법

직접강제와 그 내용

부동산의 인도집행은 집행관(목적물이 있는 곳을 관할하는 지방법원이나 지원에 소속된)이 목적물에 대한 채무자의 점유를 실력으로 배제하고, 채권자에게 점유를 얻게 하는 직접강제방식으로 이루어진다(258조). 채권자에게 점유를 얻게 할 필요가 있으므로, 채권자 또는 그 대리인이 집행장소에 출석하지 않으면 집행할 수 없다(258조 2항). 집행시 집행관은 채무자가 점유하는 부동산 또는 선박 등에 입회할 수 있는데, 이를 위해 필요하면 폐쇄된 문을 열기 위해 필요한 처분을 할 수 있다(5조 1항). 채무자의 가족이나 사용인 등이 거주하고 있을 때에는 채무자와 동시하여 퇴거를 명할 수 있는데, 임차인과 같이 권원에 의해 독립하여 점유하고 있는 자에 대해서는 별개의 집행권원이 필요하다.

특수한 목적부동산인 경우

목적부동산이 물리적으로 다른 부분과 구별되고 독립된 효용을 가진 수개의 부분으로 되어 있는 경우에는, 개개의 부분별로 채무자의 점유를 빼앗아 차례대로 채권자에게 그 점유를 이전하는 것이 원칙이다. 목적물인 토지 위에 건물이 있는 경우에는 건물철거청구권에 대한 별개의 집행권원을 얻어 대체집행을 하여야 한다.

목적물이 아닌 동산의 제거

집행관은 인도집행시 집행의 목적물이 아닌 동산을 목적물에서 제거하여 채무자, 그 대리인 또는 동거친족이나 사용인 그 밖의 종업원으로 상당한 분별력이 있는 자에게 인도할 필요가 있다(258조 3항, 4항). 그러한 자가 부재로 인도할 수 없으면, 집행관이 일단 그것을 보관하고 채무자가 수령하러 오면 보관비용의 지급과 상환으로 그 동산을 인도한다(258조 5항). 채무자가 그래도 그 수령을 태만히 하면, 집행관은 동산집행의 매각절차로 매각하고, 그 매득금에서 매각 및 보관비용을 공제한 잔액을 공탁해야 한다(258조 6항).

제 4 절 대체집행

1. 의 의

채무의 성격과 집행가능성

작위채무 중 대체적 작위채무에 대해서는 대체집행이 인정되고, 부대체적 작위채무이고 집행가능한 것에 대해서는 간접강제가 인정된다. 부작위채무에 대해서도 간접강제에 의한다. 물론 이행기 경과 후의 추후보완적 이행이 불가능한 것에 대해서는 추후보완적 이행 자체를 실현시키기 위한 강제집행도 불가능하다.

대체적 작위채무의 예

대체적 작위채무란 채무자 이외의 제3자가 대신하여 이행해도 채권의 목적을 달성할 수 있는 성질의 채무를 말한다(민법 389조 2항 후단). 이 경우에 채무자를 대신하여 채무를 이행할 수 있는 제3자는 반드시 임의의 제3자일 필요성은 없다. 대체적 작위채무는 비교적 단순하고 기계적인 행위를 목적으로 하는 것이 보통이다. 예를 들면 도로공사, 가옥의 건축이나 수리, 가옥의 해체, 수목의 벌채, 물건의 운송 등을 목적으로 하는 것이 여기에 포함된다. 물건의 제조나 에너지의 공급 등도 제3자가 용이하게 할 수 있다면 대체적 행위에 해당한다.

정신적 급부을 목적으로 하는 채무

채무자 본인의 학식, 기능, 예술적 능력의 발휘를 필요로 하는 급부를 정신적 급부라고 한다. 이러한 정신적 급부를 목적으로 하는 채무는 일반적으로 부대체적 작위채무의 성질을 갖는다. 그러나 예외적으로 대체적으로 파악할 수 있는 경우도 있고, 다른 한편으로 집행불가능한 경우도 있으므로 주의할 필요가 있다. 예를 들면 채무자본인의 과학적 지식을 이용한 작품을 제조하는 행위라도, 제작을 위한 자료로서 작품내용이나 제작방법을 제시한 설명서 내지 안내서가 존재하기 때문에 제3자라도 제작할 수 있는 상태라면, 대체적 행위라는 성격을 갖게 되므로 대체집행이 가능하다. 반대로 고도의 과학적 지식이나 예술적 능력에 기한 자유로운 창조활동에 의해서만 이행할 수 있는 것에 대해서는, 강제집행은 불가능하다. 정신적 급부를 목적으로 한 부대체적 작위채무 중 간접강제가 인정되는 것은 그 이행이 오로지 채무자의 의사에 걸려 있는 경우, 즉 각각의 분야에서의 평균적 능력의 발휘로 충분히 이행할 수 있는 것에 한한다.

명예훼손에 대한 원상회복청구권의 경우

명예훼손에 대한 원상회복의 수단인 사죄광고에 대해서는 헌법재판소에 의해 위헌결정이 내려졌다(헌재 1991. 4.1, 89헌마160). 따라서 원상회복수단으로서 고려될 수 있는 것은, 명예를 훼손하는 주장의 철회나 판결의 공시이다. 반론보도와 정정보도를 명하는 집행권원의 집행은 간접강제의 방법에 의한다.

2. 대체적 작위채무에 대한 집행

수권결정과 그 요건

이 채무에 대해 인정되는 대체집행은, 집행법원이 채무자의 비용으로 제3자에게 이를 하게 하는 권능(대체권)을 채권자에게 수여하는 취지의 수권결정을 발하는 방법에 의한다(260조). 수권결정은 제1심법원(수소법원)의 관할에 속한다(260조). 관할법원은 집행권원에 표시되어 있는 작위의 내용을 집행권원의 해석에 의하여 명백히 하고, 그것이 대체적인 것임을 확인한 다음 당해 작위와 신청의 대상인 작위의 동일성을 판정한다. 또한 수권결정을 하는 것은 강제집행의 개시에 해당하므로, 그 밖의 강제집행의 개시요건을 갖출 필요가 있다. 개시요건 중 채무자의 채무불이행이 요건이 되는가에 대해서는, 판례는 요건에 해당하지 않는다는 입장이다(대결 1990. 12.27, 90마858). 채무자는 이 수권결정의 내용에 큰 이해관계를 가지므로 집행법원은 수권결정을 할 경우에 채무자를 심문할 필요가 있다(262조).

수권결정의 발령

수권결정의 신청이 부적법하면 각하하고, 이유 없으면 기각하며 신청인에게 고지된다(규칙 7조 2항). 그 신청이 이유 있으면 인용결정을 하고, 신청인과 채무자에게 결정정본을 송부하여 고지한다(규칙 7조 1항 2호). 수권결정에서 실시자를 특정할 필요는 없다. 실무에서는 채무자의 저항을 배제하기 위한 현실적인 필요 때문에 집행관을 실시자로 지정하는 것이 보통이다(실무제요 3-577). 미등기건물철거의 대체집행에서 수권결정에 기초하여 작위의 실시를 위임받은 집행관이 실제 철거를 실시하는 경우에는, 건축허가서나 공사도급계약서 등을 조사하여 철거대상 미등기건물이 채무자에게 속하는지를 판단하여야 하고, 또한 대체집행의 기초가 된 집행권원에는 철거의무의 근거로서 철거대상 미등기건물에 대한 소유권 등이 채무자에게 있다고 판단한 이유가 기재되어 있기 마련이므로, 집행관으로서는 그 집행권원의 내용도 확인하여야 한다(대결 2014.6.3, 2013그336). 수권결정에 관한 재판에 대해서는 당사자는 즉시항고를 할 수 있다(260조 3항).

실시자에 의한 작위의 실시

채권자는 수권결정에서 실시자가 지정되어 있으면 그 자로 하여금 작위를 시키고, 지정되어 있지 않으면 스스로 작위를 하든지 임의의 제3자를 이용하여 하게 할 수 있지만, 어느 경우라도 실시자의 작위의 실시는 단순한 사인의 행위가 아닌 국가의 집행권력에 기한 것이라고 해석해야 할 것이다. 따라서 채무자는 수권결정에 기한 작위의 실시 및 그에 필요한 행위를 수인하여야 한다. 채무자가 저항할 때에는 채권자는 집행관에게 원조를 구할 수 있다(7조, 5조).

대체집행의 종료

대체집행은 집행권원에 표시된 청구권이 만족되었을 때 종료한다. 이 종료시까지 집행취소에 관한 법 49조의 서류가 제출되면 수권결정을 내릴 수 없다. 만일 일시정지를 명하는 서류가 제출되었다면, 상당한 기간 내에 정지의 사유가 소멸되지 않으면 수권결정의 신청을 각하하여야 할 것이다.

작위의 실시에 필요한 비용

작위의 실시에 필요한 비용에 관해서는 수권결정시에 신청에 의해 집행법원이 채무자에 대해 예정액의 지급을 명할 수 있게 되어 있다(260조 2항). 이를 대체집행비용 또는 선지급결정이라 한다. 이 신청은 수권결정을 관할하는 제1심법원이 심리한다. 이 신청에 관한 재판에 대해서는 즉시항고를 할 수 있다(260조 3항). 이 지급결정이 있으면 이를 집행권원으로 하여(56조 1호) 금전집행의 방법으로 추심할 수 있다. 지급결정은 고지되면 확정되기 전이라도 집행력을 갖는다. 선지급결정에 의해 추심한 금액이 총비용에 미치지 못하면, 채권자는 초과비용을 집행비용으로서 신청할 수 있다(260조 2항 단서). 반대로 추심한 돈이 실제비용보다 많을 때에는, 채무자는 소로써 부당이득에 해당하는 차액을 반환받아야 한다.

3. 부작위의무에 대한 대체집행

대체집행에 의하는 경우

부작위의무에 대한 집행은 다음에서 논하는 간접강제에 의하지만, 부작위의무위반 결과의 제거와 위반행위의 반복을 방지하기 위한 장래에 대한 적당한 처분(민법

389조 3항)은 대체집행에 의한다(260조 1항). 부작위위반 결과의 제거는 건물건축금지의무에 위반하여 축조된 건물, 통해방해금지의무에 위반하여 축조된 방해물 등의 제거로서 대체성이 있는 경우이다. 반대로 물적 위반의 결과를 남기지 않은 침해의 회복에 대해서는, 별도의 집행권원이 필요하다. 또한 장래에 대한 적당한 처분은 반복적 또는 계속적 부작위 채무에서 그 처분이 행하여진 이후의 부작위 이행을 확보하기 위한 수단을 말한다.

수인채무의 집행을 위한 대체집행의 가능성

수인채무의 집행은 부작위채무 중 채권자나 다른 제3자가 일정한 행위를 하는 것을 방해하지 않을 것을 목적으로 하는 집행이다. 통행방해금지 등이 그 예이다. 이 경우 방해예방설비의 설치, 방해발생 장치의 철거 등에 대해 대체집행을 할 수 있는지, 간접강제에 한하는지는 논의가 있다. 대체집행이 가능하다면 수권결정을 얻어 채무자의 비용으로 채권자가 실시할 수 있게 되는데, 구체적 조치의 내용이 이미 통행방해금지의 재판에서 명확히 되어 채무자에게 부당한 불이익을 가하는 것이 아니라는 한도에서 대체집행도 인정할 수 있을 것이다.

이 대체집행의 절차는 위에서 본 작위채무에 대한 대체집행의 절차와 거의 같다. 신청시에는 집행권원에 표시된 부작위채무를 명시하고, 제거하여야 할 물건과 수권을 구하는 작위 내지 장래에 대한 적당한 처분의 내용을 구체적으로 특정하여야 한다. 이 수권결정의 신청에 관한 재판에 대해서는 즉시항고를 할 수 있다(260조 3항).

제5절 간접강제

1. 의 의

간접강제는 채무자에게 일정한 제재를 가하여 채무자가 스스로 채무이행을 하도록 강제하는 집행방법이다. 법 261조 1항에 의하면 간접강제는 보충적으로 이용할 수 있는 것으로 이해된다. 그러나 채무의 이행으로서는 간접강제가 본래의 방법이고, 입법적으로는 간접강제의 보충성을 없애는 것도 생각할 수 있다(일본민사집행법 173조는 부동산인도채무와 동산인도채무의 경우에 직접강제 대신 채권자의 신청에 의해 간접강제의 방법도 이용할 수 있다는 조문으로 개정되었다). 간접강제의 대상이 되는 채무는 부대체적 작위채무와 부작위채무이다.

2. 부대체적 작위채무에 대한 집행

(1) 부대체적 작위채무

부대체적 작위채무란 채무자 본인이 이행하지 않으면 채권의 목적을 달성할 수 없는 성질의 채무를 말한다. 채무자 본인이 그 책임으로 행하는 것이 법률상 요구된 행위를 목적으로 한 것(예를 들면 주식명의개서절차를 해야 하는 채무, 재산목록이나 대차대조표를 작성해야 하는 채무 등)이나, 채무자본인이 하지 않으면 법률상 효과가 발생하지 행위를 목적으로 하는 것(예를 들면 증권에의 서명을 해야 하는 채무 등)은 물론, 사실상 채무자 본인이 아니면 할 수 없는 행위를 목적으로 하는 것(예를 들면 예능인 등의 출연채무, 일정한 장소에서 퇴거해야 하는 채무 등)도 부대체적 채무이다. 이 채무에 관해서는 전술한 바와 같이 성질이 허용하는 한 간접강제의 방법으로 집행된다.

(2) 집행절차

채무자심문의 필요성

간접강제의 관할은 대체집행에서와 같이 제1심법원의 관할에 속한다(261조). 심리에서는 당초의 지급결정이라도 변경결정이라도 채무자는 그에 관해 중대한 이해관계를 가지므로, 집행법원은 간접강제의 결정을 하기 전에 채무자를 심문할 필요가 있다(262조. 규칙 191조 2항). 그 밖의 절차는 대체집행의 경우와 같다.

예고결정

간접강제의 결정은, 집행법원이 채무자에 대해 지연의 기간에 응해 또는 상당하다고 인정되는 일정기간 내에 이행되지 않으면, 즉시 채무의 이행을 확보하기 위해 상당하다고 인정되는 일정액의 금전을 채권자에게 지급해야 하는 취지를 명령한다(261조). 이를 예고결정이라고도 한다. 이행기간의 결정, 배상금의 액수, 일시금의 지급을 명할 것인지, 아니면 정기금의 지급을 명할 것인지 등은 법원이 모든 사정을 참작하여 결정한다. 배상금은 채무자로 하여금 그 이행기간 이내에 이행을 하도록 하는 심리적 강제수단이라는 성격뿐만 아니라 채무자의 채무불이행에 대한 법정 제재금이라는 성격도 갖기 때문에, 채무자가 간접강제결정에서 명한 이행기간이 지난 후에 채무를 이행하였다면, 채권자는 특별한 사정이 없는 한 채무의 이행이 지연된 기간에 상응하는 배상금의 추심을 위한 강제집행을 할 수 있다(대판 2013.2.14, 2012다26398).

판결절차에서의 배상명령

부대체적 작위채무의 이행을 명하는 판결절차에서 법 261조에 따라 채무불이행 시 일정한 배상을 하도록 명하는 간접강제결정을 할 수 있는지 문제된다. 이에 대해 판례는 다음과 같이 제한적으로 인정하였다. 즉 부대체적 작위채무에 관하여 언제나 집행권원이 성립하여야만 비로소 간접강제결정을 할 수 있다고 한다면, 집행권원의 성립과 강제집행 사이의 시간적 간격이 있는 동안에 채무자가 부대체적 작위채무를 이행하지 아니할 경우, 손해배상 등 사후적 구제수단만으로는 채권자에게 충분한 손해전보가 되지 아니하여 실질적으로는 집행제도의 공백을 초래할 우려가 있다. 그러므로 부대체적 작위채무를 명하는 판결의 실효성 있는 집행을 보장하기 위하여 판결절차의 변론종결 당시에 보아 집행권원이 성립하더라도 채무자가 그 채무를 임의로 이행할 가능성이 없음이 명백하고, 그 판결절차에서 채무자에게 간접강제결정의 당부에 관하여 충분히 변론할 기회가 부여되었으며, 법261조에 의하여 명할 적정한 배상액을 산정할 수 있는 경우에는 그 판결절차에서도 같은 조에 따라 채무자가 장차 그 채무를 불이행할 경우에 일정한 배상을 하도록 명하는 간접강제결정을 할 수 있다(대판 2013.11.28, 2013다50367).

변경결정

또한 간접강제결정이 일단 내려지더라도 사정변경에 의해 채권자 또는 채무자의 신청에 따라 그 결정의 내용을 변경할 수 있다(규칙 191조 1항). 예를 들면 당초 지급을 명한 금액으로는 실효가 없음이 판명된 경우처럼 사정변경이 있는 경우에 내려진다. 간접강제결정에 대해서는 즉시항고를 할 수 있고(261조 2항), 변경결정에 대해서도 같다(규칙 191조 3항). 단, 이 즉시항고에 집행정지효는 없다(15조 6항).

배상금의 집행

간접강제결정에 의한 배상금의 집행은 집행법원이 지급을 명한 결정이 집행권원이 되므로, 채무자가 기간 내에 채무를 이행하지 않으면 당해 집행권원에 기해 추심을 한다는 절차가 된다. 집행법원이 지급을 명한 금전을 채무자가 채권자에게 지급하면 그 한도에서 채무불이행에 의한 손해도 보전되지만, 법원이 지급을 명하는 금액은 채무의 이행을 확보하기 위한 것이므로, 지급을 명한 금액이 실제의 손해액보다 많은 경우에도 채권자는 지급을 받은 금전을 반환할 필요는 없다. 반대로 손해액이 많은 경우에는, 채권자는 그 초과하는 금액에 관해 손해배상의 청구를 할 수 있다.

절차의 종료

채무자가 작위의무를 이행하면 간접강제의 집행을 종료하고, 일정한 금전의 지급을 명하는 결정은 효력을 상실한다. 작위의무의 이행이 없으면 채권자가 결정의 내용에 따라 금전을 추심한 때에 집행은 종료된다. 간접강제결정이 취소되었는데 이미 배상금의 집행이 이루어졌다면, 채무자는 그 부당이득의 반환을 청구할 수 있다.

3. 부작위채무에 대한 집행

(1) 부작위의무의 종류

부작위의무는 일반적으로 다음과 같이 구별할 수 있다.

채권자의 관여에 따른 구분

우선 채권자의 행위와는 관계없이 채무자가 일정한 행위를 하지 않는 것을 목적으로 하는 것과, 채권자가 일정한 행위를 할 때에 그것을 방해해서는 안되고 오히려 수인하여야 함을 목적으로 하는 것(수인의무)으로 구별된다.

일회적 또는 반복적 의무

또한 일회적 부작위의무(예를 들면 특정일의 음악회에 출연하지 않는다는 의무), 반복적 부작위의무(예를 들면 매일 밤 10시 이후에는 일정량 이상의 소음을 내지 않는다는 의무), 계속적 부작위의무(예를 들면 특정한 유해물질을 포함하는 오수를 배출하지 않는다는 의무, 특정한 장소에 건물을 짓지 않는다는 의무, 일정한 높이 이상의 건물을 짓지 않는다는 의무)로 구별된다. 그 밖에 채권적 성질의 것과 물권적 성질의 것으로도 나눌 수 있다.

부작위의무와 작위의무가 일체로서 이루어진 경우

특히 공해사건이나 생활방해사건 등에서는, 절박한 위법침해의 위험으로부터 일정한 법익을 보호하기 위해, 상대방에 대해 예를 들면 침해원인인 공작물의 제거나 침해방지시설의 설치와 같은 작위를 요구할 필요가 있는 경우도 많다. 그러한 경우에는 상대방이 침해를 하지 않을 것(부작위)과 적극적으로 침해방지조치를 할 것(작위)은 실질적으로 일체로서 구성되어 있다. 이러한 경우에는, 기본을 구성하는 부작위의무와 그것을 실현시키는 수단인 작위의무(수단적 작위의무)를 일체적으로 파악하여 법적으로 규율하는 방법을 검토해야 한다는 견해가 주장되기도 한다. 그러한 견해는 기본인 부작위의무와 결합하여 이를 실현시키는 수단으로서의 작위의무를 포괄한 실체법상의 통일적인 부작위의무 내지 통일적 부작위청구권을 구성하고, 분쟁의 실태에 입각한 효과적인 법적 해결과 그러한 청구권의 효과적인 실현을 도모하려는 주장이다(그 밖에 이러한 집행방법에 관하여는 이 장 제4절 3. 참조).

(2) 집행방법

부작위의무의 집행방법에 관해서는, 통설의 분류에 따라 사전 위반의 예방을 위한 집행, 현재 위반의 진압을 위한 집행, 위반결과의 제거를 위한 집행, 위반의 반복의 예방을 위한 집행으로 나누어 살펴보도록 하겠다.

1) 사전 위반의 예방

간접강제의 가능성

통설은 부작위의무에 관한 집행은, 집행권원 성립 후에 의무위반이 있었던 경우에만 허용되고, 사전 위반의 예방을 위해서는 허용되지 않는다고 풀이한다. 그 이유로는 위반이 없는 사이에는 부작위의무가 이행되고 있는 것이므로 집행개시요건이 존재하지 않거나 미리 간접강제에 의해 강제할 여지가 없다는 점 등을 들고 있다. 이러한 입장에 의하면 일시적 부작위의무는 집행방법이 없다는 것이 된다.

예방을 위한 집행의 필요성

그러나 부작위청구권은 본래 예방적 기능을 갖는 권리라는 점을 상기하여야 할 것이다. 통설의 견해로는 부작위청구권의 본래적 기능인 예방적 기능을 충분히 살릴 수 없다. 일단 침해행위가 발생하면 회복할 수 없는 피해가 발생하게 되는 경우에 통설의 입장으로는 효과적으로 대처할 수 없게 되기 때문이다. 또한 침해행위는 없지만 발생할 위험이 현실적으로 절박해 있는 것이 증명되는 경우에는, 이미 그 단계에서 침해행위를 방지할 필요성이 있고 이러한 장면에서 부작위청구권은 기능해야 하는 것이므로, 집행권원 성립시로부터 바로 부작위청구권의 실현을 도모하기 위한 집행을 인정해야 할 것이다.

통일적 부작위청구권의 경우

이것은 통일적 부작위청구권을 인정하는 경우에도 해당된다. 즉 침해행위가 발생할 위험이 현실적으로 절박한 경우에는 통일적 부작위청구권의 실현을 도모하기 위한 집행이 허용된다. 예를 들면 침해위험의 원인인 공작물의 제거, 수리 등이 대체적인 것이라면, 침해예방을 위해 통일적 부작위청구권을 실현시키는 방법으로서 부작위를 명하는 집행권원에 기해, 거기에 포함된 수단적 작위청구권에 관해 대체집행을 한다는 방법이다.

2) 현재 위반의 진압

현재 계속 중인 침해행위에 대해서는 간접강제가 가능하다. 물론 부작위의무에 관해서는 위반 후의 추후보완적 이행은 있을 수 없으므로, 이 경우에도 엄밀히는 부작위청구권에 관한 집행은 장래 침해의 방지가 목적이다. 따라서 만일 계속 중인 침해행위가 일정한 공작물에 기인하고 있고, 부작위청구권을 실현시키기 위해 당해 공작물의 제거, 수리가 필요한 경우라면 통일적 부작위청구권의 실현이 문제되므로, 전술하였듯이 당해 공작물의 제거·수리가 대체적인 것이라면 그 통일적 부작위청구권을 실현시키는 방법으로, 거기에 포함된 수단적 작위청구권에 관해 대체집행을 인정하는 것도 가능하다. 또한 수인의무위반이 만일 채무자 또는 그 지시에 따르는 제3자의 인력에 의한 저항에 해당하는 경우에는, 그 배제를 위해 집행관의 원조를 구할 수 있다.

3) 위반의 결과의 제거

물적 상태를 남기지 않는 경우

부작위의무의 위반이 있었던 경우에 이미 발생한 의무위반 자체를 나중에 소거할 수 없다. 따라서 의무위반이 물적 상태를 남기지 않은 경우라면 채권자로서는 의무위반에 의한 손해의 배상을 청구할 방법을 취할 수 있을 뿐이다(261조 1항).

물적 상태를 남기는 경우

의무위반이 위법한 물적 상태를 남기는 경우에는 그것을 제거하기 위해 대체집행을 할 수 있다(민법 389조 2항). 이 집행을 통설[104]은 보통 위반에 의해 소멸된 부작위의무의 변형물인 작위의무에 대한 집행으로 판단한다. 그러나 의무위반이 위법한 물적 상태를 발생시키는 경우, 당해 물적 상태를 제거하는 것은 마치 그러한 부작위청구권의 실현을 위한 수단이 된다고 판단해야 할 것이다. 즉 의무위반에 의해 위법한 물적 상태를 발생시키는 경우에는, 부작위청구권 자체가 당초부터 위반에 의해 현재화하는 제거청구권을 포함하고 있는 것이라고 파악해야 한다.[105]

4) 위반반복의 예방

의무위반의 예방을 위해 집행법원은 채권자의 신청에 의해 채무자에게 장래를 위해 필요한 적당한 처분(민법 389조 3항)을 명할 수 있다(261조 1항). 장래를 위한 처분의 적당한 내용에 대해, 통설은 널리 위반의 원인인 물적 상태의 제거, 위반을 방지하는 물적 설비의 설치, 장래의 손해에 대한 담보의 제공, 위반마다 일정한 배상금의 지급을 명하는 것 등을 인정한다. 물론 통설은 위와 같이 위반을 사전에 예방할 수 없다고 판단하므로, 이 장래를 위한 적당한 처분도 일단 위반행위가 있었던 다음에 위반의 반복의 예방으로서만 인정된다고 해석하는 것이다.[106]

104) 강대성, 291면; 이시윤, 476면.

105) 같은 취지로 주석민사집행법 Ⅵ-156.

(3) 집행절차

구체적인 집행절차는 부대체적 작위채무의 경우와 같다. 간접강제결정을 집행권원으로 하여 강제집행(강제금의 추심)을 하려면 집행문을 부여받아야 하는데, 이 때 채권자가 채무자의 부작위의무 위반사실을 증명하여야 하는지 논란이 있다. 강제금 추심의 집행은 채무자가 증명하여야 하는 이행사실이 없어야 하므로(청구이의이유), 채권자는 침해행위가 있다는 사실을 증명하는 문서를 제출하여 조건집행문의 부여를 받아야 할 것이다(263조 2항의 유추).[107]

제6절 의사표시의무의 집행

1. 의 의

채무자가 일정한 의사표시를 해야 하는 채무는 부대체적 작위채무의 일종이다. 따라서 그에 관해서는 법 261조의 간접강제가 문제가 될 수 있는데, 이러한 채무는 관념적인 법률효과의 발생이 목적이므로, 법은 우원한 절차인 간접강제에 의하지 않고 의사표시를 해야 함을 명하는 판결 그 밖의 재판이 확정한 때 또는 화해, 인낙이나 조정에 관련된 집행권원이 성립한 때에는 그 확정 또는 성립시에 의사표시를 한 것으로 본다(민법 389조 2항, 263조).

등기의무의 집행

이러한 의사표시의무의 집행이 문제되는 대부분의 경우는 등기의무에 관한 것이다. 예를 들면 부동산매매에서 매도인이 소유권이전등기절차에 협력하지 않는 경우에

---

106) 이시윤, 481면; 주석민사집행법 Ⅵ-130.

107) 그 밖에 계속적 부작위의무를 명한 가처분에 기한 간접강제결정이 발령된 상태에서 의무위반행위가 계속되던 중 채무자가 그 행위를 중지하고 장래의 의무위반행위를 방지하기 위한 적당한 조치를 취했다거나 그 가처분에서 정한 금지기간이 경과하였다고 하더라도, 그러한 사정만으로는 처음부터 가처분위반행위를 하지 않은 것과 같이 볼 수 없고 간접강제결정 발령 후에 행해진 가처분위반행위의 효과가 소급적으로 소멸하지 않는다(대판 2012.4.13, 2011다92916). 따라서 채무자는 간접강제결정 발령 후에 행한 의무위반행위에 대하여 배상금의 지급의무를 면하지 못하고 채권자는 그 위반행위에 상응하는 배상금의 추심을 위한 강제집행을 할 수 있다.

는, 매수인이 소를 제기하여 매도인에 대해 소유권이전등기절차에 협력하도록 명하는 확정판결을 얻어 이를 등기소에 제시하면, 매도인이 등기소에 출두하여 신청한 것으로 보고, 매수인은 단독으로 소유권이전등기절차를 할 수 있게 된다.

2. 적용범위

대상이 되는 의사표시

법 263조의 대상이 되는 의사표시는 그에 의해 일정한 법률효과가 발생하는 것이어야 한다. 또한 일정한 의사표시를 할 의무라면, 채무자의 행위능력의 유무나 의사표시의 상대방이 누구인지를 묻지 않는다. 소위 관념의 통지를 해야 할 의무도 이 방법으로 실현시킬 수 있다. 나아가 사법상의 의사표시뿐만 아니라 공법상의 의사표시도 대상이 된다. 예를 들면 토지거래허가지역 내의 토지거래를 체결한 당사자가 상대방에 대하여 그 허가신청절차 협력의무의 이행을 구하는 경우이다(대판 1991.12.24, 90다12243).

대상이 되지 않는 의사표시

그러나 어음행위와 같이 채무자 자신의 사실적 행위가 요소로 되어 있는 의사표시는 판결 등에 의해 이를 의제할 수 없으므로, 부대체적 작위채무에 관한 집행으로서 간접강제에 의할 수밖에 없다. 또한 예를 들어 채무자가 사죄하는 것을 목적으로 하는 채무와 같은 것은, 일정한 법률효과를 발생시키는 작위를 목적으로 한 것이 아니므로, 판결 등으로 이에 대신한다는 방법은 인정되지 않는다.

3. 집행방법

(1) 서

의사표시를 명하는 판결(이행판결이어야 하고 확인 또는 형성판결은 제외된다) 그 밖의 재판(가사비송사건의 심판[가사소송법 41조], 조정에 갈음하는 결정[민사조정법 30조])이 확정되거나 화해, 인낙 또는 조정에 관련된 집행권원에 의해 집행된다.

가집행선고에 의한 집행의 가능성

그러나 가집행선고에 의해 의사표시의무의 집행이 가능한지에 대해서는 부정설이 통설이다.[108] 가처분의 경우에도 마찬가지이다. 부정설은 법 263조 1항에 의해 의사표시의 의제의 시점이 의사의 진술을 명한 판결이 확정된 때라고 규정되어 있는 점에서, 의사표시의무의 가집행은 인정되지 않는다고 해석한다. 이에 비해 확정된 때로 한 것은 의제의 부여시점으로서 기술적인 것이므로 집행과 실질적인 관련은 없고, 다른 이행판결과 동일하게 다루어야 한다는 긍정설이 있다. 생각건대 일률적으로 가집행선고에 의한 의사표시의무의 집행을 부정하는 것은 타당하지 않고, 이 점은 입법을 통해 해결하여야 하는 문제라고 생각한다.

(2) 광의의 집행

의사표시를 명하는 집행권원이 성립되면 그 확정 또는 성립시에 의사표시를 한 것으로 의제하는 방법을 취하므로, 현실적인 집행절차는 생략된다. 요식행위라면 적식의 행위가 이루어진 것으로 다루고, 채무자가 무능력이면 능력을 보충하여 한 것이 된다. 소유권이전등기청구권이 압류 또는 가압류된 경우, 채무자가 제3채무자를 상대로 집행권원으로서 의사표시를 명하는 판결을 얻으려는 경우에는, 법원은 압류나 가압류의 해제를 조건으로 하지 않는 한 인용할 수 없다(대판 1992.11.10, 92다4680). 채무자가 제3채무자를 상대로 집행권원을 얻을 수 있다면, 제3채무자는 채무자의 이전등기신청을 저지할 수 없게 되기 때문이다.

(3) 집행문의 요부

집행문이 필요한 경우

채무자의 의사표시가 채권자가 증명해야 하는 사실의 도래에 관계된 때에는, 조건성취집행문이 부여된 때에 의사표시가 이루어진 것이 된다(263조 2항). 채무자의 의사표시가 일정한 조건의 성취에 달려 있는 경우에는, 판결확정시에 의사표시를 의제하는 것은 불합리하므로, 조건성취가 증명된 때에 집행문을 부여하고 그 부여의 시점에서 의제하는 것으로 되어 있는 것이다.

---

108) 김홍엽, 361면; 이시윤, 119면. 그 밖에 주석민사집행법 Ⅵ-162 이하 참조.

채무자의 의사표시가 반대급부와의 상환 또는 채무의 이행 그 밖의 채무자가 증명해야 하는 사실이 없는 것에 달려 있는 때에도 마찬가지이다(263조 2항). 이 경우 집행문을 채무자에게 송달할 필요가 있는지에 대해서는 논의가 있는데, 송달의 유무에 의해 무엇인가 법적 효과를 달리 하는 것이 아니므로 특별한 의미는 없다. 채무자는 집행문부여에 대해 직접 다툴 수 없고 새로운 소로서 의사표시의제의 무효나 등기의 무효를 다툴 수밖에 없다.

집행문의 부여와 의사표시의 의제시점

집행권원이 일정액의 금전의 지급과 상환으로 소유권이전등기절차를 하라고 명하고 있는 경우에는, 채권자가 반대급부 또는 그 제공이 있었음을 증명하는 문서를 제출한 때에 집행문을 부여하고, 그 부여의 시점에서 의사표시를 의제한다. 또한 예를 들면 집행권원이 일정기일까지 채무자가 일정액의 금전을 지급하지 않으면, 채무자소유의 부동산에 관해 채권자로의 소유권이전의 등기절차를 하라고 명한 것과 같이, 의사표시가 채무자가 증명해야 하는 사실이 없는 것에 관계된 경우에는, 신청에 의해 법원사무관 등이 채무자에 대해 일정기간을 정하여 변제의 사실을 증명하는 문서의 제출을 최고하고, 채무자가 그 문서를 제출하지 않는 때에 한해 집행문을 부여하는 것으로 하여, 그 부여의 시점에서 의사표시를 의제하는 것으로 하여야 할 것이다(일본민사집행법 173조 3항 참조).

의사표시 의제의 효과

의사표시가 의제되고 난 후에는 청구이의의 소나 제3자이의의 소를 제기할 수 없다. 또한 강제집행의 정지나 취소를 구할 수 없다. 단, 집행문부여가 필요한 경우라면 그 때까지 집행정지 등을 신청할 수 있다. 아울러 등기의무의 승계집행에 관하여는 전술(제2편 제1장 제2절 제2관 3)하였다.

제 3 편 담보집행과 형식적 경매

03

제 1 장 서

제 2 장 담보집행

제 3 장 형식경매

제 4 장 비전형담보의 집행

01 제1장 서

담보권의 실행 등을 위한 경매에는, 담보권의 실행을 위한 경매(264조. 이하 '담보집행'이라 한다)와 유치권 등에 의한 경매(274조. 이하 '형식경매'라 한다)로 크게 나뉜다. 전자는 다시 그 목적물에 따라 부동산(264조), 선박(269조), 자동차・건설기계・항공기(270조), 유체동산(271조, 272조), 그리고 채권 그 밖의 재산권(273조)에 대한 경매로 구분된다. 담보집행이라고 하면 주로 저당권의 실행을 위한 부동산경매가 이용되는 것이 보통이다.

02 제 2 장 담보집행

1. 의 의

담보집행이란 담보권의 실행절차를 말한다. 즉 담보재산을 강제적으로 현금화하여 담보채권을 만족시키는 법정절차를 가리킨다. 이러한 담보집행에 대해서는 특별한 경우를 제외하고 강제집행에 관한 규정이 준용되는 것으로 되어 있다.

강제집행 규정의 준용

담보권의 실행을 위한 부동산의 매각절차라면 부동산에 대한 강제경매에 관한 규정 전부(79조 내지 162조)가 준용되고(268조), 또한 강제집행의 총칙부분인 42조 내지 44조 및 46조 내지 53조가 준용하는 것으로 되어 있다(275조. 규칙 부분의 준용에 관해서는 규칙 194조). 단, 담보집행은 다음에서 보듯이 집행권원 없이 가능하므로 집행권원을 염두에 둔 강제집행절차에 관한 규정은 준용되지 않는다. 즉 법 275조에서 규정한 조항 중 준용가능성이 있는 것은, 법 48조의 제3자이의의 소, 법 52조의 집행개시 후의 채무자의 사망, 그리고 법 53조의 집행비용의 부담만이 해당될 것이다. 따라서 법 275조는 타당하지 않다고 말할 수 있다.

담보경매의 성격

담보집행에서의 경매는 공법상의 공용수용인지 또는 사법상의 매매인지 논의되는 경우도 있다. 이에 대해서는 사법상의 매매를 기초로 하고 그 위에 국가기관에 의한 집행으로 인한 제약이 가해진다는 논리구조를 갖는다고 풀이하여야 할

것이다.[109)]

2. 담보집행의 요건

(1) 서

1) 강제집행과의 차이

집행권원의 필요성

담보집행이 강제집행과 다른 점은, 집행기관이 스스로 법정의 자료에 의해 실체적·절차적 요건을 심사한다는 점에 있다. 이에 따라 그러한 심사과정에서의 절차보장을 갖춘 권리판정절차를 거치는지(집행의 신청에 있어 집행권원이 필요한지의 여부)에 대해서는, 입법상 다양한 방법을 생각할 수 있다. 민사집행법은 이에 대해, 종전과 같이 담보집행의 경우에 집행권원을 요구하지 않는다는 태도를 취하고 있다(264조 1항). 이것은 지금까지의 담보집행에 관한 법 운영(오랫동안의 금융거래의 실태를 중시)을 감안한 법정책적 선택이다.

절차상의 차이점

한편 집행권원을 요구하지 않는 대신 담보권조사를 위한 자료와 범위를 엄격히 제한하고, 또한 담보집행 개시처분에 대해 직접 담보권의 유무를 다툴 기회를 보장함과 동시에, 매각에 따른 매수인의 소유권취득을 보장하는 공신적 효과의 부여라는 대응책을 두고 있다(267조). 아울러 담보권은 우선변제권능을 갖고 있으므로, 이에 부응하여 담보집행에서의 집행장해가 되는 범위는 강제집행의 그것과 비교하여 매우 좁다.

2) 법정문서의 성격

위와 같이 담보집행의 경우에는 집행권원이 필요 없는 대신, 아래에서 다루는 바와 같이 일정한 절차개시문서를 요구하고 있다. 그러한 문서의 법적 성질에 관해서는 다음과 같은 2가지 입장이 주장된다.

---

109) 주석민사집행법 Ⅵ-194면. 그 밖에 담보집행에 관한 필자의 견해에 대하여는 김상수, 담보권의 실행절차에 관하여, 비교사법 12권 3호(2005) 225면 이하; 김상수, 저당권의 실행과 관련된 민법의 개정, 민사법학 18호(2006) 63면 이하 참조.

2가지 견해 - 준집행권원설과 서증설

즉 집행권원에 준한다고 해석하는 것이 준집행권원설로서, 그러한 문서의 내용을 이루는 담보권존재의 판단이나 표시에는 집행기관에 대한 통용력(通用力)이 인정되고, 이에 의거하여 실시되는 집행처분의 적법성의 근거는 이들 서면의 유효한 존재이지 담보권의 존재 자체는 아니라고 해석한다. 이에 반해 절차개시문서는 담보권 존재의 증명방법을 법정한 것이라고 하는 서증설(법정증거설)이 있다. 이 견해는, 그러한 법정문서가 집행의 실체적 정당성을 보장하는 효력은 집행권원에 비해 약하고, 집행이의의 신청이 있으면 집행법원은 담보권의 존부를 심리하여 담보권의 부존재를 인정하면 집행절차를 취소해야 하므로, 그 의미에서 위 제출문서는 집행권원과는 다른 증명문서에 그친다는 해석이다.

생각건대 담보집행이 민사집행으로서 법원(사법보좌관)의 관여 하에 이루어지는 공적인 집행절차에 해당된다고 하여도, 담보집행을 신청할 수 있는 문서는 집행권원과 구별되는 이상 서증설이 타당하다고 생각한다.

(2) 담보집행의 당사자

당사자의 대립과 확정

담보집행의 당사자도 강제집행과 마찬가지로 대립당사자구조를 취하고, 집행을 구하는 담보집행채권자와 목적재산의 책임주체인 지위를 절차상 갖는 담보집행채무자로 구분된다. 담보집행채무자는 담보권의 목적재산의 소유자와 물상보증인(또는 물건이 아닌 목적재산에 대해서는 그 권리자)을 가리킨다. 이러한 담보집행의 당사자는 다음에서 보는 집행신청서의 기재에 의해 확정된다. 그러나 담보집행개시 후에 집행적격이나 피집행적격의 변동이 있어도, 당연히 당사자의 지위 변동을 초래하는 것은 아니고, 절차의 중단이나 수계도 없다. 따라서 담보집행이 개시된 후 경매신청의 기초가 된 담보물권이 대위변제에 의하여 이전된 경우에는, 경매절차의 진행에는 아무런 영향이 없고, 대위변제자가 경매신청인의 지위를 승계하므로 종전의 경매신청인이 한 취하는 효력이 없다(대결 2001.12.28, 2001마2094).

권리의무의 승계가 있는 경우

그러나 담보집행개시 후 채권자에게 담보채권의 승계가 발생하면 승계를 증명하는 문서(위에서 본 담보권의 존재를 증명하는 법정의 문서가 준용된다)를 제출하여야 하고, 집행관이나 법원사무관등은 이를 채무자 및 소유자에게 통지한다(규칙 193조). 반대로 담보집행채무자에게 승계가 발생한 경우에는 아무런 절차를 취함이 없이 승계인을 상대로 절차를 속행할 수 있다. 즉 근저당권 설정등기에 표시된 채무자 및 저당부동산의 소유자와의 관계에서 그 절차가 진행되는 것이므로, 그 절차의 개시 전 또는 진행 중에 채무자나 소유자가 사망하였다고 하더라도, 그 재산상속인들이 경매법원에 대하여 그 사망 사실을 밝히고 자신을 이해관계인으로 취급하여 줄 것을 신청하지 아니한 이상, 그 절차를 속행할 수 있다(대결 1998.12.23, 98마2509, 2510 등). 그 밖에 당사자의 사망 등의 경우의 처리는 강제집행의 경우와 같다.

(3) 신청방식

담보집행도 강제집행에서와 같이 사법보좌관에 대한 서면의 신청에 의해 한다(4조). 신청서에 적어야 할 사항은 다음과 같다(특히 규칙 192조가 규정한다).

1) 채권자(규칙 192조 1호)

채권자를 특정할 수 있도록 그 이름과 주소를 적어야 한다. 채권자는 저당권자 및 전세권자 등의 담보권자로서 그 등기를 경료한 자이어야 한다. 단, 등기 없이도 물권변동의 효력이 발생하는 경우로서, 저당권부채권의 상속, 포괄유증, 회사의 합병 또는 저당권부 채권이 전부명령에 의하여 전부된 경우에는, 등기부상에 저당권자로 등기되지 않아도 경매신청을 할 수 있다. 반대로 저당권이전의 부기등기는 하였지만 채권양도의 대항요건을 갖추지 못하면, 경매신청을 할 수 없다. 저당권부 채권이 질권의 목적으로 된 경우, 질권자는 당해 저당권등기에 질권의 부기등기가 된 경우에 경매신청을 할 수 있다(민법 348조).

대위변제자

대위변제자는 민법 480조의 요건을 갖추고, 대위원인사실을 증명(실무상으로는 저당권이전의 부기등기[부동산등기법 148조, 156조의 2]를 하여 그 등기부등본을 제출하는 것이 통례라고 한다[실무제요 2-717])하여 경매신청을 한다. 일부대위변제자의 경우에는, 채권자와의 사이에 저당권 단독실행을 허용하는 약정이 없는 한, 경매신청이 불가능하다는 것이 실무이다(실무제요 2-717).

2) 채무자 · 소유자(규칙 192조 1호)

채권자와 마찬가지로 그 이름과 주소로 특정한다. 채무자와 소유자가 동일인이면 채무자 겸 소유자로 표시하고, 저당부동산의 제3취득자가 있으면 그 자를 소유자로 표시한다. 현주소와 등기부주소가 다르면 양자를 병기하여야 한다.

3) 담보권의 표시(규칙 192조 2호)

담보권의 실행을 위해서는 담보권이 있어야 하고, 이를 특정할 수 있도록 기재하여야 한다. 통상 등기부등본(경매신청전 1개월 이내에 발행된 것[실무제요 2-719])으로 증명한다. 저당권설정등기가 부당하게 말소되고 그 회복등기를 경료하지 못하여 배당을 못 받은 저당권자는, 당해 매각절차에서 실제로 배당받은 자에 대하여 부당이득반환청구로서, 그 배당금의 한도 내에서 저당권설정등기가 말소되지 아니하였다면 받을 수 있었던 금액의 지급을 구할 수 있다(대판 1998. 10.2, 98다27197).

4) 피담보채권의 표시(규칙 192조 2호)

신청인은 경매신청서에 피담보채권(채권의 종류와 청구금액[원금, 이자 및 지연손해금의 합계액]을 표시하는 것이 통례이다)을 기재하여야 한다. 기재는 소명하는 정도로 족하고, 피담보채권의 부존재가 명백하지 않은 한 법원은 피담보채권의 존부의 증명을 요구할 수 없다(대결 2000.10.25, 2000마5110). 피담보채권의 일부에 대하여 담보권을 실행하는 경우에는 그 취지와 범위를 기재하여야 한다(규칙 192조 4호). 피담보채권이 이행지체에 빠졌다는 사실도 해석상 기재할 필요가 있다(실무제요 2-724).

근저당권의 경우

근저당권이라면, 그 채권최고액 범위 내의 원금, 이자, 지연손해금을 표시하는 것이 보통이지만, 채권최고액을 초과하는 배당을 받을 수도 있으므로 채권 전액을 기재하는 것도 가능하다(대판 1992.5.26, 92다1896). 또한 근저당권자가 피담보채무의 불이행을 이유로 경매신청을 한 경우에는 경매신청 시에 근저당권의 피담보채권액이 확정되고, 그 이후부터 근저당권은 부종성을 가지게 되어 보통의 저당권과 같은 취급을 받게 된다(대판 1998.10.27, 97다26104, 26111 등. 반대로 경매신청을 하지 않은 근저당권자의 피담보채권액이 확정하는 시기에 관하여는 후술 참조). 나아가 근저당권자는 해지의 의사표시 없이 곧바로 경매신청을 할 수 있다.[110] 경매신청 그 자체에 해지의 의사표시가 내포되어 있기 때문이다.

5) 목적이 되는 재산의 표시(규칙 192조 3호)

담보권의 실행의 대상이 될 재산을 특정하여 기재하고, 등기가 되어 있는 부동산의 경우에는 등기부의 표제부에 기재되어 있는 대로 표시한다. 민법 365조에 의한 일괄경매의 경우에 건물이 미등기인 때에는, 그 표시는 경매신청서에 표시한 부동산소유증명서의 표시와 부합하도록 하여야 한다.

3. 청구금액의 확장

(1) 가능성

일부 신청의 이유와 그 인정가능성

담보권자가 등록세를 절감하기 위하여 피담보채권의 일부만을 적어 집행신청을 한 후 채권계산서 단계에서 그 금액을 확장하는 것이 인정되는지 문제된다. 이에 대해 판례는 청구금액의 확장이 불가능하다는 제한설의 입장을 취하고 있다(대판 1994.1.25, 92다50270). 이러한 판례의 태도에 대해서는 경매관행에 어긋난다는 비판이 있다. 그러나 담보집행도 국가에 의한 민사집행절차이고, 담보집행신청자는 적극적으로 자신의 권리를 주장하여 경매를 신청하는 이상은, 신속하고 명확한 절차의 진행을 위해 배당단계에서 청구금액을 확장할 수 없다는 판례의 견해가 타당하다고 생각한다. 또한 채권자는 후술하듯이 이중경매신청이 가능하므로 청구금액의 확장을 불허하더라도 그다지 큰 불이익이 되는 것이 아니다.

---

110) 주석민사집행법 Ⅵ-235.

부당이득반환 청구의 가능성

따라서 경매신청 후 신청채권자의 청구금액의 확장은 인정되지 않고, 확장이 안 되어 후순위담보권자가 배당을 받으면 그에 대하여 부당이득반환도 청구할 수 없다(대판 1997.2.28, 96다495). 단, 그 피담보채권이 법 88조 1항 소정의 채권이라면 가능하다. 이와 같이 청구금액의 확장이 불가능하기 때문에, 담보권자는 배당요구의 종기까지 선행경매신청 시 누락된 부분을 원인으로 이중경매신청을 할 수 있다(대판 1997.2.28, 96다495). 반대로 강제경매신청 채권자는 집행력 있는 정본을 가진 채권자로서 배당요구 할 수 있으므로, 배당요구로서 청구금액의 확장이 가능하다.

이자를 기재하지 않은 경우

한편 청구금액에 이자를 기재하지 아니한 경우, 원금의 변제는 받을 수 있지만(대판 1999.3.23, 98다46938), 경매신청서에 기재하지 아니하면 후에 채권계산서를 통해 이자를 청구하는 것은 청구금액의 확장이므로 인정되지 아니한다. 부대채권의 확장 여부에 관하여 제한설에 따르는 경우, 신청채권자가 경매신청서상의 청구금액을 원본채권액으로 확정한 이상, 당해 경매절차에서 배당을 받을 수 있는 집행채권의 범위는 원본채권액의 한도로 확정되기 때문이다.

(2) 이자 등의 부대채권의 확장

이자 등 부대채권을 특정액으로 기재하였는데, 나중에 채권신고서에 의하여 그 부대채권을 증액하는 방법으로 청구금액을 확장하려면, 그 확장은 늦어도 채권신고서의 제출시한(배당요구의 종기의 결정으로부터 1주일 이내[규칙 81조])인 배당요구의 종기까지 가능하다(대판 2001.3.23, 99다11526). 또한 이자나 지연손해금에 관하여 신청서에 그 발생일과 이율만을 명기한 다음 그 종기를 '완제일까지 연 18%의 비율에 의한 연체손해금'이라고 표시한 경우에는, 신청서에 기재된 채권액에는 원금 뿐만 아니라 그 지연손해금도 포함된 것으로 보아야 하므로, 지연손해금에 대해 채권신고서를 제출하지 아니하여도 배당기일까지의 배당을 받을 수 있다(대판 1999.3.23, 98다46938).

(3) 청구의 변경

다른 한편 담보권자는 변제 등을 이유로 하여 청구채권을 변경한다는 형태로 청구금액의 변경을 할 수 있지만, 이것은 원래의 청구금액의 한도 내에서 가능하다(대판 1997.1.21, 96다457).

배당요구 담보권자의 채권계산서 보정

반대로 담보집행신청채권자가 아닌 담보권자는 배당표작성 전까지 채권계산서의 보정을 통해 청구금액의 확장이 가능하다(대판 1999.1.26, 98다21946). 이 경우 배당법원(사법보좌관)으로서는 특단의 사정이 없는 한, 배당표 작성 당시까지 제출한 채권계산서와 증빙 등에 의하여 담보권자가 예를 들어 근저당권자라면 등기부상 기재된 채권최고액의 범위 내에서 배당받을 채권액을 산정하여야 할 것이다. 또한 배당표가 작성될 때까지 청구금액을 감축한 채권계산서를 제출할 수 있고, 이에 대해 배당법원(사법보좌관)으로서는 채권계산서상의 감축된 채권액을 기준으로 하여 배당할 수밖에 없다(대판 2000.9.8, 99다24911).

4. 경매개시결정에 대한 불복신청

(1) 서

1) 집행에 관한 이의와 실체사유

실체사유에 의한 이의의 인정

담보집행개시결정에 대한 이의에서는 강제경매개시결정에 대한 이의에 관한 법 86조가 준용되지만(268조), 담보집행에 특수한 점으로서 절차상의 하자 이외에도 담보권이 없다는 것 또는 소멸되었다는 사유를 주장할 수 있다(265조). 즉 절차상의 하자만이 아니라 실체상의 하자도 이의사유로 주장할 수 있다. 따라서 절차상의 하자에 대하여는 민사집행의 총칙인 즉시항고(15조), 집행에 관한 이의(16조)로 불복할 수 있고, 특히 후자의 집행에 관한 이의로는 절차상의 하자 이외에도 실체상의 하자도 주장할 수 있게 된 것이다. 또한 불복신청의 제기기간에 관하여는 규정이 없지만, 매수인이 대금을 납부하여 소유권을 취득할 때가지 가능하다고 해석된다. 위와 같은 원칙은 유치권 등에 의한 형식적 경매의 경우에도 준용된다(274조 1항).

청구이의의 소와의 관계

한편 집행에 관한 이의신청으로 실체상의 하자도 주장할 수 있게 한 민사집행법의 태도에 대하여는 청구이의의 소와의 관계를 포함하여 논의가 있다. 먼저 집행에 관한 이의신청으로 실체상의 하자를 주장하도록 한 것은 타당하지 아니하다는 주장이 있다. 즉 집행기관은 실체심리를 할 수 없다는 집행법의 구조에 반하고 재판의 모순(집행이의신청을 판단한 집행법원의 재판과 후에 담보권부존재확인의 소를 판단한 수소법원의 재판)이 발생한다는 점을 이유로 한다.[111] 또는 실체사유를 집행에 관한 이의신청사유로 인정한 것은 민사집행법의 큰 틀에 어울리지 않고, 나아가 채무자에게는 후술하듯이 채무이의의 소나 매각허가결정에 대한 이의로 다툴 수 있으며, 앞서 본 재판의 모순을 이유로 한다.[112] 이에 비해 간이하게 담보집행을 개시할 수 있게 한 점과 균형을 맞추기 위해 청구이의의 소는 인정되지 않고 집행에 관한 이의신청으로 실체상의 하자를 주장하여야 한다는 입장도 있다.[113]

실체사유의 주장을 허용하여야 하는 이유

집행에 관한 이의신청으로 실체사유를 주장하게 하는 것이 타당한가의 문제는, 담보집행에도 강제집행에서와 같이 집행권원을 요구하여야 하는가와 밀접히 관련되어 있다고 생각한다. 담보집행의 신청을 집행권원이 아닌 법정문서를 통한 간이하고 편의적인 방법을 인정한 이상은, 그에 대한 불복방법도 간이하고 편의적인 방법을 인정하여야 할 것이다. 또한 이의심의 판단은 그 절차에서 보아도 간이하고 신속하게 판단한 것으로, 후에 필요적 변론을 기본으로 하는 통상의 소송절차에서 번복될 수 있는 것은 당연하다(독촉절차와 비교한다면 쉽게 이해할 수 있을 것이다).

매각허가결정에 대한 항고사유가 되는가

위와 같이 담보집행에 있어서는 강제집행의 경우와는 달리 경매의 기본이 되는 담보권(저당권)이 존재하는지의 여부는 경매개시결정에 대한 이의사유가 되는데, 나아가 그와 같은 사유는 매각허가결정에 대한 항고사유에도 해당한다. 이 경우 당해 부동산의 소유자가 매각허가결정에 대

111) 박두환, 646면.

112) 강대성, 300면.

113) 이시윤, 514면(이 설은 보충적 절차보장설이라고 부르고 있다).

하여 저당권의 부존재를 주장하여 즉시항고를 한 경우에 관하여, 판례는 항고법원이 그 권리의 부존재 여부를 심리하여 항고이유의 유무를 판단하여야 한다고 해석하고 있다(대판 1991.1.21, 90마946). 즉 실체사유는 집행에 관한 이의만이 아니라 매각허가결정에 대한 즉시항고로도 주장할 수 있다는 논리이다.[114)]

매각허가결정에 대한 항고사유가 될 수 없는 이유

그러나 민사집행법이 특별히 담보집행에 대하여 집행에 관한 이의로서 실체사유의 주장을 인정한 이상, 매각허가결정에 대한 즉시항고에서는 실체상의 사유를 주장할 수 없다고 해석하여야 할 것이다. 채무자나 이해관계인은 집행에 관한 이의를 제기하고 집행정지를 구할 수 있으므로, 절차의 번잡을 초래하고 집행의 지연이 우려되는 중복된 불복신청을 인정할 타당성이 없기 때문이다.

2) 집행권원을 대상으로 하는 불복방법의 불인정

청구이의의 소의 불인정

집행권원 내지는 집행문에 관한 강제집행절차상의 각 구제제도(특히 청구이의의 소)는, 불복신청방법으로서 담보집행에는 적용되지 않는다. 법 275조에서 청구이의의 소를 규정하는 법 44조를 준용한다고 한 것은 입법상 문제가 있는 조문이다. 청구이의의 소는 집행권원을 대상으로 하는데, 집행문에 관한 규정은 준용되지 않으면서 청구이의의 소에 관한 규정이 준용된다는 것도 정합성이 없는 태도이다. 특히 채무이의의 소라는 것을 청구이의의 소라고 판단하는 경향이 있다. 그러나 청구이의의 소가 인정되지 않는다고 해석되는 이상은 담보권부존재확인의 소, 근저당권설정등기말소청구의 소 등을 가리키는 의미로서 채무이의의 소를 이해하여야 할 것이다.[115)] 따라서 직접 경매의 불허를 구하는 소를 제기할 수는 없다(대판 1987.3.10, 86다152).

114) 또한 판례(대결 1991.2.6, 90마898)는 매각허가결정에 대한 항고사유가 되며, 나아가 그 즉시항고가 기각되어도 집행에 관한 이의를 제기할 수 있다는 해석이다. 학설로는 주석 민사집행법 Ⅵ-270; 강대성, 301면; 박두환, 654면이 판례에 찬성한다.

115) 실무제요 2-772. 특히 대판 2002.9.24, 2002다43684에서는, 담보집행개시에 대한 청구이의의 소를 부적법하다고 하였다.

담보권의 유무 등을 다투는 별소의 제기

반대로 담보권의 유무나 그 내용에 대하여 확인의 소 등으로 다투는 것은 물론 가능하다(대판 2002.9.24, 2002다43684). 즉 채무자나 소유자는 담보권부존재확인의 소나 담보권설정등기말소 등의 소를 제기할 수 있고, 이를 본안으로 하여 담보권실행의 금지를 명하는 임시지위를 정하는 가처분을 구할 수 있다. 법 266조 1항 1호, 5호도 담보권부존재확인판결의 등본의 제출에 의한 담보집행의 정지나 취소를 규정하고, 담보권의 실행을 일시 금지하는 재판의 등본에는 당해 가처분명령이 포함된다. 이러한 소유자나 채무자의 제소권은 집행에 관한 이의신청과 관계없이 인정되는 것이다.

3) 제3자이의의 소의 가능성

나아가 제3자에게는 집행에 관한 이의 이외에 제3자이의의 소가 인정된다(275조, 48조).[116] 담보집행에서의 제3자이의의 소는 원칙적으로 강제집행에서의 제3자이의의 소와 동일하게 취급된다. 단, 그 소송물은 집행권원의 집행력 배제가 아닌 실행담보권의 현금화권리 행사에 대항하여 그 대상의 배제를 구한다는 것이 소송물이다. 따라서 제소권자로서의 제3자는, 집행채무자도 제3자이의의 소로써 압류된 자신의 재산이 그 담보권에 책임을 지지 않는다고 주장하는 것이 가능하다. 이 때 원고가 채무자인지 또는 소유자인지를 구별할 실익은 없다. 담보집행의 대상인 특정 재산이 담보권에 대한 부담을 지지 않는다는 것을 주장하는 것이 제3자이의의 소이기 때문이다. 다른 한편 소유자에게는 위에서 본 바와 같은 구제수단이 인정되므로, 담보집행 개시 전의 제3자이의의 소는 불허하여야 할 것이다.

(2) 절차상의 이의사유

경매신청방식, 신청인적격, 대리권 등 경매신청의 형식적 요건과 관련된 이의사유이다. 예를 들면 경매개시결정에 대해 채무자는 법 264조의 문서의 부제출을 이유로 하여 집행에 관한 이의의 신청(16조)을 할 수 있다. 그 밖에 개시결정 후의 절차상의 하자, 즉 매각준비단계에서의 매각

---

116) 이시윤, 517면.

기일공고 또는 통지 등에 관한 위법사유는, 개시결정에 대한 이의사유가 아니다(대결 1971.7.14, 71마467).

(3) 실체상의 이의사유

1) 의 의

이의사유의 종류와 존부 불명인 경우의 처리

경매의 기본이 되는 저당권의 부존재나 무효, 피담보채권의 불성립, 무효 또는 변제, 변제공탁 등에 의한 소멸, 피담보채권의 이행기의 미도래 또는 이행기의 유예 등이 실체상의 이의사유에 해당한다. 이의사유의 존부가 불명인 경우, 개시결정을 취소하라는 견해, 이의를 각하해야 한다는 견해, 실체요건의 존부가 명백하지 않으면 개시결정의 취소를, 소멸원인의 존부가 불명이면 각하를 해야 한다는 견해가 주장된다. 실무에서는 증명이 용이한 경우에는 개시결정에 대한 이의를, 그렇지 않으면 담보권부존재확인의 소를 단독으로 또는 병행하여 제기하는 것이 통례라고 한다(실무제요 2-762).

집행에 관한 이의 후의 재소

또한 집행이의의 재판은 결정으로 내려지고 기판력이 없으므로, 채무자는 다시 소로서 실체상의 하자에 관해 다툴 수 있다. 이 경우 어떠한 소에 의하는지에 대해, 담보권부존재확인의 소, 청구이의의 소 또는 제3자이의의 소를 생각할 수 있지만, 청구이의의 소는 전술하였듯이 불가능하고, 담보권부존재확인의 소는 인정되며, 예외적으로 제3자이의의 소가 인정된다.

담보권이 없음을 증명하는 문서의 제출

경매개시결정에 대한 불복신청방법은 아니지만, 법 264조가 경매신청의 요건으로서 담보권의 존재를 증명하는 일정한 문서를 요구하고 있다. 이러한 점에서 담보권이 없음을 증명하는 확정판결의 등본, 담보권의 존재를 증명하는 재판 등을 취소하는 확정판결 등의 등본, 나아가 담보권 등기의 말소등기부가 제출되면, 사법보좌관은 경매절차를 정지하고 이미 내린 집행처분을 취소해야 하므로(266조), 채무자가 비교적 용이하게 경매절차의 정지, 취소를 구할 수 있다. 특히 허위의 피담보채권에 기초하여 유치권에 기한 경매를 신청한 경우 소송사기죄의 실행의 착수에 해당한다(대판 2012.11.15, 2012도9603).

2) 부동산경매

담보권의 부존재 또는 소멸이라는 실체상의 하자를 이유로 하여 집행이의의 신청을 할 수 있다. 예를 들어 저당권의 소멸은 매각대금납부시까지 발생하면 이의사유가 된다(대판 1987.8.18, 87다카671). 즉 개시결정후의 이의사유는 매수인이 매각대금을 납부할 때까지 주장하여야 하고, 납부한 후에는 매수인의 소유권취득을 다툴 수 없다(267조. 대결 1992.11.11, 92마719). 또한 경매개시결정 전의 저당권소멸사유는 이의사유가 되지만, 매수인이 적법하게 소유권을 취득할 수 없게 하는 사유도 된다(대판 1999.2.9, 98다51855). 한편, 변제의 경우에는 저당권을 말소한 다음 그 등기부등본을 집행취소서류로 제출하는 것(266조 1항 1호, 2항)이 보통이다(실무제요 2-762).

3) 유체동산경매

담보권 실행으로서의 유체동산경매와 관련된 압류에 대해서도, 부동산경매에서와 같이 채무자는 실체상의 하자를 이유로 하여 집행이의의 신청을 할 수 있다(272조, 265조). 또한 채무자는 피담보채권의 일부의 소멸을 이유로 하여 집행이의의 신청도 할 수 있다(265조). 이것은 법정질권 등에 의한 유체동산경매에서는 초과압류금지의 규정(188조 2항)이 준용되므로(272조), 압류에 대해 피담보채권의 일부소멸을 집행이의의 방법으로 주장시킬 필요가 있기 때문이다. 동일한 이치로 특정물에 관한 질권 및 법정질권에 의한 유체동산경매의 경우라면, 담보권의 불가분성으로 인해 피담보채권의 일부소멸을 이유로 하는 집행이의의 신청은 인정되지 않는다. 그 밖에 제소의 방법에 의한 불복신청방법에 대해서는 부동산경매의 경우와 같다.

4) 채권에 관한 담보권의 실행

이 경우에 법265조가 준용된다는 규정이 법 273조에 없지만, 유체동산경매에서와 같이 그 준용을 인정하여야 할 것이다. 단, 채권 등에 관한 담보권의 실행은 압류명령에 의해 개시되고(223조), 이 압류명령에 대해서는 즉시항고가 가능하다(227조 4항). 즉시항고가 인정된다는 점에서 채무자는 실체상의 하자를 즉시항고에서 주장해야 한다는 입장과 집행에 관한 이의에 의해야 한다는 입장이 있다. 담보집행은 집행권원에 의하지 않고 또한 널리 집행에 관한 이의로 실체상의 사유를 주장할 수 있게 되었으므로, 집행에 관한 이의에 의하여야 할 것이고, 이러한 것이 신속한 절차의 진행에 도움을 주며 소유자나 채무자의 권리를 부당하게 침해하는 것도 아니기 때문이다. 그 밖에 소의 방법에 의한 불복신청방법에 관해서도 부동산경매의 경우와 같다.

(4) 집행의 정지

불복신청을 하여도 담보집행절차가 정지되는 것은 아니다. 따라서 당해 담보권의 존부를 다투는 자는 강제경매에서와 같이 법86조 2항에 의한 매각절차의 일시정지를 명하는 가처분결정을 받을 수 있다. 또한 청구이의의 소에 준하는 채무에 관한 이의의 소(채무부존재확인, 담보권부존재확인 또는 저당권설정등기의 말소)를 본안으로 하여 법 46조 2항에 의한 가처분을 받아 매각절차를 정지시킬 수 있다(대결 1993.10.8, 93그40). 정지시킨 후 본안의 승소판결을 받아 저당권을 말소한 다음 그 등기부등본을 집행취소서류로 제출하게 된다(266조 1항 1호, 2항). 이에 반해 법300조의 일반가처분에 의한 담보집행절차의 정지는 불가능하고(대결 1993.1.20, 92그35 등), 전술하였듯이 경매의 불허를 구하는 독립의 소도 허용되지 않는다.

5. 각종 재산에 대한 담보집행절차

(1) 부동산에 대한 담보집행

1) 의 의

절차의 개시

부동산에 대한 담보경매의 신청에는 전술하였듯이 집행권원이 요구되지 않고 담보권의 존재가 증명되어야 한다(규칙 192조. 신청서의 기재사항에 관해서는 전술 참조). 담보권의 순위는 문제되지 않고, 후순위담보권자도 스스로 경매신청을 할 수 있다. 신청서의 제출과 함께 필요에 따라 변제기도래를 증명하는 보충증명문서, 권리의무의 승계를 증명하는 승계증명문서의 제출도 요구된다. 그러나 피담보채권의 존재나 금액을 별개의 문서로 증명할 필요는 없다. 한편 전술하였듯이 부동산에 대한 강제집행에서와는 달리 강제관리는 인정되지 않는다.

소유자에 대한 개시결정의 송달

경매개시결정이 내려지면 그 결정이 부동산의 소유자에게 송달되는데, 그 때 소유자에게 어떠한 문서에 의해 담보권의 존재가 증명되었는지를 알리기 위해 전술한 문서의 목록 등이 송부되어야 한다(264조 3항). 이것은 소유자의 불복신청을 위한 방책의 하나로 강제집행에서의 집행권원 등의 송달에 대응하는 것이다.

절차의 정지

경매절차개시 후 법 266조 소정의 문서가 사법보좌관에 제출되면 매각절차를 정지하여야 한다. 별도로 정지결정을 요하지 않고, 경매신청인에게 통지를 하여야 하는 것도 아니다.

2) 일괄경매

필요성

민법 365조는 저당권의 실행방법으로서 일괄경매를 인정하고 있다.[117] 일괄경매란, 저당권의 실행 시에 발생할 우려가 있는 법정지상권 문제를 해결하기 위해 마련된 저당권실행의 방법이다. 즉 저당권의 실행으로 토지가 제3자에게 매각될 경우에 그 지상에 있는 건물을 철거하여야 한다면 사회경제적으로 현저한 불이익이 생기게 되어 이를 방지할 필요가 있으므로, 이러한 이해관계를 조절하고 저당권자에게도 저당토지상의 건물의 존재로 인하여 생기게 되는 경매의 어려움을 해소하여 저당권의 실행을 쉽게 할 수 있도록 한 것이다(대결 1994.1.24, 93마1736 등). 일괄경매는 저당권자의 권리이므로, 사법보좌관은 원칙적으로 저당권자의 일괄경매를 그것이 인정되는 한 받아 들여야 한다. 또한 일괄경매는 권리이지 의무는 아니다. 따라서 법 124조의 과잉경매금지의 원칙도 민법 365조에 의한 일괄경매에는 적용되지 않는다. 그러나 저당권자는 저당권이 설정된 토지의 매각대금에 한정하여 우선변제를 받는다(민법 365조 단서).

117) 이하 자세히는 김상수, 민법 제365조의 일괄경매의 가능성과 한계, 인권과 정의 326호(2003년), 180면 이하 참조.

요 건

일괄경매를 이용하려면, 먼저 건물에 법정지상권이 성립하는 경우에는, 그러한 이용권을 저당권자도 존중해야 하므로, 일괄경매를 신청할 수 없다(대결 1998.4.28, 97마2935). 다음으로 건물의 축조자와 그 소유권자는 누구이어야 하는지에 관하여, 판례는 저당권설정자가 건물을 축조한 경우뿐만 아니라 저당권설정자로부터 저당토지에 대한 용익권을 설정 받은 자가 그 토지에 건물을 축조한 경우라도 그 후 저당권설정자가 그 건물의 소유권을 취득한 경우에는 저당권자는 토지와 함께 그 건물에 대하여 경매를 청구할 수 있다고 해석하고 있다(대판 2003.4.11, 2003다3850). 이 판례의 해석은 학설의 입장에서 진일보한 것으로 타당하지만, 다른 한편으로 건물의 축조자를 묻지 않으면서도 결국에는 그 소유권자가 저당권설정자라고 한 점은 타당하지 않다. 축조자를 묻지 않는 한, 그(축조자를 묻지 않는)에 관한 이유를 동일하게 적용하여 그 후의 소유자가 누구인가는 중요하지 않은 것이라고 생각한다.[118]

3) 저당권자에 의한 방해배제청구의 가능성

집행방해행위에 대한 대처방법-사법보좌관의 조치

부동산담보집행의 경우 당해 부동산의 불법점거, 법정지상권이 인정되지 않는 건물의 신축 등에 의한 집행방해에 대해 저당권자는 어떻게 대처할 수 있는지 문제된다. 먼저 생각할 수 있는 것은 법 83조에 의한 부동산보전을 위한 사법보좌관의 조치이다. 저당권자는 이 조치를 이용함으로써 대개의 경우 집행방해에 대처할 수 있을 것이다. 그러나 그러한 사법보좌관의 조치로는 대량 사건을 신속하고 처리하는데 어려움이 있고, 점유관계와 권리관계를 확정적으로 판정하기 위한 조사기관이나 절차구조가 동반되지 않는다.

방해배제청구권의 인정

이에 따라 저당권자는 저당권의 효력으로서 당해 부동산의 인도청구를 물권적 청구권으로서 행사할 수 있는지 검토할 필요가 있다. 민법의 전통적 이론에 따른다면, 가치권에 불과한 저당권에는 물권적 청구권으로서 인도청구권이 인정될 수 없을 것이다. 그러나 저당권의 효력으로서 경매를 하여 우

118) 자세히는 김상수, 민법 제365조의 일괄경매청구권의 개정, 비교사법제16권3호, 2009, 1면 이하.

선변제권을 행사한다는 점을 부정할 수 없으므로 그러한 권리의 침해로서 방해배제를 인정할 필요는 부정할 수 없다. 대법원은 이미 저당권자의 방해배제청구권을 인정하는 판결을 내린 바 있고(대판 2006.1.27, 2003다58454), 또한 현재 진행 중인 민법개정작업에서도 저당권의 효력으로서 방해배제청구권을 인정하려고 하고 있다. 따라서 그러한 한도에서는 저당권자 자신에게 인도할 것을 청구하는 것도 가능하다고 해석하여야 할 것이다. 저당권자는 우선변제권의 침해를 주장하는 것이므로 원칙적으로 집행에 착수하여야 인도청구권을 행사할 수 있다. 또한 이 인도청구를 본안으로 하여 통상의 보전처분을 구하는 것도 인정된다(대판 2006.1.27, 2003다58454). 나아가 저당권의 실행방법으로서 전술한 강제관리도 인정된다면, 그만큼 저당권자의 권리구제에는 도움이 될 것이다.

4) 준부동산의 경우

그 밖에 선박을 목적으로 하는 담보권실행을 위한 경매에는 선박강제경매에 관한 규정(172조 내지 186조. 규칙 95조 2항 내지 104조), 담보권실행을 위한 부동산경매에 관한 규정(264조 내지 268조. 규칙 194조)이 준용된다(269조. 규칙 195조). 항공기를 목적으로 하는 경우에는, 항공기집행에 관한 규정이 거의 전면적으로 준용되고, 담보권실행을 위한 경매에 고유한 사항에는 부동산담보경매 및 선박담보경매에 관한 규정의 일부가 준용된다(규칙 196조). 자동차・건설기계・소형선박의 경우에도 항공기집행의 경우와 마찬가지이다(270조. 규칙 197조, 198조).

(2) 유체동산에 대한 담보집행

집행의 개시

담보권자가 집행관에 대해 목적물을 제출하거나 동산의 점유자가 압류를 승낙하는 것을 증명하는 문서를 제출했을 때에 한해 절차가 개시된다(271조). 담보권(특히 질권의 경우)의 존재를 추인할 수 있고, 점유자에 대한 부당한 권리침해가 발생하지 않는 한도에서 매각목적물을 확보하기 위한 취지이다. 또한 문서에 의한 일반적인 증명(담보권의 존재)을 요건으로 하지 않은 것은, 집행관이 그러한 실체상의 권리 존부의 판단에 관하여 전문가로서 판단할 수 없다는 사정도 고려된 것이다. 단, 담보권자가 목적물을 점유하고 있지 않는 경우에는 그 집행에 어려움이 있다. 이에 대하여는 담보권자가 담보목적물의 점유를 집행관에게 이전시키는 방법에 관한 문제로서, 당해 목적물을 담보권에 기하여 가압류를 한 다음 경매신청을 하는 방법과, 목적물에 대한 실체법상의 인도청구권을 인정하고 이를 행사하여 인도를 명하는 판결이나 단행가처분에 의해 점유를 취득한 다음 경매신청을 한다는 방법을 생각할 수 있다.

유체동산 강제집행과의 차이

유체동산을 목적으로 하는 담보권실행을 위한 경매절차에 관하여는 법 265조와 266조가 준용되는 점 이외에는, 유체동산의 강제집행의 규정의 대부분이 준용된다. 단, 특정목적물에 설정된 담보권의 실행을 위한 것이므로, 초과압류금지에 관한 법 188조 2항(규칙 140조 1항), 매각의 한도를 정하는 법 207조, 압류금지물건에 관한 법 195조, 196조 및 규칙 143조, 압류물의 선택에 관한 규칙 132조는 준용되지 않는다(규칙 199조 2항). 또한 법 267조가 준용되지 않기 때문에, 경매당시 담보권이 소멸되고 없었던 경우에 대금을 납부한 매수인은 목적물의 소유권을 취득하지 못하지만, 민법상의 선의취득은 가능하다.

간이변제충당

그 밖에 질권자(유치권자 포함)는 간이변제충당으로서 질물 또는 유치물로 직접 변제에 충당할 것을 법원에 청구할 수 있다(민법 338조 2항, 322조 2항). 이러한 간이변제충당은, 비송사건절차에 의한(비송사건절차법 56조, 53조) 법원의 허가절차에 따른다.

(3) 채권 등에 대한 담보집행

집행의 개시 - 강제집행절차의 준용

채권 그 밖의 재산권에 대한 담보권(통상 질권)의 실행을 위한 집행절차에는 채권과 다른 재산권에 대한 강제집행에 관한 규정이 대체로 준용된다(273조. 규칙 200조). 채권 등에 관한 담보권의 실행은 담보권의 존재를 증명하는 문서를 제출해야 하는데(273조), 사법보좌관이 담보권의 존재를 증명(담보권의 존재가 고도의 개연성으로 판정되고 피담보채권의 존재 및 그 이행기의 도래도 판정되는 경우)하고 있다고 인정하면 어떠한 문서라도 제출할 수 있다. 물론 권리의 이전에 관한 등기 등을 필요로 하는 그 밖의 재산권을 목적으로 하는 담보권의 경우에는 부동산경매에 준하므로, 부동산경매의 신청 시에 필요한 문서의 제출이 요구된다(273조). 아울러 물상대위권 행사의 요건도 채권 등에 관한 담보권의 실행의 요건과 같다(273조). 따라서 물상대위권을 행사하기 위해서는, 담보권의 존재를 증명하는 서류를 사법보좌관에 제출하여 채권압류 및 전부명령을 신청하거나, 법 247조에 의하여 배당요구를 하는 방법에 의하여 하고, 이는 늦어도 배당요구의 종기까지 하여야 하므로 그 이후에는 물상대위권자로서의 우선변제권을 행사할 수 없다(대판 2003.3.28, 2002다13539).

집행방법

대상물이 금전이면 금전채권에 대한 집행과 마찬가지로 추심명령, 전부명령 또는 특별현금화명령에 의한다. 대상물이 물건이면 유체물인도청구권에 대한 집행과 마찬가지로 추심명령이나 그 후의 추심의 소를 통해, 집행관으로 하여금 물건을 인도받게 한 다음에 유체동산집행에 관한 방법으로 행한다(243조). 채권이 질권의 목적인 경우에는 질권자는 채권을 직접 추심할 수 있으므로(민법 353조), 제3채무자는 질권자의 승낙 없이는 공탁에 의하여 채무를 면할 수 없다. 그 밖에 초과압류금지의 원칙은 적용되지 않는다. 담보권(채권질권)의 불가분성(민법 355조, 343조, 321조)에 따라 담보권자는 담보물권 전부에 대해 권리를 행사할 수 있기 때문이다.

(4) 유가증권에 대한 질권의 실행

강제집행절차의 준용

유가증권에 질권이 설정되어 있는 경우, 그 질권의 실행방법에 대해서도 법은 배서가 금지된 유가증권과 그 이외의 유가증권으로 취급을 달리한다. 전자에 관해서는 원칙적으로 채권집행에 준하는 것으로 하고(273조 3항, 233조), 후자에 관해서는 거기에 설정된 질권의 실행은 유체동산집행(189조 1항 3호, 273조 3항)에 준하는 것으로 해석된다. 또한 예탁주권 등에 대한 질권의 실행은 원칙적으로 예탁주권 등에 대한 강제집행에 준하여 행해진다(규칙 201조 3항). 그 밖에 법률의 특별한 규정(민법 367조, 어음법 19조)에 의해 또는 특약에 의해 질권자가 법이 규정하는 방법 이외의 실행방법을 인정하고 있는 경우에는, 그 특별한 방법에 의해 실행할 수 있다.

집행방법

배서가 금지되지 않은 유가증권상의 질권의 실행은, 채권자가 집행관에게 증권을 제출하거나 증권을 점유하고 있는 자가 압류를 승인하는 것을 증명하는 문서의 제출에 의해 개시되고(189조 1항 3호의 준용), 집행관이 증권을 압류한다(즉 집행관이 강제적으로 증권을 접수할 수 없다). 집행관은 압류를 승인한 증권의 점유자에 대해 증권의 인도를 구하고 스스로 보관해야 하는 것으로 해석된다. 매각의 방법 등에 관해서는 유체동산집행과 같은 방법에 의한다. 배서가 금지된 유가증권상의 질권의 실행은, 담보권의 존재를 증명하는 문서가 제출되는 경우에 한해 개시된다. 사법보좌관은 압류명령을 발령·송달하고, 담보물인 채권의 현금화는 채권집행의 경우에 준해 행해진다(273조 3항, 233조).

물상대위의 행사

물상대위권이 인정되는 경우에는 질권자도 물상대위권을 행사할 수 있음은 물론이다(273조 2항, 민법 342조). 예를 들면 상법 340조의 주식의 등록질권자는 주식의 소각, 병합, 분할, 전환, 매수에 의해 주주가 받는 금전이나 주식 또는 잔여재산으로서 분배되는 금전 및 단주대금 등을 당연히(압류할 필요 없이) 직접 회사에 대해 청구할 수 있다. 또한 상법 338조의 약식질권자도 주권과 상환으로 회사로부터 교부되는 주식이나 금전을 받을 수 있고, 주권과 상환하지 않고 주주명부의 주주에 대해 회사로부터 직접 교부되는 것은, 질권자가 주주에게 지급 또는 인도하기 전까지 압류를 하여 자신에게 교부를 청구할 수 있다고 해석된다.

6. 경매의 효과

(1) 부동산경매

공신력의 부여

담보권 실행으로서의 부동산경매에서 절차상의 하자가 있었던 경우에는, 강제경매에서와 같이 경매절차종료 후에는 더 이상 이 절차상의 하자를 다툴 수 없다는 점에 이론이 없다. 담보권의 소멸이라는 실체상의 하자가 있었던 경우의 매각의 효과에 대해서는, 매각허가결정이 확정되고 매수인이 대금을 납부한 이상 채무자는 매수인의 소유권취득을 다툴 수 없다(267조). 따라서 채무자가 매수인의 대금완납 이전에 채무를 변제하여 담보권을 소멸시켰다 하더라도 이를 근거로 이의신청을 하고 나아가 경매절차를 정지시키지 아니하여 매수인이 매각대금을 납부하기에 이르렀다면, 이로써 매수인은 경매목적물의 소유권을 유효하게 취득한다(대결 1992.11.11, 92마719).

공신력 부여의 근거

이와 같이 법 267조는 담보집행에 의한 경매에 공신적 효과를 인정하는 법정책적 규정으로 1990년 민사소송법 개정으로 도입된 것이다. 또한 이 규정은 채권 그 밖의 재산권에 대한 담보집행에도 준용되어야 할 것이다(일본민사집행법 193조 2항은 이를 명시한다). 공신적 효과가 인정되는 이론적 근거에 대하여는, 절차가 보장된 이상은 그것을 이용하지 아니한 것에 따른 실권효라는 해석(실권효설[119]), 이와 유사한 것으로 채무자가 경매절차의 저지를 하지 아니함으로 인한 권리외관의 신뢰보호라는 해석(권리외관설), 소유자가 매수인의 소유권취득을 다투지 않고 현저히 신의칙에 반하는 경우에만 공신적 효과를 인정한다는 해석(신의칙설), 그리고 실체적 효과귀속요건으로서의 처분수권의 의제에 따르는 것이라는 해석(수권의제설)이 주장된다.

공신력 부여의 요건 – 유효한 담보권

물론 이러한 공신적 효과가 발생하는 것은, 유효한 저당권에 의해 진정한 부동산소유자를 상대방으로 하여 경매절차가 행해지는 경우에 한한다. 예를 들면 경매개시결정 이전에 피담보채권이 소멸됨에 따라 소멸된 저당권을 바탕으로 한 경매개시 결정을 비롯한 일련의 절차와 매각허가결정이 모두 무효인 경우에는, 비록 매수인이 매각대금을 완납하였다고 해도 저당물의 소유권을 취득할 수 없고, 담보부동산 소유자인 채무자는 이에 대한 소유권을 상실하지 않으므로 피담보채권자에 대하여 손해배상을 청구할 수 없다(대판 1976.2.10, 75다994).

공신력 부여의 요건 – 진정한 부동산소유자에 대한 절차권의 보장

또한 진정한 소유자가 모르는 사이에 위조문서로 소유권이전등기가 이루어지고, 그 새로운 등기명의인에 의해 설정된 저당권에 기한 경매절차가 이루어진 경우, 즉 진정한 소유자가 애당

119) 주석민사집행법 Ⅵ-28 이하; 강대성, 516면; 이시윤, 511면.

초 경매채무자가 아닌 경우에는, 매수인이 대금을 납부한 후라도 당연히 진정한 소유자는 매수인의 소유권취득을 다툴 수 있다. 만일 진정한 소유자가 경매채무자이지만 경매개시결정이 공시송달되는 등의 이유로 경매실시를 모르고 경매절차를 저지·배제하는 조치를 취할 기회가 없었던 경우에도 같다.

공신력의 유무 - 그 밖의 경우

나아가 매수인이 경매를 신청한 피담보권자 자신인 경우, 저당권의 부존재나 소멸을 알고 있는 경우에는, 법 267조의 효과는 발생하지 않는다고 해석하여야 할 것이다. 단, 외형상으로는 적법한 형식이지만 무효사유가 있는 법정문서의 제출에 의해 경매개시결정이 이루어진 경우에 관하여는 다툼이 있다. 그러나 이 경우에는 경매의 공신적 효과를 인정할 수 있을 것이다. 경매는 법정문서의 효력으로서 실시되는 것이 아니고, 소유자에게는 불복신청의 기회가 부여된 것이기 때문이다.

(2) 유체동산경매

유체동산경매에 관해서는 법 267조의 규정은 준용되지 않는다.[120] 이것은 유체동산경매에서는 매수인은 통상 선의취득(민법 249조)에 의해 보호되므로 법 267조와 같은 규정의 필요성은 없고, 또한 절차개시시의 담보권 존재의 증명도가 낮기 때문에 그 준용을 인정하는 것도 타당하지 않기 때문이다. 이와 같이 유체동산경매의 매수인에게는 선의취득의 규정이 적용되므로, 담보권의 부존재나 소멸이라는 실체상의 하자가 존재하는 경우 이외에는, 목적물이 채무자가 아닌 제3자의 소유에 속하는 경우라도 선의취득의 요건이 갖추어지면 매수인의 소유권취득은 보호된다. 이 점에서는 부동산경매에서보다 매수인의 지위는 안정되어 있다.

(3) 채권 등에 관한 담보권의 실행의 경우

채권 등에 관한 담보권의 실행에서 목적채권 등의 현금화는 목적채권 등의 추심, 전부명령, 채권자로의 양도명령 또는 제3자로의 매각명령에

---

120) 부동산이나 동산의 차이에 관계 없는 일관된 집행절차를 기하기 위하여 공신력이 인정된다는 법 267조가 준용된다고 해석하여야 한다는 주장이 있다(박두환, 665면).

의하지만(273조 3항), 여기서도 앞서 보았듯이 법 267조의 규정이 준용되어야 한다.

7. 배당절차

(1) 서

매수인이 지정된 날(268조, 142조 2항)까지 매각대금을 지급하면, 사법보좌관은 이를 배당기일에서 수령할 권리자에게 배당한다. 배당절차도 강제집행의 절차가 준용된다. 실체적 하자 있는 배당표에 기한 배당으로 인하여 배당 받을 권리를 침해당한 자는 원칙적으로 배당기일에 출석하여 이의를 하고 배당이의의 소를 제기하여 구제받을 수 있다. 이 때 설사 배당기일에 출석하여 이의를 하지 않음으로써 배당표가 확정되었다고 하더라도, 확정된 배당표에 의하여 배당을 실시하는 것은 실체법상의 권리를 확정하는 것이 아니기 때문에 부당이득금반환청구의 소를 제기할 수 있다. 그러나 배당표가 정당하게 작성되어 배당표 자체에 실체적 하자가 없는 경우에는, 그 확정된 배당표에 따른 배당액의 지급을 들어 법률상 원인이 없는 것이라고 할 수 없다.

(2) 공동저당의 경우의 배당

공동저당의 의의와 기본 사례

담보집행의 경우 공동저당에서의 배당이 문제된다. 공동저당이란, 하나의 채권을 담보하기 위해 복수의 부동산에 저당권이 설정되는 경우를 말한다(민법 368조 1항).[121] 이하 배당과 관련된 점에 관해서는 기본적인 사례로서 다음의 예, "채권자 X는 채무자 Y에 대한 5,000만원 채권을 담보하기 위해, Y소유의 부동산 甲(경매를 통해 6,000만원에 매각된다고 가정)에 최선순위 저당권을 설정 받는 동시에, 甲의 경매를 통해서도 5,000만원의 채권을 전액 회수할 수 없게 될 사정에 대비하여, Y소유의 부동산 乙(경매를 통해 4,000만원에 매각된다고 가정)에도 최선순위의 저당권을 설정받는 경

121) 그 밖에 부동산의 일부 공유지분에 관하여 저당권이 설정된 후 부동산이 분할된 경우, 분할된 각 부동산이 저당권의 공동담보가 된다(대판 2012.3.29, 2011다74932).

우(저당목적물의 소유자가 채무자가 아닌 동일한 물상보증인의 경우도 같다)"를 본다면 다음과 같다(공동근저당권자의 경우에도 마찬가지이다[대판 2012.1.12, 2011다68012]).[122]

소유자의 동일과 동시배당

먼저 소유자가 동일한 저당목적물에 대해, X의 경매신청으로 인해 甲과 乙을 동시에 경매하여 배당하는 경우(동시배당), 甲과 乙 중 어느 하나만을 우선하여 경매하고 나머지를 추후에 경매하여 배당하는 경우(이시배당)에, 각 저당권자는 다음과 같은 배당을 받는다(이하의 〈표1〉 참조). 동시배당의 경우에는, 민법 368조 1항에 의하여 각 부동산의 경매대가(매각대금)에 비례하여 공평하게 배당을 한다. X는 甲으로부터는 그 매각대금의 60%(甲과 乙의 비율)인 3,000만원의 배당을, 乙로부터는 그 매각대금의 40%인 2,000만원의 배당을 받는다. 다음으로 A와 B는, 각 매각대금에서 X에게 배당한 나머지 금액인 3,000만원과 2,000만원의 배당을 받게 된다.

소유자의 동일과 이시배당

반대로 이시배당에 관해서는 민법 368조 2항이 규율한다. 기본사례에서 甲을 먼저 경매하였다면, X는 5,000만원 전액의 배당을 받고 나중에 매각된 乙로부터는 배당을 받지 못한다(반대로 乙을 먼저 매각하였다면, 그 매각대금 전액인 4,000만원의 배당을 받고, 甲의 매각대금으로부터 채권잔액인 1000만원의 배당을 받는다). 이 때 A는 甲의 매각대금 잔액인 1,000만원의 배당을 받고, 후에 매각된 乙로부터 X가 받아야 하는 2,000만원을 대위하여 배당받으며, 따라서 B는 그 나머지 금액인 2,000만원의 배당을 받게 되는 것이다(乙을 먼저 매각하였다면 B는 乙로부터는 배당을 못 받고 X가 甲으로부터 받을 수 있는 3,000만원 중 실제로 배당을 받은 1,000원을 뺀 나머지 2000만원을 대위하여 배당받고, A는 X와 B가 배당받은 나머지 금액인 3,000만원의 배당을 받는다). X, A, 그리고 B의 배당액은, 어느 경우에나 각각 5,000만원, 3,000만원, 그리고 2,000만원의 배당을 받게 되는데, 이것은 동시배당의 경우와 같다.

---

122) 자세히는 김상수, 저당권의 실행과 관련된 민법의 개정. 민사법학18호, 2000, 63면 이하 참조.

〈표 1〉 동일 소유자 형태

목적부동산과 그 가격	소유자	저당권자와 그 담보액	동시배당	이시배당	
				甲을 먼저	乙을 먼저
甲부동산 (가격6,000만원)	채무자Y (물상보증인)	제1저당권자X (담보액5,000만원)	3,000만원 (5,000만×0.6)	5,000만원 (담보전액)	1,000만원 (담보잔액) (단, X의 2,000만원을 B가 대위)
		제2저당권자A (담보액4,000만원)	3,000만원 (매각잔액)	1,000만원 (매각잔액)	3,000만원 (B대위후의 매각잔액)
乙부동산 (가격4,000만원)	채무자Y (물상보증인)	제1저당권자X (담보액5,000만원)	2,000만원 (5,000만×0.4)	0원(단, X의 2,000만원을 A가 대위)	4,000만원 (매각전액)
		체2저당권자B (담보액5,000만원)	2,000만원 (매각잔액)	2,000만원(A대위후의 매각잔액)	0원

소유자를 달리 하는 경우

다음으로 저당목적물의 소유자를 달리하는 경우에는 〈표 2〉와 〈표 3〉에서 보는 바와 같이 보다 문제가 된다. 민법 368조의 조문의 내용에서 본다면, 같은 조가 예상하고 있는 것은 〈표 1〉의 기본적인 사례의 경우이고, 그 외의 경우는 법이 예상하지 못한 부분이기 때문이다.

소유자를 달리 하는 경우 – 동시배당

甲만은 물상보증인인 Z의 소유라고 하고, 동시배당과 이시배당시의 배당을 본다면(〈표 2〉 참조) 다음과 같다. 먼저 동시배당의 경우에는, 최선순위저당권자 X는 책임만을 부담하는 물상보증인의 재산인 甲이 아니라 채무자의 재산인 乙로부터 먼저 배당을 받아야 한다(대판 2010.4.15, 2008다41475). 따라서 X는 乙로부터 매각대금 전액인 4,000만원을 배당받고, 甲으로부터 담보잔액인 1,000만원의 배당을 받는다. 甲의 매각대금중 잔액인 5,000만원에 대해서는, 변제자대위가 우선하므로 Z는 B에 우선하지만, 반대로 자신이 책임을 부담해야 하는 A에게는 뒤지게 되기 때문에, 5,000만원 중 4,000만원은 A가, 1,000만원은 Z이 배당받고, 반대로 B는 배당을 받지 못한다.

소유자를 달리 하는 경우 – 이시배당

이시배당의 경우에도 乙을 먼저 실행하여야 하므로 동시배당의 경우와 차이가 없다. 만일 甲을 먼저 실행하여 배당한다 하더라도, X는 甲으로부터 담보전액인 5,000만원을 배당받고, 매각대금의 잔액 1,000만원은 A가 배당받으며, 乙을 매각하여 X가 받을 4,000만원은 B가 아닌 Z가 대위하여 배당받게 되고, A는 Z보다 우선하므로 담보잔액인 3,000만원은 A가, 그 나머지 1,000만원은 Z가 배당받는다. 어느 경우에나 결과는 같게 됨을 알 수 있고, 이것이 민법 368조가 요구하는 것이기도 하다. 그 밖에 甲을 Z로부터 제3자가 취득한 경우, 제3취득자는 X의 지위를 승계하고 따라서 배당액도 Z와 같다. 또한 乙을 Y로부터 제3자가 취득한 경우, 제3취득자는 채무자의 지위를 승계하므로, 결국 전혀 대위를 할 수 없게 된다.

서로 다른 물상보증인이 소유하는 경우

마지막으로 甲과 乙의 소유자가 채무자가 아닌 각각 물상보증인 Z1과 Z2의 소유라고 하면 어떠한 배당이 되는지 생각하여 보자(〈표 3〉 참조). 이 경우에는 앞서 본 〈표 1〉의 경우와 결론적으로 같다. 동시배당의 경우에는 동일하고, 이시배당의 경우에는 대위의 순서가 문제되지만, 최선순위저당권자의 배당분을 물상보증인이 대위하고, 이를 다시 각각의 물상보증인에 대한 후순위저당권자가 대위한다는 결론이 되는 것이다. 따라서 배당금액상으로는 〈표 1〉과 〈표 3〉의 차이는 없다.

〈표 2〉 소유자를 달리하는 경우(채무자와 물상보증인의 소유)

목적부동산과 그 가격	소유자	저당권자와 그 담보액	동시배당	이시배당	
				甲을 먼저	乙을 먼저
甲부동산 (가격6,000만원)	물상보증인 Z	제1저당권자X (담보액5,000만원)	1,000만원 (담보잔액)	5,000만원 (담보전액)	1,000만원 (담보잔액)
		제2저당권자A (담보액4,000만원)	4,000만원(Z는 B에 우선, A는 Z에 우선. 최종 잔액 1,000만원은 Z에게 배당)	1,000만원 (매각잔액)	4,000만원 (잔액 1,000만원은 Z에게 배당)
乙부동산 (가격4,000만원)	채무자Y	제1저당권자X (담보액5,000만원)	4,000만원 (매각전액)	0원(X의 4,000만원을 A(3,000만원), Z(1,000만원) 순으로 대위)	4,000만원 (매각전액)
		제2저당권자B (담보액5,000만원)	0원(대위불가)	결국 B는 0원	0원(대위불가)

〈표 3〉 소유자를 달리 하는 경우(서로 다른 물상보증인의 소유)

목적부동산과 그 가격	소유자	저당권자와 그 담보액	동시배당	이시배당	
				甲을 먼저	乙을 먼저
甲부동산 (가격6,000만원)	물상보증인 乙1	제1저당권자X (담보액5,000만원)	3,000만원 (5,000만×0.6)	5,000만원 (담보전액)	1,000만원 (담보잔액)(X의 3,000만원에서 1,000만원을 뺀 2,000만원이 대위를 통해 乙2→B로 이전)
		제2저당권자A (담보액4,000만원)	3,000만원 (매각잔액)	1,000만원 (매각잔액)	3,000만원 (매각잔액)
乙부동산 (가격4,000만원)	물상보증인 乙2	제1저당권자X (담보액5,000만원)	2,000만원 (5,000만×0.4)	0원(X의 2,000만원을 乙1이 대위, 이를 A가 다시 대위)	4,000만원 (매각전액)
		제2저당권자B (담보액5,000만원)	2,000만원 (매각잔액)	2,000만원 (매각잔액)	0원

만일 제3자가 甲 또는 乙을 취득한 경우라도, 당해 제3자는 X 또는 Y의 지위를 승계하므로 결과에는 차이가 없다. 반대로 물상보증인 이외에 달리 보증인이 있으면, 법정대위의 금액에 차이가 발생하므로, 항상 〈표 3〉과 같이 저당목적물이 채무자소유인 경우에서의 결론이 되는 것이라고는 할 수 없다.

(3) 경매를 신청하지 않은 근저당권자의 배당액의 확정

확정시기는 언제인가

경매를 신청하지 않은 근저당권의 피담보채권의 확정시기에 관한 판례(대판 1999.9.21, 99다26085)는 매수인이 매각대금을 완납한 때에 확정된다고 해석한다(스스로 경매를 신청한 근저당권자의 경우에 관해서는 전술하였다). 학설은 근저당권자가 스스로 경매를 신청하지 않는 경우에는 경매개시결정시를 피담보채권의 확정시로 풀이하는 것이 통설이고, 유력설은 판례와 같은 해석이다.

채권계산서 제출시기에 따른 확정시기

생각건대, 근저당권의 피담보채권이 매각대금 완납 시에 확정된다면 애당초 경매가 불가능하다. 왜냐하면 사법보좌관은 경매부동산의 매각에 따른 잉여의 여부를 그 매각 전에 판단해야 하는데, 근저당권의 피담보채권액이 확정되지 않는 한, 그것이 불가능해지기 때문이다. 또한 이러한 점 때문에, 근저당권자는 자신의 채권에 관한 계산서를 배당요구종기의 결정과 동시에 정해지는 특정기일까지 사법보좌관에 제출하게 되어 있다. 따라서 스스로 경매를 신청하지 않은 근저당권자의 권리실행은 채권계산서의 제출시 또는 그 제출기한의 만료시에 한 것에 해당하고, 따라서 이 때 피담보채권도 확정된다고 풀이해야 한다. 이러한 해석은 또한 근저당권자가 스스로 경매를 신청한 때의 피담보채권 확정의 경우와 동일한 기준(권리실행시)으로 판단하게 하는 것이기도 하다.

8. 담보집행의 정지와 종료

(1) 담보집행의 정지 · 취소

1) 집행취소문서

취소문서

다음의 문서가 제출되면 사법보좌관 또는 집행관은 담보집행을 정지하고 동시에 이미 한 집행처분을 취소하여야 한다(266조). 즉 담보권의 등기가 말소된 등기부의 등본(같은 조 1항 1호), 담보권 등기를 말소하도록 명한 확정판결의 정본(같은 항 2호), 담보권이 없거나 소멸되었다는 취지의 확정판결의 정본(같은 항 3호) 및 채권자가 담보권을 실행하지 아니하기로 하거나 경매신청을 취하하겠다는 취지 또는 피담보채권을 변제받았거나 그 변제를 미루도록 승낙한다는 취지를 적은 서류(같은 항 4호)가 화해조서의 정본 또는 공정증서의 정본인 경우에는, 사법보좌관은 이미 실시한 경매절차를 취소하여야 한다.

강제집행과의 차이

강제집행과의 차이로서 변제수령 · 유예는 강제집행에서는 정지사유이지만, 담보집행에서는 취소사유이다. 또한 변제수령 · 유예는 강제집행에서는 사문서로도 주장할 수 있지만, 담보집행의 경우에는 공문서이어야 한다(단, 사문서라도 집행에 관한 이의를 통해 주장할 수 있다).

2) 집행정지문서

집행절차의 정지만을 구하고 취소까지 이르게 하지 않는 문서가 제출된 경우를 말하고, 그 재판에 따라 경매절차를 취소하지 아니한 때에만 이미 실시한 경매절차는 일시적으로 유지된다(266조 2항). 이에 해당하는 것으로 담보권 실행을 일시 정지하도록 명한 재판의 정본(266조 1항 5호)이 있다. 구체적으로는 민사집행에서 인정된 불복신청의 제기에 따른 집행정지의 가처분이나 조정사건이 계속된 조정담당판사에 의한 집행정지의 가처분(민사조정규칙 5조)을 생각할 수 있다. 그 밖에 담보권실행금지의 가처분명령 등의 등본을 들 수 있다.

(2) 정지와 취소의 처리

처리절차는 대략 강제집행의 경우와 같다. 위와 같은 문서는 원칙적으로 대금납부 등의 현금화절차 종료시까지 제출하면 된다. 집행취소문서의 제출에 의한 집행처분취소의 처분에 대하여는 즉시항고를 할 수 없고(266조 3항), 집행에 관한 이의에 의한다.

(3) 담보집행신청의 취하

강제경매에서와 같다. 즉 매수신고 후에는 법 93조 2항에 따라 처리된다.

03 제 3 장 형식경매

1. 서

형식적 경매란 채권자가 자신의 만족을 얻기보다는 재산의 가격보존 또는 정리를 위하여 하는 경매(현금화절차)를 말한다. 법 274조는 그러한 경매로서, 유치권에 의한 경매와 민법·상법, 그 밖의 법률이 규정하는 바에 따른 경매는 담보경매에 준한다고 규정한다. 아울러 배당 등의 절차를 예정하고 있지 않기 때문에, 배당요구의 종기나 배당요구에 관한 규정은 적용되지 않고, 매각시의 소멸주의가 적용되지 않는 것이 원칙이다.

2. 유치권에 의한 경매

특징

전술하였듯이 유치권(민사유치권과 상사유치권을 포함한다)에 의한 경매는 담보권 실행으로서의 경매의 예에 의하는 것으로 되어 있고(274조), 일단 유치권을 다른 담보권과 구별하는 형태를 취하고 있다. 이것은 유치권이 우선변제권을 갖지 않는 이유에서, 과거 유치권에 의한 경매를 인정한다고 하여도 유치권을 다른 담보권과 동일하게 다루는 것에 대해서는 부정적인 견해가 유력하였기 때문이다.

형식경매로서의 현금화

그 결과 유치권에 의한 경매를 담보권에 의한 것이라기보다는 현금화를 위한 경매(형식경매)로 파악하는 견해도 유력해지고 있다. 이 견해에 의하면 유치권에 의한 경매는 유치권을 현금화하기 위한 절차로서 배당요구를 인정할 필요는 없게 되고, 현금화절차에서도 앞서 보았듯이 목적물상의 부담에 관해 소멸주의(91조 2항)를 취할 필요가 없으며, 인수주의로 매각을 실시하고 매각대금에서 경매비용을 공제한 잔액을 유치권자에게 인도하면 족하다(유치권자는 자신의 피담보금채권으로 매각대금인도채무와 상계함으로써 사실상 우선적 만족을 얻게 되는 것이다)고 해석할 수 있다. 유치권에 의한 경매가 인수주의에 따라 진행되는 경우에는 배당요구와 배당이 인정되지 아니하고 배당이의의 소도 허용되지 아니한다(대판 2014.1.23, 2011다83691).

강제집행과의 관계

유체동산의 유치권자가 법274조1항, 271조에 따라 유치권에 의한 경매를 신청하고 집행관에게 그 목적물을 제출하여 유치권에 의한 경매절차가 개시된 때에도 그 목적물에 대한 유치권자의 유치권능은 유지되므로, 유치권에 의한 경매절차가 개시된 유체동산에 대하여 다른 채권자가 법215조에 정한 이중압류의 방법으로 강제집행을 하기 위해서는 채권자의 압류에 대한 유치권자의 승낙이 있어야 한다(대결 2012.9.13, 2011그213). 만일 유치권에 의한 경매절차가 개시된 유체동산에 대하여 유치권자의 승낙 없이 법215조에 따라 다른 채권자의 강제집행을 위하여 압류를 한 다음, 법274조2항에 따라 유치권에 의한 경매절차를 정지하고 채권자를 위한 강제경매절차를 진행하였다면, 그 강제경매절차에서 목적물이 매각되었더라도 유치권자의 지위에는 영향을 미칠 수 없고 유치권자는 그 목적물을 계속하여 유치할 권리가 있다고 보아야 한다.

3. 그 밖의 형식경매

유치권 이외의 민법, 상법 그 밖의 법률의 규정에 의한 현금화를 위한 경매, 즉 형식경매는 과거 경매법 하에서 담보권 실행으로서의 경매와 구별되지 않고 다루어졌지만, 법은 양자를 구별하여 형식경매는 담보권 실행으로서의 경매의 예에 의하는 것으로 하였다(274조).

2가지 형태

형식경매는 크게 순현금화형 형식경매(목적재산의 가치적 변환을 목적으로 경매를 통해 현금화 하는 것)와 청산형 형식경매(일정범위의 재산에 대해 청산을 목적으로 경매를 통해 현금화 하는 것)의 2가지로 나누어진다. 전자에는 앞서 본 유치권에 의한 경매 이외에, 공유물분할을 위한 경매(민법 269조), 자조매각(민법 490조), 상법상의 단주의 경매(상법 443조 1항 등) 등 형식경매의 대부분이 포함된다. 후자로는 한정승인이나 재산분리 등에 따른 상속재산의 경매(민법 1037조, 1047조) 등이 있다.

판례는 민법1037조에 근거하는 상속재산에 대한 형식적 경매에 대해 한정승인자가 상속재산을 한도로 상속채권자나 유증받은 자에 대하여 일괄하여 변제하기 위하여 청산을 목적으로 당해 재산을 현금화하는 절차이므로, 제도의 취지와 목적, 관련 민법 규정의 내용, 한정승인자와 상속채권자 등 관련자들의 이해관계 등을 고려할 때 일반채권자인 상속채권자로서는 민사집행법이 아닌 민법1034조, 1035조, 1036조 등의 규정에 따라 변제받아야 한다고 볼 것이고, 따라서 그 경매에서는 일반채권자의 배당요구가 허용되지 않는다고 해석한다(대판 2013.9.12, 2012다33709).

4. 경매절차

(1) 의 의

형식적 경매는 담보경매의 예에 따라 실시되므로, 형식적 경매의 특수한 상황이 아닌 한 담보경매가 그대로 적용된다. 형식적 경매의 특수한 상황에 대해서는 담보경매의 절차를 다소 변용하여 적용하게 된다.

(2) 압 류

형식적 경매의 절차를 개시하는 방법은 부동산의 경우 압류가 되는데, 이 압류의 효력으로 처분금지효를 인정할 것인지에 대해서는 인정하는 견해와 부정하는 견해가 있다. 현금화의 실시와 그 실체적 효과의 확보를 위하여, 또한 경합하는 다른 민사집행절차와의 조정 등의 기술적 요청을 고려할 때, 처분금지효를 인정하여야 할 것이다. 압류의 통지에 관해서는, 공유물분할을 위한 경매나 한정승인자의 신청에 의한 경매 등 일정한 범위의 관계인에게 경매참가권이 인정된 경우에는 그들에게도 압류의 사실을 통지하여야 하지만, 통지가 없어도 경매에 의한 현금화의 효력에는 영향이 없다고 해석하여야 한다.

(3) 인수주의 등의 적용

인수주의 · 잉여주의의 적용 가능성

형식적 경매로 부동산을 매각하는 경우 소멸주의가 적용되는지에 대해서도 다툼이 있다. 이에 관하여는 각각의 경우에 따라 구별하여, 순현금화형 형식경매라면 현금화 자체에 목적이 있고 만족절차가 필요하지 않다는 점에서 인수주의가, 청산형 형식경매라면 권리관계의 청산을 위해 소멸주의가 적용된다는 해석이 타당할 것이다. 그러나 판례(대판 2009.10.29, 2006다37908)는 경매의 목적이 채권의 회수에 있는가 또는 단순한 환가에 있는가에 따라 논리필연적으로 도출되는 것이 아니라, 경매의 취지와 목적 및 성질, 경매가 근거하는 실체법의 취지, 경매를 둘러싼 채권자와 채무자, 소유자 및 매수인 등의 이해관계 등을 종합하여 결정하여야 한다고 한다.

판례의 태도

그러면서 유치권에 의한 경매의 경우, 유치권에 의한 경매에도 채권자와 채무자의 존재를 전제로 하고 채권의 실현 · 만족을 위한 경매를 상정하고 있는 점, 반면에 인수주의를 취할 경우 필요하다고 보이는 목적부동산 위의 부담의 존부 및 내용을 조사 · 확정하는 절차에 대하여 아무런 규정이 없고 인수되는 부담의 범위를 제한하는 규정도 두지 않아, 유치권에 의한 경매를 인수주의를 원칙으로 진행하면 매수인의 법적 지위가 매우 불안정한 상태에 놓이게 되는 점, 인수되는 부담의 범위를 어떻게 설정하느냐에 따라 인수주의를 취하는 것이 오히려 유치권자에게 불리해질 수 있는 점 등을 함께 고려하면 소멸주의를 원칙으로 하는 것이 타당하다고 한다(대결 2011.6.15, 2010마1059). 그러나 유치권 경매를 포함하는 순현금화형 형식경매라면 현금화 자체에 목적이 있고 목적재산에 부담이 있어도 그 부담이 있는 상태로 가치가 현금화되면 경매의 목적이 달성되므로, 인수주의가 적용되어야 할 것이다.

그 밖에 잉여주의의 적용 여부도 다툼이 있지만, 전자라면 적용되지 않지만, 후자라면 적용된다.[123)]

부동산보전조치의 가능성

또한 부동산보전을 위한 사법보좌관의 조치를 인정할 여지가 있는지에 대해서도 다툼이 있다. 경매부동산을 점유하는 경우인 유치권에 의한 경매와 자조매각의 경우에 인정할 여지가 없다. 그 외의 형식적 경매의 경우에도 우선 변제권이 없는 관계로 원칙적으로 부동산가격의 감소에 영향을 받지 않게 된다. 단, 잉여주의 및 소멸주의가 적용되는 경우에는, 예외적으로 조기 매각실현의 필요성이 인정되고 그 한도에서는 부동산보전을 위한 사법보좌관의 조치를 인정할 여지가 있을 것이다.

(4) 집행경합

다른 민사집행과의 경합

형식적 경매와 다른 민사집행의 경합에 대하여는 다음과 같이 처리된다. 형식적 경매절차 사이의 경합이라면 강제집행절차의 경합의 경우와 같고, 이중개시결정으로 처리된다. 형식적 경매와 강제집행절차 또는 담보집행절차와의 경합이라면, 먼저 부동산에 대한 것이라면 어느 것이 선행했는지에 관계없이 배당절차를 동반하는 강제집행절차 또는 담보집행절차가 우선된다(274조 2항. 단, 공유물분할경매와 공유지분의 강제경매가 경합하면 전자가 우선되고, 강제경매를 신청한 채권자는 당해 공유자의 매각대금교부청구권을 압류하여 만족을 얻는다).[124] 유체동산의 경우에도 부동산의 경우와 같다. 채권 그 밖의 재산이라면 형식적 경매절차에서의 매각명령이 내려지기 전에 강제집행절차 또는 담보집행절차의 현금화절차가 개시된 때에는 강제집행절차가 속행된다.

보전집행과의 경합

형식적 경매와 보전집행이 경합된다면, 가압류집행의 경우 본집행으로 이행되기 전이라면 형식적 경매가 진행되고 가압류집행은 실효된다(가압류채권자는 채무자의 매각대금교부청구권에 대한 가압류의 가능성이 있다). 가처분집행의 경우에도 형식적 경매절차를 진행할 수 있는데, 당해 가처분집행이 최선순위의 권리라면 매

---

123) 강대성, 310면; 박두환, 675면.

124) 유치권에 의한 경매절차가 정지된 상태에서 그 목적물에 대한 강제집행절차 또는 담보집행절차가 진행되어 매각이 이루어진 경우, 유치권에 의한 경매절차가 소멸주의를 원칙으로 하여 진행된 경우와는 달리 그 유치권은 소멸하지 않는다(대판 2011.8.18, 2011다35593).

각에 의해 소멸되지 않고 인수된다.

(5) 매각절차

형식적 경매에서는 채무자가 별도로 존재하는 것이 아니므로, 채무자의 매수신청금지에 관한 규칙 59조 1호, 158조의 규정은 적용될 여지가 없다(실무제요 2-819). 단, 상대방이 매수하면 목적을 달성할 수 없는 종류의 형식경매에 관하여는 따로 금지된 경우가 있다(집합건물의 소유 및 관리에 관한 법률 45조 5항 등. 또한 유치권의 경우에도 동일한가에 관해서는 다툼이 있다. 배당절차가 없는 점, 부동산에서와 같은 채무자가 없는 점, 목적부동산이 당해 채무의 책임재산이 아닌 점에서 본다면, 유치권의 경우에는 채무자의 매수신청금지가 적용되지 않는다고 해석하여야 한다). 또한 공유물분할판결에 기하여 공유물 전부를 경매에 붙여 그 매각대금을 분배하기 위한 현금화의 경우에는, 공유물의 지분경매에 있어서 다른 공유자의 우선매수권을 규정한 법 140조는 적용되지 않는다(대결 1991.12.16, 91마239). 형식경매에서의 현금화방법은 매각이므로, 채권 그 밖의 재산권에 대한 형식경매의 경우에는 실제상 매각명령(241조)에 의하게 된다.

(6) 배당요구

형식적 경매에서는 실체적 청구권의 만족을 직접적인 목적으로 하는 것이 아니므로, 배당요구채권자에 일반채권자는 포함되지 않는다. 그러나 판례는 앞서 보았듯이 유치권에 의한 경매에 있어서는 소멸주의가 원칙이고, 우선채권자 뿐만 아니라 일반채권자의 배당요구도 허용되며, 유치권자는 일반채권자와 동일한 순위로 배당을 받을 수 있다고 해석한다(대결 2011.6.15, 2010마1059).

우선권자의 배당요구

이에 반해 법 88조의 민법, 상법, 그 밖의 법률에 의하여 우선변제청구권이 있는 채권자도 배당요구 할 수 없는지에 대해서는 다툼이 있다. 스스로 경매신청을 할 수 있으므로 배당요구를 인정할 필요가 없다는 견해가 유력하다. 형식적 경매에서 인수주의를 채택하고 배당요구도 허용하지 않는 입장에 서면, 배당절차가 존재할 여지가 없게 된다. 반대로 소멸주의의 적용을 긍정한다면, 매각으로 소멸되는 담보권자에게는 배당할 필요가 있다(앞서 본 판례도 소명주의가 적용된다고 하면서 우선권자의 배당요구를 인정한다). 즉 배당요구를 인정하여야 하므로, 이 한도에서는 배당요구의 종기를 정하여 권리의 신고를 최고하여야 한다.

(7) 만 족

먼저 유치권에 의한 경매에서 매각대금이 지급된 경우, 유치권자는 우선변제권이 없어 배당을 받을 수 없지만(대판 1996.8.23, 95다8713), 유치권자에게 매각대금을 교부할 수 있고, 유치권자는 이를 자기 채권에 충당하거나 충당이 불가능하다면 상계가 가능하므로 실질적으로 우선변제를 받는 결과가 된다. 다음으로 그 밖의 형식적 경매의 경우에도 경매신청자에게 매각대금을 교부하는 것이 원칙이다.

04 제 4 장 비전형담보의 집행

1. 서

비전형담보의 집행(사적 실행)은 보통 가담법에 의한 절차가 전형적으로 이용된다. 채무자보호를 주안으로 하는 가담법으로 인해 가등기담보는 그 이용가치가 상실되어(청산의무와 경매우선주의를 주원인으로 한다) 거의 금융거래상 이용되고 있지 않다. 다른 한편 가등기담보를 포함한 전체 비전형담보의 집행이 구체적으로 어떻게 이루어져야 하는지에 대해서는 논의할 부분이 적지 않다.

2. 가등기담보의 집행

(1) 의 의

절차의 개관

토지나 건물(가담법 18조에 의해 다른 권리를 목적으로 하는 경우에도 준용)을 목적으로 하는 가등기담보의 집행은, 가등기에 의한 본등기라는 절차로 진행된다. 채권자(가등기담보권자)에게는 목적물가액(목적물가액의 평가방법에 관하여는 대판 2007.6.15, 2006다5611 참조)이 피담보채권액을 초과하면 청산의무가 발생한다(가담법 3조). 집행절차는 실행의 통지에 의해 개시되고, 청산과정을 거쳐 현금화와 만족에 이른다. 만일 법원에 의한 경매절차(공적 집행)를 병행한다면, 이하에서 보듯이 공적 집행이 우선되므로 가등기담보권자도 경매절차에 참가하여 배당을 받아야 한다.

가담법의 적용대상

가담법은 차용물의 반환에 관하여 다른 재산권을 이전할 것을 예약한 경우에 적용되고(가담법 1조), 금전소비대차나 준소비대차에 기한 차용금반환채무 이외의 채무를 담보하기 위하여 경료된 가등기나 양도담보에는 적용되지 않는다(대판 2001.3.23, 2000다29356, 29363). 그러나 금전소비대차나 준소비대차에 기한 차용금반환채무와 그 외의 원인으로 발생한 채무를 동시에 담보할 목적으로 경료된 가등기나 소유권이전등기라도, 그 후 후자의 채무가 변제 그 밖의 사유로 소멸하고 금전소비대차나 준소비대차에 기한 차용금반환채무의 전부 또는 일부만이 남게 된 경우에는, 그 가등기담보나 양도담보에도 가담법이 적용된다(대판 2004.4.27, 2003다29968).

(2) 집행의 개시

1) 실행통지

의의

집행은 가등기담보권자가 채무자 등에게 실행통지(가담법 3조 1항)를 함으로써 개시된다. 이 통지가 채무자에게 도달한 날로부터 2개월(청산기간)이 경과하고, 청산금을 지급하였으며 또한 본등기를 갖추었을 때, 채권자는 목적부동산의 소유권을 취득한다. 이 통지는 압류가 아니므로 채무자는 목적물을 처분할 수 있지만(단, 청산금청구권의 처분은 제한된다[가담법 7조]), 사실상 압류를 한 것과 같은 상황이 발생한다.

효과

실행통지는, 채무자에게 소유권이전등기의 말소청구권 행사의 기회를 부여하고(가담법 11조), 가등기담보권자는 후순위담보권자 내지는 채무자에게 제공해야 하는 배당안을 제시하는 것이 되며, 후순위담보권자는 청산기간 중에 공적 집행절차로 나아가는지를 고려하는 기간이 된다(가담법 5조, 6조, 12조 참조). 또한 청산절차를 거치지 않은 가등기의 본등기경료는 무효이다(대판 2002.6.11, 99다41657 등).

2) 착수통지

가등기담보권자는 실행통지가 채무자 등에게 도달된 때에 지체 없이 후순위권리자에게 그 통지의 사실·내용 및 그 도달일을 통지하여야 한다(가담법 6조 1항). 또한 가등기 후에 제3자(앞의 통지를 받을 자를 제외하고 대항력있는 임차권자를 포함)가 있는 경우에는, 이 제3자에 대하여도 위와 같은 통지를 하여야 한다(같은 조 2항). 이 통지가 갖는 의미는, 이를 하지 않는 경우 청산기간 경과 후에도 당해 이해관계인(특히 후순위담보권자)의 등기를 직권으로 말소할 수 없다는 점이다. 또한 이러한 해석을 전제로 한다면, 후순위담보권자가 경매를 신청하였지만 당해 절차가 남을 가망이 없음으로 인해 취소되면(102조), 가등기담보권자가 착수통지를 하지 않아도 직권말소가 가능하다.

3) 현금화와 만족

① 청산방식 - 귀속청산방식

처분청산방식의 불허

청산기간이 만료하여 청산금지급과 본등기가 경료되면 당해 목적물의 소유권은 가등기담보권자에게 귀속하고, 가등기담보권의 피담보채권은 목적물가액의 한도에서 소멸한다(귀속청산방식). 이와 반대로 가등기담보의 집행에 있어서 채권자가 청산금의 지급 이전에 본등기와 담보목적물의 인도를 받을 수 있다거나, 청산기간이나 동시이행관계를 인정하지 아니하는 '처분청산'형의 집행(처분청산방식)은 허용되지 않는다(가담법 4조 4항. 대판 2002.4.23, 2001다81856).

청산의무

가등기담보권자는 실행통지 시의 목적물가액과 그 시점의 채권액(목적부동산에 선순위담보권 등의 권리가 있으면 그 담보된 채권액을 포함)과의 차액을 채무자에게 지급해야 하고(가담법 4조 1항, 5조 5항), 이 가등기담보권자의 의무와 채무자의 본등기의무·목적물인도의무는 동시이행관계이다(가담법 4조 3항). 청산기간경과 후 제3자의 권리를 해치지 않는 것을 제외하고, 채무자 등에게 불리한 특약, 예를 들어 청산하지 않는다는 특약이나 처분청산으로 하는 특약은 모두 무효이다(가담법 4조 4항).

청산기간 경과 후의 절차

이 사적 집행절차는, 청산기간 경과 후의 후순위담보권자 내지는 일반채권자에 의한 공적 집행(물상대위[단, 이 가능성에 관해서는 후술하는 바와 같이 논의가 있다], 통상의 민사집행 또는 체납처분에 따른 집행)으로서의 압류나 가압류집행에 의해 영향을 받지 않고, 가등기담보권자는 청산금을 변제공탁하면 그 한도에서 청산금지급의무가 소멸하며(가담법 8조 1항), 채무자에게 본등기를 청구할 수 있다. 만일 가등기경료 후에 경료된 후순위담보권자 등 이해관계인이 등기상 존재하면 직권말소가 가능하다(대결 1975.12.27, 74마100).

② 선의의 제3자에 의한 소유권취득의 가능성

가담법 11조 단서 후단의 경우는 부동산 2중양도와 유사한데, 같은 조의 경우에는 배신적 악의자만을 보호하지 않는 부동산 2중양도의 경우와 달리, 악의의 제3자도 보호하지 않는다. 다른 한편 원인무효인 등기라면, 이를 이전 받은 제3자에 대해서는 그 선의·악의에 관계없이 말소등기청구를 할 수 있다. 따라서 제3자의 선의·악의에 관계없이 말소청구권을 행사할 수 있다고 해석하는 것이 타당하다. 제3자는 어차피 가등기담보등기를 보게 될 것이므로, 그러한 한도에서는 어느 정도 자신의 권리를 보호할 기회를 갖게 될 것이라 해석되기 때문이다.

③ 가등기담보권자에 의한 상계가능성

가등기담보권자가 청산금채무를 수동채권으로 하여, 자신이 채무자에게 갖고 있는 가등기담보와는 별개의 채권을 자동채권으로 하여 상계하는 것은 가능한지 문제된다. 이에 대해 판례(대판 1996.7.12, 96다17776)는 예외적으로 후순위권리자가 권리행사를 하지 않고 또한 청산기간 경과 후라면, 상계가 가능하다는 해석이다. 이러한 해석은, 특정성을 상실하기 전에는 후순위담보권자가 압류 등의 절차를 통해 우선권을 주장할 수 있고, 그 한도에서는 가등기담보권자도 상계를 할 수 없다는, 즉 후순위권리자의 우선권행사가 보장되는 한도에서는 가등기담보권자의 상계권은 부정되어야 한다는 입장이다.

4) 경매절차와의 경합

① 원칙 - 경매우선주의

의의

공적 집행절차의 진행은 사적 집행의 절차장애사유가 된다. 경매신청의 신청인에 관하여는 아무런 제한이 없으므로, 민법이나 민사집행법 그 밖의 법률에 의하여 적법하게 경매신청을 할 수 있는 사람은 누구든지 경매신청을 할 수 있다. 후순위권리자는 그 피담보채권의 변제기도래 전에는 청산기간에 한하여 경매신청을 할 수 있으나, 변제기가 도래한 후에는 언제든지 경매신청이 가능하므로, 청산기간내의 경매신청에만 적용되는 것은 아니다.

선순위담보권자의 경매신청

가등기에 앞서는 선순위담보권자의 신청에 의한 경매절차가 개시되면, 가등기담보권자는 그 경매절차에서 자신의 우선권을 주장하는 신고를 하여 우선변제를 받아야 한다. 단, 가등기담보권자가 그러한 신고를 하지 않아도 가등기담보권은 저당권과 같이 매각에 의해 소멸되고, 만일 사적 집행에 의한 소유권이전본등기가 경료되어도, 경매절차에서의 매각에 따른 대금납부가 있으면 직권에 의한 말소촉탁의 대상이 된다(가담법 13조 내지 16조, 144조 1항 2호).

저당권으로서의 가등기권리

담보가등기권리는 저당권으로 취급되므로, 법원은 가등기권리자에 대하여 그 가등기가 담보가등기인 때에는 그 내용 및 채권(이자 그밖의 부수채권을 포함한다)의 존부·원인 및 액수를, 담보가등기가 아닌 경우에는 그 내용을 법원에 신고할 것을 상당한 기간을 정하여 최고하여야 한다(가담법 16조 1항). 만일 압류등기 전에 경료된 담보가등기권리가 매각에 의하여 소멸되고 위의 채권신고를 하지 않으면, 그 채권자는 매각대금의 배당 또는 변제금의 교부를 받을 수 없다(같은 조 2항).

후순위권리자의 경매신청

사적 집행이 완료되기 전(청산완료 전)에 가등기담보권자보다 후순위인 담보권자 또는 일반채권자의 신청에 의한 경매절차가 개시되면, 양자의 착수의 전후를 묻지 않고 경매절차가 우선된다(가담법 14조). 이에 따라 가등기담보권자는 청산완료 후(또는 청산금이 없으면 청산기간만료 후)가 되어야, 그 후에 이루어진 후순위권리자의 신청에 의한 경매절차를 배제할 수 있다. 만일 청산금 지급 전에 소유권이전등기가 경료되어 버린 경우라면, 선순위담보권자의 등기는 그대로 존속하므로 그들의 경매신청에는 아무 지장이 없다.

② 가등기담보권자의 지위

저당권자로서의 지위

후순위권리자 중 어느 한명이라도 청산완료 전에 경매를 신청하고(청산기간 내라면 변제기가 도래하지 않아도 경매를 청구할 수 있다[가담법 12조 2항]), 이에 따라 경매가 개시되면 가등기담보권자는 본등기를 청구할 수 없고 경매가 우선된다(가담법 14조, 16조). 가등기담보권은 저당권으로 취급되므로(가담법 12조 1항), 담보가등기가 경료된 때에 그 저당권의 설정등기가 있는 것으로 본다(가담법 13조). 따라서 그 순위에 있어서는 저당권설정등기가 있는 것과 동일하게 되어, 저당권이 그 설정등기시점에 따라 다른 채권과의 우선순위가 결정되는 것과 같은 방법으로 우선순위가 결정된다. 만일 권리신고가 되지 않아 담보가등기인지 순위보전의 가등기인지 알 수 없는 경우라면, 그 가등기가 등기부상 최선순위이면 집행법원으로서는 일단 이를 순위보전을 위한 가등기로 보아 매수인에게 그 부담이 인수될 수 있다는 취지를 입찰물건명세서에 기재한 후, 그에 기하여 경매절차를 진행하면 족하다(대결 2003.10.6, 2003마1438).

목적부동산의 인도청구권

한편 가등기담보권자는 경매절차진행 중, 실행통지를 하고 청산기간이 경과하면 채무자에 대해 목적부동산의 인도를 청구할 수 있는지 문제된다. 소유권자가 아닌 가등기담보권자가 청산기간경과 후에 부동산의 인도를 구하는 것은 채권적인 권리에 의해서도 가능하고, 경매의 결과에 따라 가등기담보권자의 소유권취득이 불가능하게 되는 일이 있다고 하여도, 반드시 경매에 의해 매각이 되는 것도 아니므로 특별히 인도청구를 부정할 이유는 없다고 생각한다.

③ 물상대위의 가능성

예외적 행사가능성

후순위권리자가 청산금청구권에 대해 물상대위를 할 수 있는지 문제된다. 이에 대해 학설의 대부분은 부정적으로 해석한다. 그 이유는, 물상대위를 할 수 있다는 특별한 규정이 없는 점, 입법자의도(물상대위라는 번잡한 절차를 거칠 필요가 없이 직접 청구권을 인정한 점)에 있다. 가담법 5조 1항은 일종의 배당요구에 해당하는 것이고, 권리구제를 용이하게 하기 위해 특별히 후순위권리자는 담보권자로서 압류 없이 배당요구를 할 수 있음을 규정한 것으로 해석된다. 그러나 다른 한편으로 후순위권리자가 압류할 필요가 있다고 판단하고 그러한 것에 특별한 사정이 있다면, 굳이 그것을 부정할 이유는 없을 것이다. 후순위권리자가 임의로 절차의 번잡을 무릅쓰고 압류를 통한 물상대위를 한다면, 후순위권리자에게는 궁극적으로 경매라는 공적 절차도 이용할 수 있다는 입장이므로, 물상대위를 일률적으로 부정할 이유는 없다고 생각된다.

직접청구와 경매신청의 동시이용 가능성

또한 후순위권리자에 의한 청산금청구권에 대한 가담법 5조 1항에 의한 직접청구(또는 물상대위)와 경매신청의 동시이용은 가능한지 문제된다. 이에 대해서는 청산금에 대한 권리행사를 한 후순위권리자는 경매청구를 할 수 없다는 견해가 우세하다. 그러나 가담법의 해석으로도 가등기담보권자가 확정적으로 소유권을 취득(집행절차종료)하기 전이라면 후순위권리자의 권리행사가 보장되는 이상은, 앞서 물상대위가 인정된다는 점에서 보았듯이 위와 같은 동시이용을 막을 합리적 이유는 존재하지 않는다고 생각된다.

3. 양도담보의 사적 집행

(1) 의 의

양도담보의 사적 집행은, 유체동산양도담보라면 점유의 취득이 필요하다. 목적물이 부동산이라면 그 부동산의 소유권취득에 의해 행해진다. 부동산양도담보로서 가등기만 되어 있으면 가등기에 기한 본등기의 취득이 추가적으로 필요하다. 부동산양도담보의 경우 가담법이 적용되기 때문에 청산금의 지급, 무청산특약의 무효는 가등기담보의 경우와 같다(가담법 2조 2호, 4조 4항 참조).

약한 의미의 양도담보

또한 채권자가 채권담보의 목적으로 부동산에 가등기를 경료하였다가, 그 후 변제기까지 변제를 받지 못하게 되어 위 가등기에 기한 소유권이전의 본등기를 경료한 경우에는, 당사자 간에 달리 특별한 약정이 존재하지 않는 한, 그 본등기도 채권담보의 목적으로 경료된 것으로서, 당사자 사이에 청산절차를 예정하고 있는 이른바 약한 의미의 양도담보가 된다(대판 1992.1.21, 91다35175). 약한 의미의 양도담보가 된 경우, 채무의 변제기가 도과된 후라 하더라도 채권자가 담보권을 실행하여 청산절차를 마치기 전에는, 채무자는 언제든지 채무를 변제하고 채권자에게 가등기 및 그 가등기에 기한 본등기의 말소를 청구할 수 있다(대판 1987.11.10, 87다카62).

(2) 사적 집행의 개시

유체동산양도담보

유체동산양도담보의 실행은 양도담보권자가 양도담보권을 행사하여 목적물의 소유권을 확정적으로 취득한다는 취지를 표시한 실행통지를 채무자(또는 물상보증인으로서의 소유자)에게 함으로써 개시된다. 양도담보의 경우에는 후순위담보권자의 보호를 고려할 필요가 거의 없으므로, 이 한도에서는 양도담보의 실행통지의 내용은 가담법 3조와 같은 요건이 필요 없고 청산기간의 제도도 적합하지 않다고 해석된다.

실행통지의 필요성

이에 따라 실행통지는 채무자에게 부당집행에 대한 구제수단을 취할 기회를 부여해 주기 위한 것이다. 실행통지를 하지 않으면(실행통지는 보통 목적물인도청구에 내포되어 있다) 채무자에게 발생한 손해를 배상해야 한다. 그러나 양도담보계약에 의해 내부적으로 목적물의 소유권이 양도담보권자에게 이전되고 현금화의 기초가 부여되어 있기 때문에, 실행통지를 하지 않아도 현금화에 의한 귀속·처분 자체에는 영향이 없다.

그러나 부동산양도담보라면 다음에서 보듯이 가담법에 의해 귀속청산 방식에 따른 제한이 가해진다.

(3) 현금화와 만족

① 원 칙

양도담보의 경우에도 가담법이 적용되는 부동산양도담보라면 귀속청산방식에 의한다(가담법 1조, 2조 1호). 그 외의 재산의 양도담보는 가담법의 적용이 없으므로 귀속청산방식인지 또는 처분청산방식인지는 양도담보설정계약에 의해 정해진다(대판 1981.1.27, 80다1138).

② 유체동산양도담보

유체동산양도담보라면 전술하였듯이 2가지 청산방식이 인정된다. 유체동산양도담보의 경우, 목적물의 종류, 성질이 다양하고 객관적 평가는 곤란하며 적정한 귀속청산방식을 관철할 기초가 박약하기 때문이다. 양도담보의 집행을 위한 현금화절차에 있어서는, 현금화로 인한 매득금에서 현금화비용을 공제한 잔액 전부를 양도담보권자의 채권변제에 우선 충당하여야 하고, 양도담보설정자의 다른 채권자들은 양도담보권자에 대한 관계에 있어서 안분배당을 요구할 수 없다.

③ 채권 등의 양도담보

채권 그 밖의 재산권을 대상으로 하는 경우에도 한층 처분청산방식이 필요한 경우가 많다. 금전채권양도담보에서도, 제3채무자의 자력이 확실하지 않은 일반 금전채권에 대해서는 처분청산이 합리적이다. 목적권리가 정지조건부 또는 제3자의 결정에 의해 급부금액이 정해지는 경우(보험금청구권의 양도담보 등), 목적권리의 귀속이 제3자의 승낙이나 고액의 출연 등에 의존하는 경우(임차권의 양도담보, 골프회원권의 양도담보 등), 또는 유통시장이 확립되어 있지 않기 때문에 객관적인 교환가치가 정해지지 않는 경우(컴퓨터소프트웨어의 양도담보 등)에는, 오히려 처분청산방식이 원칙이 되어야 할 것이다.

④ 부동산의 양도담보

부동산양도담보의 현금화절차는, 가담법을 기본으로 한 귀속청산방식에 의한다. 따라서 양도담보권자는 채무자에게 실행통지를 하는 시점에서의 목적물의 적정가액과 채권액 및 체당비용과의 차액을 청산금으로서 채무자에게 지급해야 한다(대판 1992.4.10, 91다44674). 반대로 양도담보권자가 청산금의 지급·제공을 하지 않고 청산금이 없다는 취지의 통지도

하지 않았는데, 설정자가 목적물의 환취권을 포기하면 청산금지급을 청구할 수 없다. 또한 양도담보설정계약에 가령 채무자를 위한 임차권이 설정되어 있어도 집행에 의해 소멸된다.

가담법이 적용되지 않는 부동산양도담보

위와 반대로 가담법 시행 이전에 체결된 부동산에 관한 양도담보의 경우라면 처분청산방식도 가능한데, 처분청산방식에 의한 경우 청산금액은 목적물의 실제 처분가액과 피담보채권액 등과의 차액이다. 처분청산시 처분이 부당하게 염가로 이루어진 경우, 판례는 채무자는 채권자가 부당하게 청산한 가액의 일부를 이미 수령하였을지라도 채권자에 대하여 언제든지 적정한 시가에 의한 청산을 요구할 수 있고, 이때 이미 수령한 금액을 초과하는 청산금의 성질을 채무불이행으로 인한 손해배상 또는 부당이득이라는 두 가지 성격을 갖는 것으로 해석한다(대판 1981.5.26, 80다2688).

⑤ 양도담보권자의 목적물인도청구권

채무자가 목적물을 점유하고 있다면, 양도담보권자는 집행을 위해 목적물의 인도를 청구할 수 있다(대판 1991.11.8, 91다21770). 가담법이 적용되는 부동산양도담보라면, 귀속청산방식이 적용되므로 가담법 4조 3항에 의해 인도청구와 청산금지급 간에는 동시이행관계가 된다. 목적물의 인도에 있어서, 예를 들어 목적물이 클럽회원권양도담보라면 양도담보권자는 명의개서에 필요한 서류의 인도를 청구하거나 클럽에 대한 채무자의 명의개서의 의사표시를 소구할 수 있다.

4. 소유권유보의 사적 집행

(1) 의 의

동산의 매매계약을 체결하면서, 매도인이 대금을 모두 지급받기 전에 목적물을 매수인에게 인도하지만, 대금이 모두 지급될 때까지는 목적물의 소유권은 매도인에게 유보되며, 대금이 모두 지급된 때에 그 소유권이 매수인에게 이전된다는 내용의 계약을 소위 소유권유보의 특약이라 한다(대판 1996.6.28, 96다14807). 이러한 소유권유보의 사적 집행은 목적재산의 소유권의 확정적 취득에 의해 이루어진다. 집행시 목적재산의 가액과 피담보채권액을 비교하여, 전자가 많으면 유보권자가 채무자에게 청산하거나, 후자가 많으면 잔존액에 채권이 존속하게 된다. 그러나 소유권유보는 대개 물품 구입 후 신제품의 출현에 의해 목적재산의 가액이 하락하는 것이 보통이므로, 청산이 필요한 경우는 거의 없을 것이다.

(2) 집행의 개시

매도인이 유보소유권을 행사하여 목적물의 소유권을 확정적으로 회복한다는 취지를 표시한 통지를 매수인에게 함으로써 개시된다. 실제 거래상으로는 매매계약의 해제라는 형식을 취하는데, 이것이 실질적으로 사적집행의 통지를 의미한다.

(3) 현금화와 만족

현금화와 만족절차는 계약의 내용에 따라 귀속청산방식 또는 처분청산방식에 의한다. 소유권유보는 일반적으로 가등기담보나 양도담보와는 달리 매매계약에 의해 발생하므로, 귀속청산방식으로 진행되는 것이 보통이다. 즉 계약을 해제하고 기지급대금에서 위약금을 공제한 금액을 매수인에게 반환한다는 형태이다. 목적물의 귀속의 확보 또는 처분을 위해 매도인은 목적물의 인도를 청구할 수 있는데, 귀속청산방식이므로 이것은 청산금지급과 상환급부의 관계가 된다. 또한 목적물의 전매자에 대해서도 인도청구가 가능하다.

목적물이 제3자에게 양도된 경우

즉 소유권유보부매매의 경우, 매매대금이 모두 지급되지 아니하고 있는 동안에는 비록 매수인이 목적물을 인도받았어도 목적물의 소유권은 여전히 매도인에게 있고, 대금이 모두 지급됨으로써 별도의 의사표시 없이 바로 목적물의 소유권이 매수인에게 이전된다. 따라서 대금이 모두 지급되지 아니한 상태에서 매수인이 목적물을 다른 사람에게 양도하더라도, 양수인이 선의취득의 요건을 갖추거나 소유자인 소유권유보매도인이 후에 처분을 추인하는 등의 특별한 사정이 없는 한, 그 양도는 목적물의 소유자가 아닌 사람이 행한 것으로서 효력이 없어서, 그 양도로써 목적물의 소유권이 매수인에게 이전되지 아니한다(대판 2010.02.11, 2009다93671). 특히 이 판례는 선의취득의 가능성에 대해, 목적물의 양수 당시 양도인이 매매계약의 할부금 중 일부를 원래의 매도인에게 지급하지 못하고 있음을 알았으면서, 소유권이 유보되어 있는지에 관하여 조사하는 등 양수인에게 통상적으로 요구되는 양도인의 양도권원에 관한 주의의무를 다하지 아니한 과실이 있다면 선의취득이 인정되지 않는다고 해석한다.

5. 동산 · 채권 등의 담보에 관한 법률에 의한 담보권의 실행

(1) 의 의

'동산 · 채권 등의 담보에 관한 법률'은 새로운 형태의 동산 · 채권에 관한 담보권을 인정하고 있다(그 밖에 지식재산권에 관한 특례를 포함한다). 새로운 형태의 담보로서 담보권을 공시할 수 있도록 함으로써 거래의 안전을 도모하면서, 본래의 목적인 자산유동화의 활성화를 통해 중소기업과 자영업자의 자금조달에 편의를 제공하려고 도입된 것이다. 동산 · 채권을 목적으로 하는 담보권의 대상이 되는 것은 동산(여러 개의 동산 또는 장래에 취득할 동산을 포함한다) 또는 금전의 지급을 목적으로 하는 지명채권(여러 개의 채권 또는 장래에 발생할 채권을 포함)이다(같은 법 3조, 34조). 또한 근담보권도 인정된다(같은 법 5조, 37조). 담보권의 설정자는 법인 또는 상호등기를 한 사람에만 한정되지만, 담보권설정자의 상호등기가 말소된 경우에도 이미 설정된 담보권의 효력에는 영향을 미치지 않는다(같은 법 3조, 4조, 34조, 37조).

(2) 담보권의 등기

동산담보권의 경우 담보등기부에 등기를 하여야 효력이 발생한다(같은 법 7조1항). 동일한 동산에 설정된 동산담보권의 순위는 등기의 순위에 따르며, 동일한 동산에 관하여 담보등기부의 등기와 인도가 행하여진 경우 그에 따른 권리 사이의 순위는 법률에 다른 규정이 없으면 그 선후에 따른다(같은 법 7조2항, 3항). 또한 채권담보권의 경우 담보등기부에 등기를 한 때에 담보로 제공된 채권의 채무자를 제외한 제3자에게 대항할 수 있고, 동일한 채권에 관하여 담보등기부의 등기와 민법349조 또는 450조2항에 따른 통지 또는 승낙이 있는 경우에는 제3채무자 외의 제3자에게 등기와 그 통지의 도달 또는 승낙의 선후에 따라 그 권리를 주장할 수 있다(같은 법 35조. 따라서 제3채무자에게는 등기 이외에 제3채무자 관련 통지나 승낙이 필요하다). 등기에 대해서는 담보권설정등기마다 등기고유번호를 부여하고 담보권설정등기를 할 때 등기일련번호를 부여하는 등의 등기절차를 대법원규칙('동산채권의 담보등기 등에 관한 규칙')에서 정하고 있다.

(3) 담보권의 내용

등기에 의해 담보권의 효력에 발생하면, 담보권자는 담보목적물에 대하여 우선변제권을 갖고, 담보목적물에 부합된 물건과 종물 및 담보권자가 담보목적물에 대한 압류 또는 인도 청구 후 수취하거나 수취할 수 있는 담보목적물의 과실에 대하여 권리를 행사할 수 있으며, 담보권을 피담보채권과 함께 양도할 수도 있다(같은 법 8조 내지 11조, 13조). 또한 담보목적물의 멸실, 훼손, 공용징수 뿐만 아니라 매각, 임대의 경우에도 물상대위권을 행사할 수 있고, 담보권설정자의 책임 있는 사유로 인하여 담보목적물의 가액이 현저히 감소된 때에는 담보권설정자에게 그 원상회복 또는 적당한 담보의 제공을 청구할 수 있으며, 제3자의 담보목적물 점유침탈 등에 대하여 담보목적물의 반환청구권, 방해제거청구권 및 방해예방청구권을 행사할 수 있다(같은 14조, 17조, 19조, 20조). 이러한 내용은 동산담보권에 관한 것인데 채권담보권의 경우에도 준용된다(같은 법 37조).

(4) 실행절차

동산담보권의 실행

동산담보권의 경우 담보권실행을 위한 방법으로는 지금까지의 경매(이에 대해서는 민사집행법의 규정이 준용된다[같은 법 22조]) 외에 취득청산 또는 처분청산의 실행방법이 인정된다. 즉 정당한 이유가 있는 경우 담보권자는 담보목적물로써 직접 변제에 충당하거나 담보목적물을 매각하여 그 대금을 변제에 충당할 수 있고, 만일 선순위권리자(담보등기부에 등기되어 있거나 담보권자가 알고 있는 경우로 한정한다)가 있는 경우에는 그의 동의를 받아야 한다(같은 법 21조). 또한 취득청산 및 처분청산은 피담보채권의 변제기 도래 후 담보권실행의 방법을 채무자 등 이해관계인에게 통지하고 1개월이 경과하여야만 가능하고, 동시에 담보권자에게는 채무자 등에 대한 청산금지급의무가 부과된다(같은 법 23조). 채무자 등 이해관계인의 보호를 위한 조치이다. 나아가 담보목적물의 매각대금 등이 압류 또는 가압류되거나 그에 관하여 권리를 주장하는 자가 있는 경우, 담보권자는 담보목적물의 매각대금 등을 공탁하여 그 의무를 면할 수 있다(같은 법 27조).

공동담보인 경우

그 밖에 공동담보의 매각대금을 동시에 배당하는 경우에는 각 담보목적물의 매각대금에 비례하여 그 채권의 분담을 정한다(같은 법 29조1항). 공동담보 중 일부의 매각대금을 먼저 배당하는 경우에는 후순위담보권자가 선순위담보권자의 다른 담보목적물에 대한 권리를 대위할 수 있고(같은 법 29조2항), 이로써 각 담보목적물의 후순위담보권자도 보호받을 수 있게 되어 있다.

채권담보권의 실행

채권담보권의 경우에는, 담보권자는 피담보채권의 한도에서 채권담보권의 목적이 된 채권을 직접 청구할 수 있다(같은 법 36조1항). 채권담보권의 목적이 된 채권이 피담보채권보다 먼저 변제기에 이른 경우라면, 담보권자는 제3채무자에게 그 변제금액의 공탁을 청구할 수 있는데, 이 경우 제3채무자가 변제금액을 공탁한 후에는 그 공탁금에 채권담보권이 존재하게 된다(같은 법 36조1항). 그 밖에 채권담보권의 실행에 대해서는 민사집행법과 앞서 본 동산담보권의 실행에 관한 규정이 준용된다(같은 법 36조3항, 37조).

제 4 편 민사보전

04

제 1 장 서

제 2 장 가압류

제 3 장 가처분

01 제1장 서

1. 의 의

통상민사보전과 특수민사보전

보통(협의의) 민사보전(또는 보전처분)이라고 하면 가압류와 2가지 종류의 가처분, 즉 계쟁물가처분과 임시의 지위를 정하는 가처분을 가리킨다. 본안인 민사소송(특히 통상민사소송)에 부수하여, 그 심판의 지체에 의해 발생하는 위험을 회피하기 위해 취해지는 잠정적인 구제의 수단이다. 민사보전은 보전명령에 관한 절차와 보전집행에 관한 절차로 나누어진다. 광의로는 특수민사보전(특수보전처분 또는 특수가처분)을 포함한다. 특수민사보전이란 본안이 민사소송(통상민사소송)이외의 절차인 경우에, 그 심판의 지체에 의해 발생하는 위험을 회피하기 위한 잠정적인 구제를 말한다. 이하, 가압류와 가처분을 포함하는 용어로 민사보전 또는 보전처분을 그 절차를 가리키는 말로 보전소송을 사용하기로 한다.

민사보전의 특징

민사보전의 목적은 다양하지만 어느 것이나 공통된 점은 지체에 의해 발생하는 위험을 회피하기 위해, 간이하고 신속하게 일정한 조치나 처분을 내리기 위한 절차라는 것이다. 이 의미에서 민사보전은 약식소송의 하나이다. 협의의 민사보전(통상민사보전)은 실무에서 매우 빈번히 이용되고 있고, 소송의 실전에서 중요한 기능을 담당한다. 보전소송절차를 개관하면 다음의 도표와 같다.

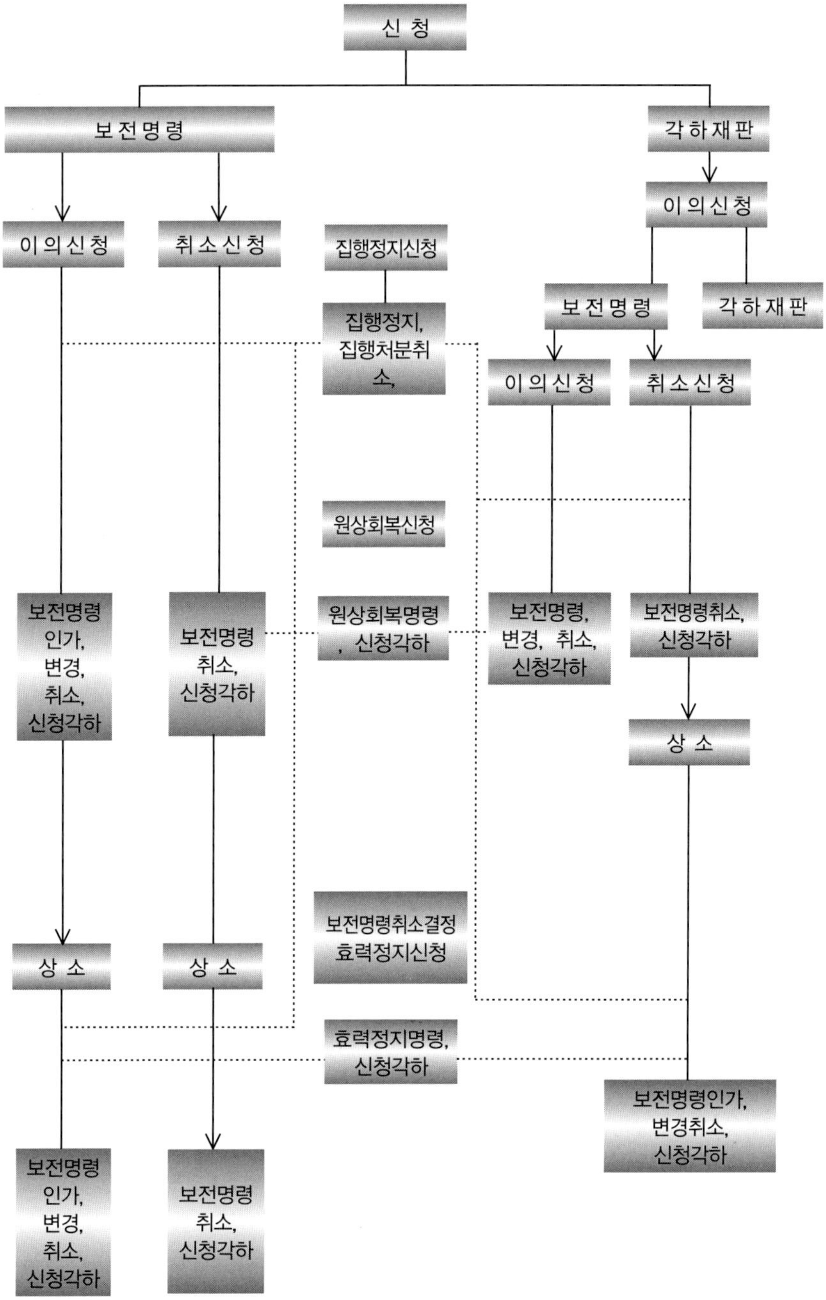

〈도표 5〉 보전소송절차 개관

2. 보전처분의 특징

1) 잠정성

보전처분은 확정판결의 집행보전을 위해 권리 또는 법률관계를 잠정적으로 규율하는 것이므로, 그에 따른 처분은 잠정적인 처분이다. 본안판결에서와 같은 확정적 처분이 목적이 아니다. 한편 후술하는 단행가처분은 그 처분으로 권리가 실현되는 형태를 취하는데(이 점에서 만족적 가처분이라고도 한다), 이 경우에도 본안소송에 따른 확정적 처분이 예정되어 있으므로 잠정성을 갖는다.

2) 긴급성

보전처분은 본안에서의 절차의 지연에 대처하기 위한 것이므로, 신속성이 요구된다. 이를 위해 그 절차상으로는 본안소송과 달리 원래 임의변론이 원칙이고 증명이 아닌 소명이 요구된다. 집행절차에서도 보전처분의 집행은 집행문이 필요없고 보전처분의 집행은 채무자에게 재판을 송달하기 전에도 할 수 있게 되어 있다. 이러한 점을 반영하여 2005년 개정으로 보전처분에 관련된 재판은 결정으로 하는 것이 되었다(281조 1항 등 참조).

3) 부수성

보전처분은 확정판결의 집행을 보전하기 위한 것이므로, 집행의 당부를 확정시키는 본안소송절차가 현재 또는 미래에 계속될 것을 전제로 하고 있다. 이것을 보전처분의 부수성이라 한다. 따라서 보전처분에서는 본안소송에서 얻을 수 있는 권리를 초과하여 얻을 수 없고, 본안소송을 제기하지 않으면 보전처분이 취소된다. 그러나 이 부수성은 후술하듯이 보전처분의 본안화 현상으로 퇴색되어 가고 있다.

4) 밀행성

보전처분은 채무자에게 알리지 않고 절차가 진행되는 특징을 갖는다. 이것을 밀행성이라 한다. 채무자의 처분을 사전에 방지하고 현상유지를 위해서 필요하기 때문이다. 이에 따라 보전처분의 명령절차가 채무자에게 알리지 않고 진행되고, 그 집행도 채무자에 대한 송달 전에 할 수 있는 것이다.

5) 자유재량성

보전처분의 심리절차에서는 법원에게 많은 자유재량이 부여되어 있다. 변론의 개최 여부, 서면으로만 할 것인가, 소명만으로 발령할 것인가, 담보를 제공하게 할 것인가 등이다.

3. 당사자

채권자와 채무자

보전처분에서의 당사자의 호칭은, 당해 처분을 요구하는 쪽을 채권자로 그 상대방을 채무자로 부른다. 채권자나 채무자라고 하여도 그것이 실체적 채권채무관계에 따른 것은 아니고, 어디까지나 절차상의 호칭에 불과하다. 제3채무자는 이해관계자에 불과하고 당사자는 아니다(대판 1998.2.13, 95다15667).

당사자적격

보전처분에서의 당사자는 민사소송에서와 마찬가지로 당사자능력과 소송능력을 갖추어야 한다. 당사자적격에 관해서는, 보전처분이 가압류 또는 계쟁물에 관한 가처분이라면, 보전되는 권리에 대한 본안소송에서의 정당한 당사자가 되는 자와 일치한다. 임시의 지위를 정하는 가처분이라면, 그 피보전권리가 명백하지 않으므로 채무자를 누구로 하여야 하는지에 대해 약간 문제가 있다. 직무집행정지 가처분의 채무자에 관해서는, 직무집행의 정지를 당하는 이사 개인만을 채무자로 하여야 한다는 것이 판례의 입장이다(대판 1982.2.9, 80다2424).

권리의무의 승계

보전소송절차에서의 당사자승계의 경우에도 통상의 소송절차에서와 같다. 보전명령 발령 후 그 집행 전에 채권자 또는 채무자의 승계가 있으면, 집행을 위해서는 승계집행문이 필요하다. 이 승계는 포괄승계 이외에 특정승계도 포함한다. 문제가 되는 것은, 보전명령 후 채권자의 승계인이 보전처분상의 채권자의 지위를 승계한 경우에 보전처분에 대한 이의 또는 취소소송에서 그 권리를 주장함에 있어 승계집행문의 부여가 필요한지의 여부이다. 이에 대해서는 새로운 집행을 필요로 하지 않고 단순히 보전명령의 효과를 주장하는 것이므로, 승계집행문 없이 자신이 승계인임을 입증하면 족하다는 부정설이 타당하다(실무제요 4-25). 그 밖에 보전절차에서도 소송참가를 하는 것이 가능하다(23조 1항).

02 제 2 장 가압류

제 1 절 가압류명령에 관한 절차

1. 가압류의 목적

필요성

가압류는 금전채권자가 장래의 강제집행을 보전하기 위해, 채무자의 책임재산을 임시로 압류하여 그 처분권을 금지해 두는 것이다. 채권자는 실체상 채권을 갖고 있어도 바로 강제집행을 개시할 수 있는 것은 아니다. 집행권원의 취득, 집행문의 부여는 물론 기한의 도래 그 밖에 집행개시의 요건을 구비해야 하는데, 그 때문에 많은 시간이 걸리는 경우가 많다. 그러나 그 사이에 채무자에게 그 재산의 자유처분을 허용하면, 나중에 강제집행이 가능하게 되어도 집행에 이용할 수 있는 재산이 없어지게 된다는 문제가 발생한다. 이에 따라 채무자의 재산의 현상을 유지하고, 부당하게 없어지게 되는 것을 막는 취지에서 신속한 절차에 의해 내려지는 가압류가 이용되는 것이다.

가압류 집행방법의 변천

이러한 가압류는 오래전부터 불가결한 권리구제수단으로서 인정되어 왔다. 단, 과거에는 가압류가 도망가거나 채무의 이행을 거절하는 채무자에 대해 형벌권의 행사라는 목적을 담당시키거나, 채권의 강제집행의 보전에 그치지 않고 그 만족실현을 목적으로 하며, 가압류가 내려지면 당연히 만족절차까지 행해진 점에서 그 취지를 달리 하였다. 또한 채무자의 재산에 대한 압류(물적 압류) 이외에 채무자 신체의 구속(인적 압류)이 행해졌고, 오히려 후자(인적 압류)가 과거의 가압류의 중핵이었다는 점에 주의해야 할 것이다. 지금도 독일이나 오스트리아에서 보충적으로 인적 압류가 이루어지고 있는 것은 그 잔재이다.

2. 가압류의 요건 - 피보전권리와 보전의 필요성

(1) 서

2가지 요건과 보전소송의 소송물

보전처분을 내리기 위해서는, 실체법상 보전을 받아야 할 권리(피보전권리)가 있어야 하고, 그러한 권리를 미리 보전하여야 할 필요성(보전의 필요성)이 있어야 한다(이하 가압류에서 다루는 내용은 대략 가처분에서도 그대로 적용된다). 이 양자의 관계는 보전소송의 소송물을 어떻게 파악하느냐에 따라 결론에 차이가 발생한다. 이에 대하여는 보전소송의 소송물을 피보전권리라 하고 보전의 필요성은 권리보호요건으로서 소송요건이라는 견해와, 양자를 합하여 소송물이 된다는 견해가 있고, 특히 법 277조나 279조, 301조에 따라 후자의 견해가 타당하다는 입장이 있다(구판 실무제요 3-29. 대결 2005.8.19, 2003마482 등). 이 차이는 중복제기된 보전소송의 처리에서 나타난다. 피보전권리는 같지만 보전의 필요성이 다르다면 전자의 견해는 중복제기가 되고, 후자에 따르면 중복제기가 되지 않을 것이다.

2가지 요건의 심리방법

당사자는 이 2가지 요건을 소명하여야 한다. 양 요건은 서로 독립된 것으로 보통 피보전권리에 관한 심리를 하고, 이것이 존재하면 보전의 필요성에 관한 심리에 들어가는 것이 논리적이라고 해석된다(실무제요 3-44). 가압류의 요건이 구비되면 가압류가 허용되는데, 가압류의 절차는 가압류명령에 관한 절차와 가압류집행에 관한 절차로 나누어진다. 전자는 다시 가압류명령절차와 가압류명령에 대한 불복신청절차로 구분된다. 가압류명령에 관한 절차와 가압류집행에 관한 절차의 관계는 통상판결절차와 강제집행절차의 관계에 대응하지만, 가압류의 경우에 보다 밀접하게 연결되어 있다.

(2) 피보전권리

1) 금전청구권

가압류는 전술하였듯이 금전채권의 강제집행을 보전하는 것이므로, 그 피보전권리는 청구권이고 금전의 지급을 목적으로 하는 청구이어야 한다(276조). 단, 특정물의 인도청구권이라도, 이행불능에 의한 손해의 발생을 예상하여 이 손해배상청구권을 위해 가압류를 구할 수 있다. 또한 청구권은 기한부라도 조건부라도 나아가 장래의 청구권(예를 들면 보증인의 주채무자에 대한 장래의 구상권, 이행불능의 경우의 손해배상청구권 등)이라도 상관없다(276조 2항). 단, 조건의 성취 등의 가능성이 거의 없기 때문에 재산적 가치가 없는 것은 해당되지 않는다.

2) 강제집행의 가능성

가압류는 장래의 강제집행을 보전하기 위한 것이므로, 피보전권리는 강제집행이 가능한 청구권이어야 한다. 따라서 자연채무, 부집행특약이 있는 채권이 아니어야 한다. 체납처분에 의해 징수되는 조세채권에 대해서는 소위 강제집행은 인정되지 않으므로 피보전적격을 결한다. 이에 대해 당해 청구권에 관해 중재계약이나 외국법원에 대한 전속관할의 합의로 인해 국내법원에 제소할 수 없는 경우에도, 장래의 강제집행의 가능성이 있는 한 피보전적격은 인정된다.

3) 본안소송의 소송물과의 관계

피보전권리와 본안소송에서의 소송물과의 관계에 대해서는 약간의 논의가 있다. 즉 가압류명령이 내려진 후 어떠한 본안소송이 제기되어야 하는지에 관한 점이다. 이에 대해서는 청구기초동일설, 권리동일설, 절충설 등이 주장된다. 가압류의 피보전권리와 본안소송의 소송물과의 밀접도가 가장 떨어지는 입장이 청구기초동일설이다. 이에 의하면 양자가 청구취지, 원인사실 등을 비교하여 청구의 기초, 즉 본안소송에 의하여 추구하고자 하는 이익과 당해 보전처분에 의해 보전하고자 하는 이익 사이에 동일성이 인정되면 충분하다고 해석한다. 판례도 이에 따른다(대판 1982.3.9,

81다1223). 청구의 기초의 동일성이므로, 사실상 소의 변경에 포함되는 것이라면 본안소송으로 충분하다는 결론이 될 것이다.

4) 가압류의 유용

나아가 이미 특정한 피보전권리에 대한 가압류를 다른 피보전권리에 대한 가압류로 유용할 수 있는지 문제된다. 통설과 판례는 소극적으로 해석한다(대판 1976.4.27, 2151 등). 예를 들면 이혼위자료청구권을 피보전권리로 한 가압류결정을 재산분할로 인한 금전지급청구권에 유용할 수 없다(대판 1994.8.12, 93므1259). 또한 본안의 패소판결확정 이외에도 본안의 제소가 불가능하거나 소를 제기하여도 패소할 것이 명백한 경우라면, 별개의 소송을 위해 가압류를 유용할 수 없다. 단, 앞서 보전소송의 소송물과 본안소송의 소송물의 관계에서 보았듯이, 본안소송의 진행 중 청구를 변경하고 그에 따라 피보전권리가 바뀌어도, 청구의 기초가 동일하므로 보전처분의 효력은 변경된 청구권에도 미친다(대판 1982.3.9, 81다1223).

(3) 보전의 필요성

추상적 요건

보전의 필요성이란 지금 즉시 가압류를 하지 않으면 장래의 강제집행이 불능 또는 현저히 곤란하게 될 우려가 있다는 것을 말한다(277조). 과거에는 구체적, 개별적 사유의 열거의 방법으로 규정하고 있었지만, 오늘날에는 그러한 일반적, 추상적 규정의 방법이 보통이다. 일반적인 예는 다음과 같다.

일반적인 예

채무자에 의한 책임재산의 낭비, 염매, 증여, 포기, 훼손, 영업의 방만한 경영, 도망, 계속되는 이사 등에 의해 재산가치가 감소하거나 강제집행이 곤란해지는 경우이다. 외국에서 집행하지 않으면 안되는 우려가 있는 경우(채무자의 외국이주, 재산의 외국반출)도 같다. 채무자의 고의나 과실은 필요하지 않고, 권한이 없는 제3자의 행위나 우연한 사정에 의해 발생하는 경우라도 상관없다. 그러나 채무자가 계약위반을 하거나 파산원인이 있다거나 채권자가 경합하고 있는 것은, 그 자체로는 가압류의 이유가 되지 않는다.

부정되는 예

단, 위와 같은 이유가 있어도 가압류가 허용되지 않는 경우가 있다. 채권자가 이미 피보전청구권을 위해 물적 담보(질권, 저당권, 양도담보 등)를 갖고 있을 때(대판 1967.12.29, 67다2289), 즉시 무조건으로 강제집행이 가능할 때(강제집행이 조건, 기한, 보증에 관계되거나 강제집행정지명령에 의해 정지된 때에는 이에 해당하지 않는다), 이미 가압류의 절차를 밟고 있을 때이다. 또한 만일 가사소송절차에 의한 재산분여나 부양청구에 가압류의 피보전적격을 인정하는 입장을 취하여도, 가사소송법상의 특수가처분이 인정되므로 특수가처분으로 위험에 대처할 수 있는 한 가압류의 필요성은 없다.

3. 관 할

목적물 소재지의 법원 또는 본안의 관할법원

가압류명령절차의 관할은 가압류할 물건 소재지의 지방법원 또는 본안의 관할법원에 전속한다(278조). 채권자는 그 중에서 편리한 법원을 선택하여 신청할 수 있다. 가압류를 해야 할 물건 소재지의 법원에 관할을 인정한 것은, 신속한 가압류의 심리나 집행을 위해서이다. 가압류를 해야 할 물건의 소재지란 “압류해야 할 물건”의 소재지와 같고, 유체물이라면 그 물건이 있는 토지, 채권이라면 채무자의 보통재판적소재지, 물건의 인도를 구하는 채권과 물상담보권부채권은 그 물건의 소재지가 이에 해당한다. 소재지를 판단하는 기준시는 가압류신청시이다. 그 밖에 권리이전에 등기 또는 등록이 필요한 그 밖의 재산권에 대한 가압류는, 등기 또는 등록을 하는 곳을 관할하는 지방법원이 관할법원이 된다(규칙 213조 1항).

가압류명령 집행은 관할구역 밖에서도 유효한가

목적물 소재지의 법원이 발하는 가압류명령의 집행이 그 관할구역 내에 한정되는지의 여부에 대해서는 다툼이 있지만, 한정되지 않는다고 해석된다. 위와 같은 관할은 가압류의 집행을 위해 편의적으로 인정한 것이고, 확정판결에 의한 집행에서는 재산이 한정되지 않는다는 점을 근거로 한다.

본안의 관할법원

본안의 관할법원이란 피보전청구권에 관해 심판하는 법원이다. 본안소송을 아직 제기하지 않은 경우에는 일반적인 관할규정에 의해 관할을 갖는 법원으로, 관할법원이 다수 경합하면 모두가 해당한다. 본안소송제기 후에는 그 계속하고 있거나 계속한 제1심법원이지만, 본안소송이 항소심에 계속하고 있는 때에는 항소법원이다(311조). 항소되었지만 아직 소송기록이 1심법원에 있다면 1심법원의 관할이다.[125]

재판장에 의한 가압류명령

가압류의 관할법원은 단독법관 또는 합의체에 의해 구성되지만, 후자의 경우에 급박한 사정이 있으면 재판장이 가압류명령(그 밖의 보전처분과 관련된 신청에 대한 재판)을 내릴 수 있다(312조).

4. 신 청

신청서의 기재사항

가압류를 하려는 채권자는 서면으로 가압류명령을 구하는 신청을 하여야 한다(규칙 203조). 신청서에는 다음의 사항을 표시하여야 한다(279조, 규칙 203조 2항. 그 밖에 민소법 249조, 274조가 준용된다). (a) 가압류명령의 신청취지, (b) 당사자와 법정대리인, (c) 가압류의 신청의 이유(피보전권리와 보전의 필요성 및 사실상의 주장을 소명하기 위한 증거방법), (d) 법원의 표시. 아울러 작성한 날짜, 당사자 또는 대리인의 기명날인 또는 서명, 덧붙인 서류의 표시, 인지의 첨부 그리고 가압류의 목적물인 채무자의 재산을 특정하여 표시하는 것이 필요하다(대결 1999.5.13, 99마230). 단, 목적물의 표시는 그것이 유체동산이면 유체동산이라는 점을 기재하면 족하다. 아울러 가압류에서 말하는 압류는 만족절차로 이행하지 않을 뿐 민사집행으로서의 압류와 차이가 없으므로, 유체동산과 채권에 대한 가압류는 초과압류금지의 원칙이 적용된다.

---

125) 김홍엽, 402면; 이시윤, 542면; 주석민사집행법 Ⅶ-202. 항소심의 관할이라는 반대설로 강대성, 320면.

소명자료

또한 채권자는 가압류명령절차 중에서 보전해야 하는 권리와 가압류의 필요성을 소명해야 하는데(279조 2항), 이를 위해 소명자료를 신청과 동시에 제출하는 것이 적당하다. 이 소명은 보증금의 공탁 또는 주장이 진실이라는 선서로서 대용할 수 있다(민소법 299조 2항)는 견해도 있지만, 실무상 소명의 대용이 허용되지 않는다(실무제요 4-103). 이에 대해서는 민소법의 당해 조항을 준용할 수 없다는 견해도 있다(일본민사보전법 13조 3항은 상대방에 대한 중대한 불이익, 상대방에 대한 손해담보의 기능이 없는 점 그리고 소명의 즉시성의 완화에 의해 소명의 대용은 불가능하다고 규정하고 있다). 단, 실무상 손해담보를 위한 보증(280조 2항, 301조)만이 이용될 뿐, 소명의 대용으로서의 보증금공탁이나 선서가 이용되는 예는 없다고 한다(실무제요 4-103).

가압류신청의 병합 또는 변경

신청이 제기되면 가압류명령절차의 계속이 발생하고, 그 계속 중에는 중복하여 동일한 가압류신청을 할 수 없게 된다(민소법 259조). 또한 가압류신청의 병합이나 변경도 민사소송법에 규정을 준용하여 인정할 수 있다. 이때 동일한 신청인지의 여부는 전술한 민소법의 규정 취지와 보전명령절차의 성격 등을 감안하여 신중히 결정해야 한다. 단지 별개의 가압류의 필요성을 주장하거나, 단지 소명방법을 보장함에 불과한 중복신청은 허용되지 않지만, 별개의 보존해야 하는 권리를 주장하는 때라도 양자 사이에 내적 관련성·일체성이 인정되고, 소위 선택적 병합이 가능한 경우에는 중복신청은 허용되지 않을 것이다. 별개의 목적물에 대한 가압류신청이라도, 선행하는 신청에 병합하는 것이 실제상 가능한 경우에는 허용되지 않는다. 물론 가압류의 경우에는 목적물이 다르면 중복신청에 해당되지 않으므로, 중복신청이 문제가 되는 것은 예외적이다.

시효중단효 등

가압류의 신청은 보전해야 하는 권리의 시효를 중단시킨다(민법 168조 2호). 배당절차가 진행되어 가압류채권자에 대한 배당표가 확정되는 등의 특별한 사정이 없는 한, 채권자가 가압류집행에 의하여 권리행사를 계속하고 있다고 볼 수 있는 가압류등기가 말소된 때, 그 중단사유가 종료되어 그때부터 새로 소멸시효가 진행되고, 매각대금 납부 후의 배당절차에서 가압류채권자의 채권에 대한 배당이 이루어지고 배당액이 공탁되어도, 가압류채권자가 그 공탁금에 대하여 채권자로서 권리행사를 계속하고 있다고 볼 수는 없으므로 그로 인하여 가압류에 의한 시효중단의 효력이 계속된다고 할 수 없다(대판 2013. 11.14, 2013다18622, 18639). 그 밖에 신청의 취하에 대하여는 규칙 203조의2가 규정한다.

5. 심 리

명령에 의한 신청서 각하

신청이 필요적 기재사항을 흠결하는 등의 불비가 있으면, 재판장이 소장의 경우에 준하여 보정을 명한다(민소법 254조). 실무상으로는 신청인에게 구술로 보정을 명하고 신청인이 즉시 이를 보정하지 않으면, 보정명령이 송달되었음을 명백히 하기 위해 서면으로 작성한 보정명령서를 송달하여 보정하도록 하고 있다(실무제요 4-89). 채무자에게 변론기일 통지서를 송달한 후에는, 재판장의 명령으로 신청서를 각하할 수 없고 결정으로 신청을 각하하여야 한다. 관할이 없다면 신청을 각하하지 않고 관할법원으로 이송하여야 하지만(민소법 34조), 실무상으로는 시간절약을 위해 신청을 취하하고 관할법원에 재신청하도록 권유하는 방법을 택하고 있다(실무제요 4-90).

임의적 변론과 결정에 의한 재판

심리는 변론을 열지 않고도 할 수 있다(280조 1항. 임의적 변론으로 301조에 의해 계쟁물가처분의 경우에도 같다). 변론의 열 것인지는 법원의 재량에 맡겨져 있다. 실무상으로는 서면심리만에 의하고 이것으로 불충분하면 심문절차를 열지만, 변론을 거치는 예는 거의 없었다고 한다(실무제요 4-91). 또한 가압류의 경우에는 심문절차도 거의 행해지지 않았다. 이에 따라 2005년의 개정에 의해 가압류의 재판은 변론을 하였는지의 여부에 관계없이 결정으로 하는 것이 되었다(281조 1항. 계쟁물가처분의 경우에도 같다[301조]). 필요적 변론절차가 요구되는 경우로는, 보전처분에 대한 이의의 재판(286조, 301조), 사정변경 또는 담보제공을 이유로 하는 보전처분취소의 재판(288조 1항, 301조), 특별사정에 의한 가처분취소의 재판(307조)이 있다.

소명방법

가압류절차에서의 사실인정은 증명 대신 소명에 의한다(279조 2항, 301조). 소명의 경우에는 제한이 없지만, 즉시 조사할 수 있는 증거에 의하여야 한다(민소법 299조). 여기에는 변론을 열었다면 즉석에서 제출할 수 있는 서증이나 검증물, 재정하고 있는 증인, 감정인 또는 당사자본인신문 등이 있고, 서면심리나 심문절차만에 의하는 경우라면 서증, 검증물, 참고인심문 등이 있다.

가압류신청의 취하

가압류신청은 상대방의 동의 없이 취하할 수 있다는 것이 통설이다. 취하 가능시점은 가압류명령을 명하는 결정 또는 이의사건의 재판이 확정되기 전까지이다(대결 1979.9.27, 79마259). 단, 채권자는 일방적으로 가압류명령집행의 취소를 신청할 수 있으므로, 결과적으로 확정된 가압류명령의 효력을 없앨 수 있다.

6. 재 판

신청을 배척하는 재판

신청에 관해 소송요건 또는 가압류요건의 흠결이 있으면 신청은 배척된다. 신청을 인용하는 경우라도, 법원은 상대방에게 발생한 손해를 위해 일정액의 담보를 제공시키거나 또는 상당하다고 인정하는 기간내에 담보를 제공하는 것을 가압류집행의 실시조건으로 하여, 가압류명령을 발령하는 것이 보통이다(280조 3항). 전자의 경우에는 미리 채권자에 대해 담보를 제공할 것을 명하는 재판을 하게 되지만, 채권자가 이 결정에 따르지 않을 때에는 결국 가압류신청은 각하된다. 신청이 이유 없음이 명백하거나 담보제공만으로 가압류를 발령하기에 부적법하다고 인정되면, 신청을 기각한다. 실무상으로는 이와 같이 소송요건의 흠결이나 법원이 명한 담보를 제공하지 않으면 신청각하를, 신청의 이유가 없으면 신청기각을 한다(실무제요 4-104). 단, 각하와 기각은 가압류에 실체적 확정력이 없는 관계로 구별의 실익이 없다. 그 밖에 신청을 배척하는 재판, 또한 그에 대한 채권자의 불복신청을 배척하는 재판은 채무자에게 고지할 필요가 없다(281조 3항).

가압류명령과 그 기재사항

신청이 적법하고 가압류의 요건이 존재하면 가압류명령을 발령한다. 전술하였듯이 변론을 열었는지의 여부에 관계없이 결정으로 재판한다(281조 1항). 가압류명령에는 다음의 사항이 기재된다(민소법 208조, 224조 준용).

(a) 당사자와 법정대리인

(b) 피보전권리 및 그 금액

청구금액은 가압류해방금액의 산정기준이 되고 가압류집행의 한도가 되므로 명확하게 기재한다.

(c) 가압류선언

신청에서 제시된 피보전권리를 위해 채권자에게 가압류를 하는 것을 허용한다는 선언이다.

담보의 제공 담보제공을 명하는 재판이 선행되었다면, "금 얼마의 유가증권을 공탁시킨 다음에"라는 담보제공 금액과 종류를 가압류명령 중에 명시해야 한다(280조 4항). 또한 미리 담보제공을 명령하는 결정을 하지 않고 가압류명령의 효력발생을 담보제공이라는 조건에 부칠 수도 있다. 이 경우에는 "금 얼마를 공탁한 때에는"이라는 문언을 넣는다. 이 담보는 소명의 대용으로 공탁시키는 담보와는 성질이 다르다. 담보제공의 방법으로는, 채권자는 부동산·자동차 또는 채권에 대한 가압류신청을 할 때에 미리 은행 등과 지급보증위탁계약을 맺은 문서를 제출하고, 이에 대하여 법원이 허가를 받는 방법으로 할 수도 있다(규칙 204조). 당사자의 편의와 법원의 업무간소화를 위해 인정된 것이다. 채무자는 가압류가 부적절한 경우, 그 가압류로 인해 입은 손해의 배상청구권에 관하여 질권자로서의 권리를 갖는다.

담보제공명령 담보를 제공하게 하는 재판은 채권자에게만 고지하면 되고 채무자에게는 고지할 필요가 없다(281조 3항). 담보제공명령에 대해서는 독립하여 불복할 수 없다(대결 2001.9.3, 2001그85 참조).

(d) 가압류의 목적물의 특정 표시

채무자의 일반재산이 목적물이 된다. 단, 그것이 유체동산이면 전술하였듯이 유체동산이라는 표시로 족하다.

(e) 가압류해방금액

채무자가 법원이 정한 금액을 공탁하면 가압류의 집행을 정지하거나 이미 집행한 가압류를 취소하여야 하는 금액을 가압류해방금액이라고 한다(282조. 대결 1962.5.31, 62마5). 법원은 구체적 재량에 의해 일정금액(실무상 보통 청구채권의 금액과 같은 금액으로 하고 있다[실무제요 4-123])을 결정하여 가압류해방금액으로 표시하는데, 채무자가 이 금액을 공탁한 경우에 가압류의 목적물은 공탁금이 되고, 자세히는 공탁금 자체가 아니라 공탁자인 채무자의 공탁금회수청구권에 대하여 가압류의 효력이 미친다(대판 2012.5.24, 2009다88112). 해방금의 제공방법에 관해, 판례는 금전에 의한 공탁만이 가능하고, 유가증권에 의한 공탁은 그 유가증권이 실질적 통용가치가 있어도 허용되지 않는다는 해석이다(대결(전) 1996.10.1, 96마162).

(f) 소송비용(민소법 110조 1항 참조)

가압류소송에서 발생한 비용에 관한 재판으로 이 부분에 대해서만은 가압류에 그치지 않고 본집행까지 간다.

(g) 사실 및 쟁점이나 재판의 이유 등

7. 그 밖의 가압류명령에 관한 절차

(1) 가압류명령의 고지

가압류명령이 결정으로 내려지면 적당한 방법으로 고지되는데(민소법 221조), 예외적으로 송달해야 하는 경우가 있다(규칙203조의4). 가압류집행은 그 재판을 채무자에게 송달하기 전에 가능하므로(292조 3항), 실무상으로는 집행착수 후에 채무자에게 송달한다(실무제요 4-134).

(2) 가압류명령의 효력

효력의 발생요건

가압류명령의 효력은 그 재판이 고지된 때에 발생하는 것이 원칙이다. 가압류명령이 채무자에게 송달되기 전에 집행되고, 이 집행을 채무자가 알게 되면 그 때에도 효력이 발생한다. 가압류명령이 경정되면 당초의 보전명령이 고지된 때에 소급하여 효력이 발생하는 것이 원칙이다. 단, 채권가압류의 경우에 경정으로 인해 당초 결정의 동일성이 실질적으로 변경되는 경우라면, 경정결정을 제3채무자에게 송달한 때에 비로소 경정된 내용의 채권가압류명령의 효력이 발생한다(대판 1999.12.10, 99다42346).

효력의 내용

가압류명령의 효력은 다음과 같다(집행으로 인한 효력은 후술한다). 즉 재판에서와 같이, 자기구속력과 형식적 확정력(단, 사정변경에 의한 취소가 가능하므로 약한 의미의 효력을 갖는다)을 갖고 집행력을 가지며, 그 효력은 본안소송의 결과에 좌우되는 잠정적인 것이다. 나아가 기판력을 갖느냐에 대해서는, 판례는 판결로 재판이 되어도 피보전권리를 확정하는 의미의 기판력은 없다고 해석한다(대판 1977.12.27, 77다1698).

(3) 화해 · 조정의 가능성

가압류명령절차에서도 화해나 조정이 가능하다. 변론을 열어 진행된 절차에서 화해가 성립되면 그것은 제소전화해의 성질을 갖는 것이 된다. 변론을 열지 않은 심문절차에서도 마찬가지이다. 화해나 조정이 성립되면 가압류절차는 그로써 당연히 종료된다.

제 2 절 가압류명령에 대한 불복절차

1. 불복신청

불복신청은 가압류명령에 대한 이의절차와 가압류발령 후 가압류를 유지할 필요가 없다는 것을 이유로 그 취소를 구하는 취소절차로 나누어진다. 이 2가지 절차는 독립된 것이고 병존이 인정된다.

2. 이의신청

(1) 신청절차

의의

법원이 결정으로 가압류신청을 각하 · 기각하거나 채권자에게 담보제공을 명했을 때에는, 채권자는 즉시항고를 할 수 있다(281조 2항. 담보의 금액을 다투는 경우에도 같다[대결 2000.8.28, 99그30]). 법원이 가압류명령을 발령했을 때에는, 채무자는 그에 대한 불복으로 이의신청을 할 수 있다(283조 1항, 301조). 이의신청에 대해서는 가압류를 발령한 법원의 전속관할에 속한다. 현저한 손해 또는 지연을 피하기 위한 필요가 있는 때에는 직권으로 또는 당사자의 신청에 따라 결정으로 이의사건을 다른 법원에 이송할 수 있지만, 예외적으로 심급을 달리하는 경우에는 불가능하다(284조). 이의신청은 그 신청시기에 제한이 없고, 가압류명령의 집행 여부에도 영향을 받지 않는다. 즉 이의신청의 제기는, 가압류가 유효하게 존재하는 한 집행이 종료되었거나 집행목적물이 멸실 되었다거나 하여 이의신청의 이익이 상실되지 않고(대판 1959.10.29, 4292민상64), 본집행의 착수 전까지는 가능하다.

이의신청의 방식과 그 처리

이의신청은 신청의 취지와 이유를 적은 서면으로 하여야 한다(규칙 203조). 신청이유에는 가압류의 취소나 변경을 구하는 이유를 밝혀야 한다(283조 2항). 이의신청에 대한 재판에는 즉시항고에 관한 법 15조가 적용되지 않고, 그 항고인이 즉시항고이유서를 제출하지 아니하였다거나 그 이유를 적어내지 아니하였다는 이유로 그 즉시항고를 각하할 수 없다(대결 2008.2.29, 2008마145). 또한 이의신청은 서면으로 또는 변론기일이나 심문기일에서 말로 취하할 수 있다(285조 3항). 이의신청에 대해서 법원은 변론기일 또는 당사자 쌍방이 참여할 수 있는 심문기일을 정하고 당사자에게 이를 통지하여야 한다(286조 1항).

(2) 이의사유와 이의신청에 대한 재판

이의사유

이의사유에는 특별한 제한이 없고 취소사유도 이의사유가 된다. 그러나 가압류가 본압류로 이행되어 강제집행이 이루어진 경우에는 이의신청을 할 수 없다(대판 2004.12.10, 2004다54725). 또한 보전처분에 대한 이의신청은 그 보전처분이 유효하게 존재하고 취소나 변경을 구할 이익이 있는 경우에 한하여 허용된다. 따라서 영업비밀의 침해와 전직을 금지하는 가처분에서 금지기간을 정한 경우에 그 금지기간의 경과로 가처분의 효력이 상실되었다면, 채무자들로서는 더 이상 이의신청으로 가처분의 취소나 변경을 구할 이익이 없다(대판 2004.10.28,

2004다31593).

이의신청에 관한 재판

이의신청이 부적법하면 이의신청을 결정으로 각하하고, 이의가 이유 없으면 인가의 결정을 한다(286조 3항). 반대로 이의에 이유가 있으면 원결정을 취소 또는 변경하는 결정을 한다(286조 3항). 인가·취소·변경을 하는 경우 법원은 당사자에게 적당한 담보의 제공을 명할 수 있다(286조 5항).[126] 취소하는 재판은 가집행선고를 하여야 즉시 집행력이 발생한다(286조 6항 참조. 해석상 변경의 재판도 포함될 것이다). 이의신청에 관한 재판에 대해서는 일반적인 항고규정에 의한다.

이의신청에 관한 재판에 대한 즉시항고

이의신청에 관한 재판인 결정에 대해서는 즉시항고로 다툴 수 있고, 이 즉시항고에는 민소법 447조에서와 같은 집행정지효는 인정되지 않는다(286조 7항). 이 즉시항고에 대해서도 일반적인 항고규정에 의해 처리된다. 즉 항고법원의 심리에 관하여는 결정으로 완결할 사건에 관한 민사소송법의 규정이 준용되어 항고법원이 변론을 열 것인지 아닌지 및 변론을 열지 아니할 경우에 당사자와 이해관계인 그 밖의 참고인을 심문할 것인지 아닌지를 정할 수 있다(대결 2012.5.31, 2012마300).

(3) 가압류취소사유와 가압류이의사유의 관계

판례(대판 2000.2.11, 99다50064 등)는 가압류취소사유를 가압류이의사유로 주장하는 것에 대하여, 양 절차가 가압류결정의 취소·변경을 구하는 절차라는 면에서 동일하다는 점, 그리고 소송경제적 측면과 가압류의 긴급성의 요청이라는 점에서 이를 인정하고 있다.[127] 법 개정 전의 판례이지만 양 절차에서의 재판이 결정으로 내려지므로 법 개정 후에도 차이가 없다. 이의신청절차에서는 가압류를 취소할 수도 있으므로, 이러한 내용은

---

126) 법원은 가압류이의신청에 대한 재판에서 결정으로 가압류의 전부나 일부를 인가·변경 또는 취소하는 경우 적당한 담보를 제공하도록 명할 수 있는데, 강제집행의 목적물이 될 수 없어 장차의 강제집행을 보전하기 위한 보전처분인 가압류의 대상도 될 수 없는 목적물에 대한 가압류신청은 부적법하고, 가압류이의신청에 대한 재판에서 이러한 이유로 가압류결정을 취소하는 경우에는 가압류취소의 조건으로 채무자에게 담보제공을 명할 수 없다(대결 2012.11.29, 2012마1647).

127) 자세히는 김상수, 제소기간 도과로 인한 가압류의 취소, 판례월보 362호(2000년), 8면 이하 참조.

가압류취소와 동일하다고 할 수 있다. 또한 일단 제기된 이의신청에서는 이의심의 변론종결 전까지의 모든 사유가 이의사유가 된다(대판 1978.2.14, 77다938). 이 점은 후술하는 바와 같이 가압류취소의 경우와 유사하다.

(4) 이의절차에서의 피보전권리 등의 변경

가압류이의절차에서의 피보전권리의 변경

당사자가 권리 없음이 명백한 피보전권리를 내세워 가압류를 신청한 것이라는 등의 특별한 사정이 없는 한, 청구의 기초에 변경이 없는 범위 내에서는 가압류의 이의절차에서 신청이유의 피보전권리를 변경할 수 있다(대판 1996.2.27, 95다45224). 이러한 판례의 입장은 원래 가처분이의절차에서 신청이유의 피보전권리의 변경을 인정한 선례(대판 1982.3.9, 81다1221,1222, 81다카989, 81다카990), 즉 보전처분의 신청이 긴급한 필요에 따른 것으로서 피보전권리의 법률적 구성과 증거관계를 신청 당시 충분하게 검토·확정할 만한 시간적 여유가 없이 이루어지는 사정을 고려할 필요가 있다는 점을 근거로 하는 것이다. 그 밖에 가압류의 신청원인으로 보증채무금청구권 2억원을 피보전권리로 하고, 그 후 채무자가 제기한 가압류이의신청에서 변제 등을 이유로 그 잔액인 보증금채권과 그 밖의 리스료 등을 합한 1억 7천만원으로 피보전권리를 변경하는 것은 청구의 기초에 변경이 없으므로 인정된다(대결 2009.3.13, 2008마1984).

가처분이의절차에서의 피보전권리의 변경

한편 가처분 이의절차에서의 가처분신청이유의 피보전권리를 변경할 수 있는지에 대해 앞서 본 판례(대판 1982.3.9, 81다1221,1222, 81다카989, 81다카990)에서, 신청인은 피신청인에 대한 소유권이전등기말소등기 청구권을 피보전권리로 하여 처분금지 가처분신청을 하고 그 가처분결정을 받은 다음, 그 가처분이의 절차에서 가처분신청이유에 예비적으로 시효취득에 인한 소유권이전등기 청구를 추가하는 것은 청구의 기초에 변경이 없기 때문에 인정된다고 판단하였다. 즉 이것은 피보전권리의 변경으로서 인정된다는 취지이다.

가처분이의절차에서의 신청취지의 변경

이에 대해 최근의 판례(대결 2010.5.27, 2010마279)에서는 반대로 특별한 사정이 없는 한 가처분에 대한 이의절차에서 채권자가 가처분의 신청취지를 확장하거나 변경하는 것(채권자가 이미 발령된 가처분결정에 대한 이의절차에서 가처분으로 금지를 구하는 행위의 태양을 확대하고, 금지명령의 목적물도 변경하는 것으로 신청취지를 변경하는 것)이 허용되지 않는다고 판단하고 있다. 이러한 소극적 입장의 근거는 다음과 같은 4가지이다.

㉠가처분에 대한 이의절차는 가처분이 이미 발령되어 재산의 처분 등이 제한된 채무자를 위하여 인정된 불복절차로서 그 발령에 의하여 즉시 집행력을 가지는 보전처분의 특성에 비추어 볼 때, 이의절차에서 채권자에 의한 신청취지의 변경을 허용하는 것은 그 집행 내용에 따라서는 보전처분의 유용을 허용하는 결과가 될 수 있어 채권자에게 지나치게 유리한 점, ㉡민사집행법은 가처분의 발령절차뿐만 아니라 그 이의절차도 심문기일에서 심리할 수 있게 하고 이의신청에 대한 재판을 결정으로 하며 변론을 거치지 않은 경우에는 이유의 요지만을 적을 수 있도록 하는 등의 규정을 두어 신속한 절차진행을 도모하고 있으므로(286조, 301조 등 참조), 이의절차에서 가처분 신청취지의 변경에 관하여 민사소송법상 청구의 변경 제도를 준용할 경우에는 가처분 신청의 기초에 관한 동일성 유무의 판단이 별도로 요구되고, 나아가 이에 관한 당사자의 다툼이 계속되는 한 절차진행의 장애요소가 되어 위와 같은 이의절차의 기본적 성격과 조화되지 않는 점, ㉢채권자가 이미 발령된 가처분 이상의 효력을 가지는 보전처분을 필요로 하는 경우에는 새로운 가처분 신청에 의하여 충분히 그 목적을 달성할 수 있는 점, ㉣보전처분의 이의신청에 대한 재판에서는 원결정의 전부 또는 일부의 인가 · 변경 · 취소를 주문에서 표시하여야 하고(286조5항), 여기서의 변경은 원결정에서 명하는 금지 등의 내용이나 방법을 원결정보다 제한하는 경우 등과 같이 채무자에게 유리한 변경을 의미하는 것이므로, 심리범위를 발령된 보전처분 그 자체에 한정하는 것이 상당한 점이다. 그러면서 추가적으로 가압류의 이의절차에서 신청이유의 피보전권리의 변경을 인정하는 것(앞서 본 대판 1996.2.27, 95다45224)과 가처분의 경우와는 사안을 달리 한다고 판단하고 있다. 즉 이것은 피보전권리가 아닌 신청취지의 변경은 인정되지 않는다는 판단이다.

3. 가압류의 취소

(1) 서

의의와 관할법원

취소절차는 가압류의 실효를 구하는 것으로서 일종의 형성소송이다. 관할은 가압류를 명한 법원의 전속관할에 속한다(287조 1항, 288조 3항, 301조. 사정변경에 따른 가압류취소사건의 본안이 계속되어 있다면 그 본안의 관할법원이 취소사건도 관할한다[288조 2항 단서, 301조]). 본안이 항소심에 계속되어 있다면 항소심법원이 관할법원이 된다(311조). 본안의 계속은 취소신청시에 갖추면 된다. 만일 취소사건과 본안사건을 다루는 법원이 다른 경우에는, 이의신청에서와 같이 취소사건을 관할법원에 이송하여야 한다(290조 1항, 284조, 301조. 단, 이송받는 법원이 심급을 달리하면 이송할 수 없다).

신청권자

취소신청은 채무자와 그 일반승계인, 파산관재인 등이 할 수 있다. 특정승계인도 취소신청을 할 수 있다는 것이 실무와 통설이다(실무제요 4-178). 제3자로서 채권자대위권을 행사할 수 있는 자는, 채무자를 대위하여 취소신청을 할 수 있다(대결 1993.12.27, 93마1655). 이에 비해 채권가압류의 경우의 제3채무자는 취소신청권이 없다(대결 1993.10.15, 93마1435).

신청의 요건과 방법

신청은 가압류가 유효하게 존재하는 한 가능하다. 신청의 방법은 이의신청의 경우와 같다(규칙 203조 참조). 취소신청의 취하도 이의신청과 마찬가지이다(290조 2항, 285조, 301조, 307조). 취소신청에서 취하가 되고 그 취하의 효력을 다투려는 당사자는, 기일지정신청을 할 수 있을 것이다(규칙 205조).

취소신청에 대한 재판

취소신청에 관한 재판은 사정변경에 따른 취소신청(288조 1항), 나아가 특별사정에 의한 가처분신청의 경우(307조)에도 결정에 의한다. 심리 후 취소신청을 인용하면 가압류를 취소하고 아니면 취소신청을 각하 또는 기각한다. 가압류명령을 취소하는 결정이 내려진 후 채권자가 즉시항고를 제기한 경우, 채권자가 주장한 사유가 법률상 정당한 이유가 있고, 채권자에게 회복할 수 없는 손해가 발생한다는 소명이 이루어지면, 법원은 당사자의 신청에 따라 가압류취소결정의 효력을 정지시킬 수 있다(289조 1항, 301조). 이 소명은 보증금의 공탁이나 선서로 대신할 수 없다(같은 조 2항). 또한 재판기록이 원심법원에 있는 때에는 원심법원이 재판하고(같은 조 3항), 항고법원은 항고에 대한 재판에서 재판을 인가·변경 또는 취소하여야 하며(같은 조 4항), 효력정지의 재판이나 인가·변경 또는 취소의 재판에 대하여는 불복할 수 없다(같은 조 5항).

(2) 본안의 제소명령에 따르지 않은 경우의 가압류취소

의의

가압류는 결국 가정적·잠정적 조치를 목적으로 하는 절차이고, 그것만으로는 채권자와 채무자 사이의 분쟁은 종국적으로 해결되지 않는다. 이에 따라 채권자로서는 가압류를 함과 동시에 종국적 해결을 꾀하기 위한 절차, 즉 강제집행의 집행권원을 형성하는 절차(본안)를 제기하여야 하고, 채권자가 가압류명령을 얻었음에도 불구하고, 본안을 제기하지 않으면 채무자는 그 제기를 독촉할 수 있게 되어 있다. 단, 채무자가 이미 채권자를 상대로 소극적 확인의 소를 제기한 때에는 제소명령을 신청할 수 없다.

제소명령의 신청

본안이 제기되지 않으면, 채무자는 가압류명령을 내린 법원의 사법보좌관에게 신청하여 일정한 기간(287조 2항에 의해 2주일 이상) 내에 본안을 제기함과 동시에 그 제기를 증명하는 서면을 제출하여야 함을 채권자에게 명하게 할 수 있다(287조). 그 신청은 서면에 의한다. 채권자가 본안의 소를 지정된 기간 내에 제기하지 않으면 채무자가 보전처분의 취소를 구하고, 이 절차에서는 이의신청에서와 같이 결정으로 취소의 여부를 판단한다.

제소명령과 본안적격

본안소송의 소송물은, 전술하였듯이 가압류의 피보전권리와 청구의 기초가 동일하면 족하다(대판 1982.3.9, 81다1221, 1222). 본안의 전형적인 예는 급부소송이지만(확인소송으로 충분한가는 다툼이 있다. 또한 임시의 지위를 정하는 가처분에서는 형성소송인 경우도 있다. 피보전권리를 확정할 수 있다면 가능하다는 것이 실무이다[실무제요 4-190]), 판결을 목적으로 한 일반 소송의 제기만이 아니라, 지급명령의 신청이나 제소전화해신청도 포함된다.[128] 분쟁의 강제적 해

128) 자세히는 김상수, 제소기간 도과로 인한 가압류의 취소, 판례월보 362호(2000년), 8면 이하 참조.

결을 도출할 수 있는 절차이기 때문이다. 채권자가 본안소송에서 패소하면, 채무자는 패소사실을 이의나 사정변경의 사유로서 별도로 취소절차를 밟아야 한다.

중재절차

또한 중재절차의 본안적격도 인정된다(대판 2000.2.11, 99다50064). 즉 판례는 중재절차의 개시도 본안의 소에 해당하는 것이라고 판단한다. 중재절차에 따른 중재판정도 확정판결과 동일한 효력을 갖고(중재법 35조) 피보전권리를 확정할 수 있는 것이기 때문이다. 단, 일본민사보전법 37조 5항은 본안의 소의 제기에 해당하는 것으로 단순한 중재신청이 아닌 중재절차의 개시를 규정하고 있는 점에 주의해야 한다. 위 판례(99다50064)는 "중재신청을 하지 아니한 것과 같이 보아야 할 것이다"라고 판시하여, 소제기와 중재절차의 신청을 동일하게 보았는데, 소제기의 경우와 같이 중재신청의 경우에도 그에 의해 중재절차가 개시된다고 일반적으로 말할 수 없으므로, 앞으로 이 점은 중재절차의 실태와 일본 민사보전법을 참고로 판례가 명확히 해야 할 부분이라고 생각한다.

조정절차

이에 반해 조정신청은 해당하지 않는다. 임의적 절차로서 분쟁해결의 가능성이 낮기 때문이다. 단, 가사조정에서의 조정전치주의를 취하는 경우의 조정신청은 해당된다.

제소명령신청에 대한 재판

제소명령의 신청에 관해서는 변론을 거치지 않고 결정으로 재판한다. 신청각하의 결정에 대해서는 통상항고가 가능하다(민소법 439조). 제소명령에 대해서는 채권자는 불복신청을 할 수 없고, 후에 부준수에 의한 가압류명령취소신청에 심리에서 다투어야 한다. 제소명령은 채권자와 채무자에게 고지하고(규칙 7조 2항. 단, 배척하는 경우에는 채무자에게만 고지한다), 채권자에 대한 고지는 기간준수의 시점을 명확히 하기 위해 송달로서 한다(규칙 206조 1항).

(3) 제소기간 도과로 인한 가압류의 취소

채권자가 제소명령이 내려진 후 법 287조의 서면을 제출하지 않고 기간을 도과하면, 채무자는 가압류명령의 취소신청이 가능하다. 일단 제기하여도 기간 후에 부적법하여 각하되거나 취하되면 결국 기간도과가 된다(287조 4항).

제소명령에 따른 본안의 제소시한

제소명령에 따른 본안의 제소시한과 관련하여, 채권자가 제소명령에 따르지 않으면 채무자는 보전처분의 취소를 구할 수 있다.[129] 제소기간 도과라는 주장을 하면 족하고 이를 소명할 필요도 없이 보전처분의 취소를 신청할 수 있다. 그런데 본안제소의 시한에 관해서는, 앞서 본 제소명령에 특정된 본안제소시한이 아니라는 것이 판례의 태도이다.

제소시한에 관한 판례의 태도

판례는, "제소명령불준수에 따른 가처분취소소송에 있어서의 본안의 소는, 제소명령소정의 기간을 도과한 후이더라도, 그 도과를 원인으로 하는 가처분취소소송의 사실심변론종결 당시까지 제기된 경우에는 그 가처분을 취소할 수 없는 법리이다. 가처분의 피보전권리와, 위 본안소송의 소송물이 동일한 것인지 여부에 대하여 의심이 간다면, 위 본안소송의 소장을 제출케 하는 등 이 점을 밝혀본 후 판단하여야 한다."는 해석이다(대판 1985.11.26, 85다카1668). 이러한 법리는 가압류의 경우에도 동일하다고 해석한다. 또한 대판 1990.12.26, 90다8541에서는 사실심변론종결시까지 본소제기의 사실을 소명한 때에는 그 가압류의 취소를 면할 수 있다고 판시하였다). 즉 구법상 보전처분취소소송의 변론종결시가 본안제소의 시한이라는 해석이다. 이러한 절차에 의하면 사실상 본안제소명령 도과에 의한 보전처분의 취소를 인정하는 의의가 상실된다. 때문에 민사집행법에서는 287조 3항으로 제소에 관한 증명문서의 제출을 강제하고, 제소기간의 도과에 의해 바로 보전처분이 취소되도록 하여 채무자보호를 두텁게 한 것이다.

제소명령 후의 채권양도

그 밖에 제소명령 후 가압류채권이 양도된 경우의 처리에 대해서는 다음과 같은 판례가 있다. 즉 제소명령 후 가압류채권이 양도되고 그 양도인이 채무자에게 채권양도 사실을 내용증명우편으로 통지하였으나 채무자가 이를 수령하지 못하였지만, 양수인은 제소기간 내에 채무자를 상대로 본안의 소를 제기하고 제소신고서를 제출한 경우에는, 양수인이 채권양도의 대항요건을 갖추지 못하였더라도 제소명령의 양도인의 지위를 승계하고, 제소명령에서 정한 기간 내에 채무자를 상대로 본안의 소를 제기하고 소장접수증

129) 자세히는 김상수, 제소기간 도과로 인한 가압류의 취소, 판례월보 362호(2000년), 8면 이하 참조.

명서를 첨부한 제소신고서를 제출한 이상 제소명령을 준수하였다고 봄이 타당하다(대결 2014.10.10, 2014마1284).

(4) 사정변경에 의한 가압류취소

1) 서

의의와 취소사유

법 288조(이를 준용하는 법 301조)에 의하면, 가압류(가처분)가 발령된 후에도 채무자는 사정변경을 이유로 그 취소를 신청할 수 있다. 보전처분 목적물의 양수인도 신청할 수 있고(대결 2010.8.26, 2010마818), 그러한 양수인에 대한 채권자는 법288조1항 후문의 이해관계인에 해당한다(대결 2014.10.16, 2014마1413).

이 신청에 대하여는 가압류발령법원이 또는 본안계속 시에는 본안법원(288조 2항)이 결정으로 재판한다(288조 3항). 이러한 사정변경의 구체적 사유로는, 먼저 법 288조 1항 각호에서 규정하는 가압류이유의 소멸 그 밖에 사정이 바뀐 때, 법원이 정한 담보를 제공한 때 그리고 가압류가 집행된 뒤에 3년간 본안의 소를 제기하지 아니한 때이다.

판례에서 사정변경으로 인정된 예

일반적으로 사정변경이라 하면 보전처분에 관한 요건의 사전적 또는 사후적 흠결이 이에 해당한다. 특별한 사유에 의한 보전처분의 취소이므로 사정변경은 주관적인 것과 객관적인 것을 모두 포함한다. 전자는 발령 당시 존재한 사실을 나중에 채무자가 알게 되거나 소명을 할 수 있게 된 경우이고, 후자는 새로운 사실이 발령후에 발생한 경우이다. 요건의 흠결이므로 보전처분의 요건인 피보전권리와 보전의 필요성의 흠결이 사정변경이 된다. 따라서 사정변경은 피보전권리의 존부에 관한 것과, 보전의 필요성을 소멸시키는 사정으로 나누어지고, 전자에는 변제, 면제, 상계, 포기에 의한 피보전권리의 소멸, 후자는 채무자의 재신상태의 호전, 채권자에 대한 담보의 제공 등을 생각할 수 있다. 그러나 두 가지 사유를 명확히 구분하기 애매한 경우가 있고, 판례를 분류한다면 보통 다음과 같다.[130]

① 본안소송의 청구기각판결의 확정은 사정변경이 된다. 단, 조건의 미성

130) 자세한 판례의 내용에 관해서는 김상수, 판례에서 본 사정변경에 의한 보전처분의 취소, JURIST 402호(2004년), 67면 이하 참조.

취 등으로 인한 청구기각판결이나 소각하판결의 경우에는 그러하지 않다.

② 본안소송의 청구기각판결이 미확정이어도, 상급심에서 취소될 염려가 없는 경우에는 사정변경이 된다.

③ 채권자가 본안소송을 제기할 수 없는 경우에는 사정변경이 된다(앞의 원칙의 유추).

④ 채권자의 본안소송의 취하는 재소금지효가 발생하지 않는 한 사정변경이 되지 않는다.

⑤ 본안확정판결에 대해 재심의 소가 제기되어도 사정변경에 해당되지 않는다. 단, 재심의 소에서 피보전권리의 존부에 영향을 미치는 재심사유의 존재가 인정되면 그러하지 않다.

⑥ 채권자가 가압류에 대한 재판의 집행기간을 넘긴 경우(대결 2010.4.7, 2009마2031), 본집행이 가능함에도 본집행을 하지 않는 경우에는 특별한 사정이 없는 한 사정변경이 된다.

⑦ 피보전권리에 관한 특허심판은 사정변경이 될 수 있다.

⑧ 이사직무집행정지·대행자선임의 가처분의 경우에 새로운 이사가 선임되면 사정변경이 된다.

⑨ 그 밖에 피보전권리의 소멸이나 보전의 필요성이 상실되는 경우에는 사정변경이 된다.

2) 담보제공으로 인한 가압류의 취소

채무자는 가압류결정에서 정해진 해방금액을 공탁하고 가압류집행의 취소, 정지를 구할 수 있고(282조), 또한 법원이 자유재량으로 명한 담보를 제공하고 그 가압류 자체의 취소를 구할 수도 있다(288조 1항 2호). 담보제공의 방법, 담보권의 실행 등에 관해서는 집행에 관한 담보의 경우에 준한다. 이 담보는 채권자에게 일종의 질권을 부여하는 것으로, 가압류취소로 인한 손해배상청구권만을 담보하는 이의사건에서의 취소판결시에 제공하는 담보(286조)와 구별된다. 단, 실무상 이러한 취소는 거의 이용되지 않는다고 한다(실무제요 4-199).

3) 가압류가 집행된 뒤에 3년간 본안의 소를 제기하지 아니한 때

가압류집행 후 3년간 본안의 소가 제기되지 아니하면, 취소사유로서의 사정변경에 해당된다(288조 1항 3호).

제 3 절 가압류의 집행에 관한 절차

가압류집행은 가압류명령의 실현을 목적으로 하는 절차로서, 전술한 바와 같이 본래의 집행권원에 관한 강제집행(본집행)에 대응한다는 점에서, 특히 예외적인 규정이 없는 한 후자의 규정이 준용된다(291조, 규칙 218조. 단, 집행권원을 대상으로 하는 청구이의의 소[44조], 집행문이 필요 없는 한도에서의 집행문부여에 대한 이의의 소[45조]는 준용되지 않는다). 그러나 다음에서 보듯이 상당히 현저한 예외가 있다. 그 대부분은 신속처리를 생명으로 하는 약식소송이라는 보전처분의 성격에서 유래한다.

1. 집행개시요건

(1) 신청과 통지

보통 가압류신청을 할 때에 그 인용재판에 대한 집행신청도 함께 한 것으로 해석하여, 별도의 집행신청이 없어도 가압류발령과 동시에 집행에 착수하게 된다. 즉 등기나 등록의 방법 또는 제3채무자나 이에 준하는 사람에게 송달하는 방법으로 집행하는 경우로서 보전처분 발령법원이 집행법원이 되는 경우에는 서면으로 가압류의 집행신청을 할 필요가 없다(규칙203조 1항 6호 단서). 가압류명령은 채무자에게 고지함으로써 바로 집행력이 발생한다. 그러나 채무자에게 재판을 송달하기 전이라도 집행을 할 수 있으므로(292조 3항), 실무상으로는 특별한 경우가 아닌 한 집행착수 전에 채무자에게 재판서정본을 송달하지 않는 것을 원칙으로 한다. 또한 가압류의 집행은 가압류명령이나 승계집행문, 담보제공의 증명서 등을 사전에 또는 동시에 채무자에게 송달하지 않고서도 가능하다. 이러한 특징은 신속한 집행을 확보하고 채무자의 집행방해를 회피한다는 취지이다.

(2) 집행문의 필요성

가압류명령에는 승계집행문을 부여해야 하는 경우를 제외하고 일반적으로 집행문의 부여가 필요하지 않다(292조 1항). 가압류명령은 발령 후

바로 집행되는 것이 보통이고, 집행기간을 도과하면 집행할 수 없으며(292조 2항), 쓸데없이 집행문부여를 위해 시간을 낭비할 필요가 없기 때문이다.

(3) 집행기간

1) 의 의

가압류의 경우 가압류명령을 얻은 것만으로는 가압류를 할 권능이 있다는 것을 인정받은 것에 불과하고, 채무자의 재산의 처분을 금지한다는 목적은 아직 달성되지 않은 상태이다. 이 때 가압류명령의 집행은 그 재판을 채권자에게 고지한 날로부터 2주일(집행기간) 이내에 해야 한다는 기간의 제한이 부과되어 있다(292조 2항, 301조).

필요성

가압류명령은 모든 급박한 사정 하에 응급조치로 발령되는 것이므로, 본래 즉시 집행되어야 하는 것이다. 만일 상당한 기간이 지나도 집행할 수 있다고 하면, 사정이 변경되어 더 이상 가압류의 필요성이 없음에도 집행이 행해질 우려가 생긴다. 또한 상당한 기간 집행을 하지 않고 방치하는 것 자체가 가압류에 이유가 없게 되었음을 자인하는 것이라고 말할 수 있다. 이와 같이 가압류명령을 방치한다는 나태한 채권자는 가압류의 보호를 부여받을 만한 자격이 없고, 약식심리에 의해 발령되는 가압류명령은 말하자면 불완전한 집행권원이라고 할 수 있으므로, 그 존속기간을 한정하는 것은 반드시 부당한 것이 아니다. 이러한 존속기간에 대해서는 민소법 173조의 추후보완도 인정되지 않지만, 채무자의 방해행위로 그 집행에 착수하지 못했다면 예외적으로 집행방해행위 동안은 기간이 진행되지 않는다고 해석된다.

2) 기간의 진행

개시시점과 기간의 준수

집행기간은 집행이 가능한 때부터 진행한다. 즉시 집행이 가능한 가압류의 경우에는 전술하였듯이 그 재판을 채권자에게 고지한 날부터 집행기간이 진행한다(292조 2항, 301조). 위와 같은 집행기간의 준수를 위해서는 가압류 집행행위의 완결은 필요하지 않고, 그 착수나 집행행위의 개시로 족하다. 유체동산의 가압류라면 집행관이 압류할 재산을 찾기 위하여 채무자의 가옥, 사무실, 창고 그 밖의 장소에 대한 수색에 나아간 때(대판 2001.8.21, 2000다12419), 부동산가압류라면 등기촉탁서를 발송한 때, 채권가압류는 가압류명령을 제3채무자에게 발송한 때, 그리고 어음, 수표 그 밖에 배서로 이전할 수 있는 증권으로서 배서가 금지된 증권채권의 가압류는 집행관이 그 증권의 점유를 개시한 때(291조, 233조)가 집행의 착수에 해당된다.

기간준수행위와 그 속행행위와의 관계

위와 같은 기간준수 행위 후 그 속행행위는 집행기간 내에 할 필요가 없다. 예를 들면 기간내에 가압류를 하였지만 피보전채권액에 달하지 않고 더 계속하여 다른 동산을 물색하여 가압류를 하는 등이다. 물론 이러한 경우라도 최초의 집행과 속행행위와의 사이에 계속성 내지는 일체성이 있어야 하는 것이 보통이다. 또한 가압류명령에 대한 이의신청 또는 항고제기와 동시에 보전집행정지명령에 의해 가압류의 집행이 정지, 취소되면 집행기간의 진행 자체가 정지되고, 그 후에 집행의 정지, 취소사유가 해소되면 그 때부터 새로운 집행기간이 진행한다고 해석하여야 할 것이다.

집행기간의 진행에 관한 문제

그 밖에 다음과 같은 집행기간의 진행을 둘러싼 다툼이 있다. 즉 최초의 집행이 목적물흠결의 이유로 불능이 된 경우에도 집행의 속행을 인정할 것인지 문제되는데, 집행기간의 도과에 의하여 집행력을 상실하므로 그 후 집행이 이루어져도 집행기간 이내의 경우가 아니라면 위법이 된다고 해석된다. 다음으로 이의심에서 심리 중 보전집행의 정지, 취소명령이 없는 상태로 가압류결정에 관해 집행기간이 도과한 경우, 이의심에서 원보전결정을 인가하여도 이의신청에 의하여 당연히 집행기간이 정지하는 것이 아니므로, 새로이 집행기간이 진행되지 않는다. 또한 가압류결정에 대한 이의심의 취소결정에 기해 가압류집행이 취소된 다음 항고심에서 원래의 가압류결정을 인가한 경우에 대하여는, 당해 인가판결 선고 시부터 다시 집행기간이 진행된다고 해석하여야 할 것이다.

집행기간의 도과

집행기간이 도과하면 집행력이 상실되고, 도과 후의 집행은 집행에 관한 이의에 의해 취소할 수 있다. 가압류명령은 당연히는 실효되지 않지만 취소사유가 될 수 있다(이의나 사정변경에 의한 취소신청에 의해 주장).

2. 가압류집행의 방법

집행의 방법은 대략 금전집행에서와 같지만, 집행보전을 목적으로 하기 때문에 원칙적으로 압류에 그치고 현금화절차로는 진행되지 않는다.

(1) 부동산의 가압류

등기부 기입

2가지 방법이 있다. 첫째는 부동산가압류의 등기부 기입이고, 보전집행법원의 법원사무관이 직권으로 기입을 등기소에 촉탁한다(293조 1항, 3항). 특히 부동산가압류명령은 통상등기부 기입 후 채무자에게 송달되지만, 이에 의해서도 가압류의 효과가 발생한다고 해석된다. 보전집행은 가압류명령을 내린 법원(293조 2항)의 사법보좌관이 한다.

강제관리

두 번째는 부동산의 수익을 목적으로 하는 강제관리이다(294조). 관리인은 수익 또는 그 현금화한 대금에서 분여명령에 의한 분여, 부동산에 부과되는 조세 그 밖의 공과 및 관리인의 보수 그 밖의 비용을 공제한 잔액을 공탁하고, 그 사정을 보전집행법원에 신고한다. 가압류의 효력은 개시결정이 채무자에게 송달된 때 또는 개시결정을 원인으로 하는 압류의 등기가 내려진 때에 발생한다. 보전집행법원은 가압류재판을 한 법원이다(293조 2항).

(2) 선박 등의 가압류

선박에 대한 가압류는 부동산집행, 그 중에서도 강제경매에 관한 규정이 준용된다(291조, 172조). 항공기에 대한 가압류는 선박에 대한 가압류의 예에 따른다(규칙 209조). 그 밖에 자동차에 대한 가압류의 집행은 원칙적으로 부동산에 대한 가압류집행의 예에(규칙 210조 1항), 건설기계·소형선박에 관한 가압류의 집행에 대해서는 자동차에 대한 가압류집행의 예에 의한다(규칙 211조).

(3) 동산, 채권 그 밖의 재산권의 가압류

1) 유체동산

유체동산에 대한 가압류집행은 압류와 같은 원칙에 의하므로(296조 1항), 유체동산의 가압류 방법은 집행관의 점유이다. 금전의 가압류를 한 경우에는 공탁한다(296조 4항). 전술한 바와 같이 가압류집행에서는 원칙적으로 현금화절차에는 진행되지 않지만, 방치하면 현저한 가격의 감소를 초래할 우려가 있는 때, 저장을 위해 상당하지 않은 비용이 발생하는 것에 대해서는 집행관은 물건을 매각하고 그 매득금을 공탁하여야 한다(296조 5항).

2) 채 권

채권 그 밖의 재산권의 가압류는 사법보좌관이 제3채무자에 대한 변제금지명령을 하는 것에 의한다(296조 3항). 단, 관할은 가압류명령을 발령한 법원(296조 2항)의 사법보좌관이다. 이것은 신속한 집행을 구하는 채권자의 편의를 위한 것이다. 가압류의 집행이 경합하여도 배당절차가 진행되는 것은 아니므로 제3채무자는 공탁할 수 있다(권리공탁. 291조, 248조 1항). 반대로 가압류 후 다시 압류가 이루어져 양 절차가 경합하는 경우에는, 배당을 실시하기 위해 금전채권을 현금화할 필요가 있으므로 제3채무자는 반드시 공탁해야 한다고 풀이된다(의무공탁). 한편 가압류집행을 원인으로 하는 공탁이 변제공탁인지 집행공탁인지에 대해서는 다툼이 있는데, 보전처분으로서 배당절차를 예정하는 것이 아니므로 변제공탁이라고 해석하는 것이 타당하다. 공탁한 경우 가압류의 효력은 청구채권액에 해당하는 공탁금출급청구권에 대하여 존속한다(297조).

3) 예금채권

예금채권에 대한 가압류의 경우에는, 양도금지특약이 있는 예금채권도 대상이 된다(압류 및 전부명령이 가능하다. 대판 1976.10.29, 76다1623). 예금채권을 명확히 특정하기 위해서는 예금자의 이름, 거래지점, 예금의 종류 및 계좌번호, 예금액 등을 명확히 하여야 한다. 그러나 이러한 기준을 관철하면 사실상 예금채권에 대한 가압류는 불가능하게 되므로, 어느 정도 특정성을 완화할 필요가 있다. 그 정도가 문제인데, 피압류채권목록에 은행명과 함께 적어도 취급 지점명을 기재하게 하거나, 그것이 불가능한 경우에는 본점에서 용이하게 채무자의 예금계좌를 색출할 수 있도록 예금자인 가압류채무자의 주민등록번호(또는 생년월일)나 사업자등록번호를 기재하도록 하여야 할 것이다. 또한 예금채권과 관련하여 1개의 가압류신청으로 1인의 채무자가 복수의 금융기관에 대해 갖고 있는 예금채권의 가압류를 신청하는 경우에 이를 허용할 것인지의 문제가 있다. 실무는 이를 인정하는 것이 보통이라고 한다(실무제요 4-286).

장래예금채권

가압류명령의 송달 이후에 채무자의 계좌에 입금될 예금채권도, 가압류명령상의 '가압류할 채권의 표시'에 기재된 문언의 해석에 따라 그 발생의 기초가 되는 법률관계가 존재하여 현재 그 권리의 특정이 가능하고 가까운 장래에 예금채권이 발생할 것이 상당한 정도로 기대된다고 볼만한 예금계좌가 개설되어 있는 경우 등에는, 가압류의 대상이 될 수 있다(대판 2002.11.8, 2002다7527). 그런데 제3채무자는 순전히 타의에 의하여 다른 사람들 사이의 법률분쟁에 편입되어 가압류명령에서 정한 의무를 부담하는 것이므로, 이러한 제3채무자가 가압류된 채권이나 그 범위를 파악함에 있어 과도한 부담을 가지지 않도록 보호할 필요가 있다. 따라서 '가압류할 채권의 표시'에 기재된 문언은 그 문언 자체의 내용에 따라 객관적으로 엄격하게 해석하여야 하고, 그 문언의 의미가 불명확한 경우 그로 인한 불이익은 가압류신청 채권자에게 부담시키는 것이 타당하므로, 제3채무자가 통상의 주의력을 가진 사회평균인을 기준으로 그 문언을 이해할 때 포함 여부에 의문을 가질 수 있는 채권은 특별한 사정이 없는 한 가압류의 대상에 포함되었다고 보아서는 아니 된다(대판 2011.2.10, 2008다9952).

4) 저당권부 채권

저당권이 있는 채권에 대한 가압류라면 기본적으로 금전채권에 대한 가압류절차와 동일한데, 저당권에도 가압류의 효력이 미치므로 그 공시방법이 필요하게 된다. 공시는 가압류명령을 부동산소유자에게도 송달한 다음, 채권가압류사실을 등기부에 기입하도록 촉탁하여야 한다. 이 가압류의 등기는 부기등기에 의한다(부등법시행규칙 80조, 81조). 가압류된 채권이 소멸된 경우 이를 증명하는 문서가 제출되면, 법원사무관등은 신청에 따라 그 등기의 말소를 촉탁하여야 한다(규칙 213조 2항, 167조 4항. 가압류명령신청의 취하나 가압류명령의 취소결정이 확정된 경우에도 같다).

5) 유가증권

지시채권(어음이나 수표, 선하증권, 화물상환증, 창고증권 등)에 대한 가압류는 당해 지시증권이 배서가 금지된 것이 아니면 유체동산으로 집행하고(291조, 189조 2항 3호), 배서가 금지된 것이라면 채권집행의 방법에 의한다(291조, 233조).

6) 그 밖의 재산권

유체동산의 인도 또는 권리이전청구권에 대한 가압류는, 당해 청구권의 압류방법에 의한다. 부동산 등의 인도 또는 권리이전청구권에 대한 가압류는 대개 부동산소유권 이전등기청구권에 대한 집행보전을 위해 이용되고 당해 청구권의 압류방법에 의한다. 이 경우 가압류의 효력은 채무자와 제3채무자에게만 발생하고, 그 이외의 제3자에 대해서는 공시방법이 없다는 점에서 처분금지의 효력을 주장할 수 없다. 이에 따라 가압류가 내려진 후 제3자가 이전등기를 받으면 그것을 원인무효라고 주장하여 말소를 청구할 수 없다(대판(전) 1992. 11.10, 92다4680 등). 이와 같은 그 밖의 재산권에 대한 가압류는 금전채권의 압류에 관한 규정(223조 내지 227조)을 준용하여 관할 사법보좌관이 가압류명령을 발함으로써 행한다(291조, 251조).

3. 가압류의 효력

(1) 시효중단효

가압류는 공적인 권리실행행위이므로 그 집행에 의해 시효중단의 효력이 발생하고(민법 168조 2호), 가압류 집행보전의 효력이 존속하는 동안은 계속된다(대판 2000.4.25, 2000다11102). 가압류 집행절차에 착수하지 않은 경우라면 시효중단 효력이 없고, 집행절차를 개시하였으나 가압류할 동산이 없기 때문에 집행불능이 된 경우에는 집행절차가 종료된 때로부터 시효가 새로이 진행된다(대판 2011.5.13, 2011다10044). 또한 집행이 취하된 경우에는 소급하여 시효중단효가 소멸된다(민법 170조 1항). 따라서 금전채권의 보전을 위하여 채무자의 금전채권에 대하여 가압류가 행하여진 후 채권자의 신청에 의하여 그 집행이 취소된 경우, 가압류에 의한 소멸시효중단의 효과는 소급적으로 소멸된다(대판 2010.10.14, 2010다53273).

(2) 처분금지효

가압류가 집행되면 채무자는 목적물에 대해 처분하지 못한다는 효과가 발생한다. 처분금지에 위반하는 채무자의 처분행위(양도, 저당권설정 등)[131]는 가압류채권자에 대한 관계에서 상대적으로 무효이다. 또한 가압류의 효력으로서의 상대효의 내용에 관해서는 압류의 효력 부분에서 설명한 바와 같다.

가압류채권자의 지위

그러나 평등주의를 채택하는 우리 법에서는 가압류는 가압류채권자에게 소위 우선권(압류질권 또는 보전저당권과 같은)을 부여한 것이 아니다. 또한 다른 채권자가 가압류된 물건에 대해 강제집행을 실시할 수 있는데, 이 경우 가압류채권자에게 배당해야 하는 금액은 공탁하게 된다(160조 1항 2호). 다른 채권자가 동일한 물건에 대해 중복하여 가압류를 할 수 있는지에 대해서는 본집행에 준한다(291조). 가압류집행은 그 경합이 허용되고 가압류채권자간의 우열도 없다(대판 1999.2.9, 98다42615). 가압류집행이 본압류로 이행되면 다른 가압류채권자는 배당요구를 한 채권자로서의 지위를 갖는다(148조). 또한 가압류집행은 가처분집행과도 경합이 가능하고 양자의 효력 사이에서도 우열이 없다(대판 1998.4.14, 96다47104). 가압류채권자에 대한 배당액을 공탁한 후 그 채권에 관하여 본안판결이 확정되거나 소송상 화해·조정이 성립되거나 또는 화해권고결정·조정을 갈음하는 결정 등이 확정되면 공탁의 사유가 소멸하므로, 특별한 사정이 없는 한 본안의 확정판결

131) 특별한 사정이 없는 한 점유의 이전과 같은 사실행위는 이에 해당하지 않고, 부동산에 가압류등기가 경료되어 있을 뿐 현실적인 매각절차가 이루어지지 않고 있는 상황 하에서는 채무자의 점유이전으로 인하여 제3자가 유치권을 취득하게 된다고 하더라도 이것은 처분행위에 해당되지 않는다(대판 2011.11.24, 2009다19246).

등에서 지급을 명한 가압류채권자의 채권은 그 배당액으로 충당되는 범위에서 본안판결 등의 확정시에 소멸한다(대판 2014.9.4, 2012다65874).

(3) 목적물의 양도와 본집행

목적물의 양도와 가압류의 효력

가압류집행 후 가압류목적물의 소유권이 제3자에게 이전된 경우, 가압류채권자는 집행권원을 얻어 제3취득자가 아닌 가압류채무자를 집행채무자로 하여 그 가압류를 본압류로 이전하는 강제집행을 실행할 수 있다. 이 경우 그 강제집행은 가압류의 처분금지적 효력이 미치는 객관적 범위인 가압류결정 당시의 청구금액의 한도 안에서만 집행채무자인 가압류채무자의 책임재산에 대한 강제집행절차로서 진행된다(대판 1998.11.10, 98다43441). 반대로 주택임대차보호법상 대항력을 갖춘 임차인의 임대차보증금반환채권이 가압류된 상태에서 임대주택이 양도된 경우, 양수인이 채권가압류의 제3채무자 지위를 승계하고, 따라서 가압류채권자는 양수인에 대하여만 가압류의 효력을 주장할 수 있다(대판(전) 2013.1.17, 2011다49523).

제3취득자의 채권자의 지위

이러한 논리를 바탕으로, 그 나머지 부분은 제3취득자의 재산에 대한 매각절차라 할 것이므로, 제3취득자에 대한 채권자는 그 매각절차에서 제3취득자의 재산 매각대금 부분으로부터 배당을 받을 수 있고, 그러한 채권자는 배당이의의 소를 제기할 원고적격도 인정된다는 것이 판례의 태도이다(대판 2005.7.29, 2003다40637). 그러나 그러한 가압류집행을 바탕으로 한 강제집행은 가압류된 시점을 기준으로 압류된 부동산을 책임재산으로 이루어지는 집행에 해당하고, 제3취득자의 입장에서는 제3자이의의 소가 인정될 여지도 없으므로, 위와 같은 판례의 해석은 타당하지 않다.

(4) 가압류목적물이 수용된 경우

판례의 태도

가압류가 설정된 목적물이 수용되면 가압류의 효력은 어떻게 되는지에 대하여, 판례(대판 2000.7.4, 98다62961; 대판 2009.9. 10, 2006다61536,61543 등)는 '공익사업을 위한 토지 등의 취득 및 보상에 관한 법률' 제45조 제1항에 의하면, 토지 수용의 경우 사업시행자는 수용의 개시일에 토지의 소유권을 취득하고 그 토지에 관한 다른 권리는 소멸하는 것인바, 수용되는 토지에 대하여 가압류가 집행되어 있더라도 토지 수용으로 사업시행자가 그 소유권을 원시취득하게 됨에 따라 그 토지 가압류의 효력은 절대적으로 소멸하는 것이라고 해석한다. 이에 따라 토지에 대한 가압류가 그 수용 보상금청구권에 당연히 전이되어 그 효력이 미치게 된다고는 볼 수 없고, 당해 토지에 대한 가압류집행의 효력이 상실된다고 하더라도 토지수용 후 그 보상금에 대하여 다시 보전절차를 취할 수 있으므로, 그러한 보전절차를 취하지 아니한 사람과 보전절차를 취한 사람을 동일하게 취급하지 아니한다고 하여 위 규정이 헌법상의 평등권을 침해하는 것이라고 할 수는 없다고 해석한다.

가압류채권자 보호의 필요성

그러나 가압류된 부동산에 저당권이 설정되고 나서 매매된 경우에 있어서의 가압류권자와 저당권자의 관계(판례가 따르는 개별상대효에 의하면 적어도 같은 순위가 된다)와 비교하여 보더라도 판례의 태도는 저당권자만을 보호하는 것이 되고, 또한 매매가 아닌 토지수용인 경우 저당권자는 보상금에 대해 물상대위를 행사함으로써 우선권을 행사할 수 있지만(같은 법 47조), 이 때 가압류는 소멸되어 저당권자는 선순위로서의 지위를 갖게 되는 점을 고려할 필요가 있다. 그렇다면 토지수용이 되더라도 다른 권리와의 관계에서는 그 순위에 따라 가압류채권자도 보상금에 대해 자신의 권리를 주장할 수 있다고 해석하는 것이 타당하다(채권가압류에서 제3채무자가 공탁하면 가압류의 효력이 출급청구권에 존속한다는 법297조에서 보아도 그러하다). 반대로 판례의 태도는 지나치게 가압류채권자의 불이익을 강요하는 것이고, 토지수용에 관한 특별법의 규정을 과도하게 경직적으로 해석하는 것으로 타당하지 않다고 생각한다.

4. 가압류집행의 정지와 취소

(1) 정 지

이의, 항고, 사정변경 등에 의한 가압류명령의 취소신청에 기한 임시의 처분으로서의 집행정지명령에 대해서는 전술하였다. 그 밖에 집행에 관한 이의나 제3자이의의 소에 기한 보전집행정지명령이 있다. 그러나 가압류집행의 정지는 집행전이라면 의의가 있지만, 후라면 거의 의미가 없다.

(2) 취 소

취소가능성과 취소의 효력

임시의 처분으로서 보전집행취소명령이 발령될 수 있음은 전술하였다. 그 밖에 집행에 관한 이의나 제3자이의의 소[132]가 성공하거나 가압류명령이 이의, 항고, 사정변경 등에 의한 취소신청에 기해 취소되면 보전집행의 취소를 구할 수 있다. 채권자도 보전집행취소를 신청할 수 있다(집행해제신청 또는 집행신청의 취하로도 불린다). 이 경우 채무자의 동의는 필요 없고, 집행취소결정 없이 바로 집행취소의 절차를 밟는 것이 실무이다(실무제요 4-226). 가압류집행이 취소되면 채무자는 당해 보전처분의 구속에서 벗어난다. 단, 취소의 효력은 소급효가 없고 장래에 대해서만 발생한다.

취소사유

사법보좌관은 채무자가 해방금액을 공탁하였음을 증명하면 결정으로 가압류의 집행을 취소해야 하고(299조 1항), 가압류집행의 속행에 관해 필요한 비용을 채권자가 예납하지 않으면 가압류집행의 취소를 명할 수 있다(18조). 법 286조 3항에 의한 추가담보가 제공되지 않는 경우에도 같다. 그 밖에 채권가압류의 집행을 받은 제3채무자가 가압류집행이 된 금전채권액을 공탁한 경우에는, 그 가압류의 효력은 그 청구채권액에 해당하는 공탁금액에 대한 채무자의 출급청구권에 대하여 존속하므로(297조), 제3채무자가 그 채권의 전액 또는 일부를 공탁하면, 공탁금 중 가압류해방금 상당액에 관해서는 해방금의 공탁으로 보아야 할 것이다(일본민사보전법 50조 3항은 이 점을 명시한다).

집행취소의 실시기관

집행취소는 집행기관이 실시한다. 집행법원(사법보좌관)이 집행취소결정을 한 경우에도 집행기관이 집행관이면 채무자는 그 결정정본을 집행관에게 제출하여 집행취소를 위임하여야 한다. 이와 같이 취소되어야 하는 집행이 집행관에 의해 이루어진 경우(유체동산집행) 집행법원(사법보좌관)의 재판(집행취소결정)에 의하지 않으면 안 되는지, 아니면 집행관이 취소할 수 있는지에 대해 다

132) 가압류 대상이 된 예금의 소유주가 제3자이의의 소의 승소확정판결을 받은 경우 가압류채권자에게는 가압류집행으로 인한 당해 제3자의 손해를 배상할 책임이 있다(대판 2009.2.26, 2006다24872).

툼이 있다. 실무는 집행법원의 집행취소결정을 요구하지 않는다(실무제요 4-231 이하 참조. 일본의 경우에는 집행취소결정을 요구하는 판례가 있는 관계로 실무도 이에 따르고 있다). 집행의 취소방법은 각종 보전처분에 따라 다른데, 등기나 등록을 요하는 보전처분의 집행이었다면 그러한 등기나 등록의 말소촉탁으로 취소한다.

5. 가압류에서 본집행으로의 이행

이행시점

가압류집행 후 채권자가 집행권원을 취득하거나 집행의 조건, 기한이 완성됨에 따라 본집행을 할 수 있게 된 경우에는 본집행이 행해진다.133) 그러나 어떤 시점에서 가압류에서 본집행으로의 이행이 이루어진 것으로 판단하는지에 대해서는 다툼이 있다. (a) 본안에 관한 집행권원(확정판결 또는 가집행선고부 판결)의 성립시, (b) 집행정본 송달시, (c) 본집행신청시,134) (d) 본집행개시시135)라는 입장이 있는데, 실무는 (d)설인 본집행개시시라고 보여진다(실무제요 4-235).

본집행 개시 후의 가압류의 효력

본집행이 개시되면 가압류집행의 효과는 어떻게 되는지에 대해 효력소멸설136)과 효력유지설이 있다. 전자는 채권자 자신의 의사로 본집행에 이행하였으므로 가압류도 실효된다는 입장이다. 후자는 본집행이 효력을 달성하면 그 때 비로소 효력이 소멸한다고 해석한다. 판례는 전자에 따른다(대결 2002.3. 15, 2001마6620 참조). 가압류에 순위보전효가 없다는 점에서 그리고 평등주의를 취하고 있는 관계에서는, 본집행이 소멸되어도 가압류집행의 효력만을 잔존시킬 필요는 거의 없으므로 원칙적으로 전자가 타당하다(단, 본집행의 가능성이 남아 있는 한 가압류집행의 효력도 소멸되지 않는다고

133) 가압류한 지명채권에 대하여 가압류에서 본압류로 전이하는 내용의 주문이 누락된 채 압류 및 추심명령이 발령되었다 하더라도, 가압류 및 압류·추심의 당사자 사이에 서로 동일성이 인정되고, 가압류의 피보전채권과 압류·추심의 집행채권 사이 및 가압류 대상 채권과 압류·추심 대상 채권 사이에 서로 동일성이 인정되는 경우에는, 해당 가압류는 특별한 사정이 없는 한 당연히 본압류로 이전되는 효력이 생긴다(대판 2010.10.14, 2010다48455).

134) 강대성, 343면; 이시윤, 589면; 박두환, 742면.

135) 주석민사집행법 VI-582.

136) 박두환, 742면.

해석하여야 할 것이다).

본집행이 개시되면, 가압류의 집행으로서 예를 들면 해방금을 공탁하여 그 취소를 구할 수 없게 된다. 즉 가압류가 본압류로 이행되어 강제집행이 이루어진 경우에는, 가압류집행은 본집행에 포섭됨으로써 당초부터 본집행이 있었던 것과 같은 효력이 있게 되고, 본집행이 되어 있는 한 채무자는 가압류에 대한 이의신청이나 취소신청 또는 가압류집행 자체의 취소 등을 구할 실익이 없게 된다(대판 2004.12.10, 2004다54725). 따라서 가압류가 본압류로 이행된 후 보전처분의 취소 또는 보전처분의 집행취소결정에 따라 집행법원의 가압류말소촉탁이 있는 경우, 그 말소촉탁은 법률상 허용되지 않는다(대결 2012.5.10, 2012마180).

그 밖에 본집행 이행 후 가압류집행신청을 취하할 수 없지만, 본집행신청의 취하는 다시 본집행의 신청을 금지하는 것이 아니므로, 그 취하가 있어도 가압류집행의 효력은 존속한다.

본집행 개시 전까지의 가압류의 효력

가압류가 집행된 후 채권자의 본안에 관한 집행권원 취득과 본집행이 개시되기까지 목적부동산이 제3자에게 양도되었지만, 그 후 가압류명령이 이의, 항고 등에 의해 취소된 경우에는, 당해 제3자는 이미 가압류집행이 취소된 것이므로 자신의 소유권을 채권자나 배당요구자에게 대항할 수 있다.

6. 가압류집행의 경합

(1) 같은 보전처분 집행 사이의 경합

가압류집행 사이의 경합 또는 가처분집행 사이의 경합이 있는 경우에는, 양 집행이 내용적으로 저촉하지 않으면 병존할 수 있다. 그러나 동일한 계쟁물에 대한 보전처분이라면 시간적으로 후행하는 보전처분은 선행하는 보전처분의 피보전권리의 실현을 방해하지 않는 한도에서 효력을 갖는다.

(2) 다른 집행과의 경합

1) 가처분과의 경합

가압류된 부동산에 중복하여 처분금지가처분 등이 내려진 경우 또는 그 반대의 경우에는 집행시기의 시간적 선후에 의해 우열이 결정된다. 예를 들어 채무자의 공탁금출급청구권에 대하여 처분금지가처분의 집행이 완료된 후 다시 가압류가 이루어진 경우, 그 후 가처분채권자가 채무자를 상대로 한 본안소송에서 승소하면 그 가처분결정의 송달 이후에 실시된 가압류 등의 보전처분 또는 그에 기한 강제집행은 그 가처분의 처분금지 효력에 반하는 범위 내에서는 가처분채권자에게 대항할 수 없다(대판 2014.6.28, 2012다116260). 후행하는 보전처분이라도 선행하는 보전처분이 취소되면 완전한 효력을 갖는다.

2) 강제집행과의 경합

가압류의 집행은 강제집행이나 담보집행과 병존할 수 있고 경합이 가능하다. 각 절차 사이에 이행의 충돌이 없고 채권자들의 이해조정은 만족의 단계에서 조정되기 때문이다. 또한 가처분의 경우 압류된 부동산에 대한 가처분도 가능한데, 이러한 가처분은 강제집행(또는 담보집행)이 취소된 때에 완전한 효력을 갖는 것에 불과하고 강제집행에는 아무런 영향이 없다. 단, 가처분의 피보전권리의 내용에 따라 제3자이의의 소의 대상이 된다.

3) 체납처분과의 경합

가압류와 체납처분과의 관계는 체납처분과 강제집행의 관계에서처럼 양자를 조정하는 법률이 없지만, 강제집행과의 관계에 준하여 처리된다. 반대로 가처분과 체납처분의 관계의 처리의 경우, 체납처분이 선행되었다면 체납처분우위로서의 처리에 어려움이 없지만, 가처분이 선행된 경우의 처리에는 어려움이 있다. 이에 관하여는 체납처분우위설과 가처분우위설을 생각할 수 있는데, 조세채권은 사법상의 금전채권에 대한 우위가 인정되는 것이고, 가처분의 경우에는 비금전채권이 문제되는 것이므로 가처분우위설이 타당하다고 생각한다(대결 1993.2.19, 92마903).

03 제 3 장 가처분

제 1 절 총 설

1. 서

(1) 의 의

금전채권 이외의 권리의 보전을 위한 보전처분을 가처분이라고 한다. 민사집행법은 가압류 부분에서 가압류와 가처분에 공통된 많은 규정을 두고, 다음으로 가압류와 가처분에 관해 각각 약간의 특별규정을 두는 것 이외에, 가압류에 관한 규정을 가처분에도 준용하는 방법을 택하고 있다.

2가지 가처분

가처분에 의해 보전되는 권리, 즉 피보전권리는 금전채권 이외의 것이다. 가압류에서는 보전의 방법으로 채무자의 재산의 처분을 금지한다는, 즉 항상 압류의 형태를 취하지만, 가처분의 경우에는 보전되어야 하는 권리 그 자체가 다양하고 또한 가처분을 필요로 하는 상황도 다양하므로, 결과적으로 발령되는 가처분의 형태도 여러 가지가 된다. 이와 같이 잡다한 가처분에 대한 가장 기본적인 분류는, '계쟁물에 관한 가처분'과 '임시의 지위를 정하는 가처분'이라는 2가지이다.

(2) 관 할

관할은 본안의 관할법원 또는 다툼의 대상이 있는 곳을 관할하는 지방법원의 전속이다(303조). 본안의 의미는 가압류의 경우에서 다룬 바와 같다. 다툼이 있는 곳을 관할하는 지방법원이란, 법 300조 1항의 경우만이 아니라 같은 조 2항의 다툼이 있는 권리관계에 대하여 가처분하여야 할 유체물, 무체물을 모두 포함한다. 권리이전에 등기 또는 등록이 필요한 그 밖의 재산권에 대한 가처분은, 등기 또는 등록을 하는 곳을 관할하는 지방법원이 관할한다(규칙 216조, 213조 1항). 그 밖에 재판장의 긴급처분권은 가압류에서 다룬 것과 같다.

2. 계쟁물에 관한 가처분

(1) 의의와 요건

물건에 관한 급부청구권의 강제집행을 보전하기 위해 현상의 유지를 명하는 가처분이다(300조). 계쟁물가처분의 요건인 피보전권리와 보전의 필요성은 가압류에서 다룬 것이 준용된다.

피보전권리

먼저 피보전권리에 관해서는, 금전채권 이외의 특정물에 관한 이행청구권일 것, 청구권이 성립하여 있을 것(적어도 그 내용, 주체를 특정할 수 있을 정도로 요건을 갖추어져야 할 것이다), 강제집행에 적합한 권리일 것, 다툼의 대상이 현상에 관한 것일 것(현상변경을 방지한다는 점에 계쟁물가처분의 목적이 있다)이라는 요건이 필요하다. 또한 가처분의 피보전권리는 가처분 신청 당시 확정적으로 발생한 것이어야 하는 것은 아니고 이미 그 발생의 기초가 존재하는 한 장래에 발생할 권리도 가처분의 피보전권리가 될 수 있다. 따라서 부동산의 공유자는 공유물분할청구의 소를 본안으로 제기하기에 앞서 장래에 그 판결이 확정됨으로써 취득할 부동산의 전부 또는 특정 부분에 대한 소유권 등의 권리를 피보전권리로 하여 다른 공유자의 공유지분에 대한 처분금지가처분도 할 수 있다(대결 2002.9.27, 2000마6135).

보전의 필요성

다음으로 보전의 필요성은, 현상이 바뀌면 당사자가 권리를 실행하지 못하거나 이를 실행하는 것이 매우 곤란할 염려가 있을 경우에 허용된다(300조 1항). 예를 들면 자신의 토지에 타인이 함부로 건물을 건축하기 시작하여 소유권에 기한 방해배제청구소송을 제기하는 한편, 여기에서 승소하여도 건물이 완성될 경우 철거의 강제집행이 곤란해지므로, 우선 가처분으로 건축공사의 중지명령을 받는 경우, 건물의 임대차계약이 종료하여 그 인도를 구하는 소송을 제기하는 한편, 그 사이에 피고가 함부로 건물의 현상을 변경하여 그 동일성을 상실시키거나 타인을 거주하게 하는 등, 장래의 인도집행을 불가능 또는 곤란하게 하지 않도록 피고에 대해 건물의 현상을 변경하는 것 및 점유를 타인에게 넘기면 안 된다는 가처분명령을 받는 경우이다.

그 밖에 자신의 부동산의 등기가 모르는 사이에 타인명의로 되어 버렸기 때문에 등기말소청구소송을 제기하는 한편, 피고가 그 사이에 다시 제3자에게 등기를 넘기지 않도록 그 부동산의 양도를 가처분으로 금지시켜 (처분금지의 가처분) 그 내용을 등기부에 기입해 두는 경우가 있다. 위와 같은 가처분은 모두 장래의 강제집행을 확실하게 하기 위한다는 점에서 가압류와 공통된 성질을 갖는다. 단, 보전되는 권리의 내용이 다양하므로 집행보전의 구체적 방법도 그에 의해 달라지는 것에 불과하다.

(2) 가처분명령의 내용

1) 피보전권리

가처분은 그 재판서에 청구금액을 표시할 필요는 없지만, 이중신청의 방지와 본안과의 연결을 위해 피보전권리의 내용을 표시한다.

2) 가처분의 주문

주문에 해당하는 가처분방법은 법원의 재량에 속하는데, 피보전권리의 종류와 성질, 보전의 필요성, 강제집행과의 관련성, 나아가 가처분의 잠정성이나 부수성 등에 의해 일정한 제약을 받는다(상세히는 후술 가처분의 한계에서 다룬다).

일반적인 예

법 305조 2항이 규정하는 가처분방법으로는, 보관인을 정하는 것, 행위를 명하거나 금지하는 것[137], 이행을 명

137) 영업비밀 침해행위를 금지하는 가처분을 하면서 그 금지 기간을 정하지 않아도 특별한 사정이 없는 한 위법하지 않다(대판 2009.3.16, 2008마1087).

하는 것 그리고 부수적 처분이 있다. 부수적 처분은 다음에서 보는 임시의 지위를 정하는 가처분에서, 이사직무집행정지의 가처분에 부수하여 직무대행자를 선임하는 가처분을 말한다.

해방금액의 가능성

가처분의 경우에도 가압류처럼 해방금액을 정할 수 있는지 문제된다. 피보전권리가 금전보상에 의해 목적을 달성할 수 있는 것이라면 정할 수 있다는 견해도 있다. 그러나 가처분은 가압류와 달리 금전채권을 제외한 청구권의 보전에 목적이 있고, 법 307조에 의해 특별사정으로 인한 가처분의 취소가 인정되므로, 해방금액을 정할 수 없다는 것이 판례의 해석이다(대결 2002.9.25, 2000마282).

3. 임시의 지위를 정하는 가처분

(1) 의 의

특징

현저한 손해를 피하거나 급박한 위험을 막기 위하여 또는 그 밖의 필요한 이유가 있을 경우에 인정되는 가처분으로, 계쟁물에 관한 가처분과 달리 장래의 강제집행의 보전이라는 목적을 전혀 갖지 않는 가처분이다(300조 2항). 따라서 엄밀한 의미에서는 피보전권리라고 할 수 있는 것이 없지만, 보통 다툼이 있는 권리관계를 피보전권리라 한다. 그 권리확정이 아직 이루어지기 전에 임시의 권리자인 지위를 신청인에게 주는 것이므로, 그 피보전권리는 반드시 집행에 적합하지 않아도 상관없다.

채무자 이익보호의 필요성

또한 이 가처분이 인정되므로써 채무자에 대한 불이익도 크기 때문에, 그 심리에 있어서는 원칙적으로 변론기일 또는 채무자가 참석할 수 있는 심문기일을 열어야 한다. 단, 그 기일을 열어 심리하면 가처분의 목적을 달성할 수 없는 사정이 있는 때에는 그러하지 않다(304조). 실무상으로는 단행가처분이나 채무자에게 피해가 큰 공사금지가처분, 대세적 효력이 있는 직무정지가처분, 지식재산권침해금지가처분 등의 경우에 기일을 여는 예가 많으나, 이 때에도 심문기일로 진행하고 결정으로 재판하는 것이 일반적이다(실무제요 4-91).

(2) 인정되는 예

일반적인 예

물건의 현상을 유지하는 것만으로는 다툼이 있는 권리를 보전한 것이 되지 않는 권리가 있고 그리고 고도의 필요성(그 필요성을 인정할 만한 특별한 사정의 소명이 없는 한 가처분신청을 배척하는 것이 판례이다[대결 1997.1.10, 95마837])이 있는 경우, 직접적으로 그 권리가 임시로 존재하는 것으로 가정하여 그에 응한 행위를 명하거나 또는 법률관계를 형성하는 가처분이 여기에 해당한다. 예를 들면 특정 일시, 장소에 출연해서는 안된다는 것을 구하는 청구권을 보전하기 위해, 즉시 그 출연을 금지하는 가처분을 하는 경우, 이사선임결의취소소송을 제기하는 한편, 현재 이사로 활동하는 자의 직무집행권한을 박탈하는 가처분을 하는 경우, 해고무효를 주장하며 급여의 지급을 명하는 가처분을 하는 경우, 사용자가 기업시설에 대한 방해배제 내지 방해예방청구권을 피보전권리로 하여 노동조합과 소속 조합원을 상대로 임시의 지위(업무방해금지)를 정하는 가처분(대판 2011.2.24, 2010다75754) 등이다.[138]

만족적 가처분 또는 단행가처분

위와 같은 예에서 알 수 있듯이, 임시의 지위를 정하는 가처분은 보전되는 권리의 내용을 그대로 실현해 버리는 것이기 때문에, 상대방에게 주는 영향은 크고 그만큼 급박한 사정이 없으면 허용되지 않는다는 것은 당연한 이치이다. 이에 따라 임시의 지위를 정하는 가처분은, 채권자에게 사실상 권리의 만족을 부여한다는 점에서 만족적 가처분으로 불리고, 특히 작위(퇴거명령 등)를 명하는 것은 단행가처분으로도 불린다.

---

138) 반대로 원자력 발전소를 운영하는 회사가 과학기술부장관의 허가를 받아 설계수명이 만료된 원자력 발전소를 계속운전하자, 발전소 인근 지역에 거주하는 주민들이 발전소 계속운전에 안전상 문제가 있다는 등의 주장을 하며 발전소 가동중지 가처분을 신청한 사안의 경우, 그러한 임시의 지위를 정하는 가처분은 발전소의 가동중지를 구할 수 있는 사법상 권리가 없다는 점에서 인정되지 않는다(부산동부지원결정 2011.9.19, 2011카합211).

4. 가처분의 본안화

가처분의 실제적 기능

가처분은 본안소송이 결착되기까지 의미를 갖는 잠정적인 것이지만, 소송이 지연되는 경우에는 본안소송의 결착에 장시간이 소요되는 것이 보통이다. 한편 가처분은 원래 신속하게 부여하여야 하는 것으로 이해되고 있다(보전처분의 신속성). 이러한 상황에서 조금이라도 빨리 가처분을 얻은 가처분채권자의 우위는 실질적으로 본안에서 승소한 것처럼 되어 버리는 경향이 있다. 가처분채무자는 가처분을 신속하게 취소시키는 것이 곤란하고, 또한 본안소송의 종료에 장기간을 예상하여야 한다면, 실제상 양보하지 않을 수 없는 입장에 빠지게 되기 때문이다.

가처분과 본안소송의 관계

이러한 경향은 계쟁물에 관한 가처분에 대해서도 말할 수 있지만, 특히 임시의 지위를 정하는 가처분에서 현저하다. 여기에서는 본래 본안소송에 의해 이루어져야 할 분쟁해결의 기능이 가처분에 의해 사실상 선행되어 버린다는 형태가 된다. 이러한 경향이 나타나면, 다른 한편으로 가처분을 내리는 법원도 매우 신중하게 그러한 가처분신청을 심리·판단하게 된다. 그 결과 변론이 장기화 되고 본안의 소송절차와 다르지 않는 신중한 심리가 행해지게 되는 것이다. 특히 노동분쟁을 둘러싼 임시의 지위를 정하는 가처분 등에서 이 경향을 많이 볼 수 있다. 이와 같이 가처분이 기능적으로 본안소송을 대신하는 모습을 보이고, 또한 심리의 내용에서도 실질상 본안소송과 차이가 없게 되어 가는 현상을 "가처분의 본안화"라고 부른다.

5. 가처분의 취소와 집행정지

(1) 취 소

가처분의 취소도 가압류의 그것에 준해 처리된다. 가처분이 취소되는 경우, 법원은 재판에서 채무자의 신청에 따라 그 취소의 재판과 동시에 그 물건이나 금전을 반환하도록 명할 수 있다(308조). 이 원상회복재판은 가처분취소재판에 부수된 재판의 형식으로 이루어지는 것이므로, 독립된 불복대상이 아니다.

(2) 집행정지

가처분이 내려진 후 채무자가 이의 또는 상소를 제기하여도 당해 가처분의 집행력이 당연히 정지되지 않는다(283조 3항, 301조, 49조). 채무자가 별도로 민소법 500조, 501조를 준용하여 이의사유로 주장한 사실이 법률상 이유 있다고 인정되고, 그 사실에 대한 소명이 충분하다면 집행정지가 인정된다(대결 1997.3.19, 97그7). 집행정지가 인정되는 가처분이란, 이행소송을 본안으로 하는 이행적 가처분에 한하고, 형성적 가처분에서는 집행정지가 허용되지 않는다(대결 2002.5.8, 2002그31). 부작위를 명하는 가처분의 경우에도 집행정지를 구할 수 있는지에 대해, 실무는 이행소송을 본안으로 하는 단행적 가처분에만 허용된다는 입장이다(실무제요 4-150). 집행정지의 재판은 상소심이 하는 것이 원칙이인데, 재판기록이 원심법원에 있는 때에는 원심법원이 관할법원이 된다(309조 3항).

(3) 특별사정에 의한 가처분의 취소

1) 의의

특별사정에 의한 가처분취소란 가처분(계쟁물가처분과 임시지위를 정한 가처분을 포함)으로 인해 채무자가 큰 손해를 입게 되거나 채권자의 피보전권리가 금전적 보상으로도 종국적 만족을 얻을 수 있는 경우라면, 이러한 특수한 사정을 고려하여 채무자가 담보를 제공하여 가처분의 취소를 구할 수 있는 것을 말한다(307조). 이러한 취소는 사정변경에 의한 가처분의 취소와는 별개의 것으로, 특별사정이 존재하고 담보제공이 있으면 사정변경이 없어도 가처분을 취소할 수 있게 한 것이다.

2) 특별사정

특별사정이란, 가처분으로 보전되는 피보전권리가 금전적 보상에 의해 종국적으로 만족을 얻을 수 있는 것이라는 사정, 또는 채무자가 가처분에 의해 통상 입는 손해보다 한층 큰 손해를 입게 될 사정을 말한다(구체적으로는 실무제요 4-201 이하 참조). 두 가지 경우 중 어느 것이라도 해당하면 특별사정이 존재하는 것이 된다(대판 1992.4.14, 91다31210).

3) 심리와 재판

가압류에서와 같이 결정으로 재판한다(307조 2항). 심리에서는 오직 특별사정의 존부에 대해서만 판단한다(대판 1987.1.20, 86다카1547). 특별사정이 인정되면 법원은 채무자가 제공할 담보의 종류와 금액을 정하여 미리 담보를 제공하게 하고 가처분을 취소하거나, 담보의 제공을 조건으로 가처분을 취소하는 결정을 한다. 담보는 가처분의 취소로 인한 손해를 담보하는 것으로, 가처분채권자는 가처분취소로 인하여 입은 손해배상청구소송의 승소판결을 얻은 후 법 19조 3항, 민소법 123조에 의하여 그 담보에 대해 질권자와 동일한 권리를 갖게 된다(대판 1998.5.15, 97다58316).

6. 가처분명령절차와 가처분집행

가압류의 경우와 같이 가처분의 절차는 집행권원에 상당하는 가처분명령(보전권원)발령까지의 절차(가처분명령절차)와, 이에 기해 집행을 행하는 절차(가처분집행)로 2분된다. 가처분의 집행에 대해서도 가압류의 집행절차가 준용되므로, 예를 들어 부대체적 작위의무의 이행을 명하는 가처분결정을 받은 채권자가 간접강제의 방법으로 그 가처분결정에 대한 집행을 함에 있어서도, 가압류에 관한 법292조 2항의 규정이 준용되어 특별한 사정이 없는 한 가처분결정이 채권자에게 고지된 날부터 2주 이내에 간접강제를 신청하여야 함이 원칙이다(대결 2010.12.30, 2010마985).[139] 이하, 실무상 많이 이용되는 가처분에 관해 설명하도록 하겠다.

---

139) 다만, 가처분에서 명하는 부대체적 작위의무가 일정 기간 계속되는 경우라면, 채무자가 성실하게 그 작위의무를 이행함으로써 강제집행을 신청할 필요 자체가 없는 동안에는 위 집행기간이 진행하지 않고, 채무자의 태도에 비추어 작위의무의 불이행으로 인하여 간접강제가 필요한 것으로 인정되는 때에 그 시점부터 위 2주의 집행기간이 기산된다

제 2 절 가처분의 종류와 효력

가처분의 종류로서 계쟁물에 관한 가처분과 임시의 지위를 정하는 가처분이 있음은 전술하였다. 이하에서는 보다 구체적인 가처분명령의 유형을 다루기로 한다. 이러한 의미에서의 가처분의 종류는 피보전권리의 종류, 보전의 필요성의 형태에 따라 가지각색이다. 보관인을 두는 것, 행위를 명하거나 금지하는 것 또는 급부를 명하는 것 등이 있지만, 이것은 어디까지나 예시적인 것이고 그 밖의 처분을 포함하여 여러 가지 조합이 가능하다. 실제상 자주 나타나는 피보전권리와 보전의 필요성의 형태와의 조합에 대해서는, 부여되는 가처분의 종류에서 일정한 정형화·유형화를 찾을 수 있고, 법률도 이들 약간의 전형적인 가처분명령을 예시하여 거기서의 피보전권리와 보전의 필요성을 규정하고 있다.

1. 점유이전금지의 가처분

(1) 서

1) 의 의

피보전권리와 본안소송

계쟁물에 관한 가처분의 전형적인 것으로서 부동산에 관해 자주 이용된다. 이러한 가처분의 피보전권리는 그 건물(또는 토지)의 인도청구권이고, 본안소송은 인도청구소송이다. 보전의 필요성은 장래의 인도의 강제집행이 불가능 또는 곤란하게 될 우려에 의해 판단된다.

보전의 필요성

집행권원에 표시된 건물과 실제로 존재하는 건물의 동일성이 인정되지 않으면 집행할 수 없고, 손상을 받으면 집행이 가능해도 실익이 적은 것이 되며 멸실되면 집행 자체도 불가능하다. 집행에 임하여도 채무자 이외의 자가 점유하고 있으면 역시 집행할 수 없다. 본안소송 중에 점유이전을 탐지하면 소송인수(민소법 82조)에 의해 신점유자를 새로운 피고로 바꿀 수 있고, 변론종결 후의 점유이전이면 승계집행문(31조)을 얻어 신점유자에 대해 집행할 수는 있다. 그러나 끊임없이 점유상태에 주의를 기울여야 할 뿐만 아니라, 점유이전이 변론종결 전후의 어디인가 라는 사실문제나 신점유자를 승계인으로 볼 수 있는가 등에 관해 다툼이 발생할 가능성도 있다. 따라서 점유가 제3자에게 이전될 우려는, 강제집행을 불가능 또는 곤란하게 될 우려라고 말할 수 있는 것이다.

2) 인정되는 예

예를 들면 채무자가 개축하여 건물의 동일성을 상실시킬 우려가 있는 경우, 또는 자포자기로 건물을 파괴할 우려가 있는 경우, 나아가 중요한 점으로서 채무자가 제3자를 불러 들여 점유시킬 우려가 있는 경우에 보전의 필요성이 인정된다. 나아가 점유이전금지가처분은 실무상 영업용 건물을 임대한 경우에 많이 신청되는데, 임대인이 소유자인 경우에는 보전의 필요성을 쉽게 인정하기 어렵다는 것이 실무이다(실무제요 4-325 이하). 실무의 태도는 어차피 임대인인 소유자는 소유권으로 인도청구를 할 수 있고, 임차인의 정상적인 영업에 상당한 지장을 주기 때문에, 특별한 사정이 없는 한 인정하지 않는다는 것이다. 특별한 사정이란, 임차인이 도산상태에 빠져 당해 건물이 정리꾼이나 점유꾼에 의해 점유될 염려가 있는 경우 등을 생각할 수 있다.

3) 신청과 집행

신청 단계에서는 목적부동산을 명확히 특정해야 하지만, 목적부동산의 등기를 요하지 않는다. 집행은 채권자가 가처분재판의 정본을 가지고 집행관에게 집행의 위임을 함으로써 한다. 집행관은 자신이 목적물을 보관하고 있음을 밝히는 공시를 적당한 곳에 붙이고, 채무자에게 가처분의 취지를 고지함으로써 집행을 실시한다.

(2) 효력

현상유지와 소유자의 점유권

가처분의 목적은 목적부동산을 가처분 당시의 현상인 채로 유지하는 것이다. 따라서 소유자에 의한 목적물의 처분을 금지 또는 제한하는 것이 아니다. 이에 따라 간접점유자에 불과한 소유자는, 직접점유자를 가처분채무자로 하는 점유이전금지가처분의 집행에 대하여, 당해 가처분으로 인해 자신의 간접점유권이 침해되는 것은 아니므로 제3자이의의 소를 제기할 수 없다(대판 2002.3.29, 2000다33010).

채무자의 현상변경

한편 채무자가 건물의 객관적 상황을 변경하거나 점유를 전부 또는 일부 제3자에게 이전한 경우(주관적 현상변경)에, 가처분의 효력으로서 어떠한 조치를 취할 수 있는가 문제된다. 이러한 가처분의 위반은 소위 점검(點檢. 집행관이 집행 후에도 채권자의 신청에 의해 채무자에게 가처분위반의 사실이 있는지 현장에 가서 조사하는 활동)에 의해 탐지된다.

1) 객관적 현상변경에 대한 조치

객관적 현상변경이란

먼저 무엇을 객관적 현상변경이라고 할 수 있는지 문제된다. 건물의 증개축이 변경에 해당되는 것은 명백하지만, 수선이나 영업상 필요한 개장 등은 피보전권리의 실현에 지장이 없다는 이유에서 가처분위반이 되지 않는다. 이러한 문제가 발생하는 것을 피하기 위해, 필요한 경우에는 "증개축을 하여서는 안된다"라고 구체적으로 표시하면 된다. 피보전권리의 실현에 지장이 있는 변경이 있었던 경우의 조치에 관해서는, 다음의 견해가 있다.

집행관제거설

집행관이 즉시 원상회복의 조치를 취하거나 채무자의 점유를 즉시 배제할 수 있다는 견해가 있다(집행관제거설). 이러한 집행관의 조치는 실무상 점검집행관이라 불리고 과거에는 일반적으로 행해졌지만, 이에 대해서는 집행관은 단순한 보관인임에도 과대한 권한을 갖게 되고, 현상변경의 유무의 판단을 집행관에게 맡기는 것은 부적당하며, 가처분명령의 문언에도 맞지 않는다고 비판을 받아 지금은 거의 따르지 않고 있다.

집행명령설

다음으로 집행관 독자의 판단과 실력에 의한 위반의 배제를 인정하지 않고, 새로이 법원의 관여가 필요하다는 견해가 있다(집행명령설). 이 중, 가처분명령이 현상변경을 금지하는 부작위명령을 포함하므로, 채권자는 민법 389조의 수권결정(집행명령)을 얻어 현상변경의 결과를 배제하거나 채무자를 퇴거시킬 수 있다는 견해와, 새로이 별도의 가처분을 구하여 그 목적을 달성해야 한다는 견해가 있다(신가처분명령설). 법 261조의 적용이 이 가처분의 내용에 따라서는 적용할 수 없는 점, 그리고 법 262조에 의해 사전에 채무자의 심문이 필요하다는 점에서는, 신가처분명령설이 보다 타당하다고 생각한다. 실무에서는 만일 수권결정을 받는데 시간이 걸려 보전의 필요성이 있는 경우라면, 제2차 가처분의 신청도 허용될 수 있다(실무제요 4-330)고 하여 원칙적으로 집행명령설을 취하고 있다.

집행관의 직접 보관

나아가 객관적 현상변경의 경우, 집행관은 채무자의 사용을 금지하고 직접보관할 수 있는지 문제된다. 이에 대해서는 집행명령을 얻어야 한다는 집행명령설과 집행관 보관의 새로운 가처분을 얻어야 한다는 신가처분명령설이 있다. 어느 것이나 법원의 재판이 필요하다는 점에서 중요한 차이는 없다.

2) 주관적 현상변경에 대한 조치

주관적 현상변경이란

채무자가 건물의 전부 또는 일부를 제3자에게 사용시키거나, 제3자가 채무자의 의사에 기하지 않고 건물의 점유를 시작한 경우이다. 점유이전금지가처분이 이러한 사태에서도, 그러한 제3자의 출현이 본안소송의 변론종결 전후를 불문하고 강제집행을 가능하게 하는 목적을 갖고 행해짐은 전술하였다(당사자항정효). 제3자가 가처분의 집행이 내려졌음을 알고 점유한 경우에는, 그 제3자에 대해 원래의 집행권원에 기해 강제집행을 할 수 있는데, 가처분의 집행 후에 점유한 자는 집행을 알고 점유한 것으로 추정된다. 이것은 현장에서 이루어지는 집행관점유의 공시서에 의해 악의가 추정되기 때문이다.

제3자의 퇴거강제

한편 가처분단계에서 점유취득자인 제3자의 퇴거를 강제할 수 있는지 문제된다. 이에 대해 판례는, 가처분채권자가 가처분 자체의 효력으로 직접 퇴거를 강제할 수 없고, 가처분채권자로서 본안판결의 집행단계에서 승계집행문을 부여받아 그 제3자의 점유를 배제할 수 있다고 해석한다(대판 1999.3.23, 98다59118). 일본 민사보전법 25조의2는 점유이전금지가처분 집행전에 채무자를 특정하기 곤란한 특별한 사정이 있으면 채무자를 특정하지 않고 이 가처분을 내릴 수 있게 하여 그러한 퇴거강제가 입법적으로 가능하다.

2. 처분금지의 가처분

(1) 서

1) 의 의

처분금지가처분은 주로 부동산에 대해 내려지고 계쟁물에 관한 가처분에 해당한다. 대부분의 경우 피보전권리는 등기(특히 말소등기)청구권이고, 본안소송으로서 등기청구소송이 예정된다. 처분금지가처분에 의해 등기의 이전을 금지시키는 점에 의의가 있다.

인정되는 예

처분금지가처분이 이용되는 예로는 다음의 경우가 있다. 자신도 모르는 사이에 부동산이 타인명의로 등기되어 있는 것을 발견한 경우에는, 그 명의인을 피고로 하여 등기말소를 구하는 소를 제기하고, 그 확정판결로 실제의 등기말소(광의의 집행)를 등기소에 신청하게 된다. 소송의 도중에 피고가 제3자에게 등기명의를 이전하면 피고를 변경해야 하고, 이를 간과하면 판결은 실질적으로 무의미하게 되며, 변론종결 후의 명의변경이라면 승계집행문을 요하는 것이 되는(만일 명의변경이 피고의 의사에 의하지 않은 것이라면 승계도 문제가 된다) 등, 실제로 등기말소를 하는 것이 불가능 내지 곤란해질 우려가 있기 때문에 이러한 사태를 예방하기 위해 이용되는 것이다. 또한 처분금지가처분은 건물철거·토지인도 청구소송을 본안소송으로 하여, 건물에 관해 이루어지는 일도 있다. 이 경우에는 건물의 소유명의가 소송 중에 제3자에게 이전함으로써 철거의 집행이 곤란해질 우려가 있기 때문이다.

피보전권리가 되는 그 밖의 예

또한 국토의 계획 및 이용에 관한 법률 소정의 규제구역 내의 토지에 관하여 체결된 매매계약에 기한 매수인의 토지거래허가 신청절차청구권도, 피보전권리가 된다(대판 1998.12.22, 98다44376). 그 밖에 저당권설정계약에 기한 등기청구권, 임차권에 기한 등기청구권이나 인도청구권 등을 피보전권리로 한 처분금지가처분도 가능하다고 해석된다(실무제요 4-309 이하). 저당권설정등기청구권을 보전하기 위한 처분금지가처분은 순위보전의 효력을 갖기 때문에, 가처분채권자가 본안소송의 승소확정으로 그 피보전권리 실현을 위한 저당권설정등기를 하게 되면 가처분등기 후에 이루어진 처분제한의 등기 등이 말소되지는 않지만, 가처분채권자의 저당권 취득과 저촉되는 범위에서는 가처분등기 후에 등기된 권리의 취득이나 처분의 제한으로 가처분채권자에게 대항할 수 없다(대판 2015.7.9. 2015다202360).

2) 집 행

집행방법

처분금지가처분에서는 피보전권리가 무엇인지에 의해 집행의 방법과 효력이 달라지므로, 가처분명령 중에 피보전권리를 명시해야 한다. 등기가 집행방법이면, 가처분등기의 촉탁은 집행법원(가처분법원)의 법원사무관등이 한다(305조 3항, 293조). 부동산의 처분금지가처분의 목적물은 등기된 부동산이지만, 미등기부동산이라도 보존등기가 가능하면 가처분도 가능하다(미등기부동산의 압류 참조). 상속등기를 하지 않은 채무자 소유의 부동산에 대한 가처분은, 채권자가 가처분결정을 부동산등기법 28조 소정의 대위원인을 증명하는 서면으로써 대위상속등기신청을 하고, 이어서 가처분기입등기를 하는 방법에 의한다(실무제요 4-311).

부동산 일부에 대한 처분금지가처분을 하는 경우

1필지 부동산 중 특정부분에 대한 소유권이전등기청구권을 보존하기 위한 처분금지가처분이라면, 분할등기의 가능성 등 특별한 사정이 없는 한, 그 1필지 토지의 전부에 대한 처분금지가처분결정에 기한 등기촉탁에 의해 그 1필지 토지 전부에 대한 처분금지가처분등기를 하게 된다(대판 1975.5.27, 75다190. 등기예규 881호). 반대로 1필지 토지 중 특정 부분에 대해서만 처분금지가처분을 하려면, 채권자가 가처분결정을 대위원인으로 하여 대위분할등기신청을 하여 분할등기를 한 다음, 가처분의 기입등기를 할 수 있다(대판 1987.10.13, 87다카1093).

(2) 효 력

당사자항정효와 처분금지효

처분금지가처분에서는 당사자항정효가 가장 현저한 효력이다. 물론 가압류의 경우와 같이 처분금지의 효력은 상대적이고(대판 1968.9.30, 68다1117 등), 이에 위반하는 처분행위도 절대적으로 무효가 되는 것은 아니다. 가처분이 존속하는 한 가처분채권자에게 대항할 수 없음에 불과하고, 가처분에 위반하는 처분인지의 여부는 그 처분이 피보전권리가 된 권리와 양립할 수 있는지의 여부에 의해 결정되며, 모든 처분행위가 무효가 되는 것은 아니다.

처분금지의 위반 여부

따라서 처분금지가처분의 등기가 있어도 다시 이전등기를 할 수 있지만, 채권자가 본안에서 승소하면 가처분 후의 등기는 가처분에 위반하는 것이라면 당연히 말소되고, 본안소송에서 명령된 대로 등기가 이루어지게 된다. 반대로 임차권자는 저당권 설정으로 자신의 권리를 방해받지 않으므로, 처분금지가처분 등기 후에 경료된 임차권의 목적물에 마쳐진 근저당권설정등기의 말소를 구할 수 없다(대결 1984.4.16, 84마7). 그 밖에 처분금지가처분 후의 이전등기가 피보전권리를 실현하는 경우라면, 그러한 등기도 처분금지가처분에 위반되지 않는다. 즉 부동산의 전득자가 양수인 겸 전매인을 대위하여 양도인을 상대로 처분금지가처분결정을 받아 등기한 후, 양수인이 양도인으로부터 이전등기를 받는 것은 처분금지가처분에 위반되지 않는다(대판 1989.4.11, 87다카3155).

골프회원권 처분금지 가처분의 효력

예탁금제 골프회원권의 양수인이 양도인에 대하여 가지는 골프회원권 명의변경청구권 등에 기하여 하는 골프회원권 처분금지가처분의 처분금지효의 예는 다음과 같다. 즉 그러한 가처분 결정이 제3채무자인 골프클럽 운영회사에 먼저 송달되고, 그 후 가처분채권자가 골프클럽 운영에 관한 회칙에서 정한대로 회원권 양도·양수에 대한 골프클럽 운영회사의 승인을 얻었을 뿐만 아니라 본안소송에서도 승소하여 확정된 경우, 그 가처분 결정의 송달 이후에 실시된 가압류 등의 보전처분 또는 그에 기한 강제집행은 그 가처분의 처분금지효력에 반하는 범위 내에서는 가처분채권자에게 대항할 수 없다(대판 2009.12.24, 2008다10884).

3. 그 밖의 가처분

(1) 직무집행정지 · 대행자선임의 가처분

1) 의 의

주식회사 내부의 분쟁에서 잘 나타나는 것으로 현재 대표자의 직무를 정지하고 그에 대신하는 자를 임시로 선임하는 가처분이고, 이사선임결의 무효확인소송 내지 결의취소소송(상법 376조, 380조, 381조) 또는 이사해임소송(상법 385조 2항) 등을 본안소송으로 하여 인정된다(상법 407조 1항). 이 가처분은 법 300조 2항 소정의 전형적인 임시의 지위를 정하는 가처분(대판 1989.5.23, 88다카9883 등)이다. 일반적으로 임시의 지위를 정하는 가처분의 본안소송은 계쟁물에 관한 가처분에서의 급부소송에 한하지 않고, 확인소송이나 형성소송도 가능하다. 따라서 이들의 경우에는 피보전권리를 급부청구권으로 명확하게 파악할 수 없고, 주주권이라든지 형성권인 결의취소권이라는 실체법상의 권리가 예정되는 것이 된다. 관할은 본안의 관할법원 또는 다툼의 대상이 있는 곳을 관할하는 지방법원이 갖는다(303조).

2) 보전의 필요성

보전의 필요성에 대해서는 본래 이사가 아닌 자가 현재 이사로서 직무를 집행하고 있다는 소명 자체로 바로 인정된다는 견해와, 이에 의해 구체적으로 회복할 수 없는 손해가 회사 내지 주주에게 발생한다는 가능성이 필요하다는 견해가 있다. 이 가처분은 임시의 지위를 정하는 가처분의 하나로서 법 300조 2항의 요건이 필요하므로, 후자의 견해가 보다 타당하다고 할 것이다. 또한 가처분의 상대방(채무자)이 되는 것은 당해 이사인지, 본안소송의 피고인 회사인지, 또는 쌍방인지 논란이 있다. 판례(대판 1982.2.9, 80다2424)는 직무집행의 정지를 요구당한 당해 이사가 상대방이고 회사는 상대방이 될 수 없다고 해석한다.

3) 주식회사 이외의 법인의 경우

위와 같은 법리는 민법상의 법인 등의 이사직무집행정지가처분(대판

2000.2.11, 99다30039), 상법407조가 인정하는 해임청구권보전을 위한 직무집행정지가처분(대결 1997.1.10, 95마837)의 경우에도 준용된다. 단, 해임청구권보전을 위한 경우에 민법상의 법인의 이사, 법인격 없는 사단·재단의 대표자, 합명회사 및 합자회사의 대표자 등이 대상이면, 상법에서와는 달리 해임청구권에 관한 명문의 규정이 없다는 이유로 실무는 당해 해임청구권보전을 위한 직무집행정지가처분을 받아들이지 않는다(실무제요 4-414).

4) 대행자 선임

대표자의 직무집행이 정지되어 대표자의 직무를 행할 자가 없다든지 또는 이사의 직무집행이 정지되어 정족수에 미달되게 된 경우에 직무대행자를 선임한다. 직무대행자는 채권자, 채무자와 무관한 중립적인 사람을 선임하는 것이 바람직하고, 실무상 변호사를 선임한다(실무제요 4-421). 직무집행이 정지된 종전의 이사 등은 직무대행자로 선임될 수 없다(대결 1990.10.31, 90그44). 직무대행자는 가처분명령에 다른 정함이 있는 경우를 제외하고, 법인의 통상의 사무에 속하지 아니한 행위를 하지 못하지만, 법원의 허가를 받으면 그러하지 않다(민법 60조의2 1항, 상법 408조 1항, 200조의2 1항, 265조, 269조).

효력 직무집행정지·대행자선임 가처분은 성질상 당사자 사이뿐만 아니라 제3자에 대한 관계에서도 효력이 미치므로 가처분에 반하여 이루어진 행위는 제3자에 대한 관계에서도 무효이고 가처분에 의하여 선임된 이사직무대행자의 권한은 법원의 취소결정이 있기까지 유효하게 존속한다(대판 1991.12.24, 91다4355 등). 또한 등기할 사항인 직무집행정지·대행자선임 가처분은 상법37조1항에 의하여 이를 등기하지 아니하면 위 가처분으로 선의의 제3자에게 대항하지 못하지만 악의의 제3자에게는 대항할 수 있고, 그 결정 이전에 직무집행이 정지된 주식회사 대표이사의 퇴임등기와 직무집행이 정지된 이사가 대표이사로 취임하는 등기가 경료되었다고 할지라도 직무집행이 정지된 이사에 대하여는 여전히 그 효력이 있으므로, 그 가처분결정에 의하여 선임된 대표이사 및 이사 직무대행자의 권한은 유효하게 존속하고, 반면에 그 가처분결정 이전에 직무집행이 정지된 이사가 대표이사로 선임되어도 그 선임결의의 적법 여부에 관계없이 대표이사로서의 권한을 가지지 못한다(대판 2014.3.27, 2013다39551).

5) 사정변경에 의한 취소

사정변경(새 임원이 선임되어 가처분을 더 이상 유지할 필요가 없는 경우)에 의한 가처분취소시에 신청적격은 누구에게 있는지에 대해, 판례는 가처분사건의 당사자가 될 수 없는 법인 등은 그 가처분의 취소신청을 할 수 없다고 해석한다(대판 1997.10.10, 97다27404). 그러나 판례에 의하면 가처분채무자가 그 취소신청을 하는 것을 기대하기 힘들고, 직무대행자도 취소신청을 할 수 없게 되어 누가 취소신청을 해야 하는지 문제가 된다. 이러한 점을 고려한다면, 가처분목적물의 특정승계인에게도 취소신청의 당사자적격을 부여해야 할 것이다.

(2) 종업원지위보전의 가처분

노동쟁의에서 주로 이용되는 것으로, 임시의 지위를 정하는 가처분이고 본안소송은 대개 해고무효확인소송이다. 위법한 또는 무효인 해고에 의해, 현재 종업원이 아니라는 이유로 급여가 중단되거나, 의료보험에도 영향을 받으며 조합활동의 방해를 받는다는 등의 사실이 보전의 필요성을 인정하기 위한 근거가 된다. 실무상으로는 해고된 근로자가 임금지급가처분과 지위보전가처분을 동시에 신청하여, 이를 함께 발령하는 경우도 있다(실무제요 4-464).

4. 가처분의 한계

(1) 피보전권리 내지 본안소송과의 관계

주권의 인도청구권을 피보전권리로 하는 경우

가처분이 허용되려면 그 내용이 피보전권리, 본안소송과의 관계에서 적합한 것이어야 한다. 전자와의 관계에서 본다면, 가처분의 내용이 피보전관리를 보전할 수 있는 것이어야 한다. 예를 들면 피보전권리가 주권의 인도청구권인 경우를 생각할 수 있다. 주권의 인도청구권을 보전하려면 주권이 회사로부터 제3자에게 인도되는 것을 방지하여야 한다. 이를 위한 가처분은 당해 주권을 집행관에게 보관하게 하는 것이어야 하고, 이로써 주권의 인도청구권이 보전되는 것이다. 이와 반대로 회사에게 명의개서를 금지시키는 가처분이라면 주권의 점유가 이전되는 것을 막을 수 없으므로 인도청구권을 보전할 수 없게 된다.

목적초과가처분의 불허

또한 본안소송과의 관계에서 본다면, 가처분은 본안소송에서 얻을 수 있는 이익보다 많은 이익을 얻을 수 없다(목적초과의 가처분으로 허용되지 않는다). 예를 들면 주주권확인청구를 피보전권리로 하여 회사에게 명의개서금지를 명하는 가처분은 허용되지 않는다. 본안소송인 주주권확인청구소송의 승소판결의 효력은 당사자 사이에서만 발생하므로, 주권을 소지한 제3자가 회사에 대해 명의개서청구를 요구하면 이에 응하여야 한다(상법 336조, 337조). 즉 본안소송의 효력은 명의개서를 금지시키지 못한다. 반대로 가처분으로 명의개서를 금지시키면 본안으로 얻을 수 있는 이익 이상의 것을 얻게 되는 것이므로, 목적초과의 가처분으로서 허용되지 않는 것이다.

(2) 부동산의 이중양도와 처분금지가처분

부동산 매수인이 그 이전등기청구권을 보전하기 위해 매도인에 대해 처분금지가처분을 할 수 있는지 문제된다. 민법의 이론에 의하면 부동산의 이중양도가 가능하고, 먼저 등기를 취득한 매수인이 다른 이중매수인에게 소유권을 주장할 수 있다. 그리고 어느 매수인에게 등기를 이전할지는 전적으로 매도인의 임의에 맡겨져 있다.

제1매수인에 의한 처분금지가처분의 가능성

이러한 이중양도의 경우에 선행 매수인이 가처분에 의해 매도인을 구속하는 것은, 등기가 없는 매수인에게 실체법이 인정한 지위 이상의 보호를 부여하는 것이 아닌지, 단순한 채권적인 매수인의 권리를 가처분에 의해 물권화할 수 있는지 문제이다. 다른 한편 매도인은 선행 매수인이 요구하는 등기청구를 거부할 수 없으므로, 가처분을 인정하지 않으면 오히려 등기를 거부하는 자유를 인정하는 것이 되어 타당하지 않다. 따라서 실체적인 처분권의 행사를 제한함으로써 권리를 보호하려는 것이 가처분이고, 이 점에서 매수인의 매도인에 대한 당해 부동산의 처분금지 가처분이 인정되는 것이다.

이전등기청구권의 양수인에 의한 처분금지가처분의 가능성

그 밖에 매매로 인한 소유권이전등기청구권의 양수인이 매도인을 상대로 직접 처분금지 가처분을 구하는 경우에는, 매도인이 그 매도에 대하여 동의와 승낙을 하였는지의 여부를 심리하여야 한다고 해석된다(실무제요 4-310). 이것은 매매로 인한 소유권이전등기청구권은 특별한 사정이 없는 한 그 권리의 성질상 양도가 제한되고, 반드시 채무자의 동의나 승낙을 받아야 매도의 효력이 발생하기 때문이다(대판 2001.10.9, 2000다51216).

(3) 보전의 필요성과의 관계

피보전권리를 보전하기 위한 가처분의 내용은 각각의 사건에서 보전의 필요성의 정도와 내용에 의해 결정된다.

보전의 필요성의 예

예를 들면 특정 고급 공작기계의 인도청구권이 피보전권리라면 그 보전의 필요성은 (a) 현재의 점유자가 공작기계를 특정한 제3자에게 매도하려는 경우, (b) 특정한 제3자에게 매도할 위험이 있는 경우, (c) 공작기계를 폐기하려는 경우, (d) 공작기계를 제대로 관리하지 않아 공작기계로서의 가치가 떨어질 우려가 있는 경우 등을 생각할 수 있고, 그러한 상황에 따라 가처분의 내용도 달라진다.

보전의 필요성에 따른 가처분의 내용

(a)의 경우에는 특정한 제3자에 대한 공작기계의 인도를 금지하는 가처분으로 충분하고, (b)의 경우에는 일반적인 처분금지가처분으로는 제3자의 선의취득을 막을 수 없으므로 보전의 필요를 충족시키지 못하여, 집행관보관으로서 이를 나타내는 적당한 표시를 한 다음, 채무자의 보관에 맡기는 것이 적당하다. (c)의 경우에는 폐기해서는 안된다는 가처분, (d)의 경우에는 일정한 관리를 명하는 가처분으로 충분한 경우도 있지만, 채무자에게 보관시키면 회복불가능하게 될 우려가 있으므로, 공작기계의 점유를 채무자로부터 집행관으로 옮기고, 적당한 제3자 또는 채권자에게 관리시키거나 경우에 따라서는 직접 채권자에게 인도를 명하는 가처분을 할 필

요가 있다. 채권자에게 인도할 것을 명하는 가처분은 피보전권리의 만족 상태를 초래하므로 임시의 지위를 정하는 가처분(단행가처분)이다. 특히 계쟁물에 관한 가처분으로 목적을 달성할 수 있는 경우에, 임시의 지위를 정하는 가처분은 인정되지 않는다. 보전의 필요성을 초과하기 때문이다.

사 항 색 인

판 례 색 인

저자소개

고려대학교 법과대학 졸업
일본 나고야대학교 대학원 법학과 수료(법학석사)
법학박사(나고야대학교)
나고야대학 법학부 조교수(1993. 9~1998. 2)
사법시험위원, 변리사시험위원, 행정고등고시위원, 입법고등고시위원,
변호사시험위원
동국대학교 법과대학 교수
현재 서강대학교 법학전문대학원 교수

■ 저서 · 논문

日本比較民事訴訟法
韓國民事訴訟法
オーストラリアの民事司法
証券仲裁
위법한 일부판결과 그 구제방법, 판례월보 366호
저당권의 실행과 관련된 민법의 개정, 민사법학 18호
소유권의 탄생(번역)
한국인과 일본인의 계약관(번역)
民事訴訟法槪論[제5판 증보판]
民事訴訟法判例百選[제3판]

(제4판) **민사집행법**

2005년 10월 15일 초판 1쇄 발행
2006년 10월 15일 초판 2쇄 발행
2010년 2월 15일 제2판 발행
2012년 8월 20일 제3판 발행
2015년 8월 25일 제4판 발행

저 자 金 祥 洙
발행인 黃 泳 成
발행처 **법 우 사**
서울 관악구 삼성동 호암로 593
전화 : (02) 876-2261 팩스 : (02) 875-2263
E-mail : hys8009@hanmail.net
등록 2001. 4. 30. 제301-10-1747호(倫)

파본은 바꿔드립니다.

정가 40,000원

ISBN 978-89-97060-38-2 93360